- 20 vocaboli
- esercizi (del libro)
- sinonimi

Lehr- und Handbücher zu Sprachen und Kulturen

Herausgegeben von José Vera Morales und Martin M. Weigert

Bisher erschienene Werke:

Arabisch
Waldmann, Wirtschaftswörterbuch Arabisch-Deutsch · Deutsch-Arabisch

Chinesisch
Kuhn · Ning · Hongxia Shi, Markt China. Grundwissen zur erfolgreichen Marktöffnung
Liu · Siebenhandl, Einführung in die chinesische Wirtschaftssprache
Zürl · Jinmei Huang, Wirtschaftshandbuch China

Englisch
Ehnes · Labriola · Schiffer, Politisches Wörterbuch zum Regierungssystem der USA · Englisch-Deutsch, Deutsch-Englisch, 3. Auflage
Fink, Wirtschaftssprache Englisch – Zweisprachiges Übersetzer-Kompendium
Fink, EconoTerms. A Glossary of Economic Terms, 6. Auflage
Fink, EconoTexts I, 3. Auflage
Fink, EconoTexts II, 2. Auflage
Guess, Professional English, 4. Auflage
Königs, Übersetzen Englisch – Deutsch
O'Neal, Banking and Financial English, 2. Aufl.
O'Riordan · Lehniger, Business 21 – Modernes Wirtschaftsenglisch kompakt
Schäfer · Galster · Rupp, Wirtschaftsenglisch, 11. Auflage
Wheaton · Schrott, Total Quality Management
Zürl, English Training: Confidence in Dealing with Conferences, Discussions, and Speeches

Französisch
Jöckel, Training Wirtschaftsfranzösisch, 3. Aufl.
Lavric · Pichler, Wirtschaftsfranzösisch fehlerfrei – le français économique sans fautes, 3. Auflage

Italienisch
Haring, Wirtschaftsitalienisch, 2. Auflage
Macedonia, Italienisch für Alle
Macedonia, Wirtschaftsitalienisch, 2. Auflage
Macedonia, Made in Italy

Polnisch
Milińska, Übersetzungskurs Polnisch-Deutsch und Deutsch-Polnisch

Russisch
Baumgart · Jänecke, Rußlandknigge, 2. Auflage
Fijas · Tjulnina, Wirtschaftsrussisch – Wörterbuch Band I: Deutsch-Russisch
Fijas · Tjulnina, Wirtschaftsrussisch – Wörterbuch Band II: Russisch-Deutsch
Jänecke · Klemm, Verkehrslexikon, Deutsch-Russisch · Russisch-Deutsch
Rathmayr · Dobrušina, Texte schreiben und präsentieren auf Russisch

Spanisch
Jöckel, Wirtschaftsspanisch – Einführung
Padilla Gálvez, Wirtschaftsspanisch-Wörterbuch Spanisch-Deutsch · Deutsch-Spanisch
Padilla Gálvez, Wirtschaftsspanisch-Lexikon Spanisch-Deutsch · Deutsch-Spanisch
Padilla Gálvez · Figueroa de Wachter, Wirtschaftsspanisch: Textproduktion
Padilla Gálvez, Wirtschaftsspanisch: Marketing
Schnitzer · Martí, Wirtschaftsspanisch – Terminologisches Handbuch, 3. Auflage
Schnitzer u.a., Übungsbuch zu Wirtschaftsspanisch, 2. Auflage
Vera-Morales, Spanische Grammatik, 3. Auflage
Weitzdörfer, Spanisch heute

Tschechisch
Schmidt, Deutsch-tschechisches Wörterbuch der Betriebswirtschaftslehre

Wirtschafts-italienisch

L'italiano dell'economia

Von
Dr. A. Luisa Haring

2., überarbeitete und erweiterte Auflage

R. Oldenbourg Verlag München Wien

Bibliografische Information Der Deutschen Bibliothek

Die Deutsche Bibliothek verzeichnet diese Publikation in der Deutschen Nationalbibliografie; detaillierte bibliografische Daten sind im Internet über <http://dnb.ddb.de> abrufbar.

© 2003 Oldenbourg Wissenschaftsverlag GmbH
Rosenheimer Straße 145, D-81671 München
Telefon: (089) 45051-0
www.oldenbourg-verlag.de

Das Werk einschließlich aller Abbildungen ist urheberrechtlich geschützt. Jede Verwertung außerhalb der Grenzen des Urheberrechtsgesetzes ist ohne Zustimmung des Verlages unzulässig und strafbar. Das gilt insbesondere für Vervielfältigungen, Übersetzungen, Mikroverfilmungen und die Einspeicherung und Bearbeitung in elektronischen Systemen.

Gedruckt auf säure- und chlorfreiem Papier
Druck: R. Oldenbourg Graphische Betriebe Druckerei GmbH

ISBN 3-486-27458-9

Vorwort zur zweiten Auflage

Für die nunmehr vorliegende zweite Auflage sind sämtliche Kapitel überarbeitet und erweitert worden. Dabei wurde aktuellen Entwicklungen Rechnung getragen sowie Erfahrungen und Hinweise von Lehrenden und Lernenden berücksichtigt.

Zusätzlich habe ich in didaktischer Hinsicht besonderen Wert darauf gelegt, verstärkt die Sprechfertigkeit und die Kommunikationsfähigkeit für das berufliche Umfeld zu fördern.

Somit hoffe ich, daß diese Überarbeitung den Nutzen dieses Werkes weiter erhöht.

Aus dem Vorwort zur ersten Auflage

"L'italiano dell'economia" ist in erster Linie als Einführung in die italienische Wirtschaftssprache für Universitätsstudenten gedacht; darüber hinaus aber natürlich auch für all diejenigen, die aus beruflichen oder persönlichen Gründen sich in diese Fachsprache einarbeiten möchten. Voraussetzung für das Erlernen und für das Verständnis des aufbereiteten Stoffes sind Italienischkenntnisse, die einem viersemestrigen Studium der Romanistik oder einem dreijährigen Kurs im Sekundärbereich (Gymnasium, Realschule, Fachschule) entsprechen.

Ziel des Buches ist es, neben dem notwendigen Fachvokabular auch Kenntnisse und Fertigkeiten zur Verfügung zu stellen, die einen Einblick in die italienische Wirtschaftswelt ermöglichen. Damit soll mittels einer größeren sprachlichen und kulturellen Beweglichkeit auch eine bessere Orientierung in den verschiedensten Situationen wirtschaftlichen Handelns erreicht werden. Das vorliegende Werk sollte die Lernenden somit in die Lage versetzen, sich später selbständig und erfolgreich im italienischen Wirtschaftsleben zu bewegen.

Das Buch ist in 15 Kapiteln sowie einen Anhang gegliedert, welche verschiedenen Wirtschaftsbereichen entsprechen. Nach einer kurzen Themenbeschreibung, meistens mittels authentischen und aktuellen, oft aus didaktischen Gründen vereinfachten Materialien (Zeitungsartikel, Prospekte, Werbematerial, Formulare etc.) werden die Sprachfertigkeiten und das Fachvokabular durch eine Vielzahl von unterschiedlich gestalteten Übungen mit kommunikativem Charakter vermittelt und eingeübt (Fragen und Übungen zum Textverständnis; Rollenspiele, ausgehend von vorgegebenen Situationen; Satzbildungen; Definitionen; Kommentare; Diskussionen, z. B. ausgelöst durch eine Illustration oder eine Graphik; usw.). Jedes Kapitel schließt mit dem bereichsspezifischen Vokabular, um damit u. a. auch eine Hilfestellung für das freie kontextbezogene Reden zu bieten.

Die erstellten Materialien wurden bereits im Unterricht eingesetzt und infolge von wertvollen Rückmeldungen seitens der Kollegen und der Studenten ständig weiterentwickelt.

Dr. A. Luisa Haring
Institut für Wertprozeßmanagement/Wirtschaftssprachen
Sozial- und Wirtschaftswissenschaftliche Fakultät
Leopold-Franzens-Universität Innsbruck
Universitätsstraße 15
A-6020 Innsbruck
e-mail: Anna-Luisa.Haring@uibk.ac.at

INDICE

Capitolo 1
Fraseologia, grafici, tabelle .... pag. 1

Capitolo 2
Economia nazionale .... pag. 45

Capitolo 3
Europa .... pag. 83

Capitolo 4
Commercio internazionale .... pag. 109

Capitolo 5
Lavoro .... pag. 139

Capitolo 6
Imprese e società .... pag. 193

Capitolo 7
Banche .... pag. 249

Capitolo 8
Borsa .... pag. 301

Capitolo 9
Distribuzione .... pag. 339

Capitolo 10
Trasporti .... pag. 367

Capitolo 11
Pubblicità e marketing .... pag. 397

Capitolo 12
Contratti atipici (franchising, leasing, factoring) .... pag. 437

Capitolo 13
Assicurazioni .... pag. 467

Capitolo 14
Sistema tributario .... pag. 489

Capitolo 15
Inflazione .... pag. 507

Appendice .... pag. 517

INDICE

Capitolo 1
Fraseologia, grafici, tabelle

Termini tecnici e fraseologia

Verbi con suffisso -izzare
Di origine greca, il suffisso si presta bene a creare verbi - soprattutto in ambito burocratico, economico, tecnico ecc. - Aggiunto ad aggettivi o sostantivi conferisce immediatamente il significato di fare e risparmia l'uso di più parole (ad es. da mito → mitizzare).

A - *Troviamone altri*:

rendere automatico	automatizzare
rendere burocratico	burocratizzare
accentrare	
fornire di computer	computerizzare
rendere democratico	democratizzare
rendere ufficiale	ufficializzare
usare l'informatica	informatizzare
rendere libero, senza controlli	liberalizzare
distribuire cariche in enti pubblici (p.e. la Rai) in base a principi politici	pubblicizzare
trasformare in denaro, moneta contante	denarizzare
portare al massimo una funzione	massimizzare
portare al minimo una funzione	minimizzare
rendere responsabile	responsabilizzare
rendere visibile	visibilizzare
determinare il capitale prodotto	
rendere reale, concreto	realizzare
rendere internazionale, globale	internazionalizzare
legare a sé, rendere fedele	
rendere facilmente vendibile	commercializzare
rendere noto, conosciuto un fatto, un prodotto	notorizzare
indirizzare verso uno scopo, un fine	finalizzare
cedere a privati ciò che era pubblico	privatizzare
porre sotto la gestione del comune	
rendere cosciente, sensibile a un fatto	sensibilizzare
adeguare automaticamente in base a un indice	
mettere in regola	regolarizzare
rendere stabile	stabilizzare

e spieghiamo poi che tipo di azioni si possono compiere con questi verbi

Es.: centralizzare il potere

....
....
....

B - *Modifichiamo con l'aiuto del suffisso –izzare i seguenti termini; quali verbi otteniamo?*

analisi, armonia, canale, economia, immobilizzo, indennizzo, indirizzo, modernità, organizzazione, razionalità, sponsor, vivacità

C - Non solo inglese...

Il termine **manager**, *per chi non lo sa, è di origini italiane, significava "maneggiare cavalli" e poi è passato ad indicare "amministrare". Come questa ci sono tantissime parole con una precisa corrispondenza italiana. Le conosciamo?*

1. audience	7. check	13. gap	19. planning
2. black out	8. duty free	14. leadership	20. royalty
3. boss	9. establishment	15. management	21. summit
4. break	10. executive	16. mass media	22. target
5. capital gain	11. fiscal drag	17. meeeting	23. top
6. catering	12. fixing	18. part time	24. turnover

a. quotazione ufficiale	g. avvicendamento	o. ascolto, pubblico in ascolto	u. assegno
b. divario, differenza	h. primato	p. riunione, convegno	v. guadagno in conto capitale
c. tempo parziale	i. gestione d'impresa	q. pianificazione	z. ristorazione
d. obiettivo	l. mezzi di comunicazione di massa	r. classe dirigente	w. diritto di utilizzo
e. dirigente d'azienda	m. stacco, pausa	s. drenaggio fiscale	y. esentasse
f. incontro al vertice	n. capo	t. vertice, massimo	x. interruzione

D - Parole in voga
Ricollegate termini e definizioni secondo l'ordine logico e completate successivamente le frasi in calce

1.	*a misura d'uomo*	a)	termine musicale utilizzato ora in altri campi (p.es. politici) per indicare "accordo armonioso delle parti interessate"
2.	*bagaglio culturale*	b)	fenomeno di integrazione e di interdipendenza delle economie e dei mercati internazionali
3.	*concertazione*	c)	che lascia il segno, che ferisce (anche solo con le parole)
4.	*coniugare*	d)	antiquato, passato di moda, tecnicamente superato
5.	*evidenziare*	e)	persona assunta in prova negli uffici pubblici
6.	*globalizzazione*	f)	idea o aspetto esteriore che una persona, un'azienda, un prodotto trasmette attraverso i mezzi di comunicazione
7.	*graffiante*	g)	importanza rispetto ad un certo fine
8.	*immagine*	h)	aspetto secondario, conseguenza
9.	*nell'ottica*	i)	le categorie dei datori di lavoro e dei lavoratori dipendenti
10.	*obsoleto*	j)	far coesistere
11.	*parti/forze sociali*	k)	colpire ingiustamente, danneggiare
12.	*penalizzare*	l)	dare risalto, mettere in luce
13.	*precario*	m)	dare la precedenza, anteporre
14.	*privilegiare*	n)	accogliere, comprendere
15.	*recepire*	o)	insieme dei tipi
16.	*rilevanza*	p)	adeguato alle esigenze delle persone
17.	*risvolto*	q)	insieme di conoscenze ed esperienze di una persona
18.	*tipologia*	r)	dal punto di vista

1. Nel preventivo di spese per la famiglia voglio .... l'acquisto di una macchina
2. Per un'eventuale riduzione dell'orario di lavoro occorre la .... tra il governo e le parti sociali
3. Pur essendo una grande azienda ha una struttura ....10..........
4. La diffusione di questa notizia pregiudica l'........8........ dell'azienda
5. La mancata adesione all'iniziativa non ha ....16.......... per l'aspetto occupazionale
6. La sua macchina funziona ma ormai, dopo 8 anni, è ......7........
7. Il governo deciderà dopo aver ascoltato ......3.............
8. L'azienda si propone di ....14.......... le esigenze della produttività con la qualità di vita dei lavoratori
9. Questa modifica è inaccettabile .... di una programmazione aziendale
10. L'aumento dei ticket sui medicinali .... le categorie più deboli
11. Questo articolo descrive con ironia ......18...... l'economia italiana
12. Il ministro ha ......12.......... le istanze dei sindacati
12. La nostra azienda esporta una ricca .... di prodotti
13. Lo sciopero avrà dei .... negativi sulle retribuzioni
14. Stiamo cercando giovani da assumere per una rinomata ditta, che abbiano un certo ....a.........
15. Gli esperti hanno .... la necessità di un intervento urgente

X – *Il linguaggio economico è disseminato di sostantivi in –zione; quali sono i verbi corrispondenti? Contestualizzate poi il verbo di volta in volta da essi ricavato*
Es.: commercializzazione – commercializzare nuovi prodotti

acquisizione, adozione, agevolazione, amministrazione, applicazione, composizione, comunicazione, convocazione, costituzione, disposizione, distribuzione, equiparazione, erogazione, imposizione, introduzione, modificazione, movimentazione, omologazione, operazione, partecipazione, produzione, proiezione, promozione, rateizzazione, reazione, registrazione, retribuzione, rivalutazione, rottamazione, sostituzione, sottoscrizione, tassazione, unificazione

X – *In ambito finanziario ricorrono in particolare sostantivi in –sione derivati dai seguenti verbi. Quali sono questi sostantivi?*

aderire, ammettere, concedere, convertire, deprimere, diffondere, discutere, dismettere, erodere, escludere, immettere, invertire, prevedere, progredire, recedere, riscuotere, rivedere, scindere, sospendere, succedere, suddividere, supervisionare, tendere

X – *Quali aggettivi in –oso corrispondono ai seguenti sostantivi?*

anno, artificio, copia, costo, danaro, difetto, disastro, dispendio, esosità, fama, favola, forza, frutto, gravosità, ingegno, insidia, lucro, numero, onere, pericolo, popolo, pregio, prestigio, prodigio, rigore, rischio, rovina, sfarzo, silenzio, ufficio, vizio

Nella vita professionale le tecniche per comunicare sono imprescindibili per ottenere i risultati desiderati. Si deve saper scrivere, usare immagini, muoversi e parlare in pubblico in modo adeguato alle diverse circostanze. Ecco, per cominciare, ...

... alcune formule utili per presentazioni

Signore e Signori, buongiorno/buonasera
Buongiorno a tutti i presenti
Signore e Signori Vi do il benvenuto alla seduta odierna
Signore e Signori, è un onore per me darVi il benvenuto in questa riunione

Grazie di aver aderito all'invito in così gran numero
La seduta odierna è particolarmente importante
La seduta odierna ha per argomento ....
Ci occuperemo di ...

Sono lieto/a di poterVi presentare ....
Sono molto lieto/a di poter dare il benvenuto a .... che ci parlerà di ....
È un vero piacere poterVi presentare ....
Oggi ci siamo riuniti per ascoltare il Signor/la Signora/il Dottor........... che ci parlerà di ....
Siamo lieti di avere come ospite ....

Inizieremo la presentazione fra 5 minuti
Inizieremo anche se non siamo ancora al completo

Sono sicuro/a che avremo una discussione animata ed interessante
Sono sicuro/a che ascolteremo una relazione estremamente interessante

Grazie di avermi invitato qui
Prima di cominciare vorrei controllare se tutti hanno una copia di...
Prima di iniziare vorrei solamente controllare se tutti riescono a vedere.../a sentire ....
Posso distribuirVi una copia di questo documento prima di iniziare?
Avete tutti una copia?
Possiamo cominciare?

Prima di iniziare permettetemi di presentarmi
Il mio nome è..., sono di.......
Lavoro per..../lavoro a ...
Forse come già sapete, ho lavorato su ... (progetto)
Sono il direttore/la direttrice ...
Sono responsabile per ...
Sono stato/a qualche tempo alla ... e adesso sono ...
Io rappresento ...

Sono stato/a invitato/a qui per parlare su...
Sono venuto/a qui per...
Quello che vorrei fare oggi sarebbe di presentare/mostrare/discutere/commentare...
Vorrei sottolineare le caratteristiche principali/i vantaggi di...
Il primo punto/aspetto che vorrei trattare è ...
In secondo luogo vorrei considerare...
Quindi vorrei passare a parlare di ....

Successivamente mi occuperò di...
Dopo di ciò prenderò in considerazione il problema di ...
Infine vorrei riassumere brevemente quanto esposto
Infine vorrei mostrarVi...

Se durante la presentazione aveste delle domande da fare, interrompetemi pure
Se aveste delle domande non esitate ad interrompermi
Vi pregherei di rimandare le domande al termine della presentazione
Posso chiederVi di essere così gentili da fare eventuali domande solo alla fine della presentazione?
Al termine della presentazione daremo largo spazio alle domande

Per iniziare/cominciare........
Iniziamo con l'occuparci di ....
Comincerò fornendoVi una panoramica di ..
Comincerò presentandoVi una tabella...
Prima di entrare nei dettagli, alcune informazioni di carattere generale
Permettetemi di rammentarVi la situazione
Ho qui le cifre/le somme...
Sulla lavagna ho scritto
Sulla lavagna luminosa potete vedere...
Per mostrarVi meglio ... ho portato alcune diapositive
Questa diapositiva mostra...
Questo breve filmato Vi chiarirà ...
Ho portato un video per farVi vedere...
Vorrei semplicemente chiederVi di osservare prima questo video
Prendiamo la pagina ... del rapporto
Le cifre mostrano che...
I risultati mostrano che ...
Da questa tabella si può dedurre che...

Ritornerò più tardi su questo punto
Mi occuperò più dettagliatamente di questo punto un po' più avanti

Avete delle domande da porre su quanto finora esposto?

Per concludere vorrei dire che...
Dunque, per concludere, vorrei aggiungere che...
Permettetemi di concludere con la seguente osservazione...
Spero che questa presentazione Vi abbia mostrato...
Per terminare, penso che...
Spero di essere riuscito/a ad illustrarVi...

Grazie mille della Vostra attenzione
Grazie mille del tempo dedicatomi
Ancora una volta Vi ringrazio di avermi invitato a questa riunione/per questa occasione

A – *Siete Hans Straberg, della Electrolux Italia. Dovete illustrare ad un pubblico di giornalisti italiani l'attuale strategia della multinazionale svedese. Servitevi dell'articolo di Alberto Scala e utilizzate le formulazioni precedenti per approntare un breve discorso di presentazione, spiegare i motivi alla base di tale strategia e, in particolare, chiarire che cosa ne sarà del marchio Zanussi*

Fraseologia, grafici, tabelle

GRANDI ELETTRODOMESTICI/ NUOVA STRATEGIA DEL GRUPPO SVEDESE
Troppi marchi, Electrolux fa la selezione - *Il Mondo, 8 novembre 2002*

Entro cinque-sette anni saranno riordinati gli oltre trenta marchi che appartengono alla multinazionale svedese Electrolux nel mondo. In ogni Paese ne sopravviveranno non più di tre, e la quota di mercato principale, intorno al 65%, dovrà appartenere proprio al brand Electrolux, che oggi identifica la holding ma solo in minima parte i prodotti. È la nuova strategia di Hans Straberg, da cinque mesi amministratore delegato del gruppo controllato dalla famiglia Wallenberg, che intende così rafforzare l'immagine di gruppo industriale quotato alla Borsa di Stoccolma, il cui nome oggi non è universalmente riconosciuto dai consumatori attraverso gli elettrodomestici che fabbrica (55 milioni di pezzi all'anno). Sarà un processo lungo e delicato, guidato da Straberg in prima persona, perché una riorganizzazione di marchi rischia sempre di penalizzare le vendite. In Italia è stato già soppresso Castor, un nome che appartiene alla storia delle lavatrici nel Paese; Rex e Zoppas resteranno come marchi nazionali, Zanussi sopravviverà anche nei Paesi europei dov'è più diffuso. Altro brand internazionale sarà Aeg, la cui immagine rispecchia la qualità dei prodotti tedeschi. Il processo di riorganizzazione dei marchi è già cominciato con l'utilizzo del nome Electrolux abbinato ai singoli brand in posizione di «endorsement», ovvero di sostegno, in vista di un trascinamento dell'attenzione dei consumatori. Su tutte le fabbriche del gruppo svedese, inoltre, di recente è comparsa l'insegna Electrolux al posto dei precedenti nomi aziendali, spesso retaggio di acquisizioni: è stata sostituita anche la leggendaria insegna Zanussi sull'immobile di Porcia, vicino a Pordenone, quartier generale italiano della multinazionale.

Marchi a parte, dalla riorganizzazione avviata dall'ex eco Michael Trescow e continuata da Straberg, l'Italia esce valorizzata: la fabbrica di Porcia, dopo la chiusura di altri stabilimenti nel mondo, è cresciuta da 1,9 a 2,3 milioni di lavabiancheria, diventando il polo di riferimento in Europa per tutto il gruppo (sono stati trasferiti da Stoccolma i laboratori di ricerca e di industrial design). La fabbrica di Susegana (Treviso) è diventata master plant per il freddo. Grazie a due acquisizioni l'Italia è diventata uno dei poli dell'outdoor (giardinaggio). Infine, proprio a Susegana, è stata trasferita la centrale acquisti per tutto il settore elettrodomestici in Europa, una direzione nella quale sono stati concentrati 25 manager di tutto il mondo, Cina compresa.

Electrolux è il primo produttore di elettrodomestici bianchi nel mondo, primo in Europa e terzo negli Stati Uniti. Oggi i suoi marchi sono i seguenti: Aeg, Allwyn, Arthur Martiri Electrolux, Corberó, Electrolux, Elktro Helios, Eureka, Faure, Flymo, Frigidaire, Frigidaire Gallery, Husqvarna, Juno, Kelvinator, Maxclean, McCulloch, Menalux, Partner, Poulan, Rex, Rosenlew, Samus, Tappan, Therma, Tornado, Volta, Voss, WeedEater, White Westinghouse, Zanker, Zanussi, Zanussi-Samus, Zoppas. La logica della riduzione dei brand appare evidente da alcuni numeri: il gruppo Electrolux in Europa possiede il 20,3% del mercato, ma il suo primo marchio, Zanussi, detiene solo il 4,9%: i principali concorrenti, Bosch-Siemens e Whirlpool, detengono rispettivamente il 15% e il 9,4% del mercato europeo, ma i loro principali marchi contano, rispettivamente, per il 6,9% e il 6%.

Naturalmente possiamo trovarci a dover partecipare a delle riunioni. Anche in questo caso ecco una serie di formule di circostanza:

Buongiorno/Buonasera Signore e Signori. Vi ringrazio innanzitutto di essere venuti
Se tutti sono presenti vorrei, se possibile, dare subito inizio alla riunione, per favore
Posso presentarVi il Signor/la Signora/la Dottoressa ...
Ho il piacere di dare il benvenuto a ...

Avete tutti una copia dell'ordine del giorno?
Dovreste aver ricevuto tutti l'ordine del giorno/il programma
Naturalmente si possono sempre aggiungere dei punti all'ordine del giorno
Abbiamo indetto questa riunione per...
La seduta odierna è dedicata a ...

Abbiamo bisogno di qualcuno che scriva il verbale
Signor... /Signora.... , sarebbe così gentile da tenere Lei il verbale, oggi?
Se non si offre nessuno spontaneamente, dovrò decidere io chi terrà il verbale

Possiamo iniziare con la questione...
Vorrei cominciare con...
Iniziamo con il primo punto dell'ordine del giorno

Vorrei far presente che...
Vorrei chiedere a...
Non ho capito il punto sollevato da...
Dobbiamo ancora approfondire i seguenti aspetti

Dunque, sono state avanzate le seguenti proposte
Per riassumere, allora...
Per riassumere i punti principali
Va bene, penso che siamo tutti d'accordo

Possiamo considerare chiusa la riunione
Dichiaro conclusa la riunione
Penso che si siano avute delle discussioni proficue

Vi ringrazio della Vostra partecipazione
Ringrazio tutti della partecipazione
Bene, arrivederci, grazie di essere intervenuti

Con questo possiamo dare il via alla discussione
È arrivato il momento di discutere quanto illustrato finora
Avete qualche aspetto da mettere in risalto?
È possibile avere un po' l'opinione di tutti?
C'è qualcuno che ha qualcosa da aggiungere al riguardo?
Siamo tutti d'accordo?
C'è qualcuno che non è d'accordo?

Penso che abbiamo esaurito tutti i punti
Abbiamo esaurito tutto?
Penso che a questo punto ci siamo occupati di tutto
Bene, penso che sia tutto

IL VERBALE

Al momento di prendere decisioni collegiali, cioè in un gruppo di persone, quindi in occasione di riunioni (in un Consiglio comunale, in un Consiglio d'amministrazione, in un consiglio di fabbrica ecc.), durante le quali si avanzano proposte, si discute, si mette al voto e si decide, il verbale costituisce un documento importantissimo che non riflette opinioni personali, ma funge da riassunto esatto di quanto detto e deciso.

Esso dovrà includere dei dati nell'ordine seguente:

- *data, ora, luogo della riunione*

- *elenco dei presenti* (in genere in ordine alfabetico, tranne quando partecipa una persona particolarmente importante)

- *oggetto o ordine del giorno,* cioè l'elenco degli argomenti da trattare/trattati (il contenuto dei diversi punti trattati viene riportato lasciando un po' di spazio tra un argomento e il successivo - degli argomenti possono essere p.es. nuovi programmi, studi per lanciare un prodotto o un servizio, problemi di produzione, ristrutturazione di personale, pubblicità ecc.)

- per ogni argomento si riporta *chi ha preso la parola, che tesi ha sostenuto, quali proposte sono state fatte e quale decisione si è presa. In caso di votazione si riporta fedelmente il testo della proposta messa ai voti e il risultato della votazione*

- il verbale si chiude riportando *l'ora in cui la riunione è terminata e le firme di chi ha fatto da segretario*

Affinché la redazione del verbale risulti efficace essa deve essere

☞ chiara nell'esposizione, sottolineando i punti più importanti

☞ concisa, per non disperdere le idee

☞ comprensibile anche a distanza di tempo

Schema di verbale:

<u>VERBALE RIUNIONE 12 MARZO ...... - ORE 15.00 UNIVERSITÀ</u>

Presenti: ....

Ordine del giorno : ....

(esposizione/proposta)

....

(considerazioni/obiezioni)

....

(conclusioni)

....

Roma , ...
AV/Id

Esempio di stesura di un verbale

Emissione di azioni privilegiate mediante delibera modificativa dell'atto costitutivo.
(Art 2348 C C)

....

Il Presidente riferisce sulla situazione finanziaria della società e sulla opportunità di fronteggiare il normale fabbisogno di gestione, mediante un aumento del capitale sociale, onde eliminare il ricorso al credito bancario, eccessivamente oneroso.

Fa presente che l'apporto del nuovo capitale favorirà un sicuro incremento degli affari sociali, per cui l'operazione è vantaggiosa anche per gli attuali azionisti.

In considerazione poi della non favorevole situazione del mercato finanziario, è però necessario concedere condizioni favorevoli al nuovo capitale, assicurando un diritto di priorità, nella ripartizione degli utili, alle emittende azioni sino alla misura del 5%, e nel rimborso del patrimonio sociale.

Rileva infine che i diritti degli attuali azionisti sono assicurati mediante l'esercizio loro offerto del diritto di opzione.

Aperta la discussione ....

Ordine del giorno:

L'assemblea degli azionisti della S.p.A. ...., preso atto della dichiarazione del Collegio sindacale che il capitale attuale è interamente versato all'unanimità

delibera:

1° di aumentare il capitale sociale da euro 100.000,-- ad euro 130.000,-- mediante emissione alla pari di 50.000 azioni da nominali euro 2,60 cad. qualificate di serie B aventi diritto alla ripartizione privilegiata degli utili e del capitale in caso di scioglimento della società nei limiti appresso indicati da riservarsi in opzione ai vecchi azionisti in ragione di una azione di nuova emissione per ogni quattro vecchie azioni possedute;

2° di dare mandato al Consiglio di amministrazione di provvedere al collocamento delle emittende nuove azioni da sottoscriversi integralmente entro il termine del ...., stabilendo altresì la data di godimento delle stesse pro rata temporis dei versamenti, i termini per l'esercizio del diritto di opzione la quota di rimborso delle spese di emissione dei certificati azionari ed ogni altra condizione;

3° di modificare gli artt. dello statuto come segue
....

A - *Basandovi su questo esempio provate a redigere il verbale di un'assemblea dedicata all'aumento di capitale mediante emissione di azioni di risparmio; i punti trattati sono:*

- *Necessità, illustrata dal Presidente, di un sostanzioso aumento di capitale per sostituire completamente gli impianti e alcuni macchinari a causa delle innovazioni tecnologiche nel settore in cui opera la società*
- *parere favorevole espresso dal Collegio sindacale*
- *intenzione di aumentare il capitale da 2 a 4 milioni emettendo 100 mila azioni ordinarie e 100 mila azioni di risparmio*
- *fissazione del numero di azioni, da emettere alla pari, da 5,-- euro ciascuna, di cui n. .... di azioni ordinarie e n. .... di azioni di risparmio, al portatore*
- *assegnazione di una quota degli utili netti (fino al 5% del valore nominale) alle azioni di risparmio, dopo aver prelevato una somma pari al 4% per la riserva legale*
- *fissazione della data per la completa sottoscrizione dell'aumento di capitale*
- *modifica degli articoli dello Statuto relativi a "Capitale e azioni"*

Per conoscere l'opinione del pubblico su determinati argomenti/prodotti potrà rendersi necessario il ricorso ad un'intervista. In questo caso è bene sapere come preparare un

QUESTIONARIO

In genere l'intervista si svolge con l'aiuto di domande fisse da rivolgere a tutti gli intervistati nella stessa forma. Nel preparare il questionario ci si dovrà sempre chiedere **che cosa si vuole sapere** e **che informazioni possono fornire le risposte date** alle rispettive domande.

Al momento dell'intervista si dovrà prestare particolare attenzione alla fase dell'

♀ **approccio** allo sconosciuto da intervistare, al quale si dovrà spiegare in modo convincente chi si è e il motivo dell'intervista (Sono ....; con i miei colleghi sto svolgendo un'inchiesta in ...., su ...., di cui ci stiamo occupando .... Se permette, vorrei rivolgerLe alcune domande....)

♀ essere **pronti a rispondere a delle** eventuali **controdomande** o **rifiuti** ("Non ho tempo" → Mi scusi se insisto, ma si tratta davvero di poche domande, molto semplici; sa, il professore ci tiene molto ...... oppure: "E perché vuole intervistare proprio me? → Perché dobbiamo intervistare un campione formato da .... "E che cosa ci farete poi con le mie risposte?" o "Mi dispiace non mi sento in grado di rispondere ...." ecc.); per ottenere buoni risultati bisogna dunque prevedere e prevenire tali obiezioni, preparando in tempo una strategia che includa anche una serie di controobiezioni.

♀ la **somministrazione** del questionario, cioè l'intervista vera e propria, che dovrà essere condotta interpellando le persone singolarmente affinché nel rispondere non si facciano influenzare dagli altri.

Durante l'intervista si dovrà mantenere un rapporto cordiale e serio con l'intervistato, non suggerire assolutamente le risposte, accettare tutte quelle che vengono date, anche se successivamente alcune

non potranno essere utilizzate. Usando il registratore si dovrà verificare la qualità della registrazione e trascrivere le risposte fornite.
Alla fine dell'intervista ricordarsi di ringraziare per la collaborazione!

Sarà bene, inoltre, scrivere delle annotazioni sulla qualità di collaborazione degli intervistati, sulla loro eventuale gentilezza e comprensione, sulla maggiore o minore chiarezza delle domande e cause relative, su eventuali elementi/aspetti che non hanno funzionato nella forma di comunicazione e rispettivi motivi.
Questi appunti costituiranno la base di considerazioni introduttive o conclusive nella fase di elaborazione dei dati raccolti.

e quindi tener presente ciò che segue per quanto riguarda

L'INTERVISTA

L'intervista rappresenta una forma di comunicazione orale con due interlocutori, uno dei quali pone delle domande, mentre l'altro fornisce delle risposte; per un buon risultato dell'intervista è essenziale il modo in cui sono predisposte e poste le domande.

Queste devono avere determinate caratteristiche, quali

 essere **chiare, precise, brevi, semplici:** l'interlocutore deve essere in grado di capire subito che cosa si chiede

 essere **formulate in modo da non suggerire le risposte**

 essere **adatte all'interlocutore** per il registro linguistico scelto, per le conoscenze implicite che richiedono

È assurdo p. es. chiedere particolari su calcolatori elettronici a dei contadini o intervistare i tecnici Olivetti sui problemi delle acciaierie di Taranto o delle casalinghe su problemi filosofici. Se si facesse, si dovrebbero in ogni caso fornire prima le conoscenze necessarie sottintese al genere delle domande.

Le domande devono anche

 essere **coordinate** fra di loro, per evitare risposte frammentate che non consentono di pervenire ad opinioni

 rispondere a delle **ipotesi** in base alle quali esse sono state formulate

A - *Di seguito alcune espressioni indicanti approvazione e disapprovazione. Individuate i relativi contrari*

1. Non condivido assolutamente	a. Su questo punto Le do ragione
2. Dissento totalmente	b. Accetto con piacere
3. Su questo punto non ci incontriamo	c. Le do ragione
4. Temo che Lei si sbagli	d. Sono perfettamente d'accordo
5. Non posso veramente condividere	e. Sì, perché no!
6. Non posso accettare la Sua opinione	f. A queste condizioni non posso che accettare
7. Non se ne parla affatto	g. Approvo pienamente
8. Escludo tassativamente questa possibilità	h. Devo riconoscere che l'offerta è interessante
9. Rifiuto in maniera categorica	i. Condivido la Sua opinione
10. Non vedo perché dovrei farlo	j. Su questo punto siamo senz'altro d'accordo

Nel corso delle riunioni naturalmente si ha modo di

 DISCUTERE

Litigare è facile, discutere difficile. In una discussione, infatti, non si tratta di chiacchierare su diversi argomenti o esprimere semplicemente delle considerazioni, bensì di confrontare le proprie opinioni con quelle di altri interlocutori, formulare affermazioni sostenendole con esempi e giudizi personali.

Quindi si discute per convincere e per informare e si può discutere con profitto solo se le opinioni formulate sono basate su fatti. Questo scambio di idee e di notizie per funzionare deve essere organizzato.

Supponiamo di trovarci concretamente in una riunione:

1. presupposto indispensabile, logico ma non tanto ovvio, è **saper ascoltare**, sia per controllare se chi parla prima di noi ci sta fornendo delle informazioni che non conoscevamo, sia per non ripetere cose già dette da altri (in caso di vari interlocutori un supporto utile è costituito dalla scheda di ascolto su cui trascrivere sinteticamente i fatti e le opinioni di chi interviene nella discussione);
2. **rispettare il proprio turno** per prendere la parola;
3. quando è il proprio turno, **dare ragguagli esponendo in modo chiaro** il proprio punto di vista e cercando di essere persuasivo con fatti e controargomentazioni;
4. **reagire controllando le emozioni** ed esprimendo appoggio od opposizione sulla base di argomentazioni; non urlare o cercare di sovrapporre le voci.

In questo tipo di comunicazione a più persone qualcuno deve regolare la discussione, assumendosi il compito di dare la parola a chi la chiede, incoraggiare i più timidi, stabilire delle regole per consentire lo svolgimento corretto ed efficiente della riunione o per evitare ripetizioni o di perdere tempo, per consentire a tutti di intervenire ecc.

RUOLO DEL MODERATORE

sarà quindi quello di:

1. **aprire la riunione** (salutare i presenti, illustrare gli aspetti organizzativi, presentare l'argomento e indicare gli obiettivi;
2. **stabilire lo svolgimento** (fissare le regole, limiti di tempo ecc. a seconda del tema della riunione);
3. **comunicare l'ordine del giorno**;
4. **dare la parola ai partecipanti** che vogliono intervenire nella discussione;
5. **dirigere la riunione** facendo attenzione che non si devii dal tema e non si ecceda nei dettagli;
6. **controllare che ognuno abbia la possibilità di esprimere la propria opinione** (rispettare l'ordine con cui i partecipanti indicano di voler prendere la parola);
7. in caso di **passaggio a votazione**, decidere con i partecipanti e controllare che sia chiaro in merito a che cosa si deve decidere;
8. **concludere la riunione** chiedendo se c'è altro da aggiungere, ricapitolando le opinioni espresse, le decisioni, i risultati;
9. accertarsi se occorrono **eventuali aggiornamenti**;
10. **concludere ufficialmente** la riunione.

B - *Trovate una motivazione logica per ognuno di questi consigli circa la conduzione di una riunione*

Durante le* CONTRATTAZIONI *sarà bene tenere presente che per raggiungere un accordo con altre persone

- è importante essere consci delle proprie responsabilità e avere le idee chiare sugli obiettivi che si vogliono raggiungere
- si deve cercare di conoscere le persone con cui dobbiamo trattare raccogliendo quante più informazioni possibili su di loro (quali ruoli ricoprono, qual è il loro incarico ecc.)
- abituarsi a mantenere una posizione distaccata, qualunque sia l'esito della contrattazione
- non aver fretta di arrivare alla conclusione, ma sostenere il proprio punto di vista fino alla fine
- calcolare in precedenza i rischi che si corrono e riflettere se ne valga la pena
- non essere troppo modesti, ma cercare di ottenere il massimo
- non dimenticare che l'interlocutore si è altrettanto preparato alla trattativa prendendo in considerazione le stesse regole
- non far trapelare la propria posizione e il proprio scopo
- prendere in anticipo provvedimenti sulle misure da adottare qualora le trattative fallissero, pur cercando in tutti i modi di giungere ad un accordo

Espressioni utili

Che cosa pensa della situazione?

Non sono d'accordo con Lei/Voi
Mi oppongo all'idea di...
Sono contrario all'idea di...
Personalmente penso che...
Le ragioni del mio dissenso sono da attribuire al fatto che...

Mi dispiace, ma non mi è possibile essere d'accordo con la Sua/Vostra decisione
Capisco il Suo punto di vista, ma...
Vedo il problema in modo diverso
Mi rendo conto/Ci rendiamo conto del Suo/Vostro problema, ma...

Ammetto che l'offerta è interessante
Se ci verrà incontro sul prezzo Le assicuro che ...
Se accoglierà la ns. offerta Le accorderemo
Mi consenta di insistere sul fatto che ....
Vorrei sottolineare che .....

È/Siete d'accordo su questo punto?
Lo accetta/accettate?
Cosa pensa se...

È sicuro/Siete sicuri che questa sia la sola maniera?
Esiste un altro modo in cui si potrebbe cambiare...?
Andrebbe bene se ci offrissimo di....?
Da parte mia/nostra potrei/potremmo.........
Può capire il mio/nostro punto di vista?

Su quali punti non siete soddisfatti?
Cerchiamo di discutere in che modo potremmo modificare la posizione
Forse potremmo riesaminare...
Un'alternativa sarebbe quella di ...

Sono sicuro che Lei potrebbe/Voi potreste invece...
Ci potremmo mettere d'accordo su... se Lei fosse disposto /Voi foste disposti a ...
Posso suggerire di...
Non si potrebbe cercare di arrivare ad un compromesso?

Bene, penso che siamo riusciti ad arrivare ad un accordo
Bene, penso che adesso siamo tutti d'accordo
Penso che sia giusto per entrambi
Grazie mille per la Sua/Vostra franchezza

Fraseologia, grafici, tabelle

SAPETE NEGOZIARE?

1. Ci sono troppi interessi *in* ...gioco.../ *in questione*
2. Concentriamoci piuttosto sui *problemi*/...punti... più immediati
3. *Sono* veramente *spiacente*/...mi rincresce... e me ne scuso (mi rincresce)
4. Perché non ...rinviamo.../aggiorniamo l'incontro alla prossima settimana? (rimandare)
5. Possiamo ...risolvere.../sbloccare la questione votando
6. Potremmo *rimandare*/...rinviare... il punto sei a un'altra data
7. Non ci siamo capiti, evidentemente c'è stato un *grave*/...serio... malinteso
8. Non mi sono *spiegato*/...stato... chiaro
9. Una volta ..../*eliminato* questo ostacolo potremmo parlare di un accordo rimuovere
10. Sono pronto a ...rivedere.../modificare la mia posizione
11. Non discuto, sembra ...ovvio.../*evidente* anche a me
12. *Riconosco*/...ammetto... di aver attribuito poca importanza a questo particolare
13. Non Le sto muovendo nessun *appunto*/...rimprovero...!
14. Non è il caso di ...drammatizzare.../*esagerare*!
15. Mi ...sorprende.../*stupisce* che Lei voglia tornare sull'argomento mi meraviglia
16. Sono sicuro che Lei *concorda*/...conviene... con me
17. Se ha interesse a ...consultarmi.../*interpellarmi* sono a Sua disposizione
18. A questo punto le mie obiezioni sarebbero *superate*/...risolte...
19. Che ne direste di ...vagliare.../*esaminare* più attentamente i pro e i contro?
20. Cerchiamo di non *implicare*/................. i colleghi coinvolgere
21. Forse sarebbe meglio ...definire.../*stabilire* in primo luogo i criteri che intendiamo utilizzare
22. Posso *proporre*/...avanzare... una modifica alla tua idea?
23. *Sono contrario*/.................. all'idea di uno sconto ai clienti mi oppongo porre
24. Le ragioni del mio *dissenso*/...disaccordo... sono da attribuire ad un'ottica diversa
25. *Mi rendo conto*/................. del Suo problema mi chiaro
26. Prima di discutere questo punto vorrei capire bene la Vostra posizione *in merito*/...al riguardo...
27. Può *suggerire*/...proporre... un compromesso?
28. Non ho nulla da *eccepire*/...obiettare...
29. Sareste disposti ad accettare un *controllo*/...verifica... delle Vs. informazioni? vostre
30. Può *capire*/...comprendere... il mio punto di vista?
31. Consentitemi di *spiegare*/...illustrare... brevemente il mio punto di vista
32. Vi ringrazio della *sincerità*/...franchezza...
33. Nell'incontro odierno ci siamo proposti di discutere le *condizioni*/...termini... della nostra offerta d'appalto
34. Di quali punti non siete *soddisfatti*/...contenti...?
35. Non *convenite*/...concorda... con noi che i prezzi dell'offerta sono *allettanti*/...interessanti...?
36. Avreste qualcosa in contrario se tornassimo a *riesaminare*/...rivedere... i termini di finanziamento?
37. Purtroppo l'attuale situazione non ci *permette*/...consente... di apportare ulteriori cambiamenti all'offerta
38. Potremmo *rinviare*/...rimandare... le consegne, date le momentanee difficoltà di rifornimento? differire
39. Apportate le necessarie modifiche al contratto, glielo *manderemo*/...invieremo... per la firma
40. Vorremmo *offrirVi*/...proporre... uno sconto migliore, ma la domanda molto alta attualmente non ce lo consente

C - *Individuate i sinonimi da inserire nelle frasi precedenti*

✓al riguardo *aufmerksam*	inviare *senden*
✓ammettere *einsehen*	✓obiettare *einwenden*
✓avanzare *unterbreiten*	✓opporsi *widersetzen*
capire *verstehen*	✓ovvio *offen*
✓coinvolgere *hineinziehen*	praticare *praktizieren*
✓comprendere *enthalten*	✓proporre *vorschlagen*
✓concordare *übereinstimmen*	✓punto
✓consentire *zustimmen*	riconsiderare
✓consultare *aufsuchen*	rimandare *zurückschieben*
contenti	rimprovero *Vorwurf*
convenire *übereinkommen*	✓rimuovere *weg*
✓definire *bestimmen*	✓rincrescere *bedauern*
✓differire *aufschieben*	rinviare *zurückwerfen*
✓disaccordo *Uneinigkeit*	risolvere *lösen*
✓drammatizzare	rivedere
✓essere stati chiari	✓serio *ernst*
✓franchezza *Offenheit*	✓sorprendere *überraschen*
gioco	termini *Umstände*
✓illustrare *veranschaulichen*	✓vagliare *abwägen*
interessanti	✓verifica

D – *Fate parte del Consiglio comunale convocato per decidere come usare alcune proprietà inutilizzate della vostra città. Le proposte avanzate sono numerose e purtroppo tutte differenti:*

1. *- alcuni ritengono che un museo porterebbe alla città mostre d'arte e di storia*
2. *- altri suggeriscono un parcheggio o un palazzo per uffici – in città scarseggiano entrambi*
3. *- altri ancora pensano che un centro commerciale sarebbe una soluzione utile a tutti e che attirerebbe anche nuove persone in città*
4. *- alcuni consiglieri propongono un parco, che sarebbe un posto meraviglioso di cui tutti potrebbero godere e non causerebbe gli ingorghi prevedibili invece con le altre soluzioni*
5. *- c'è inoltre chi pensa che una nuova fabbrica significherebbe decine se non centinaia di nuovi posti di lavoro e quindi anche un contributo per la crescita della città stessa*

Dunque, spazio scarso, risorse limitate, necessità di decisione con la conseguente rinuncia inevitabile a tutti gli altri progetti.
Discutete con i vostri colleghi, che sosterranno con argomentazioni appropriate i relativi punti di vista, e decidete per votazione, dopo aver valutato il pro e il contro di ogni variante.
Al termine dovrà essere redatto un verbale della riunione.

Statistiche, espressioni utili

La statistica è di importanza fondamentale per la vita economica, perché fornisce una panoramica delle reali condizioni economiche, demografiche, sociali, culturali ecc. di uno Stato e consente di orientare su di esse l'azione dei governi; altrettanto importanti sono le statistiche per le aziende, p. e. per la rilevazione dei costi o la razionalizzazione del processo produttivo e via dicendo. E come tutti gli altri campi, anche la statistica ha un suo linguaggio settoriale; ecco alcuni esempi di espressioni utilizzate per interpretare dati:

1. Nel 199... la produzione .... comprendente .... è risultata superiore/inferiore del/dello ....% rispetto al..../ all'anno precedente
2. L'aumento, sia pure minimo, della produzione .... è dovuto essenzialmente al buon andamento di ...(+....%)
3. Tra questi/e si registrano aumenti nella produzione di .... (+ ......%), mentre una flessione si constata nel .... (....%)
4. Per quanto riguarda il/la .... , i dati rilevati nel .... hanno evidenziato/evidenziano, rispetto a/al ......, un aumento/una riduzione per ....
5. Le statistiche relative a .... forniscono i dati riferiti a / riguardanti / concernenti le quantità / il numero di .... (nel 19... rispettivamente 1.200.000 ....)
6. In questa statistica sono state incluse anche le imprese operanti ....
7. Il numero complessivo delle imprese è risultato/risulta pari/superiore/inferiore a ......, con un incremento/decremento/calo del ....% rispetto a ....
8. Per quanto riguarda gli addetti, il settore che fa/ha fatto registrare / nel quale si registra/si è registrato il maggior incremento è quello del ....
9. L'evoluzione di tale trend è messa ancor più in evidenza/viene sottolineata ancora di più dai dati relativi a ....
10. La tabella .... conferma l'andamento ...., evidenziando un incremento nei settori .... ed una diminuzione in quello ....
11. Le imprese industriali rappresentano il ....% del totale
12. La maggiore concentrazione delle imprese ...., corrispondenti/pari al .... per cento di tutte le imprese, si ha nel settore ....
13. Per i tre tipi di beni si sono constatate, rispetto al 19...., le seguenti variazioni: ....
14. Dall'esame dei dati risulta che le forze di lavoro sono ammontate nel 19... a ..., di cui .... uomini e .... donne
15. Il tasso/la percentuale di occupazione è pari al ....% per gli uomini e ....% per le donne
16. Le forze di lavoro risultano costituite da/si compongono di .... milioni di occupati (di cui .... sottoccupati) e persone in cerca di prima occupazione
17. La quota dei disoccupati si aggira su..........
18. L'analisi per ramo e classe di attività economica rivela come la massima parte delle .... sia costituita/rappresentata da .....

19. Per quanto riguarda l'attrezzatura alberghiera, gli ultimi dati pubblicati evidenziano una consistente riduzione del numero degli esercizi alberghieri, cui corrisponde una sostanziale stabilità dell'offerta dei posti-letto

A - Provate a spiegare in altri termini il significato della frase n. 19

B - *Analizzate i commenti alle tabelle per individuare i verbi, sostantivi, aggettivi ed avverbi utilizzati per descrivere i fenomeni espressi dalle cifre*

1) Nelle tabelle che seguono sono riportati i dati relativi rispettivamente al corso medio dei titoli trattati e ai rendimenti medi percentuali nel triennio 1999-2001. Nella prima si osserva l'andamento orientato al rialzo di tutti i comparti, dall'uno all'altro anno, salvo una lieve flessione registrata dai titoli di Stato nel 1999; imponente in particolare il rialzo del comparto azionario, il cui valore risulta, nel periodo considerato, più che raddoppiato.

VOCI	1999	2000	2001
Titoli di Stato	92,69	99,71	99,05
Obbligazioni	74,64	80,48	84,68
Azioni	178,57	209,65	468,70

2) Balzano, al contrario evidenti:
a) il basso rendimento delle azioni rispetto a quello delle obbligazioni e, ancor più, rispetto a quello dei titoli di Stato;
b) la tendenza calante del rendimento, sia dei titoli di Stato che delle obbligazioni, registrata nel 2000 rispetto al 1999 e, nuovamente, nel 2001 rispetto al 2000, tendenza che si estende, nel 2001 al rendimento già depresso dei titoli azionari

VOCI	1999	2000	2001
Titoli di Stato	18,25	15,57	13,68
Obbligazioni	17,99	14,93	12,96
Azioni	2,45	3,09	2,69

3) Nel prospetto seguente sono riportati gli indici dei prezzi al consumo per le famiglie di operai e impiegati nel periodo 1998-2001, con base 2000 = 100. Nella tabella è interessante confrontare i dati relativi ai vari capitoli di spesa. Si nota anzitutto come le variazioni siano avvenute in misura tutt'altro che uniforme. Gli indici che rispetto al 2000 hanno segnato il più forte aumento sono quelli dell'alimentazione (+ 8,5%), dell'abbigliamento (+ 8,4%) e dei beni e servizi vari (+ 7,2%), mentre segna una diminuzione (- 6,0%) quello dell'elettricità e combustibili.

ANNI	Alimentazione	Abbigliamento	Elettricità e combustibili	Abitazione	Beni e servizi vari
1998	84,38	82,18	82,53	77,24	83,38
1999	92,13	91,14	91,72	94,99	91,95
2000	100	100	100	100	100
2001	105,3	108,4	94,0	108,5	107,2

4) Come mostra la tabella sottostante, l'indice generale dei prezzi all'ingrosso nell'anno 2001 è risultato pari a 171,1 con una diminuzione rispetto al 2000 dello 0,9%; nell'anno precedente si era registrato invece un aumento del 7,3%. La diminuzione rilevata nel 2001 è stata determinata dalla classe „Beni intermedi a destinazione mista" (-12,2%). Sono stati invece interessati da aumenti le classi „Beni finali d'investimento" (+ 5,7%), „Beni durevoli di consumo" (+ 4,5%) e „Alimentari" (+2,9%)

ANNI	Prodotti agricoli	Prodotti non agricoli	Beni finali di consumo	Beni finali d'investimento	Beni intermedi
1998	137,7	146,8	146,8	155,0	143,2
1999	150,3	162,2	161,2	170,2	158,8
2000	160,7	174,2	174,6	183,5	169,1
2001	164,7	171,9	179,9	194,0	159,9

C - *In base ai commenti alle tabelle appena analizzati, collocate i termini forniti in basso in ordine sparso accanto ai rispettivi sinonimi e contrari*

	Sinonimi	Contrari
comparto	settore	--
lieve	leggero	pesante/forte
marcato	accentuato	impercettibile
sensibile	rilevante	irrilevante
imponente	considerevole	misero
considerato	esaminato	--
depresso	ridotto/ basso	alto
calante	--	crescente
estendersi	allargarsi	limitarsi
seguente	sottostante	precedente
variazioni	cambiamento/mutamento	--
notare	osservare	--
aumento	incremento/crescita	diminuzione
flessione	diminuzione/riduzione/calo	crescita
uniforme	costante	difforme
registrare	rilevare/constatare	trascurare
determinare	causare/produrre	--
al rialzo	--	al ribasso
tendenza	trend	--

al rialzo - aumento - calante - comparto - considerato - depresso - determinare - estendersi - flessione - imponente - lieve - marcato - notare - registrare - seguente - sensibile - tendenza - uniforme - variazioni

ed utilizzate tali sinonimi e contrari, oltre alle espressioni caratteristiche elencate fra le espressioni utili in ambito statistico, per riformulare i commenti in questione.

Economia italiana

Prodotti di largo consumo: nel 2000 le vendite a +1,3%

MILANO - Le vendite di prodotti confezionati di largo consumo (grocery) archiviano il 2000 con un incremento apprezzabile rispetto al '99, ma sicuramente inferiore nei confronti della ripresa brillante messa in evidenza a inizio anno. Nel sesto bimestre del 2000, secondo i dati Nielsen, la dinamica delle vendite (stimate sui volumi) ha fatto segnare un aumento tendenziale dell'1,3%, in lieve assestamento rispetto all'1,5% del quinto bimestre ma in decisa frenata nei confronti del 3,5% del primo bimestre dell'anno. A fine anno è stato registrato un forte recupero delle vendite grocery nel Nord-Est (+5%), un'area caratterizzata da pesanti flessioni nella seconda parte del '99 e da un generale modesto recupero per tutto il 2000. Sempre sostenuti i consumi nel Centro Italia, con una media del 4% di aumento rispetto al '99. Segnali di debolezza invece dal Nord-Ovest (-1,1%), dopo almeno sei mesi di calma piatta. Si accentua infine la caduta dei consumi al Sud (-1,4%), dopo però aver inanellato almeno sei bimestri consecutivi con recuperi su base tendenziale nell'ordine del 6% in media. Sempre sul fronte delle vendite grocery, Nielsen ha registrato la consistente performance della grande distribuzione, che chiude l'anno con un incremento in volume del 10% circa rispetto all'anno precedente. La distribuzione organizzata, ossia le catene di medio livello regionali collegate a centrali di acquisto, hanno recuperato lievemente rispetto alle flessioni del '99 e archiviano l'anno senza particolari progressi. A fare da traino alla grande distribuzione sono stati soprattutto supermercati e ipermercati, con una crescita media delle vendite intorno al 7%, anche se l'ultimo bimestre dell'anno (+4,9%) è su livelli un po' più bassi degli altri. Si segnala un timido recupero dell'hard discount. Le concentrazioni tra catene, l'espulsione di punti vendita marginali e l'aggiornamento della formula commerciale e del marketing (con l'utilizzo anche di una quota di prodotti di marca) hanno probabilmente dato uno stop alla crisi di uno dei fenomeni commerciali più importanti degli ultimi anni. L'hard discount chiude l'ultimo bimestre 2000 con una flessione delle vendite del 2% rispetto al '99, in recupero rispetto al -6,5% del bimestre precedente. Veniamo ai prezzi. Nielsen ha stimato una flessione dello 0,7% nell'ultimo bimestre dell'anno, sostanzialmente in linea con l'andamento riflessivo evidenziatosi già a partire dall'inizio del 2000. La grande distribuzione ha guidato la discesa dei prezzi, chiudendo il 2000 con una flessione dei listini grocery intorno all'1,8 per cento. La dinamica del mercato grocery, inoltre, ha fatto registrare a fine 2000 incrementi significativi soprattutto per il giro d'affari della grande distribuzione (+7,8%), mentre la distribuzione organizzata ha accusato cedimenti (-0,4%). Non si arresta, infine, la crisi dei piccoli negozi (-2,2%).

Vincenzo Chierchia – Sole 24 Ore

A - *Individuate nel testo del Sole 24 Ore i sostantivi e gli aggettivi utilizzati per indicare andamenti positivi o negativi delle vendite di prodotti di largo consumo*

Sostantivi		Aggettivi	
↗	↘	↗	↘
incremento	caduta	apprezzabile	inferiore
aumento	debolezza	forte	riflessivo
crescita	flessione	sostante	grosso
recupero	discesa	brillante	debole
progresso	diminuzione		
ripresa	abbassamento		
rilancio	calma piatta		

Fraseologia, grafici, tabelle

E osserviamo ora il linguaggio utilizzato per commentare i grafici:

Le ombre sull'inflazione

Dove va l'inflazione italiana? Prima dei dati di settembre era facile scommettere su una sua discesa sotto il 2% entro fine anno. Ora questo traguardo è più lontano, ma non irraggiungibile. Tuttavia l'andamento del costo della vita nell'ultimo mese estivo spinge la politica monetaria ad una posizione più prudente e a rinunciare ad un rapido ribasso dei tassi ufficiali. Più a monte, i listini industriali continuano a calare; il processo disinflazionistico parte dai costi delle materie prime importate, i cui benefici si riflettono nella borsa della spesa delle famiglie italiane

Frena il Pil, inflazione stabile

L'Italia ha tirato il freno a mano: a confermarlo è il brusco rallentamento del prodotto interno lordo (Pil) che misura le merci e i servizi prodotti dal Paese. Ebbene, il Pil nel secondo trimestre del 2002 è sceso dello 0,4% rispetto al primo trimestre, mentre ha segnato una crescita dello 0,7% rispetto allo stesso periodo del 2001. Il trimestre indica consumi stazionari (+0,1%), export in leggera flessione (-2,7%) e importazioni in forte calo (-4,7%). A settembre l'indice dei prezzi al consumo è cresciuto dello 0,3% mensile, dato che frena la discesa dell'inflazione, ferma come ad agosto al 3,4%. Nei primi 9 mesi del 2002 l'inflazione media tendenziale è stata del 2,4%, in calo rispetto al 3,2% registrato nei primi 9 mesi del 2001.

Su le retribuzioni pubbliche - L'aumento medio è del 4,4%

Ad agosto i salari hanno superato l'inflazione; l'indice delle retribuzioni orarie contrattuali dei lavoratori dipendenti è infatti cresciuto dello 0,5% rispetto al mese di luglio, con una variazione tendenziale del 4,4%, mentre il costo della vita nello stesso mese era sceso al 3,4%. Agli aumenti congiunturali ha contribuito la crescita dei contratti nel settore dei servizi appaltati dalle FS (+1,7%). Nel settore della pubblica amministrazione sono stati accolti i nuovi accordi sul trattamento economico per il biennio 2000-2002 del personale non dirigente dei ministeri (+2,7%), della scuola (+2,3%), delle Forze dell'ordine (+2,3%) e delle Forze armate. Le variazioni tendenziali, cioè rispetto ad agosto del 2000, sono risultate superiori alla media del 4,4% nel settore del credito e assicurazioni (+5,6%) e nella PA (+6,8%). Inferiori alla media le variazioni registrate in agricoltura (+0,4%), industria (+3,4%), commercio, alberghi e pubblici esercizi (4,2%). Ancora in calo le ore di sciopero: 2,1 milioni le ore non lavorate per vertenze sindacali ad agosto, con una riduzione del 51,2% rispetto ai 4,2 milioni del corrispondente periodo del '99.

> **A -** *Estrapolate dai commenti ai grafici sopra riportati, tutte le possibili espressioni e termini indicanti andamenti positivi, negativi o stazionari dei fenomeni*

B - *Correggete gli errori*

1. L'undici dei prezzi al consumo ha registrato un aumento dello 0,3%
2. L'Istat ha confermato le variazioni congiunturali provviste per settembre
3. Gli aumenti più sensibili si sono avuti nel rettore dell'abbigliamento
4. Nel mese di ottobre sono state vendute 10.000 vetture in mano rispetto allo stesso mese dell'anno precedente
5. Più contenute le perdite in cosa Volkswagen
6. Spiccano i diti negativi delle apparecchiature elettroniche
7. I vini francesi tengono rene la posizione
8. Il Pil misura le merci e i servizi predetti da un Paese
9. La diminuzione di settembre dei prezzi al consumo frana l'inflazione
10. L'inflazione dipende anche dai cesti delle materie prime importate
11. Si è in presenza di una cura irregolare
12. La congiuntura è avviata verso un deciso miglioramento

Possibili espressioni per commentare un grafico e relativi significati

C - *Scorrete la lista sottostante classificando, in base alla propria opinione personale, i possibili significati delle espressioni in essa contenute a seconda che indichino*

| INTRODUZIONE ▶ | AMPLIAMENTO ⬍ | CONCLUSIONE ◀ |

o fenomeni di

| STABILITÀ ≡ | CRESCITA ⇧ | DIMINUZIONE ⇩ | INCERTEZZA ⇔ |

1. assestamento sui valori precedenti	≡
2. concludendo si può affermare che	◀
3. da questo studio si può anche dedurre che	⬍
4. difficile fare delle prognosi nell'attuale situazione	⇔
5. gli indici sono ai minimi storici	⇩
6. il fatturato si mantiene ai livelli precedenti	
7. il livello occupazionale è in costante diminuzione	⇩
8. in ultima analisi le cifre ci rivelano	◀
9. inoltre in base a questo grafico si può constatare	◀
10. l'analisi presenta	▶
11. l'attività economica è sensibilmente migliorata	⇧
12. l'attività economica non presenta variazioni di rilievo	
13. l'economia è rallentata	
14. l'inflazione desta preoccupazione	
15. l'occupazione ha mostrato notevoli segni di ripresa	⇧
16. la congiuntura è avviata verso un deciso miglioramento	⇧
17. la corsa sembra essersi inceppata	◀
18. la crescita si è azzerata	
19. la crescita subisce una battuta d'arresto	⇔
20. la curva non consente di individuare una tendenza precisa	⇔
21. la produzione è in calo	⇩
22. la recessione è dietro l'angolo	⇔
23. la situazione economica resta immutata	◀
24. la statistica rivela che	▶
25. le cifre dimostrano	▶
26. le vendite sono soggette a continue fluttuazioni	⇔
27. lo scenario economico ha subito un assestamento	
28. per terminare va sottolineato come ...	◀
29. questi dati rivelano	▶
30. questo grafico mostra che	▶
31. questo studio indica che	▶
32. ristagno dell'attività economica	
33. si assiste al crollo delle vendite	⇩
34. si è in presenza di una curva irregolare	⇔
35. situazione di stallo	
36. situazione immutata	

Fraseologia, grafici, tabelle

D - *Inserite negli spazi delle frasi, lasciati liberi, i termini forniti in ordine sparso nel riquadro*

> ammontano - aumento - voragine - calo - competitivi - conquistare - controtendenza - disavanzo - espansione - flessibilità - guadagnare - invariate - migliorato - nera - netta - passivo - perdite - precipitati - punti - recuperato - contrarranno - rialzo - ridurranno - sceso - segnale - taglio - tendenza - tendenziale - utili

1. A luglio l'inflazione ha segnato un tasso (trend) ...*tendenziale*... del 5,6%
2. Anche dove gli utili ci sono, appaiono in (decisa) ...*netta*... contrazione
3. Coca-Cola investe ogni anno ca. 1 Mld. di dollari in advertising, cioè 1/4 delle risorse totali che (si aggirano su) ...*ammontano*... a ca. 4 Mld. di dollari.
4. Giornata stabile per lo yen con quotazioni pressoché (stabili) ...*invariate*...
5. Gli utili sono ...*precipitati*... da 6.541 a 1.312 miliardi
6. I margini delle aziende si (contrarre) ...*contrarranno*... ulteriormente, perciò si cercheranno ulteriori economie di scala
7. I prezzi più (concorrenza) ...*competitivi*... si posizionano a quasi 50 punti sotto il prezzo medio del mercato
8. Ieri la Borsa ha (guadagnato) ...*recuperato*... più dell'1%
9. Ieri mentre quasi tutte le quotazioni salivano, il titolo Gemina è andato in (direzione contraria) ...*controtendenza*... perdendo l'1,36%
10. Il controvalore degli affari conclusi nella giornata è (diminuito) ...*sceso*... ancora
11. Il dato di agosto sul deficit commerciale americano è il (deficit) ...*disavanzo*... più basso dal dicembre 1994
12. Il passaparola (*propaganda orale*) potrà diventare un mezzo efficace grazie alla sua (elasticità) ...*flessibilità*...
13. Il settore privato è riuscito a (raggiungere) ...*conquistare*... le prime posizioni
14. In un mercato in (ampliamento) ...*espansione*... è incomprensibile la scelta dell'Olivetti di restare piccola
15. L'economia italiana, dopo il periodo nero degli anni 90, mostra qualche (cenno) ...*segnale*... di miglioramento
16. L'industria di Stato ha due facce: (guadagni) ...*utili*... e (diminuzioni) ...*perdite*... record
17. La riduzione delle perdite si realizza con un (riduzione) ...*taglio*... dell'occupazione
18. La serie (negativa) ...*nera*... si è finalmente interrotta
19. La (propensione) ...*tendenza*... ormai consolidata è quella del calo delle vendite in profumeria e ...*aumento*... nelle farmacie
20. Le Fs hanno (perfezionato) ...*migliorato*... notevolmente i propri risultati, ma nel bilancio resta sempre un (vuoto) ...*voragine*... di 1.750 miliardi
21. Le vendite nel settore dell'abbigliamento sono riuscite a (recuperare) ...*guadagnare*... terreno, infatti sono aumentate di due ...*punti*...
22. Meno fortuna per i titoli Cir e Olivetti, in lieve (cedimento) ...*calo*... rispetto alla giornata precedente.
23. Pur essendo cresciute le esportazioni, la dipendenza tecnologica ha comunque reso (negativo) ...*passivo*... il saldo della bilancia commerciale
24. Se i salari non aumenteranno probabilmente si (restringere) ...*ridurranno*... i consumi
25. Tutti gli indici si sono mossi al (aumento) ...*rialzo*...: il Mibtel è migliorato dell'1,5%

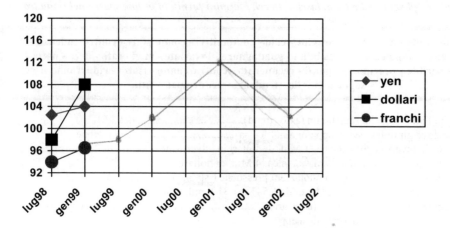

E - Cercate di completare il grafico in base al seguente commento

Il grafico mette a confronto l'andamento delle quotazioni di tre obbligazioni Bei a cedola fissa (yen con scadenza 2010, dollari con scadenza 2015 e franchi svizzeri con scadenza 2020) nel corso di quattro anni.
Tutti e tre i titoli hanno fatto registrare oscillazioni molto violente.

Particolarmente turbolento è stato il cammino dell'obbligazione in franchi che tra il 1998 e il 2002 ha fatto segnare un minimo di 94 nel luglio del 98, con un rialzo lento ma costante a quota 97 nel luglio del 99, per toccare successivamente i 102 punti del gennaio 2000 ed arrivare a un massimo di 111 nel gennaio del 2001, dopo aver sfiorato i 104 nell'estate del 2000. Ripresasi da un brusco calo nella prima metà dell'anno successivo, che l'aveva vista di nuovo posizionata intorno ai 102 punti, dopo una stagnazione protrattasi fino al gennaio del 2002, ha mostrato cenni di ripresa attestandosi a 107 nel luglio dello stesso anno.

Agitato anche il percorso del titolo in yen, che dopo aver toccato quota 101 all'inizio del 2000 è salito fino a 116 nel primo mese del 2001.
Dopo un andamento pressoché stazionario intorno ai 104 punti nel primo semestre del 99, il titolo prima dell'impennata aveva subito il calo di ben tre punti ed anche nel periodo tra il gennaio del 2001 e lo stesso mese del 2002 era ridisceso a quota 104 per restarvi fino all'estate del 2002.

Nonostante un inizio più promettente, il titolo in dollari non è riuscito a surclassare lo yen: fatta segnare anch'esso una battuta d'arresto nel primo semestre del 99, rimasto poi per mezzo anno sostanzialmente stabile intorno a valori di tutto rispetto, a partire dal 1/2000 aveva lanciato segnali di evidente ripresa, guadagnando terreno fino a raggiungere i 114 punti nel luglio 2000.
Lenta ma inarrestabile quindi la discesa iniziata nel gennaio 2001 e protrattasi fino a toccare il livello 100 all'inizio del 2002 per far registrare un nuovo picco a 108 nella seconda metà del 2002, al di sopra degli altri due titoli.

F - *Osservate il diagramma e, dove necessario, correggete il commento in base ai dati rappresentati graficamente*

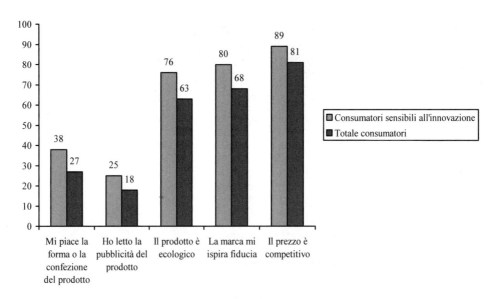

1. Nel corso di un'indagine effettuata nel dicembre scorso quasi una persona su due (44%) si è dichiarata sensibile all'innovazione tecnologica
2. La marca e la fiducia che ispira rappresentano una forte motivazione all'acquisto per l'80% del totale dei consumatori rispetto al 68% di quelli sensibili all'innovazione
3. Il 38% dei consumatori aperti all'innovazione non si interessa eccessivamente della forma del prodotto o della sua confezione, contrariamente al 27% della media
4. La media dei consumatori è attirata dal prezzo di vendita competitivo: 89% contro l'81% di quelli sensibili alle innovazioni tecnologiche

G - *Completare le frasi secondo il senso logico*

1. Dalla tabella .... che Nestlé è il gruppo che investe .... tutti gli altri, ... il 60% del totale del fatturato
2. La .... del volume d'affari investito da Mediaset nei mass media è quasi .... a quello dei concorrenti
3. L'anno scorso Alcatel ha investito .... 8 milioni di euro
4. San pellegrino occupa il primo .... nella tabella con una percentuale d'investimento assai ....
5. Olivetti è il gruppo che investe .... e .... l'ultimo posto della classifica
6. Nel 2002 la percentuale destinata ai trasporti è stata .... a quella dell'anno precedente, vale a dire che è rimasta invariata
7. Il consumo degli italiani relativo all'alimentazione è .... stabile anche nell'anno appena concluso
8. La spesa per l'affitto nel 2003 ha toccato ....; non era stato mai così alto

di meno - elevata - equivalente - il massimo - occupa - oltre - pari - percentuale - più di - posto - rimasto - risulta - vale a dire

H - *Quali delle seguenti espressioni riguardano :*
a) statistiche b) indicatori finanziari c) indicatori mercati emergenti d) indicatori economici

1 - Indice dei prezzi delle merci all'ingrosso	
Australia	2.389,2
Austria	1.184,4
Belgio	2.120,8
Regno Unito	4.292,3

2 - Variazioni percentuali di prodotti nazionali al dettaglio su base annua	
Spagna	+ 3,2
USA	+ 1,8
Irlanda	- 0,6
Italia	+ 1,5

3 - Variazione percentuale della produzione industriale nel I semestre dell'anno	
Filippine	+ 0,7
Taiwan	+ 6,3
Argentina	+ 5,8
Messico	+ 2,5

4 - Inchiesta comportamentale relativa a preferenze di modelli PC			
Modello	1	2	3
gennaio giugno	150	70	98
luglio dicembre	112	59	63

I - *Quale unità di misura si utilizza in questi casi?*

1. lunghezza
2. velocità
3. volume
4. tensione
5. amperaggio

a. ampere
b. volt
c. chilometri/h
d. metri cubi
e. centimetri

L - *Immaginate di descrivere il prototipo di un'automobile*

1. potenza massima
2. velocità massima
3. cavalli motore
4. serbatoio
5. consumo
6. bagagliaio
7. prezzo

a. 200 km/h
b. 70 PS
c. 65 litri
d. 14 volt
e. 15.000,-- euro
f. 8 litri / 100 km
g. 2,8 m^3

M - *Classificate i prodotti per settore*

1. informatica
2. biologia
3. energia
4. ambiente

a. carburante biologico
b. chips
c. aerei
d. depuratori
e. robot
f. missili
g. trattamenti laser

5. industria aerospaziale
6. medicina
7. automatizzazione industriale

h. computer
i. energia solare
l. cellulare
m. alimenti manipolati geneticamente
n. marmitta catalitica
o. satelliti
p. energie rinnovabili

N - Quali sono i compiti di questi istituti?

1. Istituto per le ricerche di mercato
2. Istituto per ricerche congiunturali
3. Istituto per l'economia mondiale
4. Istituto di statistica

a. Studio delle condizioni per le relazioni economiche internazionali instauratesi in base a leggi, contratti e norme comportamentali
b. Analisi della situazione economica generale e relative tendenze
c. Preparazione, elaborazione di statistiche e rilevazione dati in svariati campi, dai censimenti al calcolo dell'indice dei prezzi
d. Raccolta sistematica, analisi, proiezioni di prospettive di vendita dell'impresa

O - Indicate le attività che dovrebbe svolgere il reparto "Studi e ricerche" di un'impresa

1. Fissare gli obiettivi strategici dell'impresa
2. Mettere a punto nuovi prodotti
3. Fornire le attrezzature necessarie alla produzione
4. Analizzare i risultati delle indagini di mercato
5. Coordinare i diversi servizi dell'impresa
6. Gestire i reparti
7. Stabilire relazioni soddisfacenti con la clientela
8. Progettare una campagna pubblicitaria
9. Ottimizzare la gestione del personale
10. Cercare nuovi finanziamenti
11. Organizzare la formazione del personale
12. Massimizzare i risultati e minimizzare i costi
13. Prevenire e influenzare i gusti dei consumatori
14. Gestire i conflitti sindacali
15. Ottimizzare gli utili dell'impresa

P - Verbalizzate la tabella sulle percentuali di reddito destinate ai consumi delle famiglie nei diversi Paesi europei, usando comparativi e superlativi; in quali Paesi si registrano le massime percentuali per i diversi generi? Sapreste individuarne la ragione?

Paese	Generi alimentari Bevande Tabacco	Vestiario Calzature	Affitti Combustibili	Mobili	Servizi sanitari Spese per la salute	Trasporti Telecomunicazioni
Belgio	20,6	7,7	17,7	10,4	10,8	12,3
Danimarca	22,5	5,8	26,6	6,6	1,8	16,7
Francia	20,0	7,0	18,9	8,3	8,9	16,8
Germania	16,7	7,9	18,8	8,5	14,4	14,7
Grecia	38,1	9,0	11,3	8,2	3,9	12,9
Irlanda	40,6	6,5	11,0	7,4	3,4	12,0
Italia	**23,5**	**9,5**	**14,8**	**8,6**	**5,7**	**13,2**
Lussemburgo	21,9	6,7	20,1	10,1	7,4	16,6
Olanda	18,7	7,4	18,5	7,9	12,6	11,5
Portogallo	37,1	10,3	5,0	8,6	5,7	16,6
Gran Bretagna	17,9	7,1	19,9	6,7	1,3	16,7
Spagna	26,0	7,4	14,3	7,1	3,6	14,8

COME SI ORGANIZZA UN
MEETING

Un raduno aziendale per cinquanta, cento o addirittura mille persone. Quanto costa organizzarlo? A chi rivolgersi per le attrezzature? Come mantenere viva l'attenzione del pubblico? In queste pagine tutti i consigli per un congresso di grande impatto e riscontro

di Patrizia La Daga, *Millionaire*

Riunire un gruppo di persone in una sala, convincerle ad ascoltare il relatore dall'inizio alla fine e trasmettere loro il desiderio di acquistare il prodotto presentato oppure, nel caso di manager o venditori, di migliorare le proprie prestazioni, è un'impresa da grandi organizzatori. Che richiede capacità di valutazione del mercato congressuale, doti comunicative e conoscenza delle nuove tecnologie. Ma anche una buona preparazione nel campo della psicologia e della formazione. Le aziende più grandi spesso si rivolgono a società specializzate che si occupano di gestire l'organizzazione del meeting dall'inizio alla fine. Ma i costi sono spesso elevati e non sempre è possibile controllare il processo di pianificazione.

Per ottenere il massimo risultato da questo tipo di eventi occorre selezionare le offerte del mercato congressuale per individuare le proposte migliori tra sale, attrezzature, catering e ogni altro dettaglio. Molti operatori d'impresa si domandano se sia meglio affittare o acquistare gli strumenti di presentazione (videoproiettori, microfoni, impianti stereo...), ingaggiare uno o più relatori esperti o condurre personalmente la riunione, invitare degli ospiti in sala o utilizzare dei video. Millionaire-Intraprendere offre una guida pratica per risolvere tutti i dubbi di chi deve affrontare l'organizzazione di un meeting di varia natura. Indirizzi, suggerimenti tecnici e indicazioni concrete per organizzare una riunione d'affari impossibile da dimenticare. Ecco i fattori-chiave che trasformano un semplice congresso in un meeting di successo.

Le pubbliche relazioni

La comunicazione è un elemento sempre più importante nella vita di un'impresa. Per questo le aziende di dimensioni maggiori prevedono spesso nel loro organico un addetto alle pubbliche relazioni. Questo professionista ha spesso il duplice compito di seguire l'organizzazione dei meeting e di farli conoscere al pubblico. Nel caso questa figura non sia prevista è possibile rivolgersi a liberi professionisti specializzati nell'organizzazione di congressi, o ad agenzie specializzate. Avvalersi di un collaboratore valido è fondamentale per la buona riuscita dell'evento. Il "pierre" infatti deve curare i rapporti con la stampa e preparare la documentazione promozionale.

I tempi di prenotazione

Un meeting non si improvvisa. Si programma. Con un anticipo di almeno tre mesi. Che per i più ritardatari possono anche ridursi a 40 giorni. Chi attende oltre rischia di non trovare più una sala adatta. Se l'evento ha portata internazionale può occorrere anche un anno. La decisione migliore per chi deve organizzare riunioni d'affari con una certa regolarità è quella di pianificarle all'inizio del-l'anno e fissare direttamente con il centro congressi le date prescelte. In questo modo si potranno anche ottenere forti riduzioni di prezzo.

Dettagli da curare

Quando si sceglie una sala occorre verificare che sia adatta al tipo di riunione che vi si svolgerà. Meglio assicurarsi che i tappeti, la tappezzeria e le decorazioni non siano troppo pesanti. Da evitare anche le sale con decorazioni barocche e mobili in legno scuro, che rendono tetro l'ambiente. Attenzione alla tempera-tura, che potrebbe salire in modo eccessivo quando la sala sarà piena, rendendo insopportabile la permanenza. All'inizio del meeting è bene regolarla su un livello un po' inferiore al solito. Un altro particolare importante è l'illuminazione, che deve sempre essere potente e possibilmente "calda". Nella scelta dell'hotel va tenuto presente l'eventuale costo del parcheggio. Se troppo elevato, può scoraggiare gli ospiti. Infine, il personale. Quello dell'hotel deve essere professionale e disponibile, ma ancora più importante è che lo staff organizzativo sia all'altezza dei suoi compiti. Che sono: accoglienza degli ospiti, gestione dei supporti audiovisivi, soluzione di eventuali imprevisti. Meglio scegliere le persone più dinamiche del proprio team per questo tipo di lavoro.

Le dimensioni della sala
Le dimensioni della sala dipendono dal numero di partecipanti previsto. Quando questo è certo, se l'accesso al meeting è regolato da inviti e relative conferme il problema non si pone, perché in genere lo scarto tra invitati e presenti è minimo. Al contrario, quando la partecipazione è libera, le incognite aumentano e con esse i rischi di dimensionare la sala sopra o sotto. Affittare uno spazio eccessivo rispetto al numero degli ospiti significa svalutare l'immagine della propria organizzazione. Una sala con troppi posti vuoti, infatti, dà l'impressione di scarsa adesione all'iniziativa e indirettamente modella in senso negativo la percezione dei presenti. Allo stesso modo una stanza dove molte persone non trovano posto a sedere, può infastidire i presenti, tanto da convincerli ad andarsene in anticipo. Tra le due soluzioni, comunque, meglio la seconda. Davanti a un pubblico troppo numeroso il relatore potrà sempre affermare di essere stupito e felice del grande successo ottenuto dalla sua azienda. Qualche ringraziamento in più a chi è intervenuto e l'aggiunta, all'ultimo minuto, di sedie "volanti" trasmetteranno comunque un'immagine vincente della società organizzatrice.

Secondo gli esperti, per determinare in anticipo le corrette dimensioni della sala occorre considerare una serie di variabili. Le più importanti sono lo località, la data e il tema del congresso, oltre alla presenza di personaggi noti che attirino l'attenzione del pubblico e alla risonanza che si intende dare all'evento tramite i media o altri canali di comunicazione (passaparola, volantini con invito, marketing telefonico...). Per esempio, un meeting che abbia come tema il lavoro ha più probabilità di essere affollato in alcune regioni del Sud Italia, dove il tasso di disoccupazione è più elevato.

Attenzione alle date
Quando si organizza un meeting a cui deve partecipare il pubblico, bisogna fare attenzione alla scelta della data. I week-end vicino a "ponti" e festività sono sconsigliati, perché si rischia di arrivare al giorno fatidico con la sala vuota: difficilmente la gente rinuncia a una vacanza al mare o ai monti per ascoltare una presentazione. I giorni della settimana più indicati per un meeting diurno sono il sabato e la domenica, mentre se l'incontro deve avvenire in orari post-lavorativi è meglio preferire i primi giorni della settimana, quando la gente è più fresca e può dedicare una serata a temi impegnativi. Il giovedì e il venerdì non sono indicati: la mente è già proiettata al fine settimana e la gente desidera uscire per divertirsi, non per parlare di lavoro.

A chi rivolgersi per scegliere
La scelta del luogo è un momento importante. Le sale meeting degli hotel in genere sono le più adatte, perché ben ubicate, con parcheggi adeguati e le attrezzature necessarie. Meglio scegliere un hotel di alto livello. Spesso chi deve organizzare un meeting in una città diversa dalla propria non ha il tempo di recarsi personalmente a visionare le strutture. Anche se un sopralluogo sarebbe sempre opportuno. Per compiere uno scelta ragionata ci si può affidare alla stampa di settore. Le pubblicazioni che offrono indicazioni sui centri congressi e gli hotel attrezzati allo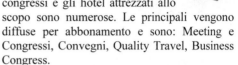
scopo sono numerose. Le principali vengono diffuse per abbonamento e sono: Meeting e Congressi, Convegni, Quality Travel, Business Congress.

Da non scartare l'idea di affittare un teatro. Per avere informazioni in questo caso è sufficiente consultare le Pagine Gialle locali.

I costi delle sale
Le tariffe delle strutture alberghiere variano in funzione dello località prescelta. le maggiori differenze si registrano tra Nord e Sud. Nelle

regioni meridionali a incidere maggiormente sui costi sono le attrezzature, mentre al Nord è la sala a determinare la voce di spesa più consistente. Qualche esempio: un hotel quattro stelle di Catania chiede 500,-- euro per uno spazio da 300 posti, più mille euro per le attrezzature.

A Genova il rapporto è esattamente l'inverso: mille euro per la sala e 500,-- euro per gli strumenti. Naturalmente l'organizzatore può scegliere di affittare soltanto la sala e di portare con sé il resto, ma non sempre ciò è consigliabile. Per le sale più piccole, fino a un massimo di 120 persone, i costi variano da 400,-- a 850,-- euro, attrezzature di base comprese. Quando nel corso del congresso è previsto un coffee-break o addirittura un pranzo, alcune strutture alberghiere preferiscono fissare il prezzo a persona, indipendentemente dal numero degli ospiti. In genere i costi variano da 30,-- a 55,-- euro a testa, rendendo piuttosto caro anche una riunione con pochi partecipanti. Nelle grandi città l'affitto di un teatro per una sera costa almeno duemila euro più Iva. Diverso il discorso per chi intende realizzare eventi nei quali i partecipanti soggiornino presso il centro congressi. I costi, in questo caso, salgono in proporzione alla categoria dell'albergo e alle attività collaterali che si desidera offrire agli ospiti. Il Palace Hotel di Bari, per esempio, offre dei pacchetti a budget variabile tra i 13.000,-- e i 36.000,-- euro, a seconda dei giorni di permanenza e del numero delle persone previste. Qualche esempio: un seminario di 4 giorni per 100 invitati, pasti e pernottamenti compresi, costa 35.000.-- euro,

mentre un convegno di tre giorni con 50 partecipanti e altrettanti accompagnatori (che non seguono i lavori in sala) ha una tariffa di 24.000,-- euro, comprensivi di escursioni turistiche per gli accompagnatori e di cene con intrattenimento musicale o altra forma di spettacolo. Le tariffe sono sempre trattabili. I prezzi di listino sono quelli destinati ai meno informati. I più esperti sanno che quando vengono chiesti loro 500,-- euro, possono provare a ribattere di avere un budget massimo di 250,-- euro. L'hotel risponderà di avere una sala a quel prezzo... probabilmente la stessa che avrebbe affittato per il doppio.

Gli accordi

I responsabili di hotel e centri congressi sono spesso dei veri artisti nel presentare le loro strutture. Al telefono, quando trattano con gli organizzatori, le sale meeting vengono definite come veri gioielli: comfort, efficienza e tecnologia non mancano mai. Ma talvolta accade che, quando il malcapitato imprenditore si reca sul luogo (in genere il giorno prima dell'evento), scopre che gli impianti non funzionano, la lavagna luminosa è misteriosamente scomparsa e nei casi peggiori non c'è neppure un leggìo per il relatore. Per evitare il disastro si improvvisano soluzioni d'emergenza, sostenendo spesso spese da capogiro. Per non incorrere in queste increscioce situazioni, purtroppo non infrequenti, è opportuno mettere sempre nero su bianco gli accordi presi telefonicamente. Uno scambio di fax con tutte le clausole contrattuali contribuisce a minimizzare i rischi. Meglio indicare voce per voce le attrezzature necessarie e i servizi desiderati e stabilire una penale nel caso questi non venissero forniti.

Le attrezzature: acquisto o noleggio?

Le moderne tecnologie oggi sono al servizio di chi organizza meeting e congressi. La maggior parte degli hotel dispone di service interni, capaci di soddisfare le richieste dei clienti. Dai radio microfoni (senza filo, per muoversi più agevolmente sul palco), ai video proiettori, fino agli impianti musicali, tutto può essere richiesto per realizzare un evento di grande impatto. Chi non intende investire in mezzi ultramoderni avrà comunque bisogno di alcuni strumenti di base: una lavagna luminosa (e relativi lucidi), un lettore Cd (o un mangianastri), un tavolo (o un leggìo) per il relatore e gli eventuali ospiti.

I costi di noleggio del materiale sono variabili. Chi si rivolge direttamente al centro congressi spende di più, perché l'albergo provvede al trasporto e alla taratura delle attrezzature con un ricarico non indifferente sul costo finale. Si varia dai 250,--/260,-- euro per pochi strumenti fino 1.000,-- e più euro per una presentazione di livello medio-alto. Lo stesso videoproiettore, più videoregistratore e interfaccia (compresa installazione e rimozione), noleggiato presso un hotel costa 950,-- euro al giorno contro i 475,-- chieste dalla società fornitrice.

Chi opta per il fai-da-te ha due alternative: acquistare le attrezzature o noleggiarle direttamente dai fornitori. La scelta dipende dalla frequenza con cui si tengono i meeting (soltanto se è elevata si può ammortizzare in breve l'investimento) e la distanza dalla sede principale. I costi di trasporto, in entrambi i casi, ricadono sull'organizzatore, che deve disporre di un mezzo adeguato o dare l'incarico a una società specializzata. Alcuni strumenti, infatti, hanno dimensioni tali da non poter essere trasferiti agevolmente. Una delle voci principali di spesa riguarda il videoproiettore. Ne esistono di due tipi: monotubo e tritubo. Il primo, più leggero e maneggevole, costa meno (si acquista con circa 10.000,-- euro), ma è poco potente. Per rendere visibili le immagini deve essere posizionato a metà sala su un piano di appoggio. Il tritubo, invece, costa più del doppio, ma assicura una definizione elevata e può essere posizionato in fondo alla sala. Inoltre le immagini sono ben visibili anche a luci accese. Una soluzione più economica del videoproiettore, ma più sofisticata di una semplice lavagna luminosa, è il data display. Si tratta di un sistema di proiezione delle immagini elaborate su un normale computer. La sua tariffa di noleggio è di 200,-- euro al giorno, mentre per l'acquisto i prezzi variano dagli 4.000,-- ai 15.000,-- euro. Entrambi questi mezzi hanno il vantaggio di garantire l'elaborazione di immagini in tempo reale. Nel caso intervengano dei cambiamenti, l'operatore può modificare i dati mentre il relatore li sta esponendo.

La musica

L'integrazione delle immagini o dei video con basi musicali ad hoc è una tendenza sempre più seguita. Soprattutto nel caso di presentazioni di

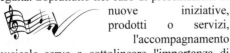

nuove iniziative, prodotti o servizi, l'accompagnamento musicale serve a sottolineare l'importanza di alcune affermazioni del relatore e delle relative immagini. In questo modo si trasmettono al pubblico stimoli positivi che lo inducono a motivarsi all'acquisto o semplicemente a dare il proprio consenso all'iniziativa. Perché a questo risultato si accompagni anche un "effetto memoria" cioè un impulso positivo che si protrae anche dopo il meeting, legato a un insieme di immagini e suoni, è importante saper scegliere le musiche adatte a ogni situazione. Una volta stabilita la scaletta dell'incontro, il relatore deve concordare con il tecnico audio le musiche di ogni fase. Sapranno di volta in volta generare entusiasmo, approvazione o anche attesa e suspence. L'abilità dell'organizzatore, insomma, si rivela fin da quando entra nel negozio di dischi.

L'uso delle immagini

Per quanto abile sia l'oratore, le sue parole da sole non hanno lo stesso impato di un intervento supportato da immagini Queste sono determinanti ai fini della comprensione del discorso e della sua memorizzazione. Per questo è importante che la loro realizzazione sia affidata a un esperto. Per quanto riguarda la grafica, i lucidi o le immagini computerizzate richiedono uno studio preventivo accurato. In commercio esistono diversi software adatti allo scopo. In particolare, per la realizzazione di slide, è indicato Power Point, un programma la cui facilità d'uso è elevata, creato dalla Microsoft. Il suo costo varia a seconda dei rivenditori. Nei negozi Computer Discount il prezzo per la versione Windows va dai 319,-- ai 386,-- euro di quella più aggiornata.

Chi invece possiede conoscenze informatiche più approfondite può optare per Macromedia Director, realizzato dalla Macromedia (distributore ufficiale Modo Srl) che a un prezzo di 1.300,-- euro consente di creare prodotti e presentazioni multimediali sofisticate. Per le aziende che non hanno al loro interno un esperto, né desiderano investire tempo e denaro nella progettazione dei supporti visivi, ma non vogliono rinunciare a una presentazione di effetto, esistono diverse società specializzate nella realizzazione di prodotti professionali. Queste imprese sono note per fornire "chiavi in mano" un pacchetto di servizi sulla base delle esigenze dei clienti. Qualche nome: Morgana e

Sanimage. Quest'ultima, oltre che dell'organizzazione di eventi, si occupa di produzione di filmati e video da proiettare nel corso delle convention. Spiega Alberto Andorlini, un passato di regista free lance e ora titolare della società: «Spesso i clienti ci chiedono di realizzare supporti visivi o animazioni. I costi di questi prodotti variano da poche migliaia per un video semplice, girato con pochi mezzi e persone, a 52.000,-- euro per grandi eventi da organizzare con molto anticipo. In genere una settimana di lavoro può bastare per preparare un filmato essenziale. Mentre per le produzioni articolate occorre almeno un mese. In ogni caso noi garantiamo la massima flessibilità. Ci è capitato di girare anche di notte...». Una formula molto diffusa è quella di riprendere il meeting con le telecamere durante il suo svolgimento e quindi trarne una cassetta da inviare agli assenti. E' anche possibile tradurlo in più lingue nel caso debba essere consegnato a persone di altre nazionalità. I prodotti offerti dalle società agli organizzatori di convention sono ipertecnologici: si va dai nuovi sistemi di controllo interattivo che consentono al relatore di modificare la scaletta in base all'umore della platea, visualizzando in anticipo le immagini da proiettare, alle card con un chip incorporato da consegnare ai partecipanti. Quando questi entrano in sala inseriscono la tessera e sul video compare il posto loro assegnato ed eventuali altre informazioni. I costi? «Ogni prodotto - spiega Pietro Giola, direttore generale dello società - va studiato in base alle esigenze dell'azienda. In Europa, in media, le aziende spendono 77.000,--/82.000,-- euro per un video interattivo. In Italia le società sono disposte a sborsare non oltre 10.000,-- o 15.000,-- euro per una presentazione istituzionale. Per venire incontro a queste necessità economiche si è deciso di standardizzare l'offerta creando dei prodotti di base. Noi, oltre a fornire l'hardware, ci occupiamo della gestione tecnica dell'evento, dalle musiche all'elaborazione della sigla grafica, fino alle autorizzazioni per i diritti di immagine».

La scaletta
Quando si ha a che fare con il pubblico non è importante soltanto ciò che si dice, ma anche il momento scelto per dirlo. Pianificare una scaletta degli interventi è un compito delicato che deve essere affrontato in anticipo e con competenza. Spesso **quando si desidera introdurre un nuovo prodotto o servizio conviene creare un clima di attesa**. In questo modo la gente sarà meno incline a distrarsi. Gli effetti sonori e i supporti visivi hanno la stessa funzione e il loro utilizzo va integrato alla parte verbale. Nel caso ci siano ospiti, è opportuno realizzare con loro un breve briefing per stabilire i temi che verranno affrontati e le domande a cui saranno invitati a rispondere. Gli schemi predefiniti, tuttavia, non devono essere eccessivamente rigidi. Un minimo di improvvisazione rende l'ambiente più coinvolgente e permette al pubblico di seguire il dibattito con più interesse Da programmare anche il momento del break. Non deve trattarsi di una sosta agognata in cui la maggior parte dei partecipanti decide di andarsene.

Le autorizzazioni
Quando si decide di ricorrere a musiche e immagini per vivacizzare il congresso, bisogna ricordare che il loro utilizzo pubblico è regolato dalla legge sui diritti d'autore. Per non incorrere in problemi o multe a meeting ultimato, è meglio informarsi prima presso gli uffici competenti. Se non si ha tempo, meglio incaricare il centro congressi di chiedere le eventuali autorizzazioni e farsi presentare regolare fattura da quest'ultimo.

L'ingrediente segreto
Tutte le informazioni fornite in questo articolo da sole potrebbero non essere sufficienti a realizzare un evento di successo. Perché un meeting raggiunga i suoi obiettivi (qualunque essi siano, dalla presentazione di prodotti, alla formazione di venditori, fino alla divulgazione scientifica....) ci vuole una marcia in più: una buona conoscenza dei meccanismi di percezione e di apprendimento utilizzati dalla nostra mente. A fare la differenza può bastare una persona. Le capacità del relatore, soprattutto nel caso di congressi di lunga

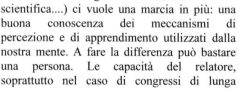

durata, sono decisive. Ma non basta possedere un'ottima dialettica. Anche il tema più interessante e curioso annoia dopo qualche ora di permanenza seduti nel silenzio di una sala. Figuriamoci quando si parla di fatturati o strategie.
La soluzione? La insegnano gli americani: coinvolgere emotivamente i presenti. I più grandi formatori e venditori made in Usa hanno fatto di questa tecnica un'arte. Il meeting non è più uno strumento a senso unico, dove qualcuno dà e gli altri ricevono. Diventa interattivo. Sul palco tutto è permesso. Domande al pubblico, giochi di ruolo (c'è chi chiede agli spettatori di cambiare posto più volte durante il congresso), momenti di vero spettacolo dove scatenare l'energia con musiche e luci. Le giovani leve della formazione in Italia si stanno specializzando nel trasformare gli incontri più seri in show ad alto impatto emotivo. Anche la presenza di personaggi del mondo dello spettacolo aiuta. Purché non si tratti di un momento di gioia nel corso di otto ore di noia. Come diventare grandi intrattenitori? Formandosi prima di formare. Sì ai corsi di public speaking, di motivazione, di vendita. A patto che siano tenuti da professionisti all'avanguardia. Una volta apprese le tecniche, non resta che applicarle con una buona dose di creatività....

A - *Immaginate di aver ricevuto da una grande azienda l'incarico di organizzare nel mese di giugno un meeting in Sicilia per circa 500 persone.*
Con l'aiuto dell'articolo di Millionaire elaborate una scaletta per pianificare l'evento e spiegate al committente le ragioni delle vostre scelte.

Di seguito qualche suggerimento per la scaletta, da mettere in ordine d'importanza, a vostra discrezione:

albergo, inviti, sottofondo musicale, soggiorno e attività collaterali, scopo del meeting, ubicazione, tema del congresso, attrezzature, data, arredamento sala convegni, diapositive/video/filmati, accordi scritti con la struttura ricettiva, autorizzazioni per l'utilizzo di suoni e immagini, interventi, ecc.

B - *Nell'esempio successivo compaiono (numerati da 1 a 8) tutti gli elementi caratteristici di questo genere di avvisi e cioè:*

  a - luogo e sede della manifestazione
  b - interventi e relatori invitati
  c - nome dell'evento e logo
  d - argomenti
  e - data e ora
  f - organizzatore, patrocinatore e sponsor (tenendo presente la differenza tra patrocinio, ossia una investitura ufficiale della manifestazione, e sponsor, ovvero una persona, ditta, ente ecc. che partecipa sostenendo in tutto o in parte le spese della manifestazione allo scopo di ricavarne pubblicità)

  Attribuite a ogni cifra la lettera che secondo voi vi fa riferimento

C - *Quale scopo ritenete che abbiano le domande formulate al punto 6 della pubblicità?*

Quali sono gli strumenti di gestione che consentono alle imprese di migliorare le proprie prestazioni ambientali?

Quali sono i sistemi più adeguati di certificazione?
Il sistema europeo EMAS o le norme ISO 14000?

E come avviare, su questo terreno, una collaborazione costruttiva tra imprese e Istituzioni?

Bayer S.p.A. e la rivista Impresa Ambiente del Gruppo Sole 24 Ore offrono un'occasione per avere risposte esperte con il convegno "Management dell'Ambiente" che si terrà a Milano il prossimo 26 Maggio.
Tutti gli interessati sono invitati a partecipare.

Hans Peter Kleefuss
Amministratore Delegato Bayer S.p.A.

Cristina Rapisarda Sassoon
Direttore Impresa Ambiente

Convegno
Management dell'Ambiente
L' Impresa eco-efficiente per il made in Italy

26 Maggio 1997, ore 9.00 -13.00
Milano - Via Pantano 9
Assolombarda, Auditorium

L' iniziativa è patrocinata da
**UNI
CERTICHIM
Agenzia Nazionale per la Protezione dell' Ambiente
Rappresentanza a Milano della Commissione Europea.**

La partecipazione al convegno è gratuita
Per informazioni e iscrizioni rivolgersi a:
Impresa Ambiente
Via Lomazzo 51 - 20154 Milano
tel. 02/3103245 - fax. 02/3103718

Bayer S.p.A., Relazioni Esterne
Via Montefeltro 6 - 20156 Milano
tel.02/39782376 - fax. 02/39782131

In programma interventi di:

Franco Bassanini, *Ministro per la Funzione Pubblica*
Giuseppe Bianchi, *Vice Presidente Comitato Ecolabel-Emas*
Giacomo Elias, *Presidente UNI*
Marco Frey, *Vice-Direttore Divisione Ambiente, IEFE, Bocconi*
Hans Peter Kleefuss, *Amministratore Delegato Bayer S.p.A.*
Pierluigi Mantini, *Professore di Diritto Amministrativo, Politecnico di Milano.*
Rino Pavanello, *Segretario nazionale Associazione Ambiente e Lavoro.*
Ennio Presutti, *Presidente Assolombarda.*
Umberto Rosa, *Consigliere incaricato per i Problemi della Ricerca, dell' Innovazione Tecnologica e dell' Ambiente, Confindustria.*
Sandro Scaravaggi, *Direttore Stabilimento Filago Bayer S.p.A.*
Mario Signorino, *Presidente Agenzia Nazionale per la Protezione dell' Ambiente*
Luciano Spera, *General Manager I.Pi.Ci. S.p.A.*
Adriano Teso, *Presidente IVM S.p.A.*
Pier Giuseppe Torrani, *Avvocato amministrativista in Milano*
Alberto Valvassori, *Presidente Certichim*
GuidoVenturini, *Direttore Generale Federchimica*
Guido Zilli, *Responsabile progetto LIFE per adesione imprese conciarie italiane a EMAS.*

TRAVEL TREND  TRENDHOTELS

Workshop Internazionale dei Congressi, dell'Incentive e dei Viaggi d'Affari

Sigg.
....
Via ....
I - ....

Milano, 11 novembre ....

Egregi Signori ....,

è con piacere che Vi annuncio che la decima edizione romana del workshop

si svolgerà   **TRAVEL TREND - TRENDHOTELS**
                   MARTEDÌ 4 MAGGIO 2005
presso lo   **SHERATON ROMA HOTEL**

Per permetterVi di ottenere il massimo successo da questa iniziativa, Vi invito <u>a giocare d'anticipo</u>, contattandomi al più presto per confermarmi la Vostra partecipazione. Avrete così anche tutte le informazioni necessarie per sfruttare al meglio i preziosi strumenti commerciali che Vi mettiamo a disposizione.

Nell'utile ed efficace *"Travel Trend - Trendhotels Kit"* sono infatti contenuti:

- l'elenco completo dei visitatori avuti nella scorsa edizione, cartaceo e su floppy disk;
- i nominativi di tutte le aziende e agenzie che hanno espresso il desiderio di incontrarVi, a seguito di una nostra capillare indagine telefonica;
- n. 30 inviti di cui potrete usufruire con largo anticipo.

Inoltre, come nelle scorse edizioni della manifestazione, sarà riproposto l'ormai collaudato ed apprezzato "percorso obbligato" che Vi garantirà una posizione ottimale. Naturalmente sarete costantemente aggiornati dalla nostra Newsletter.

In attesa di poterVi illustrare questi ed altri punti di forza di Travel Trend - Trendhotels, colgo l'occasione per salutarVi cordialmente.

Angela Andreini
Responsabile di Area

A - *Riformulate la lettera immaginando di indirizzarla ad un signor Ricci (modificate opportunamente verbi e pronomi)*

B - *Quali strumenti mette a disposizione dei partecipanti l'organizzazione?*

C - *Di che cosa sono dotate le aree preallestite e che cosa comprende il prezzo per la prenotazione dei desk?*

D - *Immaginate di aderire all'invito come direttore di un elegante albergo del vostro Paese; compilate il modulo di adesione*

TRAVEL TREND - TRENDHOTELS
ROMA, 4 MAGGIO 2005
Hotel Sheraton
Modulo di adesione

DATI PER LA MANIFESTAZIONE

DICITURA DA RIPORTARE IN CATALOGO _____

VIA _____ N° _____
CAP _____ LOCALITÀ _____ PROV. _____
TELEFONO _____ FAX _____
NOME DELLA PERSONA DA RIPORTARE IN CATALOGO _____

DICITURA DA RIPORTARE SULL'INSEGNA (max 20 lettere) _____

DATI PER LA FATTURAZIONE

RAGIONE SOCIALE _____
VIA _____ N° _____
CAP _____ LOCALITÀ _____ PROV. _____
TELEFONO _____ FAX _____
PARTITA IVA o CODICE FISCALE _____

Ogni area preallestita comprende.
insegna con la ragione sociale (o altro nome indicato dall'espositore), scrivania, 4 sedie, pannello per affissione materiale pubblicitario e fotografico, cestino, posacenere.

Sì, desidero prenotare:

Più pagina di pubblicità sul catalogo

Un desk	ͻ € 980,-- + IVA	ͻ € 1.700,-- + IVA
Due desk	ͻ € 1.700,-- + IVA	ͻ € 2.500,-- + IVA
Tre desk	ͻ € 2.300,-- + IVA	ͻ € 3.000.-- + IVA

Nel prezzo sono compresi:
* Elenco dei visitatori consegnato dopo la manifestazione;
* Pubblicazione del nominativo sul catalogo che verrà distribuito ai visitatori ed allegato alle riviste Meeting & Congressi, Incentivare, Turismo d'affari

ed inoltre:
* Arredo tecnico e floreale del salone, segnaletica interna ed esterna;
* Inviti a disposizione degli espositori;
* Gran buffet;
* Collegamento gratuito a mezzo autobus da e per il centro; ampio parcheggio gratuito;
* Prezzi convenzionati per soggiorno allo SHERATON ROMA HOTEL

Data _____   TIMBRO E FIRMA

Assonautica, Confesercenti e CNA hanno iniziato ad organizzare un Meeting del turismo nautico fluviale. Per la prima volta hanno deciso di farlo svolgere a Ferrara, ora si pone il problema di scegliere la località per il prossimo appuntamento
Di seguito i messaggi di alcuni rappresentanti e responsabili area:

> Da François Peyret, Consulente internazionale di turismo fluviale
> Vi sarei grato se il prossimo meeting si potesse svolgere a Torino o Genova e se in futuro si scegliessero a rotazione città sempre diverse. Le città proposte dovrebbero essere finanziariamente convenienti quanto a sistemazione e l'incontro dovrebbe aver luogo la domenica.
> Contattate i vostri collaboratori e comunicatemi quale di queste due città preferite.

> Da Pieretti, responsabile bacini portuali Venezia
> Mi risulta che il nostro prossimo meeting si terrà a Torino o a Genova, anziché a Ferrara. Per quanto mi riguarda preferirei Torino, perché parteciperò ad una conferenza in questa città il mercoledì precedente il nostro incontro; come giorno Vi sarei grato se si potesse fissare il venerdì, per avere un po' di relax prima di ricominciare la settimana di lavoro.

> Da Bartoli, responsabile del Consorzio portuale di Taranto
> Mi hanno informato che il nostro prossimo incontro non sarà a Ferrara, ma a Torino o a Genova. Sono decisamente contrario alla scelta di queste località, perché da Taranto non ci sono voli diretti per queste città. Tale cambiamento inoltre mi costringerebbe ad un'assenza prolungata in un periodo in cui ho molti impegni. Non ritengo la domenica un giorno adatto per i meeting, meglio il sabato!

A - *Nel ruolo del/della Signor/Signora Peyret decida con un/-a collega dove e quando si terrà il meeting del prossimo mese. Motivi la decisione.*

B - *Ora preparate l'agenda del meeting da inviare ai partecipanti. Indicate la località, l'albergo, il centro congressi, la data in cui si terrà il convegno (tenete presente che esso si svolgerà in una sola giornata, tra le 9.30 e le 20.00. Ordinate poi i punti seguenti nella successione che ritenete più logica e redigete l'ordine del giorno con gli orari da rispettare*

    Pranzo
    Relazioni responsabili area centro Italia
    Panoramica del turismo fluviale internazionale
    Pianificazione sviluppo nuovi progetti
    Benvenuto ai partecipanti
    Conclusione dei lavori
    Relazioni responsabili area sud Italia
    Prospettive di mercato previste nel piano strategico: opportunità e rischi
    Relazione conclusiva
    Workshop "Servizi per la nautica"
    Relazioni responsabili area nord Italia
    Pausa caffè
    Aggiornamento sulla situazione del turismo nautico fluviale italiano
    Dibattito

C - *Per ogni intervento scegliete nella lista proposta il relatore più adatto*

Presidente Assonautica   Responsabile marketing
François Peyret, Consulente internazionale di turismo fluviale
Presidente Confesercenti   Responsabili area

D - *Sintetizzate le informazioni del seguente comunicato stampa per riferire ai vostri colleghi del ramo; indicate, in particolare, qual è stato il tema centrale, chi è intervenuto, quali sono le problematiche e le prospettive del settore*

Cos'è in Italia il turismo fluviale nautico? Un'utopia, una scommessa, o una realtà seppure ancora embrionale? A questo interrogativo di fondo ha cercato di dare una risposta il primo Meeting di settore, opportunamente ospitato nel Castello di Mesola e nell'Oasi di Cannevié, due tra le più suggestive emergenze comprese nel Parco del Delta del Po. A fare il punto sulla situazione attuale, e a tracciare le linee programmatiche per il futuro, sono stati chiamati amministratori, imprenditori e tecnici, che sono accorsi numerosi al convegno, momento centrale della manifestazione, ospitato appunto nell'antica residenza di caccia estense. E in estrema sintesi il responso è stato positivo, non solo sulla base della vitalità quasi inattesa dell'esistente, ma soprattutto per i programmi e gli impegni concreti dichiarati. Superati rapidamente i momenti rituali introduttivi, il convegno è entrato subito nel merito con le relazioni dei presidenti di Confesercenti e CNA, le due associazioni che, congiuntamente ad Assonautica, hanno promosso il meeting. Ne hanno ribadito lo scopo, che era quello di mettere in contatto gli imprenditori (e quanto hanno finora realizzato in loco) con gli altri soggetti e operatori del turismo, anzitutto per fare sistema e creare sinergie, poi per trovare nuove opportunità turistiche in un territorio ricco di offerte diversificate. E hanno assicurato per parte loro lo sviluppo di infrastrutture (di lieve impatto ambientale) e la disponibilità a formare pacchetti per gli utenti. Alle prime dichiarazioni d'intenti ha fatto seguito il confronto, anche choccante, con le esperienze di un Paese in cui il turismo legato alle vie d'acqua interne raggiunge il suo momento più alto: la Francia. Un'autentica lezione è stata quella di Peyret, consulente internazionale di turismo fluviale, che ha sciorinato i dati addirittura esaltanti conseguiti nei vari "bacini" turistico-fluviali della sua nazione, dalla Loira al Canal du Midi, al Rodano. Oltralpe a un approccio culturale più maturo si accompagna un'intelligente gestione della via d'acqua, intesa come asse strutturante e di sviluppo di un territorio. Interventi mirati in campo normativo e finanziario hanno permesso uno sviluppo che ha dato eccezionali risultati sia sotto l'aspetto culturale che economico. Con un indotto di grandi numeri, come ha ribadito anche una seconda relazione più specifica che ha presentato una nuova generazione di natanti particolarmente adatti alle acque interne: quelli a trazione elettrica.
Ad offrire nuove informazioni, riferite questa volta al nostro bacino padano, ci hanno pensato in successione i responsabili dell'Arni (l'ente regionale deputato alla navigazione interna) e del Consorzio portuale di Cremona e Mantova. Mentre il primo ha ribadito che occorre un salto di mentalità per passare a una gestione anche turistica del nostro maggiore fiume (e ha annunciato l'imminente traguardo della "navigabilità" per il ramo di Goro), il secondo ha offerto una serie di informazioni confortanti per lo sviluppo dei bacini Mantova-Venezia e Garda-Mincio, nonché sui progetti di ripristino di alcune vie d'acqua

storiche e sulla valorizzazione dei percorsi a terra ad esse collegati.
La fase conclusiva del convegno si è sviluppata su alcuni interventi istituzionali, felicemente concreti e positivi. Gli assessori provinciali Lodi e Pierotti, e il Consigliere alla Presidenza della Giunta Regionale Bertelli, hanno informato sullo scioglimento di alcuni nodi che interessano le vie d'acqua ferraresi, quali il ponte di Massafiscaglia, e su prospettive di finanziamento relative ai programmi d'area. E soprattutto, dimostrando un sincero interesse su questo turismo ancora di nicchia ma di grande prospettiva, hanno fatto appello a una visione integrata del turismo. Questo territorio ha bisogno di sviluppare tutte le sue potenzialità, ma soprattutto di presentarle in un pacchetto organico e coerente. La Provincia, ha detto Pierotti, intende approntare un catalogo provinciale delle offerte turistiche ed organizzare presto una conferenza provinciale del turismo.
(Internet, 5.10.2002, Segreteria organizzativa Iniziative Turistiche, Ferrara)

E - Completate le frasi con il tempo adatto del congiuntivo

1. Mi auguro che il convegno (tenersi) .... a Ferrara
2. È la decisione più difficile che io (prendere) .... mai
3. L'organizzatore si chiede come negli anni scorsi (voi potere) .... dimenticare un simile fattore
4. I responsabili area ritengono che (esserci) .... un calo delle vendite nello scorso semestre
5. Ho pensato che (essere) .... una buona occasione per visitare la Fiera del Mobile
6. Speravo che Voi (informarsi) .... già sugli orari e sui costi
7. Si dice che anche i responsabili dell'Enit (partecipare) .... al prossimo meeting
8. Signor Gavani, immagino che mi (volere) .... illustrare la situazione dal Suo punto di vista
9. Era necessario che (noi incontrarsi) .... per discutere il problema
10. Non sapevo che l'anno scorso (loro organizzare) ....degli incontri sul controllo della qualità

No problem

F - Le parole anglosassoni inducono in tentazione; alcune hanno già soppiantato i corrispondenti termini italiani. Troviamoli tra i seguenti:

indicativo - riunione di apertura - programmare - sistemare - archiviare - immagazzinare - competenze - obiettivo - stimoli

1. Il nostro **target** di vendita è ....
2. Non ho ancora **filizzato** (pronuncia = *failizzato*) la corrispondenza di ieri
3. Questo è un prezzo **budgetario**
4. È arrivata la merce da **containerizzare**
5. Domani vieni al **kick-off meeting**?
6. Ci vogliono continui **input** per farlo lavorare
7. Abbiamo il **know how** per svolgere questo lavoro
8. Bisogna **schedulare** gli appuntamenti della settimana
9. Devo **settare** il computer

G - *Nella tabella sottostante sono riportate alcune delle abbreviazioni commerciali più ricorrenti. Purtroppo nello scrivere si è verificata un po' di confusione; ricollocate in modo corretto abbreviazioni e significato*

1. a/b	a)	nostro ordine	34. l.do	hh	salvo errori ed omissioni
2. a.c.	b)	pagine	35. l.p.n.	ii	giorni data
3. a/c	c)	postscriptum	36. m.c.	jj	franco sul molo
4. a.f.	d)	per esempio	37. m/c	kk	Banca nazionale del lavoro
5. a.f.p.	e)	mese scorso	38. m.p.	ll	documenti contro pagamento
6. all.	f)	costo, assicurazione e nolo	39. m.s.	mm	costo e nolo
7. a v/	g)	facente funzioni	40. m.v.	nn	franco
8. Bnl	h)	a favore	41. n.	oo	a vista
9. B/L	i)	senza spese	42. N.B.	pp	fine corrente
10. c/	j)	salvo buon fine	43. n.c.	qq	lordo per netto
11. c.a.	k)	Vostro	44. n/o/	rr	fine mese
12. c/c	l)	Spettabile	45. ns	ss	nostro conto
13. c.c.	m)	per conto	46. n.to	tt	fratelli
14. c.f.	n)	numero	47. pp.	uu	corrente mese
15. c.i.f.	o)	Unione Europea	48. p.c.	vv	assegno circolare
16. c.m.	p)	Signori	49. p/c/	ww	mese corrente
17. c/o	q)	assegno bancario	50. p.c.c.	xx	come sopra
18. c.s.	r)	netto	51. p.e., p.es.	yy	a fine prossimo mese
19. D/A	s)	mio conto	52. p.m.	zz	nota bene
20. D/P	t)	senza sconto	53. p.p.	aaa	franco a bordo
21. fatt.	u)	viceversa	54. P.S.	bbb	prossimo mese
22. f.c.	v)	per procura	55. p.v.	ccc	mese venturo
23. f.co	w)	allegato	56. sbf	ddd	corrente anno
24. f.f.	x)	giorni	57. S.E.& O.	eee	fattura
25. f.gli	y)	per copia conforme	58. Sig., Sigg.	fff	lordo
26. f.lli	z)	mese passato	59. Spett.le	ggg	codice civile
27. f.m.	aa)	ultimo scorso	60. s.sp	hhh	nostro
28. f.o.b.	bb)	firmato	61. s.s.	iii	franco banchina
29. f.a.s.	cc)	prossimo venturo	62. succ.le	jjj	presso
30. f.a.p.	dd)	pronta cassa	63. u.s.	kkk	conto corrente
31. f.to	ee)	succursale	64. UE	lll	documenti contro accettazione
32. gg.	ff)	anno corrente	65. v.v.	mmm	figli
33. g/d	gg)	conto	66. Vs.	nnn	polizza di carico

Grafici, tabelle e fraseologia

accusare cedimenti	Verluste erleiden
acquisizione	Erwerb
areogramma	Flächendiagramm
affievolimento	Abschwächung
aggiornamento	Aktualisierung, Fortbildung, Vertagung
aggirarsi	sich belaufen
ai minimi storici	am Tiefstand
allettante	verlockend
allineamento	Angleichung
alti e bassi	Auf und Ab
andamento	Entwicklung, Trend
anno base/di riferimento	Berichtsjahr
apice, top	Spitze
apprezzabile	bemerkenswert
appunto	Notiz, Vorwurf
assestamento	Beruhigung
attenuazione	Schwächung
atto costitutivo	Gründungsvertrag
avanzare	unterbreiten
azzerarsi	sich aufheben
azzerato	auf Null
battuta d'arresto	Unterbrechung
boom	Hochkonjunktur
calare	sinken
calcolo delle probabilità	Wahrscheinlichkeitsrechnung
calma piatta	Flaute
calo	Rückgang, Senkung
campionamento	Stichproben-Verfahren
campione rappresentativo	repräsentative Stichprobe
campione	Stichprobe
da capogiro	schwindelerregend
cedimento	Einsturz
censimento parziale	Teilerhebung
censimento	Zählung
ciclo economico	Konjunkturzyklus
collaterale	Neben-
colonna	Spalte
compilare	erfassen
concernente	betreffend
concordare	übereinstimmen
congiuntura	Konjunktur
connessione	Zusammenhang
controtendenza	Gegentendenz
convenire	übereinstimmen
crollo	Sturz
decremento	Verminderung, Abnahme
definizione	Auflösung
delibera	Beschluß
densità	Dichte

deputato	zuständig
diagramma a colonne	Balkendiagramm
dimensione	Umfang
diminuzione	Rückgang
dinamica	Ablauf/Entwicklung
diritti d'autore	Urheberrechte
dismettere	veräußern
disparità	Gefälle
dispendio	Aufwand
dissenso	Meinungsverschiedenheit
eccepire	einwenden
enumerazione	Aufzählung
equiparazione	Gleichstellung
errore di battitura	Tippfehler
esorbitante	überhöht
espansione	Aufschwung
espulsione	Ausschluß
evento	Ereignis
evidenziare	hervorheben
evoluzione	Entwicklung
famiglia tipo media	Indexfamilie
fenomeno di massa	Massenerscheinung
fermo	stagnierend
fetta	Anteil/Teil
flessione	Rückgang
fluttuazione	Schwankung
frenare/moderare	dämpfen
frenata	Verlangsamung
frequenza casellaria	Besetzungszahl eines Tabellenfeldes
fronteggiare	entgegentreten
giocare d'anticipo	jdm. zuvorkommen
in funzione di	abhängig von
immobilizzo	Festlegung
immutato	unverändert
impatto	Wirkung
impennarsi	in die Höhe schießen
impercettibile	unmerklich
in aumento/al rialzo	steigend
in diminuzione/in ribasso	fallend
inanellare	aneinander reihen
incepparsi	klemmen, stehen bleiben
inchiesta per campione	Stichprobenerhebung
inchiesta pilota	Vorerhebung
incremento	Zunahme
indennizzo	Entschädigung
indice dei prezzi al consumo	Verbraucherpreisindex
indice dei prezzi al dettaglio	Einzelhandelsindex
indice dei prezzi all'ingrosso	Großhandelsindex
indice dei prezzi	Preisindex

Fraseologia, grafici, tabelle

Italiano	Tedesco
in linea	angeglichen
insidia	Gefahr
insegna	Schild
interlocutore	Gesprächs- (Verhandlungs-)partner
interpellare	befragen
intervista	Interview
inversione di tendenza	Tendenzwende
istogramma	Histogramm
lettera di accompagnamento	Begleitschreiben
lucido	Klarsichtfolie
mantenersi sullo stesso livello/invariato	gleich bleiben
marcato/accentuato	betont
margine	Spanne
media	Mittelwert
militesente	von der Wehrpflicht freigestellt
mostrare una tendenza al ribasso	zum Rückgang neigen/nach unten zeigen
nautica	Schiffahrt, Schiffszubehör
numero indice	Indexzahl
omogeneo	einheitlich, gleichmäßig
ordine del giorno	Tagesordnung
organico	Personal
oscillazione/fluttuazione	Schwankung
al palo (restare fermo ~)	nicht starten
paniere	Warenkorb
percentuale di campionamento	Auswahlsatz
percorso obbligato	einzig möglicher Weg
periodo considerato	Beobachtungszeitraum
ponderare	gewichten
"ponte"	verlängertes Wochenende
prevenire	zuvorkommen
prezzo corrente	Verkehrspreis
prezzo di orientamento	Richtpreis
probabilità	Wahrscheinlichkeit
proficuo	gewinnbringend
prognosi	Voraussage
proiezione	Hochrechnung
punto (mettere a ~)	einstellen
questionario	Fragebogen
quota	Anteil
raccolta dati	Datenerhebung
raduno	Versammlung, Treffen
ragguaglio	Auskunft
in ragione di	in Höhe von, im Verhältnis von
rallentamento	Verlangsamung
rateizzazione	Rateneinteilung
recupero	Aufholen
regresso	Rückgang
ribassare/ridurre	herabsetzen
riflessivo	rückgängig

riga	Zeile
rimanere stabile	stabil bleiben
rilevazione	Erhebung
ripartizione	Aufteilung
ripresa	Belebung
risposta nulla	Nichtbeantwortung
risonanza	Anklang
ristagno	Stagnation
rottamazione	Verschrottung
scaletta	Gliederung, Programm
scarto	Abweichung
schema di campionamento	Stichprobenwahl
scindere	spalten
scioglimento	Auflösung
scostamento medio	durchschnittliche Abweichung
selezione	Auswahl
sensibile	merklich
sfiorare	beinah erreichen, streifen
situazione economica	Konjunkturlage
sostenuto	steigend
sottinteso	implizit
stagionale	saisonbedingt
stallo	Toter Punkt
stasi congiunturale	Konjunkturflaute
stasi/ristagno	Stagnation
statistica delle vendite	Umsatzstatistik
statistica ufficiale	amtliche Statistik
statuto	Satzung
stazionario	gleichbleibend, unverändert
stesura di verbale	Protokollierung
supporto	Träger, Stütze
tabella	Tabelle
taglio	Kürzung, Streichung
tendenza al rialzo	Aufwärtstrend
tendenza lineare	linearer Trend
tesi	These, Dissertation
traino	treibende Kraft
Ufficio centrale di statistica	Statistisches Zentralamt
ultima colonna	Schlußspalte
uniforme	gleichmäßig
vagliare	abwägen, prüfen
valore indicativo	Richtwert
valore stimato	Schätzwert
variazione stagionale	Saisonschwankung
variazione	Abweichung
verbale	Protokoll
verifica	Überprüfung
visionare	ansehen, prüfen
votazione	Abstimmung, Noten

Capitolo 2
Economia nazionale

Economia nazionale → vocaboli

«Macché crisi, l'Italia è un modello da invidiare»

MILANO - «Ma quale disoccupazione? È semmai la mancanza di manodopera il vero problema di questa "terza Italia" che dall'Emilia (appena il 5% di senza lavoro) si stende al Veneto (4%), all'Alto Adige, Friuli, Marche, Toscana, e ora anche Puglia e Abruzzi». Comincia così la lunga inchiesta con cui il settimanale francese *L'Express* apre la sua sezione di economia. Eloquente il titolo: «Viaggio nel Paese del pieno impiego». E quello che ne esce è un attestato d'ammirazione rivolto al sistema dei «distretti industriali», all'intraprendenza delle nostre piccole e medie imprese, all'abilità di una stirpe di «artigiani imprenditori» che grazie al loro «individualismo collettivo» stanno portando il Paese a vincere la sfida della mondializzazione.

Ma l'inchiesta dell'*Express* suona anche come un'accusa ai leader politici, economici e industriali francesi, «che pensano ancora che gli italiani sappiano solo fabbricare scarpe e altri prodotti senza avvenire, e che li esportano soltanto grazie alla loro fantasia e alla moneta svalutata».

Se fossero più attenti suggerisce loro il settimanale, saprebbero che il distretto della ceramica di Sassuolo detiene ormai l'80% del mercato internazionale del settore, che Belluno è la capitale mondiale degli occhiali, che Ancona produce il 37% di tutta la bigiotteria del pianeta e Pesaro il 28% dei mobili. E il boom è fatto anche di hitech: come la «biomedical valley» di Mirandola (Modena), dove in soli 20 anni si è sviluppato un pool di aziende d'avanguardia.

Nella sua inchiesta, il settimanale passa in rassegna piccoli e grandi protagonisti: da Flavio Boldrin (imprenditore meccanico di Ozzano, vicino Bologna) ad Aldo Gherpelli (che produce abbigliamento per Dior, Armani e Max Mara), da Bruno Gnudi (macchine per imballaggio) a Maria Nora Gorni (biomedicale). A sorprendere i francesi è soprattutto il tessuto produttivo emiliano: 126.500 imprese artigianali, oltre 40 mila nate fra l'85 e il '97, fondate nel 90% dei casi da ex operai diventati imprenditori.

Il segreto del successo? L'«Express» parla di ottime relazioni industriali, creatività individuale inserita in un contesto di solidarietà, forti organizzazioni cooperativistiche, estrema rapidità nei cambiamenti. Ma sul piatto, secondo il settimanale francese, va messa anche la qualità della vita. Soprattutto in Emilia, dove nessuno si pone il problema di «scegliere fra lavoro e tortellini, perché si possono avere entrambi».

Insomma, non c'è affatto da sorprendersi se a studiare i distretti sono già venuti in Italia esponenti dell'Ocse e della Unione Europea. E anche ora, ricorda l'«*Express*», in Emilia è un continuo via vai di imprenditori australiani e cinesi, tedeschi e americani. Vengono qui tutti a imparare.

Tutti, fuorché i francesi.

(*Giancarlo Radice, Corriere della Sera 1.8.98*)

Correggete gli errori nelle seguenti frasi con l'aiuto del testo:

1. L'Express ha intitolato il suo articolo "Viaggio nel Paese del piano impiego"
2. L'articolo è un arrestato d'ammirazione per l'Italia ed i suoi distratti industriali
3. L'inchiesta tuona come un'accusa ai leader politici francesi
4. I francesi pensano che gli italiani sappiano fabbricare solo sciarpe
5. La ceramica di Sassuolo detiene l'80% del marcato mondiale
6. Ancona produce il 37% della bigotteria
7. L'inchiesta possa in rassegna piccoli e medi imprenditori
8. Oltre 40 mila imprese sono note nel periodo fra l'85 e il '97
9. Nel 90% dei casi queste imprese sono sondate da ex operai
10. Importante è anche la qualità della gita in Italia
11. Australiani, cinesi, tedeschi e americani vengono in Italia a imperare
12. L'articolo del Corriere si chiama "Macché crisi, l'Italia è un midollo da invidiare

A - Completate il testo (ogni punto corrisponde ad una lettera mancante)

Nel secondo dopoguerra l'industria italiana ha registrato una progressiva espansione, rivestendo un ruolo importante nell'intera economia.
L'Italia si è collocata fra i primi dieci Paesi più industrializzati del mondo.
Le principali produzioni industriali italiane riguardano l'industria siderurgica (ghisa, acciaio, ferro), quella chimica e farmaceutica (medicine, detersivi, concimi), l'industria tessile (abbigliamento e calzature), quella automobilistica (Fiat, Alfa Romeo, ma anche Ferrari, Maserati, Lamborghini, che producono automobili di alta classe, destinate in gran parte all'esportazione).
Da non dimenticare naturalmente l'industria turistica d'importanza fondamentale per l'economia nazionale, favorita dal clima temperato, da bellezze naturali e artistiche ed ora seriamente minacciata dall'inquinamento ambientale.
Nel settore dell'artigianato ricordiamo la lavorazione della ceramica (di Romagna, Umbria, Campania e di Puglia), la secolare lavorazione del vetro (a Murano), l'oreficeria in Toscana e nel Veneto; e ancora la produzione di oggetti di marmo, anch'essa in Toscana, la scultura lignea dell'Alto Adige, i mobilifici, soprattutto quelli della Brianza e la lavorazione del cuoio.

B - Conoscete l'Italia? Anagrammando le parole otterrete i nomi delle regioni italiane

Povero, ma non così tanto
L'identikit dell'agricoltore italiano

Un reddito tutto sommato abbastanza modesto: poco meno di 15.000,-- € l'anno, rispetto ai 20.000,-- abbondanti dei bancari o di quanti lavorano nel commercio. Una noncuranza, che è quasi una diffidenza, verso gli investimenti finanziari: obbligazioni e titoli di vario genere sono quasi ignorati. Una parsimonia d'altri tempi per le spese di casa: a cambiare i mobili si fa sempre in tempo.

L'indagine della Banca d'Italia sui bilanci delle famiglie è una fonte inesauribile di informazioni anche a proposito del settore primario. Partendo da quell'analisi, l'ufficio studi della Confagricoltura ha tracciato un identikit della famiglia-tipo agricola. Ne escono molte conferme e qualche sorpresa, fra cui il numero dei componenti e i guadagni nettamente più bassi rispetto ad altre attività.

Gli agricoltori sono poveri? «Il pessimismo non è giustificato - risponde Giordani, uno degli esperti che hanno "riletto" lo studio di Bankitalia - Le distanze non sono poi così enormi». Ristrutturare, razionalizzare è diventato un imperativo anche per le attività dei campi e i risultati si vedono. «Il valore aggiunto per unità lavorativa - svela Giordani - sta crescendo, in termini reali, a un tasso quasi doppio rispetto a quello di industria e servizi».

Scendendo nei dettagli, per quanto riguarda la **famiglia:** nella famiglia agricola le persone che lavorano sono in genere più numerose rispetto a quanto avviene negli altri comparti produttivi.

Reddito: al netto di imposte e contributi assistenziali, le entrate annue si aggiravano nel passato sui 15.000,-- €. Erano 17.000,-- nella pubblica amministrazione, 18.000,-- e qualcosa nell'industria, 19.000,-- nel commercio e nel credito. Solo il 70% del reddito, però, è da lavoro; il resto arriva dal capitale (21,4) e dai trasferimenti (8,8). Negli altri settori, stipendi e salari costituiscono grosso modo l'80% delle entrate.

L'indagine mette ancora in evidenza come quasi un quarto delle famiglie agricole non possieda una ricchezza reale (immobili, aziende, oggetti di valore) superiore ai 15.000,-- euro; il 20% è tra 15.000,-- e 50.000,--, il 25,1 tra i 50.000,-- e 100.000,--, il 17,2 oltre. Appena il 30% dei nuclei familiari agricoli, comunque, raggiunge il reddito medio degli altri comparti.

Risparmio: banca e posta la fanno da padroni. Il 75,1% delle famiglie ha dichiarato di possedere almeno un deposito. Quello postale è relativamente più diffuso nelle zone rurali e dove il capofamiglia è di sesso femminile o di età superiore ai 65 anni. Solo il 12,7 possiede Titoli di Stato e il 4,3 azioni, obbligazioni e simili.

Spesa: all'agricoltore «bastano» 11.000,-- euro all'anno per acquistare beni reali, mezzi di trasporto, mobili ed elettrodomestici. Non è solo una questione di reddito. Nell'era delle vendite a credito («acquistate oggi, pagherete dopo le ferie»), il settore primario mostra scarso interesse all'indebitamento per i consumi: il 3,1% delle famiglie ha chiesto un finanziamento contro una percentuale ben superiore degli altri comparti.

(da Il Corriere della Sera, R. Ruffelli)

C - *Com'è l'atteggiamento degli agricoltori del vostro Paese riguardo a famiglia, reddito, risparmio e consumi?*

D - *Come si può completare?*

1. Un a................. al commercio è colui che lavora nel settore terziario
2. Si definisce i................. f.................... l'impiego di denaro per l'acquisto di titoli, azioni, ecc.
3. L'impiegato percepisce lo s.................., il lavoratore il s.......................
4. Immobili, aziende, oggetti di valore sono considerati r....................... r..........
5. Quando si effettuano vendite a c.................. si intende che si può acquistare a rate

F – *Rispondete alle domande basandovi sulle indicazioni della cartina*

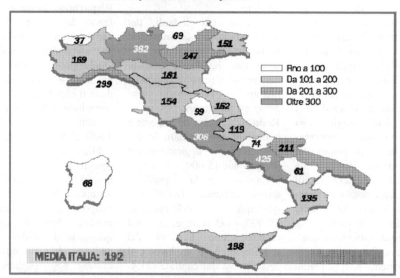

1) Quale regione italiana presenta la minore densità di popolazione? Quanti abitanti ha per kmq? 37
2) Qual regione segue a ruota per scarso numero di abitanti? 61
3) Qual è, al contrario, la regione con maggiore densità di popolazione? 425
4) E quale regione precede?
5) Quante e quali regioni hanno dai 101 ai 200 abitanti per chilometro quadrato?
6) Elencate le regioni italiane per ordine decrescente di popolazione
7) Quanti abitanti ha l'Italia in media per chilometro quadrato?

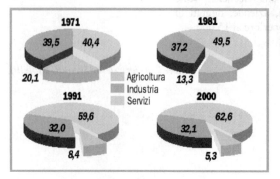

OCCUPATI PER SETTORE DI ATTIVITÀ

E - *Spiegate come è cambiata la distribuzione della popolazione attiva italiana negli ultimi 30 anni*

Economia nazionale 51

Prezzi agricoli in caduta libera, travolti da surplus e crisi mondiali

L'indice Ismea dei prezzi all'origine, nell'ultimo anno, registra un calo del 5,9 per cento; ma alcuni prodotti sono in caduta libera: frutta e agrumi (- 17,4%), suini (-12,2%), grano duro (-18,8%), soia (-31,9%) .

A provocare il crollo ha contribuito una serie di fattori diversi, ma eccezionalmente concomitanti: le condizioni climatiche vantaggiose, che hanno determinato eccedenze produttive nel comparto dell'ortofrutta e le crisi sanitarie, che hanno investito il settore carni e hanno alterato i normali equilibri dei mercati.

Per l'ortofrutta si è verificata una situazione climatica catastrofica: tempo eccellente nelle aree di produzione, freddo in quelle di consumo, nel Nord Europa in particolare. È allarme: o i produttori riescono ad aggregarsi e a programmare l'offerta o si andrà incontro a crisi di mercato sempre più frequenti. Il grano duro p.e. risente ancora molto dell'incidenza dell'offerta e della qualità: lo scorso anno la produzione è cresciuta del 30 per cento. Diverso il problema della soia. I surplus mondiali spingono le quotazioni del prodotto verso record negativi: meno 32% nell'ultimo anno, con una tendenza al calo appena attenuatasi il mese scorso.

Del tutto anomale le dinamiche del prezzo delle carni. Le crisi sanitarie degli ultimi anni hanno trasferito da un comparto all'altro i flussi degli acquisti. Così i suini hanno dapprima beneficiato della crisi della «mucca pazza» e hanno poi pagato la corsa alla produzione seguita alla peste in Olanda. Il pollame sconta l'effetto diossina, gli ovini quello dell'afta epizootica. Resta ora da vedere se le garanzie fornite dagli allevamenti riusciranno a recuperare completamente la fiducia dei consumatori italiani.

DIMINUISCONO LE AZIENDE AGRICOLE

Se è vero che negli ultimi 40 anni la dimensione media delle aziende agricole è rimasta pressoché immutata, è però anche diminuito l'impegno di lavoro ed è cresciuta la produttività. Non solo il numero delle aziende è diminuito; c'è stata anche una contrazione in termini di superficie, con un -4,4%. Pressoché invariato il rapporto Nord/Sud, con il 52,6% delle aziende e il 42,4% della superficie agricola nazionale nel Mezzogiorno. La riduzione in termini di superficie agricola utilizzata (-5,4% al Sud, -4,8% al Centro Nord) ha determinato una superficie media aziendale di 4,4 ettari nel Mezzogiorno e di 5,5 nel resto del Paese. In netto calo sono in particolare le aziende viticole, così come nettamente diminuita è la consistenza del patrimonio zootecnico. Si sono sensibilmente ridotte le giornate di lavoro (-18,7% al Sud e - 28,8% nel Centro Nord). In particolare sono crollate quelle relative alla manodopera familiare.

Lega Coop: «Coltivare meno e meglio per diventare i fornitori dell'Europa»
L'internazionalizzazione produttiva per salvare colture e commercio

L'ortofrutta deve prepararsi ad applicare gli stessi metodi dell'industria del made in Italy: migliorare l'offerta puntando sulla gamma esclusiva e sul servizio. Tuttavia sono ancora troppo pochi i produttori e le cooperative che migliorano la standardizzazione dei prodotti e concentrano e qualificano l'offerta.

L'Associazione produttori ortofrutticoli illustra alcuni mali e rimedi del settore: uno dei principali problemi è dato indubbiamente dall'elevato numero di ortofrutticoltori in rapporto alla superficie coltivabile. Questo fa sì che le produzioni siano costose e poco competitive e le strutture di lavorazione e trasformazione troppo limitate. Bisognerebbe evolvere gli impianti di lavorazione. Ma manca soprattutto la cultura dei grandi centri di raccolta e di trasformazione e si tende a lavorare solo marginalmente il prodotto fresco.

Un altro tema è quello dell'internazionalizzazione produttiva: l'Italia deve decidersi in fretta se vuole offrirsi come fornitore specializzato di ortofrutta in Europa. La carta vincente è la gamma dell'offerta: se non si può produrre tutto, si può diventare il Paese di riferimento per tutta la frutta che il mercato europeo e mondiale richiede. Questo significa comprare le produzioni che non possiamo coltivare e far produrre su commissione in Paesi extracomunitari: frutta e verdura selezionata e a costi contenuti. In altre parole, joint venture e società miste.

Infine i trasporti: i piani di incentivazione ci sono, ma mancano il sistema imprenditoriale e un piano d'attuazione del processo informatico. I confronti con l'estero sono ancora una volta durissimi: mentre le imprese di autotrasporti per ortofrutta hanno un parco di almeno 4 veicoli (5 in Francia, 8 in Germania e 10 in Olanda), in Italia sono ferme da parecchi anni: delle 200 mila imprese operanti sul territorio, l'80% ha a disposizione un solo vettore, il 10% 2, e solo il 7% più di 2.

(adattato da *Il Sole24Ore*, L. Naso)

A - *Dopo aver letto i tre articoli, immaginate di illustrare la problematica del settore spiegando:*

1. Quale immagine presenta l'agricoltura oggi
2. Quali fattori incidono sulla formazione dei prezzi agricoli
3. Perché le condizioni climatiche favorevoli si traducono in uno svantaggio per i prezzi agricoli
4. Quali crisi sanitarie si sono abbattute sul settore
5. Cosa significa la frase "I suini hanno pagato la corsa alla produzione"
6. A che cosa è dovuta la crescita di produttività delle aziende agricole
7. Perché, a vostro avviso, la superficie delle aziende agricole si va riducendo
8. Quale fenomeno si cela dietro il crollo delle giornate di lavoro relative alla manodopera familiare
9. Cosa si dovrebbe cambiare nel sistema della produzione ortofrutticola italiana
10. Come giudicate il suggerimento della Lega Coop di internazionalizzare la produzione ortofrutticola
11. In che modo la decentralizzazione della produzione in questo settore contribuirebbe a contenere i costi
12. Cosa si intende dire con la frase "Manca un piano d'attuazione del processo informatico"
13. Che cos'è un parco veicoli
14. Quali obiettivi dovrebbe porsi in complesso il settore dell'ortofrutta italiano
15. Spiegate la differenza fra i due termini *coltura* e *cultura*

B - *Le affermazioni nella tabella si riferiscono a possibili misure di sostegno della produzione agroalimentare. Dopo aver ricollegato le frasi secondo il senso logico, spiegatene il significato*

1. La distribuzione non è uno strumento passivo, semplice veicolo di trasmissione dei prodotti;	a. ma anche e soprattutto sulla qualità; bisogna conquistare il mercato su un sistema di prodotti vincenti per la salute e per il vivere bene
2. La politica dell'immagine per l'alimentazione è un messaggio tra i popoli;	b. dalle manifestazioni nei punti vendita alla realizzazione di materiale informativo e divulgativo
3. Avviare una serie di iniziative,	c. origine italiana = qualità del prodotto
4. La competizione di mercato è senza dubbio sui prezzi,	d. bisogna essere in grado di aumentare il valore aggiunto
5. Scegliere un logo	e. l'agroalimentare deve mantenere le sue tradizioni
6. Partecipare alle Fiere	f. è assistenza alla fornitura e consigli alla produzione
7. Poiché non si può sperare in significativi aumenti di vendita,	g. che caratterizzi il prodotto alimentare italiano
8. Puntare sull'identificazione	h. come mezzo di introduzione sui mercati

Economia nazionale

C - La pubblicità della mela che ride suggerisce una misura per aumentare la competitività dei prodotti agricoli; quale?

La mela che ride.

L'Alto Adige ha prodotto 2.800.000.000 mele nel rispetto della salute di piante, ambiente e persone.

In Alto Adige, grazie al programma di produzione integrata "Agrios", oggi c'è la più grande coltivazione di mele ecologiche d'Europa. Un severo decalogo ha permesso questo risultato, eccolo: • Scelta delle varietà più resistenti ai parassiti. • Accurata selezione del materiale vivaistico e del sistema di allevamento. • Cura del terreno nel rispetto ambientale. • Difesa antiparassitaria integrata; si attivano gli antagonisti naturali dei parassiti, come coccinelle e cinciallegre riducendo così drasticamente l'uso di fitofarmaci, impiegando comunque solo quelli non dannosi ecologicamente. • Massimo distanziamento di ogni trattamento dal momento del raccolto. • Divieto assoluto di qualsiasi trattamento chimico di conservazione. • Obbligo di registrare ogni operazione. • Continui controlli della frutta con analisi di laboratorio da parte di Ispettori della Provincia Autonoma di Bolzano. • Esclusione delle aziende che non rispettino il programma. Grazie a questo decalogo, all'ecosistema integro e all'aria pura di montagna le mele sono pulite, sane, ecologiche, le sole contrassegnate da bollino verde con coccinella simbolo della produzione integrata Alto Adige.

Alto Adige. La mela che ride.

INDUSTRIA, NON CESSA L'ALLARME

Non si arresta il calo dell'occupazione nella grande industria. Mentre in una delle cosiddette „aree a rischio", quella di Crotone, si sono concretizzati i timori del governo sull'ordine pubblico, le cifre della statistica confermano la gravità della situazione. Secondo i dati comunicati dall'Istat, a giugno l'occupazione nel settore industriale è scesa di un altro 0,2% rispetto al mese precedente e del 5,8% rispetto allo stesso mese di un anno fa. Unica consolazione, anch'essa statistica, è che l'erosione di posti di lavoro appare in lieve frenata. Il meno 5,8% che riassume il primo semestre dell'anno (gennaio-giugno) è inferiore al meno 6,4% del primo trimestre (gennaio-marzo).

I dettagli della rilevazione confermano che la crisi occupazionale è generalizzata, sia per settori di attività sia per categoria di lavoratori. Operai e apprendisti, per es., sono diminuiti nel primo semestre del 7,8%, ma anche impiegati e intermedi sono stati duramente colpiti. Tra i rami di attività, le situazioni più gravi si riscontrano nel settore dei mezzi di trasporto e in quello della produzione e prima trasformazione di metalli.

In calo anche l'altro rilevatore Istat per l'occupazione: le ore lavorate per dipendente. Per quanto riguarda i guadagni lordi medi per dipendente, l'incremento, sempre nel semestre di riferimento, è dell'1,1% per l'insieme dell'industria, con valori compresi fra il +4,8% dell'industria alimentare, uno dei settori meno colpiti dalla crisi, e il -0,2% per quella della lavorazione dei metalli. Il costo del lavoro medio per dipendente è diminuito complessivamente dello 0,1%.

Tutte cifre che confermano come il reddito dei lavoratori nell'industria si sia effettivamente assottigliato, sia in termini nominali che al netto dell'inflazione.

Restando tra i numeri, un altro campanello d'allarme è stato lanciato ieri dai ricercatori del dipartimento economico della Cgil. Nemmeno una crescita sostenuta del Pil riuscirebbe a far calare la disoccupazione nei prossimi anni.

È senza dubbio il Mezzogiorno l'epicentro della crisi in questa mappa.

Ecco gli esempi più significativi: in Calabria, sempre a Crotone, circa la metà dei 700 dipendenti della Pertusola, un'azienda per la raffinazione dello zinco, sono in cassa integrazione, mentre da una quindicina di giorni ha sospeso l'attività (lasciando a casa 400 operai) la Gtc, un'azienda tessile di Castrovillari, e dallo scorso febbraio sono in mobilità i 300 dipendenti della Liquichimica di Saline, in provincia di Reggio Calabria.

In Sicilia, i punti di crisi sono i poli chimici di Priolo e Gela e la Pirelli di Messina, dove 700 addetti hanno perso il lavoro da un anno.

Anche in Sardegna i problemi non mancano: nell'impianto Enichem di Porto Torres e tra i minatori del Sulcis ci sono migliaia di persone in cassa integrazione o in mobilità; in provincia di Sassari è a rischio il lavoro di circa 2000 addetti alla costruzione della centrale elettrica di Fiumesanto.

Seguono nell'elenco le situazioni di Puglia (soprattutto Taranto) e Campania.

Al nord la crisi è più selettiva: se a Torino l'indotto auto spera nella ripresa della Fiat, la chimica è sempre il cruccio principale di Marghera, in Veneto.

(Adattato da Il Corriere della Sera, R. Co.)

Economia nazionale

A - *Indicate il giusto significato (in base al contesto) dei termini sottolineati nell'articolo*

cessare	sospendere smettere terminare	**incremento**	aumento differenza sviluppo
cifra	segno numero carattere	**dipendente**	subalterno subordinato occupato
erosione	perdita distruzione corrosione	**reddito**	entrate guadagno prodotto
inferiore	secondario subordinato più basso	**assottigliare**	scemare diminuire affilare
trimestre	periodo di 4 mesi periodo di 3 mesi periodo di 30 giorni	**inflazione**	eccessiva diffusione di un prodotto un prodotto costante aumento dei prezzi
rilevazione	indagine evidenziazione sollevamento	**Pil**	Partito liberale italiano Prodotto italiano lordo Prodotto interno lordo
attività	lavoro operosità energia	**azienda**	amministrazione ditta attività
apprendista	allievo volontario praticante	**cassa integrazione**	ciclo di recupero pagamento di parte del salario coordinamento di imprese
intermedio	mediano mediatore dipendente con mansioni organizzative	**mobilità**	spostamento di dipendenti in settori diversi mutamento movimento
ramo	diramazione settore disciplina	**indotto**	condotto spinto produzione dipendente da altre
trasporto	trasferimento spostamento cambiamento	**ripresa**	recupero accelerazione riconoscimento

B - *Completate*

1. Ciò che guadagna una persona si chiama r................
2. Quando i posti di lavoro non sono più sicuri si parla di una c............... occupazionale
3. Se i problemi occupazionali riguardano tutti i settori, la crisi è g..............., se invece colpiscono i settori con intensità diversa, allora si parla di crisi s..................
4. Il salario dal quale non sono state ancora detratte le tasse è detto l..............
5. Quando si intravede una situazione di pericolo si lancia un c.................. d'allarme
6. Se un'azienda non può continuare a produrre, deve chiudere o almeno s................ l'attività

Un esercito di Brambilla alla conquista di Mosca

MOSCA - Sono 300 e vogliono .... le repubbliche russe, i frammenti dell'ex impero sovietico. Ci sono la Candy e la Merloni, la Pigna e la Perfetti, ma accanto ai nomi noti ve ne sono altri meno conosciuti ma „............. ....", come la Dolfi di Ortisei, ... nelle statue religiose e nei santi che arrivano ad altezza naturale; la Dallapé di Stradella, che fa fisarmoniche; la Sisma, che produce bastoncini cotonati. C'è persino la Sigma di Palermo, l'azienda di Libero Grassi assassinato dalla Mafia.
Sono l'avamposto dell'.............. Italia che, dopo „Italia 2000" hanno realizzato „Byt Italia", la prima .... dei prodotti di consumo e delle .... di produzione di marca tricolore che si sia mai svolta in Unione Sovietica. E se a „Italia 2000" c'erano Giovanni Agnelli, Carlo De Benedetti e Raul Gardini, oggi a Mosca sono calati i Brambilla, gli Esposito e i Caruso, piccoli e medi imprenditori disposti ad avventurarsi nelle insidie dell'Est per allargare il loro ....
Li ha chiamati a raccolta „Byt Italia", che ha come sottotitolo „L'arte italiana del vivere quotidiano", la .... di prodotti del made in Italy, inaugurata a Mosca presso il Vdnh, il più importante ente espositivo sovietico. La manifestazione ha permesso agli imprenditori di avere rapporti diretti sia con le .... e gli operatori sovietici, sia con il pubblico dei .... E così, oltre al brivido di fare affari e .... con le imprese (la Perfetti, quella della gomma del ponte, ne ha annunciata una, mentre la Armando Testa aprirà una testa di ponte nell'URSS in collaborazione con le agenzie sovietiche di pubblicità), i Brambilla e gli Esposito hanno potuto misurare direttamente gli umori e i gusti dell'ex compagno Iwan.
Alla mostra sono venute soprattutto .... che operano in valuta; in Russia sono circa 20 mila le aziende che possono pagare in valuta gli .... a favore dei loro dipendenti, a cui vanno aggiunte quelle autorizzate a trattare in divisa straniera.
La manifestazione è molto sentita a Mosca (ad aprirla sono intervenute le massime ....) e anche se la situazione economica generale è disastrosa, può rappresentare una leva per lo svilupparsi del .... mercato. Anche se le esportazioni italiane verso la Russia sono in calo (valgono circa 3 mila Mld di lire, mentre le importazioni, specie di materie ...., sono in crescita), gli imprenditori italiani non ci fanno caso.
Oltre che su linee di credito speciali, sono convinti che possono sempre contare sulle loro forze e sulla loro fantasia. Per conquistare l'ex .... e l'ex compagno Iwan val bene correre qualche rischio.

(adattato da *Il Corriere della Sera*, Walter Passerini)

A - Collocate al posto giusto nel testo i termini riportati di seguito

acquisti	consumatori	joint venture	prime
autorità	giro d'affari	leader	rassegna
azienda	impero sovietico	libero	re di nicchia
aziende	imprese	mostra	tecnologie
conquistare			

B - *L'espressione „marca tricolore" sta a significare* ....
C - *„Brambilla", „Esposito", „Caruso" sono sinonimi di* ....
D - *Per indicare la Russia e i russi nell'articolo sono stati utilizzati i termini e le espressioni*
....
....

Austria felix, la strada per l'Est

Grazie agli storici legami con i Paesi di quell'area, a un fisco benevolo, alla quasi totale assenza di conflittualità sociale e ai rilevanti finanziamenti dell'Unione Europea.

di DIEGO BRAGA - Espansione 10/97

Sono trascorsi pochi anni dall'ingresso dell'Austria nell'Unione Europea e sono sempre più numerose le imprese italiane che hanno cominciato a guardare a questo Paese con rinnovata attenzione. A confermarlo sono anche i dati relativi alle esportazioni italiane che hanno fatto segnare un incremento del 12,6% con performance particolarmente positive nel settore delle bevande, nell'agroalimentare, negli autoveicoli e nel farmaceutico. Si calcola che la sola eliminazione dei controlli doganali, con l'abbattimento delle varie spese amministrative e con la fine delle lunghe attese dei camion al confine, si sia concretizzata in una diminuzione dei costi per le nostre imprese di circa il 4%. E la caduta delle barriere doganali ha permesso all'Italia di sfruttare appieno la vicinanza delle regioni occidentali austriache (Carinzia e Tirolo in modo particolare) rendendo possibile un consistente volume di acquisti diretti nel nostro Paese da parte non soltanto dei consumatori ma anche di grossisti e commercianti, senza alcun intralcio di ordine burocratico e amministrativo. Oltre ai prodotti alimentari hanno beneficiato di tale flusso di acquisti diretti anche altri settori come il tessile, l'abbigliamento e quello dei mobili. La liberalizzazione degli appalti pubblici, inoltre, ha consentito anche alle nostre imprese di prendere parte, insieme alle altre aziende dell'Unione Europea, ai vari bandi di gara per lavori e forniture, appannaggio esclusivo, fino alla fine del 1994, delle società austriache. Si tratta, dunque, di un insieme di elementi che hanno ulteriormente contribuito a rafforzare il ruolo dell'Italia quale secondo partner commerciale dell'Austria (dopo la Germania). Da parte austriaca l'ingresso nell'Unione Europea, sancito attraverso un referendum popolare dalla stragrande maggioranza della popolazione, sta spingendo questo Paese ad aprirsi con maggior decisione agli investitori esteri puntando soprattutto sull'offerta di alcuni consolidati plus economici e sociali. Tanto per cominciare l'Austria ha un sistema fiscale con un'aliquota Irpeg del 34% (tra le più basse in Europa), una qualificata ed elevata produttività oraria (seconda soltanto alla Svezia), la quasi totale assenza di conflittualità sociale (all'insegna della Sozialpartnerschaft, o partnership sociale). Sono alcuni degli elementi su cui, nella loro azione promozionale, stanno maggiormente puntando le istituzioni austriache ai vari livelli, dal governo centrale a quelli regionali. A questi fattori bisogna aggiungere che l'Austria, da sempre, si è proposta alle imprese dell'Occidente come il Paese ponte verso le economie degli Stati dell'Est Europa. A questo proposito è necessario considerare che un quarto degli investimenti esteri austriaci sono indirizzati verso i Paesi ex comunisti e che in relazione alle dimensioni l'Austria è il Paese che ha costituito il maggior numero di joint-venture (circa 15 mila) negli Stati limitrofi della Repubblica Ceca, della Slovacchia, dell'Ungheria e della Slovenia. Infine, chi è intenzionato a investire in Austria deve tenere in considerazione la possibilità di fruire dei cospicui finanziamenti per lo sviluppo regionale riservati al Paese dalla Commissione Europea. Si è calcolato, in proposito, che l'Austria beneficerà di fondi per 1,62 miliardi di euro (circa 21 miliardi di scellini) di cui 184 milioni di euro per il solo sviluppo del Burgenland. Però, nonostante la presenza di tutte queste opportunità, fino a oggi non è stato registrato un grande interesse da parte degli investitori esteri. Certo società come Opel, Bmw, Siemens, Sony o Philips hanno da anni aperto sedi in Austria ma è anche vero che la maggior parte delle imprese occidentali non si è mossa. Sicuramente una delle ragioni alla base di questa situazione risiede nell'elevato costo del lavoro (è uno dei più alti d'Europa). Senza contare, poi, il peso degli innumerevoli seppur efficienti, controlli amministrativi. «Si tratta, comunque, di aspetti minori se paragonati agli innumerevoli vantaggi offerti dal nostro Paese», sostiene il ministro austriaco dell'Economia. Di fatto però, gli investimenti delle imprese italiane in Austria stentano a decollare. Tra le aziende che hanno cominciato a operare direttamente nel Paese *Espansione* ha raccolto l'esperienza di Safilo, Segafredo e Autogrill. Si tratta di esperienze diverse ma legate da un comune denominatore: la consapevolezza di operare in un Paese fra i più efficienti d'Europa. E secondo un recente studio delle Camere di Commercio austriache i settori che, in questo momento, offrono le migliori opportunità alle imprese italiane sono quelli dei computer, delle apparecchiature mediche e dei prodotti chimici.

GLI ITALIANI CHE HANNO INVESTITO

In Austria i maggiori investimenti stranieri hanno sino ad oggi riguardato il settore petrolifero, quello automobilistico e delle lavorazioni meccaniche. La Germania è il primo Paese investitore mentre le società a partecipazione italiana (120 circa) rappresentano il 3,9% degli investimenti esteri diretti. Fra le maggiori vi sono Agip *(idrocarburi)*, Fiat *(auto)*, Olivetti *(computer)*, Pirelli *(pneumatici)*, Assicurazioni Generali, Ferrero *(dolci)* e Zanussi *(elettrodomestici)*. Tra le aziende italiane insediatesi stabilmente in territorio austriaco vi è il gruppo Segafredo-Zanetti di Bologna che a Salisburgo ha impiantato uno stabilimento che conta 45 dipendenti. «Da 8 anni il nostro fatturato è in costante crescita con incrementi del 10% all'anno. Tutto ciò grazie alla vendita diretta e all'insediamento in loco. Un successo che ci ha portato negli anni ad aprire delle sedi in Germania, Ungheria e Repubblica Ceca. In futuro rafforzeremo ulteriormente la nostra presenza in Slovacchia, Slovenia e Bielorussia», afferma Claudius Neumayr, direttore generale della sede austriaca. Di altra natura è stato il percorso che ha portato in Austria il gruppo Safilo. È del luglio 1996 l'acquisizione dell'austriaca Carrera Optyl. Con questa acquisizione il gruppo padovano prosegue nella propria strategia mirata a espandersi direttamente sui diversi mercati internazionali e finalizzata alla costante innovazione tecnologica. È dei primi mesi del 1997, invece, l'investimento in Austria della società Autogrill che ha vinto una gara per l'acquisto e la gestione di 14 ristoranti dislocati sulla rete autostradale austriaca per un costo stimato di circa 26 milioni di euro. Nella scelta dell'investimento hanno pesato valutazioni relative alla vicinanza con l'Italia e il proseguimento di una strategia dell'azienda tesa a rafforzare la propria presenza in ambito europeo. «Abbiamo scelto l'Austria», spiega Paolo Prota Giurleo, amministratore delegato di Autogrill, «perché questo paese svolge una primaria funzione di raccordo con l'Europa Centrale e Orientale».

UNA BASE OPERATIVA

Espansione ha chiesto al ministro austriaco per l'Economia di fare il punto sui rapporti economici fra i nostri due Paesi.

Domanda: Quali sono le possibilità di penetrazione del mercato austriaco da parte delle imprese italiane?

Risposta: L'Austria si propone alle aziende italiane come base operativa per le direzioni-area e le strutture logistico-commerciali responsabili per l'Europa dell'Est. In particolare il Burgenland offre, grazie a un costo del lavoro inferiore e ai finanziamenti dell'Unione Europea, ottime prospettive.

D.: Intendete mettere a punto delle iniziative per dare impulso al flusso degli investimenti in Austria?

R.: Dall'aprile di quest'anno l'agenzia di promozione degli investimenti ha avviato una campagna informativa presso i potenziali investitori esteri sulle opportunità esistenti in Austria. Tale attività verrà ulteriormente potenziata in autunno.

LE REGOLE PER LE AGEVOLAZIONI

L'operatore che intenda intraprendere un progetto imprenditoriale in Austria ha due possibilità: sovvenzioni e crediti agevolati. I settori prioritari di intervento sono: telematica, tecnologie delle telecomunicazioni, tecnologie industriali e dei materiali, biotecnologie, biomedicina, formazione e riqualificazione professionale.

REGIONE	ZONA INCENTIVABILE	MASSIMO INCENTIVABILE
Burgenland	tutta	41-55%
Carinzia	la maggior parte	27%
Austria sup.	la maggior parte	21-27%
Austria inf.	in parte	21-27%
Salisburgo	in parte	21-27%
Stiria	la maggior parte	27-34%
Tirolo	in parte	21-27%
Vorarlberg	no	
Vienna	no	

Parchi tecnologici: attualmente esistono 40 parchi industriali, artigianali o tecnologici mentre altri 30 sono in progettazione. A questi si aggiungono vari business center per coloro che sono interessati a uffici. Possono essere sfruttati sotto forma di affitto, leasing o proprietà e dispongono di buone infrastrutture.

A cura di Promos, Camera di Commercio di Milano

I motivi di attrazione	*... e quelli di cautela*
* Un moderato regime fiscale (aliquota Irpeg 34%)	* Costi indiretti (logistici, telefonici) molto elevati
* Elevata qualificazione e produttività oraria della manodopera	* Una burocrazia onnipresente e insistenti controlli amministrativi
* Conflittualità sociale quasi nulla	* Rete distributiva eccessivamente accentrata
* Elevato reddito pro capite	* Un costo del lavoro fra i più alti in Europa
* Stabilità politica ed economica	* Scarsa flessibilità della forza lavoro
* Sovvenzioni e crediti agevolati per investitori in diverse aree del Paese	* Nostalgie protezionistiche non del tutto sopite
* Lunga tradizione di investimenti e interscambio con i Paesi dell'Est	* Un radicato spirito nazionalistico e forti pregiudizi verso le aziende provenienti da altri paesi come l'Italia

adattato da CAPITAL

AUSTRIA INFELIX

Verso Maastricht? *Vive nella nostalgia del passato ha un'economia traballante, è malata di Proporz, una lottizzazione inesorabile peggiore di quella italiana. Risultato: è arrivato Jörg Haider, l'uomo del destino, e ha stravinto le prime elezioni europee d'oltre Brennero.*

Perché è ricco, simpatico, intelligente ed efficace nei dibattiti in televisione. Ha un solo, piccolo, difetto: i suoi slogan sono la copia di quelli di Hitler

di Roberto Giardina

L'economia dell'Austria si basa su un prodotto difficile da imitare, delicato e insidioso: la nostalgia che è la traduzione non esatta di "Sehnsucht" forse più vicina allo "spleen" degli inglesi. Nel termine troviamo quel "Sucht" che indica la dipendenza dei tossicomani dalla droga. Gli austriaci hanno imparato a mercificare il loro passato per i turisti e quando le scorte finiscono e rischiano di stancare, il passato si inventa. Come accade per il concerto di Capodanno: milioni di spettatori in Eurovisione credono di partecipare a un evento secolare ma fu "creato" nel dopoguerra a uso degli americani e ora di giapponesi e italiani pronti a commuoversi quando si intona la conclusiva marcia di Radetzky, dolce, triste, irresistibile. Come l'Austria. Autentico è invece l'Opernball il ballo di Carnevale in cui venivano presentate le debuttanti al Kaiser (e ora al presidente della Repubblica); per i genitori la spesa può arrivare a una ventina di milioni di lire. Un rito per nuovi ricchi o stranieri. Anche i contestatori si sono stancati di attendere gli invitati per accoglierli con lancio di uova e pomodori.

Si tiene in vita la tradizione dei café contro la minaccia dei fast food dove ordinare una fetta di Sacher e „mélange" (da non confondere per carità con il cappuccino), e accanto all'americano «Cats» si mette in scena il musical «Sissi», sulla vita dell'imperatrice. Con arie accattivanti e un bel make up per la verità storica. Quando l'Orf, la Tv di Stato, ha annunciato un serial su Elisabeth «com'era», dura, nevrotica, anoressica, forse al limite della follia (sentiva voci), e perfino lesbica, si è intervenuti per bloccare il progetto. Non per rispetto alla Sissi dell'iconografia kitsch, ma per non pregiudicare una fonte di reddito. Ci si prepara a celebrare il centenario della ruota del Prater, resa famosa dal *Terzo Uomo*, il cui tema risuona ossessivo nelle segreterie telefoniche, in ascensore e in pizzeria, mentre si sono conclusi i festeggiamenti per il millennio dell'Austria, altra ricorrenza pretestuosa. L'atto di battesimo è una donazione da parte di Otto III al vescovo di Fresing di un paio di terreni „in Ostarrichi". Per colmo d'ironia il documento è conservato negli archivi di Monaco.

Un sondaggio ha rivelato che gli austriaci erano convinti di „essere più vecchi di mille anni", e comunque l'anniversario non ha portato i turisti sperati. L'estate scorsa si è avuto un calo del 16%, in alcune località fino al 25%. Un duro colpo alle finanze: il disavanzo degli scambi con l'estero (94 milioni di scellini nel '95) viene di solito coperto per due terzi dall'industria delle vacanze.

„Un turista texano ha quasi avuto un infarto quando si è visto chiedere 1 euro per una bustina di ketchup, poco meno di quanto costa un hamburger a Dallas", commenta *Profil*, il settimanale più autorevole del Paese. Il costo della vita in Austria è più alto che in Germania, a parte l'avidità di osti e albergatori. Ma la colpa del „buco estivo" è stata attribuita all'ingresso in Europa, votato a denti stretti. Come coltivare la tradizione impeeriale e allo stesso tempo „annullarsi" nella Comunità di Bruxelles?

Si rimpiange un passato dubbio e si finisce per non comprendere più un presente ambiguo. L'Austria che si commuove mangiando cioccolatini con l'immagine di Sissi e l'Italia che inventa la Padania sono molto simili: stessi problemi, stessi equivoci e identiche reazioni di politici e opinione pubblica. A Vienna si parla di nuova Repubblica, di riforma della Costituzione con maggiori poteri per il Presidente.

Per 40 anni il potere è stato spartito tra i due grandi partiti, il socialista Spö e il democristiano Övp, che fingendo di litigare, si sono divisi il Paese, dai monopoli statali ai posti di fattorino e di cuoco nelle mense scolastiche, secondo il „Proporz". Perfino per cavalcare un lipizzano bianco bisogna avere una tessera in tasca e gli allevamenti di cavalli sono statali. Il 40% degli otto milioni di austriaci è iscritto a un partito, il che equivale a una tessera per famiglia, indispensabile per un posto o per la carriera.

Come per l'Italia, il lungo sonno è stato infranto dal fragoroso crollo del „muro" di Berlino nell'89. La penisola ha perso il suo peso strategico e l'Austria, Statocuscinetto tra i due blocchi, posto di passaggio obbligato, sede privilegiata di ogni incontro internazionale sul petrolio o il disarmo, grazie alla neutralità, si è trovata all'improvviso assediata e scavalcata. L'ingresso nell'Unione Europea si è rivelato un odioso obbligo: non aderendo si rischiava di venir superati dai Paesi della Mitteleuropa, entrando, invece, il pericolo è di venir schiacciati tra Italia e Germania, assorbiti dalla vicina e molto più forte Baviera. „Per l'Europa l'Austria si riduce a 90 chilometri d'autostrada tra il Brennero e Kufstein" denunciano i giornali viennesi. E infatti si è provveduto a introdurre il pedaggio su tutto il tratto. Due austriaci su tre hanno votato a favore dell'Europa, ma la metà si è già pentita. Nei dieci anni dell'era Vranitzky il debito pubblico era passato da 617 miliardi di vecchi scellini a 1.350, neanche un decimo di quello italiano, ma gravoso per un paese delle dimensioni dell'Austria. Con i debiti dei Comuni si è arrivati a 220.000 scellini a testa, neonati compresi. Il deficit è salito dal 70 al 74% rispetto al Pil, mentre l'incremento della produzione dal 3% del '94 è sceso all'1,8% nel '95 e allo 0,7% nel '96. Già un milione di austriaci vive intorno al reddito minimo; le privatizzazioni promesse non sono ancora avvenute, ma sono aumentate le tasse e si sono tagliati gli interventi statali. I privati preferiscono investire a Praga o Budapest, dove i salari sono più bassi. Gli austriaci vanno all'Est anche per lo shopping e la messa in piega: da Kleinhaugsdorf, posto di frontiera con la repubblica Ceca, erano passati nel '95 in 12 milioni, nel '96 in 26 milioni. L'indice di disoccupazione, che era il più basso al mondo dopo il Giappone (6,4%), supera oggi l'8%. I senza lavoro sono 300.000, in assoluto non molti, ma con scarse o nulle chances di trovare una nuova occupazione.

L'Austria non è più „die Insel der Seligen", l'isola dei beati. Per Haider è facile alimentare la paura contro gli stranieri, chiede di buttar fuori i 300.000 profughi e teme l'invasione dei due milioni di africani irregolari, che vivono in Italia. I terroristi inviano lettere esplosive ai politici più progressisti e ai giornalisti „traditori" e si gettano bombe nei campi degli zingari.

I socialisti „al caviale" hanno perso a Vienna la maggioranza assoluta detenuta dal 1919, l'Fpö in dieci anni ha portato via 700.000 voti alla sinistra.

A tutto ciò si aggiunge la congiuntura negativa venuta a sommarsi ai problemi di razionalizzazione dell'industria. Mai visti dal 1945 tanti fallimenti, che hanno coinvolto praticamente tutti i settori, dall'acciaio al tessile, alla carta. Sul piano generale la situazione non è comunque così drammatica. Il livello della domanda interna è sempre alto; il settore edilizio tira grazie alle commesse dei Paesi ex comunisti e la domanda pubblica continua ad essere sostenuta

A - *Dopo aver letto gli articoli sull'Austria, rispondete alle seguenti domande:*

(Austria felix)
1. In quali settori si è verificato un incremento delle esportazioni in Austria da parte di imprese italiane?
2. Chi ha beneficiato in Austria della caduta delle barriere doganali con l'Italia? Per quali prodotti italiani si interessa questa categoria di acquirenti?
3. Quali elementi economico-sociali mette in rilievo la campagna promozionale austriaca per attirare nel Paese investitori stranieri?
4. A che cosa è dovuta la ritrosia delle imprese occidentali a insediarsi in Austria?
5. Quale valutazione pesa maggiormente a favore di un insediamento delle imprese italiane in questo Stato limitrofo?

(Austria infelix)
1. L'Austria in questo articolo appare come un paese proiettato verso il futuro?
2. Che cosa intende dire il giornalista quando scrive „Gli austriaci hanno imparato a mercificare il loro passato?"
3. A che scopo sono stati organizzati i festeggiamenti per il Millennio dell'Austria?
4. Come viene presentata la situazione del turismo austriaco? A che cosa si allude con l'avidità di osti e albergatori?
5. Su che cosa si basa, secondo questo articolo, l'economia austriaca?
6. Che opinione ha il giornalista della politica austriaca?
7. Quale conflitto ha creato all'Austria l'adesione all'Unione Europea?
8. Che affermazioni si leggono circa la disoccupazione in Austria?
9. Complessivamente che immagine fornisce dell'Austria il giornalista di Capital? Condividete la sua opinione? (Adducete argomenti favorevoli o contrari a sostegno del vostro punto di vista; servitevi eventualmente delle argomentazioni presenti nell'articolo di Espansione)

B - *Ruoli*

1. a) *Siete il sindaco di un paesino austriaco vicino al confine con l'Ungheria; avete un appuntamento con un imprenditore italiano (produttore di scarpe), che ha manifestato l'intenzione di aprire uno stabilimento nella vostra zona. Dato l'elevato tasso di disoccupazione, è nel vostro interesse riuscire ad attirare l'investitore straniero, per cui cerchereste di venire incontro alle richieste dell'interlocutore. D'altro canto non potrete esagerare con le concessioni, per non rischiare una dura reazione dei pochi imprenditori locali, che si sentirebbero svantaggiati. Sottolineate tutti i possibili vantaggi che presenta un investimento in Austria (terreni per uso industriale ceduti per 25 euro il mq; finanziamenti messi a disposizione dall'UE per la costruzione di nuovi edifici e per l'acquisto di nuovi macchinari pari alla metà della quota erogata dall'Austria; manodopera con ottima specializzazione, dato che nel sistema scolastico austriaco si integrano pratica e teoria in un apprendistato che dura 3 anni; astensione dal lavoro irrisoria – media annua inferiore ai 3 minuti contro gli 11 della Germania e le centinaia dell'Italia)*

1. b) *Siete un imprenditore italiano (produttore di scarpe), che vorrebbe insediarsi in Austria, perché la posizione geografica di questo Paese vi consentirebbe di operare più facilmente negli ex Paesi comunisti. Vedete tuttavia dei grandi problemi per la realizzazione del progetto a causa dei costi (del lavoro, del terreno, ecc.) troppo elevati in Austria, la rigidità della manodopera, l'ostilità verso gli stranieri e via dicendo.*
Ora avete un appuntamento con il sindaco di un paesino austriaco vicino al confine con l'Ungheria; nel corso del colloquio esponete le vostre perplessità con l'intenzione di ottenere dalla controparte quante più agevolazioni possibili, per rendere l'investimento interessante. Sottolineate tutti gli svantaggi che per un imprenditore può comportare un Paese come l'Austria.

Mulino Bianco al sapore viennese
di Pierangelo Giovanetti, Corriere della Sera

La parte del leone la fa l'Austria che, oltre che Paese confinante, è da sempre partner commerciale di tutto rispetto dell'Italia. Chi non conosce gli sci Fischer o i loden Giesswein? Ma anche la carta Leykam su cui si stampano la Repubblica e il Messaggero? Tutti prodotti austriaci.

Con il primo gennaio 1995 l'Austria è entrata nell'Unione Europea, assieme a Svezia e Finlandia. Per le società e i gruppi industriali e finanziari di quei Paesi si sono aperte le porte a un mercato interessantissimo, quello italiano che già li aveva visti protagonisti negli ultimi anni di clamorose conquiste. Basti pensare, solo per restare alla Svezia, al colosso Electrolux che ha rilevato la Zanussi elettrodomestici; al gruppo farmaceutico Kabi-Pharmacia che ha acquisito la Farmitalia-Carlo Erba; alla Volvo o alla Abb che nel campo dei trasporti è entrata nel progetto alta velocità e in quello dell'energia è fornitore importante dell'Enel. Ma è soprattutto nel campo commerciale che le esportazioni dei nuovi arrivati si sono fatte sentire in Italia. Con un potenziamento delle vendite in maniera concorrenziali nei settori dell'alta tecnologia, dei macchinari, nell'elettronica ma anche nel legname e nella produzione di carta.

"Certo che sono aumentate le esportazioni finlandesi in Italia, afferma Marjaana Karjalainen, addetta commerciale del consolato a Milano. Anche se bisogna dire che già con l'apertura dello spazio economico europeo avevamo goduto di facilitazioni e opportunità. Noi offriamo apparecchiature, specie per le telecomunicazioni o l'alta tecnologia, che erano già concorrenziali per qualità e prezzo. Pensiamo alla Nokia, la maggiore impresa finlandese che produce televisori e cellulari. Abbiamo ottenuto forti commesse. Siamo tra i fornitori di telefonini della Telecom. Ma anche la Kone, che insieme alla Fiam e alla Sabiem, produce ascensori e scale mobili ha buone prospettive: a Milano le scale mobili della metropolitana, per fare un esempio, sono finlandesi".

Il più vicino alle Alpi dei tre nuovi inquilini europei, l'Austria, è già ai primi posti tra i fornitori dell'Italia. I dati la collocano al dodicesimo posto, con una percentuale sulle nostre importazioni totali pari al 2,2 per cento. Tenendo conto del tradizionale isolamento viennese e delle difficoltà doganali, ciò significa che il cuore dell'ex impero asburgico ha un posto in prima fila nei rapporti commerciali con l'Italia. Lo hanno capito bene le banche austriache (dalla Raiffeisen Zb alla Zentralsparkasse, alla Girozentrale), che hanno subito aperto uffici di rappresentanza a Milano e nelle regioni di confine. Per non parlare di interessanti operazioni con l'ingresso in finanziarie e istituti di credito targati tricolore. Come la recente operazione della Kreditanstalt che ha costituito a Milano la Ca-Awt Finanziaria Spa e ha aumentato le sue partecipazioni nella banca Steinhauslin di Firenze. L'Italia diviene sempre più un mercato interessante e appetibile. L'Austria esporta già beni per un valore di oltre 5 mila miliardi e tra i principali prodotti venduti all'Italia figurano il legno segato e lavorato, gli acciai laminati, carni fresche e congelate, apparecchi elettronici, la carta di giornali e di imballaggio. "La Mayer Melnof, per esempio, è la ditta che fornisce i cartoncini di imballaggio della Barilla e del Mulino Bianco. E una società austriaca che sta avendo grande successo oggi in Italia è la Skidata che produce apparecchietti elettronici per l'accesso agli ski-lift (senza bisogno di usare lo skipass) e per l'apertura dei garage.

Benché solo al ventesimo posto tra i fornitori italiani con un export annuo intorno ai 3 mila miliardi, anche la Svezia si appresta a giocare un ruolo di rilievo. Gli approvvigionamenti italiani dal Nord riguardano soprattutto ferro e acciai laminati, carta e pasta per la fabbricazione della carta, apparecchi per telecomunicazioni, prodotti chimici, autoveicoli. Tutti i maggiori gruppi del Paese (da Ericsson ad Atlas, alla nota casa automobilistica Volvo) sono presenti in Italia con ingenti investimenti e propri stabilimenti. E ora appare scontata la sua espansione. "Il mercato italiano si presenta molto stimolante per la Svezia", afferma Krister Isakson, console a Milano. E gli fanno subito eco gli operatori economici: ai vertici del gruppo Electrolux hanno più volte manifestato l'intenzione di far crescere gli investimenti in Italia. Il dato curioso è che a questa effervescenza e intraprendenza svedese nel nostro Paese non corrisponde una significativa presenza di aziende italiane in Scandinavia.

Discreta e silenziosa, certo non ai primi posti come partner commerciale con l'Italia, anche la Finlandia ha terminato il suo isolamento nordico e punta all'Italia come testa di ponte per il Mediterraneo. "Negli ultimi anni abbiamo dato il via a un'interessante presenza in Italia che si è tradotta in una forte crescita delle esportazioni - afferma Birgitte Kankaro del Centro commerciale di Finlandia a Milano. L'ingresso nell'Ue ha portato indubbi benefici". La bilancia commerciale con la Finlandia. pende da anni a favore del Paese scandinavo. A fronte di 1.400 miliardi di beni acquistati, l'Italia ne vende per 800.

A - Vero o falso?

	VERO	FALSO
1. I nuovi partner commerciali italiani dell'UE sono Svezia, Austria e Norvegia	☐	☒
2. Il mercato italiano è stato conquistato dalla finlandese Electrolux	☐	☒
3. La Farmitalia Carlo Erba è stata acquisita dalla Volvo	☐	☒
4. La Nokia è un grande produttore di computer	☐	☒
5. Le scale mobili della metropolitana di Milano sono fornite dalla finlandese Kone	☒	☐
6. L'Austria è al primo posto tra i fornitori europei dell'Italia, seguita a ruota dalla Svezia	☐	☒
7. Le banche austriache hanno aperto filiali in Alto Adige e nel Friuli	☐	☒
8. Uno dei principali prodotti forniti dalla Svezia all'Italia sono gli acciai laminati e la carta	☒	☐
9. Fra i prodotti forniti dall'Austria troviamo il legno tagliato	☒	☐
10. Gli svedesi hanno investito ormai abbastanza in Italia e non intendono espandersi ulteriormente	☐	☒
10. La Barilla e il Mulino Bianco sono clienti di una ditta austriaca	☒	☐
11. L'austriaca Skidata fornisce skipass agli italiani	☐	☒
12. Al flusso di investimenti svedesi in Italia corrisponde una elevata presenza di imprese italiane in Scandinavia	☐	☒
13. Le esportazioni dell'Italia verso la Finlandia superano le importazioni da questo Paese	☒	☒

B – *Immaginate di dover partecipare ad una conferenza stampa in cui rappresentate i tre paesi di cui si parla nell'articolo (Austria, Svezia e Finlandia) e di dover illustrare i rapporti economici che essi intrattengono con l'Italia*

Economia nazionale

A - *Inserite nei testi i termini forniti a lato*

Italiani di venture

Oltre 200 aziende italiane impegnate in quasi tutti i settori produttivi; più di 3.500 mld di euro di giro d'affari negli ultimi due anni; un'impennata vertiginosa delle nostre esportazioni in Spagna. Le industrie italiane non perdono tempo, Fiat e Piaggio sono presenti nel settore dei *veicoli*; negli *elettrodomestici* c'è la Zanussi; nell'*informatica* l'Hispano-Olivetti; nei *pneumatici* la Pirelli; nel vetro la Siv; nelle *telecomunicazioni* la Telettra; nell'*alimentazione* la Starlux, la Parmalat e la Barilla; nella *moda* oltre al gruppo Benetton e Stefanel, c'è Zegna; nell'*editoria* Class Spagna, Mondadori, Fabbri, Rusconi, Rizzoli e De Agostini; nella *carta* la Saffa con l'acquisizione del 33% della Sarrio. Ancora forte nel settore *finanziario* la Cofir di De Benedetti e vasta l'attività delle banche: oltre alla Comit e al Credito italiano, sono presenti la Bnl, la Cariplo e la Banca di Roma. Altre industrie di rilievo sono Chicco Artsana, Cinzano, Angelini, Sigma Tau, le *ceramiche* Marazzi, Same, Martini & Rossi. Quasi il 40% delle attività italiane è insediato in Catalogna, il resto tra Madrid, la costa mediterranea e il sud.

- informatica
- alimentazione
- ceramiche
- moda
- carta
- finanziario
- pneumatici
- telecomunicazioni
- elettrodomestici
- veicoli
- editoria

Industrializzazione e sottosviluppo

Le attività economiche, i settori dove ha luogo la produzione di beni di cui la società ha bisogno, sono tradizionalmente tre: il settore primario (....1....); il settore secondario (....2....) e il terziario (....3.... in generale). Oggi si parla di un settore quaternario (o ....4....) per indicare una serie di servizi che richiede un'alta specializzazione tecnologica (uso del *computer*, p. es.). Nei paesi industrializzati si nota che il settore agricolo è nettamente in declino, al contrario di quello dei servizi in netto aumento. Quando si parla di terziario si intende generalmente l'insieme delle libere professioni (....6....), degli impieghi pubblici, delle attività legate ai trasporti ecc.

Nei paesi sottosviluppati, invece, l'economia è basata prevalentemente sull'agricoltura, settore nel quale è impiegato circa l'80% dell'intera popolazione. La produzione agricola, tuttavia, legata all'andamento del *clima* (basta un periodo di siccità per distruggere interi raccolti) e basata su tecniche molto *arretrate*, non è sufficiente a soddisfare i bisogni del paese né permette di realizzare guadagni tali da favorire la nascita di un settore industriale.

Caratteristiche dei paesi sottosviluppati sono l'analfabetismo, le scadenti condizioni sanitarie, la *mortalità* infantile, le *speranze di vita* che non vanno oltre i 40 anni di età contro i 70 dei paesi industrializzati

1 agricoltura e miniere
- arretrate
- clima
- computer
2 industria e artigianato
6 medici/avvocati ecc.
- mortalità
3 servizi
- speranze di vita
4 terziario avanzato

B – *Ecco alcuni campi su cui si riflettono gli influssi positivi o negativi delle imprese. Indicate quale e quanta incidenza hanno, a vostro avviso, le imprese sottostanti nei diversi settori. Motivate le vostre affermazioni*

   Settori
1. Garanzia di approvvigionamento energetico
2. Miglioramento della qualità della vita per i lavoratori
3. Controllo dell'inquinamento ambientale
4. Lotta all'inflazione
5. Diffusione dell'istruzione superiore
6. Sviluppo delle aree urbane
7. Lavoro per gli handicappati e le minoranze
8. Diffusione di valori etici/morali
9. Sviluppo tecnologico
10. Governo forte

   Industria
siderurgica	chimica
del tabacco	elettronica
alimentare	petrolifera
tipografica	televisiva
automobilistica	turistica

C - *Interpretate lo schema che illustra una parte del capitalismo italiano, con il polo di Torino e l'asse Milano-Ravenna; sapete collocare le società nei rispettivi settori di appartenenza?*

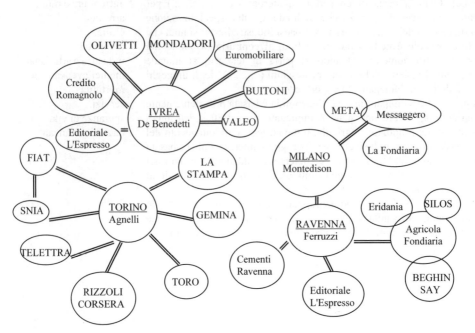

Ruolo
Indicazioni

Il consiglio comunale della cittadina di una regione economicamente povera del vostro Paese è stato convocato per una seduta urgente: all'ordine del giorno la richiesta di un ente petrolifero di ottenere l'autorizzazione per lo scavo di pozzi petroliferi nel cuore di una zona circostante la vostra cittadina, dichiarata parco naturale.

La trivellazione in questa zona deve scendere fino a 4.000-5.000 metri di profondità; il giacimento contiene 900 milioni di barili di petrolio. Nel pianificare l'ubicazione dei pozzi si tiene presente che essi verranno a trovarsi in un ambiente fragile, per cui le piazzole dove si trovano le torri di perforazione verranno isolate dal suolo con speciali teli impermeabili, affinché questo non venga inquinato con scorie e rifiuti. Terminata la trivellazione si smonteranno le torri e tutto il resto; di ogni pozzo rimarrà solo un tubo da dove il petrolio sarà immesso nell'oleodotto, posto a qualche metro sotto terra. Sono previsti 21 pozzi, la cui produzione nei 20 anni successivi – tempo previsto per sfruttare il giacimento – potrà contribuire al fabbisogno energetico dello Stato per il 6%.

Alla vostra cittadina sono destinati 25 mln di € all'anno; per fare un confronto: il bilancio annuale della regione è di 3 miliardi di euro all'anno.

L'ente petrolifero richiede una risposta rapida e non burocratica (la VIA – Valutazione di Impatto Ambientale – è stata già eseguita dalla compagnia stessa ed ha dato esito positivo), perché i tempi lunghi per le società del petrolio comportano perdite di miliardi al giorno.

La vostra, come già detto, è una delle regioni più povere del Paese, con un elevato tasso di disoccupazione e assenza di personale specializzato, sebbene qualcosa si stia facendo: le aziende agrituristiche, ad esempio, con la certificazione ambientale per i loro prodotti, riscuotono già un discreto successo.

La riunione si preannuncia rovente, dati gli interessi contrastanti degli ambientalisti da un lato e degli imprenditori dall'altro. Ad alcune piccole imprese è stata promessa una commessa di 500.000,-- €. I cittadini temono le ripercussioni sulla salute (tumori ecc.), sull'ambiente in generale, a scapito del turismo che ha appena iniziato a decollare (senza parlare del fatto che la regione è ricca d'acqua al punto da rifornire anche le zone limitrofe), e per la propria incolumità (se si verificassero esplosioni in un pozzo? L'area, tra l'altro, è anche molto sismica).

Il sindaco ha convocato dunque la giunta per valutare la situazione: sono presenti esponenti di tutte le correnti politiche (destra, centro, sinistra, verdi), rappresentanti dell'associazione degli imprenditori, della "Pro Loco" e membri dell'associazione per la tutela dei consumatori.

Servitevi dei punti elencati nel libro nell'esercizio B, relativo all'influsso delle imprese, come sostegno per l'argomentazione; passate poi al dibattito, durante il quale i rappresentanti di ciascun gruppo esporranno il proprio punto di vista, dopodiché il Consiglio comunale passerà alla votazione.

Un segretario/Una segretaria terrà il verbale e si farà consegnare da ciascun partecipante un promemoria della tesi sostenuta.

IMPRESE PUBBLICHE E PRIVATE

Le imprese vengono distinte, tra l'altro, anche in pubbliche e private.

Per **impresa privata** si intende un'azienda in cui i mezzi costituenti il capitale ed altri beni sono di proprietà di vari individui, singoli o associati, e che produce in vista di un profitto privato.

Nell'**impresa pubblica** il ruolo dell'imprenditore può dirsi assunto da un ente pubblico, ciò significa che lo Stato o gli enti locali esercitano direttamente l'attività di

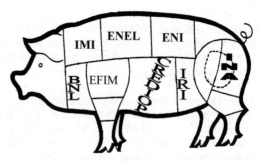

produzione o di prestazione di servizi. L'impresa pubblica può operare con le finalità più varie, da quelle esclusivamente privatistiche (realizzazione di profitti a beneficio dell'ente, per finanziare la sua attività) a quelle prevalentemente sociali (sostenere lo sviluppo economico, ridurre gli squilibri zonali e sociali, incrementare l'occupazione, ecc.) con beni, servizi o prodotti venduti a prezzi più bassi del costo di produzione (prezzi politici).

Sono esempi di impresa pubblica le aziende autonome statali come l'Azienda autonoma delle ferrovie, l'Azienda di Stato per i servizi telefonici, l'Amministrazione autonoma delle Poste e telecomunicazioni, l'ANAS.

Inoltre sono imprese pubbliche (miste) le partecipazioni statali.

A - Discutete le seguenti affermazioni:

- Le imprese pubbliche sono un male necessario
- Lo Stato è incapace di produrre
- Le imprese pubbliche sono le uniche che contano veramente, perché solo loro aumentano il benessere nazionale
- I servizi pubblici sono inferiori ai beni prodotti privatamente
- Le imprese pubbliche sono una concorrenza sleale per le imprese private
- Se ci sono degli utili vanno ai privati, se ci sono delle perdite ci pensa lo Stato
- Le imprese pubbliche possono soddisfare alcuni bisogni collettivi meglio e più completamente di imprese private

B - *Questionario*

  ɔ   Che cosa vuol dire privatizzare?

  ɔ   Pensate che sia stato un bene per l'Italia privatizzare?

  ɔ   Quale azienda italiana avreste privatizzato per prima?

  ɔ   Che cosa vi spaventa delle privatizzazioni?

  ɔ   Comprereste azioni di un'azienda che era statale e si è privatizzata?

C - *Discutete dei vantaggi e degli svantaggi che presentano le imprese pubbliche, private e miste*

Economia nazionale 69

L'impresa multinazionale

Il termine indica genericamente l'impresa che esercita le sue attività in diversi Paesi, ha un azionariato internazionale e dirigenti di diverse nazionalità.
Per parlare di multinazionali quindi devono essere soddisfatte alcune condizioni, cioè

- una produzione ripartita tra diversi paesi, secondo strategie di insediamento basate sui costi relativi dei fattori di produzione
- un vasto mercato internazionale
- una ripartizione internazionale della proprietà dell'impresa
- una rappresentanza internazionale a livello dello „stato maggiore" dell'impresa
- un finanziamento internazionale degli investimenti

— management internazionale

Relativamente alla gestione, le caratteristiche principali consistono in

- grande flessibilità nell'adattamento
- grande mobilità geografica (spostarsi)
- ricerca della migliore combinazione dei costi di produzione
- rigore di gestione
- previsioni a lungo termine

In Italia operano 210 delle prime 500 multinazionali mondiali, provenienti da 23 Paesi: Stati Uniti, Svezia, Germania, Canada, Svizzera; Olanda, Francia, Giappone ecc.

MULTINAZIONALI PRESENTI IN ITALIA	Addetti
1. Electrolux (Svezia) svedese	19.932
2. ITT (USA) telecomunicazioni	14.637
3. Philips (Olanda)	14.475
4. Michelin (Francia) pneumatici	13.565
5. IBM (USA)	12.649
6. Ericson (Svezia) telecomunicazioni	10.732
7. Unilever (Olanda-Inghilterra) detersivi, cosmetici, prodotti alimentari	8.023
8. BBC Brown Boveri (Svizzera) elettromeccanica	7.280
9. SKF AB (Svezia)	6.372
10. General Electric	6.089
11. United Technologies (USA)	5.932
12. GTE Corp (USA) (Corporation)	5.619
13. Hoechst AG (Germania)	5.538
14. Siemens AG (Germania)	5.236
15. 3M (USA)	5.061
16. American Standard (USA)	4.672
17. Nestlé (Svizzera)	4.520
18. Saint Gobain (Francia)	4.386
19. Honeywell (USA)	4.305
20. Dart & Kraft (USA)	3.856

A - *Cercate di individuare in quale dei seguenti settori operano le multinazionali elencate nella tabella:*

prodotti alimentari - vetro e fibre di vetro - telecomunicazioni - elettromeccanica e prodotti in metallo - materiali sensibili - farmaceutica e prodotti chimici - pneumatici - elettrodomestici - informatica e prodotti per ufficio - detersivi, cosmetici e prodotti alimentari - apparecchiature igienico-sanitarie - impianti e macchinari meccanici - cuscinetti volventi - elettrodomestici e prodotti elettrici

B - *Indicate qualche multinazionale italiana operante all'estero*

C - *Interpretate il grafico*

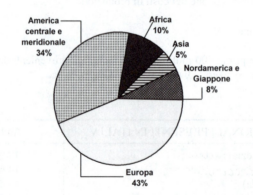

Dove investono le aziende italiane

D - *Siete una grande impresa produttrice di pasta, conosciuta a livello mondiale; negli ultimi tempi, tuttavia, anche i vostri utili vanno riducendosi e non riuscite a conquistare altre fette di mercato, per cui state analizzando la possibilità di aprire degli stabilimenti all'est*

Nel consiglio d'amministrazione si sono formate due correnti contrapposte. Siete stati chiamati pertanto ad una riunione straordinaria per soppesare i vantaggi e gli svantaggi che una simile operazione comporterebbe per l'impresa e prendere una decisione in merito.

Sostenete le tesi favorevoli e contrarie al progetto

Economia nazionale

E - *Inserite negli spazi vuoti i sinonimi corrispondenti alle espressioni fra parentesi*

1. Gli Stati Uniti avevano un problema: come fermare l'economia per evitare una (*ripresa*) fiammata inflazionistica
2. È quello che i tecnici hanno chiamato soft-landing, l' atterraggio morbido
3. Presto dovrebbe (*partire*) decollare una nuova fase di boom
4. Nonostante la ripresa, l'inflazione dovrebbe restare abbastanza (*limitata*) sotto controllo
5. Nessun altro membro del G8 può (*gloriarsi di*) vantare gli stessi risultati economici della Germania
6. La strategia seguita dalla Germania di (*aumentare*) elevare i tassi di interesse per attirare capitali stranieri le ha consentito di evitare (*l'utilizzazione di*) il ricorso alla leva politica fiscale
7. Il totale dei (*pagamenti*) trasferimenti verso l'Est è stimabile in circa 70 Mld di euro
8. Gli USA sono alle prese con la difficoltà soprattutto politica di (*ridurre*) ridimensionare il loro deficit pubblico
9. Oggi gli abitanti dell'Est hanno un consumo (*a testa*) pro capite di circa 2/3 di quello dei cugini dell'Ovest
10. La crescita dei prezzi al consumo (*si è mossa*) è oscillata tra lo zero e il 4 per cento, (*arrivando fino a*) toccando punte del 7 per cento
11. Negli ultimi mesi l'inflazione (*si mantiene*) viaggia intorno al 2 per cento
12. In Germania si teme che (*nuova stipulazione*) rinnovo dei contratti di lavoro possa avere effetti inflazionistici
13. (*effetto/urto*) L' impatto degli aumenti (*delle retribuzioni*) salariali si è scaricato principalmente sui profitti
14. Si spera che l'euro riesca presto a (*rivalutarsi*) apprezzarsi sul dollaro
15. I costi del lavoro negli ultimi dieci anni sono (*aumentati*) lievitati significativamente
16. Le imprese europee devono prendere spesso in considerazione l'ipotesi di (*trasferire*) decentralizzare la produzione all'estero
17. La lealtà del lavoratore all'industria, la collaborazione tra imprese e banche, la (*programmazione*) pianificazione a lungo termine erano gli elementi del successo giapponese
18. La forte (*diffusione*) penetrazione nei mercati stranieri ha determinato una crescita della quota giapponese sulle esportazioni mondiali
19. La forza dello yen è strettamente (*collegata*) correlata agli avanzi della bilancia commerciale
20. I prezzi più bassi, che i produttori stranieri hanno potuto (*applicare*) praticare in virtù della sopravvalutazione dello yen sono stati assorbiti da un sistema distributivo inefficiente

---

decentralizzare - viaggia - praticare - pianificazione - trasferimenti - fiammata - correlata - toccando punte - decollare - apprezzarsi - pro-capite - penetrazione - impatto - salariali - atterraggio morbido - lievitati - è oscillata - sotto controllo - ridimensionare - rinnovo - ricorso - vantare - elevare

Multinazionali, avanti piano

Il nostro Paese è agli ultimi posti nella Ue - Gli imprenditori restano scettici sulle prospettive

Appena la sufficienza, accompagnata da un giudizio di forte scetticismo sulla possibilità di risalire la china in un prossimo futuro. Ecco il voto sul grado di credibilità dato all'Italia dalle imprese multinazionali estere presenti nel nostro Paese.

Questi i risultati poco incoraggianti di un'indagine dell'Intermatrix svolta sulla base di interviste a 282 top manager di filiali italiane di multinazionali estere. Un terzo degli intervistati dà all'Italia un voto del tutto insufficiente; il 37,6% le attribuisce un buon grado di credibilità, mentre l'eccellenza viene espressa solo da una ristretta minoranza (un manager su 20).

Restiamo insomma un Paese "a rischio" per molte aziende straniere; il Regno Unito si conferma il Paese più "attraente" con 14.449 milioni di dollari in investimenti diretti, mentre la Germania registra addirittura disinvestimenti per 286 milioni di dollari.

Tra gli elementi giudicati più importanti per un recupero di credibilità del Bel Paese l'indagine evidenzia una generale richiesta (55,4% degli intervistati) relativa alla stabilità dell'assetto politico come presupposto per poter operare in condizioni di minore incertezza. Secondo certi intervistati è più importante, infatti, poter contare su 5 anni di stabilità politica che non su un tipo di governo più o meno favorevole agli interessi dell'impresa. Vengono inoltre giudicati fondamentali interventi di politica economica a cominciare dalla riduzione del debito pubblico per arrivare alle privatizzazioni, alla tenuta della moneta e al controllo dell'inflazione.

Nonostante tutto, però, le multinazionali già presenti nel nostro Paese confermano la centralità del loro business in Italia. Per l'83% delle aziende intervistate è importante continuare a operare sul nostro mercato anche se un segnale di minaccia viene da un 22% (in particolare multinazionali inglesi e francesi), che dichiara di avere deciso una riduzione della presenza nel nostro Paese. Circa una metà degli intervistati pensa di investire ancora da noi, perché ritiene che le prospettive di sviluppo del mercato italiano rappresentino anche in futuro un "bacino di domanda estremamente interessante". Gli investimenti già decisi sono prevalentemente concentrati nell'area commerciale e al Nord.

Diverso e poco incoraggiante il quadro che emerge da un microcampione di 21 aziende multinazionali presenti in Europa ma non in Italia. Si tratta di aziende che si sentono ancora lontane da noi e, pur non avendo una precisa motivazione per non scegliere l'Italia, non si muoveranno in un prossimo futuro, aspettando di avere una ragione valida per investire.

Molto forti sono però le attese delle multinazionali nei confronti del nostro governo: si auspica, soprattutto da parte delle aziende tedesche e francesi, un intervento attivo nel creare condizioni ideali di sviluppo per le aziende multinazionali. La richiesta al governo è per un mix di credibilità generale, presenza politica ed economica internazionale, sistema di aiuti fiscali e finanziari e semplificazione della macchina burocratica. E, infine, per la negoziazione degli incentivi le multinazionali vorrebbero avere un interlocutore unico, possibilmente il ministero dell'Industria.

(adattato da Il Sole 24 Ore)

A - *Quali sono, in base all'articolo, gli aspetti che rendono un Paese attraente per l'insediamento di una multinazionale?*

B - *Interpretate il grafico; chi guida la classifica e chi è il fanalino di coda fra i Paesi che fanno gola alle multinazionali?*

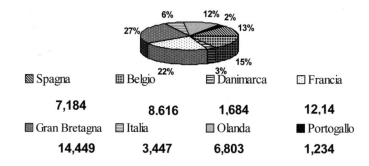

Spagna	Belgio	Danimarca	Francia
7,184	8.616	1,684	12,14
Gran Bretagna	Italia	Olanda	Portogallo
14,449	3,447	6,803	1,234

MULTINAZIONALI / Quelle che portano i centri decisionali nella Penisola

RI-MADE IN ITALY

Quando Electrolux ha comprato Zanussi si temeva la colonizzazione. Invece ha trasferito a Pordenone la direzione marketing internazionale. E anche Rossignol, General Electric

Entusiasta dell'Italia dice di esserlo da sempre; entusiasta di come lavorano e gestiscono le aziende gli italiani lo è diventato in questi anni, dopo l'acquisizione della Zanussi. Leif Johansson, numero uno della multinazionale svedese Electrolux, colosso industriale da 26 mila Mld di fatturato e 110 mila dipendenti sparsi nel mondo lo ripete ormai da mesi. «Non solo la Zanussi con i suoi 14 mila dipendenti si è perfettamente inserita nel gruppo, ma oggi un drappello di manager italiani guida dal Veneto e dal Friuli le attività di tutta l'Electrolux in aree per noi decisive». Johansson è perfino arrivato ad azzardare future successioni: «Non escludo che il prossimo amministratore delegato della Electrolux possa essere italiano».

E pensare che, fino a poco fa, nel Belpaese le multinazionali straniere facevano ancora paura. Tanto che, sia sul fronte sindacale, sia più in generale in ambienti politici ed economici, non sono mancati segnali di allarme. «C'è il rischio - ripetevano autorevoli consulenti industriali - che grandi gruppi esteri acquistino aziende italiane solo per le quote di mercato interno che detengono o per i marchi che possono allineare». Come primo passo, insomma, le avrebbero svuotate di ogni attività «intelligente»: niente più ricerca e progettazione, nessuna autonomia di gestione, fine dell'azienda come centro decisionale. «Semplici uffici di marketing con un po' di produzione attorno» è la definizione coniata per dipingere il destino a cui molte imprese italiane sembravano esposte. E una conferma è arrivata puntuale con il caso Buton, l'azienda bolognese comprata dal gruppo britannico Grand Metropolitan solo per mettere le mani su un marchio, Vecchia Romagna, che detiene il 30 per cento del mercato nazionale del brandy.

Ma non sempre è andata così, anzi. Come la Electrolux, altri gruppi stranieri hanno finito per farsi conquistare dall'Italia. È successo alla multinazionale francese dello sci, Rossignol, con l'acquisto della ex Caber e della Lange, oppure alla svedese Cabi Pharmacia con Farmitalia, o alla giapponese Komatsu con l'azienda vicentina di macchine per movimento terra Fai, o all'americana Black & Decker, protagonista di uno shopping italiano nel settore dell'utensileria e del «fai da te», che le ha permesso di controllare marchi come Elu e Star. Il fatto che certe aziende possano essere valorizzate una volta entrate nell'orbita di imprese più grandi è legato a un solo motivo: significa che possiedono un insostituibile patrimonio di tecnologia e di conoscenze specifiche.

Ne è una prova l'atteggiamento adottato dalla Rossignol dopo l'acquisto della Caber di Montebelluna e della Lange di Trento. In Francia il gruppo (600 Mld di fatturato, 2700 dipendenti) continua a produrre i suoi sci con i marchi Dynastar e Rossignol, quelli che stanno ai piedi del 70% dei campioni da Coppa del Mondo. Le aziende italiane rappresentano invece il polo dello scarpone: dall'ex Caber escono quelli con il marchio Rossignol, dalla Lange, appunto, i Lange, oggetto di desiderio per tutti gli appassionati di sci. «Ricerca, progettazione, design, produzione: tutto viene fatto qui - spiega Claudio Paulich, amministratore delegato di Rossignol Sci e direttore generale di Rossignol-Lange - Siamo noi a decidere prodotti e strategie aziendali. Solo gli aspetti commerciali e di marketing vengono curati Oltralpe». Insomma sbaglia chi dice che i francesi sono degli inguaribili accentratori? «In questo caso sì - assicura Paulich - Guardi, però, che hanno fatto bene i conti: a Montebelluna e dintorni c'è quello che viene definito il triangolo delle calzature sportive. Il patrimonio di conoscenza, di tecnologie, di capacità d'innovazione che c'è qui non si trova in nessun'altra parte del mondo».

Le stesse cose, in fondo, si sentono ripetere anche a Pordenone, quartier generale Zanussi. «Non c'è dubbio che dopo l'acquisizione la Zanussi ne sia uscita valorizzata», concordano gli analisti. Intanto, a spiegare l'atteggiamento soft della Electrolux c'erano già le buone performances fatte registrare autonomamente dal gruppo italiano sia in termini finanziari sia di presenza e credibilità sui mercati internazionali. Così, anche dopo l'acquisizione, la struttura portante del management è rimasta sostanzialmente in mani italiane; nel corso del tempo, poi, è cresciuto il ruolo della stessa Zanussi (e dei suoi uomini) all'interno della galassia Electrolux. La direzione del marketing internazionale è a Pordenone; il settore grandi impianti è guidato da un manager italiano; quello di produzione e vendita dei compressori (cioè il cuore dei frigoriferi, non solo Electrolux-Zanussi, ma forniti a molte altre industrie concorrenti) fa capo a un altro italiano. Un'ampia libertà di manovra l'ha anche Nicola Borsetti, l'amministratore delegato della Electrolux International che dirige il pool di tecnici, quasi tutti italiani, incaricato di aprire nuovi mercati alla multinazionale svedese, soprattutto in Asia. E lui, a colpi di intese commerciali e joint ventures produttive, sta conquistando Cina e Vietnam, Malaysia e Corea, Giappone.

Insomma, l'entusiasmo di Leif Johansson non è difficile da capire: «I manager italiani non si limitano a vendere elettrodomestici - ha sottolineato -, loro sono bravissimi anche a tessere rapporti personali, sanno come entrare in mondi culturalmente diversi. Basta che passino un giorno in Giappone ed eccoli già in grado di mangiare con le bacchette e di apprezzare i sushi ....»

Così, anche dalla recente riorganizzazione, avviata dall'ex *eco* Michael Trescow e continuata da Straberg, l'Italia esce valorizzata: la fabbrica di Porcia, dopo la chiusura di altri stabilimenti nel mondo, è cresciuta da 1,9 a 2,3 milioni di lavabiancheria, diventando il polo di riferimento in Europa per tutto il gruppo (sono stati trasferiti da Stoccolma i laboratori di ricerca e di industrial design). La fabbrica di Susegana (Treviso) è diventata master plant per il freddo. Grazie a due acquisizioni l'Italia è diventata uno dei poli dell'outdoor (giardinaggio). Infine, proprio a Susegana, è stata trasferita la centrale acquisti per tutto il settore elettrodomestici in Europa, una direzione nella quale sono stati concentrati 25 manager di tutto il mondo, Cina compresa.

adattato da Il Corriere della Sera, 15.1.96

Economia nazionale 75

C - *Chi ha scelto il Bel Paese? Completate lo schema in base alle indicazioni fornite dall'articolo del Corriere della Sera*

Azienda straniera acquirente	Azienda italiana acquisita	Risultati
Electrolux	....	Per la .... (e i suoi manager) un maggior ruolo in campo internazionale e un peso crescente all'interno della galassia ....
General Electric	Nuovo Pignone	Conferma dell'autonomia di Nuovo Pignone (Eni) nelle attività per l'industria petrolifera e nuove responsabilità internazionali nel settore dell'energia
Rossignol	....	Concentrate in .... tutte le attività, anche direzionali, che riguardano la produzione di .... e da montagna
Black & Decker	....	Produzioni autonome di .... e .... per il mercato italiano ed europeo
....	Farmitalia	Confermata e val............... la specializzazione dell'azienda italiana nel settore dei farmaci antitumorali
Salomon	S.Giorgio	In Italia le attività che riguardano la produzione di calzature Salomon da sci e sportive

D - *Aiutandovi con queste parole-chiave* (barriere doganali / regime fiscale / diversità normative / costi dei fattori della produzione / penetrazione del mercato / tecnologia / investimento di capitali / fonte di approvvigionamento / commercializzazione / risparmio locale / idee e informazioni / stimolo all'indotto / metodi produttivi / occupazione / dipendenza economica / neocolonialismo / perdita di potere dei sindacati / oligopolio) ***discutete i seguenti punti con i vostri colleghi:***

- Criteri in base ai quali le multinazionali scelgono i paesi in cui far produrre le merci
- Ragioni per le quali grandi multinazionali investono in paesi ugualmente industrializzati
- Effetti della multinazionalizzazione, timori delle multinazionali nella prospettiva di un insediamento e timori del paese oggetto di insediamento

E - *Avviate un confronto fra un sostenitore e un avversario delle multinazionali*

F - Quale pensate che sia l'elemento di maggiore interesse per chi vuole essere assunto da una multinazionale?

bene / male

1. Avere colleghi di altre nazionalità ☒
2. Dipendere da manager stranieri (7) ☐
3. Vivere per molto tempo all'estero ☐
4. (2) Parlare un'altra lingua ☒
5. La possibilità di viaggiare molto (3) ☐
6. (1) La possibilità di imparare le culture e il business degli altri Paesi ☐
7. L'opportunità di trasferimenti all'estero ☐
8. (3) Il poter svolgere un lavoro molto vario ☒

G - In quale gruppo preferireste lavorare? Perché?

Hewlett Packard	☐	Electrolux	☐
McKinsey &Co	☐	Standard & Poor's	☐
Pirelli	☐	Mercedes-Benz	☐
IBM	☐	Apple Computer	☒
Microsoft	☐	Shell	☐
BMW	☐	Sony	☐
Procter & Gamble	☐	Alcatel	☐
Nestlé	☐	Philips	☐
Eni	☐	Parmalat	☐
Unilever	☐	Goldman Sachs	☐

H - Se aveste la possibilità di influenzare le decisioni al vertice di una società, quali scelte fareste?

1. Aumentare il turnover della compagnia ☐
2. Sostenere a livello locale l'assistenza sanitaria e sociale ☐
3. Aumentare i ricavi e gli utili ☐
4. Sostenere le minoranze ☐
5. Far salire i livelli occupazionali ☐
6. Aiutare i Paesi in via di sviluppo ☐
7. Sviluppare l'innovazione tecnologica ☐
8. Lo sviluppo dell'arte e della cultura nella società ☐
9. Creare un gruppo dinamico e flessibile ☐
10. Migliorare l'attenzione sui problemi ambientali ☐

I - Quali sono i vantaggi di chi viene assunto da una grande azienda?

1. La garanzia di un'occupazione sicura ☐
2. L'azienda è attenta ai problemi dell'ambiente ☐
3. La possibilità di lavorare con le tecnologie più avanzate ☐
4. Le opportunità di lavorare a dei progetti ☐
5. La possibilità di "modellarsi" il lavoro ☐
6. Le opportunità per una carriera all'estero ☐
7. La posizione geografica ☐
8. Lavorare per il bene della società e del prossimo ☐
9. Un ambiente di lavoro gradevole ☐
10. Uno stipendio di buon livello ☐
11. La possibilità di imparare e di migliorare in professionalità ☐
12. Un'organizzazione dinamica del management ☐
13. Incarichi interessanti e stimolanti ☐
14. I servizi offerti dall'azienda ☐
15. L'opportunità da fare carriera ☐

Economia nazionale

a compimento	zu Ende
a denti stretti	zähneknirschend
abbattimento (dei prezzi - dei costi/spese)	drastische (Preis-Kosten-)Senkung
accattivante	Sympathien erwerbend, gewinnend
accelerazione	Beschleunigung
accentramento	Zentralisierung
acciaio laminato	Walzstahl
acquisizione	Erwerb, Übernahme
agevolazione	Begünstigung
agricoltura	Landwirtschaft
agroalimentare	Agrar- u. Lebensmittelsektor
alimentare	schüren
alimentazione	Ernährung
aliquota	Steuersatz
alta velocità	Hochgeschwindigkeit
annullarsi	sich aufheben, „verschwinden, untergehen"
appalto pubblico	öffentliche Vergabe
appannaggio	Vorrecht
apparecchiatura	Gerät, Ausrüstung
appetibile	attraktiv
apprendista	Lehrling
apprestarsi	sich anschicken
approvvigionamento	Versorgung
arretratezza	Rückständigkeit
assediato	belagert
assillare	plagen
assetto	Ordnung
assorbire	aufsaugen, einnehmen
atto di battesimo	Taufschein
autoveicoli	Fahrzeuge
avamposto	Vorposten
avanzo	Überschuß
avidità	Gier
avversione	Abneigung
azienda autonoma	Eigenbetrieb
azionariato	Aktionäre
azione promozionale	Werbekampagne
azzerare	auf Null stellen
bando di gara	Ausschreibung
benessere	Wohlstand
bilancia commerciale	Handelsbilanz
bilancia dei pagamenti	Zahlungsbilanz
bisogno	Bedarf
caduta delle barriere doganali	Wegfallen der Zollschranken
calo	Rückgang
campagna promozionale	Werbekampagne
casa automobilistica	Autohersteller

casa di proprietà	Eigentumswohnung
cassa integrazione	Lohnausgleichskasse
centenario	Jahrhundertfeier
ceto	Schicht
clamoroso	eklatant, aufsehenerregend
colosso	Riese
coltivare	pflegen
commercianti	Kaufleute
commercio mondiale	Welthandel
commessa	Bestellung
commuoversi	gerührt sein
comparto	Branche
competitività	Wettbewerbsfähigkeit
concorrenziale	wettbewerbsfähig
consumatori	Verbraucher
contanti	Barmittel
contenimento della domanda interna	Einschränkung der Inlandsnachfrage
contestatore	Protestler
contratto di fornitura	Liefervertrag
cumulare	häufen
cuscinetto volvente	Kugellager
danaroso	vermögend, reich
debito	Schuld
deposito postale	Posteinlage
depurare	bereinigen
di tutto rispetto	beachtlich
di un'incollatura	um Haaresbreite
dipendente	Beschäftigter
dirigente	Leiter
disarmo	Abrüstung
disavanzo	Defizit, Fehlbetrag
disinvestimento	Veräußerung einer Kapitalanlage
disoccupazione	Arbeitslosigkeit
divario/gap	Gefälle
economia di scala	Größenvorteile
elettrodomestici	Haushaltsgeräte
ente locale	Gebietskörperschaft
entrate e uscite	Einnahmen u. Ausgaben
equivalere	entsprechen
equivoco	Mißverständnis
erosione	Schwund
escogitare	ersinnen
esportazione	Export
esposizione	Ausstellung
evento secolare	Jahrhundertereignis
falla	Leck
famiglia mononucleare	Kernfamilie
fanalino di coda	Schlußlicht
far la parte del leone	sich den Löwenanteil sichern

Economia nazionale

fare eco	zustimmen
fattorino	Laufbursche
fatturato/giro d'affari/ volume d'affari	Umsatz
fette di mercato	Marktanteile
fibra di vetro	Glasfaser
finanziaria	Finanzierungsgesellschaft
fingere	vortäuschen
fisco	Steuerbehörde
fondi	(Geld)mittel
formazione professionale	Weiterbildung
fornitore	Lieferant
fornitura	Lieferung
fragoroso	donnernd
frenata	Verlangsamung
fruire	in den Genuß kommen
gravoso	belastend, schwer
grossista	Großhändler
gruppo farmaceutico	Pharmakonzern
gruppo finanziario	Finanzgruppe
gruppo industriale	Konzern
identikit	Phantombild
imbattersi	auf etw. stoßen
impostare (un problema)	angehen
impresa privata	Privatunternehmen
impresa pubblica	öffentliches Unternehmen
incentivare	fördern/ankurbeln
incentivazione	Förderung
incentivo	Anreiz
incidenza	Auswirkung
incremento	Zunahme
indebitamento	Verschuldung
indebitato	verschuldet
indotto	Zulieferindustrie
inedito	neuartig
infrangere	brechen
ingente	beachtlich
ingresso/adesione	Beitritt
inquilino	Hausbewohner
insediamento	Niederlassung, Ansiedlung
insidioso	tückisch
intermediazione	Vermittlung
intraprendenza	Unternehmungslust
(quadri) intermedi	mittlere Führungskräfte
interscambio	Austausch
investimento	Investition
investitori esteri	Auslandsinvestoren
isolamento	Isolation
legname	Holz
lottizzazione	Ämteraufteilung

manifestare l'intenzione	die Absicht äußern
manovra	Maßnahme
mercificare	kommerzialisieren
mettere in scena	inszenieren
millennio	Jahrtausendfeier
monito	Mahnung
mortalità infantile	Kindersterblichkeit
multinazionale	multinationale Gesellschaft
nicchia	Nische, Lücke
noncuranza	Gleichgültigkeit
ossatura industriale	industrielles Gerüst
oste	Wirt
parsimonia	Genügsamkeit
partecipazione	Beteiligung
partite correnti	laufende Posten
partner commerciale	Handelspartner
patrimonio collettivo	Gemeingut
patrimonio	Vermögen
pedaggio	Maut
penetrazione del mercato	Markterschließung
pentirsi	bereuen
per colmo d'ironia	Ironie des Schicksals
percepire	beziehen
pneumatico	Reifen
posto di passaggio obbligato	„zwangsläufige" Übergangsstelle
postulare	voraussetzen
potenza industriale	Industriemacht
potenziare	verstärken
potere d'acquisto	Kaufkraft
pregiudicare	beeinträchtigen
pretestuoso	vorgeschoben, als Vorwand dienend
privilegiato	bevorzugt
pro-capite	pro Kopf
prodotti manifatturieri	Manufakturwaren
prodotto interno lordo	BIP
profitto	Gewinn
propensione/tendenza al risparmio	Sparneigung
pubblica amministrazione	öffentliche Verwaltung
quartier generale	Hauptquartier
raccordo	Verbindung
ramo	Bereich
rapporti commerciali	Handelsbeziehungen
rassegna	Schau, Ausstellung
redditizio	rentabel
reddito	Einkommen
regime fiscale	Steuerregelung
requisito	Erfordernis, Voraussetzung
ricchezza	Reichtum
rilevazione	Erhebung

rimesse (degli immigrati)	Überweisungen/Heimsendung der Gastarbeiter
rimpiangere	nachtrauern
ripresa	Aufschwung
riqualificazione	Umschulung
risalire la china	wieder nach oben kommen
risparmio	Ersparnis
rivalutazione	Aufwertung
salario	Lohn
scala mobile	Rolltreppe
scavalcato	überholt
schiacciare	erdrücken
scontare	büßen
scontato	voraussehbar
sconto	Rabatt
sconvolgimento	Umwälzung
scorciatoia	Abkürzung
scorrere	überfliegen
sede	Sitz
servizi	Dienstleistungen
settore primario	primärer Sektor
sistema fiscale	Steuersystem
sopravanzare	übertreffen
sovranità monetaria	Währungshoheit
spartire	aufteilen
speranza di vita	Lebenserwartung
spopolare	entvölkern
squilibrio	Ungleichgewicht
stabilimento	(Betriebs)anlage
Stato cuscinetto	Pufferstaat
"stato maggiore"	Führung
stima	Schätzung
stipendio	Gehalt
svalutazione	Abwertung
tasso di cambio	Devisenkurs
tasso di crescita	Wachstumsrate
tendenza	Trend
terziario	tertiärer Sektor
tessera	Parteibuch
testa di ponte	Brückenkopf
titoli di Stato	Staatspapiere
traballante	wackelig
trasformazione	Verarbeitung
tratto	Merkmal, Wesenszug
urbanizzazione	Urbanisierung, Verstädterung
utensileria	Werkzeuge
utile	Gewinn
valore aggiunto	Mehrwert
zingaro	Zigeuner

Capitolo 3
Europa

L'Europa dalla A alla Z; dati ed avvenimenti

Così come l'Europa abbraccia una varietà sorprendente di paesaggi e risorse naturali, altrettanto variegato è il suo scenario culturale e linguistico.

In un passato remoto era normale seguire una "carriera europea": Erasmo di Rotterdam, più di 500 anni fa, studiò a Parigi, si laureò a Torino, insegnò per oltre un decennio a Cambridge e morì a Basilea. Il pensiero dei filosofi e le scoperte degli scienziati si diffusero in Europa, influenzandosi reciprocamente, nonostante le diversità delle lingue; gli artigiani, per perfezionarsi, viaggiavano senza badare ai confini: la cultura comune è stata sempre un anello di congiunzione tra i popoli europei, ma venne seriamente minacciata dalle politiche aggressive del potere economico nell'Ottocento e dall'inasprirsi dei nazionalismi.

Dopo il secondo conflitto mondiale Jean Monnet e Robert Schuman riuscirono a persuadere sei Paesi (Belgio, Francia, Germania, Italia, Lussemburgo e Paesi Bassi) a sedersi attorno a un tavolo per discutere come prevenire il ripetersi di eventi tanto tragici.

Dopo il Piano Marshall del 1947 per la rinascita economica dell'Europa devastata dalla guerra sorsero quindi tre comunità: la CECA, l'EURATOM (o CEEA) e la CEE, che dal punto di vista giuridico sono disciplinate da tre trattati istitutivi diversi e quindi sussistenti separatamente l'una dall'altra.

Nel **1951** con la firma del trattato di Parigi fu istituita la Comunità Europea del Carbone e dell'Acciaio (CECA) tra Belgio, Olanda, Lussemburgo, Italia, Francia e Germania; nel **1958** la Comunità Europea per l'Energia Atomica (CEEA o EURATOM).

Dal punto di vista economico la CECA e l'EURATOM sono delle *unioni doganali*, vale a dire, sono delle organizzazioni economiche internazionali dirette a rimuovere gli ostacoli doganali tra i Paesi membri e a realizzare l'adozione di un'unica tariffa doganale nei confronti dei Paesi terzi. La CECA ha realizzato nei Paesi membri gli scambi del carbone e dell'acciaio e la circolazione dei lavoratori carbosiderurgici; l'EURATOM coordina e sviluppa la produzione pacifica dell'energia nucleare.

La terza istituzione, la Comunità Economica Europea (CEE), nota anche con la denominazione MEC, fu fondata nel **1957** con il trattato di Roma sottoscritto originariamente da 6 Paesi: Belgio, Francia, Rep. Fed. Tedesca, Italia, Lussemburgo e Olanda. Il loro numero salì a 9 nel **1973** con l'ingresso di Gran Bretagna, Irlanda e Danimarca, a 10 nel **1981** con l'adesione della Grecia, a 12 nel **1986** con l'adesione di Spagna e Portogallo, a 15 nel **1995** con l'ingresso di Austria, Svezia e Finlandia.

Con l'allargamento, nel **2004**, ai Paesi dell'Est Europa (Bulgaria, Repubblica Ceca, Estonia, Ungheria, Lettonia, Lituania, Polonia, Romania, Slovacchia e Slovenia), il numero dei Paesi membri sale a 25.

Nel **1993** la Comunità europea si era trasformata in Unione Europea.

La CEE era nata come un'*unione economica*, cioè un'organizzazione rivolta a creare qualcosa di più di un'unione doganale, in quanto, oltre alla soppressione di qualsiasi restrizione agli scambi tra i Paesi membri e alla istituzione di un'unica tariffa doganale nei confronti dei Paesi terzi, tendeva ad eliminare ogni ostacolo alla circolazione dei fattori produttivi e ad attuare una politica uniforme in campo fiscale, monetario, creditizio e giuridico. Lo scopo era di superare i limitati mercati nazionali e creare un unico grande mercato - l'Unione Europea -, sopprimendo dogane, ostacoli alla mobilità dei lavoratori, dei capitali e delle iniziative economiche, con una rinuncia parziale alla sovranità nazionale dei singoli Stati a favore di una stretta e indissolubile unità organizzativa e politica.

I dati salienti possono essere così riassunti:

Superficie: 3.337.000 km^2
Popolazione complessiva: ca. 450 milioni di abitanti nell'UE a 25
Tasso di attività globale: 44,9%
PIL dell'Unione europea: 4.407 miliardi di ECU (di questo ca. l'80% è realizzato da quattro Stati: Germania, Francia, Italia e Regno Unito)

Per gestire una comunità tanto vasta come l'UE, ci si è dotati di un sistema di istituzioni operanti in stretta collaborazione, tra cui:

il **Consiglio Europeo**, composto dai capi di Stato o di governo dei Paesi membri, si riunisce almeno due volte l'anno e definisce gli orientamenti per le politiche dell'Unione;

il **Consiglio dell'Unione europea**, chiamato anche Consiglio dei ministri, riunisce i ministri dei 15 Stati membri competenti nei vari ambiti in cui si organizzano le discussioni: affari esteri, agricoltura, industria, trasporti, ambiente ecc. Insieme al Parlamento europeo esercita un controllo comune su una serie di atti legislativi e sul bilancio dell'Unione;

la **Commissione europea**, formata da 20 membri che si impegnano a servire gli interessi dell'Unione, non quelli dei rispettivi governi nazionali. È la più grande delle istituzioni dell'Unione, dopo il Parlamento, e vigila sulla corretta applicazione della legislazione e delle direttive adottate dal Consiglio, oltre a formulare le proposte legislative da sottoporre al Consiglio e al Parlamento;

il **Parlamento europeo** composto di 626 membri eletti ogni cinque anni a suffragio universale diretto, che si riuniscono a Strasburgo ogni mese per la sessione plenaria e a Bruxelles per le riunioni delle varie commissioni. La legislazione europea non può essere adottata senza la sua approvazione in determinati settori quali mercato interno e accordi con altri Paesi, dispone di ampi poteri di bilancio e deve essere consultato sulle principali proposte formulate dalla Commissione prima che il Consiglio si pronunci in merito;

la **Corte di giustizia**; garantisce la corretta applicazione della legislazione dell'Unione europea; è formata da 15 giudici assistiti da 9 avvocati generali;

la **Corte dei conti**; vigila sulla corretta gestione del bilancio dell'UE;

la **Banca europea per gli investimenti** (Bei) l'istituto finanziario dell'Unione che concede prestiti a lunga scadenza per promuovere uno sviluppo economico equilibrato;

la **Banca centrale europea** (Bce), attiva dal primo luglio 1998, destinata a sostituire l'Istituto monetario europeo (Ime), guidata da un direttorio di sei membri e affiancata da un **Consiglio** composto dai presidenti di tutte le banche centrali. La Bce e il Consiglio costituiscono il Sistema europeo di banche centrali (Sebc) con il compito di vigilare sulla stabilità dei prezzi in Europa, definire la politica monetaria, gestire le riserve in divise estere (fuori dell'area Uem), garantire la copertura dei sistemi di pagamento (carte di credito, bancomat, assegni)

Con l'UE il progetto di un mercato unico è diventato realtà: ora le ditte possono proporre più facilmente la propria merce e i propri servizi in altri Paesi dell'Unione; la libera circolazione dei capitali permette di investire denaro ovunque; i cittadini UE possono viaggiare, vivere, studiare e lavorare in tutti i Paesi membri.

Al mercato unico è associata l'idea di unione economica e monetaria; quest'ultima è diventata anch'essa una realtà concreta con l'introduzione della moneta unica, l'euro.

Nessuno può predire come si evolverà l'Unione europea, ma è indubbio che i suoi sforzi principali saranno rivolti all'ampliamento dell'Unione stessa, completamento dell'unione monetaria, intensificazione dei rapporti con i Pvs, raggiungimento di un accordo per migliorare il rispetto dei diritti umani, creazione di posti di lavoro, sicurezza interna, snellimento dei trattati, ruolo commerciale e strategico dell'Europa sulla scena mondiale e via dicendo.

Altre istituzioni parallele possono essere considerate l'EFTA e il COMECON.

La prima, l'Associazione Europea di libero scambio, fu creata nel **1960**. A differenza della Comunità europea, essa non si proponeva di integrare le economie dei Paesi membri, ma semplicemente di liberalizzare gli scambi commerciali all'interno dell'area; era dunque un'*area di libero scambio*. Ne facevano parte: Austria, Svizzera, Norvegia, Svezia e Islanda; la Finlandia era associata. Dall'1.1.1978 l'EFTA e la CEE erano legati da una serie di accordi per consentire la libera circolazione dei prodotti industriali tra le due zone.

Il COMECON, Consiglio di mutua assistenza economica, era un'organizzazione a carattere economico e commerciale, creata nel **1949**, che comprendeva Bulgaria, Cecoslovacchia, Polonia, Rep. Dem. Tedesca, Romania, Ungheria, Unione Sovietica, Cuba e Mongolia. Avevano statuto di osservatori Corea del Nord, Vietnam del Nord e Jugoslavia. Suoi scopi erano:
- cancellare le differenze tra i livelli di sviluppo
- accelerare lo sviluppo economico
- attuare una redistribuzione socialista del lavoro su scala internazionale
- coordinare i sistemi di pianificazione.

(*adattato da "L'Europa in movimento" - Pubblicazioni ufficiali delle Comunità Europee, Lussemburgo 1996 e in parte rielaborato liberamente*)

EURO: VINCITORI E VINTI

Ci sono stati o magari ci sono ancora italiani contrari all'unione monetaria europea?
Nella fase di preparazione si è molto insistito sui vantaggi portati dall'euro, p.es. la semplificazione dei rapporti valutari e la trasparenza dei prezzi, con conseguente situazione più favorevole agli scambi. Ciò non esclude però anche altri effetti: l'integrazione monetaria europea è stata raggiunta attraverso un processo lungo e difficoltoso, cioè il rispetto dei rigidi parametri di Maastricht, che ha favorito una brusca deflazione e decelerazione delle economie europee. Per l'Italia, poi, l'adesione all'Uem ha comportato l'abbandono definitivo delle svalutazioni competitive; questo significa che le imprese italiane devono affrontare la concorrenza mediante vantaggi di costi o di differenziazione, ma tutto con le loro sole forze e in un contesto mondiale caratterizzato da processi di deindustrializzazione.
Altri problemi più insidiosi, sebbene non creati ma tutt'al più accelerati dall'euro, sono di carattere strutturale: la moneta unica rende più evidenti i costi della frammentazione, quindi le imprese di minori dimensioni (prevalenti in Italia) sono destinate ad incontrare maggiori difficoltà rispetto a quelle che sono ricorse alla concentrazione, tanto più intensa quanto più un'attività è vicina all'acquirente finale, intensissima in particolare nella distribuzione al dettaglio (anch'essa molto più frammentata in Italia che nel resto d'Europa).
Gli effetti di una valuta più stabile delle vecchie monete nazionali sono tendenzialmente positivi, ma vi è anche il fatto che i beni e servizi prodotti in Europa tenderanno a costare di più. Ad avvantaggiarsene saranno soprattutto gli operatori dei Paesi extraeuropei a valuta debole o che potranno far ricorso alle svalutazioni.
Gli interventi da operare per adeguarsi alle trasformazioni rese indispensabili dall'avvento dell'euro sono stati numerosi e abbastanza onerosi, in quanto hanno investito tutte le aree aziendali, dalla contabilità ai sistemi informativi.
In compenso la concorrenza fra gli istituti di credito è diventata più aspra, soprattutto per quanto riguarda i servizi, il credito di investimento in particolare (in cui l'ingresso di banche straniere è più

facile), giacché va diminuendo sempre più la differenza fra tassi attivi e passivi con relative ripercussioni sui bilanci.

Come acceleratore di processi l'unione monetaria crea appunto nuove opportunità commerciali e di investimento; agiscono in questo senso la maggiore trasparenza dei prezzi, la maggiore visibilità dei mercati, l'accentuata chiarezza delle alternative, l'aggregazione delle nicchie di mercato.

Le opportunità sono maggiori per le imprese competitive, più orientate ai mercati internazionali e meglio attrezzate per adeguare le loro strutture; pensiamo alle telecomunicazioni, al software per il business, alle biotecnologie.

(adattato da Capital 8/98, Antonio Martelli)

Ma sarà sempre una gran Babele

La valuta unica ha un nome unico, ma non è affatto scontato che solo per questo gli europei riescano a capire di cosa parlano. Euro si pronuncia così come si scrive nei Paesi mediterranei e nei due della Penisola scandinava, Svezia e Finlandia. Già in Francia, però, c'è un accento finale in più. In Danimarca, invece, si ha una «r» in meno: *Euoo* si dice a Copenhagen. Ammesso che vogliano pronunciare la *dirty word*, gli inglesi dicono *Iuro*, come gli irlandesi. E i tedeschi, che il nome lo hanno scelto? Un orribile *Oiro!*

A - *Ritenete che l'autore di questo trafiletto di "Il Corriere della Sera" sia un simpatizzante della denominazione "Euro"?*

Euro uguale per tutti?

Milano, Parigi, Francoforte o Madrid, la stessa merce costa meno? Chi avesse avuto questa illusione avrà dovuto ricredersi. Differenti sistemi fiscali, costi distributivi e di produzione, ricarichi commerciali, hanno vanificato questa speranza. Un calcolo preciso sulla variazione di valore dell'euro da un paese all'altro è difficile, ma applicando l'indice di "pari potere d'acquisto" utilizzato dal Fondo Monetario Internazionale per i suoi raffronti sulle varie economie, le sorprese non sono poche. Si scopre, per esempio, che per comprare quello che in Italia costa 100 euro, in Spagna bastano meno di 89 euro e in Portogallo meno di 85, mentre in Austria ce ne vogliono più di 121 e in Germania più di 126. Il potere d'acquisto dell'euro è dunque maggiore laddove gli stipendi e i redditi personali in genere sono più bassi e minore dove invece sono più alti.

Secondo un'indagine condotta per "Il Sole 24 Ore" nel 2003, Helsinki è diventata la città più cara di Eurolandia, balzata in testa alla classifica sulla spinta dei generi alimentari: figura al primo posto per pane, Coca Cola, Big Mac, oltre che per il costo del francobollo e del giornale. Francoforte, seconda nella graduatoria, risulta più cara per il caffè macinato e per il biglietto dell'autobus. Milano si colloca in una posizione intermedia: qui costa di più che nel resto d'Europa comprare il latte fresco, mentre vale la pena acquistare lo zucchero e la pasta. Ultima Lisbona, la capitale meno cara, come risulta dalla classifica di inizio anno

	Helsinki	Francoforte	Parigi	Vienna	Bruxelles	Milano	Amsterdam	Barcellona	Lisbona
Latte 1 litro	0,70 ▼	0,99 ▲	0,80 ▼	0,73 ▼	0,80 ▼	1,27 ▲	0,70 ▼	0,90 ▼	0,58 ▼
Coca Cola 1 lt. e mezzo	2,18 ▲	1,39 ▼	0,82 ▼	1,37 ▼	1,39 ▲	1,32 ▲	1,22 ▲	1,00 ▲	0,77 ▼
Pane 1 Kg	3,90 ▼	1,50 ▼	2,80 ▼	2,12 ▲	2,25 ▲	2,68 ▼	1,40 ▼	1,80 ▼	1,20 ▼
Zucchero 1 Kg	1,16 ▼	1,02 ▲	1,85 ▲	1,12 =	0,89 ▲	0,93 ▼	1,27 ▲	0,99 ▲	0,98 ▲
Caffè 250 gr	1,50 ▲	4,09 ▲	1,96 ▼	3,27 ▲	2,45 ▲	1,83 ▼	1,49 ▲	1,50 ▼	1,99 ▲
Pasta 500 gr	0,84 ▲	0,99 ▼	0,91 ▲	1,00 ▼	0,89 ▲	0,70 ▼	1,00 ▲	0,74 ▲	0,69 ▲
Hamburger Big Mac	3,30 ▲	2,65 =	3,00 ▲	2,76 ▲	3,00 ▲	2,80 ▲	2,60 ▼	2,70 ▲	2,45 =
Francobollo per lettera	0,60 =	0,56 =	0,46 =	0,51 =	0,41 ▼	0,41 =	0,39 ▼	0,50 ▲	0,28 =
Giornale quotidiano	2,00 ▲	1,30 ▲	1,20 ▲	0,95 =	0,85 ▲	0,90 ▲	1,00 ▲	1,00 ▲	1,00 ▲
Biglietto Bus-metro	1,85 ▲	1,90 =	1,30 =	1,50 ▲	Nr	1,00 =	Nr	1,00 =	0,79 ▲
Benzina 1 lt. verde	1,11 ▲	1,07 ▲	1,04 ▲	0,86 ▲	1,01 ▲	1,07 ▲	1,11 ▲	0,79 ▲	0,96 ▲
Cinema 1ª visione	10,00 ▲	8,00 ▲	9,00 ▲	9,25 ▲	6,50 =	7,25 ▲	8,00 ▲	5,60 ▲	4,50 =
Fotografia Macch.Canon	248,00 ▲	199,99 ▼	230,00 ▼	199,99 ▼	229,00 ▼	213,00 ▼	203,75 ▼	246,00 ▲	Nr

B – *Immaginate di dover illustrare i risultati dell'indagine in una conferenza stampa; usate la tabella per fare dei raffronti*

C – *Siete dei bravi cittadini europei? Rispondete alle domande del questionario di Scuolaweb e lo saprete*

1. Quale di questi tre punti rappresenta un obiettivo dell'Unione europea?
a. *Promuovere un progresso sociale equilibrato e sostenibile, mediante la creazione di uno spazio senza frontiere interne, il rafforzamento della coesione economica e sociale e l'instaurazione di un'unione economica e monetaria che comporti a termine una moneta unica*
b. *Promuovere una politica di rafforzamento e produzione agricola prevedendo una distribuzione delle risorse ai nuovi Paesi aderenti*
c. *La creazione di un'area monetaria comune che si imponga sul mercato mondiale e che porti dei benefici diretti e indiretti al sistema economico europeo e ai suoi cittadini*

2. Che cosa indica il rapporto Delors?
a. *Questo rapporto identifica le tre fasi dell'Unione monetaria europea dove gli obiettivi politici dell'Unione sono legati a delle precise scadenze*
b. *Ipotizza lo scenario dell'Unione politica europea dal 2000 al 2006*
c. *Relaziona sui risultati economici positivi dell'Unione europea negli ultimi 5 anni*

3. Che cos'è un libro bianco?
a. *Un libro dove vengono firmati tutti i trattati e prende il nome "bianco" per l'importanza che riveste nel contesto europeo*
b. *Un libro che deve essere sempre conservato perfettamente poiché è il libro su cui è scritta la costituzione Europea*
c. *Un libro bianco è una serie ufficiale di proposte in un determinato settore della politica*

4. Che cosa è accaduto nel 1992
a. *Si è passati dalla Comunità economica europea all'Unione Europea con la firma del trattato di Maastricht*
b. *L'Italia è entrata a far parte del Mercato unico europeo*
c. *E' stato siglato l'accordo di Shengen*

5. Qual è uno degli argomenti principali del Trattato di Maastricht?
a. *L'apertura dell'Europa a nuovi Paesi*
b. *La fine della guerra fredda*
c. *L'introduzione della moneta unica europea*

6. Quando ha cominciato a funzionare il Sistema Europeo di Banche centrali (SEBC)?
   a. Il 3 giugno 1998   b. Il 3 maggio 1998   c. Il 27 novembre 1997

7. Che cos'è l'Ombudsman?
a. *E' una parola finlandese che sta a indicare l'apertura delle frontiere e l'introduzione della moneta unica*
b. *E' una persona, anche chiamata "mediatore", a cui il cittadino dell'Unione ha diritto di rivolgersi, al quale vanno indirizzate le denunce e le petizioni al Parlamento europeo*
c. *E' un personaggio mitologico dei Paesi nordici che ebbe il coraggio e la forza di sconfiggere tutti i nemici del suo Paese*

8. In quale Stato europeo si trova la cittadina di *Shengen*, luogo in cui è stato siglato nel 1985 il famoso accordo che istituisce l'apertura delle frontiere e il vero inizio del mercato unico europeo?
   a. In Germania   b. In Lussemburgo   c. In Svizzera

9. In quale città Europea hanno sede la Bce (Banca centrale europea) e il SEBC (Sistema europeo di banche centrali)?
   a. Parigi   b. Berlino   c. Francoforte

10. Il Parlamento europeo è composto da 626 membri, quanti sono quelli italiani?
   a. 77   b. 97   c. 87

11. Come è organizzato il Parlamento europeo?
a. *Tutti i principali movimenti politici dei Paesi dell'Unione sono rappresentati in Parlamento e organizzati in gruppi politici (attualmente nove)*
b. *Solo i principali movimenti politici europei sono rappresentati in Parlamento e organizzati in grandi coalizioni (attualmente tre)*
c. *Solo i movimenti politici che hanno ottenuto maggior numero di voti sono rappresentati al Parlamento europeo e raggruppati in quattro coalizioni*

12. Da chi è formata la Corte dei Conti europea?
a. *E' formata da 15 membri, corrispondenti al numero di Stati dell'Unione, nominati per quattro anni dal Consiglio. Il presidente viene eletto per tre anni*
b. *E' formata da 15 membri, corrispondenti al numero di Stati dell'Unione, nominati per sei anni dal Consiglio. Il presidente viene eletto per cinque anni*
c. *E' formata da 15 membri, corrispondenti al numero di Stati dell'Unione, nominati per sei anni dal Consiglio. Il presidente viene eletto per tre anni*

13. Chi controllerà e applicherà le direttive della Bce sull'euro in Italia?
a. Il Ministero delle Finanze italiano
b. La Banca centrale italiana all'interno del SEBD
c. Il Ministero del Tesoro

14. Qual è stato il parere decisivo e indispensabile per la definizione dei Paesi aderenti all'euro?
a. Il rapporto dell'IME (Istituto Monetario Europeo)
b. Il rapporto della Commissione europea
c. La decisione del Consiglio europeo

15. Qual è l'unico parametro di convergenza, fra i quattro contenuti nel Trattato di Maastricht, che poteva essere valutato con flessibilità per l'ammissione di un Paese alla nuova moneta unica?
a. *L'inflazione, da valutarsi sull'andamento degli ultimi 3 anni*
b. *Il rapporto deficit pubblico e prodotto interno lordo (pil), valutandone la tendenza al miglioramento*
c. *Il rapporto debito pubblico e prodotto interno lordo (pil), considerando i risultati e il risanamento di un'economia negli ultimi anni e il costante miglioramento di questo parametro*

16. Che cos'è il patto di stabilità?
a. *Un accordo fra i governi europei affinché l'euro, una volta immesso sui mercati, abbia ovunque lo stesso valore*
b. *Un accordo tra i governi dell'Unione europea che mira a definire e rispettare in modo assoluto i parametri contenuti nel Trattato di Maastricht, e in particolare a vincolare i governi al risanamento delle rispettive economie al fine di dare stabilità e forza alla nuova moneta europea*
c. *Un accordo fra i governi dei Paesi europei per evitare speculazioni finanziarie tra euro, dollaro e yen*Attilio Geroni, Il Sole 24 Ore, 31.08.01

Al momento dell'introduzione dell'euro la BCE ha fornito una serie di indicazioni sulle caratteristiche di sicurezza delle nuove banconote. Tre le parole d'ordine per effettuare i controlli: toccare, guardare, muovere. Toccare per sentire la stampa calcografica in rilievo delle 5 diverse sigle della Bei (Bce, Ecb, Ezb, Ekt, Ekp); guardare, controluce, il filo di sicurezza e la filigrana che mostra un'immagine e il valore della banconota; muovere, per vedere la placchetta oleografica con un'immagine e relativo valore nominale, nei pezzi da 50 euro in su, oppure una striscia olografica nei tagli da 5, 10 e 20 euro.

D - *Utilizzando i verbi che ricorrono nel testo e nell'immagine formulate delle raccomandazioni per riconoscere gli elementi che contraddistinguono le nuove banconote europee. Coniugate i verbi alla III persona singolare dell'imperativo presente*

E - *Competizione più aspra, aumento dei costi, perdita di posti di lavoro; ma secondo voi come si sarebbero evoluti i tassi d'interesse in Italia o il cambio della lira, se il Paese fosse restato fuori dall'euro? Fornite un giudizio retrospettivo degli effetti prodotti dall'Unione monetaria sull'economia italiana*

F - *E quali sarebbero le ripercussioni sull'assetto politico - istituzionale? Pensate che il Nord-Italia avrebbe accettato di staccarsi dal resto dell'Europa?*

DAHRENDORF - Europa non ti amo
«Macché unificazione, la nostra patria resta lo Stato nazionale»

Due rischi nelle riflessioni di uno scettico
La prevalenza della moneta e quella del cuore

I limiti di un processo di unificazione europea fondato principalmente sull'Unione monetaria, le contraddizioni fra i Paesi coinvolti nel processo, il rischio che esso sacrifichi le funzioni insostituibili degli Stati nazione in nome di una retorica quanto velleitaria «Europa delle regioni» sono i temi al centro delle riflessioni di Ralf Dahrendorf.
Dahrendorf precisa di non considerarsi un «euroscettico» nè tantomeno un «eurocinico»: il suo scetticismo riguarda l'idea che l'unità europea possa essere realizzata attraverso regole imposte dall'alto, soprattutto se la casa comune dovrà fondarsi sulla costruzione di una società civile e non limitarsi alla gestione degli interessi economici

Non sono britannico di nascita e difficilmente posso richiamarmi alla mia origine amburghese, ma da tempo sono convinto che l'Europa dev'essere un parto della testa, non una questione di cuore. Io non sogno una superpotenza europea, che sieda al tavolo con gli Stati Uniti o la Cina o chiunque altro, in un mondo diviso fra grandi blocchi. Questo, d'altronde sarebbe né più né meno che un sogno nazionalistico, con la sola differenza che metterebbe l'Europa al posto dello Stato nazionale. Non sogno nemmeno un'Europa dove la pizza e i rubinetti siano uguali da Aberdeen a Palermo, penso invece ad un'Europa in cui sia facile viaggiare da Aberdeen a Palermo, in cui il titolo d studio dell'Università di Aberdeen sia riconosciuto anche a Palermo, in cui mi sia possibile cambiare le mie sterline prese in Scozia in lire prese in Sicilia.

Per che cosa dunque batte il cuore? Ricordiamo quel che rispose il presidente federale Heinemann a chi gli domandava se amasse il suo Paese: „Io amo mia moglie, non il mio Paese". Col cuore bisogna essere prudenti quando non si tratta di persone, ma di qualcosa di astratto, comprese le costituzioni, sebbene ci siano tre cose astratte di questo tipo per le quali è giusto investire un particolare impegno: la società civile, l'ordine mondiale e lo Stato nazionale.

La società civile è l'elisir di lunga vita della libertà. È il mondo delle associazioni che hanno bisogno dello Stato non solo come garanzia che siano rispettate alcune regole. L'Europa comprende alcuni Paesi caratterizzati come società civile (Gran Bretagna, Italia, Svizzera) e Paesi caratterizzati come società dello Stato (Germania, Francia). Sarebbe una rovina se tutto cadesse nelle mani delle società dello Stato.

L'ordine mondiale - obietteranno molti - è un sogno tale che, misurata su di esso, l'Unione Europea appare come una realtà a tutto tondo e se con esso si intende l'ordine concreto, cioè un complesso di regole valido per tutto il mondo degli uomini, l'obiezione è senza dubbio giustificata. Ricordare che l'ordine nazionale è un metro ha conseguenze immediate per l'Unione Europea, cioè essa è accettabile solo se viene intesa come un utile passo verso l'ordine mondiale. È allora un blocco protezionistico o un contributo alla creazione del libero scambio a livello mondiale? Serve alla protezione dei suoi membri o si pone come esempio di una cooperazione sovranazionale di dimensioni mondiali?

Dove rimane lo Stato nazionale, eterogeneo, che raccoglie in sé uomini di cultura, religione, razza diverse in una comune cittadinanza di Stato? Gli Stati Uniti ne sono (o ne *erano?*) il modello, la Francia, la Gran Bretagna, i Paesi Bassi, la Svezia, la Spagna, l'Italia, la Germania ne sono esempi, parecchi di antica tradizione, ma tutti realmente esistenti e per di più mattoni costitutivi dell'Unione Europea. Nel complesso si tratta di formazioni per le quali gli uomini sono pronti a mettere in gioco la vita.

Lo Stato nazionale costituisce una conquista di civiltà, lo spazio politico per i sentimenti di appartenenza, la cornice dei diritti individuali e l'entità operativa delle relazioni internazionali. Ed è anche il luogo in cui esistono le premesse istituzionali che consentono di mettere a punto i grandi temi all'ordine del giorno.

Primo: disoccupazione. Nessuna istanza politica è in grado di dominare la nuova disoccupazione, ma quel tanto che è ancora possibile fare - dalle sovvenzioni ai disoccupati alle regole dell'occupazione („flessibilità del mercato del lavoro"), agli incentivi ai datori di lavoro ed all'effettivo inserimento dei lavoratori nel mondo del lavoro - sta almeno in parte nelle mani dei governi nazionali.

Secondo: competitività. Vale lo stesso discorso, anche se in tema di apertura dei mercati l'Unione Europea gioca un ruolo importante.

Terzo: la riforma dello Stato sociale, la cui organizzazione è dappertutto impostata in senso nazionale. Ciascun Paese ha bisogno di proprie riforme ed ha le proprie vacche sacre, che vanno dall'estensione del periodo coperto dall'indennità di disoccupazione agli asili infantili gratuiti, alle cure termali a carico dello Stato. Possono esserci nei diversi Paesi europei esigenze simili e princípi comuni, ma i compiti concreti e gli strumenti per realizzarli rimangono comunque nazionali.

Quarto: legge e ordine. In questo campo il „pilastro" della politica interna del trattato di Maastricht ha certo la sua importanza, ma il modo di operare della polizia continua ad essere fondamentalmente diverso nei vari Paesi, per non parlare delle carceri e dell'amministrazione della giustizia. Legge e ordine richiedono una cooperazione internazionale, ma non una centralizzazione sovranazionale.

Quinto: disillusione. Si può pensare ad una Bruxelles che dipani i grovigli italiani? La verità è che le istituzioni europee hanno contribuito più che altro a rafforzare il risentimento di molti cittadini per i partiti, i parlamenti, i governi. Molti guardano piuttosto ai loro Stati nazionali che ad istanze lontane.

Sesto: le nuove minacce. Qui ci si spalanca davanti una grande lacuna nei nostri ordinamenti, carica di conseguenze; gli Stati europei sono troppo piccoli, troppo deboli ed anche troppo poco coscienti di sé, per dare risposte. Qui non si intende elevare un inno allo Stato nazionale, sebbene esso resti la miglior compagine istituzionale che abbiamo. Vale la pena di difenderlo e non tanto spostando i problemi in spazi più globali, quanto soprattutto contro la cattiva tendenza a creare unità più piccole. Non l'Europa e la Banca mondiale sono il pericolo, bensì la Lega Nord e i nazionalisti di ogni Paese. La peggiore delle prospettive è l'Europa delle regioni, in cui unità subnazionali omogenee - e quindi intolleranti - si uniscono con una formazione sovranazionale retorica e debole. Contro una simile prospettiva lo Stato nazionale eterogeneo è l'unico bastione.

Che cosa rimane per l'Europa in una simile immagine del mondo? Forse un'Europa in un qualche punto intermedio fra il minimalismo britannico e l'idealismo tedesco....

(adattato da Il Corriere della Sera, 16.1.97)

A - *Riassumete per sommi capi i dubbi di Dahrendorf sull'Unione Europea riguardo a:*

* protezionismo
* ricchezza culturale basata sulla diversità
* problemi di disoccupazione, competitività, stato sociale
* formazione di piccole unità nazionalistiche come reazione di paura e intolleranza

B - *Dahrendorf riconosce qualche aspetto positivo all'UE?*

C - *Secondo Voi, in linea di massima quali sono i vantaggi e gli svantaggi di questo avvenimento epocale?*

Il racket dell'arte divide l'Europa unita

La UE prepara misure a tutela dei tesori nazionali

E con la moneta unica spagnoli e portoghesi rivali dell'Italia

Stop alla guerra degli spaghetti: nell'Europa unita anche la pasta è libera

Una temuta ondata di immigrati spacca l'Unione europea

Euromercato del lavoro, il prezzo del futuro

Unione monetaria: Europa a due velocità

Europa, terra di shopping

Riunione a Bruxelles contro il commercio clandestino delle armi

Sul Fisco l'Europa frena

D - *Ecco una serie di titoli della stampa italiana dal tenore non proprio positivo: a quali problemi causati dalla realizzazione dell'Unione europea alludono? Che misure proporreste per porre rimedio ad alcuni di essi?*

E - *Discutete le seguenti affermazioni*

* L'Unione europea era necessaria, altrimenti l'Europa sarebbe stata colonizzata da USA e Giappone
* Con l'Unione europea siamo ostaggi della burocrazia comunitaria
* L'Unione europea è l'unico modo per controllare la Germania
* Con l'Unione europea i Paesi più deboli rischiano di pagare il conto per tutti
* L'economia italiana ha bisogno delle regole imposte dal Trattato di Maastricht
* Europa unita significa insicurezza, disoccupazione, tensioni razziali
* L'unificazione monetaria scarica le turbolenze sociali e finanziarie dei Paesi più deboli su quelli più ricchi
* Con Maastricht è una burocrazia senza volto a decidere su questioni che riguardano altre nazioni

NAZIONALITÀ E STEREOTIPI

- A volte si sente dire che gli «italiani sono grandi amatori» o che «gli inglesi sono freddi come ghiaccioli». Conoscete altri luoghi comuni di questo tenore?
- Queste generalizzazioni hanno un senso o uno scopo ed eventualmente quale?
- Che opinioni hanno i cittadini dei diversi stati in merito al proprio carattere nazionale?

Di seguito ecco riportate alcune opinioni che, stando ai risultati di un'indagine di mercato, i vari popoli europei avrebbero di se stessi e l'uno dell'altro; su quali punti siete d'accordo?

Tedeschi
Risultano i più soddisfatti di se stessi; la maggior parte degli europei è concorde nel ritenere che i tedeschi possiedano il maggior numero di buone qualità. Essi stessi, contrariamente all'opinione corrente, si considerano molto tolleranti. E si ritengono anche eleganti. Gli altri li trovano assai "quadrati".

Francesi
Gli unici ad ammirarli veramente sono gli italiani; gli altri europei li trovano conservatori, sciovinisti, brillanti, edonisti, superficiali. E neanche molto cortesi. I francesi concordano sull'ultimo punto!

Inglesi
Opinioni controverse in merito. Alcuni li considerano calmi, riservati, di larghe vedute, fidati; altri li giudicano freddi, insulari, altezzosi. Tutti sono concordi nell'affermare che gli inglesi hanno un eccellente senso umoristico. Gli inglesi, dal canto loro, ammirano in particolare i tedeschi.

Svizzeri
Mostrano notevole lucidità e capacità di autoanalisi. Si ritengono seri, fidati, ma troppo interessati al denaro e diffidenti. La maggior parte degli europei è dello stesso avviso. Anche gli svizzeri hanno una preferenza per i tedeschi.

Italiani
Tutti li considerano, in linea di massima, pigri e non degni di fiducia e gli italiani concordano! I più li trovano vivaci, affascinanti, ospitali e rumorosi. Gli italiani, a loro volta, ammirano francesi e tedeschi. Eccetto i francesi, quasi tutti amano gli italiani.

Olandesi
Il popolo più ammirato in Europa tranne che dai loro vicini, i belgi.
Tutti convengono che gli olandesi sono grandi lavoratori, parsimoniosi, con un buon carattere, tolleranti, con il senso degli affari. L'Olanda, tuttavia, non è considerata un buon posto per viverci.

Belgi
Gli ultimi della lista; essi stessi si considerano "alla mano" e lavoratori diligenti. Per gli altri europei sono indisciplinati, gretti e pessimi guidatori.

Esercitazione
Avete deciso di insediare una multinazionale in Europa.
Scegliete di volta in volta una nazionalità per la posizione di:
presidente, amministratore delegato, responsabile PR,
contabile, operai qualificati e non.

Motivate le vostre scelte

MODI & AFFARI / Le regole da rispettare per un manager che voglia avere successo all'estero

Trattative internazionali? Facili con un po' di bon ton

Raccontare barzellette a un uomo d'affari francese? Togliersi la giacca durante un meeting con un manager tedesco? Alzarsi per primi al termine di una riunione con industriali giapponesi? Errori gravi, vere e proprie scortesie che assicurano una brutta figura e a volte possono addirittura compromettere il buon esito di una trattativa. Perché nel mondo degli affari, l'etichetta e il rispetto dei costumi dei vari Paesi sono fattori sempre più determinanti. Specialmente adesso che joint venture e scambi internazionali sono all'ordine del giorno.

Qualche esempio degli errori più frequenti nel trattare con manager stranieri?

Se si decide di organizzare un party in onore di un giapponese, bisogna prepararsi a vederlo arrivare con un'ora di anticipo; presentarsi più tardi, per un gentleman del Sol levante, sarebbe un affronto al padrone di casa.

Se il festeggiato invece è greco, ci sarà il problema opposto: può anche arrivare verso la fine della serata.

Arrivare in anticipo o almeno in orario? Fuori questione. Non perché sia un maleducato; semplicemente le idee sulla puntualità - così come per quasi ogni altra questione di bon ton - subiscono variazioni notevoli secondo il Paese d'origine degli invitati.

Per lo stesso motivo guai a interrompere - anche con il massimo tatto - un manager tedesco che sta parlando durante una riunione di lavoro. Anche se l'intervento è costruttivo e il clima poco formale, verrà considerata comunque una gravissima scortesia. Non così, invece, trattando con un olandese, generalmente più abituato a lavorare tra processi decisionali di gruppo.

Se gli italiani da un lato vengono descritti come brillanti e istruiti, si hanno delle riserve, dall'altro, sulla loro presunta difficoltà a stabilire l'ordine del giorno di una riunione, sul concetto di puntualità che, scendendo verso il Sud della Penisola, assumerebbe connotati sempre più nebulosi.

(adattato da Il Corriere della Sera, M. Persivale)

Los Angeles Times sui viaggi in Italia

Galateo per manager USA: „Non mangiare con le mani"

MILANO - L'inserto economico del *Los Angeles Times* in un servizio sull'Italia ha compilato un galateo per suggerire agli uomini d'affari californiani come comportarsi educatamente nel nostro Paese. Il manager d'Oltreoceano arrivando nel Paese „in cui il sistema politico è afflitto dal dilagare della corruzione" è pregato, a tavola, di non prendere mai il formaggio con le mani e di non mangiare la frutta senza posate, tranne l'uva e le ciliegie. Mai cominciare una festa con uno scambio di biglietti da visita: da invitato il manager potrebbe passare al rango dell'inviato per affari. All'imprenditore californiano si raccomanda anche di non rifiutare inviti dai colleghi e di presentarsi con cioccolatini, paste e fiori (che dovranno essere in numero dispari). Provvisto delle sue tredici margherite, elegante anche se casual perché i „vestiti sono il simbolo del successo personale", il dirigente, a parte dare la mano a tutti i presenti e salutare prima i più anziani, deve ricordarsi di dare del Lei; non deve mai parlare di guerra, di calcio, di religione e di politica. Questo californiano oxfordiano deve avere un religioso rispetto per le ferie d'agosto.

Crolla, educatamente, il mito degli americani che portano l'America in Italia.

(Il Corriere della Sera, 12.4.96)

A - *Il vostro superiore dovrà partecipare ad un incontro al quale saranno presenti i rappresentanti di diverse nazioni; per evitare spiacevoli equivoci, vi ha pregato di scrivere un promemoria delle caratteristiche salienti di ciascun paese.*
Completate la prima tabella collocando al rispettivo posto le indicazioni fornite in ordine sparso nella seconda.

Il galateo, paese per paese

PUNTUALITÀ	CONVERSAZIONE	OSPITALITÀ-REGALI
GERMANIA	Sì a sport, letteratura e viaggi. No al nazismo e alla II guerra mondiale	
GRAN BRETAGNA L'importanza è più teorica che pratica; del tutto tollerato un ritardo di 10 minuti. Essenziale non arrivare 10 minuti prima.		Offrire cioccolatini o fiori (ma non gigli bianchi). Contraccambiare l'invito con una serata non solo al ristorante, ma anche a un concerto, teatro, balletto.
BELGIO-LUSSEMBURGO Rispettare la puntualità in tutti i casi, ma senza farne un dramma		
DANIMARCA Normale rispetto per la puntualità in tutti gli appuntamenti	Nessuna avvertenza particolare	Un mazzo di fiori è sempre apprezzato
SPAGNA	Sì a politica, sport e viaggi. No a famiglia, religione e lavoro. Vietate le considerazioni moralistiche anti-corrida.	
GRECIA		I fiori e i cioccolatini sono di rigore.
OLANDA La puntualità è sacra e gli appuntamenti vanno sempre presi sul serio.		
IRLANDA Si dice che gli irlandesi non abbiano la nozione del tempo, ma gli appuntamenti vanno presi.		
PORTOGALLO	Evitare gli argomenti politici. Temi consigliati: la propria vita, la famiglia e gli aspetti positivi del Paese.	Non è affatto necessario presentarsi con un regalo; contraccambiare l'invito al ristorante.
FRANCIA		Regali normali (fiori, cioccolatini, ecc.). Ringraziamento scritto.
ITALIA	Gli italiani parlano volentieri della propria famiglia	

La puntualità non è rispettata pur essendo pretesa. Nessun appuntamento tra le 12 e le 15. Mai visitare qualcuno senza appuntamento.	Normali argomenti di conversazione. Sconsigliato parlare di droga libera e scherzare sulla famiglia reale.	Di fronte alla eccezionale generosità dei padroni di casa meglio non andare in estasi davanti a qualche oggetto per non vederselo poi regalare.	
Normale rispetto per la puntualità; occorre sempre prendere appuntamento.	Assolutamente tabù gli argomenti politici o religiosi connessi alla situazione dell'Ulster	Per i fiori non evitare solo i crisantemi, ma anche le dalie. Se invitati a cena ricordate che si mangia tardissimo.	
Notevole elasticità di interpretazione. Il ri-tardo è del tutto ammesso.	Temi impersonali e leggeri sempre preferibili. No alla rivalità fiamminghi/valloni. Vietate le barzellette sulla superiorità di francesi e olandesi. Sconsigliabili anche politica e religione.	Essere invitati a casa è un grosso privilegio. Portare fiori e offrirli senza carta alla padrona di casa all'atto delle presentazioni. Ringraziare poi per iscritto.	
Il quarto d'ora accademico non è raro	Sì al tempo atmosferico, al cricket e altri argomenti leggeri e impersonali. Vietato scherzare sulla famiglia reale. No a vita privata (stipendio ecc.)	Fiori e cioccolatini sono considerati un po' troppo ovvi, un regalo-sorpresa ben confezionato è preferibile	
Massima precisione negli orari. Avvertire sempre se si prevede di arrivare in ritardo.	Molto consigliati gli argomenti artistici e letterari, possibilmente con giudizi molto positivi per il Paese	Fiori e cioccolatini, ma anche vini e formaggi. In nessun caso regali aziendali.	
Di scarsa importanza. Consigliata la telefonata di conferma per appuntamenti.	No ai rapporti con la Turchia e alla situazione di Cipro.	Portare o far recapitare fiori, ma non crisantemi.	

(rielaborato da *Class Europe 11/89*)

BOTTA E RISPOSTA

A cura del governo di Londra
Italiani, strana gente. Arriva il vademecum per i manager inglesi

LONDRA - Italia, istruzioni per l'uso. Per il manager britannico, il Belpaese deve avere l'aspetto di una landa esotica popolata da indigeni con curiose abitudini e un'enorme suscettibilità. Tanto che il governo di Londra è corso ai ripari, fornendo ai propri uomini d'affari un manualetto per districarsi fra usi e costumi delle tribù italiche.
Quattro i principi di base enunciati nel volume a cura del ministero britannico per l'Industria e il Commercio e destinato ai businessmen interessati a concludere affari nella nostra penisola: non fare battute sulla mafia, vestirsi da elegantoni, sopportare i decibel di troppo e soprattutto non fidarsi.
Gli italiani «vi dicono che cosa vi aspettate di sentire e non che cosa pensano», sostengono gli «italianologi» del governo londinese, arrivano quasi sempre in ritardo, si riempiono la bocca con «dottore, ingegnere, avvocato» e sono molto più bravi a parlare che ad ascoltare.
Il vademecum invita gli anglosassoni in trasferta di lavoro presso di noi a mostrarsi «aperti e

amichevoli», poiché «gli italiani danno molta importanza ai rapporti personali», a evitare atteggiamenti inflessibili e a non calpestare mai l'orgoglio di gente «abituata fin dall'infanzia ad imporsi». Non sorprendetevi — avverte il ministero — per la rumorosità in bar, ristoranti e trasporti pubblici... in Italia nessuno sussurra. Alle riunioni il rumore può essere sconcertante e assordante per le orecchie britanniche».

Altro consiglio: gli italiani credono che l'abito faccia il monaco, quindi gli uomini si presentino alle riunioni «ben vestiti, con una cura particolare per le scarpe», che devono essere «costose». Le donne in carriera si vestano «con stile... combinando femminilità con efficienza».

«Le riunioni — avverte il manualetto — incominciano spesso con presentazioni molto formali... i titoli sono importanti e bisogna rivolgersi in modo appropriato con dottore, ingegnere, avvocato, ecc. In caso di dubbio meglio usare "dottore" che "signore". Mai usare il nome di battesimo se il vostro ospite non vi invita a farlo».

Tuttavia malgrado «l'aria frivola», al tavolo delle trattative gli italiani sono giudicati negoziatori tenacissimi, che insistono con grande abilità su sconti e concessioni e coi quali è sempre meglio conservare un po' di spazio di manovra. Nel caso di inviti a casa di un italiano, il businessman inglese viene sollecitato a mandare fiori alla signora il giorno dopo, ma facendo molta attenzione: «Mai inviare crisantemi (si usano solo per i funerali) ed è meglio evitare le rose, per le loro connotazioni romantiche».

(Il Corriere della Sera, 9.12.93)

Una risposta ai luoghi comuni contenuti nel manuale governativo destinato ai sudditi di Sua Maestà in viaggio d'affari nella nostra penisola

Italiani attenti: con gli inglesi è meglio parlare solo del tempo

Dal nostro corrispondente

LONDRA — «Frivoli, rumorosi, ritardatari, inaffidabili, allegri, superficiali, ricercati nel vestire, falsi». Queste sono alcune caratteristiche degli italiani delineate dal ministero dell'Industria e commercio britannico in una breve guida ad uso degli uomini d'affari inglesi che vogliono avere contatti con l'Italia. Perfino un quotidiano dalle tinte xenofobe come il «Daily Mail» ha riconosciuto che la guida è incredibilmente semplicistica. Potrebbe essere un gioco divertente, e niente più che un gioco, dare qualche consiglio agli italiani che intendono trattare con gli inglesi. A differenza della guida ministeriale questo non è un punto di vista ufficiale e poggia platealmente su stereotipi.

Gli inglesi non sono lavoratori indefessi. Non aspettatevi di trovarli in ufficio prima delle nove e mezzo del mattino. E non aspettatevi che nelle ore seguenti rinuncino con una qualsiasi scusa, tè o altro, ad una sosta più o meno lunga. Non dovete però criticare la loro pigrizia con frasi tipo: «Non mi meraviglia che questo Paese sia in declino da decenni. Gli italiani lavorano molto di più, con maggiore immaginazione e spirito di iniziativa». L'interlocutore vi darà ragione, vi rivolgerà un cortese sorriso ma, in cuor suo, non apprezzerà per nulla la vostra franchezza. Penserà che l'attivismo latino sia condito di corruzione, di cialtroneria, di mafia, di nepotismo, tuttavia non manifesterà mai il suo pensiero.

La conversazione non è facile. Gli inglesi, lo sanno tutti, sono estremamente riservati quando sono sobri. Non si costruisce una relazione al primo appuntamento e ogni volta si ricomincia da zero. È vero che viene considerato volgare sedersi e parlare di business immediatamente e senza alcun preambolo. Però nel quarto d'ora dedicato alla conversazione generale può essere un'impresa districarsi in modo onorevole. E' giudicato imbarazzante affrontare argomenti quali politica, religione, problemi personali, salute, educazione, sesso, denaro, cultura in generale. Cibi e vini suscitano maggiore interesse che in passato ma non sono ancora arrivati al livello di argomenti seri di conversazione. Parlare del clima è la solita via d'uscita e, da un po' di tempo un'altra scappatoia è la famiglia reale, anche se lo straniero deve stare attento a non esprimere giudizi troppo taglienti.

Sul tempo le varianti sono infinite. Diamo un paio di esempi. Se la giornata è decente: «Bella giornata, vero?». «E' veramente bella». «Il sole...Non è splendido?». «Meraviglioso, così caldo...». «Personalmente penso che sia stupendo quando è così caldo, non è vero?». «Lo adoro». Se la giornata è grigia e piovosa: «Brutta giornata, vero?». «Non è orrenda?» «La pioggia... odio la pioggia...». «Non mi piace per niente». La regola è che non bisogna mai contraddire nessuno quando si parla del clima. Se c'è un uragano o grandina e qualcuno, per una sua ragione, afferma in modo perentorio: «Bella giornata, vero?», il seguito, senza esitare, non può che essere: «Non è deliziosa?».

Nel corso della conversazione occorre ricordarsi che gli inglesi amano l'understatement e detestano l'esibizionismo, soprattutto culturale. Sfoggiare la propria cultura viene giudicato pomposo e non è un comportamento bene accetto. E' importante per farsi accettare godere palesemente dei semplici piaceri. Tutti gli inglesi giocano, a seconda del livello sociale a cricket, a golf, a tennis, a biliardo, giù giù fino alle freccette nei pub. Nemmeno gli affari di Stato tengono lontano dal gioco. Il primo ministro Neville Chamberlain andava nei prati con il suo retino a caccia di farfalle fra un incontro con Hitler e l'altro. Si ricordano le incomprensioni con gli alleati francesi che criticavano l'abitudine dei soldati inglesi di cantare, giocare a calcio, a nascondino e a mosca cieca. Gli stranieri non riescono a comprendere come questi giocherelloni siano, d'altro canto, così riservati e possano trascorrere ore al club da soli e senza mormorare una parola al vicino di poltrona. Un consiglio sull'abbigliamento. Gli inglesi annualmente spendono meno nei vestiti che nel cibo per cani. Un italiano sensibile non deve sfoggiare eccessiva eleganza perché farebbe sentire a disagio interlocutori che indossano nei rapporti di affari vestiti scuri o gessati, spesso di poliestere. Sotto il poliestere i calzini corti sono, come si dice, un «must».

Mino Vignolo

A - *Confrontate i due testi: quali pregiudizi nutrono gli inglesi nei confronti degli italiani? Quali aspetti degli inglesi cerca di mettere in ridicolo il Corriere della Sera? Che rimprovero muove il giornale alla Gran Bretagna? Vi sembrano argomenti fondati? Ne condividete alcuni e quali?*

B - *Stilate un promemoria per un manager in partenza per l'Italia, contenente le regole di comportamento „non scritte", ma da seguire se si intendono intrattenere buone relazioni d'affari con questo Paese. Dove è possibile, trasformate le formulazioni negative dell'articolo in positive*

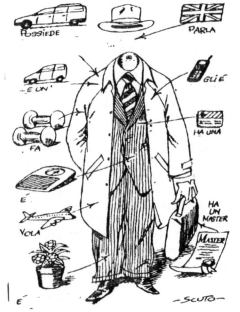

C - *Con l'aiuto dell'illustrazione sottostante provate a descrivere le caratteristiche del manager europeo*

- *a dieta*
- *auto di scorta*
- *carta di credito esclusiva e illimitata*
- *ecologico*
- *ginnastica*
- *indispensabile il portatile*
- *l'inglese*
- *spesso*
- *una grossa vettura con CD e telefono*

Quale migliore esempio di lampanti differenze culturali di quello fra Germania e USA?
Nel primo Paese si usa la cravatta e ci si dà del Lei; l'America è la culla del casual; gli americani si danno del tu e non fumano sul lavoro. I lavoratori tedeschi sono orgogliosi della qualità dei loro prodotti, quelli americani della propria efficienza. Gli operai americani addetti alla catena di montaggio guadagnano di più dei colleghi tedeschi, ma al contrario di questi ultimi hanno un minimo di benefit e pacchetti previdenziali; i tedeschi godono di sei settimane di vacanze all'anno oltre a sanità e scuola gratuita grazie anche alla forza del sindacato. La forza lavoro americana produce però il triplo di quella tedesca.

D - *Fate parte di una task force impegnata a conciliare le caratteristiche di questi due ambienti lavorativi tanto diversi, per realizzare una joint venture fra una casa automobilistica americana e una tedesca; scopo principale: realizzare economie di scala, sebbene le auto prodotte dalle due case si collochino entrambe nella fascia alta del mercato.*
Come organizzereste il lavoro nel nuovo gruppo? A chi attribuireste la leadership e in base a quali criteri scegliereste il management? Dove si presentano i maggiori ostacoli ad una integrazione, secondo voi? E cerchereste di creare un sistema aziendale nuovo o manterreste le differenti culture industriali? Come risolvereste il dilemma delle auto prodotte; ci sarebbe una possibilità di diversificare i modelli, pur mantenendoli nella fascia alta ed eventualmente in che modo? Ci sono forse differenze anche nei gusti dei clienti?

E - *Dopo aver scorso la tabella di marcia dell'Unione Europea, rispondete alle domande in calce*

1957 - Costituzione della Comunità Economica Europea (CEE)
1967 - Comunità Europea (CE), formata da CEE, CECA, EURATOM
1979 - Sistema Monetario Europeo (SME), primo passo verso una moneta unica
1986 - Atto Unico Europeo, stipulato per creare un mercato interno e rafforzare la cooperazione monetaria
1990 - Unione Monetaria Europea (UEM), completa liberalizzazione del movimento dei capitali
1992 - Trattato di Maastricht, la Comunità Europea diventa Unione Europea
1993 - Mercato interno, iniziato per garantire la libera circolazione di beni, persone e servizi
1994 - Costituzione dell'Istituto Monetario Europeo (IME)
1995 - Scelto l'Euro come nome della moneta unica
1998 - Banca Centrale Europea (BCE), banca della quale fanno parte i paesi dell'UEM
2002 - Banconote e monete Euro, in sostituzione delle valute nazionali

1. Quando è stata istituita la CEE?
2. Su quali istituzioni è sorta la CE?
3. Quando è stato firmato il Trattato di Maastricht?
4. Quando si sono poste le basi per una moneta unica?
5. Quando sono state selezionate le nazioni destinate ad adottare l'Euro?
6. Quanto tempo ha richiesto la realizzazione del progetto di una moneta unica?
7. Quando si è trasformata la CE in Unione Europea?
8. Quanto tempo è trascorso tra l'istituzione della CE e il suo passaggio a UE?

F – *Il "Chi è" dell'Unione Europea. Di quali istituzioni si tratta? Individuate i nomi fra quelli forniti in ordine sparso*

1. È il governo dell'UE, un organismo indipendente, che dura in carica 5 anni, composto da 20 membri. È il guardiano dei trattati, propone le leggi, gestisce ed esegue le politiche comuni ed è la voce dell'UE nelle relazioni commerciali internazionali. Gestisce i fondi comunitari e più in generale il bilancio dell'UE. Gli stati membri nominano il Presidente, che insieme a loro sceglie i

Commissari; ogni Commissario guida un ministero, cioè una direzione generale (le più importanti sono l'Antitrust, gli Affari economici, il Mercato interno, le Relazioni esterne, il Commercio e i Trasporti). Ha il diritto esclusivo di proporre le leggi al Consiglio e al Parlamento, che le esaminano e le approvano

2. È la riunione dei Capi di Stato e di Governo dei quindici e definisce gli orientamenti generali della politica dell'Unione. Gli incontri si tengono almeno due volte all'anno nella capitale dello Stato che detiene la presidenza di turno
3. Responsabile del controllo del bilancio generale delle istituzioni europee, è la coscienza finanziaria della comunità. È composta da quindici membri nominati per sei anni dal Consiglio, dopo aver consultato il Parlamento europeo
4. Organismo autonomo che eroga prestiti per progetti di sviluppo nelle regioni più arretrate della UE, per l'attività delle pmi e in sostegno dell'ambiente, oltre a prestiti a paesi terzi. Creata nel 1958, ha sede in Lussemburgo
5. Ha sede in Lussemburgo e assicura il rispetto del diritto comunitario e l'applicazione dei trattati. È composta da 15 giudici nominati per 6 anni dai governi degli stati membri e affiancati da nove avvocati generali
6. Eletto dal 1979 a suffragio universale diretto per cinque anni, ha 626 membri ed ha sede a Strasburgo, dove una volta al mese si riunisce in sessione plenaria per una settimana
7. Nata il primo luglio 1998 dalle spoglie dell'IME (Istituto Monetario Europeo) è l'istituzione più nuova dell'UE ed esercita l'autorità monetaria nei paesi che hanno adottato la moneta unica. È indipendente dai governi e persegue l'obiettivo della stabilità dei prezzi
8. È l'organo che riunisce i governi dei quindici paesi membri. La presidenza è attribuita a turno, ogni sei mesi, a un diverso paese europeo. Si riunisce a Bruxelles o in Lussemburgo a livello ministeriale

Parlamento europeo – Consiglio dell'Unione europea - Corte di giustizia – BCE – Commissione europea – BEI – Consiglio europeo – Corte dei Conti

G - Individuate il significato di queste parole di moda nell'UE

1. Euroscettico
2. Eurocrate
3. Eurodollaro
4. Euromissile
5. Eurovisione
6. Eurovoc

a. moneta statunitense depositata in banche europee fuori dagli USA
b. appellativo dato ai funzionari dell'Unione Europea
c. missile balistico a medio raggio e a testata nucleare installato in Stati europei della NATO
d. collegamento tra le TV di diversi Paesi europei per trasmettere contemporaneamente lo stesso programma
e. linguaggio documentalistico comune
f. colui che nutre dubbi sulla validità dell'Unione Europea

H - *Moneta unica e criteri di convergenza restano argomenti controversi; indicate quali affermazioni esprimono un parere favorevole o contrario alla loro adozione*

(moneta unica)
1. L'UEM ha consentito ai Paesi dell'UE di affrancarsi dal marco tedesco
2. La moneta unica è stata una scommessa troppo audace; nessuna teoria ne può garantire il successo
3. L'UEM è un fattore di crescita decisivo per l'Europa, in un momento cruciale, per consentirle di mantenere la sua posizione nel mondo raccogliendo le sfide dell'economia americana e asiatica
4. I vantaggi attesi dall'introduzione di una moneta unica sono eccessivamente sopravvalutati; rafforzare l'Ecu sarebbe risultato più efficace e meno costoso

(criteri di convergenza)
1. L'obiettivo di questi criteri è ridurre l'inflazione e il differenziale d'inflazione tra gli Stati
2. I criteri stabiliti per costruire l'UEM non riflettono la realtà economica dei Paesi
3. La critica alla scelta dei criteri è infondata, in quanto essi garantiscono un'economia sana
4. I criteri sono flessibili giacché tengono conto anche delle tendenze di sviluppo degli Stati e non solo dei loro risultati immediati

I - Abbinate le parti delle frasi in ordine logico

1. L'Italia si è sforzata di realizzare la convergenza	a. una Banca centrale europea indipendente dagli Stati
2. L'Italia auspica	b. si contrappone alla semplice concezione di una moneta comune
3. Per l'Italia l'Unione monetaria	c. della stessa libertà di quella tedesca
4. L'Italia fornisce	d. è condizionata dalle scelte di bilancio
5. Secondo l'Italia, l'adozione della moneta unica	e. deve andare di pari passo con l'unione politica
6. La politica monetaria degli Stati	f. tutto il suo appoggio per la realizzazione dell'UEM
7. In Italia la Banca centrale non gode	g. dei criteri economici per conferire credibilità alla moneta unica

L - Quale fenomeno deve restare contenuto all'interno dell'UE? Per scoprirlo inserite nelle caselle le lettere delle diverse valute, da scegliere in base all'ordine indicato dai numeri (*es.: lettera 5 della valuta dollaro = a*)

					Z				

Paese	Valuta	Lettera
Italia	_____	2
Danimarca	_____	5
Olanda	_____	1
Inghilterra	_____	5
Germania	_____	2
Austria	_____	6
Portogallo	_____	5
Francia	_____	4
Spagna	_____	2

M - Che colore hanno le banconote dell'Euro?

1. verde	5. grigio	a. 10 euro		e. 500 euro	
2. giallo e marrone	6. rosso	b. 100 euro		f. 50 euro	
3. porpora	7. blu	c. 5 euro		g. 200 euro	
4. arancione		d. 20 euro			

N - Completate le frasi con una delle tre possibilità indicate di volta in volta

1. L'Euro come unità di conto è stato introdotto ....
   a. il 1.1.1998   b. dal 1.1.1999   c. dopo la redazione del bilancio 1999
2. Sede della BCE è ....
   a. Bruxelles   b. Francoforte   c. Strasburgo
3. Le banconote vengono emesse ....
   a. dalle singole banche centrali   b. dalle banche ordinarie   c. dalla Banca centrale europea

4. Monete e banconote sono entrate in circolazione
   a. nel 2002   b. nel 2000   c. dopo il pareggio dei bilanci di tutti gli Stati dell'UE
5. Sulle banconote sono raffigurati
   a. personaggi famosi   b. disegni stilizzati   c. le Banche centrali dei Paesi aderenti

O - Completate

1. L'UE è stata concordata ....
2. All'inizio del 1998 dai .... sono stati fissati i Paesi destinati a far parte dell'Euro
3. A partire dal 1.1.1999 sono stati stabiliti .... fra le diverse valute e l'Euro
4. Il 1.1.2002 sono state messe in circolazione ....
5. Sei mesi dopo hanno perso validità ....
6. Fanno parte dell'Euro quei Paesi che hanno soddisfatto ....

a. i tassi di cambio
b. monete e banconote espresse in euro
c. nel Trattato di Maastricht
d. capi di Stato e di Governo
e. i criteri dell'unione economica e monetaria
f. le valute nazionali

P - Abbinate cause ed effetti

1. Le uscite dello Stato superano le entrate
2. La moneta si svaluta
3. Il prezzo delle valute si modifica continuamente
4. Con l'Euro il valore e il potere d'acquisto del denaro restano invariati, solo gli importi vengono convertiti

a. oscillazioni dei cambi
b. nessuna riforma valutaria
c. deficit di bilancio
d. aumento dei prezzi

Q – Collegate le farsi in senso logico

1. L'integrazione europea sarà	a. per i beni facilmente scambiabili (jeans o macchine fotografiche)
2. L'annullamento delle barriere provoca	b. è dovuto in parte alle differenze fiscali
3. Nella ricerca "Pricing in Euroland" sono stati presi	c. per quei servizi che godono di una qualche forma di monopolio nazionale (telefoni o commissioni bancarie)
4. Lo scarto fra i prezzi nei diversi paesi	d. producendo in un unico luogo per l'intero mercato europeo
5. Le variazioni di prezzo sono minori	e. sempre più stretta
6. Le differenze di prezzo sono molto forti	f. come campione 53 prodotti omogenei nell'area dell'euro
7. Si potranno realizzare economie di scala	g. sicure conseguenze anche negli stili di vita

R – Indicate i sinonimi dei termini sottolineati

1. La trasparenza dei prezzi dovuta all'euro ha un forte impatto psicologico sui consumatori
2. Da una recente inchiesta emerge che grandi imprese operanti in Europa praticavano prezzi molto diversi nell'area dell'euro
3. Gli scarti di prezzo, comunque, non scompariranno completamente
4. Le diversità di gusti aiuteranno le imprese a mantenere una struttura dei prezzi articolata
5. Una variazione dell'1% dei prezzi può tradursi in una variazione del 10-15% dei profitti
6. La centralizzazione della contabilità è ancor più utile quando le transazioni avvengono con una moneta unica
7. L'euro offre enormi opportunità alle imprese per snellire le loro attività
8. Nella battaglia industriale della Nuova Europa vinceranno le imprese che saranno gestite meglio

amministrare/applicare/differenza/differenziato/effetto/operazione/riflettersi/risultare/semplificare

S – *Di seguito alcune misure legate all'introduzione dell'euro. Elencate che cosa si è reso necessario o verificato con la moneta unica, trasformando i relativi verbi in corrispondenti sostantivi*
1. Modificare i programmi informatici
2. Ristampare nuovi moduli
3. Ritirare le vecchie monete e coniarne di nuove
4. Informare i cittadini
5. Formare il personale di sportello
6. Aumentare la concorrenza su prodotti e servizi
7. Divenire impossibile la svalutazione competitiva per le imprese
8. Essere necessaria maggiore managerialità nella burocrazia
9. Introdurre criteri di competitività anche per le imprese pubbliche
10. Cessare la fuga dei capitali
11. Creare un'area di stabilità monetaria
12. Conseguire una maggiore integrazione economica tra i paesi
13. Ridurre il rischio di guerre commerciali

T – *Ecco una cartina dell'Europa; come si chiamano i paesi e le principali città in italiano?*

Europa

adesione	Beitritt
affari esteri	auswärtige Angelegenheiten
amministrazione fiduciaria	Treuhand
ampliamento	Erweiterung
anello di congiunzione	Bindeglied
applicazione	Anwendung
armonizzazione	Abstimmung, Angleichung
avvocato generale	Generalanwalt
ballottaggio	Stichwahl
barriere tecniche	technische Handelsschranken
BEI	Eur. Investitionsbank
BERS	Europäische Bank f. Wiederaufbau u. wirtschaftliche Entwicklung
BIRS	Intern. Bank f. Wiederaufbau u. wirtschaftliche Entwicklung
calcografia	Chalkographie, Kupferstich
capo di Governo	Regierungschef
CECA	Eur. Gemeinschaft f. Kohle u. Stahl
CEE	Europäische Wirtschaftsgemeinschaft
clausola della nazione più favorita	Meistbegünstigungsklausel
clausole di salvaguardia	Schutzklauseln
coesione	Kohäsion, Zusammenhalt
COMECON/Consiglio di mutua assistenza economica	Rat f. gegenseitige Wirtschaftshilfe
comitato	Ausschuß
competitività	Wettbewerbsfähigkeit
conglomerato di aziende	Mischkonzern
coniare	prägen
Consiglio dei Ministri	Ministerrat
Consiglio d'Europa	Europarat
contratto/convenzione	Vertrag
Corte dei Conti	Rechnungshof
Corte di Giustizia	Gerichtshof
costituzione	Verfassung
CSCE	Konferenz ü. Sicherheit u. Zusammenarbeit in Europa
deregolamentazione	Deregulierung
direttiva	Richtlinie
diritti d'autore	Urheberrecht
diritti umani	Menschenrechte
diritto civile	bürgerliches Recht
diritto commerciale	Handelsrecht
diritto di pesca	Fangrecht
Ecu (unità monetaria europea)	Europäische Währungseinheit
EFTA (Associazione europea di libero scambio)	Europäische Freihandelszone
eleggere	wählen

emendamento	Abänderung
ESA (Agenzia Spaziale Europea)	Eur. Weltraumsagentur
esente da dazio	zollfrei
EURATOM	Eur. Atomgemeinschaft
Europa a due velocità	Zwei-Schnelligkeit-Europa
favorire gli scambi	den Austausch fördern
FEOGA	Europäischer Ausrichtungs- und Garantiefonds für die Landwirtschaft
filigrana	Wasserzeichen
FMI	Inter. Währungsfond
fondo di garanzia	Garantiefonds
frontalieri	Grenzgänger
GATT	Allgemeines Zoll- u. Handelsabkommen
GEIE (gruppo Europeo di Interesse Economico)	Eur. Interessengemeinschaft
gestione del bilancio	Haushaltsführung
graduatoria	Rangliste
impatto	Wirkung
inquinamento ambientale	Umweltbelastung/-verschmutzung
legge a tutela del consumatore	Gesetz f. Verbraucherschutz
legislazione antitrust	Gesetz gegen Wettbewrbsbeschränkungen
legislazione	Gesetzgebung
lettera di intenti	Absichtserklärung
libera circolazione delle persone/merci/servizi e capitali	freier Personen- Waren- Dientsleistungs-u. Kapitalverkehr
liberalizzare	liberalisieren
libertà di insediamento	Niederlassungsfreiheit
libro bianco	Weißbuch
marchio di fabbrica	Schutzmarke
MEC	Gemeinsamer Markt
maggioranza	Mehrheit
mercato interno	Inlandsmarkt
mercato unico	Binnenmarkt
merci di paesi terzi	Drittlandswaren
moneta unica	Einheitswährung
Nic (Paese di nuova industrializzazione)	Neuindustrialisierungstaat
normativa	Bestimmung
OCSE (Organizz. di cooperazione e sviluppo econ.)	OECD-Organ. f. wirtsch. Zusammenarbeit u. Entwicklung
oleografia	Öldruck
Paese membro	Mitgliedsstaat
periodo di transizione	Übergangsfrist
permesso di lavoro	Arbeitserlaubnis
Pmi (Piccole e medie imprese)	Kleine u. mittlere Unternehmen
politica agricola comune	gemeinsame Agrarpolitik
prodotti ittici	Fischerzeugnisse
progetto di legge	Gesetzesvorschlag
questione di diritto	Rechtsfrage
raccomandazione	Empfehlung
ragioni di scambio/terms of trade	Austauschverhältnis

restrizione	Einschränkung
revoca	Aufhebung
ricarico	Aufschlag
rispetto	Einhaltung
sancire	festlegen
scarto	Abweichung
SEE (Spazio economico europeo)	Europäischer Wirtschaftsraum
sentenza	Urteil
serpente monetario	Währungsschlange
sessione	Sitzung
SME	Eur. Währungssystem
suffragio universale	allgemeines Wahlrecht
superficie complessiva	Gesamtfläche
tariffa doganale comune	gemeinsamer Zolltarif
tariffa doganale	Zolltarif
trasporto su rotaia	Schienentransport
UEM	Eur. Wirtschafts- u. Währungsunion
unione doganale	Zollunion
Unione europea	Europäische Union
unione fiscale	Steuerunion
voto a maggioranza qualificata	Abstimmung durch qualifizierte Mehrheit

Capitolo 4
Commercio internazionale

EFFETTO GLOBALE

La fine dei controlli sui cambi e l'arrivo dell'informatica nella finanza hanno scardinato le vecchie regole dei mercati internazionali (*adattamento e rifacimento da Il Corriere della Sera 27.2.95, Arrigo Levi*)

Un breve viaggio ai vertici dell'economia globale non può che avere inizio da Washington, la sede del FMI.
Il Fondo è una delle grandi istituzioni create mezzo secolo fa, il 22 luglio 1944, in un villaggio del New Hampshire chiamato Bretton Woods, in cui ebbe luogo la Conferenza che sancì il dollaro come mezzo di pagamento internazionale riconosciuto ed accettato universalmente. Scopo del Fondo: evitare che nell'imminente secondo dopoguerra si ricreasse la grande depressione degli anni Venti-Trenta.
Esso, secondo la visione di John Maynard Keynes, avrebbe dovuto essere il guardiano di un nuovo ordine monetario, impostato sul dollaro e su un sistema di cambi fissi; insieme alla Banca mondiale, che ha la sede di fronte a quella del Fondo, vicino alla Casa Bianca, avrebbe dovuto garantire stabilità al sistema monetario e prosperità e sviluppo per tutti i Paesi mediante un sistema multilaterale dei pagamenti internazionali con la rimozione di eventuali restrizioni, la promozione della collaborazione monetaria internazionale e l'azione contro squilibri temporanei delle bilance dei pagamenti degli Stati aderenti tramite operazioni di cessione di valuta a breve termine.
Il capitale del Fondo, che conta 179 Paesi membri, sono le quote nazionali versate dai Paesi stessi (con le quali è anche collegato il potere di voto di ciascuno Stato); esso viene allargato, oltre che con aumenti di capitale, mediante accordi quali i Gab (General Arrangement to Borrow - accordi di massima di credito reciproco, ovvero operazioni di prestito) e con i DPS (Diritti speciali di prelievo), cioè facilitazioni di credito per quegli Stati in momentanea difficoltà, concesse però a condizione che gli Stati in questione adottino rigide misure per il miglioramento della loro economia.
Il sistema di Bretton Woods cessò di esistere nel 1971, con la crisi del dollaro e il passaggio a un sistema di cambi fluttuanti.
Nessuno oggi può dire di governare l'economia e il sistema monetario mondiale nell'era della globalizzazione, quando ogni giorno un trilione di dollari viaggia attraverso i mercati finanziari del globo.
Il Fondo è impegnato in 70 Paesi, dall'Africa all'America latina, all'Asia e al mondo post-comunista; ci si dovrebbe chiedere piuttosto perché i governi e le istituzioni non riescano ad alleggerire i problemi dell'Africa, «un continente abbandonato», o se si stia facendo abbastanza per i Paesi dell'Europa orientale o per quei 40 Paesi in via di sviluppo che «sono stati in realtà la locomotiva del mondo durante la crisi dei Paesi sviluppati».
Se la globalizzazione mette in luce le lacune del sistema, non ne mette però in discussione la validità come ha dimostrato la crisi messicana.

Dal GATT all'OMC

Insieme al FMI e alla Banca mondiale, l'Accordo generale sulle tariffe doganali e il commercio (Gatt), istituito nel 1948 con le firme di 23 Paesi - poi divenuti 105 -, ha rappresentato una delle tre istituzioni multilaterali create per facilitare una regolamentazione dell'economia internazionale ed evitare il riemergere di disastrose politiche protezionistiche; non persegue una completa liberalizzazione degli scambi, ma una regolamentazione dei principali ostacoli al commercio internazionale. Gli scambi vengono regolati in base alla *clausola della reciprocità* e *della nazione più favorita*, vale a dire in modo che vadano concesse a tutte le nazioni i trattamenti commerciali

accordati ad un Paese e automaticamente esteso a tutte le altre anche l'accordo commerciale più favorevole stipulato fra due nazioni. Vietato il dumping, ovviamente, ma previste alcune deroghe come la *enabling clause* per un trattamento preferenziale ai Pvs e la *clausola di salvaguardia* per introdurre restrizioni temporanee sulle importazioni in un Paese in difficoltà economiche.
Per ridurre gli ostacoli al commercio mondiale, il Gatt si impegnava anche ad avviare una serie di incontri periodici, i negoziati multilaterali.
Questi vengono condotti attraverso una serie di «round» concernenti diversi pacchetti di misure; il primo round, iniziato nel 1946, ha consentito di accordare 45.000 concessioni tariffarie. I round successivi sono divenuti sempre più complessi; nel Dillon Round (1964-1967) e nel Tokio Round (1973-1979) si è rinegoziato due volte l'accordo stesso. Con la conclusione dell'Uruguay Round (1986-1993) si è aperta una nuova era nel commercio mondiale: al Gatt è subentrata l'Organizzazione mondiale del commercio (Omc), cioè si è sostituito un accordo con un trattato in grado di garantire un quadro normativo preciso entro cui il commercio e gli investimenti possono muoversi al riparo dal rischio di sanzioni unilaterali, di guerre commerciali e protezionismo. Con la riduzione complessiva del 40% medio del livello delle tariffe mondiali e gli accordi per l'apertura dei mercati ci si è prefissi inoltre di conseguire un aumento di 755 miliardi di dollari all'anno di interscambio e di 235 miliardi annui di ricchezza globale.
Con l'Uruguay Round si sono inseriti anche nuovi settori nelle norme di non discriminazione e di equità sulle importazioni: nel settore agricolo vengono eliminate sovvenzioni e sussidi, per il tessile-abbigliamento è prevista la liberalizzazione con l'abolizione delle quote bilaterali dell'accordo Multifibre. I diritti relativi alle proprietà intellettuali vengono tutelati con un apposito codice e con il Gats (General Agreement on Trade in Services) il sistema irrompe anche nel terziario, il settore strategico che si estende dal turismo ai servizi finanziari, dalle telecomunicazioni al telelavoro.
Non tutti pensano di avere guadagnato dalla conclusione dell'Uruguay Round; i Pvs temono di avere solo le briciole dell'enorme torta dell'apertura dei mercati. Ritengono di essere rimasti ai margini del negoziato e resistono ad oltranza alle richieste di esaminare nella Wto (alias Omc) le questioni relative all'ambiente e ai diritti del lavoro. Temono che le accuse di ecodumping e di dumping sociale si trasformino in nuove forme di barriere protezionistiche.
Pur così giovane, l'OMC è già un colosso, con oltre 146 Paesi membri, compresa la Cina riuscita ad entrarvi nel 2001. Come tutti i colossi, è anche già intasata di lavoro: Paesi grandi e piccoli si rivolgono in continuazione all'OMC perché dirima le loro beghe commerciali con altre nazioni. Dispute a volte di interesse planetario dalle quali può dipendere il futuro di un intero settore dei commerci mondiali, o beghe futili, come la denominazione di un mollusco o l'esportazione di un certo tipo di mutande. I tempi sono lunghissimi, la burocrazia inevitabilmente pesante. Dalla sua sede di Ginevra, l'OMC è l'arbitro della ragnatela di commerci che avvolge il pianeta. Il suo massimo organo decisionale è la "Conferenza dei ministri" dei Paesi membri che deve essere convocata almeno ogni due anni (il primo appuntamento si è svolto a Singapore). Al secondo livello dell'organigramma sono il "Direttore generale" e il "Consiglio generale". Costituito dai rappresentanti dei Paesi membri, quest'ultimo è incaricato di applicare le decisioni ministeriali e di sovrintendere all'attività dei vari comitati di lavoro. L'organizzazione si regge sulle fondamenta di tre accordi principali, gestiti da altrettanti Consigli:
1) il "Consiglio GATT 1994", che sorveglia l'accordo sulle tariffe doganali ed il commercio con le modifiche dell'Uruguay Round nei settori agricoltura, tessili, investimenti, dumping ecc.
2) il "Consiglio GATS" (General Agreement on Trade and Services, ovvero Accordo generale sulle Tariffe e i Servizi), che sovrintende all'accordo sul commercio dei servizi in cinque settori: circolazione delle persone, traffico aereo, trasporti marittimi, telecomunicazioni e servizi finanziari

3) il "Consiglio TRIPS (Trade Related Aspects Intellectual Property Rights, ovvero Accordo sui diritti di proprietà intellettuale), che veglia sull'accordo relativo alla proprietà intellettuale contro le contraffazioni e per la protezione dei diritti d'autore, le denominazioni d'origine, i brevetti.

L'OMC - insieme ad altri trattati regionali quali l'Unione Europea, MERCOSUR, ecc.- ricopre un ruolo fondamentale nel processo di globalizzazione che sta subendo l'economia mondiale: la sua influenza è percepibile sia a un livello superiore, "globale" che a quello della vita di tutti i giorni di un numero crescente di individui.

Competizione globale - Paesi a basso salario alla conquista del mercato
Profitti senza regole
Si chiama dumping sociale. Lo fa chi produce dove il lavoro non ha tutele. E si moltiplicano le accuse di violazione dei diritti umani *(IL MONDO, 14/21 novembre 1994, Vanna Brocca)*

Per un salario di sussistenza i bambini che lavorano nelle concerie alla periferia del Cairo svolgono compiti che neppure un robusto adulto nei Paesi industriali riuscirebbe più a tollerare: senza ferie, né pagate, né gratis, con un orario di 77,5 ore alla settimana, esposti al caldo, al freddo, all'umidità, alle polveri, al buio, ai prodotti chimici, sono pagati da tre a quattro volte meno dei loro compagni adulti. Anche se, come loro, soffrono di dermatiti, malattie respiratorie, deformità della colonna vertebrale. Nella capitale egiziana l'Oil (Organizzazione internazionale del lavoro) di Ginevra ha individuato 50 stabilimenti dove questa è la regola. Ciascuno con una forte percentuale di adolescenti. La loro età media, infatti, è di 11,7 anni. La stessa dei piccoli lavoratori del Pakistan e dell'Indonesia, che incollano tomaie di scarpe servendosi delle dita, perché non ci sono pennelli, per un compenso di 85 centesimi di dollaro al giorno. O di quelli impiegati nelle piantagioni di cotone, caucciù, tè, tabacco e caffè dei Pvs, dove i bambini rappresentano dal 7% al 12% della forza lavoro occupata.

In tutto il mondo sempre più inseriti nelle produzioni per l'export, i bambini con meno di 14 anni costretti al lavoro sono milioni: da 100 a 200 secondo le stime dell'Oil. Allarmati da queste statistiche, Stati Uniti e Francia hanno deciso di dare battaglia su un terreno inedito: quello del Gatt, che da quando è nato si è occupato di leggi e normative commerciali e che adesso si trova a dover sciogliere uno dei nodi più controversi della sua storia.

Il nocciolo del problema lo ha riassunto Marcel Albert, presidente e direttore generale della fabbrica di jeans Lee Cooper: «Il salario di un operaio francese permette di pagare per lo stesso tipo di lavoro 7 operai tunisini, 9 marocchini, 25 thailandesi, 35 cinesi, 65 russi, 70 vietnamiti». Grazie alla globalizzazione dell'economia a sfruttare il fenomeno sono in eguale misura le aziende «nomadi» dei Paesi avanzati e le società messe in piedi a tempo di record dagli imprenditori locali. Il risultato è sotto gli occhi di tutti: una racchetta su tre di quelle vendute al mondo è ormai made in Taiwan, un paio di scarpe su cinque distribuite in Europa proviene dalla Cina popolare e Hong Kong è divenuto il principale centro di smistamento di giocattoli dei cinque continenti.

Per anni i consumatori europei e nordamericani hanno tratto vantaggio da questa situazione: la riduzione spesso spettacolare dei prezzi di microcomputer, apparecchi hi-fi, scarpe, borse e T-shirt si è tradotta in un simmetrico e costante aumento del potere d'acquisto. Solo con la recessione e la disoccupazione crescente si delinea il rovescio della medaglia. In altri termini quanti dei disoccupati dei Paesi Ue scopriranno di aver ceduto il posto di lavoro a un operaio adulto o bambino, ma comunque sottopagato, del Sud-est asiatico, dell'Africa o dell'America latina?

Al vertice conclusivo dell'Uruguay Round Stati Uniti e Francia hanno sollevato il problema del cosiddetto dumping sociale: è, secondo loro, l'indebito vantaggio che i produttori dei Paesi poveri

traggono non soltanto dai bassi salari pagati ai dipendenti ma dall'assenza di normative, di oneri sociali e altri costi che gravano invece sulle aziende europee e americane.
Mentre i francesi, finora, hanno studiato gli effetti della concorrenza globale in patria e in parte nell'Ue, gli americani si sono concentrati sulle condizioni di vita e sullo sfruttamento dei lavoratori nei Pvs.
Il rapporto «Con il sudore e la fatica dei bambini» è unico nel suo genere.
Grazie a undici studi-Paese e 13 indagini sul campo eseguite dai dipendenti del Dipartimento americano del lavoro, il rapporto fornisce una mappa dettagliata dei Paesi del Terzo Mondo che impiegano minori in aziende che producono per l'esportazione, soprattutto per gli USA, ma non solo. Dagli adolescenti della cosiddetta «carpet belt» (l'area di lavorazione dei tappeti) dell'India, vittime di una delle tante forme di schiavismo sopravvissuto nell'era moderna, agli 11 milioni di bambini sotto i 15 anni che risultano al lavoro in Messico, soprattutto nelle cosiddette «fabbriche cacciavite» disseminate lungo la frontiera con gli USA; dai piccoli raccoglitori di gelsomino delle piantagioni egiziane a quelli spesso tenuti in regime di servitù che aiutano gli adulti nell'industria del carbone della regione di Carajas, in Brasile, il rapporto americano offre un ritratto agghiacciante dei rapporti sociali e della violenza economica con la quale il mondo si prepara a doppiare il 2000.
Per gli imprenditori il lavoro minorile è un mezzo per abbassare i costi e sopravvivere sul mercato, ma non c'è nessuna prova - conclude il rapporto - che sostituire i bambini con i ragazzi maggiori di 15 anni li renderebbe meno competitivi. È più probabile, invece, come risulta da una testimonianza sui proprietari di industrie dell'abbigliamento del Bangladesh, che i bambini vengano assunti ovunque sia possibile per altri motivi: perché sono docili, sono motivati ed efficienti, non formano sindacati, il loro impiego diminuisce la possibilità di scioperi, è facile dirigerli.
Un altro capitolo, meno ricco di studi e dati statistici, ma altrettanto esplosivo in prospettiva, riguarda il dumping dei cervelli: un ingegnere meccanico ed elettromeccanico, se viene assunto in India costa dieci volte meno di un suo collega a Milano. Ecco perché la Swissair aveva trasferito a Bombay una parte dei propri uffici contabili. E sono sempre più numerose le compagnie aeree di bandiera che decentrano i servizi di teleprenotazione, di catering e di manutenzione degli aerei in Paesi a basso costo di manodopera, sfruttando al massimo le nuove possibilità di telelavoro offerte dall'informatica e dalle reti telematiche avanzate. E quando anche gli stipendi di Taiwan e Singapore sono saliti alle stelle, la progettazione in campo elettronico ha cominciato a trasferirsi verso le aree intermedie di Manila e Giacarta.
Ma non basta: con l'integrazione degli altri Paesi dell'Est europeo un altro temibile esercito di concorrenti si è affacciato sul mercato internazionale. E gli occidentali hanno subito colto l'occasione.
Insomma con una mano d'opera industriale concentrata in pochi settori e un comparto di sviluppo e produzione disseminato all'estero non è poi tanto strano immaginare che l'Europa diventi un solo gigantesco ipermercato di prodotti fatti altrove.

A - *Riassumete l'articolo evidenziando gli aspetti, a vostro avviso, più salienti*

B - *In questo testo e nelle pagine precedenti si parla di dumping sociale, ecodumping, dumping dei cervelli; in che cosa consistono?*

C - *Pensate che USA e Francia abbiano iniziato ad occuparsi del lavoro minorile per motivi umanitari?*

D - *Delineate organizzazione, attività e scopi del FMI e del Gatt/Omc*

E - *Commentate la frase seguente* (The Money Lenders di Anthony Sampson, 1981)

«**Vi è solo una cosa peggiore di essere sfruttato da una multinazionale,
ed è NON essere sfruttato**»

Paure e pregiudizi

A volte, a voler caricare un evento di significati, si rischia di vanificarne i risultati. Qualche cosa del genere ha rischiato di succedere con il negoziato di Seattle, Millennium Round, organizzato proprio allo scadere del Secondo Millennio, nella città simbolo della nuova tecnologia, in un'atmosfera resa incandescente dalla disputa fra oppositori e sostenitori della globalizzazione. In effetti, questo non è altro che il terzo appuntamento del negoziato internazionale avviato da J. F. Kennedy negli anni 60, inteso a far progredire sulla strada della liberalizzazione dei mercati internazionali: un progresso che è stato ininterrotto in questi ultimi 50 anni e che ha portato ricchezza e sviluppo ovunque.

Né si può dire che i capitoli da affrontare oggi, dagli investimenti, ai servizi, ai prodotti culturali, siano più difficili di quelli fin qui affrontati: tessile, meccanica, chimica, cantieri, acciaio eccetera, tutte produzioni che erano altamente protette e che riguardavano milioni di lavoratori abituati da sempre a essere protetti. Perché, allora, tanto clamore e tanta resistenza? Perché non si è scelta la strada più modesta di mettere all'ordine del giorno pochi capitoli su cui fare dei progressi reali, evitando di creare un'attesa epocale?

In effetti, si ha l'impressione che, dopo alcuni anni di negoziati commerciali, siano venuti al pettine alcuni nodi finora elusi. Nodi che, assunta una dimensione notevole con l'incalzare delle tecnologie, hanno fatto riemergere i timori ancestrali delle società organizzate contro il progresso tecnico che viene a rivoluzionare gli assetti consolidati. In questi timori, noi europei continentali (Francia in testa) abbiamo giocato un ruolo pesante: spaventati dalla crescita degli Stati Uniti, timorosi di non essere in grado di dominare le nuove tecnologie, condizionati dalle mille corporazioni che non vogliono perdere i loro privilegi, abbiamo rispolverato i sentimenti nazionali, la difesa della cultura, la scelta di un modo di vita e abbiamo preteso che questo negoziato non si dedicasse solo a temi specifici, ma affrontasse problematiche quali la salute del consumatore, l'ambiente, le diversità culturali eccetera. Di fatto, abbiamo agito in modo da mettere molti ostacoli al successo di tale negoziato e rischiamo di avviare un ciclo opposto, fatto di protezioni e di particolarismi che rischierebbero di far recedere il mondo verso posizioni egoistiche, fonti sempre di tensioni internazionali.

Ormai la frittata è fatta e poco vale oggi ricordare i benefici del commercio mondiale libero. Meglio è affrontare i problemi che stanno emergendo per situarli nella loro giusta dimensione e tentare di dar loro una risposta. È certo che il commercio libero ha contribuito a rendere più simili i Paesi del mondo che vi hanno aderito: molti Paesi dell'Asia e dell'America latina oggi sono più vicini alle condizioni dei Paesi industriali di quanto non lo fossero 50 anni fa; alcuni di essi fanno ormai parte dell'Oecd (ossia dell'area dei Paesi industriali); le istituzioni di questi Paesi si avvicinano a quelle delle democrazie industriali. Lo sviluppo degli scambi, dunque, facilita l'uguaglianza tra i Paesi, ciò che dovrebbe rassicurare quanti temono una competizione selvaggia tra sistemi fortemente differenti. Ma è anche certo che, arrivati a un certo punto della mondializzazione dell'economia, diventa vero anche il contrario: un ulteriore progresso degli scambi mondiali presuppone una maggiore omogeneità tra i Paesi e le società coinvolte. Ovvero, se si vuole un ulteriore forte progresso nella globalizzazione dei mercati, è necessario adottare alcune regole comuni in tema di organizzazione civile e democratica, oltre che nei confronti di taluni obiettivi generali. In effetti, lo scambio dei beni e dei servizi mette direttamente in contatto non solo i prodotti come risultati dei processi produttivi nei diversi Paesi, ma anche i fattori che hanno concorso a produrli con le modalità del loro impiego: sono le stesse società civili che vengono in contatto. Tale contatto può essere fonte di benessere se dalla competizione emerge il miglior modello organizzativo, sulla base di valori condivisi. Se i valori non sono condivisi, il contatto può essere invece fonte di forte tensione, perché la competizione si fa a danno di valori ritenuti irrinunciabili da una parte dei competitori.

Prendiamo il caso dei diritti umani: la schiavitù, la discriminazione razziale, il lavoro minorile sono stati banditi dalla Carta dei diritti dell'uomo. Il rispetto di questi diritti è fondamentale, anche per far progredire gli scambi mondiali: nessun Paese può considerare una concorrenza leale quella che proviene dall'organizzazione di produzioni che non rispettino questi principi. Un Paese che non rispettasse questi principi dovrebbe essere messo al bando della comunità internazionale per tutti gli scambi, commerciali, civili e diplomatici, fino a che non accettasse di rispettare queste regole minime. Queste regole di comportamento devono essere limitate ad argomenti di grandissima rilevanza, onde evitare che divengano semplici pressioni da parte dei Paesi ricchi per appesantire i costi dei Paesi più poveri, trasferendo loro le molte rigidità tipiche delle società opulente. Si può pensare ad alcune regole per la difesa dell'ambiente, nonché ad alcune precauzioni per la difesa della salute, con riferimento ai prodotti transgenici. Ma non si dovrebbe andare oltre con temi come la cultura (che se è vera si difende da sola) o le protezioni sociali.

Tali regole devono essere definite al di fuori del negoziato sul commercio mondiale, per evitare il sospetto che esse siano in realtà solo delle scuse per proteggere i Paesi ricchi. In altre parole è necessario avviare un negoziato mondiale su pochi temi di rilevanza planetaria per individuare regole comuni cui attenersi e autorità che le facciano rispettare, senza mischiare direttamente gli aspetti mercantilistici con quelli di altra natura. Si tratta in definitiva di regolamentare quel "diritto di ingerenza" che negli ultimi anni è stato fatto valere per ragioni umanitarie, sia con l'intervento in Iraq, che nella Bosnia e poi nel Kosovo.

Nell'esempio dei diritti umani sarebbe del tutto sbagliato imporre ritorsioni commerciali nei confronti di specifici prodotti sospettati di essere stati fabbricati con pratiche contrarie ai diritti umani (lavoro minorile, lavoro dei carcerati, eccetera). Ciò servirebbe solo a proteggere i prodotti degli altri Paesi, mentre non impedirebbe affatto che tali produzioni continuassero a essere presenti nel mercato interno, con lesione continua dei diritti delle persone. Occorre invece un'autorità internazionale capace di stabilire sanzioni adeguate affinché tali pratiche cessino del tutto: tra queste sanzioni ci potrà essere anche la messa al bando dai commerci internazionali, con riferimento a quei beni che, se non potessero essere più commerciati, indurrebbero più rapidamente il Paese ad accettare le regole internazionali.

Ma occorre limitare veramente gli argomenti ai pochi di interesse planetario. Per gli altri (il lavoro, i diritti sindacali, le protezioni sociali, eccetera) vale invece la prima affermazione: lo sviluppo degli scambi mondiali genera ricchezza che porta inevitabilmente a una certa uniformità di comportamenti e di organizzazioni. La sicurezza sociale è un bene che si acquista a un certo livello di reddito: impedire ai Paesi più poveri di acquisire maggiori livelli di reddito imponendo loro costi sociali proporzionali a quelli dei Paesi ricchi significa condannarli al sottosviluppo, impedire che essi possano esprimere una reale domanda di protezione sociale e proteggere artificialmente i prodotti dei Paesi più sviluppati, ciò che ha poco a che vedere con obiettivi di natura sociale.

(*Adattato da Il Sole 24 Ore, Innocenzo Cipolletta*)

F - *Dopo aver letto l'intervista, completate lo schema riassuntivo:*

1. I problemi da affrontare oggi nell'OMC riguardano ....
2. Precedentemente sono stati affrontati quelli relativi a ....
3. I timori degli Europei sono ....
4. I vantaggi del libero commercio mondiale fino ad oggi sono ....
5. Dal contatto con diverse società emergono tensioni a causa di ....
6. Non si può pretendere di applicare sempre certe regole di rispetto dei diritti umani perché ....
7. Imporre ritorsioni commerciali verso prodotti che si ritiene non fabbricati nel rispetto dei diritti umani comporta come conseguenza ....
8. La sicurezza sociale si ottiene solo ....

Commercio internazionale 117

La Cina nella WTO

PECHINO – Non è accordo solo sulla Wto, ma lo è sulle relazioni bilaterali tra Cina e Usa e riguarda il futuro dell'economia globale. Così è stato definito l'accordo che ha aperto in Cina una nuova stagione di riforme economiche la cui portata è difficile da definire. Il fatto che le banche straniere potranno avere gli stessi diritti di quelle cinesi, ad esempio, implica un'accelerazione delle riforme di quest'ultime. La fine dei sussidi alle esportazioni, l'apertura del mercato agricolo e di quello dei servizi significa che devono avvenire trasformazioni profonde in ogni settore dell'economia cinese, se il Paese non vuole vedere abbattuti sotto la concorrenza straniera tutti i pilastri economici nazionali. Si è aperta una fase di interesse straordinario per gli investitori stranieri, è iniziata una febbre per la Cina simile a quella per Internet: nessuno sa bene come si fa a guadagnarci, ma bisogna esserci, per non perdere l'occasione d'oro. In ultima analisi, questo flusso di capitali esteri potrebbe cambiare tutto in Cina: direttamente quando i capitali stabiliranno società nel Paese, modificando il modo di agire dei loro partner o dipendenti locali; indirettamente perché la nuova concorrenza impone tempi strettissimi per la riforma delle imprese cinesi.

(*adattato da Il Sole 24 Ore*)

G - *Inserire i sostantivi corrispondenti ai verbi fra parentesi*

I punti dell'accordo
(*ridurre*) .... dei dazi doganali dal 22,1% al 17%
(*abbassare*) .... dei dazi in agricoltura fino al 14-15% per prodotti di particolare interesse per gli Usa
(*eliminare*) .... del monopolio statale sull'olio di soia
(*autorizzare*) .... di joint-venture con il 50% di investimenti americani 2 anni dopo l'accesso alla Wto
(*permettere*) .... di investimenti in Internet
(*concedere*) .... alle banche, 2 anni dopo l'adesione, di operare con le imprese cinesi in valuta locale
(*aumentare*) .... da 10 a 20 del numero dei film di cui viene consentita l'importazione in Cina

H - *Coniugare i verbi al passato prossimo*

1. La Cina (*festeggiare*) .... in Qatar l'ingresso nell'Omc
2. L'adesione alla Wto (*contribuire*) .... ad accelerare la corsa al mercato cinese
3. Gli investimenti (*prendere*) .... il volo, i gruppi stranieri (*rafforzano*) .... la presenza diretta
4. Colossi come Hitachi, Motorola, Vodafone (*decidere*) .... di trasferire in Cina una base produttiva, altri (*iniettare*) .... nuovi capitali senza trasferire impianti esistenti altrove
5. Pechino (*promettere*) .... di ridurre gradualmente i dazi all'importazione
6. Infatti fino ad oggi l'importazione in Cina (*essere limitato*) .... proprio da questi dazi
7. La quota di investimenti esteri nei comparti tradizionali (tessile-abbigliamento, giocattoli, biciclette) (*essere destinato*) .... a scendere
8. Taiwan (*introdurre*) .... il via libera automatico per investimenti in Cina inferiori ai 20 mln di dollari
9. Purtroppo, però, non (*essere raggiunto*) .... ancora la fine della contraffazione

Cina, Russia e Corea creano un'area franca

Il successo delle Zes (Zone economiche speciali) volute da Deng Xiao Ping nella fascia costiera della Repubblica popolare cinese è stato di esempio alla creazione di altre zone consimili in diverse aree geografiche dell'Asia. Così Singapore, Malaysia e Indonesia hanno preso l'iniziativa di creare un «triangolo di sviluppo» nel quale convergano le risorse dei tre Paesi per la realizzazione di un ambizioso programma di innovazione tecnologica e di varie attività economiche di carattere avanzato.

Il caso dell'«Area economica speciale di Tumen», dal nome del fiume che sbocca con un ampio estuario nel Mare del Giappone, in una zona che definisce il confine tra la Russia, la Cina e la Corea del Nord, è certamente il più interessante per la particolare area geografica, il numero e la dimensione dei Paesi interessati, l'importanza e la vastità delle aree retrostanti. L'inizio di questo accordo, molto sofferto, si può far risalire al dicembre 1988, quando Mosca annunciò l'eliminazione degli ostacoli agli investimenti esteri nella Siberia orientale, auspicando la realizzazione di più intense relazioni d'affari tra l'Estremo Oriente, allora sovietico, e il bacino del Pacifico. Il miraggio russo era di creare una Hong Kong sulla costa della Siberia. Ma molti anni sono passati prima di arrivare all'accordo per eventi politici (conseguenze della perestrojka per la Russia e i fatti del giugno '89 nella piazza di Tienanmen per la Cina) e per le difficoltà nella scelta dell'ubicazione dell'area speciale. Per la Russia i porti di Vostnochnyy o di Nakhodka, il capolinea della ferrovia

transiberiana, erano da preferirsi anche per il livello delle infrastrutture e per la quantità e qualità degli abitanti. A Pyongyang, nell'aprile del 1992, era stata proposta la scelta fra i due porti di Rajin e Chongjin, situati a sud del Tumen e quindi da un lato abbastanza lontani dalla zona di confine e dall'altro bisognosi di grandi lavori di ammodernamento.

Alla fine ha prevalso la tesi dell'estuario del Tumen, una «no man's land» lunga, stretta e sabbiosa. Oltre ai cinque Paesi, si è associato al progetto anche il Giappone, che vede l'opportunità, attraverso nuove ed efficienti infrastrutture, di un migliore sfruttamento delle risorse minerarie ed energetiche siberiane e di poter utilizzare migliori e più rapidi mezzi di trasporto, ed ha offerto di acquistare e cedere in leasing, per un periodo di 60 anni un'area di 100 Kmq. La Corea del Sud intende svolgere altresì un ruolo di primo piano sia nell'attrezzamento che nell'utilizzo dell'area e già alcuni anni prima aveva inviato una delegazione a Mosca per offrire finanziamenti e una collaborazione concreta al progetto. La Corea del Nord, sebbene indebitata per parecchi miliardi di dollari con la Cina, la Russia e alcune grandi banche occidentali, ha offerto finanziamenti e garantisce l'accesso senza la necessità di visti oltre alla promessa di mettere a disposizione 600 Kmq come zona franca.

Per la Mongolia significa un accesso al mare più breve e rapido attraverso le province nordorientali cinesi di Jllin e Hunjiang.

La Cina, che ha circa un decimo della popolazione nelle tre province, cioè oltre cento milioni di abitanti, e che pur disponendo di immense risorse è costretta a servirsi del solo porto di Dalian, situato molto più a sud si ripromette molti vantaggi dalle opportunità del nuovo interporto.

Il progetto interessa quindi un'area di alcuni milioni di chilometri quadrati, una popolazione di alcune centinaia di milioni di abitanti e un prodotto interno lordo di svariati miliardi di dollari. Tutto sembra improntato a grande ottimismo; in realtà, fin quando non sarà stato sciolto il nodo nucleare nordcoreano, non è credibile che possano essere attratte grandi risorse sia di enti pubblici che di investitori stranieri con una situazione politica internazionale tanto incerta.

(da Il Sole 24 Ore 19.9.1995, Antonio Tescari)

Le Americhe mettono in cantiere una super-area di libero scambio

Si è concluso con un successo dimezzato il vertice delle Americhe, che per tre giorni ha riunito a Miami tutti i Paesi del continente, unica esclusa l'«anti-democratica» Cuba. I 34 Stati dell'area hanno firmato una solenne dichiarazione d'intenti in cui sollecitano la creazione di una grande Zona di libero scambio (Ftaa) destinata ad estendersi dall'Alaska alla Terra del Fuoco.
I Paesi dell'America latina attendono con ansia l'agganciamento all'economia statunitense.
Per il momento, dopo il Messico, solo il Cile ha conquistato la fiducia di Washington; il Paese sudamericano è stato invitato formalmente ad aderire all'Accordo di libero scambio nordamericano (Nafta) che raggruppa Canada, Stati Uniti e Messico.

(da Il Corriere della Sera, 12.12.94, R.E.)

ASEAN - Association of South East Nations

UN'AREA E LE SUE PROSPETTIVE

(di Angelo Incerti, responsabile Sviluppo e Progetti Internazionali nella Direzione rapporti con l'estero, Eni)

L'attenzione dei Paesi e degli operatori europei si è focalizzata su due fattori che possono determinare profonde mutazioni nei rapporti interni dei Paesi UE, tra questi ed i Paesi dell'Europa dell'Est, dell'area mediterranea ed in generale nelle loro relazioni commerciali internazionali.
Da un lato la realizzazione del mercato unico europeo, dall'altro l'evoluzione politico-economica dei Paesi dell'Europa orientale stanno imponendo una revisione globale delle politiche di sviluppo dei mercati, di presenza produttiva all'estero, di allocazione di risorse finanziarie sia per investimenti che per programmi di cooperazione, di scambio di know how, etc.
Questo stato di cose ha provocato un grande dinamismo a livello di delegazioni commerciali tra l'Est e l'Ovest europeo ed una qualche preoccupazione nei Paesi in via di sviluppo, che temono un allentamento dei rapporti con i Paesi più industrializzati.
Chi sembra non risentire della situazione sono i Paesi del Sud-Est dell'Asia, in particolare quelli aderenti all'Asean. Le loro performances di sviluppo sono confermate sostanzialmente, anche se con un leggero rallentamento; tali Paesi stanno attuando infatti politiche di sviluppo in cui rivestono un ruolo centrale l'espansione progressiva delle esportazioni e l'alto tasso di investimenti, sia pubblici che privati.
Ad eccezione delle Filippine il problema del debito si mantiene su livelli fisiologici ed avviato a graduali aggiustamenti: mediamente è destinato al pagamento del servizio del debito il 12% circa delle esportazioni, cioè poco meno della metà della media dei Paesi in via di sviluppo. Il dinamismo dell'economia, spesso accompagnato da problemi di carattere sociale ed ambientale propri delle fasi di sviluppo accelerato, si basa su un mix costituito da export di materie prime e da attività manifatturiere.
Nonostante l'apparente omogeneità dei parametri macro-economici, i Paesi del Sud-Est Asia presentano tra di loro differenze dovute oltre alla dimensione demografica e territoriale, alla disponibilità di risorse interne, alla struttura del mercato interno, ai loro rapporti con il Giappone.
Indonesia, Malaysia, Thailandia hanno alcuni elementi di affinità per quanto riguarda le risorse naturali, in particolare gli idrocarburi, che ne condizionano lo sviluppo. Obiettivi comuni di detti Paesi per attenuare questo condizionamento, sono la diversificazione produttiva e lo sfruttamento delle risorse anche per uso interno, a partire dalla produzione di energia, ad es. attraverso l'uso del gas.
I rapporti con il Giappone hanno determinato a loro volta un ulteriore distinguo tra i Paesi dell'area, che riguarda in particolare Singapore.
Attorno all'economia giapponese si è andato costituendo, col tempo, un sistema di interdipendenze

economiche, di complementarità che va al di là di un semplice interscambio commerciale che ha coinvolto Corea del Sud, Taiwan, Hong Kong, Singapore, i cosiddetti 'quattro dragoni'.

A parte gli exploits di carattere macroeconomico (campo nel quale detengono un vero e proprio primato mondiale per la crescita media annua del PIL, per le eccedenze commerciali nell'interscambio con l'estero, per la forza delle monete, per l'affidabilità finanziaria), i quattro dragoni rappresentano per il Giappone partners commerciali della stessa importanza dei Paesi della UE.

Verso tali Paesi si è andato sviluppando un decentramento produttivo giapponese che ha comportato la trasformazione dei sub-contractors locali, con funzioni di assemblaggio di pezzi giapponesi, in produttori ed esportatori. Il resto dei Paesi Asean hanno, come accennato, economie ancora prevalentemente legate all'export di materie prime e risultano importatori netti di prodotti manifatturieri e beni capitali giapponesi, cosicché il loro interscambio, con eccezione della Malaysia e dell'Indonesia, risulta sbilanciato a favore del Giappone.

Quest'ultimo, peraltro, dopo aver concentrato i suoi investimenti verso i quattro dragoni e verso la Malaysia, che presenta nell'area le migliori condizioni per gli investitori stranieri, sta diversificando la sua presenza con flussi modesti, quantitativamente, verso la Thailandia e verso l'Indonesia, dove i settori di maggior interesse, dopo le materie prime, sono quelli dell'industria tessile e della petrolchimica.

È interessante rilevare, relativamente agli aiuti finanziari di origine bi e multilaterale (Banca asiatica di sviluppo, UE, etc.), innanzitutto come da importi irrilevanti destinati alla Malaysia si passi al massimo dell'impegno per le Filippine e per l'Indonesia. Inoltre, mentre per le Filippine l'onere maggiore è assorbito essenzialmente da Giappone e Stati Uniti, per l'Indonesia si registra un certo impegno bilaterale anche da parte degli europei, in particolare Francia e Germania.

Per quanto riguarda i programmi di sviluppo, accanto all'obiettivo generale di diversificare la base produttiva (oltre che per una maggiore autonomia, anche per risentire meno dell'andamento dei prezzi delle materie prime), l'orientamento è quello di valorizzare al massimo le risorse interne sia per lo sviluppo di settori strategici, ad esempio energetico, sia destinandole ad attività 'export oriented'.

Pur tenendo conto realisticamente di fatti congiunturali e strutturali, prosegue la politica di investimenti. Questi rappresentano mediamente nell'area quote superiori al 20% del PIL.

L'impegno finanziario richiesto è elevato sia per la costruzione di impianti che di infrastrutture, cosicché è facilitata la costituzione di consorzi internazionali.

A fronte di questa situazione c'è da segnalare una volontà di stabilizzazione politica e di unificazione dei comportamenti e delle normative al fine di favorire un coinvolgimento di investitori stranieri, in particolare europei. Se da un lato, quindi ci sono capitali, tecnologie e know-how, dall'altra si può far conto su risorse naturali, manodopera, anche specializzata, a costi ancora molto competitivi rispetto a tutti i Paesi industrializzati, supporti logistici per mercati importanti quali la Cina e l'India. La concorrenza americana e giapponese è forte, ma c'è anche una evidente intenzione dei diversi Paesi di aprire maggiormente agli europei.

A - *Rispondete alle seguenti domande:*

1. Perché l'area franca di Tumen è particolarmente interessante dal punto di vista economico?
2. Quale speranza ha indotto la Russia ad aderire all'iniziativa dell'area franca con Cina e Corea?
3. In base a quali considerazioni aveva proposto i porti di Vostnochnyy o di Nakhodke per l'ubicazione dell'area?
4. Da quali riflessioni erano dettate invece le proposte della Corea del Nord e della Cina?
5. Quali interessi persegue il Giappone nell'area?
6. Che cosa condiziona l'intervento di investitori stranieri nella zona?

Commercio internazionale 121

7. Per quale motivo la realizzazione dell'Ue e le mutazioni politiche negli ex Paesi dell'Est Europa destano una certa preoccupazione nei Pvs?
8. Da che cosa dipendono i problemi di carattere sociale ed ambientale che accompagnano le trasformazioni industriali nei Paesi del Terzo mondo?
9. Cosa significa la frase: "*I Paesi del Sud-Est asiatico presentano differenze dovute oltre alla dimensione demografica e territoriale, alla disponibilità di risorse interne, alla struttura del mercato interno, ai loro rapporti con il Giappone*"?
10. Chi sono i "quattro dragoni" asiatici?
11. Perché nei Paesi con economie legate prevalentemente all'esportazione di materie prime e all'importazione di prodotti manifatturieri si registra uno squilibrio nella bilancia dei pagamenti?
12. Perché quello energetico è definito un settore strategico?
13. Come mai si rende necessaria la costituzione di consorzi internazionali per realizzare infrastrutture nei Pvs?
14. Come si spiega l'interesse di USA, Giappone ed Europa per i Paesi dell'Asean?

B - *Quando progettano di investire in una determinata area geografica, gli operatori economici ne analizzano gli aspetti economici e più precisamente*

① **Aspetti di economia generale**   ⑤ **Aspetti sociali**
② **Aspetti fiscali**   ⑥ **Aspetti occupazionali**
③ **Aspetti finanziari**   ⑦ **Aspetti politici**
④ **Aspetti geografici**

Stabilite a quali categorie appartengono i termini riportati nella tabella e individuatene la relativa definizione fra quelle fornite in ordine sparso

a. Istituzione con la finalità di far apprendere materie mediante l'insegnamento sistematico
b. Collegamento di diversi luoghi tramite mezzi di trasporto o telecomunicazione
c. Sinonimo di statalizzazione ovvero appropriazione da parte dello Stato di determinate attività economiche
d. Ritmo con il quale un'economia può svilupparsi utilizzando le sue potenzialità
e. Unione di persone con lo scopo di tutelare gli interessi propri e di tutta la rispettiva categoria
f. Strutture atte a prestare assistenza specializzata a persone bisognose di cure
g. L'insieme dei beni e servizi prodotti sul territorio nazionale, in genere nel corso di un anno
h. Indicatore che esprime la variazione, nel tempo, della perdita di valore della moneta
i. Complesso di leggi ed istituti allo scopo di assicurare ai lavoratori diversi tipi di assistenza
l. Forme di agevolazioni statali intese ad incoraggiare le imprese ad effettuare investimenti verso specifici settori o particolari località
m. Norme per combattere monopoli e pratiche non concorrenziali
n. Tasso concesso ad operatori economici, generalmente più contenuto di quello applicato a privati
o. Presenza di un equilibrio tra i diversi interessi politici ed economici
p. Pagamento di compensi per compiere atti contrari alla legge
q. Imposte sulle importazioni/esportazioni
r. Differenza in valore fra le importazioni e le esportazioni di un Paese
s. Attività di commercio del denaro, custodia, pagamenti, incassi e altre operazioni accessorie
t. Persone con elevato livello di abilità e preparazione
u. Tributo che riguarda le società e le altre persone giuridiche operanti in uno Stato
v. Misura della entità di persone senza lavoro
z. Attività e mezzi per garantire l'afflusso e lo spostamento coordinato di beni e persone

Termini	Categoria	Definizione
Tassi d'interesse per crediti commerciali		
Leggi antitrust		
Disponibilità di manodopera qualificata		
Bilancia commerciale		
Servizi bancari		
Trasporti		
Imposte sulle società		
Corruzione		
Dazi doganali e tariffe		
Scuole		
Pil		
Tasso di crescita		
Sindacati		
Ospedali		
Nazionalizzazione		
Tasso d'inflazione		
Previdenza sociale		
Stabilità di governo		
Incentivi per investitori		
Infrastrutture		
Tasso di disoccupazione		

C - *Dopo aver letto l'articolo sulla globalizzazione rispondete alle domande in calce*

LA GLOBALIZZAZIONE DELL'ECONOMIA

Trent'anni fa Taiwan, la Corea del Sud, Singapore e l'Indonesia rappresentavano, nella distribuzione del commercio internazionale, una percentuale irrilevante. Vent'anni fa la Cina aveva un'economia "sovietica". Dieci anni fa il maggior partner commerciale dell'India era la Russia. Oggi il tasso di sviluppo dell'economia cinese supera ogni anno il 10 per cento e ciascuno di questi Paesi è un "mercato", capace di assorbire quote crescenti di merci provenienti dall'Europa e dall'America. Si calcola che in India (900 milioni di abitanti) esistano ormai 150 milioni di consumatori, desiderosi di imitare le abitudini di vita delle società affluenti.

Ecco la realtà che si nasconde dietro la parola "globalizzazione". Renato Ruggiero, ex direttore generale dell'Organizzazione per il Commercio Mondiale, non smette di ricordare ai suoi interlocutori che nell'ultima generazione due miliardi di nuovi produttori-consumatori hanno fatto il loro ingresso nel mercato mondiale. Ma se vogliamo che comprino le nostre merci dobbiamo permettere che vendano le loro. Non possiamo pretendere che la Cina, l'India e i "piccoli draghi" accettino le nostre esportazioni e penalizzare allo stesso tempo le loro industrie con una barriera di tariffe doganali. La globalizzazione non è soltanto un ideale, nello spirito dei grandi economisti liberali. È una straordinaria occasione di sviluppo e progresso a cui nessun Paese europeo può permettersi di rinunciare.

Ma il processo sarà lungo e difficile. Nella strada verso la liberalizzazione dei mercati internazionali ogni tappa verrà duramente negoziata da potenze economiche, che cercheranno di entrare in casa d'altri tenendo chiusa, per quanto possibile, la porta della propria. Nessun Paese europeo potrà, da solo, sostenere il confronto con gli Stati Uniti di oggi, con la Cina e con la Russia domani. Saranno forti coloro che faranno parte dell'Unione economico-monetaria; deboli e insignificanti quelli che non saranno riusciti a onorare i criteri di convergenza del trattato di Maastricht.

("SÌ magazine - 2"; S.R.)

1 - A che cosa allude il titolo "La globalizzazione dell'economia"?
2 - Perché non si possono tollerare le tariffe doganali?
3 - Quali aspetti positivi presenta la globalizzazione?
4 - Perché la liberalizzazione dei mercati internazionali incontra l'opposizione delle potenze economiche?

D – *Di seguito le diverse fasi della procedura per essere ammessi come nuovi paesi membri all'OMC/WTO – Ordinatele cronologicamente*

    a. Una volta approvato dal Consiglio, lo Stato richiedente è libero di firmare il Protocollo di adesione.

    b. Segue una fase di trattative mediante le quali i Paesi OMC (o alcuni di essi) entrano in negoziato con il Paese richiedente su concessioni circa beni e servizi.

    c. Trenta giorni dopo l'invio da parte dello Stato richiedente della notifica formale che l'Accordo è stato ratificato in buona e dovuta forma, lo Stato diviene Membro.

    d. Allo Stato interessato si richiede quindi di fornire, in un Memorandum scritto, elementi dettagliati sulla sua politica commerciale ed economica di attinenza con gli accordi GATT/OMC. Tale Memorandum viene esaminato dal Gruppo di lavoro.

    e. Il processo inizia con una richiesta formale del Governo interessato all'OMC, in base alla quale il Consiglio Generale dell'Organizzazione istituisce un Gruppo di lavoro per prendere in considerazione la predetta richiesta.

    f. Successivamente il Gruppo di lavoro prepara un Rapporto, un Protocollo di Adesione (che contiene i termini e le condizioni dell'accessione all'OMC) e Elenchi di Concessioni per i beni e di Impegni per i servizi. Tale "pacchetto" viene sottoposto al Consiglio Generale per la sua approvazione.

E - *Commentate queste affermazioni:*

* «Le limitazioni all'esportazione sono come l'assuefazione all'oppio»
   (Eiji Toyoda, presidente della Toyota Motor Corporation, Fortune, 2.9.1985)

* «Le barriere protezionistiche sono per le economie quello che gli steroidi sono per gli atleti - un irrobustimento temporaneo e un disastro a lungo termine»
   (Robert Allen, presidente di American Telegraph & Telephone Company, Fortune, 13.3.1989)

F - *Fate parte di una piccola delegazione riunitasi per ricercare le migliori opportunità di investimento in diverse parti del globo; ponete delle domande e rispondete a vostra volta a quelle di altri due interlocutori sulla situazione economica*

    1. in un Paese industrializzato a vostra scelta
    2. in un Pvs a vostra scelta
    3. nel proprio Paese

Come aiuto per la formulazione delle domande, ecco una serie di elementi relativi ai diversi aspetti da prendere in considerazione

ASPETTI ECONOMICI :   Pil, bilancia commerciale, tasso di crescita, programmi di sviluppo, stabilità monetaria, tasso d'inflazione

ASPETTI FISCALI: Imposte sulle società, incentivi fiscali, esenzioni fiscali, dazi doganali e tariffe

ASPETTI FINANZIARI: Tassi d'interesse per i crediti, costi dei servizi bancari e assicurativi, disponibilità di crediti commerciali, legislazione relativa a investimenti dall'estero

ASPETTI GEOGRAFICI: Infrastrutture, energia, collegamenti, risorse idriche, trasporti, materie prime, costo della vita

ASPETTI OCCUPAZIONALI: Manodopera qualificata, management locale, leggi sul lavoro, sindacati, assistenza sanitaria, previdenza sociale, istruzione, sicurezza sociale, tasso di disoccupazione

ASPETTI POLITICI: Sistema politico, stabilità politica, corruzione, piani di nazionalizzazione/privatizzazione, legislazione antitrust

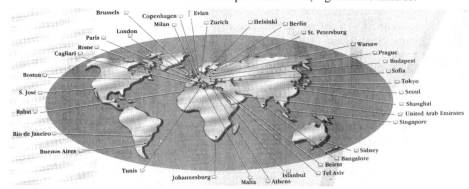

G - Coniugare i verbi in corsivo alla forma perifrastica (stare + gerundio)

Sono cinque le sfide su cui concentrare l'attività aziendale

Il nuovo millennio si è aperto all'insegna di molteplici cambiamenti nel contesto economico. Le aziende (*globalizzarsi*).................. Ormai sono poche le attività che consentono di raggiungere livelli significativi restando all'interno dei propri confini nazionali. Molte nazioni si sono aperte al mercato capitalistico, sempre più spesso la catena produttiva si snoda attraverso numerosi Paesi e i clienti si trovano in tutto il mondo. La base dei clienti e dei dipendenti è diventata eterogenea, per cui le aziende devono imparare a gestire la diversità, anzi a trasformarla in un punto di forza. La competizione (*estendersi*) .... sempre più a intere filiere produttive con imprese che cooperano sviluppando le competenze peculiari. Molte aziende, prima manifatturiere, oggi (*trasformarsi*) .... in produttrici di servizi e "soluzioni" a specifici problemi del cliente. Beghelli, ad es. da produttore di lampadine (*diventare*) .... un'azienda attiva nei sistemi di sicurezza. Nuove tecnologie (*diffondersi*) .... e Internet (*creare*) .... spazio per nuove aziende. (*Crescere*) .... la pressione dell'opinione pubblica affinché le aziende si comportino in modo etico e rispettoso dell'ambiente. Le aziende più attente (*attrezzarsi*) .... per rispondere a queste sfide. (*Attuare*) .... nuove politiche per attrarre e trattenere i dipendenti, non più valutati solo in base alle loro capacità e prestazioni, ma anche sulla scorta delle conoscenze che hanno e che sanno sviluppare. Tramite outsourcing non solo (*delegare*) .... attività "non core", ma (*acquisire*) .... anche la flessibilità necessaria per adattarsi ai cambiamenti in atto. Nessuna azienda può più fare a meno di formulare una propria strategia di presenza su Internet e con la posta elettronica, Intranet, Extranet con partner e fornitori ecc. (*Cambiare*) .... radicalmente il modo di lavorare e (*aprirsi*) .... pertanto grandi opportunità di riduzioni di costi e di tempo. Il marchio, l'immagine aziendale, la proprietà intellettuale e le relazioni (*assumere*) .... un'importanza precipua nelle responsabilità dell'alta direzione. (*adattato da Il Sole 24 Ore, 15.10.01*)

H - *Ricollegate gli elementi in ordine logico*

Gli elementi fondamentali per una politica di globalizzazione di successo sono:

1. la decentralizzazione	a. forte e di facile individuazione
2. alleanze e acquisizioni a livello locale	b. sulle competenze chiave dell'azienda
3. un brand	c. originale e difendibile
4. una tecnologia	d. per conquistare rapidamente quote di mercato
5. concentrazione	e. dei poteri, per promuovere la responsabilizzazione delle unità locali

I - *Come immaginate il mondo globalizzato?*

PAESE CHE VAI, USANZE CHE TROVI
USI E COSTUMI - REGOLE VALIDE NEL MONDO

Adattato da Editorial Domus S.p.A. - 2000 e Paese che vai, usanze che trovi, a cura di Marco Campanari, Internet 2000

Oggigiorno, ce lo dicono tutti, in tutte le salse, il mercato è "globale". Questo significa che sempre più spesso il classico 'Sciur Brambilla' deve frequentemente viaggiare all'estero in paesi anche molto lontani, avendo spesso a che fare con usi e costumi assai diversi dai nostri.

Il detto: "Paese che vai, usanze che trovi" è sempre valido, per questo, quando si decide di partire alla volta di un Paese straniero o quando si deve trattare di affari con partner stranieri, è importante ricordarsi che certi atteggiamenti, che sono parte integrante della propria cultura, in alcuni Paesi invece sono considerati indici di maleducazione, o, peggio, di offesa. A proposito delle usanze locali, particolare attenzione si dovrà riservare ai Paesi buddisti e musulmani.

Abbigliamento: se la nostra mèta è uno di quei Paesi politicamente instabili, è bene non indossare capi di vestiario che abbiano particolari colori, che possono essere ritenuti simbolici dal punto di vista politico oppure abbiano affinità con divise militari. In Perù, una camicia rossa ricorda il recente pericolo della politica di Sendero Luminoso. Nel Chiapas messicano è meglio evitare abiti e magliette che richiamino la bandiera statunitense.

"Dio non ama gli stravaganti" (Corano VI, 141): quando la meta del viaggio è uno dei Paesi musulmani, ricordarsi di mettere in valigia capi di abbigliamento che coprano buona parte del corpo.

Negli alberghi e nei ristoranti, la questione di fondo che si pone normalmente lo straniero è quella delle mancia: in quali Paesi si lascia la mancia, quando va data e quanto è opportuno lasciare al cameriere che ha effettuato il servizio. Va detto innanzitutto che, in Italia, negli alberghi, si usa lasciare la mancia al termine del servizio, ma l'usanza più diffusa nel mondo è quella di dare la mancia all'inizio, onde garantirsi un trattamento migliore. Nei ristoranti, invece sarà sufficiente guardare se il servizio è incluso nel prezzo. Se il prezzo include il servizio, la mancia è del tutto facoltativa, in caso contrario, è buona norma lasciare il 10-15% dell'importo totale del conto.

Nell'Islam vige il divieto di buttare il cibo in terra. Inoltre nei mercati dei Paesi a maggioranza sciita e in Iran è bene non toccare gli alimenti esposti in quanto non verrebbero più comperati dai "credenti".

I saluti. Fra i significativi elementi differenzianti: lo spazio interpersonale, ovvero lo spazio che si crea fra persone che discutono e che rappresenta per ogni interlocutore un territorio riservato.

E' ad esempio considerato normale discutere a distanza abbastanza ravvicinata nei Paesi latini e negli Stati Uniti; quando però l'interlocutore fosse giapponese od australiano, occorrerebbe invece discutere lasciando uno spazio più ampio per non creare difficoltà o imbarazzi.

Anche lo sguardo assume un diverso significato a seconda della porzione di globo in cui ci troviamo: se dalle nostre parti uno sguardo diretto negli occhi è preso come sintomo di decisione, chiarezza e lealtà, così non è in Giappone o in buona parte dei Paesi orientali ove buona educazione esige che esso sia rivolto verso il basso durante il discorso.

Nei Paesi islamici fissare a lungo qualcuno è proibito, e, anzi, è riconosciuto come un gesto di sfida. Ricordarsi inoltre di non scattare mai foto alle donne.

Veniamo ora ai saluti: il modo di salutare con la stretta di mano, innanzitutto, non è ugualmente diffuso in tutto il mondo, e spesso potrebbe essere causa di forti imbarazzi. In gran parte dell'Estremo oriente, ad esempio, il saluto di rispetto consiste in un lieve inchino con le mani giunte sul petto, gesto con cui si usa anche chiedere scusa per qualcosa.

In America Latina, invece, è diffuso un saluto più caloroso e vigoroso, talvolta accompagnato da un abbraccio.

Nei Paesi islamici, dove il Corano e la Sharìa dettano tutte le regole del comportamento quotidiano, la norma recita: "Chi è in piedi saluta chi è seduto, chi cammina saluta chi sta fermo". Quando ci si incontra per strada, abbracci calorosi, baci (ci si bacia sempre tre volte), ma attenzione: saluti e convenevoli vanno riservati esclusivamente a persone dello stesso sesso, è proibito invece ogni contatto fisico tra uomini e donne. Occorre poi ricordarsi che per i saluti si usa sempre la mano destra, alla mano sinistra sono riservati i lavori più umili come la pulizia corporale, salutare qualcuno con la mano sinistra può essere interpretato come un gesto di maledizione. L'uomo non deve mai salutare la donna del vicino, offesa ritenuta gravissima. Per contro le donne non danno la mano agli uomini.

Sempre nei Paesi musulmani è bene non rivolgere la parola alle sconosciute; quando si incontra una conoscente non bisogna tendere la mano per salutarla.

Veniamo all'annoso problema della puntualità.

Esistono differenti criteri di tolleranza del ritardo ad un appuntamento. Generalmente negli Stati Uniti il ritardo superiore ai 5 minuti è considerato sintomo di maleducazione.

Cinesi e Giapponesi non tollerano: vietato ritardare.

In America Latina e nei Paesi arabi, invece, anche un ritardo di un quarto d'ora è accettato senza particolari problemi.

Venendo alle domande personali, va detto che in Giappone non è considerato educato porre quesiti personali al proprio interlocutore. Quindi, durante le trattative, occorre evitare di tentare di familiarizzare con domande su famiglia, figli, idee politiche o religiose, e simili argomenti, trattando invece argomenti più generali.

Al contrario, in Cina è considerato normale chiedere a qualcuno se è sposato o se ha figli, così come nei Paesi arabi è gradito l'interessamento alla salute della famiglia e all'attività dei componenti (non altrettanto consigliabile è il far domande troppo dirette sulla moglie; quando nei Paesi islamici si incontra per strada un uomo, non bisogna chiedere della moglie, né come sta, né perché non sia presente e nemmeno fare commenti in merito alla sua avvenenza o eleganza), per cui spesso una trattativa è preceduta da un preambolo basato su simili tematiche.

Prendiamo in esame anche la questione delle gerarchie. In generale si deve tenere presente il principio in virtù del quale è bene che le trattative o comunque i colloqui vengano tenuti da personaggi omologhi in quanto a 'funzioni' svolte in azienda.

Inviare ad esempio un funzionario qualsiasi a discutere con il Presidente o il Managing Director di una azienda estera, è ritenuto estremamente grave in Giappone o in Cina, mentre è tollerato negli Stati Uniti e nei Paesi Arabi.

Un cinese non dovrà mai essere chiamato con il nome: il cognome deve essere pronunciato per primo nella presentazione. E' poi vero che nei paesi anglosassoni non c'è aperta distinzione fra 'tu' e 'lei' usandosi in entrambi i casi 'you', però esistono varie sfumature che, di fatto, permettono la distinzione: ad esempio chiamando l'interlocutore con il cognome gli portiamo il dovuto rispetto, così come facendo uso del 'Sir' o del 'Mr'.

Un'ultima, veloce carrellata.

In Giappone ed in tutti i paesi di religione buddista è considerato scortese contraddire apertamente l'interlocutore o negare seccamente qualcosa; è quindi necessario imparare a cogliere le sfumature del discorso per potervi cogliere eventuali segnali di rifiuto.

Assolutamente vietato soffiarsi il naso in presenza del cliente giapponese e vietatissimo commettere la scortesia di starnutire.

Occhio a non fumare a Singapore: è vietato, ed in caso di recidiva si viene espulsi dal Paese.

A - *Dopo aver letto il testo immaginate di preparare un promemoria per un viaggio che vi condurrà in Africa (Paesi arabi), in America e in Asia (Giappone e Cina), compilando una tabella su cui annoterete gli aspetti più importanti che devono essere tenuti in considerazione quando si viaggia per il mondo o si tratta con interlocutori stranieri. Indicate di volta in volta il relativo atteggiamento da assumere a seconda della nazionalità. Immaginate di fornire consigli in merito ad un vostro collega, utilizzando i verbi alla terza persona singolare dell'imperativo*

B - *Personalmente sareste disposti ad attenervi alle regole sopra enunciate? Perché?*

C - *Vi sentireste offesi se durante un incontro uno straniero assumesse atteggiamenti insoliti per la vostra cultura? Come vi comportereste in simili casi?*

Organizzazioni internazionali (Sigle)

AIMA	Azienda per gli interventi sul mercato agricolo (ora **EIMA** = Ente per ...)
ASEAN	Association of South East Nations (Associazione delle nazioni dell'Asia del Sud-est = Malesia, Filippine, Tailandia, Indonesia, Singapore e Brunei) - Bangok
BCE	Banca centrale europea (Francoforte)
BEI	Banca europea per gli investimenti - Lussemburgo
BERS	Banca europea per la ricostruzione e lo sviluppo (Londra)
BIRS	Banca internazionale per la ricostruzione e lo sviluppo (Washington)
BRI	Banca dei regolamenti internazionali (Basilea)
CECA	Comunità europea del carbone e dell'acciaio
CEE	Comunità economica europea
COMECON	Consiglio di aiuto economico reciproco - Mosca
CSCE	Conferenza per la sicurezza e la cooperazione europea
DSP	Diritti speciali di prelievo (Sdr = Special drawing rights)
EFTA	European Free Trade Association (Associazione europea di libero scambio)
Euratom	European atomic energy community (Comunità europea dell'energia atomica)
FEOGA	Fondo europeo di orientamento e garanzia agricola
FMI	Fondo monetario internazionale
G 7	Gruppo dei sette (USA, Giappone, D, F, GB, I, Canada)
G 10	G 7 più Belgio, Olanda e Svezia / Scopo: sostenere l'attività del FMI
GATT	General Agreement on Tariffs and Trade (Accordo generale sulle tariffe e sul commercio)
GEIE	Gruppo europeo di interesse economico
NAFTA	North American Free Trade Agreement (Accordo di libero scambio)
Nics	Newly Industrialized Countries (Paesi di nuova industrializzazione : Messico, Brasile, Hong Kong, Corea, Singapore, Taiwan ecc.)
OCSE	Organizzazione per la cooperazione e lo sviluppo economico (Parigi)
OPEC	Organization of Petroleum Exporting Countries (Organizzazione dei paesi esportatori di petrolio)
Pac	Politica agricola comunitaria
Pvs	Paesi in via di sviluppo
SEE	Spazio economico europeo (EWR)
UE	Unione Europea
UEM	Unione economica e monetaria
Wto	World Trade Organisation (Organizzazione mondiale del commercio)

Commercio internazionale

Terzo Mondo sulla via dello sviluppo

- Secondo i dati della FAO, Organizzazione dell'ONU per l'Alimentazione e l'Agricoltura, in tutto il mondo oltre 800 milioni di persone, tra cui 200 milioni di bambini, soffrono di denutrizione
- La fame rappresenta una minaccia in 44 Paesi; a livello mondiale una persona su cinque soffre temporaneamente la fame
- Milioni di profughi sono in cerca di migliori condizioni di vita e di lavoro
- La rapida crescita della popolazione mondiale richiede un incremento della produzione di generi alimentari del 75%

A - Individuate le definizioni per le tre parole-chiave „sottosviluppo-neocolonialismo-dipendenza economica":

- l'economia di certi Paesi dipende notevolmente dalle decisioni adottate da altri Stati; pertanto l'economia dei Pvs dipende dalle tecniche e dai macchinari, che vendono i Paesi industrializzati, ma anche dagli acquisti delle materie prime effettuati presso di loro
- termine utilizzato per sottolineare gli aspetti nefasti di scelte in materia di sviluppo; gli sforzi compiuti tendono ad aggravare la situazione degli abitanti più poveri; essi ricorrono tanto al „Nord" quanto al „Sud" del pianeta
- nuova forma di dominio economico (e quindi politico) dei Paesi sviluppati su quelli resisi indipendenti

B - Paesi poveri e Paesi ricchi: leggete l'ammontare del prodotto nazionale lordo dei Paesi qui riportati

Pnl pro capite (in dollari)

Paese	$	Paese	$
Ruanda	80	Lussemburgo	40.000
Mozambico	90	Svizzera	35.000
Etiopia	100	Giappone	34.000
Tanzania	140	Danimarca	28.000
Sierra Leone	160	Germania	26.000
Burundi	160	Norvegia	26.000
Malawi	170	USA	26.000
Tschad	180	Austria	25.000

C - Come completare ....

1. I Pvs si trovano prevalentemente nell'emisfero (nord/sud) della terra
2. In confronto alle nazioni ricche vengono considerati economicamente (più sviluppati/sottosviluppati)
3. Dei circa 170 Pvs l'ONU, nella metà degli anni '90, ne ha classificati 46 come particolarmente poveri: il cosiddetto (Terzo Mondo/Quarto Mondo)
4. I Pvs un po' più ricchi sono definiti Paesi (industrializzati/emergenti)
5. Oltre alla povertà e ad un elevato indebitamento statale, uno dei maggiori problemi dei Pvs è rappresentato da un (aumento/calo) demografico del 2%

D - *Abbinate le risposte giuste alle seguenti domande poste nel corso di un'intervista ad un esperto della fame nel mondo:*

1. Il mondo si alimenta meglio oggi rispetto a quando iniziò la Sua attività?
2. Come si presenta la situazione in Cina?
3. Che cosa è migliorato maggiormente in Cina negli ultimi anni?
4. Il mondo produce oggigiorno cibo in quantità sufficiente per sfamarsi?
5. Quale percentuale del proprio fabbisogno alimentare copre la coltivazione o produzione del continente africano?
6. Che cosa occorre per avviare la produzione alimentare in Africa?
7. E l'Africa non può produrre di più per il proprio fabbisogno?

a. La tecnologia
b. Produce abbastanza da alimentarsi sorprendentemente bene; il problema è realizzare un'equa redistribuzione delle risorse
c. È difficile generalizzare da un Paese all'altro, ma i Paesi africani probabilmente non raggiungono il 15/20%
d. Attualmente la produzione cinese di cibo supera il fabbisogno interno; la Cina è divenuta un paese esportatore
e. Siamo ancora assediati dal numero enorme della popolazione, tuttavia in questo campo sono stati fatti straordinari progressi a livello mondiale
f. Cosa rispondere alla luce di quanto sta accadendo - migrazioni, fame, popolazioni nella miseria?
g. Fertilizzanti, tecnologia e maggiori varietà di grano

E - *Unite termini e definizioni*

> devastazione - carestia - siccità - inondazione
> apatia

1. grave denutrizione che colpisce tutta una popolazione
2. assenza eccezionale e prolungata di precipitazioni
3. malattia causata dalla denutrizione, accompagnata da sconforto, abbattimento e aspetto scheletrico
4. straripamento dei corsi d'acqua, che sommergono intere regioni
5. danni causati ai raccolti dalle invasioni di cavallette

F - *Inserite il termine opportuno formandolo dal contrario di quello indicato tra parentesi*

1. Il raccolto scarso dovuto a (irrigazione) .... è la causa della riduzione delle riserve mondiali di cereali
2. Le scorte (aumentano) .... a livello mondiale; oggi sono sufficienti solo per 49 giorni contro i 70 degli anni '80
3. Ciò è dovuto al(la crescita) .... delle risorse naturali disponibili come terreno e acqua
4. Lo (scarso utilizzo) ....(=Überweidung) dei pascoli danneggia le superfici coltivabili
5. Il (rimboschimento) .... si risolve, a lungo termine, in uno svantaggio per l'agricoltura
6. Una coltivazione sbagliata (p.e. monocolture) conduce ad un (arricchimento) .... del terreno coltivabile

Commercio internazionale

G - Completate in modo logico le informazioni

1. La popolazione mondiale aumenta naturalmente di circa 90 milioni di persone e il 90% della crescita riguarda i Paesi poveri; negli anni scorsi è andato delineandosi un trend positivo:
2. Il 76% della popolazione mondiale vive nei Pvs e contribuisce al 37% della produzione mondiale; la Banca Mondiale ha pubblicato una previsione promettente:
3. Fame e impoverimento di grandi fasce di popolazione sono la conseguenza dello sfruttamento di giacimenti di materie prime e risorse energetiche; la situazione generale non si può definire rosea:
4. Distruzione dell'ambiente, disordini sociali e guerre civili sono la causa di carestie e pestilenze; l'Europa sarà confrontata con masse di profughi che cercheranno di sfuggire alla miseria: le previsioni per il futuro non lasciano ben sperare:
5. Al vertice sull'ambiente di Rio de Janeiro nel 1992, i Paesi industrializzati si erano impegnati a destinare lo 0,7% del proprio Pnl agli aiuti per il Terzo Mondo; così non è stato:

a. gli esperti prevedono grandi ondate di profughi per i prossimi anni
b. entro il 2010 si attende una crescita delle esportazioni dei Pvs dal 17% al 22%
c. scienziati francesi parlano di 10 milioni di persone che entro il 2015 premeranno sull'Europa dall'Africa del Nord
d. non hanno neanche raggiunto la metà delle somme promesse
e. la metà di tutte le coppie del Terzo Mondo ha utilizzato contraccettivi e il numero dei bambini è sceso a 3,5 a donna

H - Investitori dei Paesi ricchi fondano spesso delle imprese nei Paesi del Terzo Mondo, valutando il pro e il contro che questa scelta comporta; quali fattori costituiscono per loro dei vantaggi e quali degli svantaggi?

1. bassi costi salariali
2. orari di lavoro più lunghi
3. assenza di scioperi
4. basso livello d'istruzione dei lavoratori
5. vicinanza a mercati lucrativi
6. insufficiente stabilità politica
7. basso carico fiscale
8. niente costi accessori
9. oneri previdenziali minimi
10. pochi vincoli ecologici
11. scarsa diffusione di alta tecnologia
12. infrastrutture carenti
13. scarsa produttività
14. servizi pubblici insufficienti

I - ORGANIZZAZIONI INTERNAZIONALI

1. **UE e COMECON sono**

   | a | movimenti pacifisti | c | associazioni politiche |
   | b | alleanze militari | d | organizzazioni economiche |

2. **In Europa esistono tre blocchi commerciali: UE, EFTA e Comecon**

           V   F

3. **Abbinare gli stati europei alle rispettive organizzazioni economiche**

CEE	COMECON	EFTA

   a) Benelux b) Germania c) Francia d) Italia e) Norvegia f) Austria g) Polonia h) Svezia i) Svizzera l) Cecoslovacchia m) Ungheria

4. **Combinare le seguenti date con i relativi avvenimenti**

a. 1949	1. Costituzione della CEE
b. 1957	2. Unione doganale all'interno della Cee
c. 1960	3. Costituzione del COMECON
d. 1968	4. Inizio della politica commerciale comune della CEE
e. 1973	5. Costituzione dell'EFTA

5. **Quali delle seguenti sigle non indica un'organizzazione economica?**

a. EFTA	b. CSCE
c. OMC	d. OCSE

6. **Paesi industrializzati e Paesi in via di sviluppo (Pvs) sono sinonimi**

          V   F

7. **Abbinare le frasi secondo il senso**

a. Il piano di sviluppo dell'ONU concentra	1. il miglioramento delle condizioni di vita
b. Questo piano mira	2. a potenziare la produzione agricola e industriale
c. Si occupa anche	3. i suoi sforzi nei paesi in via di sviluppo
d. La meta ultima di tale piano è	4. di migliorare la formazione professionale

8. **Il commercio internazionale viene regolato da**

a. Consiglio d'Europa	b. OMC
c. ONU	d. USA

9. **Quale dei seguenti Paesi non europei non apparteneva al COMECON**

a. Cina	b. Cuba
c. Mongolia	d. Vietnam

10. **La sede dell'EFTA è a**

1. Ginevra	2. Oslo
3. Stoccolma	4. Vienna

11. **L'integrazione europea è avanzata al massimo in ambito politico**

          V   F

12. **Dov'è l'errore? Compiti della CEE erano:**

a. Creazione di un mercato comune in Europa
b. Incentivazione dell'unione europea
c. Coordinamento della politica estera dei paesi membri
d. Coordinamento della politica economica dei paesi membri

Commercio internazionale 133

13. **Abbinare le frasi secondo il senso**

a. All'interno dei confini comunitari b. Con numerosi provvedimenti c. Tramite gemellaggi fra città d. Fra i paesi membri dell'UE	1. sono cadute tutte le barriere doganali e commerciali 2. si concretizza il senso dell'appartenenza all'Europa 3. si cerca di incentivare l'integrazione europea 4. vivono oltre 360 milioni di persone

14. **L'unità di conto europea si chiamava**

        a. EKU   c. ECU
        b. ERE   d. ERU

15. **L'inno europeo è**

> a) "L'Inno alla gioia" di L. van Beethoven
> b) "L'Incompiuta" di F. Schubert

16. **La bandiera europea è celeste con un cerchio di dodici stelle al centro**

        V   F

17. **Trovare i sinonimi**

a. integrazione b. contatto c. cooperazione d. sovvenzione	1. collegamento 2. appoggio 3. unione 4. collaborazione

18. **Completare con il termine corrispondente formato con l'aiuto di un prefisso**

    a. Quando il peso di un oggetto è superiore al previsto si parla di _____
    b. Quando la produzione è maggiore di quanto programmato si parla di _____
    c. Quando la popolazione non ha sufficiente alimentazione si parla di _____
    d. Quando un paese è troppo popolato si parla di _____
    e. Quando un mercato è troppo affollato si parla di _____

19. **Gli aggettivi corrispondenti ai seguenti sostantivi sono:**

> a) deficit   ....
> b) solidarietà   ....
> c) eccedenza   ....
> d) sottosviluppo   ....

20. **Qual è la combinazione sbagliata?**

> a. integrare - integrità
> b. intervenire - intervento
> c. scrivere - scrittura
> d. pesare - peso

Commercio internazionale

accelerazione	Beschleunigung
accordo commerciale	Handelsabkommen
ad alta intensità di capitale/lavoro	kapitalintensiv
ad alto contenuto tecnologico	mit großem Technologiegehalt
adempiere/rispettare/ottemperare a	nachkommen
affluente	arriviert
agevolazione tariffaria	Tarifbegünstigung
allentamento	Lockerung, Nachlassen
allocazione	Verteilung
ambito di competenza	Zuständigkeitsbereich
ammissione	Aufnahme, Zulassung
ancestrale	angestammt
assemblaggio	Montage
assetto	Ordnung
assistenza economica	Wirtschaftshilfe
assuefazione	Gewöhnung
autarchia	Autarkie
avanzato	fortschrittlich, fortgeschritten
bandire	verbannen
barriera	Schranke
base produttiva	Produktionsbasis
bega	Streit
beni di consumo	Verbrauchsgüter
beni durevoli	Dauergüter
cambio fisso	fester Kurs
carenza di capitali	Kapitalmangel
carestia	Hungersnot
caucciù	Kautschuk
cessione	Ablieferung
clausola della nazione più favorita	Meistbegünstigungsklausel
clausola di non concorrenza	Wettbewerbsklausel
clausola di reciprocità	Gegenseitigkeitsklausel
clausola di salvaguardia	Schutzklausel
coinvolgimento	Beteiligung
coltivazione	Anbau, Bewirtschaftung
compensazione	Ausgleich
competitività	Wettbewerbsfähigkeit
competizione	Wettbewerb
concentrazioni verticali/orizzontali	vertikale Konzerne
conceria	Gerberei
concludere affari	Geschäfte tätigen
concorrenza sleale	unlauterer Wettbewerb
consorzio/gruppo di imprese/gruppo industriale	Konzern
consumo interno	Inlandskonsum
contingentamento	Kontingentierung
contraffazione	Fälschung

controverso	strittig, umstritten
convenzione	Abkommen
convenzione di cartello	Preisabsprache
convocare	einberufen
corporazione	Körperschaft, Zunft
dazio	Zoll
decentrare	dezentralisieren
denutrizione	Unterernährung
deroga	Ausnahme, Abweichung
devastazione	Verwüstung
dichiarazione d'intenti	Absichtserklärung
diritti speciali di prelievo	Sonderziehungsrechte
disboscamento	Abholzung
disponibilità dei fattori	Verfügbarkeit
distinguo	Unterschied
divieto di dumping	Dumpingverbot
docile	fügsam
"doppiare"	"umschiffen"
dumping	Dumping/Unterbietung
eccedenza	Überschuß
economia di mercato	Marktwirtschaft
economia di scala	Massenproduktion
economia mista	gemischte Wirtschaft
economia pianificata	Planwirtschaft
eludere	ausweichen
embargo	Ausfuhrverbot
emergente	aufsteigend, aufkommend
fabbisogno	Bedarf
fare la frittata	Unfug anrichten
fascia costiera	Küstenstreifen
fattore produttivo	Produktionsfaktor
firmatario	Unterzeichner
flusso di capitali	Kapitalstrom
fluttuante	schwankend
FMI	Internationaler Währungsfond
fusione	Verschmelzung
futile	nichtig
giacimento	Vorkommen
globo	Welt
holding	Dachgesellschaft
holding finanziaria	Holding
impiantare/insediare	ansiedeln, gründen
imprese consorziate	Zusammenschluß von Unternehmungen
inammissibilità	Unzulässigkeit
incandescente	hitzig
incorporazione	Eingliederung
indebito	unrechtmäßig, mißbräuchlich
inedito	neuartig
iniettare	einspritzen

innovazione	Neuerung
interscambio	Austausch
irrigazione	Bewässerung
liberismo	Freihandel
livello dei prezzi	Preisniveau
"locomotiva"	treibende Kraft
mappa	Plan, Karte
materie prime	Rohstoffe
mercato di sbocco	Absatzmarkt
merce	Ware
minore	Minderjährige
movimento pacifista	Friedensbewegung
multilaterale	mehrseitig
nefasto	unheilvoll
negoziato	Verhandlung
non discriminazione	Nichtdiskriminierung
normativa commerciale	Handelsvorschriften
operatore	Wirtschaftstreibender, Unternehmer
oppositore	Gegner
ordine monetario	Währungsordnung
paese arretrato	rückständiges Land
paese in via di sviluppo	Entwicklungsland
paese industrializzato	Industrieland
paese sottosviluppato	unterentwickeltes Land
pagamenti internazionali	internationaler Zahlungsverkehr
partecipazione	Beteiligung
posizione di mercato	Marktstellung
potere di voto	Stimmrecht
prescrizione/norma	Vorschrift
principio di non discriminazione	Grundsatz der Nichtdiskriminierung
prodotti finiti/manufatti	Endprodukte
prodotto nazionale lordo	Bruttoinlandsprodukt
profugo	Flüchtling
proprietà intellettuale	geistiges Eigentum
propugnare	verfechten
raccolto	Ernte
raggiungere un accordo/intesa	eine Einigung erzielen
ragione di scambio	terms of trade
ratifica	Ratifizierung
reciprocità	Gegenseitigkeit
reddito pro capite	Pro-Kopf Einkommen
relazione d'affari	Geschäftsbeziehung
resistere ad oltranza	bis zum Äußersten widerstehen
restrizione	Einschränkung
retrostante	dahinterliegend
riconversione	Umstellung
rimboschimento	Aufforstung
ripresa della congiuntura	Konjunkturbelebung
risorse	Mittel

rispolverare	auffrischen
ristrutturazione	Umstrukturierung
ritorsione	Vergeltung
rovescio	Kehrseite
sanzione	Sanktion
scambio	Austausch
scorporo	Ausgliederung
semilavorati	Halbfertigprodukte
settore/ ramo industriale	Industriezweig
sfruttamento	Ausbeutung
smistamento	Verteilung
società affiliata/collegata/consociata/controllata	Tochtergesellschaft
società madre	Muttergesellschaft
sottopagato	unterbezahlt
sottoscrivere/firmare	unterzeichnen
sovranità	Souveränität/Hoheit
sovrapproduzione	Überproduktion
sovrintendere	leiten
sovvenzione	Subvention
stasi congiunturale	Konjunkturflaute
supporto	Stütze
sussidio	Zuschuß
sussistenza	Existenzminimum
tempi strettissimi	Eiltempo
Terzo Mondo	Dritte Welt
tomaia	Oberleder
transazione	Transaktion/Regelung
transgenico	genmanipuliert
trasferimento	Transfer
tutela	Schutz
tutelare interessi	Interessen wahrnehmen
ubicazione	Standort
unilaterale	einseitig
venire al pettine	ans Tageslicht kommen
vertice	Gipfeltreffen
vincolo	Sperre
vincolo ecologico	Umweltauflage
violazione dei diritti umani	Menschenrechtsverletzung
volume commerciale	Handelsvolumen
zona di libero scambio	Freihandelszone
zona franca	Zollfreigebiet

Capitolo 5
Lavoro

Capítulo 5

Lavoro   141

Padroni e dipendenti

A - Coniugate i verbi fra parentesi al passato remoto e rispondete alle domande in calce

In Italia le prime leghe di resistenza, degli operai tipografi, risalgono al 1860. Verso la fine del secolo le leghe (*trovare*) il loro organo di collegamento nelle Camere del lavoro, fondate per iniziativa del partito socialista. Alla caduta del fascismo, nel 1943, le Camere del lavoro (*ricostituirsi*) e nel 1944 per accordo tra i dirigenti delle principali correnti sindacali (*essere*) creata la Cgil che raccoglieva in un'unica organizzazione i sindacati di tutti i settori di lavoro. Nel 1948 le correnti sindacali cattolica e repubblicana (*staccarsi*) dalla Cgil, costituendo insieme, nel 1950, la Cisl. Nel 1949 (*esserci*) un'altra scissione: i socialdemocratici e repubblicani che erano rimasti nella Cgil (*uscirne*), dando vita alla Uil. In Italia i sindacati (*rimanere*) deboli per molto tempo. (*Potere*) ben poco contro la migrazione gigantesca e caotica della gente del Sud che (*venire*) a trapiantarsi nelle periferie del Nord; non (*sapere*) impedire che la ricchezza del "miracolo economico" italiano servisse a comprare automobili e a costruire autostrade, invece che venire indirizzata alla costruzione di ospedali, scuole e case. Anche negli anni che vanno dal 1960 al 1969, divenuti più forti, (*limitarsi*) a esigere migliori salari per i lavoratori. Non (*sapere*) sviluppare idee precise, proporre progetti concreti per migliorare l'economia, per renderla più umana. Le grandi battaglie vinte dai sindacati italiani (*svolgersi*) nel febbraio del 1963 e nell'autunno del 1969. La prima (*essere*) una battaglia dei salari, che erano stati molto contenuti negli anni del "miracolo" e che, dopo un lungo sciopero, (*avere*) un grande balzo in avanti. I metalmeccanici (*raggiungere*) un miglioramento del 32%! La seconda battaglia, chiamata «autunno caldo» (*venire*) combattuta non solo per migliorare i salari, ma per sottoporre a revisione i metodi "disumani" del lavoro di fabbrica e tutte le condizioni del lavoratore. Si (*ottenere*) le 40 ore di lavoro settimanali, la "cassa integrazione" (il lavoratore licenziato o sospeso dal lavoro continua a percepire una forte percentuale dello stipendio), si (*consolidare*) la "scala mobile" (se il costo di alcune merci essenziali alla vita saliva, automaticamente salivano anche gli stipendi). Le conquiste (*essere*) ribadite nello «Statuto dei lavoratori», diventato legge nel 1970: quadro dettagliato e completo dei diritti del lavoratore. Questa seconda battaglia (*provocare*) irritazione tra gli industriali e (*iniziare*) così uno dei più tristi fenomeni dell'economia italiana, la fuga dei capitali. Migliaia di miliardi sono stati portati fuori d'Italia e poiché nel Paese il lavoro "costava di più" si è cominciato a decentralizzare la produzione.
Sono in molti oggi ad affermare che i sindacati hanno acquistato troppo potere.

* Come mai verso la fine del XIX secolo i lavoratori cominciarono ad associarsi?
* Perché si giunse alla scissione e formazione di più sindacati?
* Che cosa avrebbero potuto o dovuto fare i sindacati per bloccare le migrazioni al Nord?
* Quale aspetto positivo presenta "l'autunno caldo"?
* Come hanno reagito gli imprenditori alle rivendicazioni dei lavoratori?
* È una reazione giustificata, a vostro avviso?
* Questo testo potrebbe essere pubblicato su un giornale o una rivista di economia? Perché?
* Aderireste ad un sindacato? Perché?
* Indicate i vantaggi e gli svantaggi dei sindacati per i lavoratori
* Commentate le seguenti affermazioni:

  ① "Siamo qui per proteggere la gente; il sindacato riguarda il diritto di un uomo di avere un tenore di vita decente, di alzare la testa e ribattere al suo capo" (Lord Murray, Liverpool Post, 8.8.1973)

  ② "Mentre state trattando per le 35 ore settimanali, ricordate che a Taiwan hanno solo ora raggiunto le 66 ore e voi siete in concorrenza con Taiwan" (Victor Kiam, presidente della Remington Products Inc., Daily Express, 12.6.1981)

Il lavoro

B - *Inserite le preposizioni mancanti*

Il primo articolo ..... Costituzione italiana dice: «L'Italia è una repubblica democratica fondata ..... lavoro». Il lavoro, secondo la Costituzione, è inteso non solo come mezzo ..... vivere, ma soprattutto come attività ..... cui l'uomo realizza se stesso e contribuisce ..... progresso materiale e spirituale ..... società. ..... testo costituzionale non si parla ..... lavoro solo come dovere sociale, ma anche come diritto; e la repubblica «promuove le condizioni ..... rendere effettivo questo diritto».
La Costituzione italiana prevede, inoltre, la libertà di associazione sindacale. ..... Italia i sindacati più importanti sono la CGIL, socialcomunista, la CISL, ... ispirazione cattolica, la UIL, socialdemocratica, la CISNAL, ... ispirazione neofascista e la CISAL, presente soprattutto ..... settore ..... pubblico impiego. Anche gli imprenditori, naturalmente, hanno la loro organizzazione sindacale. Gli imprenditori privati si riuniscono ..... confederazioni distinte per grandi settori economici: Confindustria, Confcommercio, Confedilizia e così via.
L'articolo 40 ..... Costituzione riconosce, poi, il diritto ..... sciopero, tranne che ..... polizia ed esercito. Lo sciopero può essere ..... sorpresa o selvaggio, se non viene annunciato ..... imprenditore; ..... singhiozzo, se si sciopera p. e. ..... qualche minuto o mezz'ora ogni quattro; ..... scacchiera, se i reparti ..... uno stabilimento non scioperano contemporaneamente, ma alcuni ..... un momento, altri ..... un altro; bianco, che consiste ..... lavorare, ma lentamente, applicando minuziosamente tutti i regolamenti, in modo ..... rallentare fortemente l'attività; generale, quando interessa tutte le attività ..... una zona o ..... intero Paese; ..... oltranza, quando le maestranze decidono ..... astenersi ..... lavoro ..... tempo indeterminato.

C - *Perché il lavoro è considerato un diritto-dovere?*

D - *Commentate queste frasi:*

"Il duro lavoro non ha mai ucciso un uomo. Gli uomini muoiono di noia, conflitti psicologici e malattie. Più si lavora duramente, più si sarà felici e sani" (D. Ogilvy, guru della pubblicità, Daily Telegraph, 22.12.69)

"Se lavorare sodo fosse una cosa meravigliosa, di sicuro i ricchi l'avrebbero tenuta per sé" (l.Kirkland, Fortune, 31.10.83)

"La mia formula per il successo si trova in tre parole: lavoro - lavoro - lavoro" (S. Berlusconi, Financial Times, 1.8.88)

"Non posso tollerare gli scioperi; che cosa direbbero i miei dipendenti se scioperassi e dicessi che non firmerò più nessun assegno oggi?" (Alan Bond, Financial Times, 5.9.81)

"Le mie ricerche mostrano che se voi avete almeno un 33% di donne sul vostro libro paga, gli scioperi virtualmente spariscono. Le donne sono poco sensibili agli scioperi - vogliono il denaro per i loro bambini" (Prof. C.N. Parkinson, Daily Express, 19.11.79)

E - *Esprimete la vostra opinione in merito:*

"Comprate italiano per garantire posti di lavoro"
"Le donne tornino a casa e lascino liberi i posti di lavoro agli uomini"
"Lavorare meno, lavorare tutti"
"La settimana corta favorisce solo il lavoro nero"
"Fuori gli stranieri che ci rubano i posti di lavoro!"
"Al Sud d'Italia e nelle zone rurali retribuzioni più basse"
"I lavoratori rinuncino agli aumenti salariali in cambio di investimenti produttivi"

F - Completate il testo basandovi sui dati riportati nelle tabelle

Da una ricerca Iard, basata su interviste in tutta Italia, risulta che per quanto riguarda la disoccupazione sembra essere quasi parità fra donne e uomini. E precisamente alla voce "Lavoratore dipendente a tempo pieno" troviamo che la percentuale degli uomini supera del 7,4 % quella delle donne. Il ruolo si inverte passando al "Lavoratore dipendente part time", dove a fronte dell' 1,9 % di uomini sta un 4,1 % di donne, vale a dire una differenza del 2,2 %; tra i disoccupati in cerca di lavoro, tuttavia, quasi il 17,8 % sono donne.

	uomini	donne
Lavoratore dipendente a tempo pieno	30,7%	23,3%
Lavoratore dipendente part time	1,9%	4,1%
Lavoro occasionale	3,1%	4,9%
Lavoro autonomo	13,1%	4,6%
Disoccupato in cerca di lavoro	9,1%	17,8%
Lavoratore studente	6,9%	8,3%
Studente	33,2%	35,7%

Perché il lavoro è importante		
(Dati in percentuale)	Uomini	Donne
Reddito	20,5	17,5
Condizioni	12,9	14,0
Orario	1,8	1,9
Rapporti con i colleghi	9,6	8,9
Rapporti con i superiori	2,8	3,5
Viaggiare	3,1	2,9
Carriera	17,6	13,5
Esprimere le proprie capacità	27,8	34
Non indica	3,9	4,0

Ma la donna che decide di investire nella professione dimostra di essere molto più motivata dell'uomo. Infatti le aspirazioni femminili e maschili rispetto a .... risultano pressoché simili; ce n'è una però a cui le donne tengono di più: Esprimere le proprie capacità.

Se si analizza la disoccupazione italiana dal punto di vista geografico, la drammaticità della situazione meridionale appare in tutta la sua evidenza in tutti e tre i principali settori economici, con il divario maggiore - precisamente del 3,9 % - nel secondario:

Disoccupazione	Sud	Centro-Nord
Agricoltura	8,8%	6,9%
Industria	5,4%	1,5%
Servizi	2,9%	1,7%

Suddivisa per regioni, in cima alla classifica dei disoccupati troviamo la Campania con il 21,6%, seguita da Calabria e Sicilia al terzo posto.

Salendo al centro la situazione migliore si registra nelle Marche con il 7,6 %, inferiore di ben 3 punti percentuali ai dati del Lazio.

Ben diversa la situazione al Nord, con il Trentino Alto Adige in testa. Verso valori preoccupanti, invece, il Piemonte con il 9,6% e la Lombardia con il 7,3 %

La disoccupazione presenta anche un paradosso: per metà delle aziende italiane assumere è un problema, come rivela un'indagine condotta su 715 industrie con almeno 50 addetti. La metà delle aziende, di cui il 61,2% al Nord e il 28% al Sud, ha dichiarato di aver cercato personale da assumere nel corso dell'anno passato. Di queste, il 46,3% ha giudicato "problematico" il reperimento di nuovi lavoratori, ma il dato più sorprendente è che anche al Sud, nel 40,3% dei casi, le assunzioni sono difficili. Tali difficoltà stanno ad indicare presumibilmente carenze di lavoratori qualificati.

La ricerca delle imprese (Dati in %)				
Reperimento del personale	Area geografica			ITALIA
	Nord	Centro	Sud Isole	
• Problematico	50,8	24,4	40,3	**46,3**
• Poco problematico	23,5	22,6	7,9	**21,0**
• Per nulla problematico	25,7	53,0	51,8	**32,7**
Imprese che hanno fatto ricerca di personale	61,2	39,1	28,2	**49,6**
(Indagine Bankitalia su un campione di 715 imprese)				

L'Abc del lavoro che cambia

Lavoro è ancora per molti sinonimo di «posto fisso». Chi è alla ricerca del primo impiego dovrà invece abituarsi a sperimentare nuove forme contrattuali che possano offrire opportunità di inserimento. Ecco un dizionario alla scoperta del nuovo lavoro.

Part-time. O lavoro a tempo parziale, questa formula definisce un rapporto di lavoro che si svolge con un orario inferiore a quello previsto dal contratto collettivo. Negli ultimi anni, il 6% di lavoratori - soprattutto donne e giovani - è stato avviato all'impiego con questa soluzione, grazie anche alla rimodulazione delle aliquote contributive per rendere più conveniente il ricorso al tempo parziale. Si può lavorare in part-time orizzontale (durante la giornata), verticale (tre giorni alla

settimana o un numero prefissato di giorni al mese) o ciclico (in periodi predeterminati dell'anno).
Job sharing. Lo svolgimento del lavoro è affidato in condivisione a due o più lavoratori, lasciando loro la determinazione del rispettivo tempo di lavoro. Il contratto di job sharing deve indicare la misura percentuale e la collocazione temporale del lavoro giornaliero, settimanale, mensile o annuale che si prevede venga svolto da ciascun lavoratore. La retribuzione spettante a ciascun dipendente è calcolata in base alle prestazioni effettivamente svolte. Anche il calcolo dei contributi previdenziali è effettuato mese per mese, salvo conguaglio a fine anno, sempre sulla base dell'effettiva attività svolta. Il job sharing si distingue dal part time sotto due aspetti:
a) il part time è espressamente disciplinato dalla legge (L 863/84 e successive modifiche)
b) nel part time i lavoratori non condividono la stessa obbligazione contrattuale, in quanto sono titolari e responsabili di rapporti contrattuali distinti e autonomi

Lavoro interinale. O «fornitura di prestazioni di lavoro temporaneo». Sperimentato da tempo in Europa, dove coinvolge circa 1 milione e 600mila lavoratori al giorno è partito in Italia alla fine di dicembre del 1997 e ha già avviato un migliaio di persone. Chiunque, anche inserito nelle liste di mobilità, può prestare la propria attività lavorativa come lavoratore interinale. Chi cerca lavoro, dispone di una competenza spendibile sul mercato ed è interessato a un impegno non continuativo non deve far altro che rivolgersi a una delle agenzie specializzate che stanno aprendo su tutto il territorio nazionale. Queste, in base alle richieste delle imprese, "affitteranno" il lavoratore per il periodo richiesto corrispondendogli una retribuzione e i contributi. Il lavoratore in affitto, a sua volta, avrà obblighi nei confronti dell'agenzia specializzata (sotto il profilo disciplinare) e dell'impresa utilizzatrice (sotto il profilo direttivo).
Sono previste due possibilità: che il lavoratore venga assunto a tempo indeterminato dall'Agenzia, la quale, a sua volta «affitta» i lavoratori, oppure che il lavoratore venga assunto per il tempo necessario a svolgere la mansione richiesta dall'impresa che si è rivolta all'Agenzia (p. es. nel caso di un nuovo lavoro o per sostituire un lavoratore assente). Chi viene assunto a tempo indeterminato ha diritto ad un compenso di almeno 260,-- € al mese per i periodi in cui non viene richiesto da alcuna azienda (= indennità di disponibilità). L'Agenzia è sottoposta ad una serie di controlli da parte del ministero del Lavoro; può assumere la forma giuridica di società di capitali o di cooperativa; deve versare un capitale non inferiore ai 360.000,-- €; deve avere sedi in almeno sei regioni italiane; versare un deposito cauzionale di 258.000,-- € presso una banca a garanzia dei crediti dei lavoratori. Il lavoro interinale non può essere utilizzato per qualifiche di esiguo contenuto professionale, per la sostituzione dei lavoratori in sciopero, nelle aziende che hanno effettuato licenziamenti nei precedenti dodici mesi, nelle imprese con lavoratori in cassa integrazione, nelle imprese che non sono in regola con le norme sulla sicurezza, per le attività pericolose.

Contratto week-end. È una formula innovativa di part-time che comincia a diffondersi in tutta Italia, applicato in via sperimentale da grandi aziende soprattutto nel settore del commercio e della distribuzione. Con questa tipologia si intende un rapporto di lavoro part-time a tempo determinato svolto solo il sabato e la domenica per un periodo che va da un minimo di tre mesi fino a un massimo di due anni.

Stage. Breve esperienza lavorativa che segue immediatamente un percorso formativo o si svolge al suo interno o ancora, coinvolge disoccupati e lavoratori in mobilità. Regolato dalle leggi 236/93 e 196/97 in attesa del varo di un decreto ad hoc, dura dai due ai quattro mesi, è promosso da università, enti di formazione, centri di orientamento pubblici e convenzionati, provveditorati, scuole, agenzie per l'impiego che stipulano un'apposita convenzione con le aziende o con le associazioni imprenditoriali.

Telelavoro. O lavoro a distanza. Con questa formula si intende una prestazione lavorativa svolta in collegamento remoto - da casa, da un telecentro e, nel caso del «lavoro mobile», in luoghi diversi attraverso un pc portatile - con l'impresa da cui si dipende o con cui si collabora. Secondo dati Etd coinvolge già in varie forme 296mila lavoratori italiani. Introdotto anche nel pubblico impiego in via sperimentale dal disegno di legge Bassanini-ter, il telelavoro è contemplato da due contratti di categoria - tlc e servizi - e a livello aziendale in alcuni grandi gruppi.

(Sole 24 Ore, 16.3.1998)

Contratti di solidarietà

In alternativa ai licenziamenti e alla cassa integrazione si può ricorrere al cosiddetto contratto di solidarietà. È un contratto collettivo stipulato tra le rappresentanze sindacali e il datore di lavoro che prevede una riduzione dell'orario di lavoro per tutti, anziché la perdita del posto per alcuni. Naturalmente anche lo stipendio diminuisce ma la legge prevede un contributo, simile all'indennizzo della Cassa integrazione, pari al 50 per cento della retribuzione persa. In pratica, chi lavorando 48 ore alla settimana percepisce 950,-- euro e con la diminuzione dell'orario riceverebbe dall'azienda 630,-- euro (nell'ipotesi che lavori 12 ore in meno), può contare su altri 155,-- euro erogati dallo Stato. Ma solo per un massimo di 48 mesi, che diventano 60 per i lavoratori del Mezzogiorno.

(*Donna Oggi*)

Disoccupati? No, grazie

Occupazione / SI DIFFONDONO ANCHE IN ITALIA LE TECNICHE ALTERNATIVE AL LICENZIAMENTO

Servono ad evitare il licenziamento, sono i nuovi ammortizzatori sociali. Lavorare meno per lavorare tutti anche a stipendio ridotto: è questa la filosofia dei ***contratti di*** ......1......, ai quali si ricorre per evitare che gruppi di lavoratori vengano messi in cassa integrazione. Anziché colpire un gruppo, quindi, si riduce l'orario di tutti con relativo decurtamento dello stipendio. Nei settori legati al lavoro stagionale, alla sostituzione degli assenti, all'assunzione dei disabili si potrà introdurre il lavoro con durata limitata, il cosiddetto ***lavoro*** ......2......

SPORTELLI MOBILITÀ

Mai altro termine ha avuto più successo: la mobilità, enfatizzata dalle imprese, osteggiata dai sindacati. Essa può essere volontaria o forzata e avviene quasi sempre facendo ricorso alla ***cassa integrazione*** ......3...... o ......4...... . Una tecnica ormai in via di diffusione anche in Italia è quella dell'***outplacement***, detto anche licenziamento morbido. L'azienda che vuole fare a meno di un collaboratore si rivolge a una società specializzata: in cambio di una parcella consulenziale, pagata dalla stessa azienda, la società di outplacement aiuterà il dipendente in esubero a trovare un'altra occupazione.

Da dipendente a consulente, da lavoro fisso a lavoro elastico; si può con la formula del ***lavoro*** ......5......, vale a dire il lavoro in leasing o in affitto. In pratica si offre un certo pacchetto di tempo o di ore disponibili ad agenzie specializzate, che le offrono a loro volta alle imprese.

Al filone della flessibilità appartengono altre forme di prestazione come il lavoro a casa via computer (......6......), il ......7...... (lavoro condiviso) o il ......8...... (lavoro di coppia) in pratica uno stesso posto viene suddiviso su più persone, ripartendo ovviamente ore e stipendio. La formula è piuttosto diffusa nel settore dei servizi, dove sussistono minori vincoli organizzativi; il suo presupposto è la relativa intercambiabilità dei lavoratori.

TUTTI IMPRENDITORI

L'azienda vuole smaltire manodopera? Non c'è problema: da dipendenti si può diventare imprenditori ricorrendo alla ***job-creation***. Un gruppo di lavoratori, anziché operare alle dipendenze di un'azienda, costituisce una società che offre le sue prestazioni all'azienda madre. Un'altra possibilità è data dal ***management buy-out***. Si verifica quando il titolare desidera ritirarsi dagli affari: gli subentra un gruppo di manager che, per evitare la chiusura della ditta, ne rileva l'attività

G - Con l'aiuto di quanto letto negli articoli precedenti, completate il testo sulle tecniche alternative al licenziamento inserendo i seguenti termini:

interinale – job pairing – speciale - part time - solidarietà - job sharing - ordinaria – telelavoro

5   8   3   2   1   7   4   6

Lavoro 147

Telelavoro, perché?
Anche se non si è mai presa in considerazione la possibilità di adottare il telelavoro nella propria azienda, forse se ne è già sentita, a volte, l'esigenza. Basti pensare alla rete di vendita, che si vorrebbe sempre più capillare, vicina alle esigenze del cliente, il desiderio di offrire servizi non stop, 24 ore su 24, ridurre dei costi fissi e del turnover, motivare dipendenti ecc. ecc. Esistono attività professionali, nelle quali la maggior parte del tempo viene passata al telefono (agenti di vendita, ricerche di mercato, telemarketing, televendite). Il telelavoro permette di adottare nuove forme di organizzazione aziendale più elastiche e reattive, più adatte ai mutamenti del mercato. Con il telelavoro è possibile aumentare la produttività delle aziende fino al 30%, ridurre i costi fissi (affitto o proprietà degli uffici, software e spese generali), razionalizzare gli spazi con logiche di condivisione e di "desk-sharing", adottare nuovi stili di management che implicano maggiore autonomia e indipendenza. Con il modificarsi della concezione del lavoro e l'attribuzione di maggiore valore al tempo libero, per i lavoratori emerge la necessità di utilizzare il proprio tempo in maniera più efficace (elasticità degli orari di lavoro, eliminazione o riduzione dei tempi di percorrenza tra casa e ufficio). Il telelavoro decongestiona il traffico, riqualifica le aree geografiche depresse, redistribuisce il lavoro sul territorio, agevola i portatori di handicap, i lavoratori con figli o persone anziane da accudire e, infine, può essere una nuova opportunità per i pensionati
(adattato da "liberamente", Telecom Italia)

H - Il telelavoro presenta indubbiamente benefici sociali ed economici sia per i datori di lavoro che per i lavoratori. Individuate le relative categorie di appartenenza e fornite una spiegazione

a. datori di lavoro   b. lavoratori   c. società   d. economia

1. Flessibilità degli organici di lavoro a
2. Congestione del traffico ridotta c
3. Minore sconvolgimento della vita familiare b
4. Capacità di trattenere profili professionali a
5. Orario flessibile b
6. Più ampie opportunità di impiego e di lavoro d/c
7. Rigenerazione economica d
8. Risparmio dei costi a
9. Incremento delle opportunità di lavoro b/c/d
10. Organizzazione flessibile a
11. Tempi di viaggio totali ridotti e conseguente riduzione dell'inquinamento b/c
12. Incremento di produttività a
13. Partecipazione alla vita della comunità locale b/c
14. Accesso al lavoro per persone con difficoltà specifiche b/c
15. Miglioramento della motivazione a/d
16. Miglior equilibrio tra lavoro e vita familiare b/c
17. Capacità di recupero in caso di eventi imprevisti b
18. Tempi e costi di viaggio ridotti b
19. Assistenza alla clientela non legata a orari di lavoro a

Ma ci sono forse anche degli svantaggi?

I - Che tipo di lavoro si può trovare aderendo all'organizzazione pubblicizzata nel riquadro?

1 - Anche la formula del lavoro interinale offre una serie di vantaggi ad aziende e lavoratori. Quali si riferiscono all'azienda fornitrice, quali all'azienda utilizzatrice e quali ai lavoratori in affitto?

a - L'azienda fornitrice soddisfa il crescente bisogno di flessibilità offrendo di:
b - L'azienda utilizzatrice ha la necessità di:
c - I lavoratori temporanei hanno la possibilità di:

1. c coprire esigenze particolari di modi, tempi e orari di lavoro
2. b sostituire una temporanea assenza di personale
3. a far coincidere i bisogni dell'impresa e le caratteristiche professionali delle risorse umane
4. b compiere percorsi lavorativi personalizzati
5. b avere personale di qualità anche per lavori non durevoli
6. c raggiungere l'indipendenza economica
7. c usufruire di orientamento professionale e formazione
8. b delegare le procedure di reclutamento del personale
9. a garantire risposte in tempi brevi
10. a fronteggiare l'instabilità della domanda (punte di attività improvvise, progetti speciali)
11. c cambiare il lavoro tradizionale
12. b smaltire le pratiche di gestione del personale
13. c godere di un trattamento economico pari a coloro che si va a sostituire
14. a facilitare l'accesso a risorse umane

I clamorosi "no" all'obbligo imposto ai lavoratori in mobilità, pena la perdita dell'assegno.
Il cassintegrato si spezza, ma non spazza.

Tra i lavori socialmente utili rifiutati quelli «meno nobili» come netturbino e lavapavimenti

di NANDO TASCIOTTI

ROMA - Il lavoro "socialmente utile" che rifiutano con più decisione è quello dello spazzino, anche se si chiama "operatore ecologico", e a Sonnino (Latina) otto hanno mandato il certificato medico; né (a Brindisi) hanno voluto fare da "ausiliario socio-sanitario" per non lavare i pavimenti, fare i portantini, trasportare arredamenti e biancheria; né, ad Ancona, hanno accettato di fare i guardiani del cimitero... insomma, meglio "in mobilità" o cassintegrati: per "dignità", in alcuni casi, perché hanno un secondo lavoro in molti altri. E il fenomeno del rifiuto dei "lavori socialmente utili" (che comporta la decadenza delle indennità e delle priorità acquisite al collocamento) comincia a far discutere: fa indignare soprattutto quelli che non hanno ancora avuto nessun tipo di offerta, "dignitosa" o meno, e rafforza anche la tesi di chi nega che gli immigrati "rubino" lavoro agli italiani. Per la verità, governo, sindacati e amministrazioni locali negano che il "rifiuto" abbia dimensioni vistose. «Una percentuale irrilevante», dice il sottosegretario al lavoro, Matelda Grassi. «La legge complessivamente funziona», assicura Sergio D'Antoni, segretario generale della Cisl, «alcuni casi di rifiuto sono comprensibili, altri condannabili, ma sono comunque pochi». Ed Enzo Bianco, sindaco di Catania e presidente dell'Anci (l'associazione dei comuni italiani) nota che «il meccanismo serve anche a far emergere chi fa lavoro nero, perché è difficile che dica no chi ha davvero bisogno». Le cifre del ministero del Lavoro sembrano confermarlo: fino al 30 settembre '95, erano stati presentati da comuni, province, usl, ecc. oltre 3 mila progetti, che avrebbero dovuto occupare 55 mila lavoratori "in mobilità" o in cassa integrazione. Alla stessa data ne erano stati già assunti quasi 40 mila, e sia Bianco sia gli altri assicurano che entro il '96 i progetti saranno aumentati (ma molti ministeri sono in ritardo), e D'Antoni sollecita maggiori risorse, aumentando le occasioni di "nuova formazione professionale", migliorando la qualità dei progetti e riducendo quindi gli alibi per chi rifiuta.

Ma che è successo, finora? «In tutta Italia - spiega Carmelo Perrone, dirigente della Cgil che sta seguendo questo "strumento" sin dall'inizio - nel '94 c'erano 280 mila persone in "lista di mobilità": cioè, avevano completamente perso il lavoro. Tra queste, oltre 50 mila (più di 20 mila in Campania, e 10 mila in Puglia) alla fine del '94 non avrebbero più avuto alcuna forma di reddito, perché era scaduto il periodo (due, tre, quattro anni, a seconda delle regioni e dell'anzianità) di presenza nelle liste. Insomma, avrebbero perso l'indennità di 620,-- euro lordi per il primo anno, e di circa 520,-- €, dal secondo anno, con contributi. In questo quadro di "emergenza nell'emergenza" fu fatto l'accordo del 18 novembre '94 che, rifinanziando i lavori socialmente utili, dava la priorità nelle assunzioni ai lavoratori che dal '94, '95, ecc. sarebbero usciti dalle "liste di mobilità" e avrebbero quindi perso ogni forma di indennità (molti erano già finiti nelle mani degli strozzini). Ora, se accettano il "lavoro socialmente utile", prendono 415,-- euro lordi al mese (più eventuali integrazioni, in base alla qualifica), ma senza contributi».

Nei progetti "socialmente utili", hanno la priorità anche i lavoratori (più di 200 mila in tutta Italia) in cassa integrazione: quelli cioè il cui rapporto di lavoro è per ora solo sospeso (per crisi o ristrutturazioni aziendali), e ricevono al massimo 620,-- euro lordi al mese, con contributi (per due-tre anni). Sia i lavoratori in mobilità sia ora anche i cassintegrati, se rifiutano un "lavoro socialmente utile", perdono tutto (anche le agevolazioni concesse agli imprenditori per il reimpiego). «Ma l'obbligo ad accettare - sostiene Perrone - è meno giustificato per i lavoratori in cassa integrazione, perché questa è una forma di previdenza già pagata, con i contributi, dagli stessi lavoratori e dalle imprese».

Comunque, anche se i "rifiuti" finora sono stati relativamente pochi, in un panorama di pesante disoccupazione "fanno notizia". Le cause? Problemi psicologici (un lavoro non ritenuto adatto alla propria formazione); la possibilità (specie al Nord) di un'occupazione migliore nel settore privato; ma anche la convenienza a sommare alla cassa integrazione gli introiti esentasse del lavoro nero.

Ma molto dipende anche dalla qualità dei progetti e dalle possibilità di sviluppo professionale: a Roma è stata varata una società mista (comune-cassintegrati) "multiservizi" che occupa più di 800 persone, a Napoli funziona il progetto di restauro di beni ambientali e anche quello per il recupero delle morosità; il ministero dell'Ambiente ha varato un programma per i parchi; quello della Giustizia un supporto alle cancellerie dei tribunali... Insomma c'è lavoro e lavoro. Ma ci sono ancora tanti, troppi, disperati, che ancora non lo intravedono, di nessun tipo.

Il Messaggero

 - Individuare i diversi generi di lavori socialmente utili di cui si parla nell'articolo, i motivi del loro rifiuto da parte dei disoccupati nonché le conseguenze di detto rifiuto

N - *Discussione tra sindaco/imprenditore del nord/sindacalista*

RUOLO A - Siete il sindaco di una cittadina siciliana.
L'associazione degli industriali lombardi ha avviato ultimamente una campagna di marketing per rilanciare il sud e facilitare l'insediamento di imprese settentrionali in particolare in Sicilia e per voi sarebbe di vitale importanza riuscire a trovare un'impresa intenzionata ad investire nel Sud, affinché siano creati posti di lavoro, come promesso durante la vostra campagna elettorale.
Purtroppo le difficoltà sono numerose:
- scarsa infrastruttura
- costo del denaro (banche) più alto che nel centro-nord
- criminalità
- fine della fiscalizzazione degli oneri sociali nel 1999 ecc.

Ma potete sempre sottolineare il vantaggio della vicinanza di un porto ed un aeroporto collegato giornalmente con Roma e Milano, il sistema di approvvigionamento energetico con gas metano ed energia elettrica ad alta tensione, la presenza di una rete fognaria per la raccolta dei rifiuti industriali. Per garantire la sicurezza e l'ordine pubblico avete previsto la sorveglianza degli stabilimenti e un numero verde per segnalare eventuali tentativi di estorsione.

RUOLO B - Siete un imprenditore del Nord Italia.
Pensate di stabilirvi al Sud se vi saranno concesse varie agevolazioni per ridurre i vostri costi di produzione. In particolare vorreste ridurre il minimo contrattuale rispetto al resto d'Italia (considerando per esempio che nell'Italia meridionale il costo della vita è più basso che nel resto del Paese).
Tra l'altro dovete prendere in considerazione il rischio mafioso, il costo del denaro più alto al Sud di circa 3 punti rispetto al Nord, l'abolizione della fiscalizzazione degli oneri sociali nel 1999.
Ora vi incontrerete con il sindaco e un sindacalista di una cittadina siciliana per informarvi sulle condizioni delle infrastrutture (istituzioni, viabilità, approvvigionamento energetico, ecc.) e sulla qualità della manodopera (formazione), oltre che, ovviamente, sulle facilitazioni concesse a imprese che vogliano assumere personale locale

RUOLO C - Siete un sindacalista interessato all'insediamento di una ditta in un paesino della Sicilia.
Il minimo contrattuale, nonostante la grande fame di occupazione, è sacro e l'ultimo filo che tiene unita l'Italia: è semplicemente inaccettabile che un ragazzo siciliano, a parità di qualifica, debba guadagnare meno di un ragazzo milanese. Ciò significa che anche al Sud deve essere applicato il minimo contrattuale. Inoltre il Comune deve garantire più efficienza e la realizzazione delle infrastrutture mancanti. Manodopera specializzata non manca, soprattutto nel settore edile, chimico, manifatturiero. Sapete inoltre che esiste un programma governativo che prevede incentivi fiscali alle imprese che investiranno nei prossimi tre anni.
Eventualmente potreste acconsentire a una riduzione dei premi di produttività, rallentamento delle dinamiche di carriera e degli slittamenti salariali.

O - *Completate il testo con l'aiuto della tabella*

Classifica dei salari in Europa - Tedeschi gli operai più cari - Italiani nelle ultime posizioni

Quanto costa il lavoro in Europa	
(Valore medio all'ora - dati in euro)	
Germania	21,74
Svizzera	19,32
Belgio	18,23
Norvegia	17,15
Austria	16,73
Olanda	16,58
Danimarca	16,37
Svezia	15,29
Finlandia	14,41
Francia	13,84
ITALIA	13,27
Gran Bretagna	11,31
Irlanda	10,17
Spagna	9,35
Grecia	5,78
Portogallo	3,51

Il quadretto italiano assume contorni sempre più decisi, ma il risultato d'insieme è quello di un Paese che vive nell'incertezza. Un'incertezza dovuta a quelle tinte forti e poco tranquillizzanti della politica che si accostano però a quelle tenui quanto rassicuranti dell'economia reale. Quell'economia che sembra con forza tenere agganciata l'Italia a un'Europa che sembra andarsene invece per proprio conto. Un altro indice della competitività delle aziende italiane è giunto infatti ieri. A una produzione industriale che non smette di tirare si sono aggiunte le notizie sul costo del lavoro. Ebbene, i dipendenti italiani sono davvero a buon prezzo. Se si va avanti così potrebbero arrivare a costare la metà di un operaio tedesco. L'anno passato, infatti, un'ora di lavoro medio in Italia valeva meno di .... euro, quella di un collega impiegato in .... oltre 21. Eccola l'Italia dell'incertezza. Della doppia incertezza. A quella più generale della politica si somma anche quella di un mondo del lavoro che soffre. E' vero, infatti, un costo orario dei salari così competitivo significa per le aziende italiane. quelle esportatrici soprattutto godere condizioni che permettono un'aggressività fuori dai confini nazionali davvero impensabile. Ma dentro i confini? Ebbene nel Paese la situazione è ben diversa. Lo testimoniano i consumi che rimangono stazionari, se non in qualche caso indietreggianti. Del resto le cifre sono impressionanti. L'ufficio studi *Business International* tratteggia un'Europa divisa in due. Da una parte i Paesi dell'ex area del marco e dall'altra il Meridione del Vecchio Continente. C'è però l'eccezione della .... A Londra infatti il costo del lavoro medio è pari a .... euro, meno quindi delle .... italiane. Di più però dei .... irlandesi, dei 9,35 ...., dei 5,78 della .... fino ai .... del Portogallo.

Spiccano invece ai primi posti, oltre alla Germania (va precisato però che si riferisce al costo nei Länder occidentali), la Svizzera con i suoi .... euro per costo del lavoro orario medio, e a seguire il .... (18,23), la Norvegia (................), e via via gli altri, Austria, O............, Da..................., Svezia. Se il confronto viene esteso ad altri Paesi industriali nel mondo, si scopre che in realtà a non stare tanto bene sono anche i lavoratori americani il cui costo è di non molto superiore a quello dei colleghi italiani. Negli Usa infatti un'ora di lavoro si paga 14,51 euro. In Giappone però la cifra sale a 17,15 euro. Del resto, lo scorso luglio era stata l'Ocse, l'organizzazione mondiale dei Paesi industrializzati, che aveva mostrato come il costo del lavoro in Italia fosse indietreggiato fino a scendere di un quarto dal '91 al '94, con la previsione di quasi dimezzarsi nel '96. Fatto 100 il costo del lavoro nel '91, infatti, in Italia nel '96 secondo l'Ocse sarebbe stato 65, in Giappone 151, in Germania 116, in Francia 101. Tutto merito essenzialmente degli accordi sui salari tra governo e sindacati nel '92 e nel '93. In assoluto quindi una buona notizia. Se solo il nostro Paese fosse in grado di sfruttarne in pieno le possibilità.

Daniele Manca, Corriere della Sera

Lavoro 153

Nel mondo del lavoro

Nei contatti relazionali il carattere di un individuo svolge naturalmente un ruolo importante; a prescindere dalla soggettività di ogni giudizio, infatti, generalmente registriamo una persona come

* antipatica, simpatica
* nervosa, nevrotica, tranquilla, calma
* aperta/estroversa, chiusa/introversa
* allegra, seria
* decisa, sicura di sé, insicura, indecisa ecc.

L'elenco dei termini attinenti al carattere è pressoché inesauribile, non c'è che l'imbarazzo della scelta:

* allegro, contento, triste, felice, depresso, gioviale, cordiale, lunatico, socievole
* superbo, pigro, tenace, puntiglioso, caparbio, insolente, attivo, volubile
* timido, sfacciato, presuntuoso, egocentrico, altruista, egoista, generoso, avaro
* invidioso, geloso, vendicativo, vile, coraggioso, attaccabrighe
* pettegolo, sincero, onesto, disonesto, bugiardo, falso, facilone, spontaneo
* buono, cattivo, dolce, irascibile, permaloso, sensibile, arido
* prudente, pignolo, schizzinoso
* maleducato, cortese, gentile, remissivo, ribelle
* franco, preciso, ostinato, testardo, superficiale, arrogante

A - *Aiutandovi anche con i termini appena forniti, analizzate gli annunci economici di un quotidiano italiano, relativi alla ricerca di personale, per individuare il maggior numero possibile di requisiti di cui devono disporre gli eventuali candidati ai posti di lavoro offerti.*

B - *Indicate le qualità richieste utilizzando gli aggettivi corrispondenti (es. „Il candidato deve essere dotato di esperienza ...... „= esperto   „Crede nel proprio lavoro .... " = convinto ecc.)*

_____ _____ _____ _____ _____

_____ _____ _____ _____ _____

_____ _____ _____ _____ _____

_____ _____ _____ _____ _____

Negli annunci menzionati, inoltre, ai candidati si richiedono in particolare

capacità   ....

....

....

....

Essi devono anche essere

dotati di   _____

_____

_____

C - *Confrontate ora i vostri termini con quelli elencati di seguito:*

accurato	corretto	indipendente	preparato
affidabile	coscienzioso	ingegnoso	professionale
aggiornato	creativo	innovativo	responsabile
ambizioso	determinato	intraprendente	riservato
autorevole	diligente	istruito	rispettoso
brillante	dinamico	loquace	scrupoloso
carismatico	disponibile	maturo	sensibile
coerente	duttile	mobile	serio
colto	efficiente	motivato	socievole
competente	eloquente	onesto	solido
competitivo	esigente	ordinato	spigliato
comunicativo	esperto	operoso	spontaneo
conciliante	fidato	paziente	tenace
concreto	fiscale	persuasivo	vitale
controllato	flessibile	poliglotta	volenteroso
convincente	gioviale	positivo	
cooperativo	idoneo	preciso	

Provvisto di

capacità di persuasione
         di pianificazione
            manageriali
            organizzative
            professionali
            relazionali

Dotato di

bella presenza
buon gusto
dialettica
mentalità imprenditoriale
sensibilità al marketing
spirito di gruppo

Con attitudine

al cambiamento
alle relazioni interpersonali

D - *Secondo voi, quali delle caratteristiche suindicate sono richieste per attività forse ritenute ancora tipicamente femminili e tipicamente maschili? Motivate le vostre affermazioni.*

E - *Nella ricerca del personale, le grandi società, come ad es. le imprese multinazionali, si rivolgono ai cosiddetti „head hunter" o cacciatori di teste, affinché trovino la persona più adatta all'incarico da ricoprire. Se doveste parlare di voi nel corso di un colloquio con uno di questi professionisti della selezione del personale, come vi caratterizzereste? (Utilizzate i termini fin qui appresi)*

F - *Se, lavorando in un istituto di credito veniste contattati per fornire informazioni su un cliente, come lo descrivereste per sottolineare i suoi pregi e, al contrario, quali espressioni utilizzereste per mettere in guardia da una persona non proprio raccomandabile?*

G - *Lavorando in coppia, stabilite quali tratti di carattere e quali caratteristiche professionali dovrebbe possedere una persona chiamata a ricoprire le mansioni di:*

   * rappresentante di una ditta farmaceutica
   * amministratore/amministratrice di una Spa
   * direttore/direttrice di un istituto di credito
   * segretario/a di direzione
   * „head hunter"

e adducete motivi a sostegno della vostra opinione.

Il Comune di Senigallia ci ha incaricato di selezionare

il DIRIGENTE Responsabile del servizio di Vigilanza Urbana

La **posizione** prevede la responsabilità della pianificazione e ottimizzazione organizzativa del servizio nelle diverse aree di attività, controllo, vigilanza, gestione ed il coordinamento e supervisione di circa 40 collaboratori.

Il **candidato** è un laureato in discipline giuridico-economiche di circa 35/40 anni con esperienze significative di organizzazione e di direzione maturate nel settore specifico e/o nei corpi militari e militarizzati e/o in aziende di servizi e/o altri comparti.

Si garantisce ai candidati la massima riservatezza.

Si prega di inviare un dettagliato curriculum, citando il riferimento **SP/V1004**, a:

SISTEMI&PROGETTI
Via E. Mattei, 32 - 60019 Senigallia (An)
Tel. 071/6608375 - Fax 071/6609378

  Perfection in Automation

La **B&R Automazione Industriale S.p.A.** filiale italiana della **Bernecker & Rainer,** Azienda austriaca leader mondiale nella produzione di sistemi elettronici di controllo e automazione, per il potenziamento della struttura di Milano, sta ricercando:

a) Perito informatico
per attività di sviluppo software e supporto ai clienti.
Requisiti:
- ottima preparazione
- neodiplomato o breve esperienza nel settore automazione

b) Tecnico commerciale
per attività di supporto tecnico alla direzione commerciale.
Requisiti:
- significativa esperienza tecnica nel settore automazione
- età orientativa 24-28 anni

Per entrambe le posizioni è richiesta la conoscenza della lingua inglese. Costituirà titolo preferenziale, la conoscenza della lingua tedesca.

Inviare curriculum specificando posizione di interesse a

CORRIERE 266-SC - 20100 MILANO

H - *Immaginate di lavorare in un grande gruppo industriale e di dover preparare un annuncio di ricerca di*
DIRETTORE PER GRANDE CATENA ALBERGHIERA

Guida alla compilazione di un curriculum professionale

Cara azienda ti scrivo...

In principio è la sintesi. Poi viene la sincerità. Senza dimenticare la forma. E soprattutto, mai accennare allo stipendio

Chiaro, completo, sintetico: due pagine al massimo. Così dovrebbe essere un curriculum vitae, primo punto di contatto tra chi cerca e chi offre lavoro. Un curriculum prolisso, scorretto o peggio inesatto tronca sul nascere ogni possibilità di buon esito.

Sintesi. Basta andare con ordine. Prendete carta e penna e scrivete tutto ciò che ricordate delle precedenti esperienze di lavoro senza cercare il risultato ottimale alla prima stesura. E poi via, tagliate e tagliate ancora fino a far stare tutto nelle due pagine. Evitate quindi giri di parole, sigle, abbreviazioni. L'ideale sono frasi brevi, sintassi semplice, termini precisi.

Obiettività. Non andate sopra le righe nel descrivere le vostre caratteristiche: le bugie hanno le gambe corte e saranno scoperte durante il colloquio di selezione, distruggendo per sempre la vostra credibilità. Astenetevi dunque da autovalutazioni e frasi autocelebrative, lasciando che a farlo sia il selezionatore. E mai lasciare spazio a dubbi. Il trucco sta nel raccontare e incuriosire, dando alla vostra storia professionale un valore particolare che la distingua dalle altre, tale da indurre a convocarvi.

Forma. Foglio bianco formato lettera con interlinea ariosa, caratteri non troppo piccoli, lasciando qualche spazio. Ovviamente niente errori di battitura o di ortografia, ormai facili da evitare grazie al computer. E non scrivete a mano il testo a meno che non sia espressamente richiesto. Ancora: mai curricula fotocopiati. Per facilitare la lettura raggruppate gli argomenti in capitoli: dati personali, studi compiuti, lingue conosciute, esperienze lavorative. Preferibile l'uso della prima persona, anche se con la terza si è indotti a osservarsi dall'esterno, diventando spettatori critici di se stessi.

Dati. Nella prima pagina, in alto a sinistra, quelli personali: nome e cognome, data e luogo di nascita, residenza, telefono, stato civile, servizio militare (per i ragazzi). Segue poi la voce «Studi»: limitatevi alle superiori e alla laurea, indicando le date di conseguimento. È inutile dilungarsi su votazione e titolo della tesi se avete passato i 40 anni, mentre questo capitolo va ampliato da parte dei più giovani (indicare sempre votazione e sede dei corsi). Se pertinente con la posizione ricercata, indicate anche titolo della tesi e nome del relatore. Infine indicate eventuali corsi di aggiornamento, stage e soggiorni all'estero. Delle lingue straniere va precisato il livello di conoscenza.

Esperienze professionali. L'occupazione più recente va evidenziata per prima, andando poi a ritroso nel tempo. A sinistra il nome dell'azienda e il periodo di permanenza, a destra la mansione svolta. Devono saltare all'occhio: evidenziateli quindi in grassetto, con una sottolineatura o con un colore diverso. Fondamentali alcuni dati sulla società: sede, settore, fatturato, numero dipendenti.

Per ogni esperienza riportate mansione, azioni intraprese, risultati raggiunti. Citate il motivo del cambiamento o dell'interruzione in due frasi al massimo, senza però eccedere nemmeno in senso opposto, elencando solo semplici e vaghe etichette tipo «responsabile della logistica». Il segreto sta nel dare valore aggiunto alla posizione, rendendola interessante per chi legge: questo tipo di attenzione fa la differenza tra finire nell'archivio generale (il cestino) e ottenere un colloquio.

Disoccupazione. Non c'è bisogno di scrivere a caratteri cubitali «attualmente sono disoccupato». Il selezionatore lo capirà dalla cronologia delle esperienze lavorative. Si avrà tempo e modo di argomentare il tutto durante il colloquio.

Stipendio. Mai parlarne nel curriculum. Se emerge una sostanziale incompatibilità tra quanto viene attualmente percepito e quello che intende offrire l'azienda, ci si preclude il colloquio. Diversamente, una volta che il posto vi sarà stato offerto, vi troverete nella giusta posizione di forza per trattare sui soldi.

Referenze. La regola è di fornirle soltanto se richieste e comunque solo nella fase più avanzata della selezione, quando cioè da entrambe le parti è già stato verificato un reale interesse a proseguire i contatti. A questo punto non vi resta che imbucare.
E attendere fiduciosi.

(Cristina Tirinzoni, Gente Money 2/97)

Il motivo per cui si invia il curriculum sarà specificato in una **lettera di accompagnamento**, breve ed eventualmente scritta a mano, se si ha una calligrafia gradevole e leggibile.
Se con il curriculum si intende rispondere ad un'inserzione sul giornale, si citeranno la testata e la data di pubblicazione dell'annuncio (ad es.: "*Con riferimento al Vs. annuncio sulla Repubblica del 4 dicembre ....*")

Modello

Laura Benigni
Kreuzweg 22
D-69 Heidelberg

Heidelberg, 7 ottobre .....

Spett.le

Direzione Fiat-Auto
Ufficio del Personale
C.so Bramante, 15
I-10100 Torino

Oggetto: ....

Egregi Signori,

con riferimento al Vs. annuncio su "La Stampa" del 7.10. ..... per un posto di direttore delle esportazioni presso la Vostra filiale in Germania, mi permetto di presentare domanda per l'impiego in questione.

Ho 40 anni, sono italo-tedesca, coniugata, senza figli. Mi sono laureata in Economia aziendale presso la Facoltà di Economia e Commercio dell'Università di Bologna nel 199... e lavoro attualmente come addetta alle esportazioni presso le Officine Metalmeccaniche Gauss di Heidelberg dal 199..............

Intendo lasciare il mio attuale impiego allo scopo di migliorare la mia posizione.

Possiedo un'approfondita conoscenza del mercato esportazioni italo-tedesco nel settore e parlo perfettamente il tedesco e l'italiano.

Nella speranza che la mia domanda venga accolta favorevolmente e che vorrete concedermi un colloquio, Vi prego di gradire i miei migliori saluti.

Laura Benigni

Allegato: curriculum vitae

Fraseologia

In riferimento al Vostro annuncio apparso su "La Stampa" ....
In risposta alla Vs. inserzione ....
Ho appreso da ... che presso la Vs. sede di .... c'è un posto libero come ....
Ho appreso da .... che state cercando ....
Con la presente mi permetto di sottoporre alla Vs. attenzione la mia domanda per il posto di ....
Mi permetto di indirizzarVi questa lettera, perché ....
Per ulteriori informazioni potete rivolgerVi a ....
Ho conseguito il diploma di ....
Ho fatto un tirocinio di .... anni come .... presso ....
Spero che vorrete accogliere benevolmente la mia domanda ....
Spero che la presenta venga accolta favorevolmente ....
Sperando che la mia domanda sia presa in considerazione ....
In attesa di una Vostra risposta, ringrazio e porgo distinti saluti

---

SOCIETÀ MULTINAZIONALE FRANCESE CERCA,
PER LA SEDE DI MILANO, UN
LAUREATO
in **ECONOMIA e COMMERCIO** o **DIPLOMATO** in **RAGIONERIA**

a cui affidare contabilità clienti per recupero crediti

Si richiede buona conoscenza della lingua francese
età 25-30 anni, iniziativa e dinamismo.

Inviare curriculum corredato di fotografia a
CORRIERE 215 - HP 20100 MILANO

A - Completate la lettera inserendo le parti mancanti, secondo il senso e con l'aiuto della fraseologia sopra riportata

Egregi Signori

ho *letto* sul "Corriere della Sera" *del* 16.03. ...... che la *Vs.* ditta cerca un ragioniere e mi *permetto* di proporre la mia candidatura *per* il posto in questione.

Ho 22 anni, *sono nato* a Bologna, dove ho *frequentato* l'Istituto commerciale "Duca d'Aosta". Ho *conseguito* il diploma di ragioniere *nel* 1997 e ho già assolto il servizio militare. Qualora le esigenze della ditta lo richiedano, sono *disposto* a trasferirmi anche in altra sede. *Sperando* che la mia domanda *sia presa* favorevolmente, Vi *porgo* i *miei* più distinti saluti.

Mario, disposto

Esempi di Curriculum vitae:

Nome	....
Luogo e data di nascita	....
Residenza	......................, 6060 ....
Telefono	0........./..................
Nazionalità	Austriaca/Italiana
Stato civile	Nubile/Celibe.............
Servizio militare	Militassolto/Militesente
Studi effettuati	Maturità classica (19...)
	Iscrizione alla Facoltà di .... dell'Università di ....
	(19...) - Argomenti: .... Laurea in ....
	presso l'Università di .... (199..)
Altri studi	Corso di perfezionamento in Business English all'Università di ....
	Corso di lingua italiana presso l'Università per stranieri di Perugia
	Corso di dattilografia/stenografia presso .... di ....
	Conoscenze EED: Word ed Excel per Windows, ...
Soggiorni all'estero	............, da.......... a ....
Disponibilità a viaggiare	In Italia e in Europa
Lingue conosciute	Tedesco/Italiano: madrelingua
	inglese: parlato e scritto correttamente
	francese: conoscenza scolastica approfondita
	spagnolo: buono scritto e parlato
Esperienze lavorative	Agosto 199..., settembre 199.. gennaio 199..: presso ....,
	con la qualifica di ..../con la mansione di ....
Referenze	c/o ..../ Disponibili su richiesta
Interessi extraprofessionali	sport (tennis, nuoto...), hobby (cinema e teatro) ....

Curriculum completo

GENERALITÀ	Carlo Occorsio, nato a Palermo il 3.11.1970, residente a Roma in via dei Gracchi 22, Tel. 06/5493728. (segreteria telefonica)
STATO CIVILE	celibe
STUDI	Diploma di maturità scientifica
	Laurea in ingegneria civile Trasporti (2/7/1996) all'Università di Roma con la votazione di 110/110 con una tesi sulla "Progettazione della viabilità interna dell'infrastruttura portuale di Civitavecchia"
FORMAZIONE	Informatica (Elea)
	Organizzazione aziendale (Bocconi)
ESPERIENZE LAVORATIVE	Alitalia, dal marzo 1999 al luglio 2003 in qualità di direttore organizzativo nell'area di marketing
LINGUE CONOSCIUTE	Inglese: ottimo scritto e parlato
	Spagnolo: discreto scritto e parlato
REFERENZE	Disponibili su richiesta

B - *Ecco un test proposto dal Sole 24 Ore On Line; sapete rispondere?*
Sai redigere e personalizzare il tuo curriculum? (a cura di Barbara Demi e Rosanna Santonocito)

Rispondi alle seguenti domande selezionando una o più risposte che ritieni corrette.

1) Il tuo curriculum vitae è redatto:

- ⊗ Con il computer
- ○ A mano
- ○ Su carta colorata formato A4
- ⊗ Su carta bianca formato A4

2) Al tuo curriculum vitae alleghi:

- ⊗ La tua foto
- ○ Il tuo biglietto da visita
- ○ I tuoi diplomi (media superiore/laurea)
- ○ Gli attestati dei corsi frequentati
- ⊗ Una lettera di accompagnamento

3) Come scrivi il tuo curriculum vitae:

- ○ In terza persona
- ⊗ In prima persona
- ○ In una pagina
- ⊗ In due pagine
- ○ Oltre due pagine

4) Quali informazioni inserisci nel tuo curriculum vitae:

- ⊗ Dati anagrafici e personali
- ⊗ Studi compiuti
- ⊗ Lingue conosciute
- ⊗ Esperienze lavorative e professionali
- ○ Competenze informatiche
- ○ Motivazioni ed aspirazioni
- ⊗ Hobby ed attività extraprofessionali

5) Quali informazioni inserisci sotto la voce "Dati anagrafici e personali"?

- ⊗ Luogo e data di nascita
- ⊗ Cittadinanza
- ○ Stato civile
- ○ Codice fiscale
- ⊗ Residenza
- ○ Domicilio
- ⊗ Il titolo di studio

6) Quali informazioni inserisci sotto la voce "Studi compiuti"?

- ⊗ Diplomi conseguiti (medie superiori/laurea)
- ○ Corsi professionali
- ○ Stage/tirocini
- ○ Corsi informatici
- ○ Corsi di lingua
- ○ Vacanze studio all'estero

7) Quali informazioni inserisci sotto la voce "Esperienze lavorative e professionali"?
- ☒ Lavoro dipendente a tempo determinato
- ○ Corsi professionali
- ☒ Stage/tirocini
- ○ Lavori in nero
- ☒ Lavori dipendenti a tempo indeterminato
- ○ Lavori occasionali (baby sitter, ripetizioni ecc.)

8) Come scrivi la tua lettera di accompagnamento?
- ○ In terza persona
- ○ In prima persona
- ○ A mano
- ☒ Con il computer
- ○ Riassumendo il curriculum

9) Solitamente firmi a mano:
- ☒ Il curriculum vitae
- ☒ La lettera di accompagnamento
- ○ Né il curriculum vitae né la lettera di accompagnamento
- ○ Sia il curriculum che la lettera di accompagnamento
- ☒ Con il nome davanti al cognome
- ○ Con il cognome davanti al nome
- ○ Aggiungendo il tuo titolo di studio (Dr., Ing., Rag., ecc.)

C - *Correggete errori e sviste*

1. Per redigere un curriculum basta andare per ardire   *con ordine*
2. Prendere carta e panna e scrivere
3. E poi tagliare fino a far stare tatto in due pagine   *tutto nelle*
4. Avvitare quindi i giri di parole
5. L'ideale sono frasi brave   *brevi*
6. Le bugie hanno le gambe certe   *corte*
7. Foglio bianco formato lotteria   *lettera*
8. Non scrivere a mano il tasto   *testo*
9. Per facilitare la lettera raggruppare gli argomenti
10. Cioè: dati personali, stadi compiuti, langue conosciute, e così vai
11. I dati personali, vale a dire data, lago di nascita ecc., vanno in alto a sinistra
12. Inutile dilungarsi su votazione e titolo della tisi   *tesi*
13. Delle lingue straniere va precisato il lavello delle conoscenze
14. Per ogni esperienza lavorativa va indicata anche la menzione svolta
15. Parlare di stipendio solo se quello recepito attualmente è più alto
16. Una volta assunti si potrà trattare sui saldi   *soldi*
17. La lettera di accompagnamento si può scrivere a mano se si ha una coreografia leggibile   *calligrafia*
18. Se si risponde a un'intenzione sul giornale se ne deve citare la tostata   *inserzione   testata*

D - *Trasformare le frasi secondo il modello:*
Mi sono trasferito/a in questa città 4 anni fa (abitare) - Abito in questa città da 4 anni

1. Mi sono sposato qualche settimana fa (essere sposato)
2. Ho iniziato a lavorare come impiegato di banca un anno fa (lavorare)
3. Ho iniziato tre anni fa ad apprendere lo spagnolo (apprendere)
4. Sono ritornato un mese fa da un seminario di studio (essere di nuovo in sede)

E - *Ed ora aiutiamo un nostro amico a mettere in ordine le parti del suo curriculum*

Nome:
Cognome:
Luogo e data di nascita:
Residenza:
Cittadinanza:
Stato civile
STUDI
LINGUE
ESPERIENZE DI LAVORO
INQUADRAMENTO E RETRIBUZIONE
PUNTI DI FORZA
LIMITI
PRECLUSIONI
AREA GEOGRAFICA
DISPONIBILITÀ

1. - Dirigente industriale dal 1988. La mia retribuzione attuale è di 180 milioni lordi più un bonus del 10% legato all'mbo, altre alla macchina aziendale e all'assicurazione integrativa del Fasi.

2. - **1980-1991**: Direttore vendite della Dolciaria Mole di Torino (controllata del gruppo britannico Supercake, 75 miliardi di fatturato e 140 dipendenti). Quest'azienda produce e distribuisce biscotti e panettoni con una presenza molto forte nel canale tradizionale e nei ristoranti. Rispondendo al direttore commerciale ho realizzato:
   - un significativo incremento del fatturato fra il 1986 (data dell'acquisizione da parte di Supercake) e il 1989: da 50 a 75 miliardi, grazie a una politica molto aggressiva e a forti investimenti promozionali;
   - ristrutturazione della forza vendita (pochi agenti monomandatari anziché tanti multicarta, supervisionati da tre ispettori);
   - messa a punto di una scala sconti mirata a destagionalizzare i prodotti;
   - campagne di vendita sofisticate: l'evento era sempre una cena presso i ristoranti top ton con degustazione dei nostri prodotti.

3. - Coniugato, moglie casalinga, tre figli in età scolare

4. - Sensibilità ai costi migliorabile; cultura finanziaria limitata
   Esperienza monosettoriale

5. - Rossi

6. - **1978-79**: Area manager della Dolciaria Mole per il nord-ovest Italia, Francia meridionale e Svizzera. Mi sono occupato con grande soddisfazione di sviluppare l'export in quei Paesi, creando una rete capillare di contatti che hanno portato a una soddisfacente penetrazione commerciale.

7. - Ottimo inglese, parlato e scritto, utilizzato di continuo nell'attività professionale e perfezionato con i seguenti corsi:
   * Business English (Canning School, Londra, 1990)

* English for managers (British School Milano, 1992).
  Tengo abitualmente presentazioni in inglese, in Italia e all'estero.
* Francese scolastico.

8. - Corso Duca degli Abruzzi, 74 - Torino; Tel. 0337/49287:

9. - Al termine del preavviso contrattuale (4 mesi, eventualmente riducibili)

10. - Solo una: per ragioni di famiglia non prevedo trasferimenti permanenti all'estero

11. - Torino, 5/3/1960

12. - Maturità scientifica (1977); tre anni di Economia e commercio (interrotta a 5 esami dalla laurea per motivi familiari). Corso biennale serale CBS (ora CEGA Corso di perfezionamento in economia e gestione di azienda) presso la Sda Bocconi, Milano (biennio 1981-82).

13. - **Dal 1992 a oggi:** Direttore commerciale Ascot Spirits, Milano (fatturato 145 miliardi, 95 dipendenti). La società, filiale del gruppo liquoristico internazionale Ascot, produce e importa liquori e vini di alta gamma e attraversa da qualche anno una fase di forte maturità, che si accompagna a una minore forza contrattuale nei confronti del trade organizzato. In piena sintonia con l'amministratore delegato, ho conseguito le seguenti realizzazioni:
    * ottimizzazione del portafoglio prodotti e razionalizzazione delle strutture;
    * miglioramento delle quote di mercato sui prodotti strategici "Scotsman" (whisky scozzese a lungo invecchiamento, +3%) e "Balalaika" (vodka d'importazione, +5%);
    * rilancio della grappa nazionale "Acqua di Bassano" e creazione del formato famiglia (2 litri) dei vini "Fior di botte", con un significativo incremento dei volumi;
    * cura della campagna pubblicitaria tv per "Balalaika";
    * lancio del rum "Reggae";
    * creazione e avviamento della funzione trade marketing;
    * riassetto della politica di vendita finalizzato alla massimizzazione del Ros;
    * piano di marketing triennale, con sottopiani annuali, negoziati con l'head quarter europeo di Londra.

14. - Tutta l'Italia

15. - Abitudine a lavorare per obiettivi
    * Capacità di motivare la forza vendita
    * Buona comunicazione
    * Negoziazione eccellente
    * Orientamento allo sviluppo dei collaboratori
    * Background integrato marketing/vendite

16. - Franco

17. - Italiana

In data 11 marzo 2002 la Commissione europea ha emesso una raccomandazione relativa ad un modello comune di curriculum vitae

INFORMAZIONI PERSONALI
Nome | (Cognome, Nome, e, se pertinente, altri nomi)
Indirizzo | (Numero civico, strada o piazza, codice postale, città, paese)
Telefono
Fax
E-mail
Nazionalità
Data di nascita | (Giorno, mese, anno)

ESPERIENZA LAVORATIVA
- Date (da – a) | (Iniziare con i riferimenti più recenti ed elencare separatamente ciascun impiego pertinente ricoperto)
- Nome e indirizzo del datore di lavoro
- Tipo di azienda o settore
- Tipo di impiego
- Principali mansioni e responsabilità

ISTRUZIONE E FORMAZIONE
- Date (da – a) | (Iniziare con le informazioni più recenti ed elencare separatamente ciascun corso pertinente frequentato con successo)
- Nome e tipo di istituto di istruzione o formazione
- Principali materie/abilità professionali oggetto dello studio
- Qualifica conseguita
- Livello nella classificazione nazionale (se pertinente)

CAPACITÀ E COMPETENZE PERSONALI
Acquisite nel corso della vita e della carriera ma non necessariamente riconosciute da certificati e diplomi ufficiali

PRIMA LINGUA

ALTRE LINGUE | (Indicare la prima lingua)

- Capacità di lettura | (Indicare la lingua)
- Capacità di scrittura | (Indicare il livello: eccellente, buono, elementare)
- Capacità di espressione orale | (Indicare il livello: eccellente, buono, elementare)
| (Indicare il livello: eccellente, buono, elementare)

CAPACITÀ E COMPETENZE RELAZIONALI | (Descrivere tali competenze ed indicare dove sono state acquisite)
Vivere e lavorare con altre persone, in ambiente multiculturale, occupando posti in cui la comunicazione è importante e in situazioni in cui è essenziale lavorare in squadra (ad es. cultura e sport), ecc.

CAPACITÀ E COMPETENZE ORGANIZZATIVE *Ad es. coordinamento e amministrazione di persone, progetti, bilanci; sul posto di lavoro, in attività di volontariato (ad es. cultura e sport), a casa, ecc.*	(Descrivere tali competenze ed indicare dove sono state acquisite)
CAPACITÀ E COMPETENZE TECNICHE *Con computer, attrezzature specifiche, macchinari, ecc.*	(Descrivere tali competenze ed indicare dove sono state acquisite)
CAPACITÀ E COMPETENZE ARTISTICHE *Musica, scrittura, disegno, ecc.*	(Descrivere tali competenze ed indicare dove sono state acquisite)
ALTRE CAPACITÀ E COMPETENZE *Competenze non precedentemente indicate*	(Descrivere tali competenze ed indicare dove sono state acquisite)
PATENTE O PATENTI	
ULTERIORI INFORMAZIONI	
ALLEGATI	(Inserire qui ogni altra informazione pertinente, ad esempio persone di riferimento, referenze ecc.) (Se del caso, enumerare gli allegati al CV)

F – *Utilizzate questo modello di CV per rispondere al seguente annuncio:*

Crescere con un potente gruppo alimentare

Chi cerchiamo: le migliori NEO-LAUREATE e i migliori NEO-LAUREATI

Per garantire la continua *crescita del business* in mercati sempre più competitivi e tecnologici stiamo potenziando le strutture europee ed internazionali di Customer Business Development. Cerchiamo le migliori neo-laureate e i migliori neolaureati, pronti ad affrontare con noi un percorso di continue sfide professionali. Leadership, iniziativa, orientamento ai risultati, team-working, interdipendenza, orientamento al cliente sono le capacità chiave che cerchiamo per lo sviluppo del business e delle nostre persone. La padronanza della lingua inglese è indispensabile a fronte della nostra crescita nei mercati internazionali. Importante anche la familiarità con il tedesco e francese.

Il nostro mercato domestico è l'Europa, quello del futuro il Mondo. Ti offriamo l'opportunità di partecipare a un percorso di crescita professionale nella gestione dei top clients, agendo sulle leve del Trade Marketing, Category e Customer Management.
Il nostro pacchetto retributivo e di benefits si colloca ai massimi livelli di mercato.

Come candidarsi:
Invia il tuo CV dettagliato a :
Futurship (Italia) - Via Forense 45 - 00187 Roma
indicando il Cod. IT58415SC ed autorizzando, ai sensi della legge 675/96 il trattamento dei dati trasmessi

G - *Al capo del personale di una grande impresa non risultano chiari alcuni punti del vostro curriculum e perciò vi pone delle domande; rispondetegli!*

1. Quando ha iniziato a frequentare la scuola? (1972)
2. Quando si è trasferito/a in questa città? (16.4.1995)
3. Quando ha terminato la scuola dell'obbligo? (1989)
4. Quando ha iniziato l'Università? (3.10.1995)
5. Quando si è sposato/a? (7.8.1999)

H – *Ed ecco ancora il nostro amico in difficoltà con la lettera di accompagnamento. Aiutiamolo a formularla correttamente*

Cari Signori,
in riguardo al VS. annuncio sul Internet del 24 Gennaio 2001 per un posto District Sales Manager in Italy, mi permetto di presentare domanda per l'impiego in questione.
Ho 20 anni, sono celibe; sono un italo-austriaco e cosi parlo perfettamente bilingue; anche l'inglese fantastico.
I miei caratteristiche personale: sono giovane, non ancora laureato, ma fra poco tempo; personalità estraordinaria, dinamica e autonomica; mai esaurito, come un work-aholic. Credo nel principio di "learning by doing": la conoscenza viene con pratica.
Sono disponibile a numerosi spostamenti, sono abituato di lavorare indipendente, ho conoscenze informatiche specifiche.
Altri informazioni vi prendete sul allegato curicculum vitae.
Sperando che la mia domanda sia presa in considerazione e che vorrete concedermi un colloquio, in attesa di una Vs. Risposta, ringrazio e porgo distinti saluti

In poche parole mi gioco un lavoro
Nei colloqui d'assunzione c'è una contraddizione nascosta che in ultima analisi premia la disinvoltura

Primo colloquio. Grande industria metalmeccanica, orgoglio del lavoro milanese. L'appuntamento è per le 8,15 alla periferia della città. Sulle scale l'orologio dei cartellini segna le 8,10; una segretaria introduce in una prima sala d'aspetto. Il tempo di guardarmi intorno senza muovermi troppo (invadenza) né troppo poco (scarsa creatività) nella stanza vuota (magari ti osservano di nascosto), il tempo di aggiustarsi la cravatta e il completo blu della laurea. Con mezz'ora di ritardo arriva la selezionatrice; non guarda in faccia e scambia una veloce e fredda stretta di mano. Indossa jeans scoloriti e maglietta a girocollo. Dice: „Si accomodi". L'ufficio è caldissimo, corto e largo; un tavolo nudo e rettangolare con 4 sedie attorno; un'unica grossa finestra in alto. Mi indica la sedia di fronte alla luce obliqua e abbagliante. „Se crede può togliersi la giacca" dice sempre senza guardarmi in faccia. D'accordo, appoggio la giacca alla sedia di destra. Per la prima volta mi fissa negli occhi e sibila lentamente: „Ah, se l'è tolta ....."

Secondo colloquio. Grande banca americana nel cuore di Milano, edificio moderno e circolare tra i più belli della città. Ore 15, il selezionatore è in maniche di camicia, grasso e disordinato. Sta affondando i denti in un panino, a metà corridoio mastica anche un confuso „Buongiorno", indicando la porta con dita unte. Si tocca i baffi continuamente e fa domande annoiate. In compenso cerco di rispondere con una certa sicurezza, ma solleva un occhio solo quando gli dico che non giudico positivamente l'esperienza militare. Mi guarda per un attimo con un sorrisetto e mi domanda se mi drogo.

Terzo colloquio. Industria farmaceutica, la selezionatrice è una biondina dimessa. Mi chiede che cosa penso dei colloqui di assunzione. Le dico che non mi ispirano fiducia e argomento brevemente.
È d'accordo. Conclude che sono esattamente il tipo di candidato che lei deve evitare.

Quarto colloquio. Una multinazionale di computer. Fuori Milano, ultime fermate del metrò.

Vetri, pannelli foderati coordinati alla moquette. Ambiente di giovani aggressivi in stile americano.
L'analista finanziario si chiama *financial analyst*, il ragioniere fa l'*accounting*, il centralinista è il *receptionist*. Gruppo di dodici persone ad un tavolo ad „U", con i nomi esposti.
Discorsino di benvenuto, il selezionatore è sui 45 anni, secco, schietto e piuttosto simpatico: „Vogliamo i migliori perché siamo i migliori", ma poi sbaglia un congiuntivo. Quindi consegna i test americani, con file di quadratini di segni diversi e un quarto quadratino da aggiungere; tempo 45 minuti. C'è chi non ci riesce e si di strae con gli slogan della compagnia appesi al muro: „Non c'è tre senza due", „Meglio una gallina oggi che un uovo domani". Si passa al colloquio. „Lei legge molto?" „Abbastanza" „Questo è male, come farà a stare al terminale otto ore, se ha altri interessi?

Quinto colloquio. Un'altra banca estera. Quanti anni ha? 24. È sposato? No. Ma almeno è fidanzato seriamente? Scusi, non sono fatti miei? No, caro mio, perché se Lei avesse figli o famiglia, avrebbe più responsabilità (e la banca potrebbe fidarsi di più della Sua dipendenza dai superiori e dallo stipendio).

Ridotto e adattato da Il Sole 24 Ore

I - *Che errori hanno commesso i candidati?*

L - *Che cos'è particolarmente importante per definire buona una professione? Elaborate una lista di priorità elencando in ordine d'importanza i criteri indicati:*

1. responsabilità personale
2. agevolazioni particolari
3. sicurezza sul posto di lavoro
4. lavoro poco stressante
5. importanza per la collettività
6. ambiente di lavoro sano
7. buona atmosfera aziendale
8. attività stimolante e varia
9. possibilità di cogestione
10. buone possibilità di carriera
11. possibilità di autorealizzazione
12. buone possibilità di guadagno

Cerchi un lavoro? Queste le regole per il colloquio

di MARIO BENDIN

Eccoci arrivati all'ultima puntata di Job Club e al momento magico della vostra strategia di marketing. Se vi convocano per un colloquio significa che una prima selezione l'avete superata. Quindi è l'occasione in cui presentare direttamente all'azienda il vostro progetto professionale con un effetto ben maggiore di una lettera o una telefonata. Vale dunque la pena di prepararsi bene. Ecco qualche consiglio.

Prima del colloquio. Alla telefonata di convocazione vi darete disponibili all'incontro per la data fissata. Da questo momento organizzatevi. Riguardate il foglio riassuntivo delle aziende contattate per avere le coordinate della società: quando e a chi avete spedito il curriculum; le informazioni che già avete sull'azienda. Cercate di sapere in anticipo il nome della persona con cui farete il colloquio. Assicuratevi dell'indirizzo esatto del luogo dove avverrà l'incontro, Se vi dà più sicurezza, andate sul posto prendendo i mezzi pubblici o la vostra auto per verificare il tempo necessario per arrivarci.

Rileggete il curriculum. Fate una prova, davanti a qualcuno (o allo specchio), di una presentazione di voi stessi a voce alta per un massimo di 20 minuti: è utile nel caso in cui foste invitati a parlare per primi.

Preparate una cartella con i documenti: carta di identità, curriculum, eventuale fotocopia del libretto rosa e dei certificati Inps che attestino lo status di mobilità, diplomi, attestati e l'ultima busta paga. Informatevi sull'azienda (dimensioni, settore, prodotto o servizio principale erogato, tipo di contratto in vigore).

Controllate che il vostro abbigliamento per quel giorno sia in ordine. Disponetevi mentalmente a vivere l'incontro come un'opportunità per esercitarvi in questa tecnica e per migliorarla le volte successive.

Durante il colloquio. Cercate di arrivare non troppo presto: basta cinque minuti prima (l'eccessivo anticipo è imbarazzante come è sgradito il ritardo). Mentre aspettate, ripassatevi la scaletta del curriculum con le eventuali realizzazioni, in modo da essere pronti a rispondere alle domande. Ecco alcune delle più probabili

- Di che cosa si occupava?
  In tre minuti cercate di parlare dei vostri compiti, funzioni, che cosa avete realizzato, con chi lavoravate, con quali responsabilità, gli strumenti e le tecniche usate

- Come mai si trova in mobilità (o in cassa integrazione)?
  Accennate alla situazione reale dell'azienda precedente. Per esempio: crisi del settore, l'azienda si è trasferita, si è ristrutturata ecc. Evitate i piagnistei, i giudizi sull'azienda e sui suoi dirigenti.

- Ha già svolto questa mansione?
  Se la risposta è sì, accennate al periodo e alle modalità. Se la risposta è no, potreste averne svolte di simili, il che, sommato alle vostre caratteristiche personali, può essere un cocktail ancora più interessante per la mansione offerta.

- Quali strumenti utilizzava?
  Indicatene la marca e i dettagli tecnici essenziali. Nel caso di computer: i programmi, linguaggi, applicazioni e il tipo di *hardware*.

- Come mai ha scelto la nostra azienda?
  Potete partire dalla frase con cui avete iniziato la lettera di autocandidatura e svilupparla brevemente

- Perché noi dovremmo scegliere Lei?
  «Perché Lei è in grado di apprezzare le mie esperienze e soprattutto perché i miei punti di forza fanno sì che io sia la persona giusta per voi, scusi se mi permetto»

- Quanto si aspetta di guadagnare da noi?
  «So che applicate il contratto x... Prima prendevo y, non vorrei prendere meno di.....»

- Mi parli di Lei
  È un invito che spesso trova impreparati molti candidati. Tenetevi pronta una succinta e piacevole carrellata della vostra vita: dove siete cresciuti, il tipo di studi fatti, l'inserimento nel mondo del lavoro, le esperienze più importanti con le migliori realizzazioni, il contributo che potreste dare all'azienda nella funzione x. Esercitatevi su questo minicopione controllando che non duri più di due, tre minuti

- L'età è un problema?
  Fate leva sui vantaggi. Se siete giovani: meno legami, più disponibilità negli orari e negli spostamenti, più apertura nella formazione. Se non siete giovani: più maturità, capacità di mediare, più esperienza sul campo, più consapevolezza della vita organizzativa e dei suoi rapporti gerarchici

- Ha qualche domanda?
  Potreste chiedere qualche particolare in più sul tipo di lavoro, sulla posizione per la quale si cerca di assumere, sul personale con cui dovreste lavorare, le prospettive di sviluppo della funzione interessata, l'eventuale programma di inserimento e formazione, la composizione della società e il suo piano di sviluppo. Il tutto in modo conciso, dimostrando interesse al lavoro proposto, senza criticare le argomentazioni di ritorno.

Corriere Lavoro, 17.6.94

M – *Carriera: vale la pena fare tanti sacrifici?*

Lavoro

N - *Le domande dell'head hunter. Ricostruitele e cercate di fornire una risposta come se fossero rivolte a voi!*

1	Mi parli	ambiziosa?	
2	Si	anziano per questa attività?	
3	Per quali motivi	caratterizzi	
4	Qual è stata per Lei l'esperienza	dell'occupazione attuale?	
5	Quali sono	della Sua attuale attività?	
6	Quando "ha perso	della Sua attuale attività?	
7	Che cosa conta di più per Lei,	della Sua persona	
8	Quanto tempo pensa di restare con noi	della Sua presente attività	
9	Perché lascia	dovremmo scegliere proprio Lei?	
10	Perché vorrebbe	giovane per questa attività?	
11	Lei è una persona	i Suoi pregi e i Suoi difetti?	
12	Che cosa farà	il Suo hobby preferito?	
13	Che cosa La soddisfa	la carriera o i soldi?	
14	Qual è stato il maggior problema	la Sua presente occupazione?	
15	Qual è stata la	lavorare con noi?	
16	Qual è il Suo	le staffe" l'ultima volta?	
17	Qual è la Sua	migliore qualità?	
18	Non si ritiene un po' troppo	nel tempo libero?	
19	Non si ritiene un po' troppo	nella Sua attuale occupazione?	
20	Quali sono i	peggior difetto?	
21	Descriva i vantaggi	più preziosa della Sua vita?	
22	Che cosa non Le piace	qualora fosse assunto?	
23	Che cosa fa	si attende per questo lavoro?	
24	Che cosa Le piace	Sua migliore idea nel mese scorso?	
25	Che retribuzione	Suo superiore attuale	
26	Qual è	Suo superiore ideale	
27	Descriva il	Suoi obiettivi a lungo termine?	
28	Descriva il	tra dieci anni?	

Le venti professioni più gettonate nel 1987 (Corriere della Sera, 5.12.87)
(in percentuale)

1. Rappresentanti, viaggiatori, venditori	32,9
2. Impiegati direttivi di concetto	12,2
3. Analisti e programmatori	9,5
4. Direttori, manager	6,7
5. Informatori medico-scientifici	5,6
6. Ingegneri	4,1
7. Tecnici direttivi	2,4
8. Contabili, economi, cassieri	2,4
9. Consulenti fiscali, aziendali e del lavoro	1,5
10. Operai metalmeccanici qualificati	1,5

E i mestieri più gettonati di fine '97 (Corriere Lavoro, 19.12.97)

1. Agenti e rappresentanti	32
2. Capo area	5,5
3. Segretaria di direzione	4,2
4. Responsabile produzione	4,1
5. Direttore di stabilimento	3,8
6. Responsabile vendite	3,5
7. Projekt manager	3,2
8. Analista programmatore	3,1
9. Product manager	2,8
10. Responsabile sistemi informativi	2,6

O - *Quali differenze riscontrate fra le due classifiche?*
* *A che cosa pensate sia dovuto il posizionamento al quarto e quinto posto dell'accoppiata responsabile di produzione-direttore di stabilimento? Che cosa ritengono importante le imprese italiane?*
* *La figura del projekt manager è significativa di quale fenomeno? Che cosa accade alle strutture gerarchiche, se le aziende si organizzano sempre più per progetti?*
* *Che immagine dell'economia italiana riflettono le due classifiche?*
* *Che risultati si avrebbero se si conducesse una tale classifica nel vostro Paese?*

P - *Negli ultimi tempi per alcuni nomi di professioni e mestieri vengono usate delle denominazioni che trovano maggiore accettazione sul piano sociale. Sapete individuare questi "eufemismi" fra quelli elencati in ordine sparso?*

Donna di servizio, per esempio, è stato sostituito da ....; curioso il caso del termine **spazzino**, che prima è stato sostituito da .... ed ora, in tempi ecologici, in alcune zone viene chiamato .... ; .... spesso viene usato al posto di **negoziante** ; .... invece di **facchino**; .... invece di **postino**.

portabagagli - operatore ecologico - portalettere - esercente
netturbino - collaboratrice domestica (colf)

Q - *Completate ora le desinenze dei nomi più duraturi di mestieri e libere professioni*

elettricist.., fabbr.., falegnam.., imbianchin.., murator.., tappezzier..; architett.., avvocat.., biolog.., chimic.., fisic.., geolog.., geometr.., ingegner.., matematic.., medic.., notai.., ragionier..

R - *Quale delle seguenti professioni/dei seguenti mestieri richiede una laurea/titolo di studio universitario?*
Amministratore delegato – programmatore elettronico – commesso – dentista – benzinaio – interprete – restauratore – stilista – cameraman – ingegnere – cuoco – contabile – direttore di banca – elettricista – magazziniere – programmatore – assistente sociale – meccanico – avvocato – esperto di pubblicità – giornalista – esperto di informatica – fotografo – chirurgo - marinaio - idraulico

Qual è la forma femminile di questi nomi di professioni?
Di chi avete avuto già bisogno?
Quali professioni/mestieri sembrano senza futuro? Quali pensate saranno invece le professioni del futuro?

Lavoro

S – *Chi compie queste azioni?*

vigile	a. recapita lettere e cartoline
muratore	b. dirige il traffico ed eleva multe
operaio	c. ripara rubinetti e condutture
farmacista	d. tinteggia le pareti
poeta	e. taglia i capelli e fa la barba
scrittore	f. taglia e cuce abiti
idraulico	g. lavora in ufficio
postino	h. tiene pulite le strade in città
sarto	i. ripara le scarpe rotte
operatore ecologico	j. costruisce case ed edifici
calzolaio	k. ripara apparecchi elettrici
professore	l. taglia, lava e mette in piega i capelli
impiegato	m. svolge un lavoro manuale in fabbrica
imbianchino	n. lavora la terra
pittore	o. cura i malati
giornalista	p. progetta case ed edifici
avvocato	q. vende medicine
infermiere	r. insegna nelle scuole superiori e all'Università
architetto	s. compone poesie
maestro	t. scrive libri
parrucchiere	u. recita a teatro o al cinema
contadino	v. assiste in tribunale la persona accusata
elettricista	w. cura gli animali
compositore	x. insegna nelle scuole elementari
veterinario	y. dipinge i quadri
medico	z. compone brani musicali
attore	aa. scrive articoli
barbiere	bb. assiste i malati in ospedale

T – *Immaginate di poter esercitare una delle seguenti professioni; quale scegliereste e perché? Quale ritenete sia meglio retribuita?*

Attore/Attrice cinematografico/a
Cassiere/a di banca
Commercialista laureato/a
Commesso/a di grande magazzino
Direttore/direttrice di quotidiano nazionale
Elettricista
Giudice di tribunale
Imprenditore dell'abbigliamento
Medico di pronto soccorso
Operaio/a metalmeccanico
Portiere/a di abitazione
Progettista di siti Internet

Quale di queste non vorreste esercitare mai?
Quale professione vorreste esercitare che non è indicata in questo elenco?

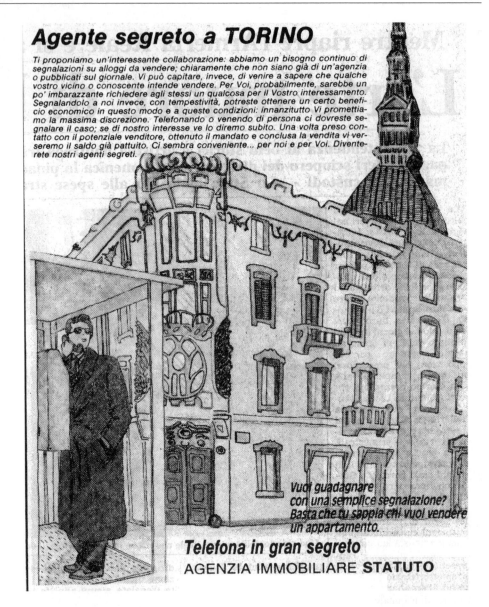

U - *Alcune qualità che contraddistinguono un bravo venditore: saper presentare, saper fare buon uso del telefono, sapersi organizzare, sapersi fare un'idea dei bisogni del futuro cliente, saper valorizzare il cliente (accentuare le sue difficoltà e presentare i propri prodotti come la soluzione per i suoi problemi, piegarsi in un primo momento ai desideri del cliente), ecc.*
Rintracciate tali qualità in questo avviso pubblicitario e spiegate come si sono riflesse nella realizzazione dell'avviso stesso

Il capo secondo Ibm? Gandhi, Pelé e il ct Lombardi

«Da sempre ci sono quelli che guidano e quelli che seguono». Comincia così un opuscolo di quattro paginette distribuito dall'Ibm ai suoi dirigenti. Tema (testuale): «Leadership, una ricetta dai molti ingredienti». Sì perché secondo l'Ibm si può essere «leader» in modi molto diversi. Nel fascicolo sono presentati undici modelli a cui ispirarsi. Ciascuno di loro incarna una qualità necessaria per comandare. Ci sono, per esempio, personalità storiche come il condottiero Alessandro Magno (citato per la «risolutezza»), o il presidente americano Dwight David Eisenhover («leadership di squadra»).

Non mancano figure carismatiche come Gandhi, additato per la sua «dedizione personale», o come Martin Luther King, («la schiettezza»).

Ma ci sono anche le sorprese. Così a fianco del pioniere dell'automobile Henry Ford («capacità di intuizione»), troviamo Vincent Thomas Lombardi («capacità di allenamento»), trainer di football americano. Insieme con Pablo Picasso («pensiero innovativo»), ci sono Walt Disney («passione per la propria attività») e Pelé («capacità di gioco di squadra»). Infine due personaggi forse meno conosciuti: Amelia Mary Earhart, (primo volo transatlantico in solitaria) e Robert Baden-Powell, fondatore dei boy scout.

(Corriere della Sera, 21.10.97)

PROVOCAZIONI / UN ESPERTO AMERICANO PARAGONA CRISTO A UN CAPO AZIENDA
Gesù? Grande manager. E anche San Paolo...
di WALTER PASSERINI

Jesus Christ supermanager? Sì, perché seppe costruire un grande progetto, scegliere bene i propri collaboratori, gestire al meglio le sue pubbliche relazioni, stabilire le priorità e, infine, preparare il suo successore. Da Attila a Warren Buffet la galleria manageriale si arricchisce oggi di un modello un po' speciale, Gesù Cristo. «Il più grande di tutti è stato proprio lui - è la tesi di Bob Briner, padrone di ProServ Television, una grande azienda americana leader nella distribuzione di programmi sportivi - L'organizzazione fondata da Gesù è la migliore che ci sia mai stata. Vogliamo considerarne la longevità? Duemila anni. La ricchezza? Al di là di ogni stima. I numeri? Oltre ogni possibile conteggio. La devozione dei seguaci? Molti hanno dato la vita per l'organizzazione. Ergo, Gesù Cristo è il più grande manager che il mondo abbia conosciuto».

Briner ne è così convinto da sostenere le sue tesi in un libro di grande successo in America, oggi fresco di stampa in Italia («Gesù come manager. Gli insegnamenti di Gesù per il business di oggi», Mondadori). Non aspettatevi un trattato di management religioso. E' un vero manuale di gestione d'impresa e di leadership, che basa le sue lezioni sull'analisi dei comportamenti manageriali di Gesù. Qualche esempio? Gesù aveva un progetto molto preciso e si preparò per trent'anni prima di metterlo in pratica.

I DISCEPOLI - «Gesù scelse i suoi discepoli con attenzione — afferma Briner — È vero che uno dei dodici lo tradì, ma vorrei essere riuscito io a scegliere i giusti collaboratori undici volte su dodici. Sarei stato molto più ricco e avrei avuto molto più successo!».

«La scelta dei tempi da parte di Gesù fu sempre perfetta — continua Briner — Non fu un caso che il suo primo miracolo pubblico avvenisse durante una festa di nozze. L'entrata in Gerusalemme, la crocefissione e la resurrezione che ne seguirono, entrambe avvenute durante le celebrazioni della Pasqua ebraica, si sono rivelate senza alcun dubbio uno dei più brillanti interventi di strategia organizzativa di tutti i tempi». Gesù, secondo Briner, fu anche un sostenitore della qualità totale e della «customer satisfaction» («Mettete gli altri al primo posto»), non tollerò i corrotti («Scacciò i cambiavalute dal tempio a Gerusalemme») né gli adulatori («Gli ipocriti farisei») e lasciò che fossero i risultati a parlare per lui. Ma fu davvero un grande manager o i suoi indubbi meriti derivavano anche da un'autorità, diciamo così, un po' più altolocata? «Cristo ebbe la vision — afferma Mario Unnia politologo e etologo manageriale — ma il vero manager fu Paolo. Gesù assortì bene la squadra, mise in minoranza gli intellettuali (Matteo e Giovanni), si incorporò addirittura un traditore (Giuda) e scelse come successore (Pietro) un praticone».

A WALL STREET - «Ma il suo capolavoro — continua Unnia — fu la scelta di Paolo, grazie al quale il suo movimento andò a quotarsi a Roma, la Wall Street di allora, nel cuore del potere. Paolo fu davvero lo stratega multinazionale e multimediale del suo movimento».

«Non mi stupiscono queste sortite — afferma lo scrittore cattolico Vittorio Messori, autore di "Ipotesi su Gesù", — che appartengono al mondo dei telepredicatori americani. Non mi scandalizza legare Gesù al business. Più che un grande manager però Gesù fu un membro della classe media, suo padre era titolare della più redditizia bottega di carpenteria della Galilea, era seguito da ricche vedove, non aveva problemi di denaro. Certo seppe scegliere bene i collaboratori, anche se uno lo tradì, il suo successore lo rinnegò e gli altri si diedero a gambe levate. La sua idea ebbe molti concorrenti e subì diversi furti di brevetti. Ci mise tre secoli per farsi riconoscere, ma poi, come sappiamo tutti molto bene, trionfò. Se dovessi lanciare un nuovo modello manageriale sceglierei la figura di Maometto».

Decreto ministeriale, il potere in centimetri
Per il capo negli uffici pubblici tavolo lungo, poltrona comoda

ROMA - Un vero capo si riconosce dai centimetri della sua scrivania. Un tavolo corto non depone a favore della sua autorevolezza. Un tavolo più lungo e di legno pregiato segnala che si è di fronte a qualcuno che conta. Ma ciò che davvero lo colloca nella cerchia ristretta dei potenti è la poltrona. Se lo avvolge morbidamente, lo sostiene con delicatezza, gli offre supporto per le braccia e gli consente di roteare su se stesso a 360 gradi, allora sì che il proprietario è praticamente un vip. Questo criterio gerarchico metro alla mano che evoca le vicissitudini del ragionier Ugo Fantozzi alle prese con il megadirettore galattico, è stato definito nei minimi particolari con un decreto del ministero del Tesoro (il numero 203 del 22 settembre 1997, aggiornamento di un decreto analogo del 1995) che elenca minuziosamente caratteristiche e misure degli arredi per gli uffici pubblici: più è importante il funzionario e più comodo e spazioso è il suo posto di comando. In cima alla piramide dei dipendenti statali ci sono i funzionari con qualifica dirigenziale. Per loro, dispone il decreto, una scrivania placcata in noce nazionale o in più pregiato palissandro, con un piano di lavoro di 180 centimetri per 90. Ossia una superficie di 1,60 metri quadri su cui scrivere, impilare le pratiche o magari allungare le gambe. Ai bei tempi (fino al 1992) i superburocrati avevano un tavolo da 1,80 metri quadri. In dotazione anche una cassettiera su ruote piroettanti, un mobiletto di servizio, uno scaffaletto e una libreria. Il vero status-symbol però è la poltrona. Girevole e regolabile, con un rapporto tra altezza dello schienale e profondità del sedile non inferiore a 1,35. Non sia mai detto che un vero capo stia scomodo. Più giù in graduatoria ci sono i funzionari con qualifica corrispondente alla ex carriera direttiva. La differenza si nota subito. La scrivania si accorcia sensibilmente: 160 centimetri per 80. Rivestimento in noce tanganica (costa un quinto del palissandro). E il contorno si impoverisce. Niente mobiletto di servizio, resta lo scaffaletto, la libreria è più piccola. La poltrona più angusta e rigida: il rapporto tra altezza e profondità si attesta attorno ad un più modesto valore tra 1,20 e 1,35. Possono soltanto sperare in una promozione gli impiegati di sesta, quinta e quarta qualifica costretti tutto il giorno a una scrivania di truciolato rivestito in plastica antimacchia. Senza libreria e con una sedia sufficientemente scomoda da migliorare il rendimento: il rapporto tra schienale e profondità scende tra 1 e 1,20. Eloquente la fornitura di sedie per eventuali visitatori. Senza braccioli, con sedile, spalliera e gambe fissi. Un invito a togliere il disturbo il più in fretta possibile.

(Giovanna Cavalli, Corriere della Sera, 10.10.97)

Lavoro

A - *Individuate negli gli articoli appena letti quelle che vengono indicate come le qualità necessarie per comandare, i diversi modi di essere un capo, i criteri che qualificano la capacità manageriale, gli attributi che consentono di riconoscere il "capo"*

B - *Scorrete attentamente gli articoli e abbinate in modo conveniente verbi e sostantivi:*

scegliere	una tesi
curare	la squadra
stabilire	le pratiche
preparare	un modello
sostenere	un opuscolo
gestire	caratteristiche e misure
mettere in pratica	un'impresa
assortire	i collaboratori
elencare	un criterio
impilare	le pubbliche relazioni
definire	un decreto
aggiornare	le priorità
notare	il successore
distribuire	un progetto
presentare	la differenza

Ingredienti della leadership
Di seguito sono indicate alcune caratteristiche che contraddistinguono il comportamento di un leader secondo la classifica tratta dal libro „Lavorare in team. Guida ufficiale del manager" di J. Spiegel e Cresencio Torres, Ed. Franco Angeli.
Quali aspetti vengono considerati?
Condividete il punto di vista degli autori?
C'è qualche caratteristica che secondo voi dovrebbe avere un manager e che non è stata presa in considerazione?

1. I leader ascoltano prima di decidere
2. I leader tengono regolarmente informati i membri del team
3. I leader sono disponibili ad ascoltare i problemi personali
4. I leader sviluppano un team bilanciato
5. I leader assegnano il lavoro in base alle capacità individuali
6. I leader incoraggiano il rispetto, la comprensione e la fiducia fra i membri
7. I leader delegano il lavoro che non sono tenuti per forza a svolgere personalmente
8. I leader danno l'esempio e concordano con il team uno standard di lavoro di alta qualità
9. I leader fissano obiettivi realizzabili, ma esigono sempre prestazioni migliori
10. I leader coordinano e rappresentano i membri del team

C - *Classificate queste qualità per ordine d'importanza, secondo il vostro punto di vista*

D - *Sostituite alle parole sottolineate nel testo i termini forniti di seguito in ordine sparso:*

tendenza - soggiorni - industrie - indagine - multinazionali - assumere - integrazione - stacanovisti - know how - concludere - dirigenti - intervistati - aziende - manager - razionale - economisti - formazione professionale - dirigente - bagaglio culturale e professionale - stipendi - competitiva - potenziale - fare carriera - trasferirsi - unione - approccio - sede - attività - impiego - vulnerabili

Meno carriera e più lavoro

È la fine degli zelanti tutti lavoro e casa. Almeno così sembrerebbe se si prendono per buoni i risultati della ricerca svedese. Non che il capo del futuro abbia meno voglia di lavorare rispetto a certi dirigenti rampanti degli anni Ottanta. È altrettanto solerte e ambizioso, ma lo è in maniera diversa: è disposto a impegnarsi molto per rendere più concorrenziale l'azienda in cui ha trovato un posto, ma senza quegli eccessi che hanno avuto un effetto negativo sull'andamento di molte industrie. Il capo di domani vuole essere più sistematico, più cauto: sarà disposto a rischiare solo se avrà la certezza di non correre seri pericoli. Sulla generale crescente prudenza emersa dalla ricerca può darsi che abbiano influito le vicende giudiziarie che hanno caratterizzato la storia recente di molte grandi ditte, e non soltanto in Italia. Le Tangentopoli internazionali hanno messo in evidenza le dimensioni del malaffare e della corruzione e molti studenti universitari hanno espresso il desiderio di lavorare presso imprese che non rischino di finire nelle maglie della giustizia e di fallire.

Ma al di là di questo emerge anche un diverso accostamento nei confronti della realtà del lavoro. La gran parte degli studenti mostra di avere compreso l'importanza dell'inserimento europeo: è interessante notare come tutti gli interpellati intendano favorire il processo di concreta unificazione degli Stati che fanno parte della comunità europea. Sono cioè consapevoli che con questi chiari di luna conviene puntare le proprie carte su gruppi che offrono maggiori garanzie di durata rispetto ad aziende più attaccabili, e sono disposti a cercare un'occupazione in altri Paesi. Possibilmente non oltreoceano, ma se la Ibm non può impiegare un francese nella sua filiale di Parigi, il giovane laureato è disposto a spostarsi in quella di Londra, possibilmente per un periodo di tempo non eccessivamente lungo. I futuri capi dicono di voler viaggiare, ma c'è una forte tendenza a ridurre le distanze. L'ideale è poter rientrare in tempi brevi alla base. Non più permanenze di due o tre anni all'estero per avanzare di grado, ma dei blitz per condurre a termine un affare e poi tutti di nuovo a casa. Per dedicarsi alla famiglia, ma anche ad altre occupazioni. C'è, in generale, una minore disponibilità ad affrontare i sacrifici legati a lunghe permanenze all'estero. In compenso non emerge un trend a pretendere grosse retribuzioni. Da questa ricerca risulta che i giovani laureati in economia e ingegneri si accontenteranno di quel che l'azienda potrà offrire loro sul piano economico, mentre chiedono che offra loro molto in aggiornamento e abilità tecnica. Dall'European Graduate Survey, insomma, vien fuori il ritratto di un possibile dirigente più interessato ad arricchire le proprie nozioni che ad arricchirsi materialmente.

Uomini & Business, giugno 1995

Lavoro

A - *Nello scrivere il testo sono incorsi purtroppo degli errori di battitura; individuateli e correggeteli utilizzando i seguenti termini:*

luogo, modo, primato, prendere, punte, prodotto, ore, media, abolizione, avvezzi, anni, commento, turni, vere, esteso, basso, care, costo, costi, campagna, pensare, marchi, attivo, assenza, settore

L'Italia ha perso un primate: sono i tedeschi i più assenteisti *(Corriere della Sera, Marika de Feo)*

Non bastavano 12 giorni di sciopero per mostrare al mondo il profondo malessere tedesco dopo l'unificazione; adesso si sta smussando anche la famosa etica del lavoro tedesca, per assumere caratteristiche sempre più levantine. Da inni i tedeschi sono avvizzi a essere sempre primi nelle classifiche mondiali. Ora i primati si stanno modificando. Si prenda p. es. l'assenteismo: si va scoprendo che la Germania è il Paese più assenteista dei G-7: i lavoratori tedeschi hanno al loro cattivo 148 ore di assenza annua, 6 ore in più degli italiani, 112 in più dei giapponesi. Un triste primato dal posto proibitivo, pari a 12 miliardi annui dei vecchi varchi, che ha fatto iniziare agli imprenditori una vera e propria compagna per l'abluzione del pagamento del primo giorno di malattia. In alcune fabbriche, infatti, come nel rettore dei pneumatici il fenomeno è talmente esoso da toccare addirittura ponte giornaliere di essenza del 16%. In una recente inchiesta il 30% dei dipendenti ha ammesso apertamente di perdere fra i 5 e 15 giorni di libertà supplementare, che vanno ad aggiungersi ai 42 giorni di pere vacanze. Amaro cimento di un economista: "Questo è un altro punto a sfavore del lago di produzione Germania. Le 148 ore di malattia in Germania si raffrontano a una sedia di soltanto 1.499 ore lavorative annue contro le 2.139 ore giapponesi; è dunque l'orario lavorativo più grasso (36-35 ore settimanali) dei maggiori Paesi industrializzati. Poche ere, ma le più cure del mondo: 20,70 euro all'ora, contro i 16,56 euro pagati in Italia o i 4,03 del Portogallo. In un Paese tanto industrializzato si potrebbe pesare che ci si affiderà a un utilizzo massimo dei macchinari, in moda da diminuire i cesti per unità di predetto e migliorare la competitività. Invece i tempi di utilizzo dei macchinari sono i più bassi d'Europa e non accennano ad aumentare, perché p.es. i tarli di notte sono poco amati.

B - *Avviate una breve discussione in merito:*
- *L'introduzione della domenica in fabbrica (Ferrero di Alba, Pirelli in Germania, ecc.) ha riaperto un conflitto; la recessione sfida la Chiesa e pone nuovi problemi alla morale cristiana: lavorare alla domenica per mantenere livelli produttivi e difendere il posto di lavoro si scontra con il «precetto festivo». Che cosa pensate della risposta di Gesù ai farisei che gli chiedevano se si può lavorare il giorno di festa:* "Il sabato è fatto per l'uomo, non l'uomo per il sabato"? *Padroni del sabato o vittime del profitto?*
- *Il centro-destra francese progetta una legge per spingere la popolazione femminile attiva a tornare al «focolare» a badare ai bambini (anzi a farne quanti più possibile) e aggirarsi fra ramazze, tegami e casseruole, cedendo il posto di lavoro ai maschi disoccupati. Bisogna ricostruire la famiglia, valore indispensabile della società e combattere l'allarmante calo della fecondità!*
In proposito alcune righe della lettera di una lettrice al Corriere della Sera: "..... tredici anni fa ero impiegata e ho lasciato il lavoro per seguire il bambino; dopo qualche tempo ho tentato di reinserirmi, ma non ce l'ho più fatta. Un anno e mezzo fa è morto mio marito e da allora annaspo per trovare un lavoro serio, fosse anche un'impresa di pulizie..."

C - *Traducete "in sindacalese" le espressioni sottolineate utilizzando i corrispondenti sinonimi*
aderente, agitazioni/scioperi, caldo, rinnovo, autoregolamentazione, piattaforma rivendicativa, sciopero a singhiozzo, indetto

1. Fino a quando non verrà osservato il codice di autodisciplina nei servizi pubblici, sarà difficile viaggiare
2. Nei prossimi giorni è in programma un ricco calendario di sospensioni del lavoro
3. La protesta è stata proclamata per sollecitare una nuova stipulazione del contratto di lavoro
4. Per treni e ospedali si profilano scioperi brevi e intermittenti
5. Lo sciopero è stato proclamato dal personale che segue le direttive della CGIL
6. Il pacchetto di richieste avanzato dai sindacati è molto ampio
7. Il 1969 è ricordato per il suo autunno caratterizzato da aspri conflitti sindacali

D - Quali sono, secondo voi, in questa lista le rivendicazioni più importanti per i lavoratori dipendenti?
1. abbassamento dell'età pensionabile
2. aumento dei salari
3. riduzione dell'orario di lavoro a 35 ore settimanali mantenendo invariata la retribuzione
4. miglioramento dei servizi sociali e collettivi (asili-nido, ospedali, piscine)
5. maggiore tutela contro i licenziamenti
6. riduzione delle disparità salariali
7. salvaguardia dei diritti sindacali nelle imprese
8. allungamento dei congedi retribuiti
9. elezione dei dirigenti delle aziende da parte del personale
10. salario minimo più elevato

E - Completate il testo con i termini indicati a parte

Recessione alle porte?

Dopo la ___ alla Fiat, in Piemonte si accende un altro focolaio di crisi: i due ___ dell'Olivetti hanno detto al Governo che nell'azienda ci sono 7 mila ___ di troppo. L' ___ della holding, Cassoni, ha presentato ai ___ il nuovo piano strategico della società, accentrato sul ___ occupazionale. Il ministro del Lavoro ha parlato della possibilità, nella peggiore delle ipotesi, di 7 mila ___ , di cui 4 mila in Italia (pari al 17% della ___) e 3 mila all'estero. I ___ all'occupazione scatterebbero entro il primo trimestre dell'anno, mentre a fine anno si concluderà il programma di ___ del personale tramite il ricorso a ___ e provvedimenti di ___ aziendale.

1. riduzione	7. dipendenti
2. ridimensionamento	8. tagli
3. cassa integrazione	9. top manager
4. amministratore delegato	10. prepensionamenti
5. licenziamenti	11. sindacati
6. riorganizzazione	12. forza lavoro

F - Qual è la risposta giusta?

Un'associazione di lavoratori si chiama

a - consiglio operaio   c - sindacato
b - maestranze   d - Confindustria

Quale delle seguenti sigle indica la più grande associazione di lavoratori italiana?

a - ENI   c - ANAS
b - CEE   d – CGIL

Lavoro 179

Quale concetto è estraneo a tutti gli altri?

a - sciopero a singhiozzo
b - sciopero selvaggio
c - sciopero della fame
d - sciopero bianco
e - sciopero generale

G - Indicate quali delle seguenti misure contro la disoccupazione consentono di:

  a - diminuire la popolazione attiva
  b - ripartire l'occupazione fra più persone
  c - creare posti di lavoro
  d - modificare l'offerta di lavoro

1. ridurre l'orario di lavoro d
2. allungare la durata della scuola dell'obbligo a
3. favorire lo sviluppo economico c
4. incentivare i corsi di formazione
5. incoraggiare e favorire la mobilità della manodopera d
6. diminuire gli oneri sociali a carico delle imprese a/c
7. allungare la durata del servizio militare a
8. agevolare il lavoro a tempo parziale c/d
9. conquistare nicchie di mercato c/b
10. ricorrere al lavoro interinale d
11. facilitare la riqualificazione e riconversione degli operai d/b
12. frenare l'immigrazione a
13. applicare il job sharing c, b
14. sovvenzionare le imprese che creano posti di lavoro c
15. proibire gli straordinari d
16. abbassare l'età pensionabile a/b

H - Completate indicando che cosa ha o non ha un manager; accordate gli aggettivi dove necessario

alto - stipendio
basso - salario
direttivo - posizione
autonomo - occupazione

cattivo - posizione professionale
elevato - responsabilità
subordinato - lavoro
ampio - potere decisionale

I - Completate le frasi dopo aver scelto anche la preposizione giusta

Il signor Berni è molto occupato:

1. oggi ha una riunione ....2........
2. qualche giorno fa era ....1........ a Washington
3. da domani sarà ....3........ di Francoforte
4. al suo ritorno è invitato ....4........ dell'ambasciata libica
5. il 10 dicembre dovrà presentarsi all'ufficio delle Finanze ....5........
6. poco tempo fa è stato nominato ....6........ Consiglio d'amministrazione

1	...per... viaggio d'affari	4	...in... un ricevimento	
2	...con... il direttore generale	5	...del... imposte non versate	
3	...alla... fiera Messe	6	...ad... membro Glieder	

alla - in - del - con - per - ad

L - Collegate frasi principali e secondarie

1. Il manager è un dipendente di alto livello, ...
2. Il manager della produzione è un direttore, ...
3. Prende provvedimenti, ...
4. Ha utilizzato i fondi ....
5. Si è rivolto all'ufficio di collocamento ....
6. L'ispettorato dei cartelli controlla le imprese ....

a. per sostituire dei macchinari
b. che guadagna molto bene
c. che dominano il mercato
d. per trovare manodopera
e. che procurano lavoro
f. responsabile del processo produttivo

M - Collegate verbi e sostantivi

personale — prestare
un servizio — assistere
una campagna — convocare
una seduta — occupare
un incarico — finanziare
i clienti — eseguire

N - Come si chiamano le diverse remunerazioni percepite?

Reddito da lavoro:
1. stipendio 2. parcella 3. provvigione 4. onorario 5. paga 6. diaria

a. rappresentante di commercio b. soldati c. impiegati d. deputati e. medici/avvocati f. modelle

Reddito sociale:
1. pensione 2. sussidio di disoccupazione 3. assistenza sociale

a. disoccupati b. lavoratori al termine della vita lavorativa c. indigenti

Reddito da patrimonio:
1. interessi 2. dividendi 3. canone d'affitto 4. mezzadria 5. utili

a. appartamenti b. terreni c. obbligazioni d. azioni e. quote di fondi

O - Come si chiama chi

1. è senza lavoro
2. non lavora più per raggiunti limiti di età
3. è povero, senza mezzi
4. paga le tasse

a. contribuente b. pensionato c. disoccupato d. nullatenente

P - Attribuite la definizione conveniente ai diversi tipi di disoccupazione

| tecnologica - strutturale - nascosta - involontaria - tecnica |

1. quando non esiste corrispondenza fra il tipo di lavoratori disoccupati e il tipo di posti di lavoro disponibili
2. quando in seguito all'interruzione di processi produttivi, p. e. per sciopero o guasto, gli operai riprendono il lavoro in tempi diversi, a seconda delle mansioni da svolgere
3. si produce per mancanza di sbocchi se lo Stato non rilancia la domanda di beni e servizi con spese pubbliche supplementari
4. quando i dipendenti, pur inquadrati, svolgono mansioni inutili o improduttive e inefficienti
5. deriva dall'introduzione di impianti e macchinari che consentono di razionalizzare i posti di lavoro

Lavoro

Q – *Avete intervistato Claudia, una ragazza milanese di 17 anni, sulla sua passata esperienza di pony express. Adesso dovete trasformare l'intervista in un articolo, riferendo al discorso indiretto quello che vi ha raccontato la giovane*

"Le condizioni necessarie per fare il pony sono due: possedere un motorino e conoscere alla perfezione le vie della città. Visto che avevo entrambi questi requisiti e volevo rendermi economicamente indipendente, ho deciso di presentarmi a un'agenzia di pony express, dove si fanno consegne di buste e piccoli pacchi in ciclomotore. Prima di essere ingaggiata ho dovuto superare un test che consisteva nell'abbinare le vie alle zone della città, senza consultare lo stradario. La cosa più difficile, però, è stato convincere i miei genitori a rilasciarmi l'autorizzazione per fare questo lavoro. Sanno che sono prudente, tuttavia le loro perplessità erano più che legittime: girare in motorino per una grande città è sempre rischioso. A parte questo, fare il pony non è difficile. Oltre ad essere dinamica e spigliata, per riuscire devo cercare di essere la più veloce possibile nel recapitare le buste. Gli speaker lanciano per radio le corse, come succede per i taxi, e il pony più vicino alla zona della consegna chiama in sede per farsela assegnare. Svolta a tempo pieno, questa attività a volte risulta pesante: ci sono giorni in cui si corre per 12 ore di fila. Ma con una media di trenta corse al giorno si arriva tranquillamente a prendere quasi 1.000,-- euro al mese. Negli uffici o nelle case private mi accolgono sempre bene, perché le ragazze che fanno questo lavoro sono poche e quando la gente mi vede rimane un po' stupita e divertita. Qualche problema lo danno i portieri dei palazzi: si lamentano perché, per essere veloci nelle consegne, spesso lascio la porta dell'ascensore aperta. E poi ci sono i vigili. Se ci sono corse urgenti, capita di sfrecciare in mezzo al traffico, a volte in modo spericolato. E fioccano le multe. Un altro rischio del mestiere è che ti rubino il motorino. Può succedere, perché, per non perdere tempo, il più delle volte lo lascio aperto" (*testo adattato di Silvia Pigorini, Donna moderna*)

Contratti

A - *Un contratto di lavoro include i regolamenti relativi ad un'attività lavorativa. Completate i seguenti periodi ipotetici di II grado con i verbi tra parentesi*

1. Se un impiegato (ammalarsi)_____, (ricevere) _____lo stipendio intero
2. Se un impiegato (fare) _____ gli straordinari, (guadagnare) _____ di più
3. Se un dipendente (usare) _____ il telefono della ditta per telefonate personali, (pagarle) _____ di tasca propria
4. Se un dipendente (indossare) _____ i jeans durante l'orario di lavoro, (venire) _____ spedito a casa
5. Se un dipendente (arrivare) _____ regolarmente troppo tardi al lavoro, (dovere) _____ recuperare il sabato
6. Se un'impresa (realizzare) _____ degli utili, (distribuire) _____ un premio ai dipendenti
7. Un dipendente (avanzare) _____ di grado se (conseguire) _____ buoni risultati per due anni consecutivi
8. Se un dipendente (rubare) _____ in ditta, (venire) _____ immediatamente licenziato

B - *Volgete al futuro i verbi tra parentesi nelle seguenti frasi tratte da un contratto di lavoro*

1. Le comunichiamo che Ella (venire) _____ assunto alle dipendenze della nostra società con contratto di formazione e lavoro ai sensi dell'art. 3 della legge 19 dicembre 1984, n. 863
2. L'assunzione (decorrere) _____ dal giorno 1.2. .... ed il contratto (durare) _____ fino al giorno 1.12. ......
3. A tale data il contratto (intendersi) _____ automaticamente risolto

4. Il rapporto di lavoro (svolgersi) _____ in conformità al progetto approvato dalla Commissione regionale
5. L'inquadramento (essere) _____ al II livello del CCNL ed Ella (percepire) _____ la retribuzione prevista dal contratto collettivo
6. Resta espressamente inteso che durante il periodo di prova ciascuna delle due parti (potere) _____ liberamente risolvere il rapporto di lavoro
7. Ella (svolgere) _____ le mansioni di impiegato di concetto e per ogni necessità (riferire) _____ al Signor XY, Suo superiore diretto
8. Qualsiasi aggiunta o modifica al contratto (avviene) _____ solo con il consenso scritto della società

C - *Per politica salariale si intende l'insieme di misure politico-economiche dello Stato e delle parti che stipulano un contratto collettivo, relative a formazione, livello e struttura del salario. Si distingue una politica statale del salario (A), una sindacale (B), e una aziendale (C). Quali delle seguenti attività rientra in A - B - C?*

1. stipulazione di contratti collettivi incentrati sul salario quale fattore costi
2. configurazione salariale interna alla ditta mediante l'inserimento di componenti extratariffarie
3. politica salariale neutrale sotto il punto di vista dei costi
4. approntamento di meccanismi di coordinamento della politica dei redditi
5. politica salariale espansionistica, volta a rafforzare il potere d'acquisto
6. mediazione e composizione di conflitti sindacali
7. stipulazione di contratti collettivi per aumenti salariali
8. politica dei salari orientata alla produzione con aumenti salariali previsti in base a relativi incrementi di produttività

D - *Completate le frasi con le seguenti espressioni ricorrenti nel linguaggio contrattuale, indicate in ordine sparso*

> firmare - negoziazioni contrattuali - rescindere (un contratto)
> redigere/stendere - validità giuridica - contratto verbale
> rinnovare - giuridicamente vincolante - da contratto

1. Come _____ dovrà lavorare 37 ore settimanali e non un minuto di meno
2. Un accordo sulla parola è un _____
3. Tutte le parti devono firmare un contratto affinché abbia _____
4. L'editore ha deciso di _____ il contratto alla scadenza di fine anno, perché è molto soddisfatto della Sua prestazione
5. Gli avvocati hanno _____ il contratto che entrambe le parti si sono impegnate a _____
6. Le _____ si sono interrotte quando il personale ha chiesto nuovi regolamenti per l'alta stagione
7. Abbiamo deciso di _____ dal contratto di fornitura di calzature italiane perché le spedizioni arrivavano regolarmente con 5 settimane di ritardo
8. Essendo il Suo contratto di locazione _____ per altri due anni, non potrà essere sfrattato per tale periodo

Lavoro 183

E - *Collegate convenientemente i sinonimi secondo il significato*

1. essere ingaggiato
2. in caso di risoluzione del contratto
3. è stato concluso il seguente accordo
4. le parti hanno l'obbligo di
5. rispettare le clausole
6. coloro che concludono il presente contratto

a. le parti contraenti
b. conformarsi alle disposizioni
c. essere assunto
d. è stato convenuto quanto segue
e. in caso di rescissione dal contratto
f. le parti sono tenute a

F - *Rimettere in ordine le frasi seguenti per ottenere la definizione del contratto di lavoro*

1. mediante la quale una persona, 4
2. per conto e sotto la direzione di un'altra persona, 9
3. il dipendente, 5
4. in cambio di una remunerazione chiamata 7
5. una convenzione 3
6. Il contratto di lavoro 1
7. salario o stipendio 8
8. s'impegna a lavorare 6
9. il datore di lavoro, 10
10. è 2

G - *Indicate quali dei seguenti obblighi spettano rispettivamente all'imprenditore* (I) *e al dipendente* (D)

1. assicurare il lavoro pattuito
2. prendersi cura del materiale consegnatogli
3. rispettare la legislazione sociale
4. eseguire il lavoro pattuito
5. rispettare il regolamento interno
6. attenersi agli ordini ricevuti
7. pagare il compenso pattuito
8. non svelare i segreti di produzione dell'impresa

H - *Completate con i seguenti sostantivi*

> prestazioni - ferie di formazione - attività
> retribuzione - orario di lavoro - indennità

1. La signora Tiziani inizierà la sua _____ il 1 novembre
2. L'_____ è pari a 39 ore settimanali
3. La signora Tiziani percepirà una _____ di € 1.187,85 netti
4. Non sono pattuite ulteriori _____ sociali
5. _____ di trasporto saranno concordate verbalmente
6. Il diritto a _____ verrà rinegoziato di volta in volta

I - *Indicate il significato di*

> 1. aggiornamento 2. assunzione 3. posto di apprendista 4. liquidazione/buonuscita/tfr 5. periodo di prova

a. inizio di un rapporto di lavoro
b. luogo di formazione del lavoratore che dovrà essere inserito nella ditta
c. periodo limitato, durante il quale un dipendente/lavoratore deve dimostrare la sua capacità e idoneità
d. corresponsione di una somma al termine del rapporto di lavoro
e. sviluppo delle capacità di un lavoratore/dipendente

Ruolo
Siete il direttore di un'azienda che produce articoli di ottica.
Per solidarietà con un aspirante (maschio) disoccupato (famiglia a carico), cercate di convincere una vostra giovane collaboratrice incaricata dell'organizzazione delle linee di produzione, sposata e con un bambino piccolo, a rinunciare al suo posto di lavoro.
Voi siete infatti dell'opinione che le donne debbano seguire la prospettiva più nobile di restare tra le mura domestiche e badare ai bambini, anziché inseguire la carriera; meglio ancora, debbono fare tanti figli, considerato l'attuale tasso di natalità zero del Paese (chi provvederà in futuro alle pensioni?)
E ancora qualche vostra perplessità nei confronti della collaboratrice:
- come potrà accettare lavoro straordinario se deve pensare alla famiglia?
- quanti permessi potrebbe chiedere in caso di malattia del bambino?
- cosa accadrebbe se il marito dovesse trasferirsi per lavoro?
- quanto sarebbe disponibile a frequentare corsi di formazione, magari in altre sedi?
....

Siete la giovane collaboratrice di un'azienda che produce articoli di ottica
Svolgete un lavoro interessante (organizzazione delle linee di produzione), con ulteriori prospettive di carriera per il futuro.
Avete già un bambino di 2 anni e non ne avete altri in programma. Ritenete infatti che anche per una donna un'attività al di fuori delle pareti domestiche sia di importanza vitale, sia per non cadere in completa dipendenza del marito, sia per continuare a progredire personalmente e intellettualmente, con relativo beneficio per tutta la famiglia.
Sospettate che dietro il tentativo del direttore si nasconda l'intenzione di assumere al vostro posto un collega maschio; il direttore non ha mai celato completamente il suo atteggiamento tradizionalista e un po' misogino. Purtroppo conoscete delle donne che, dopo aver lasciato il posto di lavoro per dedicarsi alla famiglia, si sono trovate all'improvviso abbandonate a se stesse, o perché il marito era deceduto o perché aveva divorziato e, anche a causa dell'età, non sono riuscite (o solo con enormi difficoltà) a trovare un mezzo di sostentamento.

L - *Siete dei manager di un villaggio turistico italiano situato in Sardegna. Avete bisogno di diversi collaboratori da assumere subito, per tutto l'anno e che dispongano di una certa professionalità, perché volete attirare clientela di classe e, ovviamente, facoltosa. Dopo aver inserito questo annuncio su Internet*

Animazione turistica	Club vacanze	Capi animazione, animatori di contatto, responsabili baby club, hostess/escursioniste, piano bar, resp. spettacoli, coreografi, scenografi, costumisti, tecnici audio luce, istruttori sportivi (vela, windsurf, aerobica, tennis), assistente bagnanti cercasi

avete ricevuto le seguenti risposte:

Sono **Andrea** di Napoli e cerco lavoro come bagnino con vitto e alloggio per l'estate. Offro massima affidabilità e professionalità. Disponibilità da luglio; tel. ....

Luca, Milano, disponibilità immediata come assistente bagnanti, buona conoscenza inglese; tel. ....

Aleksandra Stanislav. Laureata in turismo, madrelingua polacco. Lingue conosciute: italiano, inglese, tedesco, russo. Uso computer. Già avuta esperienza come receptionistin hotel-residence sul Lago di Como e in Dolomiti. Guida turistica. Disponibilità da aprile

Peter, madrelingua tedesco, neolaureato con ottime conoscenze dell'italiano e dell'inglese. Esperienze in vari settori lavorativi. Ottime capacità nell'utilizzo dei sistemi informatici e predisposizioni al contatto con il pubblico, tel. ....

Giorgio, studente qualificato al quarto anno alberghiero "Tecnico dei Servizi Turistici" ricerca lavoro estivo in hotel/villaggi, piccole esperienze maturate in vari ambiti, libero dal mese di maggio con possibilità stage, richiedesi alloggio; per maggiori informazioni potete contattarmi al mio indirizzo e-mail .....

Mi chiamo **Antonio**, mi propongo come receptionist o animatore; conoscenza del francese, non molta in inglese

Paolo, sono bagnino di salvataggio con brevetto, disponibile full time immediatamente (Italia/Estero); conoscenza inglese e francese. Potete chiamarmi al ....

Salvatore, Laurea Scienze Motorie indirizzo Management; brevetto salvamento, nuoto; buona conoscenza inglese e francese

Pamela, 37enne esperienza diversificata nel settore ricezione come cameriera , barista e ultime esperienze consolidate in pizzeria ristorante ricerca interessante proposte di lavoro per la stagione estiva, naturalmente con vitto alloggio. Grazie

Alda e Silvia, cerchiamo lavoro stagionale, con alloggio, siamo due studentesse alberghiere al 4° anno. Distinti saluti

Danila, 29 anni cerco lavoro per la stagione estiva come aiuto cameriera, importante vitto e alloggio, retribuzione minima 700euro

Liliana, cerco un impiego per alcune ore al giorno, come aiuto bar, assistenza bagnanti, cameriera in località di mare presso una struttura alberghiera o un locale nel periodo dal 20 giugno al 30 agosto. Ho 16 anni, buona conoscenza dell'inglese, in seguito a periodi passati all'estero, francese elementare, disponibilità ad imparare, socievolezza e spirito di collaborazione. Richiesta di uno stipendio minimo e vitto e alloggio se presso un hotel/residence. Vi prego di contattarmi al ....

Luciano, cerco lavoro come assistente bagnanti presso piscine, hotel, villaggi ecc. Ho esperienze lavorative alle spalle ed una carriera agonistica; per ulteriori in formazioni il mio numero di cellulare è ......

C'è fra queste proposte qualcuna che vi appare interessante? Chi scegliereste e per quali mansioni? C'è qualche candidato che vi sembra particolarmente valido e che vorreste provare a contattare per verificare se sarebbe disponibile a lavorare per voi per un periodo più lungo di quanto lui stesso/lei stessa abbia comunicato?
Motivate le decisioni che prenderete

ESEMPIO DI BUSTA PAGA

DITTA		
Impresa costruzioni Geom. Alfredo SOLDINI VERONA		
N. ORD. --	QUALIFICA Op. 4° Liv.	N. MATR. 146
COGNOME BITOSSI		
NOME Stefano		
PERIODO RETRIBUZIONE marzo 2003		
RETRIBUZIONE		217,17
CONTINGENZA		353,35
PREMIO DI PRODUZIONE		8,69
SCATTI CONTINGENZA		4,35
SCATTI		32,58
SUPERMERITO		7,75
STRAORDINARI		70,32
50% DIARIE		
FESTIVITÀ- FERIE		
13ª – 14ª		
TOTALE		**694,21**
INPS		61,43
TOTALE		**632,78**
+ IMPORTI SOGGETTI		
- IMPORTI ESENTI		
IMPONIBILE FISCALE		632,78
IRPEF LORDA		121,35
DETRAZIONI		25,31
IRPEF NETTA		96,05
	TOTALE	**536,73**
ASSEGNI FAMILIARI	F 1	M / G
		10,21
	TOTALE	**596,94**
SOMMA PAGATA		596,94

Lavoro   187

☐ **Individuate a quale parte della busta paga si riferiscono le seguenti definizioni**

1. Totale delle detrazioni fiscali concesse al lavoratore
2. Importo netto corrisposto al dipendente
3. Ritenute previdenziali a carico del dipendente
4. Compensi per prestazioni che eccedono l'orario di lavoro prescritto
5. Mensilità aggiuntive
6. Indicizzazione della retribuzione con il variare del costo della vita
7. Indennità per le persone a carico
8. Aumenti di corrispettivo in base all'avanzamento o all'età
9. Somma spettante al prestatore di lavoro quale rimborso spese per ogni giorno di lavoro fuori sede
10. Qualifica attribuita al lavoratore
11. Somma di tutti gli importi su cui va calcolata l'Irpef
12. Giorni o periodi di vacanza non goduti
13. Periodo di paga cui si riferisce lo statino
14. Compenso finanziario aggiuntivo come premio per il raggiungimento di una determinata quantità di produzione
15. Ritenuta fiscale sull'importo complessivo percepito
16. Ente o soggetto che eroga la retribuzione
17. Somme supplementari concesse individualmente per maggiori capacità o prestazioni

☐ **Indicate nelle precedenti definizioni tutti i termini che hanno attinenza con il denaro**

☐ **Alcuni elementi vanno aggiunti alla paga base, altri detratti; barrate, secondo il caso, le caselle con + o -**

a. INPS		f. acconti	
b. indennità		g. straordinari	
c. premio di produzione		h. IRPEF	
d. oneri sociali		i. scatti di anzianità	
e. 13ª mensilità		l. assegni familiari	

☐ **L'ammontare della retribuzione dipende da vari fattori, per es.:**

* livello di qualificazione
* dimensione dell'impresa
* rapporti con il titolare/principale
* sesso

a - Siete d'accordo con questi 4 fattori? Perché sì, perché no?
b - Sapreste indicarne altri?

☐ **Confrontate i vostri risultati con l'elenco sottostante**

* legge della domanda e dell'offerta
* aspetti del lavoro nell'impresa
* cioè commercio nel (p.es. nel commercio si guadagna di più che nell'edilizia)
* zona geografica (nelle città si guadagna di più che nelle zone rurali)
* risultati conseguiti dall'impresa stessa

Lavoro

a carico	zu Lasten
accusare ricevuta	Erhalt bestätigen
adeguamento	Anpassung
agitazione sindacale	Arbeitsniederlegung
aliquota contributiva	Beitragssatz
anzianità di servizio	Dienstalter
apprendista	Lehrling
apprendistato	Lehre, Praktikum
artigiano	Handwerker
aspirante	Bewerber
assegni familiari	Familienbeihilfe, Kindergeld
assemblea aziendale	Betriebsversammlung
assistente sociale	Sozialarbeiter
associazione degli imprenditori	Arbeitgeberverband
assunzione	Einstellung
attitudine	Eignung
aumento salariale	Lohnerhöhung
blocco dei salari	Lohnstop
bracciante	Landarbeiter
busta paga	Lohnzettel
candidato	Bewerber
capillare	engmaschig, intensiv
cassa mutua/c. malattia	Krankenkasse
catena di montaggio	Fließband
ciclomotore	Moped
classe operaia	Arbeiterklasse
cogestione	Mitbestimmung
collocamento	Vermittlung
colloquio d'assunzione	Anstellungsgespräch
colloquio di selezione	Auswahlgespräch
compenso	Entgelt, Belohnung
condizioni di lavoro	Arbeitsbedingungen
confederazione sindacale	Gewerkschaftsbund/-verband
congestione	Verkehrsstau
consiglio di fabbrica	Betriebsrat
contratto collettivo di lavoro	Manteltarifvertrag
contratto di lavoro	Arbeitsvertrag
corso di perfezionamento	Fortbildungskurs
crumiro	Streikbrecher
datore di lavoro	Arbeitgeber
decurtamento	Kürzung
destagionalizzato	saisonbereinigt
diaria	Tagegeld
diritto del lavoro	Arbeitsrecht
disoccupazione congiunturale	konjunkturbedingte Arbeitslosigkeit
disoccupazione	Arbeitslosigkeit
divisione del lavoro	Arbeitsteilung

Individuate il giusto significato dei termini nel contesto dell'articolo appena letto

riordinare — riformare, rassettare, riorganizzare
quota — parte, altezza, misura
rafforzare — potenziare, intensificare, forzare
quotare — stimare, attribuire, trattare
marchio — brand, segno, cattiva fama
diffuso — dilatato, propagato, contenuto

insegna — bandiera, decorazione, cartello
multinazionale — unione di nazioni, impresa, gruppo
sopprimere — abolire, censurare, calpestare
penalizzare — trascurare, punire, danneggiare
acquisizione — conquista, acquisto, apprendimento
detenere — trattenere, occupare, possedere

Collegate le parti in modo da ottenere espressioni di significato compiuto

1. acquisizione   a. un marchio
2. detenere   b. in Borsa
3. penalizzare   c. l'immagine
4. quotare   d. dei marchi
5. rafforzare   e. le vendite
6. sopprimere   f. di imprese
7. valorizzare   g. il 10% del mercato

Inserite le lettere mancanti

1. La q__u__o__ta di __m__er__ca__to principale appartiene al b__r__a__nd Electrolux
2. Hans Straberg è ammi__n__istr__a__tore del__e__ga__to del Gruppo
3. Il Gruppo i__n__d__u__st__r__ia__le è quotato alla Bo__r__sa di Stoccolma
4. I co__n__sum__a__t__o__ri non ri__co__no__sco__no il nome Electrolux
5. C'è il rischio di p__e__nal__iz__za__re le ve__nd__it__e
6. L'im__ma__g__ine Aeg rispecchia la __q__ua__l__ità dei p__r__o__do__tt__i tedeschi
7. È stata so__s__ti__t__ui__t__a anche l'in__s__e__g__na Zanussi
8. La F__a__bb__r__ic__a di Porcia esce __v__al__or__iz__z__ata dalla ristrutturazione
9. A Susegana si trova la __c__en__tra__le __ac__q__u__s__ti per gli elettrodomestici
10. I principali co__n__co__r__r__e__n__ti deten__g__ono il 15% del __m__e__rc__a__to europeo

domanda e offerta	Nachfrage und Angebot
domanda d'impiego	Stellengesuch
eccepire	einwenden
emolumento	Arbeitsentgeld
erogare	auszahlen
esiguo	gering
ferie retribuite	bezahlter Urlaub
fidato	vertrauenswürdig
fronteggiare	entgegentreten
gratifica	Gratifikation
guadagno	Verdienst
idraulico	Installateur, Klempner
impianto industriale	Anlage
impiegato	Angestellter
indennità affitto	Wohnungsgeld
indennità di disoccupazione	Arbeitslosenentschädigung
indire uno sciopero	einen Streik ausrufen
infrazione	Verstoß
in proprio	selbständig
inquadramento	Einstufung
lavoratore	Arbeiter / Arbeitnehmer
lavoro a cottimo	Akkordarbeit
lavoro a domicilio	Heimarbeit
lavoro a mezza giornata	Halbtagsarbeit
lavoro a orario ridotto	Kurzarbeit
lavoro a tempo parziale	Teilzeitbeschäftigung
lavoro interinale	Zeitarbeit
lavoro nero/clandestino/abusivo	Schwarzarbeit
lavoro notturno	Nachtarbeit
licenziamento	Kündigung
licenziare	kündigen, entlassen
lordo	Brutto-
maggiorazione per lavoro notturno	Nachtarbeitszuschlag
manodopera	Arbeitskraft
manovale	Hilfsarbeiter
massimizzazione	Maximierung
mensilità	Monatsgehalt
mercato del lavoro	Arbeitsmarkt
mestiere	Handwerk
monomandatario	Alleinvertreter
numero civico	Hausnummer
offerta d'impiego	Stellenangebot
officina/laboratorio	Werkstatt
ondata di scioperi	Streikwelle
operaio non qualificato	ungelernter Arbeiter
operaio qualificato	Facharbeiter
operare una ritenuta	eine Abgabe erheben
orario ridotto	verkürzte Arbeitszeit
organico	Personal

organizzazione sindacale dei lavoratori	Arbeitnehmerverband
paga	Arbeitslohn, Tageslohn
parcella	Honorar
pensione	Rente
picchetto	Streikposten
piena occupazione	Vollbeschäftigung
politica salariale	Lohnpolitik
poltrona girevole	Drehsessel
posto di lavoro	Arbeitsplatz
posto vacante	offene Stelle
potere d'acquisto	Kaufkraft
praticantato	Praktikum
prepensionamento	vorzeitige Pensionierung
primato	Rekord
proclamare lo sciopero	den Streik ausrufen
prodotto finito	Fertigprodukt
prodotto	Erzeugnis
professione	Beruf
qualifica	Qualifikation
rapporto di lavoro	Arbeitsverhältnis
recupero	Wiederverwertung, Wiedererlangung, Aufholen
reddito	Einkommen
remunerare	vergüten, abgelten, entlohnen, bezahlen
requisito	Voraussetzung
riassetto	Neuordnung
richiesta/rivendicazione	Forderung
riconversione	Umschulung
ridimensionamento	Personalabbau
rifusione spese	Kostenerstattung
rigenerazione	Erneuerung
ritenuta	Abzug
salariato	Lohnempfänger
salario contrattuale	Tariflohn
salario tabellare	Tariflohn
salario	Lohn
sanzione	Strafe
scaffale	Büchergestell
scala mobile	gleitende Lohnskala
scatto	Erhöhung, Gehaltsaufbesserung
scioperante	Streikende
sciopero a singhiozzo	Bummelstreik
sciopero ad oltranza	unbefristeter Streik
sciopero bianco	Sitzstreik
sciopero della fame	Hungerstreik
sciopero generale	Generalstreik
sciopero selvaggio	wilder Streik
sciopero	Streik
semilavorato	Halbfertigprodukt
senza preavviso	fristlos

serrata	Aussperrung
sfrecciare	vorbeisausen
sfruttamento	Ausbeutung
sindacalista	Gewerkschaftler
sindacato	Gewerkschaft
smaltire	erledigen
sospensione del lavoro	Unterbrechung der Arbeit, Arbeitsniederlegung
sottoccupazione	Unterbeschäftigung
spettanza	zustehender Betrag
spendibile	verwendbar
spigliato	ungezwungen
stabilimento	Werk/Fabrikgebäude
stagionale	saisonbedingt
stipendio	Gehalt
stradario	Straßenverzeichnis
straordinari	Überstunden
superminimo	Leistungszulage
sussidio di disoccupazione	Arbeitslosenunterstützung
taglio	Kürzung
tasso di disoccupazione	Arbeitslosenrate
telelavoro	Telearbeit
tinteggiare	anstreichen
tirocinio	Lehre, Praktikum
titolo preferenziale	... bevorzugt wird ...
trasferimento	Versetzung
trattamento economico	Entlohnung
trattenuta	Abzug
turno di lavoro	Schichtarbeit
tutela del lavoro	Arbeitsschutz
ufficio del lavoro / di collocamento	Arbeitsamt
usufruire	genießen, Gebrauch machen
volontariato	freiwilliger Dienst

Capitolo 6
Imprese e società

CHE COS'È UN'AZIENDA

La FIAT, la Montedison, l'IBM sono delle aziende, delle grandi aziende, così come l'Alitalia, la BNL o le Assicurazioni Generali. Ma anche il contadino che gestisce il suo podere, il droghiere, il giornalaio e persino il tassista che guida la sua auto pubblica sono delle aziende, talvolta piccolissime, in qualche caso composte da una sola persona. Laddove vi sono delle persone, anche soltanto una, che organizzano elementi diversi (beni materiali e persone) per creare e vendere prodotti o per fornire servizi alla collettività, lì possiamo dire che c'è un'azienda.

Che cos'è dunque un'azienda? È un'organizzazione in cui i „fattori produttivi", uomini (i lavoratori), macchine (gli impianti), denaro (il capitale), beni (le materie prime o i semilavorati) vengono combinati insieme per creare „prodotti o servizi", cioè qualcosa di utile alla società o che questa sia disposta a pagare per avere.

Facciamo qualche esempio. Un contadino si serve del terreno, degli animali, degli attrezzi, delle macchine, oltre che del denaro e di altri uomini, per produrre i prodotti agricoli o zootecnici. Si tratta di un'*azienda agricola*.

Un falegname acquista del legno e con l'aiuto di alcuni attrezzi (pialla, sega, trapano ecc.) costruisce delle sedie. Si tratta di un'*impresa artigianale*.

La FIAT è un'organizzazione più grande e complessa; anch'essa acquista da altri le parti che servono per costruire il proprio prodotto, ma in questo caso più che di materia prima, cioè fornita direttamente dalla natura, si può parlare di semilavorati, già manipolati dall'uomo, o addirittura di componenti o prodotti finiti (fanali, volanti, sedili ecc.), che assemblati, cioè montati insieme, danno origine a nuovi prodotti (auto, autocarri, aerei) che vengono poi venduti in tutto il mondo. Essa è un'*impresa industriale*.

Se pensiamo invece al droghiere o al supermercato (la differenza è nella dimensione) ci accorgiamo che in questo caso l'attività dell'azienda non consiste nel creare qualcosa di nuovo; sia il droghiere che il supermercato, infatti, acquistano dei prodotti già pronti e confezionati e li rivendono al pubblico. Di fatto dunque svolgono un „servizio" per la collettività, la quale non avrebbe altrimenti la possibilità di andare ad acquistare il prodotto direttamente dal produttore. Un negozio, un supermercato, una bancarella ambulante sono delle *aziende commerciali*: acquistano e rivendono i medesimi prodotti senza trasformarli.

Anche una banca in un certo senso fa la stessa cosa. Essa „acquista" il denaro, in quanto se lo fa prestare per un po' di tempo dai depositanti, pagando un certo prezzo (tasso d'interesse) e a sua volta lo „vende" prestandolo ad aziende e ai privati che lo richiedono, sempre in cambio di un compenso; oltre a questa funzione, però, svolge tutta una serie di „servizi" di carattere economico e finanziario utili o necessari alla società moderna. La banca quindi è un'*azienda di servizi*. trasporto

E il tassista? Anche lui è titolare di un'azienda, un'*azienda individuale* in cui si serve della sua auto e del suo lavoro (il guidare) per svolgere un servizio che la collettività pagherà, remunerandolo con un certo prezzo (la tariffa della corsa).

Questo per spiegare che vi sono diversi tipi di aziende in rapporto alla natura della loro attività, ossia al tipo di prodotto o servizio che offrono.

Naturalmente vi sono molte altre ragioni che differenziano le numerosissime imprese di un sistema economico. La *dimensione*: vi sono aziende che occupano centinaia o migliaia di lavoratori e altre che occupano pochissime persone, magari soltanto una. In questo caso la dimensione viene misurata in base al numero di lavoratori, in altri invece è misurata in base al *fatturato*, cioè a quanto l'azienda ricava dalle vendite dei suoi prodotti (pensiamo p.e. alla differenza fra un gioielliere ed un panettiere).

Un altro modo per sottolineare la differenza tra un'azienda e un'altra fa riferimento al *proprietario*, cioè a colui che ha versato il denaro occorrente per acquistare i macchinari e i beni necessari a farla;

funzionare. Quando un'azienda è molto piccola, il proprietario per lo più coincide con chi la fa funzionare. Il tassista, il panettiere, l'agricoltore, di solito sono anche i proprietari della loro azienda; diverso è invece il caso di una banca, di una multinazionale o di un supermercato, in cui i proprietari sono generalmente molti, a volte moltissimi.

L'azienda si configura allora come una società, in cui alcuni soci detengono la quota maggiore della proprietà e hanno perciò il potere di decidere sulle scelte aziendali, mentre altri si limitano a versare il proprio capitale e a partecipare al suo andamento economico; guadagneranno se questa va bene, perderanno se va male.

A volte il proprietario può essere in tutto o in parte lo Stato, come nel caso delle ferrovie dello Stato, ad esempio, un'azienda in cui lo Stato era l'unico proprietario, l'unico responsabile della sua conduzione; in altri casi invece lo Stato partecipa come uno tra i proprietari (aziende a partecipazione statale) e non sempre ha la responsabilità della gestione.

(da „Capire l'azienda" - Le guide del Sole 24 Ore, 1988)

Argomentando dall'art. 2082 c.c., l'impresa in quanto attività dell'imprenditore può essere definita come „*l'esercizio professionale di un'attività economica organizzata al fine della produzione o dello scambio di beni e servizi*"; l'impresa quindi presuppone l'esistenza di un'attività economica organizzata mediante uomini e beni e svolta in modo abituale e continuo

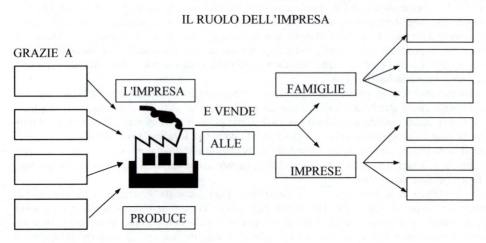

A - *Collocate nell'ordine giusto:*

1. Semilavorati / prodotti intermedi
2. Beni durevoli (case, elettrodomestici)
3. Beni di produzione (edifici, macchinari, impianti)
4. Mezzi finanziari ⎯⎯→ apportati dai proprietari
   ⎯⎯→ prestati dai creditori
5. Servizi (pubblicità, assicurazioni)
6. Materie prime e risorse energetiche
7. Beni di consumo (pane, vestiti ecc.)
8. Servizi (scuole, trasporti)
9. Beni d'investimento (macchinari, locali)
10. Lavoro fornito dal personale

B - Completate lo schema

LE IMPRESE VENGONO CLASSIFICATE SECONDO ....

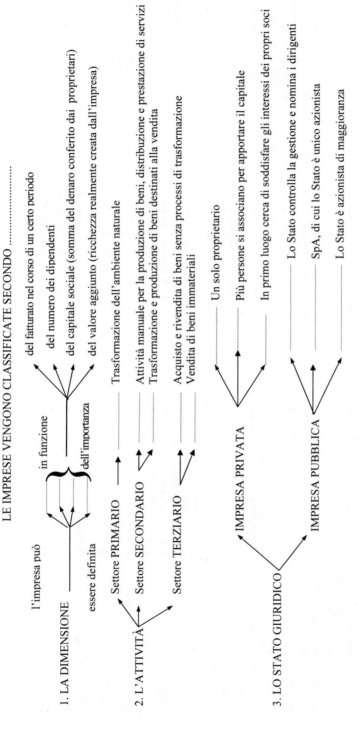

azienda agricola - impresa individuale - società mista - piccola - impresa commerciale - grande - cooperativa - impresa di servizi - multinazionale - azienda pubblica - media - società nazionalizzata - impresa industriale – società (srl, snc, spa) - impresa artigianale

SCHEDA COMPARATIVA DELLE PRINCIPALI SOCIETÀ

Caratteristiche	Società di persone			Società di capitali		
	Società semplice (s.s.)	Società in nome collettivo (Snc)	Società in accomandita semplice (Sas)	Società per azioni (Spa)	Società a responsabilità limitata (Srl)	Società in accomandita per azioni (Sapa)
Denominazione e ragione sociale	Facoltativa e libera	La ragione sociale deve contenere il nome di uno o più soci con l'indicazione della sigla Snc	Deve contenere il nome di uno o più soci con l'indicazione della sigla Sas	La denominazione sociale è libera, ma deve contenere l'indicazione Spa	È libera, ma deve contenere l'indicazione Srl	Deve contenere il nome di uno dei soci accomandatari e l'indicazione della sigla Sapa
Tipo di attività	Non può svolgere attività commerciale; è permessa un'attività di gestione immobiliare o rientrante nei cd. "Redditi da lavoro autonomo"	Può essere anche di natura commerciale	Può essere anche di natura commerciale	Può svolgere qualsiasi tipo di attività	Può svolgere qualsiasi tipo di attività	Può svolgere qualsiasi tipo di attività
Particolarità	Nessuna. L'atto costitutivo non va iscritto nel Registro delle imprese	Nessuna	Presenza di due tipi di soci accomandatari e accomandanti	Le quote sociali sono costituite da azioni; può emettere obbligazioni	Le quote sociali non possono essere inferiori a 1 euro e non possono essere rappresentate da azioni.	Le quote sociali sono costituite da azioni; presenza di due tipi di soci: accomandatari e accomandanti. La Sapa può emettere obbligazioni
Capitale minimo	Nessun limite	Nessun limite	Nessun limite	120.000,-- euro. È obbligatorio indicare il capitale sociale versato come risulta dall'ultimo bilancio	10.000,-- euro. È obbligatorio indicare il capitale sociale versato come risulta dall'ultimo bilancio	120.000,-- euro. È obbligatorio indicare il capitale sociale versato come risulta dall'ultimo bilancio
Formalità costitutive	La costituzione deve avvenire per atto pubblico o per atto privato; è necessaria l'iscrizione nel registro delle imprese	La costituzione deve avvenire per atto pubblico o per atto privato; è necessaria l'iscrizione nel registro delle imprese	La costituzione deve avvenire per atto pubblico o per atto privato; è necessaria l'iscrizione nel registro delle imprese	La costituzione deve avvenire per atto pubblico o per atto privato; è necessaria l'iscrizione nel registro delle imprese	La costituzione deve avvenire per atto pubblico o per atto privato; è necessaria l'iscrizione nel registro delle imprese	La costituzione deve avvenire per atto pubblico o per atto privato; è necessaria l'iscrizione nel registro delle imprese
Responsabilità dei soci	Illimitata ed estesa, salvo patto contrario, a tutti i soci in solido	Illimitata ed estesa, salvo patto contrario, a tutti i soci in solido	Illimitata per i soci accomandatari, limitata al capitale conferito per gli accomandanti	Limitata al solo capitale sottoscritto	Limitata al solo capitale sottoscritto	Illimitata per i soci accomandatari, limitata al capitale conferito per gli accomandanti
Collegio sindacale	Non previsto	Non previsto	Non previsto	Obbligatorio	Obbligatorio per le Srl con capitale sociale superiore a 52.500,-- € o se previsto dallo statuto sociale	Obbligatorio

Regime fiscale	Il reddito viene automaticamente imputato ai soci, che lo cumulano al proprio reddito personale; la società paga solo l'Irap se ha più di 3 addetti	Il reddito viene automaticamente imputato ai soci, che lo cumulano al proprio reddito personale; la società paga solo l'Irap se ha più di 3 addetti	Il reddito viene automaticamente imputato ai soci, che lo cumulano al proprio reddito personale; la società paga solo l'Irap se ha più di 3 addetti	Pagamento di Irpeg e Irap. Sui dividendi erogati dalla società, al socio percipiente spetta un credito d'imposta (Irpef/Irpeg) pari ai 9/16 del dividendo lordo	Pagamento di Irpeg e Irap. Sui dividendi erogati dalla società, al socio percipiente spetta un credito d'imposta (Irpef/Irpeg) pari ai 9/16 del dividendo lordo	Pagamento di Irpeg e Irap. Sui dividendi erogati dalla società, al socio percipiente spetta un credito d'imposta (Irpef/Irpeg) pari ai 9/16 del dividendo lordo	Pagamento di Irpeg e Irap. Sui dividendi erogati dalla società, al socio percipiente spetta un credito d'imposta (Irpef/Irpeg) pari ai 9/16 del dividendo lordo
Durata cariche	Nessun limite	Nessun limite	Nessun limite	Vanno rinnovate ogni tre anni	Vanno rinnovate ogni tre anni	Vanno rinnovate ogni tre anni	Vanno rinnovate ogni tre anni
Cause di scioglimento	Decorso termine. Conseguimento oggetto sociale. Impossibilità di conseguimento dell'oggetto sociale. Volontà di tutti i soci. Venir meno della pluralità dei soci. Altre cause previste dal contratto sociale	Decorso termine. Conseguimento oggetto sociale. Impossibilità di conseguimento dell'oggetto sociale. Volontà di tutti i soci. Venir meno della pluralità dei soci. Altre cause previste dal contratto sociale	Decorso termine. Conseguimento oggetto sociale. Impossibilità di conseguimento dell'oggetto sociale. Volontà di tutti i soci. Venir meno della pluralità dei soci. Altre cause previste dal contratto sociale. Provvedimenti dell'autorità governativa. Fallimento. Quando rimangono solo soci accomandatari o solo soci accomandanti	Decorso termine. Conseguimento oggetto sociale. Impossibilità di conseguimento dell'oggetto sociale. Volontà di tutti i soci. Venir meno della pluralità dei soci. Altre cause previste dal contratto sociale. Provvedimenti dell'autorità governativa. Fallimento.	Decorso termine. Conseguimento oggetto sociale. Impossibilità di conseguimento dell'oggetto sociale. Volontà di tutti i soci. Venir meno della pluralità dei soci. Altre cause previste dal contratto sociale. Provvedimenti dell'autorità governativa. Fallimento.	Decorso termine. Conseguimento oggetto sociale. Impossibilità di conseguimento dell'oggetto sociale. Volontà di tutti i soci. Venir meno della pluralità dei soci. Altre cause previste dal contratto sociale. Provvedimenti dell'autorità governativa. Fallimento.	Decorso termine. Conseguimento oggetto sociale. Impossibilità di conseguimento dell'oggetto sociale. Volontà di tutti i soci. Venir meno della pluralità dei soci. Altre cause previste dal contratto sociale. Provvedimenti dell'autorità governativa. Fallimento. Quando rimangono solo soci accomandatari o solo soci accomandanti
Vantaggi	Minori formalità. Organi sociali limitati. Bilancio non soggetto a pubblicazione. Agevolazioni Irap. Possibilità di contabilità semplificata. Le perdite possono trovare compensazione nei redditi dei soci	Minori formalità. Organi sociali limitati. Bilancio non soggetto a pubblicazione. Agevolazioni Irap. Possibilità di contabilità semplificata. Le perdite possono trovare compensazione nei redditi dei soci	Minori formalità. Organi sociali limitati. Bilancio non soggetto a pubblicazione. Agevolazioni Irap. Possibilità di contabilità semplificata. Le perdite possono trovare compensazione nei redditi dei soci	Perdite fiscalmente recuperabili entro i 5 anni successivi. Rischio dei soci limitato al capitale sottoscritto. Credito d'imposta sugli utili distribuiti. Il soggetto è giuridicamente autonomo a tutti gli effetti. Politica di distribuzione dei redditi ai soci più elastica (tassazione per cassa). Agevolazioni formali per il trasferimento quote.	Perdite fiscalmente recuperabili entro i 5 anni successivi. Rischio dei soci limitato al capitale sottoscritto. Credito d'imposta sugli utili distribuiti.	Perdite fiscalmente recuperabili entro i 5 anni successivi. Rischio degli accomandanti limitato al capitale sottoscritto. Credito d'imposta sugli utili distribuiti.	Perdite fiscalmente recuperabili entro i 5 anni successivi. Rischio dei soci limitato al capitale sottoscritto. Credito d'imposta sugli utili distribuiti. Il soggetto è giuridicamente autonomo a tutti gli effetti. Politica di distribuzione dei redditi ai soci più elastica (tassazione per cassa)
Svantaggi	Responsabilità illimitata e solidale dei soci. Irpef (Ire) soci anche su utili non distribuiti. Maggiori adempimenti per il trasferimento quote	Responsabilità illimitata e solidale dei soci. Irpef(Ire) soci anche su utili non distribuiti. Maggiori adempimenti per il trasferimento quote.	Responsabilità illimitata e solidale dei soci. Irpef(Ire) soci anche su utili non distribuiti. Maggiori adempimenti per il trasferimento quote.	Tassazione in alcuni casi più gravosa. Maggiori formalità. Obbligatorietà organi sociali. Esclusione contabilità semplificata.	Tassazione in alcuni casi più gravosa. Maggiori formalità. Obbligatorietà organi sociali. Esclusione contabilità semplificata	Tassazione in alcuni casi più gravosa. Maggiori formalità (ma minori della Spa). Obbligatorietà organi sociali. Esclusione contabilità semplificata	(Fonte: "Come si legge Il Sole 24 Ore" - 1993)

C - **Che cos'è per voi un'impresa? Completate con i pronomi relativi (che, di cui, ecc.) o le preposizioni/congiunzioni (per, in vista di, allo scopo di, ecc.) e individuate quale categoria di persone ha pronunciato le frasi seguenti**

1. Sono loro ...che... producono e vendono ...quello... abbiamo bisogno → vendere alimentari
2. È una cellula sociale ...nella... gli individui hanno ruoli differenti e talvolta anche interessi divergenti. → sociologi
3. È un contribuente come gli altri, ...che... deve pagare le sue imposte ...per... finanziare i servizi ...che... gli fornisce la Pubblica amministrazione → fisco
4. È il luogo in cui lavoro e in cui mi versa ogni mese il salario → operai
5. È un organismo ...che... mi paga ogni anno un dividendo ...per... remunerare il mio apporto di capitale → azionista
6. Definirei l'impresa come un'istituzione ...che... ha per lo più personalità giuridica e con ...cui... altre persone concludono i contratti più diversi → avvocato
7. Per me l'impresa è il luogo ...in cui... gli operai devono battersi ...per... ottenere aumenti salariali, ...che... i padroni non vogliono mai concedere. → sindacalista

D - **Ricollegate i diversi elementi delle seguenti definizioni**

1. Il creditore	è	dei prelievi obbligatori 7	che i soci apportano ad una società 5
2. Il diritto del lavoro	è	la situazione di una persona 4	il cui scopo consiste nel difendere gli interessi professionali dei suoi membri 6
3. Il mercato	è	l'insieme dei mezzi 5	relative ai rapporti di lavoro 2
4. La povertà	sono 7	l'insieme delle regole giuridiche 2	in cui si effettuano contrattazioni di beni e servizi e in cui si determinano i prezzi 3
5. Il capitale sociale	è	un organismo 6	destinati ad assicurare il finanziamento dei servizi sociali 7
6. Il sindacato	è	la persona 1	che non può soddisfare i suoi bisogni primari 4
7. I contributi	è	il luogo 3	alla quale è dovuta una certa somma di denaro 1

E - **Con l'aiuto della scheda comparativa fate un raffronto tra la s.n.c. e la SpA, completando le frasi sottostanti**

a - Per la ...SpA... è richiesto un ...capitale... minimo, mentre per la ...SNC... non è previsto ...nessun... limite
b - La ...ragione sociale... per la s.n.c. deve contenere il nome di uno o più ...soci...; per la SpA la ...denominazione... è libera, ma deve contenere l'indicazione ...SPA...
c - L'attività della ...SNC... può essere anche di natura commerciale, la ...SPA... può svolgere ...qualsiasi... attività
d - La responsabilità dei soci di una s.n.c. e di una SpA ...non è... la stessa; nel ...primo... caso i soci rispondono solidalmente e illimitatamente, nella SpA solo nei limiti dei ...capitale sottoscritto...
e - In una ...SNC... non è previsto un ...collegio... sindacale, mentre in una ...SPA... è ...obbligatorio...
f - Coloro che apportano il denaro necessario per la creazione di una ...SNC... sono detti ...soci..., mentre chi ...apporta... ad una ...SPA... è denominato ...azionista...
g - La cessione delle quote di una ...SNC... è limitata; al contrario, per una ...SPA... è del tutto ...libera...
h - La ...SNC... è in genere più piccola della ...SPA...

Imprese e società

F - GRANDE O PICCOLA IMPRESA?
Completate, dove necessario, con le preposizioni adatte

1. L'imprenditore partecipa .... attività
2. L'avvenire .... impresa spesso è legato .... personalità ...... titolare
3. La divisione ...... lavoro e .... produzione è molto accentuata
4. L'attività .... impresa è molto specializzata
5. Talvolta l'impresa ha una posizione dominante .... mercato
6. La produzione avviene .... diversi stabilimenti
7. L'impresa dispone .... notevoli mezzi .... finanziamento
8. Il titolare è .... contatto diretto .... la clientela
9. L'imprenditore cerca .... primo luogo ...... salvaguardare la propria indipendenza
10. La produzione avviene .... serie
11. L'impresa è molto gerarchizzata
12. Talvolta l'impresa incontra gravi difficoltà .... finanziamento
13. L'impresa spunta dei prezzi vantaggiosi .... parte .... fornitori
14. Ha un mercato locale
15. Gran parte .... suo giro d'affari è realizzata sovente .... estero
16. La direzione .... impresa è collegiale
17. Spesso non si fanno previsioni o solo .... breve termine
18. Il titolare deve occuparsi .... un po' di tutto
19. Esistono prospettive .... promozione .... i dipendenti

G - *Preferireste lavorare in una grande o piccola impresa? Perché?*

H - *Indicate quali delle caratteristiche menzionate nelle frasi dell'esercizio seguente sono da attribuire ai diversi tipi di impresa (ss, snc, srl, spa) e quali, secondo voi, costituiscono un vantaggio o un inconveniente per chi vuole avviare un'attività imprenditoriale*

1. Non può svolgere attività commerciale
2. È obbligatorio il collegio sindacale
3. La denominazione sociale è libera, ma deve includere l'indicazione del tipo di società
4. I soci non possono vendere liberamente le proprie quote
5. Non è previsto un capitale minimo
6. Il capitale è suddiviso in quote sociali
7. Le quote non possono essere rappresentate da azioni
8. La responsabilità dei soci è limitata all'ammontare dei conferimenti
9. È amministrata da uno o più gestori
10. Il capitale è suddiviso in azioni negoziabili liberamente
11. Non deve essere registrata
12. È possibile costituirla con mezzi finanziari contenuti
13. I soci devono apportare almeno 10.000,– euro
14. È costituita per l'esercizio di attività agricole o professionali
15. I guadagni e le perdite si ripartiscono tra i soci in proporzione ai conferimenti
16. I soci rispondono con la totalità dei beni
17. I soci possono trasferire le proprie quote solo con l'assenso degli altri soci
18. I responsabili dell'impresa sono designati dai soci
19. Il potere di ogni socio è proporzionale al numero delle quote conferite

I - *Due sorelle e un fratello hanno ereditato un negozio di calzature del valore di 90.000,– euro. È loro intenzione proseguire l'attività fondando una società. Quale forma societaria potreste consigliar loro, considerando che non vogliono rispondere incondizionatamente degli obblighi della società?*

L - *I signori Alberti e Mori hanno deciso di associarsi per creare un'impresa di trasporti e hanno scelto la forma della società semplice. È possibile?*

Il 10 gennaio 2003 il governo italiano ha deliberato la riforma del diritto societario che dal gennaio 2004 modifica norme vecchie di 60 anni e rivoluziona la vita di Spa, Srl e cooperative. Come nel resto d'Europa, ora anche in Italia le SpA possono scegliere diversi modelli di governo societario ("corporate governance"), dal comitato di gestione con più amministratori indipendenti (sul modello inglese) al consiglio di sorveglianza (con compiti di controllo e approvazione del bilancio) sul modello francese o tedesco o lasciare il tutto invariato, cioè un consiglio d'amministrazione controllato dal collegio sindacale.

Il capitale sociale per costituire una SpA passa da 100.000 a 120.000 euro, per le Srl occorre lo stesso capitale richiesto finora: 10.000 euro, ma è sufficiente conferire in contante il 25%; per il resto basta una polizza assicurativa o una fidejussione bancaria. Via libera dunque a conferimenti di beni in natura e crediti; le Srl possono addirittura emettere titoli di debito anche se possono sottoscriverli solo gli investitori professionali.

Molte novità per quanto riguarda l'emissione di azioni: si va da azioni senza indicazioni del valore nominale alle azioni postergate nelle perdite, azioni correlate a determinati risultati, azioni privilegiate, azioni assegnate sulla base di scelte contrattuali e così via. Il tutto per favorire la raccolta di capitali di rischio e di debito nelle SpA, rendendo più interessante l'investimento in queste società mediante strumenti finanziari nuovi. È consentita ora anche l'utilizzazione di diverse tecniche rappresentative della partecipazione dei soci al capitale della nuova SpA come la creazione di azioni non cartacee, rappresentate da iscrizioni in conti detenuti da una società di gestione accentrata.

M - *Individuate negli articoli del decreto legislativo i passaggi che si riferiscono alle novità suddette*

2327. (Ammontare minimo del capitale). La società per azioni deve costituirsi con un capitale non inferiore a centoventimila euro.

2346. (Emissione delle azioni). La partecipazione sociale è rappresentata da azioni; salvo diversa disposizione di leggi speciali lo statuto può escludere l'emissione dei relativi titoli o prevedere l'utilizzazione di diverse tecniche rappresentative.

Se determinato nello statuto, il valore nominale di ciascuna azione corrisponde ad una frazione del capitale sociale; tale determinazione deve riferirsi senza eccezioni a tutte le azioni emesse dalla società.

In mancanza di indicazione del valore nominale delle azioni, le disposizioni che ad esso si riferiscono si applicano con riguardo al loro numero in rapporto al totale delle azioni emesse.

A ciascun socio è assegnato un numero di azioni proporzionale alla parte del capitale sociale sottoscritta e per un valore non superiore a quello del suo conferimento. L'atto costitutivo può prevedere una diversa assegnazione delle azioni.

In nessun caso il valore dei conferimenti può essere complessivamente inferiore all'ammontare globale del capitale sociale.

Resta salva la possibilità che la società, a seguito dell'apporto da parte dei soci o di terzi anche di opere o servizi, emetta strumenti finanziari forniti di diritti patrimoniali o di diritti di partecipazione, escluso il voto nell'assemblea generale degli azionisti. In tal caso lo statuto ne disciplina le modalità e condizioni di emissione, i diritti che conferiscono, le sanzioni in caso di inadempimento delle prestazioni e, se ammessa, la legge di circolazione.

2348. (Categorie di azioni). Le azioni devono essere di uguale valore e conferiscono ai loro possessori uguali diritti.

Si possono tuttavia creare, con lo statuto o con successive modificazioni di questo, categorie di azioni fornite di diritti diversi anche per quanto concerne la incidenza delle perdite. In tal caso la società, nei limiti imposti dalla legge, può liberamente determinare il contenuto delle azioni delle varie categorie.

Tutte le azioni appartenenti ad una medesima categoria conferiscono uguali diritti.

2349. (Azioni e strumenti finanziari a favore dei prestatori di lavoro). Se lo statuto lo prevede, l'assemblea straordinaria può deliberare l'assegnazione di utili ai prestatori di lavoro dipendenti dalla società o da società controllate mediante l'emissione, per un ammontare corrispondente agli utili stessi, di speciali categorie di azioni da assegnare individualmente ai prestatori di lavoro, con norme particolari riguardo alla forma, al modo di trasferimento ed ai diritti spettanti agli azionisti. Il capitale sociale deve essere aumentato in misura corrispondente.

L'assemblea straordinaria può altresì deliberare l'assegnazione ai dipendenti della società o di società controllate di strumenti finanziari, diversi dalle azioni, forniti di diritti patrimoniali o diritti di partecipazione, escluso il voto nell'assemblea generale degli azionisti. In tal caso possono essere previste norme particolari riguardo alle condizioni di esercizio dei diritti attribuiti, alla possibilità di trasferimento ed alle eventuali cause di decadenza o riscatto.

2350. (Diritto agli utili e alla quota di liquidazione). Ogni azione attribuisce il diritto a una parte proporzionale degli utili netti e del patrimonio netto risultante dalla liquidazione, salvi i diritti stabiliti a favore di speciali categorie di azioni.

Fuori dai casi di cui all'articolo 2447-bis, la società può emettere azioni fornite di diritti correlati ai risultati dell'attività sociale in un determinato settore. Lo statuto stabilisce i criteri di individuazione dei costi e ricavi imputabili al settore, le modalità di rendicontazione, i diritti attribuiti a tali azioni, nonché l'eventuali condizioni e modalità di conversione in azioni di altra categoria.

Non possono essere pagati dividendi ai possessori di tali azioni previste dal precedente comma se non nei limiti degli utili risultanti dal bilancio della società

2353. (Azioni di godimento). Salvo diversa disposizione dello statuto, le azioni di godimento attribuite ai possessori delle azioni rimborsate non danno diritto di voto nell'assemblea. Esse concorrono nella ripartizione degli utili che residuano dopo il pagamento delle azioni non rimborsate di un dividendo pari all'interesse legale e, nel caso di liquidazione, nella ripartizione del patrimonio sociale residuo dopo il rimborso delle altre azioni al loro valore nominale

2355. (Circolazione delle azioni). Nel caso di mancata emissione dei titoli azionari si applica il primo comma dell'articolo 2470.

Le azioni al portatore si trasferiscono con la consegna del titolo.

Il trasferimento delle azioni nominative si opera mediante girata autenticata da un notaio o da altro soggetto secondo quanto previsto dalle leggi speciali. Il trasferimento non ha efficacia nei confronti della società fino a che non ne sia fatta annotazione nel libro dei soci. Il giratario che si dimostra possessore in base a una serie continua di girate ha diritto di ottenere l'annotazione del trasferimento nel libro dei soci, ed è comunque legittimato ad esercitare i diritti sociali.

Il trasferimento delle azioni nominative con mezzo diverso dalla girata si opera a norma dell'articolo 2022.

Nei casi previsti previsti ai commi sesto e settimo dell'articolo 2354, il trasferimento si opera mediante scritturazione sui conti destinati a registrare i movimenti degli strumenti finanziari; in tal caso, se le azioni sono nominative, si applicano il secondo e terzo periodo del terzo comma, intendendosi la girata sostituita dalla scritturazione sul conto

SRL

2464. (Conferimenti). Il valore dei conferimenti non può essere complessivamente inferiore all'ammontare globale del capitale sociale.

Possono essere conferiti tutti gli elementi dell'attivo suscettibili di valutazione economica.

Se nell'atto costitutivo non è stabilito diversamente, il conferimento deve farsi in danaro.

Alla sottoscrizione dell'atto costitutivo deve essere versato presso una banca almeno il venticinque per cento dei conferimenti in danaro o, nel caso di costituzione con atto unilaterale, il loro intero ammontare. Il versamento può essere sostituito dalla stipula, per un importo almeno corrispondente, di una polizza di assicurazione o di una fideiussione bancaria con le caratteristiche determinate con decreto del Presidente del Consiglio dei ministri; in tal caso il socio può in ogni momento sostituire la polizza o la fideiussione con il versamento del corrispondente importo in danaro.

Per i conferimenti di beni in natura e di crediti si osservano le disposizioni degli articoli 2254 e 2255. Le quote corrispondenti a tali conferimenti devono essere integralmente liberate al momento della sottoscrizione.

Il conferimento può anche avvenire mediante la prestazione di una polizza di assicurazione o di una fideiussione bancaria con cui vengono garantiti, per l'intero valore ad essi assegnato, gli obblighi assunti dal socio aventi per oggetto la prestazione d'opera o di servizi a favore della società. In tal caso, se l'atto costitutivo lo prevede, la polizza o la fideiussione possono essere sostituite dal socio con il versamento a titolo di cauzione del corrispondente importo in danaro presso la società.

2483. (Emissione di titoli di debito). Se l'atto costitutivo lo prevede, la società può emettere titoli di debito. In tal caso l'atto costitutivo attribuisce la relativa competenza ai soci o agli amministratori determinando gli eventuali limiti, le modalità e le maggioranze necessarie per la decisione.

I titoli emessi ai sensi del precedente comma possono essere sottoscritti soltanto da investitori qualificati. In caso di successiva circolazione, chi li ha sottoscritti risponde della solvenza della società.

La decisione di emissione dei titoli prevede le condizioni del prestito e le modalità del rimborso ed è iscritta a cura degli amministratori presso il registro delle imprese. Può altresì prevedere che, previo consenso della maggioranza dei possessori dei titoli, la società possa modificare tali condizioni e modalità".

Le cooperative nell'economia italiana

La scienza economica si fonda essenzialmente sull'individualismo e sulla concorrenza. Il pensiero „ortodosso" ha sostenuto che una cooperativa può sopravvivere solo ubbidendo alle stesse leggi capitaliste; se malgrado ciò oggi la cooperazione rappresenta un settore economico di grande rilievo, la sopravvivenza dell'impresa autogestita è dovuta alla sua capacità di conquistare e mantenere fette di mercato e, in misura notevole, al particolare regime di agevolazioni del quale ha potuto giovarsi. Il fondamento della protezione di cui ha goduto la cooperazione risiede in considerazioni di carattere sociale, morale, ma anche economiche. La cooperazione, infatti, è stata il mezzo che ha consentito di sprigionare capacità imprenditive, e quindi di affermarsi socialmente, a una pluralità di soggetti, con conseguenze positive per lo sviluppo del Paese.

La più antica centrale della cooperazione è costituita dalla Lega Nazionale delle Cooperative, fondata nel 1886. A quell'epoca vi aderivano i cooperatori di ogni ispirazione ideale e politica. Oggi la lega raccoglie le cooperative „rosse", di ispirazione comunista e socialista. La Lega, che conta poco meno di 16.000 cooperative (che raggruppano circa 4 milioni di soci e occupano circa 200.000 dipendenti, con un fatturato intorno ai 12,5 mln), si colloca fra i primi cinque gruppi economici italiani.

Le cooperative „bianche", di ispirazione cattolica, formano la Confederazione delle Cooperative Italiane (Confcooperative), creata nel 1919, che raccoglie più di 22.000 cooperative con 4 milioni e mezzo di soci; ha quindi più aderenti della Lega, ma il suo giro d'affari, con un fatturato di 9,5 mln, è circa i due terzi di quello della Lega.

La terza centrale della cooperazione, l'Associazione Generale Cooperative Italiane (AGCI), sorta nel 1952, raccoglie le cooperative „verdi", in prevalenza di ispirazione repubblicana e socialdemocratica, che sono circa 6.000, con poco meno di 230.000 soci e meno di 1,5 mln di fatturato.

L'organizzazione cooperativistica è presente in tutti i settori della vita economica del Paese. La Confcooperative vanta un'antica presenza nel mondo bancario con le sue Casse Rurali e Artigiane; la Lega ha da un decennio un posto di rilievo nel campo assicurativo con la UNIPOL, al sesto posto nelle aziende italiane del ramo. La cooperazione ha le sue origini nel mondo agricolo, dove oggi ha un posto preminente nel settore del vino, lattiero-caseario e zootecnico. Ma la cooperazione investe l'intero ciclo produttivo dell'agricoltura, dai concimi alle macchine, dalle sementi ai materiali d'imballaggio dei prodotti, dal loro trasporto ai mercati generali alla loro commercializzazione, principalmente attraverso i supermercati, che fanno capo alle centrali della cooperazione, e all'estero.

Nel mondo industriale i primi cooperatori furono i muratori. Oggi aziende come la Cooperativa Muratori e Cementieri di Ravenna, eseguono grandi lavori infrastrutturali, come ponti, strade, dighe anche all'estero. Moltissime sono le cooperative che nascono per costruire abitazioni condominiali e in pratica cessano una volta raggiunto l'obiettivo.

La cooperazione è presente in ogni settore industriale: nel legno, nella ceramica, nella meccanica, ma anche nell'elettronica e nella chimica, fino all'ingegneria industriale e civile.

La cooperazione è attiva in ogni genere di commercio al dettaglio. Ciascuna centrale della cooperazione ha un'organizzazione per gli acquisti che rifornisce i punti vendita. Le cooperative sono presenti nella pesca per la trasformazione industriale e la commercializzazione, ma anche per l'allevamento in acqua dolce e salata, nonché nel turismo, con agenzie di viaggio, strutture alberghiere e vari servizi turistici.

Nel campo dei servizi le cooperative vanno dall'informatica alla ristorazione, dai servizi per le imprese alla organizzazione di congressi. Nella cultura le cooperative svolgono attività musicali, cinematografiche, teatrali, editoriali, grafiche, del restauro dei beni culturali.

L'impresa cooperativa ha perduto l'immagine di una piccola organizzazione, gestita con criteri di solidarietà; le centrali della cooperazione raccolgono oggi più di 40.000 cooperative, per un totale di più di 8 milioni di soci. E senza la gigantesca organizzazione manageriale delle centrali, le piccole cooperative non potrebbero esistere e non sprigionerebbero quei mille rivoli di imprenditorialità tanto benefici per lo sviluppo del Paese

Massimo Finoia, 8809E014/Economia

A - *Che cosa ha facilitato l'affermazione e lo sviluppo delle cooperative secondo l'autore?*
B - *Quali sono i principali pregi delle cooperative?*
C - *Quali tendenze politiche delle cooperative si associano ai colori rosso, bianco e verde con cui esse vengono caratterizzate?*
D - *Spiegate con parole proprie la frase „La cooperazione è stato il mezzo che ha consentito di sprigionare capacità imprenditive, e quindi di affermarsi socialmente, a una pluralità di soggetti, con conseguenze positive per lo sviluppo del Paese"*
E - *Secondo il ramo di attività, le cooperative si distinguono in (ricollegate termini e definizioni)*

    1 - cooperative di consumo   a) *favoriscono la raccolta del risparmio e la concessione di prestiti tra i soci*
    2 - edilizie   b) *assicurano contro i rischi*
    3 - agricole   c) *fanno eseguire determinati lavori ai soci*
    4 - creditizie   d) *concentrano la produzione agricola dei soci e procedono alle successive lavorazioni e commercializzazioni*
    5 - di lavoro   e) *costruiscono case a scopo abitativo a prezzi inferiori a quelli di mercato*
    6 - mutue assicuratrici   f) *vendono ai propri soci beni di consumo a prezzi convenienti*

La riforma approvata il 10 gennaio 2003 ha comportato modifiche anche per le cooperative: agevolazioni fiscali solo per le cooperative con prevalente attività mutualistica; numero minimo di nove soci (tre se si tratta di persone fisiche) per costituire una coop; previsto un tetto di proprietà per ogni socio: 80 mila euro; consentita la trasformazione in consorzi e società di lucro

ANALIZZARE IL BILANCIO

Il „*Bilancio*" è il quadro della composizione patrimoniale di un'impresa ad una determinata data, così chiamato perché è costituito di due sezioni (crediti e debiti = attività e passività) i cui totali si bilanciano (cioè mostrano gli stessi valori complessivi). Esso deve essere reso pubblico, in quanto consente di conoscere la posizione finanziaria della società, il suo andamento, ed è allo stesso tempo una preziosa fonte d'informazione per la gestione; molte decisioni economiche quali fusioni, trasformazioni societarie, acquisizioni o anche solo concessioni di crediti, vengono subordinate all'attento esame del bilancio delle imprese di volta in volta in questione.

I documenti base che compongono un bilancio sono lo *stato patrimoniale*, il *conto economico* e la *relazione di bilancio*.

Lo *stato patrimoniale* è una rappresentazione dell'ammontare dei beni, dei crediti e delle modalità di finanziamento dell'impresa alla fine dell'esercizio (generalmente al 31.12. di ogni anno).

Il *conto economico* (detto anche dei profitti e delle perdite) registra i ricavi (proventi) conseguiti e i costi (oneri) sostenuti dall'impresa nel corso dell'esercizio; la differenza tra tutti i ricavi e i costi è l'utile o la perdita d'esercizio.

La _relazione_ di bilancio è un documento che va allegato obbligatoriamente al bilancio e illustra i criteri e i principi contabili adottati dagli amministratori nella relazione di bilancio.

Le „**Attività**" nella colonna sinistra del bilancio descrivono le ricchezze dell'azienda, p.e. terreni, immobili, macchine, impianti, crediti, denaro in cassa o in banca e indicano l'impiego delle risorse da parte dell'impresa.

Le „**Passività**" indicano l'origine delle risorse dell'impresa, cioè le fonti di finanziamento interne (mezzi propri) ed esterne (passività) e comprendono sia i debiti veri e propri verso le banche o verso i fornitori, sia le somme accantonate per qualche scopo preciso, quale ad es. liquidazione dipendenti o tasse.

	Attivo	Passivo	
Insieme dei beni destinati ad essere utilizzati per un lungo periodo	**IMMOBILIZZAZIONI NETTE**	**MEZZI PROPRI**	Capitali appartenenti all'impresa
Fondo avviamento, brevetti, marchi	• **Immobilizzazioni immateriali**	• **Capitale sociale**	Capitali o beni in natura conferiti dai soci
Terreni, fabbricati, impianti, macchinari	• **Immobilizzazioni tecniche**	• **Riserve**	Quote di utili non distribuite
Partecipazioni (azioni o quote di capitale di altre imprese)	• **Immobilizzazioni finanziarie**	• **Risultati d'esercizio**	Utili o perdite dell'esercizio in corso
Mezzi impiegati non durevolmente, capitale circolante	**ATTIVITÀ CORRENTI**	**FONDO RISCHI E ONERI**	Accantonamenti destinati a coprire rischi e oneri di difficile quantificazione
Giacenze di magazzino (materie prime, semilavorati, prodotti finiti)	• **Rimanenze finali**	**DEBITI**	Debiti vari verso terzi, da rimborsare a scadenza più o meno lunga
Crediti commerciali, verso l'impresa, di clienti ed altri debitori	• **Crediti**	• **Debiti finanziari**	Prestiti p.e. presso istituti di credito (anticipazioni, riporti, scoperti di conto corrente, ecc.)
Mezzi prontamente disponibili (cassa, disponibilità in c/c e titoli facilmente negoziabili	• **Attività finanziarie**	• **Debiti commerciali e altre passività**	Debiti verso i fornitori, l'erario e gli enti previdenziali

Imprese e società

COMPRENDERE IL BILANCIO

1 - Si definisce „esercizio"
  a - il periodo trascorso dalla creazione dell'impresa
  b - la data del bilancio
  ✗c - il periodo (in genere di 12 mesi) che intercorre tra due bilanci

2 - Il bilancio indica la situazione finanziaria
  a - del periodo di gestione
  ✗b - dell'impresa
  c - dei fornitori

3 - L'insieme dei beni e dei crediti dell'impresa si chiama
  a - capitale
  b - immobilizzazioni
  ✗c - attivo
  d - passivo

4 - L'attivo di un'impresa è costituito da
  a - immobili e impianti in suo possesso
  b - tutto ciò che possiede, dedotti i debiti
  ✗c - tutto ciò che possiede con l'aggiunta dei crediti
  d - crediti

5 - Quali delle seguenti voci di bilancio non costituiscono delle passività
  a - accantonamenti per rischi
  ✗b - scorte di materie prime
  c - prestiti bancari
  d - apporti degli azionisti

6 - Quando l'impresa contrae un prestito a lungo termine
  a - aumenta i mezzi propri
  b - diminuisce l'attivo
  ✗c - aumenta le risorse

7 - L'acquisto a credito di un macchinario
  ✗a - aumenta il capitale e i debiti
  b - aumenta l'attivo e il capitale
  ✗c - aumenta l'attivo e i debiti

8 - I beni materiali acquistati da una impresa e destinati a produrre altri beni o servizi sono considerati
  a - avviamento
  b - capitale
  ✗c - immobilizzazioni tecniche
  d - attivo immobilizzato

9 - Una fotocopiatrice è un'immobilizzazione per
  a - un produttore di fotocopiatrici
  b - un rivenditore di fotocopiatrici
  ✗c - le altre imprese

10 - Gli utili aumentano sempre
  a - le scorte
  b - gli accantonamenti
  c - la cassa
  ✗d - i mezzi propri

11 - Se le vendite aumentano, l'utile
  a - aumenterà in proporzione
  b - resterà invariato
  c - raddoppierà
  ✗d - crescerà solo se i margini resteranno invariati o aumenteranno

12 - Se in un bilancio A si pone uguale all'attivo, C ai mezzi propri, D ai debiti, F al fondo accantonamenti, si può scrivere
  a - $A + D + F = C$
  ✗b - $A - D - F - C = 0$
  c - $A + C - F = D$

13 - Se in un bilancio la somma dei debiti è di 550 mln, quella delle scorte di 600 mln, quella degli accantonamenti di 150 mln e quella dei mezzi propri di 1 mld, il totale del passivo è di
  a - 1,2 mld
  b - 1,150 mld
  ✗c - 1,7 mld
  d - 2,3 mld

A - *Di seguito un prospetto dei più comuni indici per l'analisi dei bilanci aziendali; indicate quali voci si riferiscono agli indici di gestione, indici di redditività e indici patrimoniali*

$$\text{disponibilità} = \frac{\text{capitale circolante}}{\text{passività a breve termine}}$$

$$\text{grado di copertura delle immobilizzazioni} = \frac{\text{mezzi propri}}{\text{attivo netto immobilizzato}}$$

$$\text{indebitamento} = \frac{\text{mezzi di terzi}}{\text{mezzi propri}}$$

$$\text{copertura finanziaria} = \frac{\text{mezzi propri}}{\text{mezzi di terzi}}$$

$$\text{incidenza delle immobilizzazioni} = \frac{\text{immobilizzazioni nette}}{\text{attività nette}}$$

$$\text{impegno del capitale} = \frac{\text{immobilizzazioni nette}}{\text{mezzi propri}}$$

$$\text{grado di ammortamento dei capitali fissi} = \frac{\text{fondi ammortamento}}{\text{immobilizzazioni tecniche}}$$

$$\text{rotazione dei crediti} = \frac{\text{vendite nette a credito}}{\text{crediti verso clienti}}$$

$$\text{rotazione degli investimenti} = \frac{\text{fatturato}}{\text{mezzi propri} + \text{passività consolidate}}$$

$$\text{rotazione degli impianti} = \frac{\text{fatturato}}{\text{immobilizzi tecnici}}$$

$$\text{rotazione del capitale} = \frac{\text{fatturato}}{\text{capitale aziendale}}$$

$$\text{percentuale di ammortamento} = \frac{\text{quota globale ammortamento esercizio}}{\text{immobilizzi tecnici}}$$

$$\text{economicità delle vendite} = \frac{\text{utile di esercizio}}{\text{fatturato}}$$

$$\text{remunerazione del capitale} = \frac{\text{utile di esercizio}}{\text{mezzi propri}}$$

$$\text{redditività dell'investimento totale} = \frac{\text{utile di esercizio}}{\text{mezzi propri}}$$

$$\text{rendimento reale delle azioni} = \frac{\text{dividendo per azione}}{\text{quotazione media}}$$

B – *Classificate per ordine d'importanza gli aspetti su cui vorreste essere informati qualora lavoraste in un'impresa:*

a. informazioni personali sui dipendenti
b. informazioni sui propri compiti
c. avanzamenti e trasferimenti
d. miglioramento dell'efficienza dell'impresa
e. notizie sugli altri reparti/uffici
f. situazione economica dell'impresa
g. progetti dell'impresa per il futuro
h. proprio inquadramento nell'organizzazione
i. utilizzo degli utili dell'impresa
l. risultati finanziari
m. prospettive di carriera
n. politica nei confronti del personale
o. funzione sociale dell'impresa
p. programmi pubblicitari
q. competitività dell'impresa
r. altro: ....

Imprese e società

Dal Conto economico, che descrive i costi sostenuti dall'azienda durante l'anno e i ricavi che ha conseguito, si può dedurre se l'azienda ha realizzato dei profitti o delle perdite.
Aiutiamo un'impresa artigianale a compilare il proprio conto economico di fine esercizio. Sappiamo che essa ha realizzato un fatturato di 80.000,-- euro e le è stato corrisposto un modesto importo in conto interessi di 283,50 €. Sull'altro lato essa ha dovuto sostenere cinque tipi di costi: costi per la produzione, costi per la vendita, costi per il personale, costi finanziari e costi generali.
Fra le voci di spesa abbiamo:

a.	spese commerciali:	780,--
b.	telefono:	520,--
c.	manutenzione impianti	2.066,--
d.	energia	1.033,--
e.	pubblicità	520,--
f.	retribuzioni	44.000,--
g.	ammortamento impianti	4.650,--
h.	consulenze amministrative e fiscali	1.550,--
i.	interessi bancari sui prestiti	520,--
j.	varie	520,--
k.	affitto	2.585,--
l.	materie prime	15.500,--

C - *Tenendo presente che essa deve corrispondere imposte e tasse pari al 30% degli utili conseguiti, compiliamo lo schema, suddividendo correttamente le voci. Quale sarà l'utile netto dell'azienda?*

COSTI		RICAVI	
1. Costi per la produzione		1. Fatturato	....
▪ _____	....		
▪ _____	....		
		2. Interessi su depositi	....
2. Costi per la vendita			
▪ _____	....	**Totale ricavi**	....
▪ _____	....		
		Utile lordo	....
3. Costi per il personale		Imposte e tasse	....
▪ _____	....		
▪ _____	....	**Utile netto**	....
4. Costi finanziari			
▪ _____	....		
▪ _____	....		
▪ _____	....		
5. Costi generali			
▪ _____	....		
▪ _____	....		
▪ _____	....		
▪ _____	....		
Totale costi	....		

6 marchi storici, leader nel settore dei succhi e delle bevande a base di frutta, nei derivati del pomodoro, nelle conserve di frutta e di verdura sottovuoto: un fatturato che supera i 160 milioni di euro, oltre 500 addetti, 4 centri produttivi.

Questa è Massalombarda Colombani, un'azienda che continua a crescere, puntando sulla ottimizzazione delle proprie risorse.

Un piano di sviluppo che, pur tenendo conto della particolare situazione congiunturale, si articola lungo direttrici che portano alla maggiore efficienza, alla maggiore competitività dell'azienda.

L'accurata selezione delle materie prime, le tecnologie produttive all'avanguardia, la continuativa ricerca per assicurare ai prodotti finiti le migliori garanzie qualitative, la specializzazione delle risorse umane: il tutto per l'affermazione della forza e della grande esperienza agroalimentare di Massalombarda Colombani.

L'impegno in settori alimentari innovativi, quali le bevande dietetiche e da ultimo, un importante accordo commerciale per la produzione di prodotti biologicamente controllati.

La volontà di mantenere e potenziare la forza competitiva dei marchi sul mercato nazionale, con mirati investimenti pubblicitari, rinnovamento del packaging ed una ancor più attiva politica commerciale.

Lo sforzo per ottimizzare la gestione e la logistica distributiva lungo tutto il ciclo, dal reperimento delle materie prime alla presenza sui punti vendita.

L'apertura a nuovi mercati esteri con i marchi tradizionali, simbolo di garanzia e qualità.

Questo è quanto stiamo facendo per creare la Massalombarda Colombani di domani.

UN'AZIENDA CHE DÀ FRUTTI!

A - Individuate fra i termini riportati di seguito i sinonimi delle parole sottolineate nel testo pubblicitario della Massalombarda:

Imprese e società

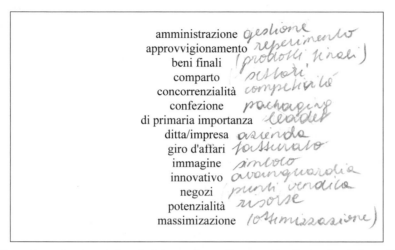

amministrazione *gestione*
approvvigionamento *reperimento*
beni finali *(prodotti finali)*
comparto *settori*
concorrenzialità *competitività*
confezione *packaging*
di primaria importanza *leader*
ditta/impresa *azienda*
giro d'affari *fatturato*
immagine *simbolo*
innovativo *avanguardia*
negozi *punti vendita*
potenzialità *risorse*
massimizzazione *(ottimizzazione)*

e, utilizzando anche questi sinonimi, immaginate di presentare l'azienda ai giornalisti convocati per una conferenza stampa

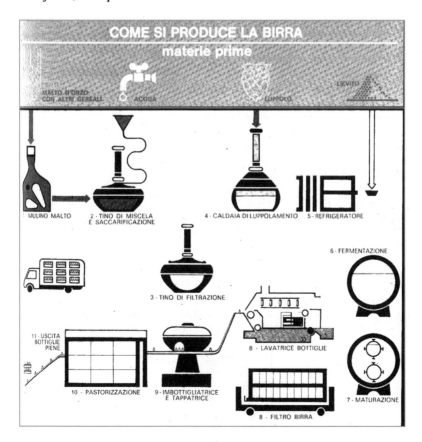

B - *Volete spiegare ad un industriale italiano come producete la birra. Modificate le frasi coniugando alla forma passiva i verbi in corsivo*
   Es.: In una prima fase ***sottoponiamo*** l'orzo alla maltazione
   In una prima fase l'orzo *viene sottoposto* alla maltazione

In una prima fase *sottoponiamo* l'orzo alla maltazione. Quindi *sottoponiamo* il malto ottenuto a tostatura a temperature diverse, a seconda del tipo di birra cui andrà destinato. Quello chiaro, tostato a circa 85°C, lo *destiniamo* alla birra di gusto delicato e leggero, quello scuro, ottenuto a 100°C, alla birra di sapore più deciso e quello caramellato, ottenuto a 110°C, alla birra scura.
1. La principale materia prima per la preparazione della birra è dunque il malto, che *passa* alla macina attraverso un setaccio. Dapprima *maciniamo* il malto e lo *riduciamo* in farina
2. *Immettiamo* la farina nel tino di miscela assieme ad acqua calda. Nel tino *creiamo* un impasto che ha la consistenza della polenta. *Facciamo passare* la miscela attraverso due tini. Un mescolatore agevola la miscelazione.
3. L'acqua calda *dissolve* gli zuccheri finché nel tino si forma un liquido denso (mosto di malto) che *facciamo defluire* attraverso i filtri della vasca
4. Nel caso in cui *adottiamo* il metodo della decozione, *utilizziamo* un terzo tino, il tino di filtrazione, per chiarificare la miscela. Eliche metalliche riducono la miscela in una pasta poi espulsa attraverso piccoli fori praticati sul fondo del recipiente. Il liquido chiarificato, chiamato mosto, *passa* alla caldaia.
5. Nella caldaia *aggiungiamo* il luppolo e *portiamo* tutto a ebollizione
6. Nella fase successiva *eliminiamo* il luppolo. Esistono diverse tecniche. Per far ciò *utilizziamo* un estrattore che spreme il luppolo per mezzo di una vite. Il mosto chiarificato *passa* attraverso un setaccio collocato sotto la vite.
7. *Introduciamo* il mosto in un apparecchio detto mulinello che elimina la proteina eccedente. *Passiamo* il mosto attraverso il mulinello, mentre *separiamo* la proteina per centrifugazione.
8. Il mosto attraversa un refrigeratore, dove lo *portiamo* alla temperatura adatta alla fermentazione, che varia a seconda del tipo di birra che si vuole preparare.
9. Perché la fermentazione abbia luogo *aggiungiamo* il lievito. In questa fase *usiamo* il tino di fermentazione.
10. Dopo questa prima fermentazione, *passiamo* la birra nei serbatoi di stagionatura, dove la *lasciamo maturare*.
11. Nella maggior parte dei casi *filtriamo* la birra stagionata. Alcune delle classiche birre a fermentazione alta proseguono la maturazione in fusti o bottiglie.
12. Dopo il filtraggio *facciamo passare* la birra in un serbatoio o la *imbottigliamo*, pronta per lasciare la fabbrica

Riassumendo, le fasi della produzione della birra sono (mettere in ordine cronologico):

FERMENTAZIONE - FILTRAZIONE - REFRIGERAZIONE - IMBOTTIGLIAMENTO - MISCELAMENTO - MATURAZIONE - MACINATURA - MALTAZIONE - SACCARIFICAZIONE - TOSTATURA - LUPPOLAMENTO

Imprese e società

C - *Inserite gli elementi mancanti dalle seguenti frasi*

1. Sullo sfondo di una violenta protesta del ...., il .... della Siemens Spa nella sua .... ha rinviato „sine die" la realizzazione del provvedimento di ....

   ultima riunione - consiglio di fabbrica - riduzione dell'indennità di malattia - consiglio d'amministrazione

2. Nella filiale Semperit della Continental lo scontro sulla .... si è acuto. Dopo che il consiglio di fabbrica si è assicurato la .... per eventuali azioni di lotta contro i ...., nella sua ultima riunione il consiglio d'amministrazione ha minacciato ....

   tagli - licenziamenti in massa - annunciata riduzione di organico - necessaria copertura

I conti di Barilla / **QUI CI VUOLE LA DIETA ARTZT**

(adattato da L'Espresso, Massimo Mucchetti, 1996)

Il 1996 della Barilla si è aperto con un clamoroso ricambio ai vertici operativi dell'azienda: Riccardo Carelli ha lasciato il timone, gli è subentrato Edwin Artzt, già presidente della Procter & Gamble, approdato a Parma l'anno precedente. Non si è trattato di un normale avvicendamento. Dopo i brillanti successi degli anni Ottanta, infatti, la Barilla ha cominciato a perdere terreno. Nel giro di cinque anni gli utili si sono ridotti quasi a un terzo. Intendiamoci, 60 miliardi di vecchie lire di risultato netto non sono disprezzabili, ma è la linea di tendenza che ha consigliato ai fratelli Guido, Luca e Paolo Barilla di correre ai ripari assumendo un manager che tagliasse un po' di teste e guidasse l'internazionalizzazione del gruppo.

La Barilla di oggi, infatti, è troppo dipendente dal mercato domestico, anche se nel '95 l'incidenza delle vendite all'estero era aumentata dal 12 al 15 per cento. In Italia la domanda di prodotti alimentari di marca (e a prezzo elevato) deve fare i conti con la concorrenza degli hard discount, particolarmente insidiosa quando molti consumatori hanno paghe in declino e quindi minor potere d'acquisto.

L'azienda emiliana ha arginato i nuovi rivali difendendo le quote di mercato a costo di qualche sacrificio sui prezzi. Una manovra che, combinata all'aumento dei prezzi delle materie prime, ha assottigliato i margini di profitto. Il ribasso del 10 per cento dei listini deciso nel '94 si era visto già nel corso dello stesso anno e ancor di più in quello successivo. Una situazione di difficoltà che ha coinvolto anche la Pavesi, acquistata a rate dal 1990 al '93 per il non modico prezzo di 400 miliardi.

Nel '94, primo anno della nuova generazione dopo la scomparsa di Pietro Barilla, era stata adottata la politica della lesina per recuperare, con la riduzione dei costi industriali e finanziari, l'erosione dei ricavi provocata dalle nuove forme di concorrenza. Frenata degli investimenti, dunque: dai 248 miliardi del '93 si è scesi a 194. Dismissione di partecipazioni finanziarie fra cui spicca il 2 per cento del Banco di San Geminiano e San Prospero, che ha regalato alla Barilla una plusvalenza di 23 miliardi. Snellimento degli organici: da 8.400 a 7.900 addetti, scesi ancora a 7.500 a fine '95. Riorganizzazione della Spagna dove si è ridimensionata da 450 a 200 addetti la rete commerciale. Alla fine l'indebitamento finanziario netto era sceso da 454 a 270 miliardi.

Nel 1995 tuttavia l'autofinanziamento del gruppo era sceso da 412 a 300 miliardi. Per il 1996 si è puntato sul lancio di nuovi prodotti salutisti, molto differenziati e difficilmente imitabili, come la linea *Essere* per i prodotti da forno e i *Nuovi Sapori* per le paste. Ma soprattutto la Barilla punta sull'estero. Ha già messo piede in Polonia, Turchia, Brasile, Messico e Venezuela, ma la scommessa più importante è quella degli Stati Uniti che nel 1995 avevano superato l'Italia nel consumo di pasta.

A - *Con l'aiuto delle formulazioni in corsivo, individuate il significato delle espressioni sottoelencate contenute nell'articolo*

ricambio ai vertici operativi	*vendita di quote di altre società*
lasciare il timone	*costoso*
subentrare	*frenare i concorrenti*
avvicendamento	*prendere provvedimenti, rimediare*
perdere terreno	*importanza*
correre ai ripari	*aumento di valore*
tagliare teste	*sostituzione nelle posizioni più alte di un'impresa*
mercato domestico	*rotazione di incarichi*
incidenza (delle vendite all'estero)	*ridurre gli utili*
(concorrenza) insidiosa	*ritirarsi dalla guida di un'impresa*
paghe in declino	*risparmiare*
arginare i rivali	*succedere a qualcuno in un incarico*
assottigliare i margini di profitto	*diminuzione degli investimenti*
non modico prezzo	*trovarsi in difficoltà*
adottare la politica della lesina	*eliminazione di personale*
recuperare l'erosione dei ricavi	*complesso delle vendite nel proprio Paese*
frenata degli investimenti	*salari che vanno riducendosi*
dismissione di partecipazioni finanziarie	*licenziare*
plusvalenza	*pericolosa*
snellimento degli organici	*controbilanciare la progressiva riduzione del guadagno*

B - *In assemblea generale, presentando la relazione annuale agli azionisti, spiegate:*

- i problemi della Barilla
- le cause
- i rimedi adottati

C - Completate

La parola al presidente!

Cari amici, cari ospiti,
ho il piacere e l'onore di porgervi il benvenuto in questa ....(1) dei soci. Innanzi tutto vi ringrazio non solo di aver aderito in gran numero ....(2), ma anche per il sostegno e l'interesse da voi sempre ....(3). Ci siamo riuniti per ....(4). Consentitemi ....(5) di soffermarmi brevemente sui risultati conseguiti. L'esercizio 2003 ....(6) sostanzialmente con un pareggio. L'attenta politica di espansione territoriale ha visto ampliate ....(7) in Emilia e nel Lazio; ulteriori importanti insediamenti ....(8) all'estero, in Francia, per meglio rispondere alle crescenti esigenze di ....(9), mentre con riferimento all'operatività si sottolinea ....(10) della nostra filiale di Londra, i cui volumi di lavoro sono stati di tutto rilievo. Nel corso del 2003 si è inoltre conclusa ....(11) deliberata nel 2002, che ha comportato un afflusso di ....(12) di oltre 2 Mld. Si propone di ....(13) di 0,50 € per azione, invariato rispetto allo scorso esercizio e si chiede l'autorizzazione (ai sensi dell'art. 2381 c.c.) .... (14) per un parziale rinnovo delle cariche sociali. Si chiede inoltre la conferma per il triennio 2004/2007 del collegio sindacale.
Dichiaro pertanto ....(15)

A. l'operazione di aumento del capitale sociale B. sono previsti C. in tale occasione D. distribuire ai soci un dividendo E. le presenze della nostra impresa F. odierna assemblea ordinaria G. aperta la riunione H. il pieno avvio I. si è concluso L. al nostro invito M. mezzi patrimoniali freschi N. un mercato globale O. dimostrati P. a nominare un consigliere delegato Q. approvare il bilancio dell'esercizio 2003

L'organizzazione aziendale

Le persone che operano in un'azienda si vedono assegnati specifici compiti o funzioni ed operano in reparti o uffici. Mentre le aziende molto piccole hanno un'organizzazione assai semplice, in quelle di maggiori dimensioni troviamo una struttura organizzativa p. es. di tipo piramidale. L'organigramma rappresenta graficamente i diversi organi di un'azienda, mettendo in evidenza i livelli e le relazioni tra organi, servizi e uffici.

Nella seguente descrizione di una ditta commerciale organizzata in Spa si è verificata un po' di confusione; attribuite ai rispettivi organi le corrette funzioni e completate l'organigramma sottostante:

1 - ufficio corrispondenza *g*
2 - ufficio magazzino *l*
3 - consiglio d'amministrazione *n*
4 - ufficio acquisti *i*
5 - direzione generale *b*
6 - ufficio contabilità *m*
7 - ufficio promozione delle vendite *j*
8 - ufficio affari legali *h) controllo*
9 - direzione amministrativa *o*
10 - ufficio personale *c*
11 - assemblea degli azionisti *a*
12 - direzione commerciale *f*
13 - ufficio vendite *d*
14 - collegio sindacale *k*
15 - ufficio cassa *e*

a) esprime la volontà aziendale con le sue delibere
b) sovrintende tutta l'azienda e ne coordina l'attività
c) si occupa dell'amministrazione del personale
d) stipula i contratti di vendita delle merci
e) si occupa delle riscossioni, dei pagamenti e della custodia del denaro
f) si occupa delle operazioni di scambio
g) riceve e smista la posta in arrivo e provvede alla spedizione di quella in partenza
h) si occupa delle eventuali controversie che potrebbero sorgere con i terzi (clienti, fornitori, fisco)
i) stipula i contratti d'acquisto delle merci e cura i rapporti con i fornitori
j) studia le azioni promozionali più opportune, decide le azioni promozionali più adatte
k) ha compiti di controllo
l) ritira le merci, ne cura la conservazione, provvede alle spedizioni; si divide in: accettazione, stoccaggio e spedizione
m) tiene le scritture dell'azienda, conserva i documenti, determina i risultati economici
n) è il massimo organo operativo con poteri di gestione
o) organizzazione del lavoro aziendale

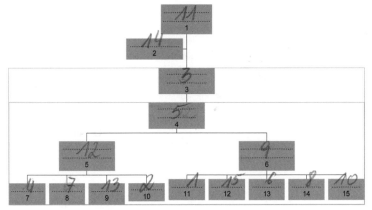

Il direttore Colombari presenta l'impresa AERRE ad un nuovo impiegato

„La nostra società si presenta nel modo seguente:

Nella mia attività sono assistito da tre collaboratori stretti: MARINI, BRAZZI e SALVI, il nostro direttore commerciale.

Il signor BRAZZI sovrintende il servizio Ricerca e sviluppo, diretto da DONATI, e il servizio Programmazione della produzione.

I reparti 1 e 2, ciascuno con un caporeparto e 14 operai, si trovano sotto la direzione di DANESI, responsabile della produzione.

A sua volta DONATI è assistito da due disegnatori e un tecnico.

VALERI, alle dirette dipendenze di MARINI, è il responsabile del servizio Personale. È aiutato da tre impiegati.

La contabilità è stata affidata a BERNI, che lavora con due contabili, un aiuto contabile e una dattilografa.

MORI si occupa dei rapporti sindacali.

Infine il direttore commerciale ha sotto la sua responsabilità PAVANI, manager delle Vendite, assistito da 4 impiegati e 3 rappresentanti; VIVIANI, responsabile per la Pubblicità, e LANCIANI, che controlla gli approvvigionamenti e la gestione delle scorte con l'ausilio di tre magazzinieri"

A - *Sapete completare l'organigramma ...?*

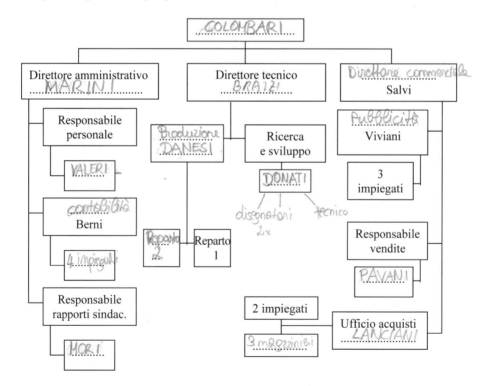

Imprese e società

B - *Dopo aver inserito nelle frasi seguenti i verbi (coniugati) corrispondenti alle azioni descritte*

> fornire cercare ~~fissare~~
> coordinare ~~analizzare~~
> gestire ~~lanciare~~
> ~~stabilire~~
> ~~mettere a punto~~
> impostare mantenere

fissare.... gli obiettivi commerciali e finanziari
da conseguire
lanciare.... nuovi prodotti
.... l'approvvigionamento di quanto occorre ai
diversi servizi
analizzare.... i risultati delle indagini di mercato
coordina.... le attività dei diversi servizi e reparti
dell'impresa
cerca di *imp...* e *stabilire* le relazioni con la
clientela
imposta.. la politica delle relazioni industriali
(rapporti con i sindacati)
fornire.... una campagna pubblicitaria
cercare nuovi mezzi di finanziamento
gestire i reparti

individuate le persone della ditta AERRE (con relative funzioni), incaricate di svolgere le attività appena elencate

C - CHI È IL DESTINATARIO? *Facendo sempre riferimento alla AERRE, indicate il nome della persona alla quale fareste pervenire:*

LANCIANI • un catalogo di articoli proposto da un fornitore
- un rapporto steso da un rappresentante

PAVANI • i risultati di uno studio di mercato
VALERI • una domanda d'assunzione con curriculum vitae
DANESI • un assegno a regolamento di una fattura

- la lettera di un cliente con richiesta di BERNI
  dilazione di pagamento
- un nuovo regolamento per la prevenzione DANESI
  degli infortuni sul lavoro
- il nuovo tariffario dei salari minimi VALERI
- un estratto conto BERNI
- una commessa LANCIANI

D - *A chi saranno indirizzati questi messaggi registrati sulla segreteria telefonica della AERRE?*

1. „Buongiorno, sono DIBELLA; devo assentarmi per motivi personali, per cui non potrò partecipare alla riunione del Consiglio d'amministrazione prevista per oggi pomeriggio"	MARINI
2. „Pronto? Buongiorno, ALESSANDRI, del servizio Acquisti della FERRI. Non ho ancora ricevuto il vostro listino prezzi. Potreste trasmettermelo tempestivamente? Grazie"	PAVANI
3. „Pronto, sono GORI, del supermercato CONAD. Non ho ancora ricevuto quanto ordinato e sto per finire le scorte. Conto su una fornitura immediata"	LANCIANI
4. „Buongiorno, PACI del Servizio Consegne della Società F.lli RE. Purtroppo non riusciremo ad effettuare le consegne questa settimana, come stabilito. Vi richiameremo in mattinata"	
5. „Pronto, buongiorno, BRIZZI al telefono. Ho appena ricevuto la vostra fattura, ma l'importo è sbagliato; vi siete dimenticati di dedurre gli articoli che vi ho restituito. Attendo una nuova fattura"	DANESI
6. „Pronto, qui LOBIANCO, dell'agenzia ROSATI di Roma. Avevo un appuntamento per mercoledì alle 11.00, per presentarvi il progetto che la mia agenzia ha elaborato per la vostra campagna pubblicitaria. Malauguratamente un imprevisto mi impedisce di venire; si potrebbe spostare l'incontro a venerdì prossimo alla stessa ora? Chiamatemi allo 02/7560930, grazie"	Viviani

Ricetta Colussi
Gli ingredienti del successo di una grande azienda italiana

La storia Colussi è una storia che comincia bene. Fondata a Perugia nel 1949, l'azienda apre uno stabilimento a Catania e uno a Napoli nell'arco di sette anni. Nel 1962, un altro passo avanti: l'unificazione dell'attività produttiva e l'apertura dello stabilimento di Petrignano, l'attuale sede Colussi. Una superficie coperta di 24.136 mq. Un'alta meccanizzazione dei reparti specializzati. Una capacità produttiva giornaliera superiore ai 2.000 quintali. Oggi la sede Colussi è una realtà operativa con particolari caratteristiche di efficienza e in costante crescita tecnologica.

I risultati economici: la produzione Colussi continua ad essere caratterizzata da un trend positivo. Nel 1987 il fatturato dell'azienda aveva già raggiunto 50.000 miliardi con un utile minimo di un miliardo.

Il personale della Colussi: 290 dipendenti nella sede, 146 per l'organizzazione di vendita, un totale di 328 dipendenti diretti.

I prodotti: quattro linee di biscotti frollini e due linee di biscotti secchi sono i prodotti di punta dell'azienda Colussi. Tra questi spicca il Gran Turchese; un forno di 120 mt. di lunghezza può produrne una media di 25 q.li all'ora.

Le altre linee: i Crackers, i Wafers, i Cannoli, la Pasticceria Industriale, le Fette Biscottate. Quest'ultima è la più avanzata tecnologicamente in campo europeo: un particolare procedimento di stagionatura, unico in Italia, consente una produzione in continuo di fette biscottate organoletticamente superiori, e in tempi ridotti.

La produzione nel mercato italiano dell'azienda è essenzialmente rivolta al business area dei biscotti, dove la Colussi occupa il secondo posto del mercato con i prodotti Gran Turchese e Bisolussi; una posizione che la Colussi ha raggiunto, oltre che per la qualità dei prodotti, per una tradizione dolciaria più che quarantennale.

Anche nel mercato estero, la Colussi raggiunge ogni anno quote di mercato sempre più rilevanti, sia nei grandi Paesi europei che in quelli del bacino del Mediterraneo.

Grazie al know-how acquisito, la Colussi sta sviluppando inoltre un'opera di ricerca in collaborazione con grandi aziende italiane e internazionali, come la Plasmon, la Buitoni e la Italgel.

L'investimento pubblicitario: nel settore dell'advertising, infine, la Colussi continua a promuovere una politica costante dell'investimento pubblicitario, caratterizzata dalla presenza costante sugli schermi degli italiani. Proprio come continua ad essere sempre presente, con il gusto di sempre, sulle loro tavole

(*adattato da* Mondo Economico)

A - *Immaginate di essere il direttore generale della Colussi; basandovi sulle informazioni contenute nel testo, seguendo lo schema sottostante e aiutandovi con la fantasia dove necessario, fornite le indicazioni essenziali per delineare un quadro globale dell'impresa*

Ditta/Ragione sociale/Denominazione sociale _____

Sede _____

Settore di attività
(p.e. impresa estrattiva/di servizi, mercantile, bancaria) _____

Data di inizio dell'attività _____

Motivo di localizzazione in una determinata zona

- ❏ facilità di approvvigionamento di materie prime
- ❏ agevolazioni fiscali
- ❏ presenza di manodopera specializzata
- ❏ vicinanza di mercati di sbocco
- ❏ esistenza di infrastrutture idonee
- ❏ presenza di industrie sussidiarie
- ❏ normativa di incentivazione dell'imprenditoria
- ❏ disponibilità di aree attrezzate per gli insediamenti industriali

Personale:

L'impresa è diretta da _____
Gli impiegati sono _____ di cui M _____ e F _____
Gli operai sono _____ di cui M _____ e F _____
Gli apprendisti sono _____ di cui M _____ e F _____

Materie prime

Natura _____
Origine _____
Quantità _____
Approvvigionamento in Italia ❏
                              all'estero ❏

Distribuzione

L'impresa vende a grossisti ❏
piccoli commercianti ❏
supermercati ❏
direttamente ai consumatori ❏

Trasporti

A mezzo   ferrovia ❏
           gomma ❏
           nave ❏
           aereo ❏
           .... ❏

Zone di smercio

mercati locali ❏
mercati regionali ❏
mercati nazionali ❏
mercati esteri ❏

Concorrenza

Temibile ❏
Insidiosa ❏
Inesistente ❏
Estera ❏
Agguerrita ❏
.... ❏

Pubblicità

mass media _____
             _____
promozioni _____
             _____

B - *Ora invece, calandovi nel ruolo dell'imprenditore stesso, come delineereste la vostra impresa, i vostri compiti, ciò che l'impresa riceve dall'ambiente esterno e a sua volta cede all'ambiente esterno, l'eventuale innovazione di prodotto o tecnologica che essa opera?*

C - *Completate con i verbi forniti a fondo pagina in ordine sparso*

TAPPE DI UNA GRANDE IMPRESA

La **ERG** .... a Genova il **2 giugno 1938** quando a **Edoardo Garrone** viene concessa la licenza per l'esercizio del commercio dei prodotti derivati dalla lavorazione del petrolio.
Viene così costituita la ditta individuale **Raffineria Petroli Edoardo Garrone**.
La favorevole posizione geografica degli impianti localizzati a Genova S.Quirico e soprattutto il grande fabbisogno energetico dell'Italia dell'immediato dopoguerra .... una rapida e costante crescita dell'attività imprenditoriale.
Nel **1956** la **ERG** .... il primo importante accordo internazionale con la **British Petroleum**
che per alcuni anni .... anche una partecipazione nel capitale dell'azienda.
Nel **1963** la capacità annua di lavorazione della raffineria .... i 6,5 milioni di tonnellate.
Nel **1967** viene realizzato il deposito di Arquata Scrivia, uno dei più importanti d'Italia.
Nel **1971** la **ERG**, insieme ad altri gruppi privati, ... la **ISAB** (Industria Siciliana Asfalti e Bitumi) per la realizzazione di una grande raffineria in Sicilia, a **Priolo Gargallo (Siracusa)**.
A costruzione iniziata, nel **1973**, anche il **Gruppo ENI** .... una quota di partecipazione.
Nel **1984** la **ERG**, orientandosi più decisamente verso il settore commerciale della distribuzione, acquisisce l'intera rete della **Elf Italiana**.
Nel **1985**, in previsione della chiusura della propria raffineria di Genova, la **ERG** .... il controllo di **ISAB**, con una partecipazione del 60% del pacchetto azionario.
Sempre nel **1985**, in partnership con il **Gruppo ENI (Agip Petroli)**, ERG .... **COLISA**:
la società per la gestione del grande sistema logistico integrato, realizzato tra Genova e la bassa Val Padana.
Nel **1986** il Gruppo .... l'intero pacchetto azionario e, conseguentemente, tutta la rete della **Chevron Oil Italiana.**
Nel **1991** il Gruppo .... , con una sponsorizzazione record, la riapertura del Teatro Carlo Felice di Genova.
Nel **1992 ERG S.p.A.** acquisisce il 12,5% della **SCI S.p.A.** diventando così il secondo maggior azionista di una delle più importanti società nel settore delle costruzioni.
Sempre nel **1992**.................... partner in **AKROS**, una delle più attive merchant bank italiane.
Presente oggi anche in attività diversificate
(Ingegneria, Biotecnologie, Informatica, Armamento, Immobiliare/Turismo)
il **Gruppo ERG** con il suo settore petrolifero .... il **10%** della raffinazione italiana
(11 milioni tons)
e, con **2300 punti vendita**, il 6% del mercato di consumo dei prodotti petroliferi.
Con circa **3,5 milioni** di fatturato e 1850 dipendenti il **Gruppo ERG** .... il primo gruppo petrolifero privato
italiano.
Riccardo Garrone è il Presidente.
ERG

rappresenta - assume - è - raggiunge - costituisce - favoriscono - nasce - patrocina - realizza - acquisisce - fonda - detiene - acquisisce – diventa

D - *Immaginate di fornire dei consigli ad un amico che vuole tentare la via imprenditoriale; spiegategli con altre parole quali dei seguenti elementi possono facilitare il successo o il fallimento di un'impresa, quali di essi costituiscono dei fattori endogeni ed esogeni, quali riguardano il fattore umano, quali l'aspetto finanziario*

- modelli di business basati su ipotesi di crescita continua
- crescente necessità di risorse finanziarie
- capacità di mantenere determinati livelli di servizio
- mancanza di chiarezza sul posizionamento e l'offerta
- incertezza nella domanda
- livelli di investimento non sostenibili e basati su aspettative di ricavi poco realistiche
- offerta superiore alla domanda effettiva
- recessione economica
- scarsa notorietà
- scarsa attenzione ai fondamentali del business model (disponibilità infrastrutture, gestione partnership)
- limitata capacità di fornitura e di rispettare i livelli di servizio promessi
- scelta della localizzazione
- ostacoli allo scambio, quali ad es. costi di transazione, barriere che impediscono il libero movimento delle risorse
- entrata di nuove imprese sul mercato
- allargamento dell'accesso al credito
- innovazione
- organizzazione
- produzione di un nuovo bene
- nuove condizioni geopolitiche
- rigidità burocratica del sistema economico
- rigida regolamentazione del mercato del lavoro
- comparsa di nuovi comportamenti e nuovi fenomeni economico-sociali
- individuazione di potenziali clienti
- propensione al rischio
- accelerazione generale dell'attività d'impresa indotta dall'introduzione delle reti elettroniche
- concetto di fedeltà, di programma da realizzare, di adesione a una *mission* aziendale
- esigenza di creare valore
- massimizzazione di profitti a breve termine
- ambiente rapidamente mutevole, incerto e fortemente competitivo
- assenza di un progetto industriale
- fuga dei capitali
- controllo di qualità
- incapacità di compiere previsioni accurate
- superficialità dell'analisi economica e aziendale sulla quale si basa il *business plan*
- pressione inflazionistica
- attenzione riservata alla ricerca tecnologica
- competizione basata sempre più sulla riduzione dei costi
- chiusura verso il lavoro e le relazioni sindacali
- priorità alle scelte di carattere finanziario
- rafforzamento del *core business*
- conoscenza della realtà economica
- competizione nelle aree tecnologicamente più avanzate
- marginalità della ricerca

- professionalità della manodopera
- aumento dei tassi d'interesse
- diversificazione dell'attività
- investimenti immobiliari
- privilegiare le persone anziché le competenze
- fluttuazione dei prezzi
- scelta del tempo per lanciare l'attività
- programma discontinuo di sviluppo del prodotto
- puntare sul prodotto anziché sul marketing

Presentazione di azienda

La **DEA engineering** si è costituita nel 1987 e da allora si occupa di progettazione, ricerca e sviluppo avanzato in campo motoristico. La progettazione e la ricerca sono estese ad ogni componente che costituisce il motore compresa la parte elettronica e la parte di alimentazione (carburatore). Con appositi software (CAD e appositi software di controllo) si disegnano e controllano i particolari da costruire. Nel febbraio 1999 si è trasferita nella nuova sede dove sono state acquistate e costruite nuove attrezzature e nuovi software di ricerca per approfondire ulteriormente lo sviluppo sui motori. Sono stati creati ed implementati nuovi reparti in modo da fornire al cliente il motore o parti che lo compongono chiavi in mano partendo, se richiesto, dal progetto per giungere al prodotto finito e collaudato.

Gli studi e le ricerche della DEA Engineering, hanno riguardato in questi anni tutte le parti fondamentali del motore. Sono infatti stati progettati e costruiti prototipi di teste, cilindri, carburatori, alberi motore, accensioni, iniezioni ecc. direttamente all'interno dell'azienda.

L'attività di sviluppo e ricerca procede in due direzioni: una segue l'attività di sviluppo e ricerca utilizzando software di simulazione, l'altra utilizza banchi prova motori statici e dinamici dove le varie parti vengono controllate direttamente sul motore per verificare la validità e la durata.

In questi anni la Dea engineering ha progettato tutti i tipi di motore per Kart della ditta Vortex, ditta con la quale esiste un'intensa attività di collaborazione tecnica al fine di migliorare il prodotto e conseguire l'obiettivo principale, ovvero vincere il campionato mondiale di motociclismo.

Oltre all'attività di ricerca per clienti che usano i motori in competizioni, la DEA guarda con molto interesse anche all'applicazione di alcune soluzioni elettroniche su motori che normalmente vengono impiegati sulla strada dall'utente di tutti i giorni.

A - *Completare le frasi*

1. La DEA Engineering è una ...*cooperativa*... che fornisce motori o parti di esso
(*compagnia – azienda – cooperativa*)
2. Con i software adatti si ...*cercano*... i particolari da costruire
(*preparano – cercano - disegnano*)
3. Alcuni anni fa si è ...*trasferita*... nella nuova sede
(*trasferita - recata – mossa*)
4. Si sono creati nuovi reparti per .... al cliente il motore chiavi in mano
(*dare – consegnare – fornire*)
5. Per l'attività di sviluppo e ricerca si ...*utilizzano*... software di simulazione
(*prende - utilizza – applica*)
6. Le varie parti vengono controllate direttamente sul motore per .... la validità
(*constatare – verificare – analizzare*)
7. La DEA ...*collabora*... con altre ditte per migliorare i prodotti
(*collabora – è in contatto – commercia*)
8. L'obiettivo che la DEA .... è vincere il campionato mondiale
(*insegue – persegue – consegue*)

Imprese e società

B - *Formare il sostantivo corrispondente dei seguenti verbi:*

costituire	....	controllare	....
costruire	....	trasferire	....
acquistare	....	fornire	....
comporre	....	collaudare	....
progettare	....	procedere	....
verificare	....	migliorare	....
usare	....	utilizzare	....
realizzare	....	destinare	....

C - *Effettuiamo ora una visita virtuale alla nuova sede dell'azienda; abbinate ai 18 numeri la relativa funzione dei locali, in base alla descrizione sottostante*

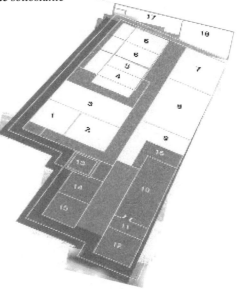

L'azienda è suddivisa in un'area riservata agli uffici, una che ospita la progettazione e una per il ristoro e le riunioni.

Il blocco dedicato alla progettazione e ricerca dispone di una sala CAD (...), affiancata dal reparto di controllo (....) e di una sala montaggio e smontaggio (che ha una superficie pari alle prime due sale) (....); da qui si passa alla sala prova per il test di flussaggio (....) e alla sala successiva, riservata ai test dinamici (....); per le prove statico dinamiche abbiamo a disposizione due locali di uguali dimensioni (....). I modelli vengono realizzati nello spazio antistante queste ultime (reparto di modelleria) (....) e adiacente alla sala lavorazioni meccaniche (....).
L'ultimo locale prima dell'area destinata agli uffici è riservato all'elettronica (....).

Per il pranzo i dipendenti hanno a disposizione una mensa aziendale collocata nell'ala nord (....) dove trova posto anche la sala riunioni (....) adiacente al reparto di modelleria.
Nell'area uffici il locale più ampio ospita, ovviamente, la Direzione generale (....), comunicante con la Segreteria (....); l'Ufficio amministrazione e contabilità (....) separa la Direzione generale dai laboratori, mentre all'estrema sinistra si trova l'Ufficio vendite (....).
Sul lato prospiciente la Direzione generale è situata la Direzione Commerciale (....) e la direzione tecnica (....); fra quest'ultima e l'area di progettazione e ricerca troviamo l'Ufficio del personale (....).

D - *Avete mai lavorato in un'azienda?*

E - *Che impressione vi ha fatto l'ambiente (ubicazione, edificio, uffici e personale)?*

F - *Che aspetto dovrebbe avere la vostra azienda ideale?*

G - *Immaginate di poter modificare la disposizione dei locali della DEA; che cosa cambiereste e perché?*

H – *La Coop ha modernizzato il centro commerciale Valdelsa. Siete uno dei responsabili marketing della cooperativa toscana e riferite ai soci come avete attrezzato il punto vendita. Spiegate come si presenta oggi questo supermercato Coop, illustrando la planimetria (servizi presenti, suddivisione reparti) e sottolineando quanto è stato fatto per modificare lay out e attrezzature; per questo secondo aspetto utilizzate i verbi delle frasi sottostanti coniugandoli al passato:*

- *creare un'unica area del fresco*
- *ridurre l'altezza degli scaffali*
- *creare ambienti per spezzare l'omogeneità tipica dei super del passato*
- *introdurre l'autoservizio per l'ortofrutta*
- *accorciare i corridoi fra gli scaffali per aumentare la libertà di movimento dei consumatori*
- *realizzare illuminazioni differenziate per i diversi reparti, per la profumeria con l'adozione di scaffali illuminati uno ad uno, per altri reparti con l'uso di faretti*

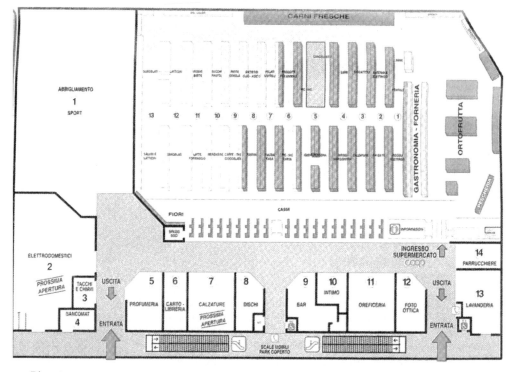

Pianoterra:
1- *Casalinghi* 2-*Materiale elettrico/Fai da te* 3-*Giocattoli* 4-*Libri/Intimo uomo e donna* 5-*Cancelleria/Pic nic* 6-*Prodotti per animali* 7-*Pelati, sottoli/Pulizia casa* 8-*Dietetici/Olio, aceto/Fustini* 9-*Pasta/Caffè, tè, cioccolata* 10-*Succhi di frutta/Merendine* 11-*Acque, bibite/Latte, formaggio* 12-*Latticini/Surgelati* 13-*Surgelati/Salumi*

Galleria:
1-*Abbigliamento e sport* 2-*Elettrodomestici* 3-*Tacchi e chiavi* 4-*Bancomat* 5-*Profumeria* 6-*Cartolibreria* 7-*Calzature* 8-*Dischi* 9-*Bar* 10-*Intimo* 11-*Oreficeria* 12-*Foto ottica* 13-*Lavanderia* 14-*Parrucchiere*

Imprese e società

Per presentare una società si devono fornire diversi dati sulle sue caratteristiche, tra cui p.es.:
a) storia dell'azienda
b) scopi, finalità, compiti, metodologia, responsabilità, criteri di valutazione, "mission"
c) prodotti e servizi
d) struttura e organizzazione dell'azienda
e) budget
f) rapporti esterni ed interni

I - *Presentate ora l'AEM ricostruendo le varie fasi riportate di seguito in ordine sparso. Poi commentate la tabella con i dati principali tracciando un paragone con i due anni precedenti (ammontare del fatturato, utili, perdite, costi, incremento, decremento, flessione ecc.)*

Il secolo dell'AEM - Da azienda municipale a società per azioni quotata in Borsa

1. Nell'ultimo trimestre del 2001 AEM Trading S.r.l. è diventato l'unico soggetto autorizzato, per tutte le società del gruppo AEM, a stipulare contratti di somministrazione di gas naturale

2. Ora AEM possiede un patrimonio di reti e di impianti straordinario, che la determinazione e la capacità dei suoi manager, nelle varie epoche, hanno saputo gestire e sviluppare garantendo, all'azienda e alla città di Milano, un consistente profitto e una qualità eccellente del servizio ai cittadini

*3. Seguendo l'evoluzione degli stili di vita e dei consumi, AEM nel 2000 arricchisce le proprie attività con l'ingresso nelle telecomunicazioni. Attraverso consistenti investimenti, oggi Milano dispone di una rete in fibra ottica per l'accesso integrato di Voce, Internet e Video. Lo sviluppo della rete coprirà nel primo decennio del **2000** oltre 4.000 chilometri di cui 1.500 di rete metropolitana a banda larga*

*4. Queste caratteristiche hanno favorito la nascita di una seconda fase, quella dell'Azienda energetica che dal 14 luglio **1981** - quando fu acquisita la rete del gas dalla Montedison - si è estesa per oltre quindici anni, dando vita all'attuale fase di Società Multiservizio, un'azienda cioè che ha fatto della qualità e dell'orientamento al cittadino - cliente la propria principale missione*

5. Le date che fissano la storia della AEM disegnano un percorso di quasi cento anni. Il Consiglio Comunale di Milano cominciò esattamente un secolo fa, intorno al 1898, a discutere come superare il contratto firmato qualche anno prima con la "Società generale italiana di elettricità, sistema Edison" per l'elettrificazione di Milano

6. Possiede sette centrali idroelettriche, 1.092 chilometri di linee elettriche ad alta tensione; ha svolto attività di acquisto e vendita di energia elettrica ai clienti idonei

7. AEM, partita con la rivoluzione elettrica che segnò il passaggio tra l'800 e il '900, si trova nel nuovo secolo ancora protagonista dello sviluppo economico e sociale del Paese

*8. Per cogliere tutte le opportunità offerte dalla progressiva liberalizzazione del settore energetico nel **2001** vengono costituite e rafforzate alleanze strategiche con partner industriali e finanziari che fanno nascere nuove società come Electrone, Italpower e Plurigas*

9. Tappe che hanno richiesto, nell'arco di questo secolo "breve", l'impegno ingente di risorse umane e finanziarie, superando difficoltà, guerre e periodi di crisi sociale, con un costante adeguamento innovativo della azienda alle radicali trasformazioni tecnologiche che hanno caratterizzato questo secolo

10. I gravi danni subiti con l'ultima guerra vengono superati, negli anni '50, con investimenti di grande rilievo, imperniati soprattutto sulla costruzione di impianti idroelettrici in Alta Valtellina e che permettono di giungere nel 1963 al raddoppio della capacità produttiva rispetto al periodo anteguerra

11. Su questa eccellenza si basa l'orgoglio dei suoi dipendenti, caratterizzati da un orgoglioso spirito di gruppo e da un forte senso di comunità

12. Nel *1910* dopo un formale referendum viene costituita l'AEM, Azienda elettrica municipale, che in pochi decenni si sviluppa vertiginosamente seguendo e favorendo lo sviluppo di Milano
13. AEM è ormai una realtà industriale complessa e pronta per essere valorizzata in tutte le sue attività. In base alla Legge 142/90 l'azienda municipale diviene nel 1996 una società per azioni denominata AEM S.p.A
14. Oggi la AEM produce, trasporta e distribuisce quasi 4 miliardi di chilowattora all'anno, ed è la maggiore tra le imprese locali del nostro Paese
15. Nel periodo fra le due guerre mondiali l'AEM cresce e si consolida. Durante il ventennio fascista l'Azienda, attenta ai problemi della produzione di energia, non solo potenzia gli impianti esistenti in città ed in Valtellina, ma ne costruisce di nuovi
16. Sono tappe importanti che hanno permesso non solo ad AEM ma all'intera città di Milano di compiere un salto in avanti per collocarsi tra le più grandi e avanzate aree metropolitane d'Europa
17. I primi ingegneri della AEM, con lungimiranza ed intelligenza, hanno progettato uno dei sistemi idraulici più importanti d'Europa
18. Società quotata dal 1998 alla Borsa Italiana, AEM S.p.A. è un'azienda multiservizi, leader in Italia per la gestione di servizi di pubblica utilità. I principali settori nei quali il Gruppo AEM è attivo sono: energia elettrica, gas e calore, telecomunicazioni e servizi che includono l'illuminazione pubblica e artistica della città di Milano
18. La centralità dell'AEM per Milano fu non solo economica e finanziaria, ma politica e sociale
19. La AEM fu così in grado di fornire l'energia necessaria al "boom economico" degli anni *'60*, durante i quali i consumi di elettricità aumentavano del 7,5% l'anno. Nel 1959 l'AEM, in collaborazione con l'Asm di Brescia, inizia la costruzione della Centrale Termoelettrica di Cassano d'Adda, poi ampliata nel 1984. E' questo l'ultimo atto del grande ciclo di investimenti iniziato negli anni '70 con la centrale del Braulio, che completa la fase di costruzione di una Azienda elettrica solida ed autosufficiente
20. AEM S.p.A. viene quotata alla Borsa Italiana nel *1998*, con il collocamento del 49% del capitale sul mercato. Le scelte di sviluppo di AEM compiono un passo decisivo nel *1999* con la riorganizzazione societaria predisposta anche in coerenza al Drecreto Bersani sulla liberalizzazione del settore elettrico. AEM assume l'identità di un Gruppo articolato in società operative per settore di attività analogamente a esperienze internazionali

Dati economici (milioni di euro)	2001	2000	1999
Ricavi netti	1112,5	767,3	655,8
Valore aggiunto	382,9	312,6	319,7
Costo del lavoro	(109,0)	(111,7)	(115,6)
Margine operativo lordo	273,9	200,9	204,1
Ammortamenti e accantonamenti	(108,4)	(79,0)	(76,9)
Risultato operativo	**165,5**	**121,9**	**127,2**
Quote di risultato di società valutate al Patrimonio netto	(7,0)	(11,3)	0,1
Oneri e proventi finanziari	(17,8)	(8,6)	(2,2)
Proventi e oneri straordinari	(1,8)	(2,3)	2,4
Utile ante imposte	138,9	99,7	127,5
Imposte di competenza	(31,4)	(25,1)	(14,9)
Risultato di terzi	(2,4)	(0,1)	0,5
Utile di esercizio di pertinenza del gruppo	**105,1**	**74,5**	**113,1**
Risultato operativo/Ricavi netti	14,9%	15,9%	19,4%

Volume d'affari: 1.112,5 milioni di euro   ■Utile netto: 105,1 milioni di euro

L – *Formulate delle frasi collegando i diversi elementi*

		peggiorata
		triplicato
		l'andamento del 2003
1. Gli investimenti	è	cambiato sensibilmente
2. La tabella	sono	una flessione
3. I posti di lavoro	si è	un sensibile calo
4. I dati	si sono	fama mondiale grazie alla qualità
5. I ricavi	riporta	pari all'anno precedente
6. Il risultato operativo	si registra	diminuiti
7. La posizione finanziaria	godono	un confronto tra due semestri
8. La cifra	si rileva	inferiori a quelli del 2002
9. I costi	presenta	in calo a causa della recessione
10. Dalla tabella	indica	migliorato
11. I prodotti italiani	subiscono	raddoppiati
		modificato in modo significativo
		ridotti
		un netto incremento
		i dati relativi al risultato operativo

M – *Siete il direttore commerciale di Saint Gobain e siete in concorrenza con il direttore marketing della Montedison per aggiudicarvi una commessa di alcuni milioni di euro. Argomentate circa la superiorità del vetro sulla plastica.*
Il rappresentante della Montedison farà altrettanto per la plastica.
Servitevi degli argomenti addotti nelle due pubblicità a confronto per condurre la discussione

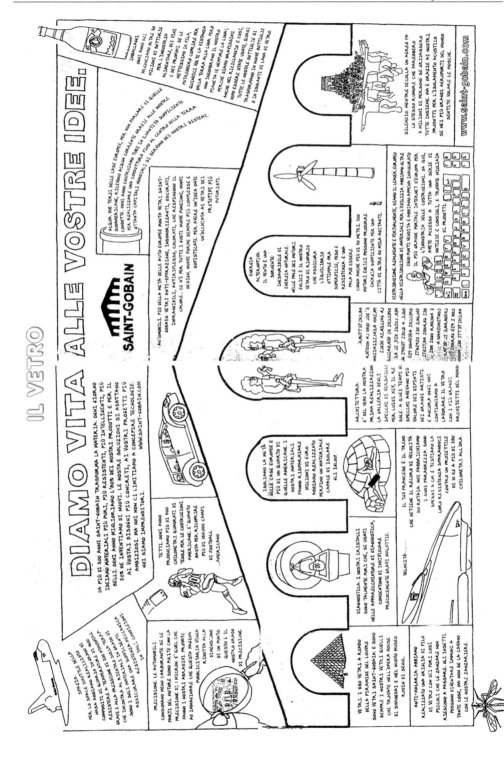

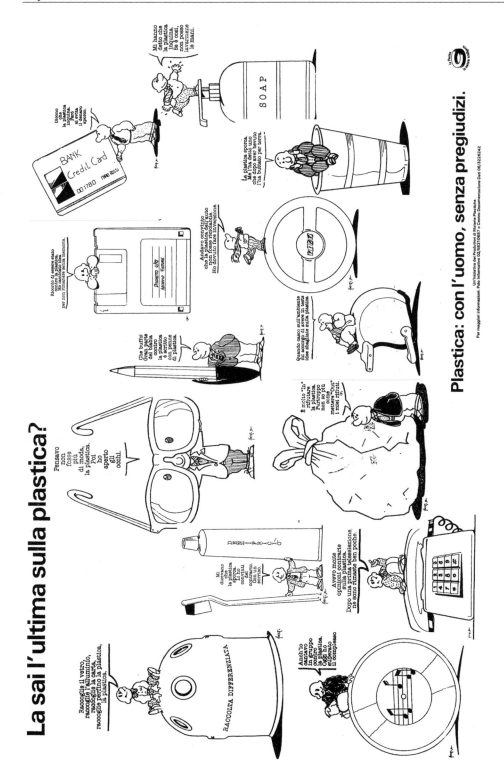

A - *L'articolo che segue riporta degli esempi che testimoniano un nuovo atteggiamento nel mondo della produzione. Completate il testo con i seguenti termini mancanti:*

alternative – ambientalista – ambiente - aria fresca – biocompatibili – biodegradabili – bisogno – coloranti – drenaggio – ecologista – energia – fondatore – industriale – inquinanti - materie prime – militante – nocive – organici – produttività – riciclabile – riciclare – scarico – sintetiche – sostenibile – tossiche – trattamento - verde

INDUSTRIE ECOLOGICHE/LA SVOLTA DEI PRODOTTI ....

Inquinamento zero

Aziende che riciclano l'aria fresca della notte. Fabbriche che emettono acqua pura. Scarpe da ginnastica senza Pvc. Cronaca di una rivoluzione
di Lorenzo Soria

SONO PASSATI MOLTI DECENNI DA quando comitive di industriali arrivavano per ammirare River Rouge, lo stabilimento nel Michigan nel quale Henry Ford aveva stipato 100 mila lavoratori alle catene di montaggio da cui uscivano i modelli "T". Con il fumo nero delle ciminiere, le enormi fornaci, le montagne di cenere e oltre 200 chilometri di rotaie interne era uno dei simboli della potenza economica americana. Ma proprio quando sembrava destinato a diventare un monumento a un'era industriale che non c'è più, River Rouge si appresta ad accogliere un nuovo tipo di turismo: i testimoni della nuova rivoluzione ...., gente interessata a vedere con i propri occhi i semi di una fabbrica che nel giro di vent'anni genererà prodotti privi di sostanze .... o cancerogene, alimentata da fonti .... non .... e che produrrà più energia di quanta ne consumerà.

Già alla fine del 2003 tutti i tetti verranno ricoperti di serre e giardini: una scelta non solo estetica: quando piove, i nuovi tetti .... assorbono l'acqua, che così non trascina nel fiume detriti tossici. E se di pioggia ne cadrà tanta, l'acqua verrà incanalata verso un nuovo bosco con stagni, laghetti e 1.500 alberi.

La decisione è stata presa da William Clay Ford, bisnipote del .... e amministratore delegato e presidente dell'impresa di famiglia. Il giovane Ford ha un passato da ...., ma quando ha presentato l'idea al CdA ha usato l'argomento più convincente: il denaro. Quei tetti verdi, con soli 13 milioni di dollari, renderanno inutile la costruzione di un impianto di .... e .... chimico dell'acqua da 48 milioni di dollari. "Non è filantropia ...., solo business", ha spiegato.

La Ford non è sola in questa tecnologia "tecno ecologica". Per il suo quartiere generale alle porte di San Francisco, Gap ha commissionato un edificio nel quale l'................. della notte viene conservata e fatta ricircolare durante il giorno, eliminando quasi completamente l'aria condizionata. La Herman Miller, società di arredamento, ha costruito una fabbrica nel Michigan nella quale è difficile distinguere tra interni ed esterni, particolare che avrebbe contribuito ad un aumento della .... del 60%. Gli edifici destinati a diverse funzioni sono stati disegnati tutti da William McDonough, 50 anni. Per McDonough ci vuole una svolta radicale: dobbiamo uscire da una cultura che continua a misurare la prosperità con la quantità di .... consumate e la correttezza politica con l'approvazione di regole che finiranno comunque per inquinare fiumi, cieli e cibo. "............... bottiglie d'acqua per ricavarne vestiti ci fa sentir bene, ma continuiamo ad indossare cancro", sostiene. "Dobbiamo imparare a celebrare il .... del mondo del commercio – ovvero generare profitti – assieme con quello della natura di preservarsi". Belle parole.

Ma dopo aver costruito palazzi che – come gli alberi – cambiano colore con le stagioni e sviluppano più .... di quanta ne consumino, McDonough ha deciso di applicare questi concetti anche alla produzione industriale, dedicandosi alla manifattura di oggetti completamente ...., che non contengono sostanze tossiche. Per inseguire questa nuova strada, McDonough ha fondato una seconda società in partnership con il chimico tedesco Michael Braungart, la Mc Donough Braungart Design Chemistry. Anche su questo fronte la lista dei clienti è lunga, come la Nike, p. e. Dopo avergli commissionato il progetto del suo quartier generale

europeo in Olanda, è tornata da McDonough perché facesse delle suole completamente biodegradabili che, se abbandonate nell'................., possano diventare cibo per lombrichi.
La Basf ha chiesto un tappeto di fibre di nylon .... all'infinito. McDonough e Braungart hanno messo a punto bambole senza Pvc, pastiglie per i freni senza amianto o altre sostanze ...., fibre .... senza antimonio. Poi c'è la Rohner, una società svizzera che voleva tessuti biodegradabili e privi di .... chimici. I due hanno contattato invano 60 aziende sino a quando alla Ciba-Geigy si sono ricordati che quel Braungart lo conoscevano, lo avevano incontrato quando come .... di Greenpeace si era legato al tetto di un loro edificio per protesta e hanno accettato la sfida.

E adesso, dopo aver studiato ottomila campioni e averne selezionati 38, McDonough sostiene: "Facciamo tessuti che potremmo mangiare". Una battuta, ma quando alcuni mesi fa le autorità svizzere si sono presentate per esaminare le acque di .... hanno pensato che i loro strumenti si fossero inceppati. Invece era vero: l'acqua in uscita era pulita quanto quella delle sorgenti di montagna.
E così McDonough, che nonostante il successo continua a riscuotere una buona dose di scetticismo, un paio di mesi fa ha ricevuto dal sindaco di Chicago la richiesta di rendere più .... la metropoli. Poche settimane dopo è stato contattato dal governo cinese che vorrebbe trasferire i suoi principi di crescita .... al paese più popolato della terra.

B - *Oltre alla tutela ambientale, nel processo di produzione occorre tenere presente una serie di altri aspetti quali l'igiene, l'antinfortunistica, l'identificazione e rintracciabilità dei prodotti, l'imballaggio. Spiegate in che senso.*

C - *Immaginate che il sacchetto si rivolga a più persone. Modificate le frasi coniugando i verbi alla II persona plurale*

Sai che sono realizzato con polietilene riciclabile al 100%?
Evita il consumo di materie utili e preziose!
Non gettarmi via, ma riutilizzami più volte perché sono leggero, robusto e resistente
Quando non ti servo più mettimi negli appositi contenitori!

D – *Individuate nella pubblicità i verbi corrispondenti a questi sostantivi:*
rispetto – garanzia – progettazione – creazione – proposta – adesione – offerta – prescrizione – acquisto – realizzazione – divieto – miglioramento – riduzione – esaurimento – promozione – contributo – test – smaltimento

C'è anche l'ecobusiness

Il piatto non è ancora così ricco, ma sono sempre di più le società di consulenza che operano nel settore ambientale. Ad aver stimolato questo nuovo mercato sono stati, come detto, l'aumento dell'importanza strategica degli assetti ambientali delle aziende (in particolare per la determinazione del valore patrimoniale per la stesura dei bilanci o per operazioni di compravendita), ma soprattutto l'avvento di nuovi strumenti comunitari come l'Ecoaudit e l'Ecolabel: marchi di qualità ecologica attribuibili, rispettivamente, ad aziende e a prodotti. Ed è in considerazione dell'adozione, anche in Italia, delle regolamentazioni Ue, che alcune società di consulenza e revisione hanno dato vita all'associazione Assoreca.
L'ecobilancio non è obbligatorio, ma un numero crescente di imprese lo pubblica. Mentre si diffondevano i dati sugli effetti disastrosi della recessione, Fiat, Ibm e Montecatini presentavano i loro primi bilanci ambientali. Fumo negli occhi? No, una riprova del valore strategico assunto dalla "variabile ambiente" nella gestione d'impresa.
Ma che cosa contiene questo nuovo strumento, che può chiamarsi bilancio ambientale, rendiconto ambientale o rapporto ambientale? Un tipico bilancio verde prevede una prima parte descrittiva sull'azienda, i suoi prodotti, i suoi impianti, la sua politica ambientale, i principali interventi ecologici effettuati. Segue una sezione quantitativa con i trend dei consumi di acqua, energia e materie prime e di emissione di sostanze inquinanti in atmosfera, acqua e suolo, nonché sulla produzione di rifiuti. In molti casi sono presentati gli obiettivi per gli anni successivi, gli investimenti per la tutela ambientale e, a volte, analisi degli impatti ambientali dei singoli prodotti. Se necessario si ingaggiano società di consulenza per aiutare il management ad impostare un sistema di rilevazione ed elaborazione dati ambientali. Anche se ci sono aziende in grado di raccogliere da sé dati, statistiche, informazioni in termini ecologici e riunirli in maniera organica per redigere l'ecobilancio. Il report ambientale è uno strumento di comunicazione verso 3 diversi target: il personale interno, il territorio circostante agli stabilimenti, autorità e opinion leader, cioè per rafforzare la politica di *corporate immage*, per ricavarne benefici di immagine e vantaggi competitivi. Esso viene utilizzato anche come punto di riferimento per il management, un vero strumento di gestione.
Cambiamento climatico, deforestazione, riduzione delle risorse idriche, desertificazione sembrano problemi insolubili. Tuttavia, come si insegna al primo esame di economia, ogni problema può trasformarsi in un'opportunità. L'ambiente è uno dei tanti aspetti presi sempre più in considerazione dal sistema industriale e finanziario; la certificazione etica o l'ecobilancio possono servire per garantire al consumatore una produzione rispettosa della responsabilità sociale che escluda p. es. il lavoro minorile e preveda l'osservanza dei contratti e il rispetto dell'ambiente e delle realtà dove l'azienda opera. In qualche caso possono rappresentare un plus rispetto ai concorrenti, da sottolineare nell'attività di marketing. Boicottaggi, cause e multe per pratiche di dumping sociale e ambientale sono sempre più frequenti tra le grandi imprese multinazionali, per cui le nuove strategie aziendali non potranno più evitare di considerare il valore della reputazione sociale.
Ma quali sono i costi? Sia di natura economica (redazione, stampa e diffusione), che di risorse umane (l'impresa deve individuare personale da dedicare ad hoc o a cui assegnare lavori che prima non faceva); inoltre si deve cambiare il sistema di raccolta dati e prevedere l'uso di apparecchiature per la loro elaborazione.
Punti deboli? Che rilevanza può avere la riduzione delle emissioni di anidride solforosa da parte di un'azienda che magari contemporaneamente licenzia migliaia di persone? Oppure la carenza di correlazioni tra la riduzione degli impatti ambientali, investimenti ecologici e risultati economici dell'impresa. E ancora l'affidabilità di alcuni ecobilanci attuale: è difficile stabilire che cosa vada inserito, p. es., tra gli investimenti ambientali.

(adattato da Espansione)

E – *Trovate le risposte alle domande sui "bilanci verdi" nella colonna a destra*

✓ Chi li fa?	1. Tra i 25.000,-- e i 50.000,-- € se già si dispone di un sistema di ecogestione. Fino a 500.000,-- € se si parte da zero
✓ Cosa contengono?	2. Sono divisi. Alcuni ritengono più utile l'Ecoaudit europeo: può portare ulteriore lavoro
✓ Chi li redige?	3. Serviranno ancora, anzi beneficeranno dei sistemi di management e auditing ambientale più rigorosi
✓ Quali obiettivi si propongono?	4. In Europa sono una trentina di aziende. In Italia solo otto: Bayer, Ciba, Dow, Enichem, Fiat, Ibm, Montecatini, 3M
✓ Quanto costa realizzarli?	5. Bene quelli delle aziende che li pubblicano, anche se con un certo scetticismo sulla loro utilità ai fini del business
✓ Come li giudicano i manager?	6. Dati di rilevanza ambientale come emissioni, produzioni di rifiuti, consumi energetici, investimenti in tecnologie ecologiche
✓ Cosa ne pensano i consulenti?	7. Hanno tre finalità: di comunicazione interna, esterna e di supporto gestionale per il management dell'impresa
✓ Che fine faranno con l'Ecoaudit?	8. Le informazioni sono raccolte da addetti degli stabilimenti, mentre l'elaborazione è a cura dei manager delle direzioni ambiente

Ruolo

1 - *Siete l'amministratore delegato della Merloni Elettrodomestici e dovete spiegare agli azionisti - contrari al vostro operato - i motivi per cui avete deciso di introdurre l'ecobilancio per l'azienda. Aiutatevi con gli articoli precedenti per sostenere la validità della vostra decisione.*

2 – *Avete deciso di prendere parte all'assemblea straordinaria perché volete mettere in discussione l'opportunità di un ecobilancio per l'impresa di cui siete azionista. Ricercate nell'articolo precedente gli argomenti a sostegno della vostra opinione*

F - *Di seguito sono riportati 4 modelli di strutture organizzative aziendali. Attribuite a ciascun organigramma la descrizione relativa ed indicate quale modello si presta ad uno stile direzionale autoritario, non autoritario, democratico*

a) Organizzazione a matrice

Struttura organizzativa che prevede la presenza di comitati consultivi (o unità di *staff*) dediti allo studio e all'approfondimento di problemi di gestione (costituendo, così, un valido ausilio per gli organi al vertice) e di direzioni multiple, presenti al vertice degli organi esecutivi, che si compongono di personale specializzato, responsabile collegialmente delle attività dei settori aziendali.

Caratteristiche:
- *struttura ibrida*
- si adatta particolarmente alle *produzioni ad alto contenuto tecnologico* o *alla realizzazione di grandi opere pubbliche*
- *flessibilità*
- *scarsa definizione dei ruoli*
- *richiede, ai manager che vi partecipano, doti di coordinamento e attitudine al lavoro in team*

b) Struttura a line e staff

Modello organizzativo che si propone di conciliare l'esigenza di definire con precisione i rapporti di dipendenza con la specializzazione. Esso prevede una linea operativa che assicura l'unità di comando e diverse unità ausiliari e strumentali (staff) collocate ai vari livelli con la funzione di favorire la specializzazione attraverso attività di consulenza, di predisposizione di politiche e metodologie, di segnalazione di inconvenienti da eliminare e di correttivi da adottare.

Caratteristiche:
- *specializzazione dei capi*
- *presenza di organi di staff*
- *comunicazione top-down ma anche orizzontale (tra funzioni) e diagonale tra line e staff*

c) Struttura gerarchica (lineare)

Organizzazione del lavoro a struttura piramidale con la preposizione al vertice dell'autorità gerarchicamente più elevata e con graduazione successiva di doveri e poteri.

Caratteristiche:
- *unità di comando*
- *comunicazione top-down* (dall'alto in basso)

d) Struttura divisionale

Organizzazione del lavoro caratterizzata dalla *suddivisione delle funzioni* in ragione del prodotto, oppure per grandi aree geografiche. La divisione si articola, a sua volta, in funzioni, processi e mansioni.

Caratteristiche:
- *decentramento operativo corrispondente alla divisione*
- *l'alta direzione gestisce le strategie di tutte le divisioni realizzate dai direttori di divisione*
- *comunicazione top-down* ma *anche bottom-up* (dal basso in alto) *tra i direttori di divisione e l'alta direzione*

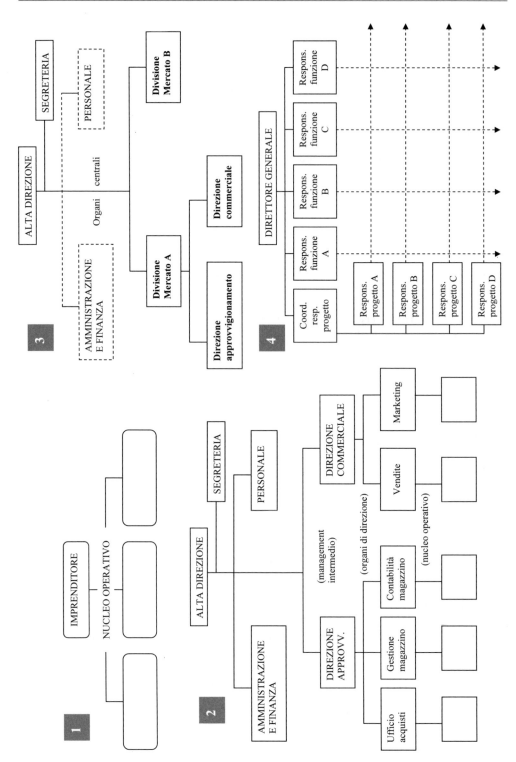

G - *Al termine dell'ultimo consiglio d'amministrazione, il portavoce della Michelin ha diffuso il seguente comunicato. Ricostruite il testo utilizzando le parole del riquadro*

> prestito - parte - diritti - produttore - posti di lavoro
> prime - progetto - capacità - canadesi - stabilimenti

Il gruppo Michelin, secondo .... mondiale di pneumatici, investirà 500 milioni di dollari ....per modernizzare ed accrescere la .... dei suoi tre .... canadesi. Nell'ambito di tale ...., che porterà alla creazione di 600 nuovi ...., la provincia del Quebec ha deciso di accordare alla Michelin un ...., ad interessi zero, di 48,3 milioni di dollari canadesi, rimborsabile in quindici anni. Da .... sua, il governo federale ha accettato di ridurre i suoi .... doganali su una parte delle materie .... che la Michelin importa dalla Francia per la sua produzione.

H - *Ricomponete la lettera secondo l'ordine logico*

Egregio Signor Galvani,
1 - Le raccomandiamo perciò molta prudenza nella scelta dei clienti e di approfondire sempre le informazioni sulla loro situazione economica, prima di affidare ad uno di essi una consistente partita di merce, onde evitare di doverne rispondere personalmente.
2 - Accludiamo il contratto in triplice copia; voglia restituirci due copie debitamente firmate per accettazione.
3 - Allegato: mandato di agenzia in triplice copia
4 - La Sua richiesta di lavoro come nostro agente di commercio per la Regione Toscana, infatti, è stata accolta dal ns. Consiglio di amministrazione e pertanto Le conferiamo il mandato di agente per la vendita dei nostri prodotti in questa regione, con inizio 1.1.199..
5 - In risposta alla Sua domanda del ...., siamo lieti di invitarLa nei ns. uffici il 25 p.v. per un colloquio.
6 - Nella speranza di una fattiva e reciproca collaborazione, ci è gradita l'occasione per porgere i nostri migliori saluti.
7 - Tra qualche giorno Le saranno inviati, inoltre, a n/ spese, tutti i campioni, che hanno un valore commerciale considerevole e che resteranno di n/ proprietà.

I - *Reinserire opportunamente la punteggiatura tolta alla lettera di reclamo (punti, virgole, trattini, maiuscole, esclamativi, interrogativi, ecc.)*

Egregi Signori Vi scrivo perché deluso dalla qualità del Vostro servizio clienti avevamo ordinato infatti alcuni articoli che sono stati consegnati con un ritardo di un mese poiché un tale disguido ci ha causato innumerevoli problemi abbiamo telefonato per informarci del motivo la persona che ci ha risposto oltre a comportarsi con sgarbatezza ed arroganza ha rifiutato di riferirci il suo nome neanche nel corso delle successive telefonate siamo riusciti ad avere una reazione più educata se entro una settimana non avremo ottenuto una spiegazione plausibile per detto ritardo nella fornitura della merce potrete considerare annullato l'ordine è chiaro inoltre che i futuri affari saranno svolti con i Vostri concorrenti distinti saluti

WÜRTH, una vite da vendere
Rapidità nelle consegne e cura del cliente

Bolzano – È una di quelle aziende che, pur non avendo un proprio reparto di produzione, ha messo a frutto un'idea. È il caso della Würth, azienda tedesca leader nel mondo nella minuteria metallica, fondata a fine guerra da Adolf Würth e presente in Alto Adige dai primi anni '60 e oggi una delle maggiori aziende in assoluto nella regione. E questo senza avere una propria fabbrica, ma con un apparato di vendita esemplare, a riprova che, come nello sport la testa vale più dei muscoli, anche nel business la testa è fondamentale.

"Il segreto del nostro successo – commenta uno dei due amministratori delegati – è il sistema di vendita. Contiamo su uno staff di venditori specializzati che visitano con assiduità i propri clienti, li consigliano, li aggiornano sulle continue innovazioni. Non dimentichiamo che per noi il cliente è un re. Ogni rivenditore monomandatario Würth visita ogni giorno venti suoi clienti e inoltra gli ordinativi alla sede con il suo PC portatile. Il giorno dopo quanto richiesto dal cliente è a sua disposizione. Anche nel mondo della natura è così: sono i veloci che mangiano i lenti. Non c'è scampo se si deve competere su un mercato difficile come quello attuale".

«Chi non va col tempo, se ne va col tempo». È questa una delle massime che campeggiano nel suo studio. Uno slogan che sintetizza ulteriormente lo spirito ispiratore di un'azienda che punta oltre che sull'assoluta efficienza, rapidità, professionalità e qualità, anche sulla piacevolezza del posto di lavoro. Non va dimenticato, infatti, che la Würth, un'azienda che deve la sua fortuna essenzialmente al commercio di viti, presso la sua sede madre in Germania vanta una collezione d'arte moderna di assoluto valore culturale, in cui non mancano opere di Picasso, Vasarely e Lucio Fontana.

(adattato da Il Sole24Ore, P. Marangoni)

A - *Ricercate nel testo i sinonimi o le espressioni equivalenti:*

- gruppo di persone addette ad un particolare compito
- capacità di svolgere un'attività con competenza ed efficienza
- ordine di acquisto o di fornitura
- miglioramento o radicale cambiamento dei beni offerti
- capacità costante di rendimento
- gareggiare, misurarsi
- trasmettere
- complesso di organi burocratici o amministrativi
- recapito, fornitura
- insieme delle caratteristiche di una merce
- riassumere in forma essenziale
- attenzione, riguardo
- velocità

B - *Completate il testo con una delle tre parole proposte di volta in volta*

Cosa significa per Sicna la parola "servizi"...

Questa è la nostra idea di "servizio".
Alla Sicna abbiamo maturato da tempo una convinzione, ovvero che offrire .... non significa fare ciò che è già parte della "mission", del lavoro di una azienda, ma dare di più.

prestazioni – servizi - funzioni

Il confezionamento.
Ai nostri clienti offriamo, innanzitutto, la possibilità di ricevere il prodotto Sicna nella .... che ritiene più idonea. Proprio per questo abbiamo strutturato la nostra sede con ambiti e

Imprese e società 239

attrezzature specifiche, così da poter gestire in tutta tranquillità confezioni che vanno dai 25 grammi alle 25 tonnellate.

preparazione – composizione – confezione

In questa vasta gamma di quantità possiamo, in pratica, confezionare il caramello come i nostri partner necessitano, anche se gli imballi più utilizzati sono le taniche da 25 chilogrammi, i fusti da 270/280 chilogrammi e i contenitori .... da 1.300 chilogrammi.

sistemati - pallettizzati - ordinati

Il trasporto.
Un altro passo che abbiamo fatto per dare la certezza ai nostri clienti di avere scelto un partner affidabile è quello di esserci attrezzati in modo da poter garantire – per certi volumi e determinate .... – anche un servizio di consegna con nostri ....

destinazioni – assegnazioni – distribuzioni
mezzi – autoveicoli - automezzi

Lo stoccaggio.
Sono oramai diversi anni che le aziende tendono a limitare i costi di magazzino e anche in questo abbiamo voluto dimostrare che Sicna cerca un rapporto di vera e propria "partnership", facendoci carico di una capacità di .... di oltre 1.200 tonnellate di prodotto, tra materie prime e prodotti finiti. In questo modo non solo offriamo ai nostri clienti la possibilità di non ....
per tempi eccessivamente lunghi risorse e spazi, ma dimostriamo giorno per giorno di poter reagire a qualsiasi necessità in tempi assolutamente brevi, rispondendo adeguatamente alle esigenze di .... "just in time".

magazzino – stoccaggio – conservazione
fissare – immobilizzare – vincolare
rifornimenti – recapiti - forniture

I prodotti su misura.
L'ultimo capitolo di questa breve storia è dedicato a un altro servizio Sicna, ovvero alla possibilità di offrire prodotti "su misura", ... per qualsiasi tipo di impiego, ovviamente sempre potendo contare sulle professionalità e sulle attrezzature del laboratorio interno per formulazioni "ad hoc".

specifici - pertinenti – commisurati

C - Completate le frasi con gli elementi forniti in (a) e individuate in quale contesto (b) avvengono le affermazioni

1. Nonostante gli abbia ricordato che .... ancora 2.500,-- € alla ditta Frank, il Suo cliente non ha affatto .... a questo punto nella sua lettera
2. Se nessun collega si .... disponibile, me ne dovrò .... io
3. Vorrei tornare a .... che la stabilità monetaria deve avere ....
4. Se i datori di lavoro nei prossimi mesi e dopo lo sciopero di avvertimento .... loro ...., saremo costretti ....
5. Se la domanda dei nostri articoli non ...., dovremo .... molti dipendenti

a. sottolineare - priorità assoluta; dichiara - occupare; deve - accennato; aumenterà - licenziare; resteranno sulle ...... posizioni - a proclamare uno sciopero generale
b. riunione di consiglio - riunione sindacale - collegio dei docenti - riunione della direzione aziendale - tribunale

Presentazione di un prodotto

Nivea, un **marchio** famoso

Noi ricercatori dei laboratori Nivea, da sempre dedicati allo studio di prodotti per la cura della pelle, abbiamo trovato una risposta specifica alle esigenze maschili: Nivea Deodorante for Men.
Si tratta di un **prodotto innovativo,** sia per la formula che per i risultati, **disponibile** in tre versioni, a seconda del **settore di applicazione.** Abbiamo **realizzato** questa **linea di prodotti** con una speciale formula bifunzionale includendo prodotti senza alcool, **senza conservanti, senza coloranti.** La doppia funzione è garantita dalla speciale formula, composta da un esclusivo complesso di ingredienti attivi a doppia azione, che abbiamo **messo a punto** proprio nei nostri laboratori. È una **formula** dermatologicamente **testata**; si avvale di tre ingredienti particolari, gliceridi, acidi di lanolina e lipidi, **a duplice azione**, protettiva e preventiva, che presentano un'elevata somiglianza strutturale con composti esistenti negli strati superficiali della pelle ed alcune sono **approvate** addirittura anche a fini alimentari, quindi **senza controindicazioni.** Fino ad ora non erano molto **diffusi** deodoranti specifici con profumazione prettamente maschile. Oggi la soluzione c'è. Gli uomini possono smettere di usare **prodotti „generici"** e scegliere la **gamma** Nivea Deodorante for Men: la risposta specifica maschile per un'**azione efficace** anche se delicata.

(Adattato da un'informazione pubblicitaria comparsa sulla rivista Espansione)

A - *Individuate per ognuna delle seguenti definizioni l'espressione corrispondente usata nel testo (in grassetto)*

- con due effetti
- senza avvertimenti che ne sconsiglino l'uso
- approntare, creare
- autorizzare
- che presenta nuove soluzioni
- che produce l'effetto desiderato
- ambito in cui si utilizza
- che può essere acquistato o utilizzato
- complesso di sostanze che compongono un prodotto
- intestazione, etichetta, nome, sigla ecc. che caratterizza un prodotto e lo differenzia da altri simili
- non destinato o previsto per un uso in ambito particolare
- per iniziare a spiegare di che cosa si sta parlando
- presente in gran numero
- serie completa di prodotti
- serie di prodotti di una stessa marca, destinati ad usi analoghi o complementari
- sostanze che vengono aggiunte al prodotto per allungarne la durata o conferire un determinato colore
- sperimentare

Nella presentazione di un prodotto vengono fornite in genere queste indicazioni:

Nome	Caratteristiche tecniche
Istruzioni per l'uso	Condizioni per il migliore utilizzo
Eventuali precauzioni da prendere	Uso
Raccomandazioni	Vantaggi principali
A chi è destinato il prodotto	Differenze essenziali rispetto ad altri prodotti
Vantaggi secondari, attrattive supplementari	Differenze essenziali rispetto ai prodotti concorrenti
Inconvenienti, punti deboli e giustificazioni	
Osservazioni	

B - *Analizzate la pubblicità del cerotto Bertelli e individuate quali degli elementi suesposti contiene:*

Composizione (per 100 grammi)
Principi attivi
g 3,00 Capsico oleoresina
Eccipienti
g 0,01 Arnica essenza
g 4,20 Olibano
g 30,19 Gomma naturale
g 0,80 Ferro ossidi
g 35,70 Colofonia idrogenata
g 24,60 Iride rizoma

Lombaggini, stiramenti muscolari, nevralgie intercostali, stati dolorosi di natura reumatica
Per uso esterno
Conservare in luogo asciutto
Kelemata Spa – Torino
Officina Farmaceutica
di Venezia-Martellago

Formulato a base di principi vegetali dotati di efficace azione revulsiva. Applicato sulla cute in corrispondenza di una parte dolente dà una sensazione di calore e produce una efficace attenuazione delle manifestazioni dolorose
Cerotto Bertelli è in grado di agire efficacemente nelle lombaggini, negli stiramenti muscolari, nelle nevralgie intercostali e negli stati dolorosi provocati da reumatismi in genere.
Liberato dalla carta siliconata che ne protegge lo strato adesivo **Cerotto Bertelli** si applica sulla cute previamente asciugata facendolo aderire perfettamente con un leggero massaggio.
L'azione del **Cerotto Bertelli** si esplica generalmente entro le 24 ore. Tuttavia, se l'effetto desiderato non è stato raggiunto entro questo periodo di tempo, **Cerotto Bertelli** può rimanere applicato più a lungo (infatti **Cerotto Bertellei** può essere applicato più volte consecutive senza inconvenienti), oppure, più convenientemente, può essere sostituito con un altro.
Nei casi in cui l'area interessata dal dolore è particolarmente ampia si possono applicare contemporaneamente due o più cerotti. Si consiglia di asportare **Cerotto Bertelli** servendosi di un batuffolo di cotone imbevuto di acqua tiepida oppure di benzina o di olio d'oliva. Per mantenere inalterate morbidezza ed adesività è opportuno conservare **Cerotto Bertelli** in luogo fresco e al riparo dall'aria.
Eventuale ipersensibilità individuale accertata verso il prodotto. Il cerotto non va utilizzato in età pediatrica.
Applicare esclusivamente su cute sana.
L'uso, specie se prolungato, dei prodotti per uso topico può dare origine a fenomeni di sensibilizzazione. In questo caso, oppure dopo breve periodo di trattamento senza risultati apprezzabili, consultare il medico.
Validità anni 5
La data di scadenza indicata si riferisce al prodotto in confezionamento integro, correttamente conservato.

Ecco, di seguito, la descrizione di un liquore sardo:

AZIENDA: ZEDDA PIRAS
NOME: MIRTO DI SARDEGNA
DATA LANCIO IN ITALIA: GIUGNO 1999
FILOSOFIA AZIENDALE DEL LANCIO
* Diffondere la notorietà del prodotto a tutto il territorio nazionale.- Lo Slogan: "il mirto Zedda Piras non ha più confini".
* Affermare Zedda Piras come la marca di riferimento e di tendenza nell'ambito dei liquori tipici regionali (emancipare Zedda Piras da marca locale a marca di rilevanza nazionale).
* Affiancare al mirto altri prodotti tipici con lo stesso brand (mirto bianco, Filù e ferru).
MERCATO DI RIFERIMENTO E TREND* Il mirto Zedda Piras si colloca nel mercato dei liquori dolci (secondo mercato in termini di importanza nei "liquori" dopo gli aperitivi, Soldati alc.) e in particolare nel segmento dei liquori tipici regionali (vedi limoncello che da solo vale circa 11 milioni di litri - ACNielsen rivalutato).
* Il segmento dei liquori tipici regionali è in forte espansione per i seguenti motivi:
* Gusto dolce accessibile ad un consumo allargato (giovani compresi)
* Tendenza alla "scoperta" di prodotti originali ed autentici
* Il mirto con Zedda Piras rappresenta l'ultima novità nel campo dei liquori dolci proponendosi come la vera alternativa al limoncello: **"il mirto …il dopo limoncello"**.
Il mirto, quindi, è l'ultima "onda" nel mercato dei liquori che ne sosterrà i consumi dopo le vodke aromatizzate, le creme, i white spirits, i limoncelli.
* Zedda Piras è in Sardegna dal 1854, è la numero uno con oltre il 50% di quota di mercato nell'isola.
POSIZIONAMENTO DI PRODOTTO
Zedda Piras **"carattere di Sardegna": Il vero liquore tipico.**
* Brand character: Zedda Piras rappresenta il collegamento tra l'antico e il moderno, tra vecchie tradizioni destinate a morire e altre che durano e dureranno.
* Il contenuto di innovazione è dato dall'aver saputo "trasformare" un prodotto di fortissima tradizione locale in una marca di tendenza a livello nazionale.
- mantenendone ed enfatizzandone l'autenticità
- riattualizzandone l'immagine a partire dal packaging e dalla comunicazione (stampa trade, affissione, TV; pubbliche relazioni come la partecipazione a Night Wave - la fiera delle tendenze giovanili)
CARATTERISTICHE DI PRODOTTO
Liquore dolce ottenuto da sole bacche fresche di mirto sardo, senza conservanti, coloranti o aromi naturali (caratteristica, quest'ultima, differenziante rispetto ad es. a moltissimi limoncelli tra cui l'attuale leader di mercato).
TARGET DI RIFERIMENTO PRIMARIO
* Uomini e Donne 25-44 anni di livello socio-culturale medio alto, attivi, curiosi, aperti alla sperimentazione.
* Source of Business: primariamente limoncello
QUOTA DI MERCATO E DISTRIBUZIONE
* 6,5% negli Iper + Super con 65 punti di distribuzione ponderata entro 2 anni dal lancio.
* 3.000 ristoranti (escluso la Sardegna).
INVESTIMENTI PUBBLICITARI
1999: 100% quota di spesa pubblicitaria

C - *Siete in riunione con la direzione generale, il direttore commerciale e il responsabile dell'ufficio promozione vendite. Basandovi sui 10 punti dell'esempio, discutete come presentare e lanciare sul mercato il Nivea Deodorante for Men. Decidete se volete fissare un prezzo inferiore a quello della concorrenza o mantenere un prezzo di scrematura, se volete indirizzare la pubblicità al vasto pubblico o, in modo mirato, solo alla clientela potenziale e se volete ricorrere alla pubblicità comparativa. Riportate il risultato della riunione in una breve scheda tecnica del prodotto, elencando gli elementi essenziali (dimensioni, materiale, colore, packaging, qualità, prezzo, target, concorrenza, mezzi pubblicitari, slogan)*

D - *Ora immaginate di dover convincere alcuni rappresentanti a vendere questo prodotto. Preparatevi a rispondere alle loro domande.*

E – *Siete un rappresentante di cosmetici e vi viene presentato il nuovo deodorante Nivea for Men affinché lo commercializziate. Naturalmente prima di decidere volete convincervi della qualità del nuovo prodotto e ponete una serie di domande in merito*

Suggerimenti per possibili domande ad un prodotto:

Prezzo d'acquisto
Prezzo di vendita
Tempi di consegna
Target
Confezione
Campagna pubblicitaria
Quantitativo minimo da ordinare

nonché (secondo *Fonte: Eppler 1981, pag. 177 s.*)

sostanze con cui viene realizzato
fasi di lavorazione
usi ai quali si presta
durata
utilizzo dopo l'uso
dipendenza da eventuali centri di rifornimento irraggiungibili per il consumatore
acquisto unico o collegato all'acquisto di altri prodotti per funzionare

effetti sul consumo di energia e di materie prime
ripercussioni sull'ambiente
conseguenze per la salute dei consumatori
effetti sui posti di lavoro
effetti nei confronti dei bambini
conseguenze sulla vita di centinaia di milioni di persone che ogni giorno lottano per la sopravvivenza

Imprese e società

adiacente	anliegend
affiancato	nebeneinander
analisi di ciclo di lavorazione	Arbeitsablaufstudie
antistante	geegnüberliegend
autenticare	beglaubigen
avanzamento	Aufstieg
biodegradabile	biologisch abbaubar
calcolo preventivo	Vorkalkulation
camera di commercio	Handelskammer
capitale circolante	Umlaufvermögen
capitale investito	Anlagevermögen
capitale registrato	eingetragenes Kapital
capo del personale	Personalchef
caposezione	Abteilungsleiter
capovendite	Verkaufsleiter
capufficio	Abteilungschef
casa madre	Stammfirma
collaudare	testen
conciliare	vereinbaren
consulente legale	Rechtsberater
consulenza	Beratung
contabilità	Buchhaltung
contratto di locazione	Miet-/Pachtvertrag
curatore fallimentare	Konkursverwalter
direttore di fabbrica	Werksleiter
direttore di reparto	Bereichsleiter
direttore tecnico	Betriebsleiter
direzione	Direktion/Leitung
ditta/ragione sociale (soc.pers)/denominazione soc.	Firmenname
duplice	zweifach
ente di diritto pubblico	Körperschaft des öffentlichen Rechts
evasione d'ordine	Auftragsausführung
fallimento	Konkurs
fermentazione	Gärung
gestione	Geschäftsführung
gestione aziendale	Betriebsleitung
impresa familiare	Familienbetrieb
impresa privata	Privatbetrieb
impresa/ditta individuale	Einzelbetrieb
incremento della produttività	Ertragssteigerung
inquadramento	Einordnung
iscrizione tavolare	Eintragung ins Grundbuch
licenza commerciale	Gewerbeberechtigung
liquidazione coatta	Zwangsauflösung
luppolo	Hopfen
magazzino/deposito	Lager
maggiorazione	Erhöhung

Imprese e società 245

marchio	Firmenzeichen
metodo di lavorazione	Arbeitsverfahren
ore d'ufficio	Geschäftszeiten
pianificazione aziendale	Betriebsplanung
piccola e media impresa	Klein- u. Mittelbetrieb
procedura	Verfahren
quadri direttivi	leitende Angestellten
reclamo	Beschwerde
redditività	Rentabilität/Wirtschaftlichkeit
refrigerazione	Kühlung
registro delle imprese	Handelsregister
reparto/ufficio acquisti	Einkaufsabteilung
reparto/ufficio corrispondenza	Korrespondenzabteilung
reparto/ufficio giuridico	Rechtsabteilung
reparto/ufficio pubblicità	Werbeabteilung
reparto/ufficio vendite	Verkaufsabteilung
responsabilità solidale	gesamtschuldnerische Haftung
risultato operativo	Betriebsergebnis
saccarificazione	Verzuckerung
sede della ditta	Firmensitz
segreteria	Sekretariat
servizio del personale	Personalabteilung
sostenibile	tragbar
spese d'esercizio	Betriebsausgaben
struttura	Aufbau
successore	Nachfolger
succursale	Niederlassung
titolare (di un'azienda)	Betriebsinhaber
tossico	gifitg
ufficio della direzione	Direktion
valore del reddito	Ertragswert

SOCIETÀ

apporto	Einlage/Einbringung
azionista	Aktionär
fondazione/costituzione di società	Gesellschaftsgründung
impresa collettiva	Gesellschaftsunternehmen
impresa individuale	Einzelunternehmen
persona fisica	natürliche Person
persona giuridica	juristische Person
quota di partecipazione	Gesellschaftsanteil
quota versata	Einlage
società a responsabilità limitata (s.r.l.)	Gesellschaft mit beschränkter Haftung
società commerciale	Handelsgesellschaft
società d'investimento	Anlagegesellschaft
società di capitali	Kapitalgesellschaft
società di persone	Personengesellschaft
società in accomandita per azioni (s.a.p.a.)	Kommanditgesellschaft auf Aktien (KGaA)
società in accomandita semplice (s.a.s.)	Kommanditgesellschaft

società in nome collettivo (s.n.c.)   offene Handelsgesellschaft
società per azioni (SpA/Spa)   Aktiengesellschaft
socio   Gesellschafter
socio onorario   Ehrenmitglied
SOCIETÀ DI PERSONE
(s.n.c.)
partecipazione agli utili   Gewinnbeteiligung
procuratore   Prokurist
quota conferita   Einbringung
responsabilità illimitata   unbeschränkte Haftung
ripartizione degli utili in proporzione alla quota   anteilmäßige Verteilung
socio amministratore (s.a.s.)   geschäftsführender Gesellschafter
socio accomandante   Kommanditist
socio accomandatario   Komplementär
SOCIETÀ DI CAPITALI
(s.r.l)
assemblea dei soci   Gesellschaftsversammlung
consiglio   Beirat
mandatario   Handlungsbevollmächtigter
(S.p.A./s.a.p.a.)
assemblea generale   Hauptversammlung
assemblea ordinaria   ordentliche Hauptversammlung
azione al portatore   Inhaberaktie
azione di godimento   Genußschein
azione di nuova emissione   junge Aktie
azione nominativa   Namensaktie
azione privilegiata   Vorzugsaktie
capitale interamente versato   volleingezahltes Kapital
capitale sociale   Grund-/Stamm-/Gesellschaftskapital
collegio sindacale   Aufsichtsrat
Consiglio d'Amministrazione   Vorstand
detentore (di un'azione)   Inhaber
diritto di opzione   Bezugsrecht
dividendo fittizio   Scheindividende
obbligazione convertibile   Wandelschuldverschreibung
pacchetto azionario   Aktienpaket
presidente del Cons. d'Amm.   Vorsitzender des Vorstandes
presidente onorario   Ehrenpräsident
prezzo di emissione   Emissionskurs
quotazione   Notierung
revisore dei conti   Rechnungsprüfer
statuto   Satzung
valore nominale   Nennwert
vicepresidente del Cons. d'Amm.   Stv. Vorsitzender
COOPERATIVE (COOP)
cooperativa agricola   Landwirtschaftliche Genossenschaft
cooperativa casearia   Molkereigenossenschaft
cooperativa di acquisto   Einkaufsgenossenschaft
cooperativa di pesca   Fischereigenossenschaft

Imprese e società

cooperativa edilizia — Baugenossenschaft
cooperativa vinicola — Winzergenossenschaft
unione/lega delle cooperative — Genossenschaftsverband

BILANCIO

accantonamento — Rückstellungen
ammortamenti — Abschreibungen
automezzi/parco macchine — Fuhrpark
avviamento — Firmenwert
capitale circolante — Umlaufvermögen
capitale immobilizzato — Anlagevermögen
capitale proprio — Eigenkapital
compilazione del bilancio — Bilanzaufstellung
conto economico/conto profitti e perdite — Gewinn- und Verlustrechnung
copertura immobilizzazioni — Anlagedeckungsgrad
costo del personale — Personalaufwand
costo gestione aziendale — Betriebsaufwand
crediti — Forderungen
crediti d'imposta — Steuerguthaben
creditori — Gläubiger
debiti a breve — kurzfristige Verbindlichkeiten
debiti verso fornitori — Verbind. g. Lieferanten
durata media magazzino — Lagerdauer
effetti e titoli — Wechsel u. Wertpapiere
(anno d') esercizio — Geschäftsjahr
esistenze iniziali — Anfangsbestände
fondo/accantonamento rischi — Risikorücklagen
fondo/accantonamento TFR — Abfertigungsfond
grado di indebitamento — Verschuldungsgrad
immobilizzazioni — Anlagevermögen
impianti/attrezzature — Betriebsausstattung
margine lordo — Bruttohandelsspanne
mobili/arredi — Einrichtung
oneri finanziari — Finanzkosten
partecipazioni — Beteiligungen
ratei e risconti — Rechnungsabgrenzungsposten
realizzi — Veräußerungen
redigere il bilancio — die B. abfassen
ripartizione degli utili — Gewinnverteilung
riserva legale — gesetzliche Rücklage
riserve — Rücklagen
scorte — Lagerbestände
utile di bilancio — Bilanzgewinn
voce (del bilancio) — Posten

Capitolo 7
Banche

La banca e le sue funzioni

La banca è uno dei principali contributi dell'Europa medievale e in particolare dell'Italia dei Comuni e delle Signorie, alla civiltà occidentale. Gli antenati delle moderne banche commerciali, specializzate nella raccolta di depositi a vista e nell'erogazione di prestiti tramite una rete di sportelli tuttofare diffusi nel territorio, sorsero tra il XII e il XIII secolo, sia per consentire il finanziamento delle spese pubbliche, sia per rendere possibili gli scambi commerciali attraverso l'Europa. A quel periodo risale l'introduzione di una serie di strumenti finanziari (cambiali, certificati di deposito, titoli di debito a più lungo termine), che sono presenti ancora oggi.

Oggi le funzioni della banca sono molto complesse e articolate; nelle linee essenziali si può affermare che consistono principalmente nell'intermediazione creditizia e monetaria. La produzione, la distribuzione, l'attività degli enti pubblici e privati richiedono sempre più un continuo e progressivo afflusso di capitali che possono essere tempestivamente e convenientemente impiegati, investiti o erogati. Tali capitali sono costituiti dal risparmio monetario, cioè da quella parte di reddito sottratto al consumo immediato per l'impiego o per l'investimento durevole. Le operazioni relative alla concentrazione di capitali e alla loro distribuzione nei vari settori produttivi (credito produttivo) ed erogativi (credito consuntivo) sono appunto compito della banca.

La **funzione creditizia**, consiste nel ricevere credito dai risparmiatori e concederlo a coloro che ne fanno richiesta con modalità diverse. La banca quindi svolge una importante funzione di accentramento e di trasformazione del risparmio. Infatti i capitali che pervengono alla banca da diverse fonti subiscono, per opera della banca stessa, delle trasformazioni che consentono di renderli omogenei sia per scadenza che per destinazione economica e di valorizzarli mediante l'attenuazione dei rischi e la ricerca di impieghi più convenienti.

La **funzione monetaria**, che da parte della banca si concretizza indirettamente o direttamente con l'emissione di mezzi di pagamento come gli assegni bancari, gli assegni circolari e i giroconti (moneta scritturale). La maggior parte degli autori considera tali mezzi di pagamento moneta bancaria; per altri la moneta bancaria è rappresentata dai depositi a vista, cioè debiti della banca verso i depositanti.

Altre funzioni strettamente collegate con quelle fondamentali, possono essere così sintetizzate:

* *funzione stimolatrice per la formazione del risparmio*: la banca esercita un'azione continua per stimolare la formazione del risparmio al fine di ottenere il massimo afflusso, corrispondendo tassi remunerativi e assicurando ai depositanti la pronta disponibilità dei loro depositi;

* *funzione stimolatrice dell'attività economica*: la banca contribuisce largamente, mediante l'immissione nel ciclo produttivo dei capitali inattivi, allo sviluppo di tutte le attività economiche favorendo nuove iniziative;

* *funzione d'investimento*: le banche investono parte dei mezzi liquidi raccolti in forme durevoli, come l'acquisto dei titoli di partecipazioni di divise e di beni immobili;

* *funzione di compensazione*: mediante giroconti i crediti e i debiti vengono regolati senza l'uso della moneta.

Inoltre le banche compiono operazioni che non sono caratteristiche dell'attività creditizia, ma che danno luogo a una necessaria e utile integrazione delle funzioni fondamentali.

Queste operazioni consistono nei numerosi servizi forniti dalla banca alla clientela a condizioni vantaggiose come l'incasso di effetti, il servizio delle cassette di sicurezza, il deposito di titoli in amministrazione.

A partire dai primi anni '80 i sistemi bancari dei maggiori paesi europei, in particolare quelli dell'Europa continentale, sono stati soggetti a significative trasformazioni anche per l'influsso della tecnologia dell'informazione e per la globalizzazione. L'impatto della tecnologia dell'informazione si è tradotto in uno stimolo alla ricerca di economie di scala, ovvero di dimensioni d'impresa maggiori per ripartire su scala produttiva più ampia i cospicui investimenti in attrezzature e personale specializzato. Il peso crescente delle attività delle imprese fuori dai confini nazionali ha stimolato una domanda di servizi finanziari sofisticati e svolti in concorrenza con le maggiori banche americane. Inoltre la modificata composizione demografica della popolazione europea - più anziani, con un patrimonio accumulato durante la vita lavorativa, e meno giovani - ha accentuato la domanda di gestione professionale dei risparmi a scapito della domanda di servizi bancari più tradizionali, come l'erogazione di mutui o la concessione di prestiti al consumo, prevalentemente rivolti alle famiglie giovani.

L'euro è un ulteriore fattore destinato a mutare significativamente il panorama dell'industria bancaria europea, perché comporta una maggiore competizione sui mercati creditizi, prima locali. La maggiore concorrenza indotta dalla piena confrontabilità dei prezzi espressi in un'unica moneta comporterà una riduzione della quota dei finanziamenti bancari diretti e un accrescimento della banca come consulente finanziario, in relazione anche al mutamento qualitativo nella domanda di servizi da parte delle imprese. Produttori attivi sull'intera area europea avranno necessità di servirsi di banche in grado di offrire servizi molteplici su uno scacchiere geografico privo di connotazioni nazionali e in concorrenza con altre grandi banche europee e americane.

Per accrescere la redditività le banche devono rivolgersi maggiormente alle attività che generano commissioni - linee di credito, swaps, attività fuori bilancio, gestione di portafogli, fondi comuni - o a prodotti individualizzati, come prestiti a piccole e medie imprese o per progetti imprenditoriali innovativi

(adattato da "Giuseppe Marotta, La banca, Il Mulino 1999" e "Mario Lepore, Come usare le banche, Demetra 2000")

A - Da quali sostantivi derivano i seguenti aggettivi?

1.	erogativo	erogazione
2.	creditizio	credito / prestito / mutuo
3.	monetario	moneta
4.	stimolatrice	stimolazione
5.	produttivo	prodotto / produzione
6.	economico	economia
7.	vantaggioso	vantaggio
8.	specializzato	specializzazione
9.	finanziario	finanza
10.	lavorativo	lavoro
11.	professionale	professione
12.	qualitativo	qualità

B - Una caratteristica del linguaggio settoriale è il diverso significato che i termini assumono rispetto al linguaggio generico. Indicate quello che i termini qui riportati assumono nel contesto precedente e nel linguaggio comune

1.	titolo	grado economico	azione
2.	distribuzione	divisione	vendita
3.	impiego	posto di lavoro	uso
4.	credito		prestito
5.	tasso	aliq.	pianta
6.	divisa	uniforme	denaro straniero
7.	effetto	mezzi di pagamento	impatto, conseguenza
8.	sofisticato	cosa non è vero	raffinato
9.	espresso	caffè	espresso in euro
10.	attività	azione	
11.	commissione	gruppo di esperti	provvigione
12.	portafoglio	gestione di p.	borsellino

LA NUOVA GALASSIA DEL CREDITO

Soltanto una decina di anni fa il sistema bancario italiano era sostanzialmente pubblico. In molti casi l'azionista di maggioranza era direttamente il Ministero del Tesoro: basta ricordare gli esempi della Banca nazionale del lavoro, del San Paolo di Torino e del Monte dei Paschi di Siena. In altri la natura pubblica era connotata da un più marcato radicamento sul territorio. In questa seconda categoria si può grosso modo collocare l'intero sistema delle casse di risparmio, nel quale il controllo, sotto forma di nomina degli amministratori, era di competenza degli enti locali, vale a dire comuni, province e regioni e gli enti locali avevano influenza su alcune grandi banche nazionali.

Ma quello che per anni è stato un sistema protetto, una specie di oligopolio tollerato, anzi appoggiato dallo Stato, con l'apertura dei mercati e l'arrivo della concorrenza straniera si è trovato a dover fronteggiare tutta una serie di problemi, non solo di risanamento: sul tappeto c'erano le questioni dimensionali delle banche e del loro ruolo anche in funzione del processo di privatizzazione delle imprese.

Si sono resi necessari quindi grandi cambiamenti in tutte le direzioni.

Ora anche in Italia sono scomparse le differenze fra gli istituti che erogano credito a breve e medio termine, anche in Italia cioè le banche sono „universali": le banche ordinarie che hanno una rete di sportelli e si rivolgono soprattutto alle famiglie potranno comportarsi come gli istituti di credito speciale che invece si rivolgono soprattutto alle imprese per finanziarle. E viceversa.

L'innovazione è importante: le banche che finora raccoglievano denaro soprattutto attraverso depositi e lo impiegavano in prestiti a breve termine potranno adesso emettere obbligazioni e concedere mutui alle imprese. E gli istituti che facevano solo mutui e obbligazioni potranno decidere di aprire una rete di sportelli per la clientela dei risparmiatori.

In termini più «tecnici» la Banca d'Italia ha consentito a tutte le aziende di concedere, senza alcun limite, crediti a medio e lungo termine alle famiglie e di erogare prestiti di uguale scadenza alle imprese entro il limite pari al 20% della raccolta complessiva (tetti superiori sono previsti per le maggiori banche). Poiché le aziende devono rispettare la corrispondenza delle scadenze anche nella raccolta, verrà permesso di far fronte alla maggiore quantità di impieghi a lungo termine con l'emissione di obbligazioni. Ma non basta: al di là di questa «corrispondenza» le banche possono destinare un ulteriore 30% della raccolta a breve agli impieghi a più lunga scadenza. La trasformazione consente di raddoppiare la potenzialità del sistema creditizio di erogare finanziamenti alle industrie.

E dalla Banca d'Italia è partita un'altra rivoluzione. D'ora in poi è più agevole costituire una banca; basta una sola autorizzazione di Via Nazionale che deve dare il nulla osta entro 60 giorni e occorre un capitale minimo di 6,2 mln di €, invece di 12 mln, per una banca Spa ed un apporto di soli 1 mln di euro per costituire una cassa rurale e artigiana.

(da „Annuario del Corriere della Sera")

■■■■■■■■■■■■■■■■■■■■■■■■■■■■

A - Individuate nell'articolo „La nuova galassia del credito" i termini e le frasi corrispondenti alle seguenti espressioni:

- <u>permesso</u> per fondare una banca
- <u>concedere</u> prestiti
- prestiti di uguale <u>durata</u>
- limiti massimi
- <u>fondare</u> una banca
- potere di pochi
- conferimento
- <u>investimenti</u> a lungo termine
- <u>dedicare</u> una parte della raccolta
- in vista di importanti cambiamenti è stata messa in discussione la grandezza delle banche
- alcune banche hanno un gran numero di sportelli diffusi sul territorio
- le banche di carattere pubblico erano caratterizzate da una grande diffusione regionale
- le banche ora devono provvedere affinché impieghi e raccolta abbiano durata omogenea

B - *Che cosa significa „banca universale"?*

C - *Che pericoli può comportare per i risparmiatori una banca universale?*

D - *Completate*

istituto di credito fondiario - superiori ai due anni - agricoltori, grandi imprese e gli acquirenti di immobili - banca commerciale - differenza - dai 10 ai 30 anni - commissioni - denaro a interessi attivi - top rate - depositante - istituto di credito agrario - agricoltori, artigiani, piccoli industriali - commercianti

Le banche si chiamano anche istituti di credito perché prestano ai clienti _____ (dal punto di vista della banca). Gli interessi attivi variano dal *prime rate* (cioè il tasso più basso riservato alla clientela migliore) al _____ (vale a dire il tasso più alto). Oltre alle _____ applicate sulle varie operazioni la banca guadagna anche dalla _____ fra i tassi attivi e quelli passivi. Infatti se essa presta al 9% e paga al _____ un interesse passivo del 3,5% ne ricaverà un 5,5%. I crediti possono essere di breve, media e lunga durata: i primi sono quelli concessi a privati o _____ che talvolta hanno bisogno del denaro solo per il periodo necessario a concludere la compravendita; i secondi sono quelli _____ ma inferiori ai 10, che p. es. vengono erogati ad _____, affinché possano rinnovare gli strumenti di lavoro o ampliare la produzione; i crediti a lungo termine vanno _____ e riguardano _____. Questi sono i prestiti più impegnativi a causa delle ingenti somme richieste e del tempo occorrente per il rimborso. Le banche (in teoria) si diversificano anche a seconda degli operatori cui si rivolgono: così un _____ è una banca che intrattiene rapporti con gli agricoltori; un _____ è una banca specializzata nell'erogazione di mutui per l'acquisto o la ristrutturazione di immobili; una _____ invece tratta con i commercianti.

E - *Coniugate i verbi tra parentesi con il pronome impersonale „si"* → *Ausnahmen!*

Operazioni bancarie

Entrando in una banca *(notare)* degli sportelli „a coda più o meno lunga", dove *(effettuare)* **versamenti** o **prelievi** di denaro. Una delle funzioni della banca, infatti, consiste nella **raccolta** di risparmio e nel **deposito**, cioè nella custodia del denaro per conto dei clienti.

Quando *(avere)* intenzione di fare un deposito per la prima volta, *(dovere)* aprire un conto, la più classica delle operazioni bancarie. *(Potere)* scegliere tra il **deposito a risparmio** e il **conto corrente**.

Nel primo caso, al momento del versamento *(entrare)* in possesso di un **libretto di risparmio**, che *(presentare)* ogni qualvolta *(intendere)* effettuare un prelievo o un nuovo versamento. Se il libretto è **nominativo**, *(dovere)* venire di persona; se è **al portatore** *(potere)* anche mandare qualcun altro. Il libretto è **libero** o **vincolato**; in quest'ultimo caso *(impegnarsi)* a non fare prelievi obbligatori per un determinato periodo e in cambio *(ottenere)* un interesse maggiore.

Se *(scegliere)* il c/c, invece, *(ricevere)* un **libretto di assegni**. Quando *(prelevare)*, *(riempire)* un assegno, cioè *(indicare)* data e importo, *(intestarlo)* a se stessi, *(firmarlo)* e *(presentarlo)* allo sportello. Se *(fare)* un versamento, *(riempire)* una **distinta**, sulla quale *(indicare)* l'importo da versare, il numero di c/c (scritto sugli assegni), la data ecc. A differenza del **librettista** che non paga spese per la tenuta del suo libretto, il **correntista** paga una commissione per il conto e le operazioni registrate.

Un'altra richiesta della clientela potrà riguardare gli **assegni circolari**, una forma particolare di assegni, emessi dalla banca, previo versamento della somma corrispondente, che *(accettare)* con più facilità dell'assegno normale. All'estero i **traveller's chèque**, o assegni di viaggio, saranno più

Banche 255

sicuri dei contanti: man mano che (*avere* - fut.) bisogno di denaro, (*presentarne* - fut.) uno o più di uno in una banca del paese che (*visitare* - fut.) e (*ricevere* - fut.) valuta locale.
A volte (*potere*) desiderare di estinguere un conto per cambiare banca dove magari viene praticato un interesse più alto sui risparmi. La banca, infatti, premia il risparmiatore con il pagamento dei cosiddetti **interessi passivi**. Altre volte (*svolgere*) operazioni più complesse, come presso lo sportello del **cambio**: volendo cambiare valuta nazionale in valuta estera e viceversa (*consegnare* - fut.) un documento d'identità e (*compilare* - fut.) un modulo per certificare l'avvenuta operazione. Non sempre al termine (*versare* - fut.) il controvalore in contanti; il cliente potrebbe anche attingere ad altri suoi depositi presso la stessa banca. Anche sulle operazioni di cambio, naturalmente, la banca trattiene una **commissione** per il servizio svolto.
La banca (*potere*) anche chiamare alla **funzione di cassa**. Le persone presenti allo sportello dove (*esercitare*) tale funzione possono essere lì per ricevere lo stipendio o la pensione, per pagare l'affitto, le spese di condominio, le tasse o le bollette, ossia le utenze. Per far ciò non (*dovere*) avere necessariamente depositato dei risparmi in quella banca, ma (*servirsene*) ugualmente per **incassare** o per **pagare**, cioè (*avvalersi*) delle strutture che la banca mette a disposizione di tutti i clienti occasionali o abituali che entrano nei suoi locali. Il denaro versato dagli utenti viene gestito dalla banca fino al momento di essere **accreditato** sul conto del beneficiario, cioè (*aggiungerlo*) alla somma complessiva a disposizione della banca per poter svolgere una sua ulteriore funzione: il **concedere prestiti**, il **fare credito**. Naturalmente esiste anche uno sportello **titoli**; se (*cercare*) consulenza specializzata, la banca può dire al cliente come investire nel modo migliore. Quando (*volere* - fut.), (*potere* - fut.) comperare o vendere **azioni** o **obbligazioni** in Borsa; (*potere* - fut.) acquistare o vendere **Buoni del Tesoro** o altri **titoli di Stato**; incassare **cedole** del debito pubblico o altre obbligazioni; acquistare o vendere quote di **fondi d'investimento** e così via.
Tutte queste operazioni d'investimento avvengono, nel 90% dei casi, in **moneta bancaria**; quando (*andare*) ad incassare le cedole è probabile che (*preferire*) far accreditare gli interessi sul c/c.
In Italia è stato creato un **fondo interbancario** di tutela dei depositi: tutte le banche associate al fondo versano una quota nelle casse comuni del fondo stesso; se un istituto fallisse, i depositi dei risparmiatori verrebbero restituiti prelevando il denaro necessario dalle casse comuni. Ma attenzione: è prevista la restituzione totale solo dei depositi fino a 20.000,-- euro; per quelli da 50.000,-- a 250.000,-- euro la restituzione è limitata al 65% e per quelli oltre i 250.000,-- euro la quota (*ridurre*) al 50%!

F - *Immaginate di lavorare allo sportello di un istituto di credito e di spiegare ad alcuni clienti le operazioni da eseguire per*

- aprire un libretto di risparmio
- effettuare un versamento su c/c
- cambiare euro in dollari

G - *Come si chiama ....*

1. Il denaro risparmiato......................
2. Il denaro che si riceve dalla banca per i propri depositi ....
3. Il denaro che si deve detrarre dalla retribuzione per destinarlo alla sicurezza sociale ......
4. Il denaro versato per l'assicurazione malattie...............

a-oneri sociali   b-interessi   c-contributi sanitari   d-risparmi

Banche

H - Unite verbo e complemento

1. un conto corrente *i*
2. da un conto *f*
3. su un conto *b*
4. su un conto *e*
5. un importo *e, f*
6. il conto di un importo *g*
7. un prestito *a*
8. un prestito *e*
9. azioni *l, d*
10. un nuovo prodotto finanziario sul mercato *c*

a- rimborsare
b- accreditare
c- immettere
d- sottoscrivere
e- accendere
f- prelevare
g- addebitare
h- versare
i- aprire
l- trasferire

I - Individuate le diverse forme di risparmio fra quelle fornite di seguito:

titoli di Stato - obbligazioni - fondi - assicurazioni sulla vita - oro/beni rifugio - depositi bancari - immobili - azioni

FORME DI RISPARMIO	PER L'INDIVIDUO		PER LE SOCIETÀ	
	PREGI	DIFETTI	PREGI	DIFETTI
	Valore d'uso Resistenza all'inflazione	Elevato costo di manutenzione	Promuove l'attività edilizia con riflessi positivi sull'occupazione	Le troppe costruzioni influiscono negativamente sul paesaggio
	Estrema mobilità Sicurezza relativa	Bassa redditività	Finanziamento di ogni attività imprenditoriale pubblica o privata	Nessuno
	Buon interesse Sicurezza relativa	Insolvenza del debitore	Finanziamento dell'industria o dell'attività di enti	Crescita dell'inflazione (se il ricorso è eccessivo)
	Buon interesse Sicurezza relativa	Insolvenza del debitore	Finanziamento delle attività dello Stato	Crescita dell'inflazione
	Possibilità di grandi guadagni	Il rischio	Finanziamento delle attività produttive	Nessuno
	Vedi **Azioni + Obbligazioni + Titoli di Stato**			
	Sicurezza per la famiglia	Redditività non pari ad altre forme	Stabilità sociale	Nessuno
	Sicurezza e segretezza	Non dà interessi	Nessuno	Immobilizzano il denaro

L - Riportate nello schema sottostante le operazioni bancarie classificandole in operazioni di raccolta e di impiego:

riporti passivi - sconto di effetti - c/c di corrispondenza passivi - investimenti in immobili - depositi a risparmio - anticipazioni passive - aperture di credito attive - investimenti in attrezzature - risconti di effetti - c/c di corrispondenza attivi - investimenti in partecipazioni - portafoglio s.b.f. - certificati di deposito - investimenti in titoli pubblici

Libretto di risparmio

Ruolo A

Siete un dipendente statale con due bambini di 14 e 16 anni. La vostra è una famiglia monoreddito che vive solo del vostro stipendio (ca. 1.800,-- euro) e non si distingue proprio per parsimonia. Cominciate a preoccuparvi per il futuro e vi recate in banca per informarvi su possibili forme di risparmio. Avete sentito parlare di fondi d'investimento, investimenti azionari ecc. L'impiegato non sa consigliarvi altro che un libretto di risparmio; voi sottolineate gli svantaggi che questo presenta.

Si tratta di uno degli strumenti di risparmio più conosciuti, visto che le banche lo pubblicizzano perfino nelle scuole elementari. Per aprirlo occorrono carta d'identità e codice fiscale. Per l'estinzione non occorrono molte formalità: la banca liquida gli interessi maturati trattenendosi la spesa del libretto (qualche centinaio di euro) e l'importo di bollo. Se si perde un libretto di risparmio nominativo, si deve subito telefonare in banca, chiedendo di bloccare qualunque pagamento, poi inviare un telegramma come prova scritta della denuncia.
Diverse ragioni sconsigliano l'apertura di un libretto di risparmio:
- il rendimento inferiore al tasso d'inflazione
- la scarsa praticità
- l'impossibilità di usufruire degli altri servizi bancari (assegni, accrediti, bonifici ecc.)
- le spese di chiusura annuale

Ruolo B

Lavorate allo sportello di una banca. Il cliente, che vi ha appena chiesto informazioni su possibili forme di risparmio, non ha le idee chiare sul capitale minimo necessario per investire nelle forme da lui proposte e neanche le disponibilità occorrenti (p. es. sarebbe bene avere uno stipendio di almeno 3.000,-- €). Cercate di convincerlo ad aprire un libretto di risparmio, sottolineandone tutti i possibili vantaggi per la sua situazione specifica.

Si tratta di uno degli strumenti di risparmio più conosciuti, visto che le banche lo pubblicizzano perfino nelle scuole elementari. Per aprirlo occorrono carta d'identità e codice fiscale. Per l'estinzione non occorrono molte formalità: la banca liquida gli interessi maturati trattenendosi la spesa del libretto (qualche centinaio di euro) e l'importo di bollo. Se si perde un libretto di risparmio nominativo, si deve subito telefonare in banca, chiedendo di bloccare qualunque pagamento, poi inviare un telegramma come prova scritta della denuncia.
A questa forma di investimento ricorre chi intende privilegiare il soddisfacimento di alcune delle seguenti esigenze:
- iniziare a diversificare le modalità di deposito dei propri risparmi (p.e. se si ha avuto sempre e solo il c/c)
- avere un rendimento superiore a quello del c/c
- trasferire a terzi somme di denaro in modo veloce tramite la consegna di un libretto al portatore
- costituire depositi cauzionali o di garanzia (per pagare una caparra o la cauzione per un appartamento in affitto)
- avere la possibilità di effettuare operazioni di prelievo tramite altra persona delegata
- accantonare denaro per familiari in giovane età

Banca che vai, trattamento che trovi

Il confronto sui tassi, le commissioni, i giorni di valuta e i costi di routine praticati dai principali istituti di credito

È un rapporto di amore e odio quello che lega i correntisti all'istituto di credito. Strumento ormai irrinunciabile, il conto corrente è il servizio su cui si concentra la maggior parte delle lamentele dei risparmiatori. Chi non ha fatto, almeno una volta, una sfuriata all'impiegato di turno, soprattutto dopo aver esaminato il consuntivo di fine anno? Non va dimenticato, comunque, che il conto corrente non è uno strumento d'investimento, bensì uno strumento per gestire la liquidità quotidiana e tenere il bilancio domestico sotto controllo.

I tassi. La remunerazione del conto corrente dipende di solito da due fattori: la soglia media di giacenza e la forza contrattuale del risparmiatore. Gli interessi maturati, poi, sono soggetti ad un prelievo fiscale del 27%, trattenuto direttamente dalla banca. Il tasso applicato deve anche essere tenuto sotto controllo, in quanto non è fisso per tutta la durata del rapporto, ma varia in base ai mutamenti dei tassi di mercato. In particolare, gli istituti di credito non sono tenuti per legge a comunicare ogni variazione al singolo cliente, in quanto è sufficiente la pubblicazione sulla «Gazzetta Ufficiale».

Per quanto riguarda i tassi passivi, cioè i tassi applicati sui conti "in rosso", si fa una distinzione fra *prime rate* - cioè il tasso riferito alla clientela più importante e meno rischiosa - e il *top rate*, riservato ai correntisti meno affidabili. Il *tasso di massimo scoperto del conto* è indirizzato di solito a chi non concorda con l'istituto la possibilità di usufruire di somme maggiori di quelle depositate. Quando il conto presenta un saldo passivo, la liquidazione degli interessi è sempre trimestrale e soggetta all'applicazione di una commissione, detta di massimo scoperto, che si aggiunge agli interessi passivi.

Assegni e giorni di valuta. Può accadere di andare in rosso pur disponendo di soldi sul conto per effetto dei cosiddetti giorni di valuta. In pratica la banca tiene la propria contabilità facendo riferimento a due date differenti: una è quella del giorno in cui vengono eseguite le operazioni, l'altra è quella della disponibilità effettiva del conto corrente. Così per un assegno circolare di un altro istituto la banca richiederà almeno due giorni-valuta. Cioè la somma relativa inizierà a produrre interessi - e ad essere disponibile - solo dopo questo periodo.

I prelievi. Al contrario di quanto accade con i versamenti, gli assegni emessi dal titolare del rapporto vengono stornati dal conto a partire dalla data impressa sul titolo, obbligatoria per legge. Così, sia che si emetta un assegno per pagare qualcuno, sia che si emetta per effettuare un prelievo allo sportello, la somma relativa cesserà di essere disponibile dal giorno stesso dell'operazione.

Le carte di pagamento. Nell'era dei pagamenti elettronici, assumono sempre più rilevanza le operazioni effettuate con Bancomat e carte di credito. Due strumenti solo in apparenza simili, in quanto sono diversi i tempi di storno delle relative somme dal conto corrente e i costi. Per il Bancomat l'addebito avviene nel momento stesso in cui si effettua l'operazione, mentre per le carte di credito avverrà a fine mese o alla metà del mese successivo al pagamento. Quanto ai costi, il Bancomat è solitamente gratuito se utilizzato per prelevare da sportelli del proprio istituto di credito, mentre viene applicata una commissione se l'apparecchiatura appartiene a un'altra banca. In ogni caso sarà un'operazione che movimenta il conto e pertanto soggetta al costo "di scrittura". Diverso il sistema di tariffe adottato per le carte di credito. A fronte dell'esborso di una quota annua, le singole operazioni sono solitamente gratuite (eccetto gli anticipi di contante, i rifornimenti di carburante e i servizi accessori), con la conseguenza che lo strumento diventa più conveniente mano a mano che lo si utilizza.

Spese. Il vero punto dolente del conto corrente sono proprio le spese, troppo spesso confuse con le commissioni. Mentre queste ultime sono riferite a

specifici servizi od operazioni (p.e. la compravendita di titoli), le altre vanno a colpire qualsiasi movimentazione del conto. Unico antidoto: la possibilità di ottenere un forfait di spese che copra un adeguato numero di operazioni.
Oltre alle operazioni e alle spese di scrittura esistono poi quelle relative all'invio dell'estratto conto e delle comunicazioni obbligatorie in base alla legge sulla trasparenza delle condizioni, nonché quelle di chiusura (annuali o semestrali).

(adattato da Il Sole24Ore)

Ruolo A
Lei è stato appena assunto/a da una cooperativa agricola. Affinché Le possa essere versato lo stipendio deve indicare un numero di conto corrente. Finora, non avendo ancora lavorato, ne era sprovvisto/a, deve dunque aprirne uno. Ma prima intende informarsi presso diversi istituti di credito sulle condizioni praticate per trovare l'offerta più vantaggiosa. Tra l'altro, poiché ha intenzione di sposarsi, avrebbe forse bisogno di un po' di liquidità per un breve periodo. Ha già parlato con altre banche e si è recato anche all'ufficio postale. Prima di decidersi vuole andare ancora al Credito Bergamasco. Lei si è informato/a sempre su questi aspetti:
* la tipologia di convenzione che potrebbe essere offerta in relazione alla categoria professionale cui si appartiene
* la percentuale del tasso d'interesse attivo e passivo
* i giorni di valuta applicabili alle singole operazioni
* le spese fisse annuali
* le spese per eventuali carte di credito e Bancomat
* abbinamento ad una polizza assicurativa (possono essere completamente gratuite o costare dai 6 ai 20 euro)

In generale ha notato che esistono costi non indifferenti sia per la movimentazione del conto che per il blocchetto degli assegni, per non parlare della commissione di massimo scoperto o di altre transazioni.
Al contrario di quanto accade alla Posta, quasi senza spese per le operazioni e addirittura per bonifici esteri, con la possibilità di prelevare in pratica dovunque, dato che in Italia esistono oltre 14.000 uffici postali. Anche se volesse decidere di investire p. es. in Buoni fruttiferi postali o aprire un libretto di risparmio postale, le operazioni alla Posta sarebbero gratuite

Tra i mille impegni quotidiani anche venti minuti di fila per effettuare pagamenti o riscuotere somme di denaro a distanza, possono costituire una perdita di tempo rilevante.
Il servizio CONTI CORRENTI POSTALI risolve questo problema. È infatti sufficiente compilare un modulo personalizzato con il proprio CONTO CORRENTE ed imbucarlo alla cassetta postale più vicina, evitando così costi aggiuntivi e noiose file agli sportelli.
Per ogni operazione il correntista riceverà l'estratto conto aggiornato.
CONTI CORRENTI POSTALI: un servizio di estrema efficienza studiato apposta per facilitare l'attività degli utenti.

AMMINISTRAZIONE P.T.

Al termine motivi la decisione che prenderà

Ruolo B
Lei è un impiegato del Credito Bergamasco e naturalmente vorrebbe acquisire un nuovo cliente/una nuova cliente. Sa già che il Suo interlocutore/la Sua interlocutrice ha chiesto informazioni ad altre banche e che sta facendo un confronto sulle condizioni praticate.
Cerchi di convincerlo/la della convenienza del Suo istituto (da non dimenticare che al c/c è abbinata un'assicurazione contro furti e scippi - 1 anno gratis, anni successivi 12 ε all'anno, inoltre il bancomat, convenzioni per categorie professionali, la ricarica per schede prepagate di telefoni cellulari ecc.), pur tenendo presente che non può fare concessioni, perché con l'introduzione dell'euro e la globalizzazione anche il Credito Bergamasco deve ridurre il più possibile i costi e aumentare la redditività.
Aiutatevi con le seguenti indicazioni

Conto corrente, la scelta giusta per gestire consapevolmente le proprie risorse finanziarie: attraverso di esso si instaura e si consolida un rapporto di consulenza puntuale ed aggiornata e che può far scoprire al risparmiatore nuovi orizzonti per il proficuo utilizzo del proprio denaro. Non c'è, dunque, solo l'utilità dell'accredito automatico degli stipendi e delle pensioni ed il pagamento delle utenze e di ogni altro genere di spese ricorrenti (rate di mutuo, restituzione di prestiti, scadenze d'imposta); c'è anche la possibilità di usare assegni, e soprattutto carte di credito, di acquistare titoli, fondi d'investimento e spaziare verso iniziative sempre più interessanti

Le polizze del correntista

Quando si vuole aprire un conto corrente spesso la banca propone una polizza assicurativa. Per assicurare cosa? Ogni banca offre le sue particolari coperture, ma in generale i principali danni indennizzati sono furti e rapine, infortuni, incendi e spese mediche.
Alcune di queste polizze vengono offerte in omaggio, altre invece ad un prezzo molto basso. Nel primo caso le spese sono spesso nascoste in quelle generali relative al conto, tuttavia rinunciare non significherebbe un risparmio di spesa; le polizze a pagamento hanno in genere un costo modesto, ma non sono tutte uguali. In ogni caso vanno vagliate con attenzione, anche perché per lo più sono efficaci solo in casi estremi.

M - *Completate gli spazi vuoti*

Il conto corrente? Solo "in convenzione"

1. Tutte le banche offrono conto "mirati" a particolari .... di clienti
2. Ognuno di questi conti presenta .... particolari e studiati appositamente per la singola categoria
3. Infatti è più semplice gestire un insieme di .... con le stesse caratteristiche come l' .... dello stipendio o della pensione nello stesso giorno
4. I .... di questi c/c possono contare su condizioni più convenienti
5. Vanno considerate attentamente le mille .... che incidono sul c/c, tra cui l' .... di comunicazioni da parte della banca
6. È bene utilizzare, se possibile, gli sportelli self service che consentono .... e .... senza l'ausilio del cassiere
7. Oltre alle spese per le operazioni effettuate occorre pagare anche la cosiddetta commissione di .... conto o chiusura del conto

categorie – comunicazioni – conti – incasso – prelievi – spese – tenuta – titolari – vantaggi - versamenti

Punto per punto, così si possono evitare le trappole dell'estratto conto

Un'occhiata a metà fra il preoccupato e l'infastidito, un sospiro rassegnato, "Tanto non ci capisco niente", e se non addirittura «archiviati» nella pattumiera, tutti i foglietti finiscono in fondo a un cassetto. Così reagisce la maggioranza dei clienti delle banche all'arrivo dell'estratto conto annuale.

Un errore madornale, per almeno tre buoni motivi. Primo, un controllo non è inutile, perché anche le banche possono sbagliare a far di conto. Secondo, capire di che cosa si tratta è un'impresa relativamente facile e non troppo lunga. Un'attenta lettura, infine, aumenta la consapevolezza dei costi che si pagano per il servizio e può aiutare a risparmiare per il futuro.

I movimenti e le spese. Sono elencati nell'estratto conto che può essere mensile, trimestrale, semestrale o annuale; a richiesta del cliente.
1) Data. Il giorno in cui è stata effettuata l'operazione
2) Valuta. È il giorno che «conta» per la banca, quello da cui cominciano a decorrere gli interessi a favore del cliente o cessano quelli a suo sfavore. Controllare se la differenza fra data e valuta corrisponde alle condizioni previste dal contratto
3) Mov. Dare. L'importo relativo alle operazioni passive per il cliente: prelievi, pagamenti, spese varie
4) Mov. Avere. L'importo relativo alle operazioni attive per il cliente: versamenti, accredito, stipendio, interessi

5) Descrizione operazioni. Fondamentale per controllare, per esempio, di non aver subito l'addebito di pagamenti non autorizzati
Il riassunto scalare. Serve per calcolare gli interessi, attivi e passivi.
1) Valuta. Il giorno di valuta di ogni operazione
2) Saldi per valuta. Il saldo del conto corrente calcolato nel giorno in cui è accreditata o addebitata ogni operazione
3) Giorni. Il numero di giorni che passa fra la data di valuta di un'operazione e quella immediatamente successiva
4-5) Numeri debitori e creditori. Si ottengono moltiplicando il «saldo per valuta» per i «giorni» e dividendo poi per 1.000. Servono per calcolare gli interessi.
Il saldo finale. A fine anno il cliente incassa o deve pagare una somma così calcolata: a suo favore, gli interessi attivi maturati nei 12 mesi, *meno* la ritenuta fiscale del 27% sugli interessi attivi, le spese per le operazioni, le spese fisse di chiusura (gestione annua del conto), gli eventuali interessi debitori e la commissione di massimo scoperto (se il conto è andato in rosso).
Gli interessi (attivi e passivi) si calcolano semplicemente così (per ogni giorno di valuta): si moltiplicano i numeri (creditori e debitori) per il tasso - attivo e passivo - e poi si divide per 365 (i giorni dell'anno).
Il tasso d'interesse può essere cambiato nel corso dell'anno: le variazioni sono segnalate fra gli «elementi per il conteggio delle competenze».
Le spese per le operazioni in realtà non scattano solo per ogni movimento, ma per ogni «scrittura contabile» e quindi per l'addebito di ogni spesa e commissione.
La commissione di massimo scoperto viene fatta pagare se anche per un solo giorno, nel trimestre, il conto è finito in rosso e si applica sul massimo importo negativo registrato alla voce «saldi per valuta».
I tempi per protestare. Il Testo unico in materia bancaria e creditizia concede ai clienti delle banche solo 60 giorni di tempo - dalla data di invio - per reclamare e chiedere la correzione di un errore scoperto sull'estratto conto.
Ma secondo l'articolo 8, terzo comma, delle norme generali Abi (Associazione bancaria italiana), sottoscritte di solito quando si apre il conto, c'è tempo sei mesi per impugnare l'estratto conto in caso di errori di calcolo, omissioni o duplicazioni. In ogni caso è meglio non perdere tempo e se qualcosa non è chiaro non esitare a chiedere spiegazioni alla propria agenzia.

(adattato dal Corriere della Sera, 14.1.95)

RIASSUNTO SCALARE						
1) Valuta			2) Saldi per valuta	3) Giorni	4) Numeri debitori	5) Numeri creditori
			Saldo precedente 6.241,53			
			923,53			
			Totale antergate 923,53			1788
31	12	2001	7.165,06			
01	01	2002	7.300,12	2		28269
03	01	2002	12.313,20	1		23841
04	01	2002	12.887,83	11		274497
15	01	2002	12.843,93	16		397908
31	01	2002	13.220,17	1		25957
01	02	2002	13.334,37	1		25818
02	02	2002	13.475,89	26		678416

A - *Qual è il contrario delle seguenti parole?*

    1. credito   *deposito - debito - versamento*
    2. avere   *estratto - storno - dare*
    3. bonifico   *addebito - prelievo - chiusura*
    4. rimessa   *acquisto - storno - apertura*

B - *Completare le parole*

1. .... monetaria	7. .... a risparmio	a- di risparmio	g- d'assegni
2. carta	8. potere	b- corso	h- di credito
3. banco..................	9. .... nominale	c- quotazione	i- -mat
4. libretto	10. .... di cambio	d- valore	l- estratto
5. libretto	11. .... di Borsa	e- interessi	m- deposito
6. .... conto	12. .... attivi	f- politica	n- d'acquisto

C - *Un vostro cliente ha ricevuto la seguente comunicazione e vi chiede di spiegargliene il significato con frasi meno sintetiche*

```
Riepilogo Condizioni Banca
Condizioni di tenuta conto al: 14/06/2002

Conto:              01           Numero:          c/c 2200
47057601
Tasso Creditore:    3,5000       Giacenza: Libera
Tasso Debitore:     9,5000
Spese di tenuta conto:           25,82
Spese per registrazione:         0,52
Condizioni per tipi operazione

Causale                          Giorni valuta    Spese
BONIFICI A FORNITORI ITALIA      -3 Lavorativi    1,29
ACCREDITO C/C DA C/OTTIMIZZATO    8
VERSAMENTO ASSEGNI CIRCOLARI  1
VERSAM.ASSEG.BANCARI SU PIAZZA    2
VERSAM.ASSEG.BANC.FUORI PIAZZA    3
```

Banche

CASSA DI RISPARMIO
DI VERONA VICENZA BELLUNO E ANCONA

ESTRATTO AL 31.12.2002
DEL CONTO CORRENTE N. ....
PRESSO DIP. MONTECOSARO - FOGLIO N. 1

LE VOSTRE
COORDINATE BANCARIE

CIN	C. ABI	CAB	N. CONTO
F	05855	05106	042204556841

GIUSSANI LUCIO
Corso Magenta, 52
62010 MONTECOSARO

CI PREGIAMO INVIARVI L'ELENCO DEI MOVIMENTI CONTABILIZZATI SUL VOSTRO C/C SUCCESSIVAMENTE AL 30/11/02 E FINO AL 31/12/02

ELENCO N. 27

DATA		VALUTA		MOV. DARE	MOV. AVERE	DESCRIZIONE OPERAZIONI
30	11				41.635,55	SALDO INIZIALE
01	12	01	12	516,46		ASSEGNO N. 163173325 DA NS. DIP. 438
02	12	27	11	1.092,82		ASSEGNO N. 163173322
03	12	03	12	438,99		ASSEGNO N. 163173326 DA NS. DIP. 438
04	12	30	11	61,05		ORDINE PERMANENTE
04	12	03	12	1.998,69		FATTURE VIACARD 00000294665
07	12	01	12	1.084,56		ASSEGNO N. 163173400
07	12	01	12	1.032,91		ASSEGNO N. 163173422
09	12	04	12	299,03		ASSEGNO N. 163173354
09	12	07	12	1.249,83		ASSEGNO N. 163173434
11	12	09	12			ASSEGNO N. 163173435
11	12	21	12	1.032,91	8.263,31	VERSAMENTO ASSEGNI FUORI PIAZZA
11	12	11	12			CONTANTE SPORTELLO
15	12	23	12	586,23	5.164,57	VERSAMENTO ASSEGNI FUORI PIAZZA
17	12	16	12	216,91		ASSEGNO N. 163173801
18	12	16	12	516,46		ASSEGNO N. 163173328
22	12	22	12	449,83		CONTANTE SPORTELLO
22	12	17	12	19,63		ASSEGNO N. 163173804
22	12	31	12	516,46		ASSICURAZIONE INFORTUNI
23	12	21	12	287,15		ASSEGNO N. 163173805
24	12	21	12	258,23		ASSEGNO N. 163173332
29	12	28	12	2.582,28		ASSEGNO N. 163173809
30	12	23	12	1.106,25		ASSEGNO N. 163173248
30	12	24	12	258,23		ASSEGNO N. 163173820
30	12	24	12	516,46		ASSEGNO N. 163173821
30	12	30	12	2,94		CONTANTE SPORTELLO
30	12	22	12			COMMISSIONI SU EFF. PRESENTATI SBF
				16.124,31	**55.081,43**	TOTALE MOVIMENTI
					38.957,12	SALDO FINALE A VS. CREDITO

VI COMUNICHIAMO CON L'OCCASIONE LE VARIAZIONI APPORTATE NEL PERIODO SUDDETTO ALLE CONDIZIONI ECONOMICHE CHE REGOLANO IL RAPPORTO:

VARIAZIONI DI TASSO

a debito: dal 28/12/02   tasso 8,75%

D - *Il cliente della banca in cui lavorate vi chiede di spiegargli alcune parti dell'estratto conto, in particolare:*
- che scadenza ha questo estratto conto
- che cosa indica la cifra al 30.11.02
- che cosa è avvenuto il 4.12., l'11.12., il 22.12. e il 30.12.
- che cosa indicano gli importi di 55.081,43 e 38.957,12
- qual è il tasso debitore applicato sul c/c

Il **bonifico** è uno strumento molto utilizzato per trasferire in modo sicuro denaro da un luogo all'altro; l'ordinante chiede di trasferire una somma da una banca all'altra a favore di un beneficiario; se si è correntisti il movimento avviene direttamente dai fondi del c/c altrimenti ci si deve presentare allo sportello con i soldi in contanti. Per un bonifico ordinario la banca si servirà del servizio postale per il trasferimento; il bonifico urgente viene inoltrato a mezzo fax o computer; da un po' di tempo è stata introdotta anche la possibilità di trasmettere l'ordine anche tramite lo sportello bancomat o via telefono con un codice segreto tramite l'home and phone banking. Per i bonifici internazionali gli istituti di credito si servono di telex e swift. I bonifici urgenti sono naturalmente più costosi, così come a volte viene applicata una maggiorazione delle commissioni se i dati riportati sul modulo sono incompleti o inesatti. La somma bonificata comincia a maturare interessi sul conto del beneficiario solo dopo un certo numero di giorni (giorni di valuta, min. 2, max. 7), ma l'ordinante può chiedere una valuta fissa, ossia che sulla somma vengano accreditati gli interessi a partire da un giorno prestabilito; in questo caso toccherà a lui pagare i giorni di valuta retrodatati.

E - Lavorate all'Ag. n. 3 della Popolare di Milano, in Piazzale Cadorna. Il 10 dicembre la signora Claudia Magrini vuole effettuare un bonifico di 5.500,-- euro, a pagamento di una partita di scarpe, al suo fornitore Marcello Grandi, residente in via Val Sangrio 48, 80123 Napoli, che ha un conto n. 211776/8 presso il Banco Ambrosiano Veneto. La signora ha un conto presso la Popolare n. 3559812. Purtroppo ha dimenticato gli occhiali e così vi prega di essere così gentile da compilarle il modulo....

Alla **Banca Popolare di Milano**

Data ....

Agenzia ....

RICHIESTA DI BONIFICO

Vogliate eseguire la sottoindicata richiesta di

BONIFICI ☐ ORDINARI ☐ URGENTI	☐ BONIFICI CON ALLEGATI

IMPORTO	VAL. BENEFICIARIO	BENEFICIARIO	
INDIRIZZO		CAP	LOCALITÀ
APPOGGIO BANCARIO	COORDINATE BANCARIE		
	Codice ABI 30014	CAB 01622	N. CONTO
CAUSALE			

Per un importo totale di € _____ da addebitare sul nostro c/c n° ....
intrattenuto presso di Voi.

SPAZIO RISERVATO ALLA BANCA		
Timbro data ricezione	N° progressivo di bonifico	Visto firma e fondi
	Data ordine	
		(Il Dirigente)

Timbro della ditta ....
Firma ....
Domicilio ....

F - *Spiegate ad un cliente della banca le modalità del servizio utenze e i relativi vantaggi*
G - *A quale utenza si riferisce l'esempio riportato nell'illustrazione?*

DOMICILIAZIONE DELLE UTENZE

Il servizio di domiciliazione utenze della Banca Popolare di Milano è la soluzione che vi garantisce il puntuale pagamento delle vostre bollette luce, gas e telefono. E senza spendere un centesimo in più!

Come fare per richiederlo

È una cosa molto semplice: portate all'agenzia BPM il tagliando qui unito e l'ultima bolletta pagata di ciascuna fornitura. Per domiciliare le vostre utenze presso la Banca Popolare di Milano basta firmare un modulo. Tutto qui.

Come viene effettuato

Prima del pagamento, le bollette saranno inviate a casa vostra per consentirvi di controllarne l'esattezza. Il conto corrente, comunque, verrà addebitato automaticamente soltanto alla effettiva scadenza, non un solo giorno prima.

I vantaggi per voi

Il servizio è gratuito e continuativo: una volta attivato ... non ci pensate più! Inoltre evitate il rischio di perdere tempo in eventuali code agli sportelli e di incorrere in seccanti dimenticanze, con i conseguenti addebiti di mora o, peggio ancora, con l'interruzione delle forniture. E voi siete liberi di assentarvi tranquillamente da casa, in qualsiasi periodo dell'anno, senza essere obbligati a pagare utenze in anticipo.

Importante

Controllate le prime bollette che vi arriveranno: se la cifra riportata nel modulo di versamento postale è stata sostituita da una serie di asterischi, come nell'illustrazione, significa che BPM ha già provveduto automaticamente al pagamento.

> Alla **BANCA CATTOLICA DEL VENETO**
> **Ufficio Pensioni**
> **Cento Torri, 4**
> **I-36100 VICENZA**

RICHIESTA DI ACCREDITO DELLA PENSIONE IN CONTO CORRENTE

Numero della pensione _____ Categoria _____

Nome e Cognome (se coniugata indicare anche il cognome da nubile) _____
nato/a il _____
Indirizzo _____
Numero del conto corrente _____
presso la Banca _____

Chiedo che i pagamenti spettantimi vengano accreditati nel suddetto conto corrente.
Dichiaro che solo io ho la facoltà di disporre sul mio conto e che neanche in futuro autorizzerò alcun'altra persona a disporre sullo stesso.
Qualora mi fossero accreditati importi in tutto o in parte, a qualsiasi titolo non dovuti, autorizzo la mia banca a restituire gli stessi prelevando le somme dal mio conto corrente senza bisogno di mia ulteriore specifica autorizzazione.

              Firma del richiedente
             _____

Parte riservata all'istituto di credito

Codice di avviamento bancario _____

Indirizzo della banca _____ Indirizzo SWIFT _____

Numero di telex _____

La firma del richiedente è conforme allo specimen di firma depositato presso di noi. Ci impegniamo a restituire alla Banca Cattolica del Veneto tutti i pagamenti di pensione accreditati nel conto sopraindicato dopo il decesso del pensionato.

Luogo e data   Timbro e firma/e della banca detentrice del c/c
_____   _____

Si prega di utilizzare esclusivamente questo modulo

H - *Aiutate ora un pensionato a fare richiesta di accredito automatico.*
 Spiegategli, tra l'altro, chi può o potrà prelevare denaro da questo conto e che cosa accadrà con la pensione accreditata qualora fosse già deceduto.

MEZZI DI PAGAMENTO

La cambiale nacque nel XII secolo ad opera di mercanti dell'Italia settentrionale che volevano proteggersi dai predatori sempre in agguato lungo il loro cammino ed evitavano perciò di portare con se' grandi somme di denaro ricorrendo alla cosiddetta "lettera di cambio": prima di partire per i viaggi d'affari consegnavano ai cambiavalute delle loro città di residenza le somme che intendevano spendere ricevendo in cambio una quietanza con la quale i finanzieri s'impegnavano a pagare gli importi a chi erano dovuti.

Oggigiorno la cambiale serve anche come mezzo di credito, per acquistare beni e merci senza pagare subito o per prestare denaro.

Esistono due tipi di cambiali: la cambiale tratta (in genere semplicemente "tratta") e il vaglia cambiario (più noto come "pagherò").

La **tratta** è emessa (di qui il nome "tratta") sul debitore (**trattario** o **trassato**) che l'accetta firmandola; in pratica è un ordine incondizionato di pagamento da parte del creditore (**emittente** o **traente**). Sulla cambiale tratta si può indicare anche una terza persona all'ordine della quale deve avvenire il pagamento; se al momento dell'emissione il creditore non sa a chi trasmetterà la cambiale scriverà il proprio nome sull'effetto con l'annotazione p. es. "all'ordine di me stesso".

Con il **pagherò** l'emittente quale debitore s'impegna a pagare personalmente al beneficiario (**prenditore**), ad una data stabilita, la somma indicata sulla cambiale. In questo caso poiché la formula è "pagherò", non occorre ovviamente l'accettazione.

A - *Confrontate ora gli elementi indicativi dei due titoli riportati nelle immagini sottostanti e in base alla loro descrizione individuate la differenza; qual è la tratta e quale il pagherò?*

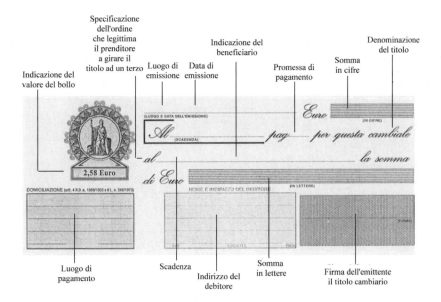

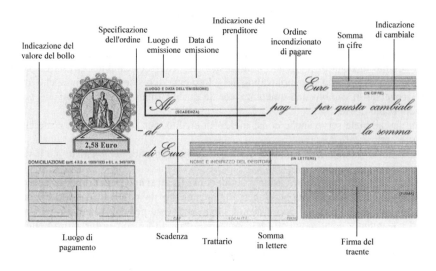

In base alla scadenza, poi, le cambiali possono essere:

- **a giorno fisso**   cioè ad un giorno preciso, p.e. "Il 4 dicembre .... pagherete..."
- **a certo tempo data**   pagabili un certo tempo dopo la data d'emissione " A 6 mesi data pagherò..."
- **a vista**   riscuotibili appena vengono presentate per il pagamento
- **a certo tempo vista**   dopo un certo periodo dopo che il trattario avrà accettato la cambiale, firmandola e datandola: "A 60 giorni vista pagherete..."

Le cambiali possono essere trasferite da chi le possiede mediante **girata in pieno** (quando vengono indicati sia il **girante**, che firma, che il **giratario**) o **girata in bianco** (quando il portatore appone semplicemente la sua firma, trasformando la cambiale in un titolo al portatore; questo tipo di girata viene richiesto quando la cambiale dovrebbe fungere da garanzia, p.es. nel caso di acquisto

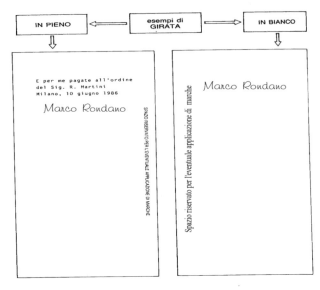

un'automobile, ma può rivelarsi estremamente pericoloso e assolutamente sconsigliabile - in caso di furto o perdita chi viene in possesso di una tale cambiale potrebbe sempre riempirla con una somma spropositata).

Quindi, quando si emette una cambiale bisogna far attenzione che contenga tutti i requisiti richiesti; i mesi si scrivono preferibilmente in lettere; per compilare si utilizza l'inchiostro o una penna a sfera, pennarello ecc. o la macchina da scrivere; da evitare correzioni e cancellazioni; optare, se possibile, per la clausola di "non trasferibilità".

Quando si accettano cambiali va controllato che la cambiale sia formalmente esatta (p. es. l'accettazione deve sempre essere seguita da una data), che l'elenco delle girate non presenti lacune. In caso di rifiuto di pagamento, entro i due giorni successivi alla scadenza ci si deve recare da un notaio, un ufficiale giudiziario o un segretario comunale affinché venga elevato il protesto. Un rifiuto di pagamento viene reso pubblico tramite iscrizione nel "Bollettino dei protesti cambiari" di cui si dovrebbe prendere visione per controllare l'eventuale presenza di persone o società con cui si pensa di entrare in rapporti d'affari.

B - *Adesso controllate attentamente le seguenti cambiali; le accettereste se ve le presentassero per il pagamento,? Dove sono gli errori?*

Assegni a confronto

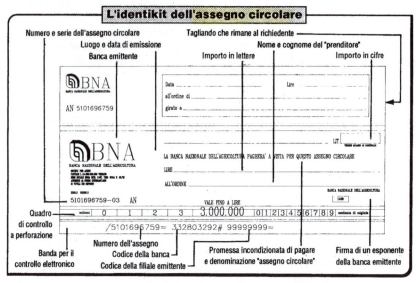

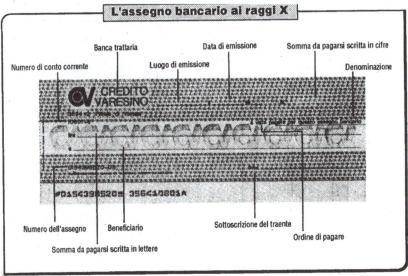

Uno strumento di pagamento tipicamente italiano e benvisto da chi deve incassarlo è l'assegno circolare; equivale quasi al denaro contante perché la sua copertura è garantita dai fondi versati in anticipo dal richiedente. Può essere emesso solo da banche di maggiori dimensioni; è una promessa di pagamento, trasferibile mediante girata o, se ci si vuole proteggere contro furti o smarrimenti, vi si può apporre la clausola di non trasferibilità. Un quadro di controllo a cifre perforate lo garantisce da contraffazioni; può essere rilasciato anche a persone che non intrattengono un rapporto di conto corrente con la banca emittente; non può essere emesso per cifre superiori ai 100 milioni.

L'assegno bancario costituisce il mezzo di pagamento più conosciuto; contiene un ordine di pagamento e presuppone l'esistenza di un c/c fra il cliente che lo emette e la banca che deve pagarlo se il conto non è scoperto. Si può utilizzare anche per prelevare soldi per se stessi; in questo caso, dopo l'indicazione "all'ordine", si scrive "a me stesso". Con la firma sull'assegno la banca è autorizzata a pagare al prenditore la cifra su di esso riportata. L'assegno può quindi fungere da moneta corrente: chi lo ha ricevuto può utilizzarlo a sua volta per pagare una terza persona mediante girata. L'assegno però non garantisce la certezza del pagamento; quando si rivela a vuoto l'ultimo giratario si assume la responsabilità del pagamento, perché la banca accetta sempre tutti gli assegni con la formula "salvo buon fine (sbf)". Talvolta si chiede di non scrivere la data "per non perdere giorni di valuta", ma non va dimenticato che in questo caso potrebbero insorgere problemi o perdite nella corresponsione degli interessi. Mentre la data in bianco non è perseguibile penalmente, l'assegno postdatato rappresenta una vera e propria evasione fiscale, in quanto viene a fungere da cambiale senza pagare il bollo richiesto da questa forma di pagamento.

Si distingue fra assegno su piazza, quando la banca di chi lo stacca e quella di chi lo incassa sono nella stessa città (i giorni di valuta scattano prima), fuori piazza negli altri casi (si dovranno attendere diversi giorni per la disponibilità dei soldi sul c/c).

Riassumendo, chi paga con un assegno abbia cura di compilarlo con inchiostro nero magari indelebile, anziché blu (che può essere ricoperto dal nero); nell'indicare la somma non lasci spazi tra le cifre e si termini sempre la riga con un cancelletto (#) o con una doppia barra (//); nei limiti del possibile apporre sempre la clausola "non trasferibile".

Chi deve riscuotere un assegno controlli che sia stato compilato correttamente e soprattutto che gli importi in cifre e in lettere corrispondano; non si accettino naturalmente assegni sbiaditi, strappati e in nessun caso quelli mancanti dell'angolo superiore sinistro: è prassi delle banche segnare in questo modo gli assegni già presentati per l'incasso, per ridurre la circolazione di quelli rubati!

Caro falsario, prova con questi (adattato da Gente Money 4/92)

Gli assegni rubati normalmente non vengono incassati per il valore originale, ma - abilmente falsificati - per importi che arrivano a essere dieci o venti volte superiori.

Il gioco è abbastanza facile. Una persona insospettabile apre un conto presso una banca con documenti falsi. Versa dapprima degli assegni regolari e poi deposita quelli rubati e contraffatti. Dopo un paio di giorni al massimo preleva il tutto. Quando il truffato si accorge del raggiro e sporge denuncia - possono passare anche due mesi - del malvivente non c'è ovviamente più traccia. Quali sono le armi dei falsari e quali i rimedi?

Scolorina. Un solvente chimico che si trova in cartoleria per poche migliaia di lire e che "mangia" l'inchiostro senza lasciare alone o macchie. Non funziona con gli inchiostri indelebili e con gli assegni di alcune banche stampati con dei pigmenti "spia" colorati che vengono a galla a contatto con il solvente.

Sgarzino. Una lametta utilizzata da grafici e disegnatori per grattare l'inchiostro dai lucidi e dalla carta senza sciuparli.

Scanner e stampante laser. Uno scanner (lettore elettronico) ad alta risoluzione è in grado di leggere l'assegno in ogni suo particolare. Con un computer, un programma di elaborazione testi, una stampante laser e un minimo di conoscenza di informatica, firma e parti scritte sull'assegno vengono riprodotte alla perfezione. Se poi si dispone anche di un blocchetto di assegni originali il gioco riesce ancora meglio.

Fotocopiatrice a colori. Gli ultimi modelli fanno copie sempre più fedeli agli originali. La Ranx Xerox ha dovuto addirittura togliere dal mercato americano un suo modello, dopo che erano state scoperte copie perfette di assegni e documenti eseguite con quella macchina. Il difficile in questo tipo di operazioni sta nello scegliere la carta giusta, in grado di trarre in inganno il tatto del cassiere.

Laser. Il raggio di luce asporta con bruciature, invisibili ad occhio nudo, piccole porzioni di inchiostro o le etichette trasparenti di protezione. Il costo del macchinario è molto alto e bisogna essere esperti nell'uso: una frequenza sbagliata può bruciare la carta.
Forni a microonde e freezer. È la tecnica casalinga della contraffazione. Il freddo e il caldo intensi servono a polverizzare l'inchiostro o a far staccare il nastro adesivo messo a protezione delle scritte.

Un rimedio definitivo contro tanta fantasia e tecnologia non esiste. Tutto quello che si può fare è rendere la contraffazione sempre più difficile e onerosa, in modo da scoraggiare ogni tentativo. Alcune aziende italiane e straniere, fiutando l'affare, si sono fatte avanti con una serie di prodotti chimici o meccanici.
Inchiostro indelebile. Non è attaccabile dalla scolorina, ma se esposto ad una repentina escursione termica (microonde, freezer) si sbriciola.
Punzonatrice. Serve a imprimere sugli assegni, perforandoli, la scritta "Non trasferibile", obbligatoria per gli assegni superiori ai 10.000,-- euro. Previene solo la falsificazione delle girate.
Pellicola autoadesiva. Si tratta di pellicole trasparenti prodotte dalla svizzera Certimark. Dopo aver compilato l'assegno si appoggiano sull'importo, nome del beneficiario e firma. La loro presenza rende impossibile la lettura con lo scanner, l'uso della fotocopiatrice e del laser.
Vernice fissa-inchiostro. A base di polimeri. La sostanza si spennella sulle parti compilate dell'assegno e si lascia asciugare per circa due ore, il tempo necessario perché il liquido faccia penetrare l'inchiostro in tutto lo spessore della carta, sino a far comparire la scritta sul tergo dell'assegno. La sostanza, leggermente oleosa, rifrange il laser, non permette la lettura con lo scanner, non è attaccabile dalla scolorina, non si sbriciola con il caldo o il freddo. Inutile tentare con lo sgarzino, si finirebbe per bucare irrimediabilmente la carta...

A - *Negli ultimi tempi si sono intensificati gli episodi di contraffazione di assegni. Con l'aiuto di quanto finora letto provate a dare dei consigli ai vostri clienti per evitare che cadano vittime di tali truffe.*

B - *Formate i rispettivi verbi dai sostantivi sottoelencati*

- raggiro
- denuncia
- falsario
- spia
- truffatore
- inganno
- contraffazione
- manomissione

- rifrazione
- alterazione
- danno
- furto
- sottrazione
- possesso
- protezione

C - *Che fareste in questi casi?*
1. Per poter acquistare una casa fra 10 anni ....
2. Se il vostro c/c risultasse scoperto ....
3. Se una mattina vi accorgeste di non avere contanti in tasca ....
4. Se vinceste 1 mln di euro al lotto ....
5. Se non sapeste più quanto denaro avete ancora sul conto ....

    a- utilizzerei la mia carta di credito
    b- mi procurerei un estratto conto
    c- acquisterei dei titoli, una casa e il resto lo depositerei su un libretto di risparmio
    d- vi verserei del denaro per evitare di mandarlo in rosso
    e- avvierei un piano di risparmio a lungo termine e farei economia

Banche

L'introduzione dell'euro ha comportato cambiamenti anche nella modalità di compilazione degli assegni

1. - L'importo in lettere si scrive sempre nella propria lingua anche se ci si trova all'estero
2. - Fa fede l'importo in lettere
3. - Dopo la virgola si devono indicare i centesimi. Se la cifra è intera scrivere quindi 00, altrimenti l'assegno è nullo
4. - Dopo l'importo in lettere segnare una barra e poi i centesimi o 00 se la cifra è intera

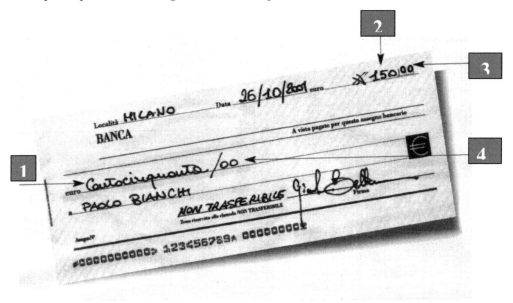

D - *Il Signor Wert si presenta al vostro sportello di Vienna per far accreditare questo assegno sul suo c/c. Lo accettate o vi trovate delle irregolarità?*

LEGENDA

E - Ricollegate gli elementi dell'assegno con i numeri e le definizioni corrispondenti

Beneficiario - Firma del correntista - Sbarratura - Numero del conto corrente - Luogo di emissione - Codice banca ABI – Numero - Importo in lettere - Data di emissione - Parte inferiore - Importo in cifre - Zona riservata alla clausola NON TRASFERIBILE

a. = la cifra intera va scritta in lettere, mentre i decimali vanno scritti in cifre dopo la barra eventualmente con un doppio zero (/00)
b. = in questo posto viene riportato il numero del c/c
c. = identifica per l'Associazione Bancaria Italiana, indica il gruppo bancario) / sportello (CAB)
d. = parte predisposta e destinata alla lettura magnetica (da non invalidare con scritte)
e. = l'apposizione delle due barre trasversali e parallele ("assegno barrato") implica che l'assegno stesso può essere incassato esclusivamente nella filiale dell'istituto di credito su cui è tratto ("barratura generale") o presso la banca indicata tra le due barre ("barratura speciale").
f. = la circolazione dell'assegno bancario può essere limitata apponendo sull'assegno stesso, sia nella parte anteriore che sul retro, la clausola "NON TRASFERIBILE". In tal modo il possessore del titolo non può trasferire il titolo stesso ad altri. L'inserimento di tale clausola serve a difendersi dai rischi di smarrimento o di furto, in quanto diventa difficile l'incasso da parte del possessore non legittimo.
g. = nome del destinatario, nel caso di assegno non trasferibile è l'unica persona abilitata ad incassare l'assegno
h. = in questo spazio va apposta la firma leggibile del correntista
i. = non è consentita l'emissione del titolo con una data successiva a quella di emissione vera e propria (assegno "postdatato")
j. = si tratta di un numero progressivo che permette di identificare l'assegno emesso
k. = quando si emette un assegno bancario si presume che in banca sia depositata la somma per la quale l'assegno bancario è stato emesso. Il d.lgs. n. 507/1999 ha escluso sanzioni penali per chi emette assegni senza averne i fondi; chi si renderà responsabile di emissione di assegni a vuoto verrà iscritto in un archivio nazionale tenuto dalla Banca d'Italia e non potrà emettere assegni (in relazione a tutto il sistema bancario) per il periodo di 6 mesi.
l. = luogo in cui viene emesso l'assegno

Banche 275

F - *Ad un cliente italiano è stata inviata la seguente comunicazione; purtroppo l'impiegato che ha compilato il messaggio aveva dei problemi di lingua; sapreste correggere gli errori evidenziati???*

Telekopie / Telecopy

Datum/Date	☞ 1. Aprile 2003
an/to	☞ Fa. GUESS, Brescia
zu Hd./attn.	☞ Sg. Capriccio
Telefax n°	0039 030 991144

von/from	Banca Pasticcio, Filiale di Caso
Ref.	
Telefax	0043 5227 363677

Anzahl der Seiten inkl. Deckblatt
Number of pages incl. cover sheet   1

ASSEGNO   € 14.000,--

☞ **ESPOSITORE**   Claudio Difficile

☞ **TRATTANTE**   Banca Pasticcio, Filiale di Caso,
Via Giullari, 29, 6830 Cammino / Italia

☞ Signor Capriccio,

☞ confirmamo che il assegno € 14.000,-- ☞ e in ordine.

Con ☞ auguri

Banca Pasticcio
Filiale di caso

A. Indovina

■■■

Abtlg./Dept.	Kl./Ext.	Unterschriften/Signatures

TECNOLOGIA & FINANZA - Gli sportelli bancari sostituiti da telefoni e personal

COMPUTER CORRENTE
Ordinare pagamenti, acquistare BoT, controllare il saldo, senza code.
Il mondo del credito trasformato

La banca del futuro è virtuale, senza filiali, sportelli e sportellisti. Non è il sogno di un futurologo, ma una realtà che già esiste grazie alla rivoluzione informatica che elimina gli intermediari tradizionali fra il cliente e le sue risorse finanziarie affidate alla banca. Al cliente della banca virtuale basta un telefono, anche cellulare, per entrare in banca e fare tutte quelle operazioni, dalla lettura dell'estratto conto all'acquisto di Buoni del Tesoro, che fino a ieri si potevano fare solo allo sportello.

In Europa, l'evoluzione elettronica dei servizi bancari ha come strumento essenziale il telefono. Negli Stati Uniti, invece, la strada della banca virtuale passa attraverso il personal computer. Uno strumento ormai diffusissimo, costantemente a disposizione degli americani, sia a casa sia in ufficio (ma anche in albergo, sui treni e sugli aerei) che ha bisogno soltanto di un cavetto per collegarsi alla rete telefonica.

Con un matrimonio banca-personal computer, gli sportellisti delle banche americane sono ormai una specie in via di estinzione. «A poco a poco li elimineremo, è solo questione di tempo», dice Edward Crutchfield, presidente e amministratore delegato della First Union Corporation, uno dei nuovi giganti bancari americani che si formano e crescono assorbendo altri istituti di credito. Il nemico degli sportellisti non è tanto lo sportello elettronico, che è stato solo il primo passo verso la sostituzione dei bancari con le macchine, ma il personal computer. Collegato a una normale linea telefonica per mezzo di un modem (un accessorio che ormai è di serie in quasi tutti i PC venduti negli USA), programmato con un software che viene fornito gratuitamente ai correntisti, dotato di una chiave elettronica che dà accesso ai conti e ai servizi per i quali è abilitato, il personal computer diventa infatti un terminale bancario.

Le operazioni che i clienti possono effettuare via PC con un crescente numero di banche americane (fra cui nomi famosi come Chase Manhattan, Citibank, First National Bank of Chicago, ma anche istituti meno noti come Texas Commerce Bank o First Interstate) sono numerose. Si possono anche trasferire fondi da un conto all'altro (sempre che appartengano allo stesso titolare) e basta premere il pulsante del mouse, l'esecutore elettronico di cui quasi tutti i PC americani sono dotati, per pagare l'affitto, la bolletta del telefono o la rata di un prestito. Quando un cliente, oltre ad avere un conto corrente è anche titolare di una carta di credito emessa dalla sua banca, il PC diventa uno strumento di verifica e gestione degli impegni e delle risorse finanziarie: si può infatti controllare l'ammontare delle spese effettuate con la carta di credito (visualizzando sul monitor il relativo estratto conto), fare pagamenti al conto della carta di credito trasferendo fondi dal conto corrente oppure, quando le disponibilità di credito lo consentono, prendere a prestito somme dal conto della carta di credito e accreditarle sul conto corrente. Per documentare tutte quelle operazioni basta un comando che produce una copia a stampa dei dati visualizzati sul monitor.

Fino alla scorsa estate i clienti che si erano allacciati alle banche via PC erano poco numerosi, al punto che qualche commentatore già parlava di un clamoroso insuccesso dell'electronic banking. Il motivo dello scarso interesse del pubblico, però, era l'avidità delle banche che, non contente di risparmiare sul personale e la cancelleria utilizzando i personal computer e le stampanti dei clienti con questa versione finanziaria del self service, pretendevano di far pagare salati abbonamenti mensili per gli allacciamenti e i software che consentono ai PC esterni di collegarsi con i loro computer. Nel giugno dell'anno scorso, però, la Citibank aveva rotto il fronte, offrendo ai correntisti l'allacciamento e il software gratuiti. Molti altri istituti di credito sono stati costretti, per motivi concorrenziali, a seguire l'esempio della Citibank e la clientela ha cominciato a interessarsi all'electronic banking.

La diffusione dei servizi bancari via PC era ostacolata anche dal fatto che, inizialmente le banche avevano creato propri software per questi allacciamenti. Solo i grandi istituti avevano i mezzi per investire in questi costosi programmi, e quindi le banche minori, che servono una quota notevole della clientela, erano state tagliate fuori dalla rivoluzione dei servizi informatici. Questa situazione è cambiata quando il gigante globale del software, la Microsoft di Bill Gates, ha creato Microsoft Money, un programma a basso costo (una decina di dollari, ma lo si può copiare gratis dall'Internet) che, assieme con Quicken della rivale Intuit, e Managing your Money, offerto da Bank of America e Nations Bank, ha democratizzato l'electronic banking.

Oggi, dice l'American Bankers Association, solo l'11 per cento delle banche statunitensi di dimensioni medio-grandi (ossia con attività di almeno un miliardo di dollari) offre ai clienti servizi via PC. Questa percentuale, sempre secondo l'associazione bancaria USA, è destinata ovviamente a salire. Intanto, grandi broker di Wall Street come Smith Barney e gestori di sistemi di banche di credito come American Express, hanno cominciato a offrire ai loro clienti servizi via PC analoghi a quelli delle banche, servendosi dello stesso software. Il mercato dell'electronic banking, insomma, si allarga a macchia d'olio.

L'avvento dell'electronic banking sta cambiando radicalmente l'industria bancaria americana, ed è uno dei principali motivi della tendenza alla concentrazione in gruppi sempre più grandi e potenti che caratterizza il settore. Per realizzare la rivoluzione tecnologica - che, oltre ai servizi alla clientela via PC comprende anche l'informatizzazione della gestione e dell'offerta di servizi finanziari che vanno dalle carte di credito ai prestiti personali, dalle operazioni di borsa alla creazione di strumenti finanziari sofisticati - occorrono investimenti massicci. Nel solo 1994, le banche USA avevano speso 19 miliardi di dollari per dotarsi di nuove tecnologie, e più della metà di questa enorme cifra era stata spesa dalle 52 banche maggiori. «Gli istituti che sono in grado di investire in tecnologie - dice Gerard Smith, dirigente della UBS Securities - sono quelli che domineranno il mercato». E Crutchfield, il boss della First Union, osserva che «convertire la gente all'electronic banking costa centinaia di milioni di dollari». E non tutti potranno permetterselo.

(adattato da Il Corriere della Sera, 22.1.96, Umberto Venturini)

A - *Dopo aver letto l'articolo, spiegate:*

* *come viene definita la banca computerizzata*
* *quali supporti tecnici occorrono per accedere ai nuovi servizi computerizzati*
* *quali sono i servizi offerti dallo sportello elettronico*
* *quali motivi hanno frenato all'inizio l'adesione dei clienti ai servizi informatici*
* *su chi ricadono i costi di cancelleria con i nuovi strumenti e perché*
* *perché l'electronic banking comporta una concentrazione delle banche in grandi gruppi*
* *quali sono i vantaggi e chi sono i beneficiari dell'electronic banking*
* *chi e che cosa viene penalizzato dall'introduzione dei servizi informatici*
* *quali rischi comporta l'home banking*

B - *Inserite i termini opportuni:*

Anche alla Cariplo è attivo uno sportello di phone banking, che consente tutte le normali operazioni di sportello, tranne i versamenti di contanti e assegni e le disposizioni per cui occorre la firma del cliente.
Si possono dunque chiedere informazioni sulla .... contabile, sugli ultimi ...., sulla situazione degli ...., sull'ammontare spese con ...., sulla quotazione delle principali ...., notizie sui .... e sulle .... dei titoli di Stato, quotazioni di .... e ....

assegni - aste - azioni - carta di credito - movimenti - obbligazioni - posizione - tassi - valute estere

Inoltre si possono dare disposizioni per il .... di bollette, affitti, bonifici; l'.................... di assegni circolari; l'.................... di valute estere; la .... di traveller's cheque; la .... di titoli; la .... di fondi comuni d'investimento; ordini di .... in via continuativa; richiesta di .... di Bancomat e carta di credito, ecc.

acquisto - addebito - blocco - compravendita - emissione - pagamento - prenotazione - sottoscrizione

Ecco dei consigli apparsi su PC INTER@CTIVE per valutare la bontà di un'offerta di home banking; non basta infatti prendere in considerazione solo i servizi erogati, ma bisogna anche valutare fattori come la disponibilità di informazioni, la procedura di attivazione, i requisiti tecnici richiesti:

Qualità delle fonti informative

Documentazione cartacea (depliant presenti allo sportello). Informazioni sul servizio di remote banking per le imprese. Informazioni presenti sul sito sul livello di sicurezza, sui requisiti software e hardware, sulle norme relative alla sottoscrizione del contratto. Possibilità di scaricare una versione demo del software per simulare il servizio.

Attivazione del servizio

Competenza del personale addetto (conoscenza tecnica del servizio).
Rapidità della procedura (stipula del contratto, tempi necessari per iniziare a usufruire del servizio).
Difficoltà della prima connessione (scarico software di connessione, e così via).
Modalità di sottoscrizione del contratto (direttamente in rete, attraverso la compilazione e stampa di modulistica da portare successivamente in agenzia, esclusivamente allo sportello).

Servizi base

Visualizzazione del saldo di conto corrente, dell'estratto e della situazione assegni.
Simulazione on line delle rate del mutuo casa o di altri finanziamenti.
Possibilità di contattare la propria filiale attraverso e-mail. Numero verde (per gli interessati al servizio, per gli utenti). Possibilità di calcolare il controvalore del proprio estratto conto in valuta estera.

Banche 279

Servizi di prenotazione

Richiesta di prestito personale (per i privati) o di concessione fido (per le imprese).
Prenotazione di valuta estera.
Prenotazione di apertura conto corrente, di rilascio carte di credito, di rilascio carta Bancomat, di emissione blocchetti assegni.
Prenotazione di appuntamenti o richieste per specifiche consulenze.

Servizi dispositivi

Gestione del portafoglio (acquisto e vendita titoli, azioni, obbligazioni, prenotazione di Bot, e così via). Disposizioni di pagamento (bonifici, giroconti da una banca all'altra, pagamento utenze).
Disposizioni di blocco per le carte di credito o per gli assegni in caso di smarrimento o furto.

Servizi di utilità

Presenza sul sito bancario di soggetti "ospiti", con possibilità di fare acquisti on line.
Possibilità di scaricare software (per esempio browser).
Ricerca sul sito bancario, per argomento o per parole chiave.

Supporto al servizio

Presenza di un tutorial durante l'accesso.
E-mail di help.

Requisiti minimi hardware e software

Se si usa Windows 2000, è consigliabile utilizzare un PC Pentium III, con 64 MByte di memoria RAM. Per il collegamento, un modem almeno a 28.800 bps. Accertarsi del browser supportato dal servizio, se Microsoft Internet Explorer o Netscape Communicator, e in quali versioni. Meglio se sono superiori alla 5.

C - *Trasformate ora gli otto consigli in domande da porre ad una vostra banca di fiducia per valutare la qualità del suo servizio di home banking*

Ruolo A - *La vostra banca vi propone il servizio di home banking; siete titubanti ed esprimete la vostra perplessità circa affidabilità del sistema, sicurezza dei dati difficoltà di funzionamento, offerta di operazioni non così ampia come allo sportello, mancanza di contatti personali, costi ...*

Ruolo B - *Cercate di convincere un cliente a servirsi dell'home banking e indicate una serie di vantaggi: saltare le code allo sportello, dare disposizioni (elencate le varie operazioni che consente il phone banking), servizio attivo 24 ore su 24, aggiornamento della contabilità, pass word, niente rapine, ecc. (aiutatevi, se necessario con il testo "Computer corrente")*

Cara banca, se non cambi tu, cambio io (adattato da Il Mondo, 6.11.98, Renato Mannheimer)

Quasi il 40% delle famiglie italiane pensa più o meno frequentemente di trasferire il proprio conto a un altro istituto. Da un sondaggio emerge come al primo posto ci sia la richiesta di rapporti più personali e professionali. Mentre Internet e il phone banking sono «oggetti misteriosi»

La competizione nel mondo delle banche e delle assicurazioni, già da tempo diventata aspra tra gli istituti italiani, viene sicuramente acuita dall'introduzione della moneta unica europea e dalla conseguente maggior facilità di concorrenza da parte di banche e assicurazioni straniere. Con quali scenari? Alcune risposte vengono da una ricerca sugli atteggiamenti dei cittadini verso questi servizi.

L'elemento che più convince il cliente bancario è legato al carattere «personale» del servizio (la gentilezza degli impiegati, l'attenzione personale, la comprensione specifica dei propri problemi, delle proprie necessità, delle proprie esigenze). «Non essere trattato come un numero: ecco la cosa che mi piace di più quando vado alla mia banca», dichiarano molti intervistati. I costi dei servizi, viceversa, paiono, sorprendentemente, assumere minor rilievo nella valutazione di una banca. Non perché essi non siano importanti, sia chiaro, ma perché, secondo gli intervistati, è assolutamente impossibile capirli e soppesarne le differenze. Allora tanto vale andare là dove si è trattati meglio, dove gli impiegati appaiono più professionali. Evidentemente questo non accade in tutte le banche, se 4 clienti su 10 hanno pensato, più o meno frequentemente, di cambiare l'istituto presso cui si serve. La concorrenzialità potenziale, quindi, c'è, anche se molte volte a queste intenzioni non corrisponde una decisione conseguente. Tra gli elementi principali che spingono a cambiare banca troviamo le condizioni economiche, che pure dal sondaggio appaiono come tra gli aspetti meno importanti. Il fatto è che quando queste vengono comprese diventano un elemento importantissimo nella scelta della banca.

Che valore assumono invece i nuovi servizi che le banche possono offrire grazie alla telematica? Poco meno della metà del campione intervistato dichiara di conoscere questo genere di servizi, anche se solo l'8% sostiene di utilizzarli attualmente. Tra costoro solo la metà appare soddisfatta: il livello del servizio risulta quindi ancora molto arretrato e non trova il consenso degli utilizzatori. Altro punto trattato: gli investimenti. La gran parte degli italiani non ritiene che investire denaro sia più complicato con l'Euro; questo comporterà un aumento della presenza di banche straniere in Italia, ma non significherà necessariamente un maggior ricorso a quest'ultime, piuttosto una richiesta di un servizio e una consulenza migliori agli istituti italiani.

A - Osservate ora la tabella sottostante con i risultati di un sondaggio riportato dall'Istinform e condotto su un campione di 11.077 persone che hanno abbandonato una banca; interpretate i dati: quali sono i principali motivi che hanno indotto gli intervistati ad abbandonare la propria banca? Quali sono per voi, invece, gli aspetti determinanti nella scelta di una banca? Che importanza hanno per voi la comodità (cioè uno sportello più vicino a casa o al luogo di lavoro) e l'argomento della "banca di famiglia"?

Motivi di abbandono	%
Si è trovata una banca più comoda	28,3
La banca non era più conveniente	25,8
Si è persa la fiducia per mancanza di correttezza	21,6
Il personale era poco cortese	18,9
Sono cambiate le esigenze	17,8
È cambiata la banca in cui accreditano lo stipendio	2,9
È stata consigliata un'altra banca	2,7
È cambiato il personale che si conosceva	1,8
Ci si è rivolti ad una banca convenzionata	0,9
La banca è stata assorbita da un'altra	0,9
La banca è entrata in crisi e se ne parlava male	0,9
Si è seguito il direttore presso un altro istituto	0,8
L'agenzia ha chiuso	0,4
Altri motivi	7,1

B - *Che cosa pensate dell'atteggiamento degli italiani verso gli istituti di credito, che emerge da questo articolo?*

C - *Provate ora a rispondere al test di Corriere Soldi e al temine descrivete il trattamento ideale che una banca dovrebbe riservare ai suoi clienti*

TEST: È ORA DI CAMBIARE?

In un giorno come tanti entrate nella vostra banca per una normale operazione di sportello...
a) per fortuna l'agenzia è ben organizzata e quasi mai si deve aspettare più di uno o due clienti
b) alcuni giorni si creano code di tre-quattro clienti e purtroppo manca un sistema di smistamento tra gli sportelli aperti, per cui può capitare di rimanere bloccati dietro un cliente
c) non di rado si creano code lunghe, anche fuori l'ingresso della banca

È il vostro turno allo sportello e mentre l'impiegato sta per occuparsi di voi passa il direttore dell'agenzia ...
a) il direttore fa un cenno di saluto e anche l'impiegato vi riconosce; del resto si mostrano sempre gentili e disponibili
b) il rapporto con il personale della banca è cortese ma formale, anche perché spesso c'è rotazione di impiegati
c) ci sono stati contrasti con il personale, per cui provate sempre un certo disagio

Avete chiesto un prestito personale ...
a) in due-tre giorni vi hanno dato la risposta desiderata
b) la pratica si è risolta entro le due settimane
c) avete dovuto aspettare più di due settimane

Tasso d'interesse ...
a) il rendimento del vostro conto è superiore al 4% lordo
b) il rendimento è compreso tra il 3 e il 4%
c) il vostro conto rende meno del 3% lordo

Spese di tenuta conto e operazioni gratuite ...
a) per la gestione del conto pagate una quota forfettaria all'anno inferiore ai 30 euro, comprensiva di tutte le operazioni
b) avete una convenzione che prevede spese annue superiori ai 30 euro e un numero di operazioni limitato
c) il vostro conto corrente non è convenzionato e pagate ciascuna operazione secondo le tariffe esposte

Tasso per scoperto di c/c ...
a) se andate in rosso pagate un interesse inferiore al 12%
b) se andate in rosso pagate un interesse superiore al 12%
c) non vi è concesso lo scoperto di conto

Avete una certa disponibilità di liquidi (5-10.000,-- €) e chiedete alla banca un consiglio, visto che i rendimenti stanno scendendo ...
a) anche se la cifra è modesta vi offrono una serie di alternative informandosi sulle vostre necessità e aspettative
b) vi consigliano le obbligazioni della vostra banca
c) vi consigliano i certificati di deposito della vostra banca

 Sapete che c'è stato un ribasso dei tassi, arriva l'estratto conto e cercate di controllare quanto rende il vostro c/c...
a) in effetti il ribasso c'è stato; la banca vi dice quale era il vecchio tasso, quale il nuovo e il perché della variazione
b) è segnalato il ribasso del tasso con il nuovo importo, ma non è scritto di quanto si è tagliato l'interesse
c) è riportato un tasso d'interesse che a memoria vi sembra più basso di quello convenuto, ma non sono riportate indicazioni aggiuntive

 Nell'ultimo anno avete ricevuto informazioni su novità nei prodotti offerti dalla banca?
a) sì, spesso
b) una o due volte
c) mai

 Assegnate due punti a ciascuno dei seguenti prodotti o servizi, se disponibili presso la banca
a) possibilità di stipulare assicurazioni
b) possibilità di phone banking
c) fondi comuni d'investimento specializzati sui mercati esteri

• CHE FARE? •

- 9-19 punti: cambiare banca
  - 20-24 punti: rivedere il rapporto
    - 25-29 punti: situazione soddisfacente
      - 30-35 punti: situazione buona, invidiabile

Per calcolare il punteggio:
Assegnate 3 punti ogni volta che date la prima risposta (a), due punti per la seconda (b) e un punto per la terza (c). All'ultima domanda attribuite 2 punti per ogni servizio offerto.

Se non sapete rispondere a qualche domanda, indicate la risposta centrale (b), per non alterare il punteggio totale.

Banche

A - Indicate la risposta giusta fra quelle riportate in corsivo

1. La Banca con il privilegio esclusivo di emettere banconote e di effettuare operazioni di rifinanziamento con le altre banche quando a queste occorre del denaro per concedere a loro volta credito alla clientela era
   la Banca del Tesoro - la Banca d'Italia - la Banca di Roma

2. L'organismo che gestisce i numerosi rapporti di debito e credito fra le banche, con controlli giornalieri per liquidare o accreditare le reciproche differenze, è detto
   Clearing - Stanza di compensazione - Ufficio di cambio

3. La banca che provvede al collocamento di titoli o valori emessi dalla clientela, raccoglie fondi per finanziare maxiprestiti a Stati o istituzioni e finanzia le piccole e medie imprese per iniziative rischiose, ma proficue, si chiama
   banca d'investimento - banca d'affari - banca mercantile

4. La banca che esegue alcuni incarichi su richiesta, per conto di un altro istituto di credito, in località nelle quali la banca mandante non è presente, prende il nome di
   banca corrispondente - banca di deposito e sconto - banca abilitata

B - Inserite negli spazi vuoti i verbi all'infinito, coniugandoli nella forma opportuna

1. Nelle cassette di sicurezza della banca si .... titoli e gioielli
2. Le banche si trovano in difficoltà quando qualcuno dei maggiori clienti non .... più .... ai suoi obblighi
3. Nonostante lo slogan "Acquistate oggi, pagherete domani", molta gente preferisce non .... per acquistare beni di consumo
4. Per l'acquisto di un appartamento spesso si .... un mutuo
5. Solo le banche autorizzate .... assegni circolari
6. La Banca d'Italia .... le banconote
7. Quando le rate di un prestito sono troppo diluite nel tempo, si può .... il debito anticipatamente
8. Su un conto a risparmio si .... interessi più alti che su un conto corrente
9. Alcuni valori mobiliari sono .... in ECU
10. Chi paga con assegni non deve .... assegni a vuoto

| emettere |
| emettere |
| corrispondere |
| custodire |
| indebitarsi |
| esprimere |
| estinguere |
| rilasciare |
| far fronte |
| accendere |

C - Modificate la prima parte delle frasi introducendo "sebbene"

1. Ha presentato alla banca i suoi effetti per lo sconto, (ma) gli manca ancora del denaro per rimborsare tutti i debiti
2. Questa banca si definisce istituto di credito, (ma) effettua anche operazioni speculative
3. Ha emesso un assegno allo scoperto, (ma) l'impiegato l'ha accettato
4. La stanza di compensazione semplifica le operazioni fra le diverse banche, (ma) la contabilità rimane sempre complicata
5. Il conto era in rosso, (ma) non ha esitato a pagare con la carta di credito
6. I prezzi negli ultimi tempi risultano stabili, (ma) i dipendenti chiedono un adeguamento salariale
7. Conosceva il cliente, (ma) ha chiesto il pagamento tramite assegno circolare
8. Il phone banking non esclude la violazione della riservatezza, (ma) molti clienti lo usano per la comodità che presenta

D - *Inserite i sostantivi mancanti*

1. Per pagare con le lire le .... non bastavano più e anche per una piccola colazione bisognava metter mano alle ....
2. Sul libretto di risparmio c'è scritto l'............ del denaro versato e le operazioni di .... e ....
3. Il .... è la più alta carica della Banca d'Italia
4. Secondo una recente indagine, gli agricoltori italiani avrebbero un .... annuo di circa 15.000,-- euro
5. Il .... postale è più diffuso nelle zone rurali
6. Il fenomeno della falsificazione diminuisce temporaneamente quando entrano in .... nuove banconote
7. A volte il pagamento della merce, anziché in contanti, viene effettuato per mezzo di una ....
8. Chi riceve cambiali in pagamento, può presentarle prima della .... a una banca per farle scontare
9. Il maggior ricorso al credito al .... avviene per comprare il bene più amato dagli italiani: la macchina
10. Gli interessi di .... possono diventare pesantissimi
11. Talvolta, nel concedere un prestito, si chiede come garanzia una cambiale in ....
12. Le banche devono inviare regolarmente ai clienti comunicazioni sulle .... applicate ai rapporti esistenti
13. Per aprire nuovi .... si deve presentare richiesta alla Banca d'Italia
14. Un debito non onorato è detto "in ...."

ammontare	governatore
banconote	mora
bianco	monete
cambiale	prelievo
circolazione	reddito
condizioni	scadenza
consumo	sofferenza
deposito	sportelli
deposito	

Il denaro si può *impiegare, investire, muovere, versare, prelevare, incassare, collocare, trasferire;* i libretti di risparmio si possono *aprire, chiudere, possedere, estinguere, trasferire, consegnare;* le norme possono *entrare in vigore, essere introdotte, stabilite, rispettate, osservate, perfezionate, violate, definite, disposte.*

E - *Formate i sostantivi corrispondenti di tutti questi verbi* *(Es.: l'impiego di denaro)*

F - *Come funziona il POS?*

Il cliente .... la carta Bancomat nell'apposito .... collocato presso i .... di cassa .... al POS, digita il .... Bancomat su un'apposita .... riservata allo stesso, quindi il cassiere imposta l'................ da pagare. Il perfezionamento dell'operazione è subordinato alla .... automatica della carta e relativo .... Oltre allo .... di cassa il cliente riceverà, quale ...., una ricevuta del terminale POS in base alla quale potrà controllare l'................ sul proprio ....

Un sistema molto semplice che richiede solo pochi attimi di tempo!

abbinati, addebito, codice segreto, codice segreto, convalida, estratto conto, importo, introduce, promemoria, registratori, scontrino, tastiera, terminale

CARTE DI CREDITO

Comode da usare e facili da ottenere, le carte di credito stanno soppiantando il denaro contante

Quando ci si sposta molto non è conveniente portarsi dietro molto denaro contante. I rischi sono notevoli, sia per le possibili perdite che per le „sottrazioni illecite" di ladri e borsaioli.
Le alternative al contante per questi casi sono due: il traveller's chèque (per l'estero) e la carta di credito.
La prima „carta per pagare" nasce nel 1958, emessa da Diner's, seguita col tempo da American Express, Bankamericard, CartaSì e Top Card.
Le prime due carte sono T.E. (Travel and Entertainement), non hanno cioè limiti di spesa prefissati e non consentono la rateizzazione dei rimborsi; le altre tre invece sono di matrice bancaria e prevedono il rimborso rateale delle spese effettuate. In questo caso naturalmente c'è un addebito di commissione mensile.
Anche le tariffe relative a costo d'ingresso, costo annuo, carte aggiuntive variano da carta a carta.
American Express e Diner's Club sono considerate degli status symbol, un biglietto d'ingresso per gli alberghi, i ristoranti e i negozi più esclusivi del mondo.
Il loro maggior vantaggio di essere senza limiti di spesa viene ampiamente pagato dall'alto costo.
Le carte di credito consentono l'acquisto di beni e servizi presso gli esercizi convenzionati che espongono le vetrofanie con le loro indicazioni. Inoltre si può fare rifornimento di carburante presso le stazioni convenzionate, si
possono acquistare biglietti aerei, ferroviari e marittimi.
Gli acquisti fatti con CartaSì hanno anche il piacevole optional di essere assicurati per infortuni nei viaggi, furti o smarrimenti bagagli.

Infine le carte di matrice bancaria fungono contemporaneamente da carta di credito e di debito e consentono il prelievo di piccole somme dagli sportelli (ma attenzione alle commissioni, il 4% dell'importo prelevato!).
Che fare invece in caso di furto o perdita della carta?
La prima operazione da compiere immediatamente è telefonare all'emittente della carta e denunciare l'accaduto. I numeri telefonici relativi agli uffici addetti a queste comunicazioni vanno chiesti nel momento in cui si richiede e riceve la carta di credito.
Dal momento in cui il titolare della card telefona all'emittente, denunciando la perdita o furto, viene sollevato da ogni responsabilità.
Una volta assolto questo dovere, si deve fare una denuncia alle autorità giudiziarie (Polizia o Carabinieri) e poi inviare una copia di questa, insieme con una lettera di comunicazione dell'accaduto, per raccomandata, alla società emettitrice della carta.
Nel caso in cui la comunicazione telefonica suddetta non avvenisse in tempo utile per scongiurare l'uso fraudolento della card, il titolare viene ritenuto responsabile per un massimo di importo limitato

A - Abbinate i termini del testo con i relativi sinonimi:

spostarsi - effettuate - addebito - aggiuntivo - consentire - acquistare - perdita - emettere - addetto - ricevere - inviare - fraudolento

smarrimento - addizionale - ottenere - muoversi - rilasciare - illecito - attuare - comprare - incaricato - spedire - aggravio - permettere

B - Qual è il significato corrispondente ai seguenti termini utilizzati nel testo?

sottrazione	omissione / furto ✓ / diminuzione
matrice	origine / emissione / parte di un bollettario ✓
commissione	incarico / somma percentuale ✓ / ordine
ingresso	accesso ✓ / entrata / adesione
convenzionato	trattato / convenuto ✓ / aderente
fungere	funzionare / sostituire ✓ / agire
prelievo	asportazione / ritiro ✓ / sottrazione
sollevare	alzare / esonerare ✓ / alleggerire
assolvere	perdonare / liberare ✓ / compiere

C - Basandovi sul testo „Carte di credito" spiegate al cliente di una banca:

a- A chi ci si rivolge per richiedere una carta di credito — alla banca
b- Quali sono le condizioni per ottenere una carta di credito — c/c, reddito fisso
c- Se c'è un costo d'ingresso e che cos'è — somma forfettaria
d- Se esiste un costo annuo — dipende dalle carte
e- Se c'è una limitazione d'ingresso e cosa significa — reddito a certo livello
f- Se è previsto un limite di spesa — dipende dalla clientela
g- Che cosa sono i negozi convenzionati — acquistare beni servizi pagare con la c
h- Se sono consentiti i pagamenti rateali e a quali condizioni — sì, ma ci sono interessi
i- Se le carte sono collegate a qualche forma di assicurazione — polizze
l- Se con questo mezzo di pagamento esiste anche una possibilità per il prelievo in contanti — sì, comissio
m- Che garanzie ci sono contro i furti — polizze

Un servizio senza code?
Molte banche ce l'hanno.

Un servizio molto invitante?
Molte banche ce l'hanno.

Un servizio pieno di energia?
Molte banche ce l'hanno.

VIACARD Plus.
Molte banche ce l'hanno.

VIACARD Plus è il nuovo strumento di credito personalizzato della Società Autostrade per offrire ancora di più della VIACARD. Alla possibilità di utilizzare le uscite riservate per il pagamento del pedaggio in autostrada, aggiunge il servizio di rifornimento carburanti e lubrificanti, automarket, ristorazione e il market nel prossimo futuro. Un credito completo e ben distribuito, già oggi in 86 aree di servizio Agip, in 29 aree Autogrill, oltre che in tutti i caselli autostradali. Viacard Plus la trovate in banca.
VIACARD PLUS. IL CREDITO SI FA STRADA.

Questa pubblicità
reclamizza i servizi
offerti dalla

VIACARD PLUS

Sapreste dire
quali?

Carte fedeltà a costo zero. Permettono di acquistare al super e ai grandi magazzini senza contanti. Con vantaggi e premi .... (Raffaella Fasciglione – Donna Oggi)

Si chiamano fidelity card: sono le speciali carte di credito rilasciate da supermarket e grandi magazzini, che permettono di fare la spesa senza pagare in contanti. Si tratta di tesserine magnetiche in plastica (ogni catena ha la sua) utilizzabili per ogni genere di acquisto, dagli alimenti ai prodotti di bellezza, dai capi d'abbigliamento agli articoli del reparto casalinghi. Vengono accettate anche per somme molto piccole, perfino di poche migliaia di lire. Le più invitanti sono quelle che si possono utilizzare anche come carte per la raccolta dei punti e che danno la possibilità di vincere premi come televisori, collier e bracciali d'oro o piccoli elettrodomestici.

Ma vediamo come si usano.
Per diventare titolari. Basta recarsi in un punto vendita della catena alla quale si è interessati e farsi rilasciare il modulo di richiesta che va compilato con i propri dati personali e il numero di conto corrente della propria banca. Quindi si consegna il modulo alla cassa o lo si spedisce. In genere, dopo una quindicina di giorni arriva a casa una lettera del direttore della filiale con l'invito a presentarsi per ritirare la tessera. Soltanto per ottenere la Unescard (dei supermercati Unes) si deve tassativamente avere un conto corrente presso la Cariplo o la Banca Nazionale dell'Agricoltura, su cui verranno addebitate le spese del supermercato.

Quanto costano. Fatta eccezione per alcune come Carta mia (della Standa) e Cartacoop (vedi tabella) le carte di spesa non costano nulla. E non ci sono spese di commissione perché le banche non addebitano un costo per questo servizio.

Come si usano. Il pagamento si svolge in pochi secondi visto che non servono autorizzazioni o firme. Le fidelity-card funzionano introducendo in un'apposita macchinetta la tessera dalla parte della banda magnetica. Per alcuni modelli, è sufficiente digitare ogni volta il proprio codice segreto. In ogni caso si evitano lunghe code visto che, soprattutto nei grossi supermercati, ci sono casse riservate ai titolari della card.

L'addebito. Le spese sostenute nel corso del mese vengono sottratte dal conto corrente, ma si può decidere di pagare (previo accordo) una volta al mese, con un assegno o con un versamento tramite bollettino postale. Il tetto massimo di spesa va dai 258,-- euro ai 658 euro la settimana.

Gli sconti. Chi le possiede gode in genere di una serie di sconti e di offerte esclusive sugli articoli in vendita. Spesso ha anche l'opportunità di collezionare i punti dei concorsi a premi. Con Unescard i punti vengono consegnati ogni volta alla cassa, mentre con Cartamia questi sono accreditati automaticamente sull'estratto conto.

A chi convengono. «La carta è un sistema utile perché consente di acquistare subito e pagare dopo un mese, in molti casi anche in comode rate fino a 12 mesi », risponde Laila Melgrani dell'Unione Nazionale Consumatori. «Però è valida soltanto nei punti vendita della rete commerciale, quindi obbliga a comprare sempre nello stesso supermercato. Per questo è indicata ai clienti abituali e non a chi fa acquisti sporadici. Vantaggi e offerte particolari inoltre sono diversi. Ad esempio, alcuni grandi magazzini, oltre a sconti esclusivi, garantiscono un servizio gratuito di consegna a domicilio e di riparazioni di sartoria ».

Possibili errori. Può succedere di vedersi addebitare la spesa in modo errato: perché la cifra è sbagliata o perché viene conteggiata due volte. «È quindi opportuno controllare attentamente sull'estratto conto e tenere, per precauzione, gli scontrini», conclude Laila Melgrani. «In caso di furto o smarrimento, poi, bisogna avvertire subito il supermercato, per bloccare eventuali addebiti non autorizzati, e fare la denuncia a polizia o carabinieri»

Le principali credit-card

Carta	Utilizzo	Costo	Spesa max	Rateazione
CARTAMIA	Standa	15,-- € all'anno	variabile	6-12-18 mesi
COINCARD	Coin	20,-- € all'anno	1.500,-- al mese	10 mesi
CONADCARD	Conad	gratuita	258,-- € a sett.	/
CARTACOOP	Coop	45,-- € all'anno	variabile	6-12-18 mesi
ESSELUNGA	Esselunga	gratuita	258,-- € a sett.	/
STEFANEL	Stefanel	gratuita	2.500,-- al mese	6-12-18 mesi
SUPERAL	Superal	gratuita	300,-- € a sett.	/
UNESCARD	Unes	gratuita	258,-- € a sett.	/

A - *Quali sono le principali differenze tra le fidelity-card e le carte di credito tradizionali?*

B - *Perché si chiamano così?*

C - *Che cosa offrono ai clienti queste tesserine per legarli ad un particolare negozio?*

D - *Quali limitazioni comportano?*

E - *Quali dati occorrono per diventare titolari di una fidelity-card?*

F - *Sono previste spese di emissione e canoni annui?*

G - *Come si deve procedere in caso di addebito errato?*

Ruolo A - *Nel vostro negozio STEFANEL una signora trentenne con un bambino ha appena effettuato degli acquisti; cercate di convincerla ad aderire alla carta Stefanel*

Ruolo B - *Nel negozio Stefanel, dove avete appena acquistato un pullover per vostro figlio, Vi propongono una fidelity-card; voi disponete già di una carta di credito tradizionale.*

Ruolo C - *Siete è una persona d'affari che viaggia frequentemente in Europa; a volte, fra un viaggio e l'altro, non avete neanche il tempo per procurarvi il denaro contante necessario o la valuta per le spese più piccole. Guadagnate bene, ma vi capita di tanto in tanto di avere problemi di liquidità (conto in rosso in certi periodi, quando i clienti sono in ritardo con i pagamenti), per cui avete deciso di procurarvi finalmente una carta di credito sia per risolvere il problema del contante che per ottenere, quando occorre, un pagamento rateale delle spese ad un tasso d'interesse il più possibile limitato.*
Vi rivolgete ad un impiegato di banca per informazioni sulla carta più adatta alle vostre necessità (p. e. la Cartasì che costa solo 15,-- euro all'anno valida in 5.000.000 di punti vendita, con acquisto assicurato contro furti per 24 ore e importo addebitato sul c/c il mese successivo in unica soluzione o secondo un piano rateale, dietro pagamento dell'1,75% sullo scoperto)

Ruolo D - *Il vostro cliente vi sembra un uomo d'affari benestante, adatto alla American Express, la carta dei "Vip"; volete convincerlo ad aderire alla Carta Oro, anche perché la società vi paga un'ottima provvigione per ogni nuova acquisizione ... La Carta Oro è per i clienti più affidabili, accettata in oltre 3.000.000 di negozi, senza limiti di spesa; si deve corrispondere una quota d'iscrizione di 25,-- euro e una quota associativa annua di 140,-- euro; non sono possibili pagamenti rateali, ma si possono prelevare contanti 24 ore su 24; offre una vasta gamma di servizi, dalla programmazione dei viaggi alla prenotazione di posti, una serie di assistenze in caso di guasto all'auto, immediata sostituzione della carta in caso di smarrimento, ecc. ecc. Insomma una carta speciale per persone speciali....*

FINANZIAMENTO ALLE IMPRESE

Come ottenere dalle banche la liquidità necessaria a produrre

Credito, ritorno al futuro con immagine e garanzie reali

Al di là dei numerosi servizi cosiddetti di „sportello" e di quelle che vengono definite operazioni accessorie, sviluppatesi con l'introduzione di nuove tecnologie e l'ampliarsi delle esigenze della clientela, la più importante funzione di una banca è quella di prestare denaro. Ottenere denaro in prestito da una banca non è sempre facile e possibile: occorrono garanzie reali da offrire come contropartita e le modalità di ottenimento del prestito stesso, l'entità, i tassi d'interesse da corrispondere, la durata reale ecc. variano da banca a banca, dalla località geografica, dalla somma delle valutazioni sull'affidabilità non solo finanziaria, ma anche morale e di immagine del richiedente. La somma che viene prestata, inoltre, dipende non solo dagli elementi citati, ma anche dalla capacità di rimborso del cliente. È chiaro che tutto è in proporzione all'entità della somma richiesta e alla durata del credito, per cui in certi casi può essere richiesto l'intervento del direttore generale dell'istituto di credito per la concessione del fido, mentre in altri è sufficiente quello di un direttore d'agenzia o di filiale o quello di un funzionario di banca. Ne consegue che anche la componente umana ha il suo peso nella conduzione della trattativa, soprattutto in tema di valutazione sull'affidabilità del cliente e di quanto offre a garanzia, che può talvolta trascendere il reale valore della garanzia stessa.

D'altra parte sono più che plausibili certi comportamenti di rigorosa cautela e di prudenza da parte di molti istituti, visto che - e le cronache ne parlano spesso - non è la prima volta che crediti concessi a persone o gruppi di assoluta affidabilità reale e personale, avvalorate da indagini che in questi casi vengono espletate, si sono risolti in autentiche truffe che finiscono alla voce „crediti inesigibili".

Generalmente il credito concesso da una banca è detto fido e affidato è il beneficiario, e può essere a breve, medio e lungo termine. I crediti bancari si suddividono in crediti per cassa e crediti di firma. Nel primo caso vi è una materiale erogazione di denaro da parte della banca; nel secondo caso quest'ultima concede la propria firma a garanzia di impegni assunti dal suo cliente, ciò che si chiama anche „fidejussione". Varie altre forme di credito sono: apertura di credito in c/c, sconto, sovvenzione su titoli e merci, su immobili, terreni e proprietà immobiliari di vario genere (concessioni di mutui solitamente a lungo termine), di tipo agrario ecc. Il credito a breve termine concesso alle imprese, configurato anche come credito commerciale o anche bancario, ha lo scopo di mettere a disposizione fondi per alleviare mancanze temporanee di liquidità, per la sostituzione di scorte ecc. La Cariplo, ad esempio, ha attivato una forma di credito agevolato per determinate categorie di imprese. Lo sportello „fidi" offre interventi stipulando convenzioni a condizioni particolari, riferintisi a scoperti di c/c, smobilizzi di credito, anticipazioni su fatture, sconto di effetti o di ricevute bancarie. Un altro istituto, la Banca di Roma, si propone agli operatori economici con servizi particolarmente accurati che concernono 4 distinte aree:

-Area investimento: certificati di deposito, fondo investimento verde, fondi di diritto lussemburghese, gestione patrimoni

-Area finanziamenti: affidamenti in c/c, prestiti personali, prestito casa, formule di finanziamento ad hoc

-Area pagamenti ricorrenti: pagamenti di mutui, affitti, premi assicurativi, utenze (luce, gas, telefono)

-Area servizi vari di assistenza e consulenza: operazioni in cambi, garanzie e fidejussioni, operazioni in titoli esteri, trasferimenti valutari via Swift in ogni parte del mondo, assistenza in tutte le operazioni con l'estero, ricerca di contropartite nazionali e internazionali (domanda/offerta di merci, soci, agenti, rappresentanti, grossisti), marketing nazionale ed estero.

(da **Italia Oggi**)

A - *Vi occorrono circa 150.000,-- euro per aprire un calzaturificio in Puglia. Vi recate in banca ad informarvi sulle modalità per accendere un credito.*

B - *Siete un funzionario della Comit al quale si è rivolto questo cliente che vorrebbe un prestito di 150.000,-- euro; spiegategli le formalità da assolvere e procuratevi le informazioni a voi necessarie per valutare l'opportunità di concedere il finanziamento*

Ufficio Mutui/gl
Atto n° ....

Egregi Signori,
abbiamo il piacere di informarVi che, in accoglimento della Vostra domanda, l'Amministrazione dell'Istituto ha deliberato di accordarVi un mutuo di € 150.000,-- (Euro centocinquantamila), ai sensi della convenzione stipulata con ....
Le principali condizioni sono le seguenti:
- Durata: anni 10
- Tasso d'interesse: 5% semestrale
- Rimborso: mediante pagamento di rate semestrali posticipate comprendenti gli interessi nonché una quota di ammortamento del capitale, scadenti il 30/6 e il 31/12 di ogni anno. Alla prima scadenza saranno da corrispondere solo gli interessi di preammortamento
- Garanzie: concessione d'ipoteca di I° grado sui seguenti immobili: p.ed. 96/1 in P.T. 200; p.ed. 96/3 e p.f. 143, 145, 149 in P.T. 92 C.C. Udine
- Riduzione e postergazione rispetto alla nostra iscrivenda ipoteca del mutuo della Banca di Roma
- Intervento al contratto di mutuo della signora XY, quale datrice d'ipoteca
- Assicurazione: contro gli incendi, con polizza vincolata a ns. favore e stipulata con una compagnia benevisa dall'Istituto (v. allegati), per € 37.000,-- a I° rischio o € 77.000,-- a sistema proporzionale. Di tale polizza ci vorrete rimettere copia
- Liquidazione: dopo l'intavolazione dell'ipoteca
All'atto della liquidazione verranno trattenuti gli oneri fiscali. Rimangono a Vs. carico le spese notarili che Vi saranno richieste direttamente dal notaio da Voi designato per la rogazione del contratto di mutuo.
Vi invitiamo a farci pervenire la seguente documentazione:
- benestare scritto da parte della Banca di Roma, relativo alla postergazione della propria ipoteca
Qualora siate d'accordo, procederemo alla stipula del contratto di mutuo e all'iscrizione dell'ipoteca; in tal caso vogliate confermarcelo.
Distinti saluti.

IL DIRETTORE GENERALE

C - *Dopo aver letto la lettera, indicate*

  * quali condizioni devono essere soddisfatte per ottenere il mutuo
  * qual è il ruolo della signora XY
  * cosa deve dichiarare la Banca di Roma
  * quando avverrà l'erogazione del mutuo
  * se il mutuatario riceverà l'importo effettivo di 150.000,-- euro

Richiesta di credito

RUOLO A

Siete il proprietario di un'impresa di medie dimensioni, in piena espansione. Avete deciso di ampliare i vostri impianti e desiderate acquistare un altro capannone industriale situato proprio nel terreno confinante con quello su cui sorge la vostra ditta. Vi rivolgete quindi alla vostra banca di fiducia inviandole tutte le informazioni richieste relative all'attività della vostra impresa.
Ora vi è stato comunicato il giorno dell'appuntamento con il direttore dell'ufficio fidi e vi preparate a negoziare per ottenere le migliori condizioni possibili circa:
* l'ammontare del finanziamento (vi occorrerebbero ca. 670.000 euro, ovvero il 90% del valore dei beni da acquistare)
* il tasso d'interesse (avete sentito dire che con la difficile situazione congiunturale alcuni istituti concedono finanziamenti anche al 4%!)
* la durata del finanziamento (gradireste un rimborso ventennale per non dover pagare rate troppo alte)
* le garanzie richieste dalla banca

Ricordatevi che
* operate con la banca già dal momento in cui avete creato la vostra impresa
* non siete mai andato allo scoperto con i vostri conti
* le retribuzioni per il personale sono state pagate sempre attraverso la banca
* finora la vostra impresa non ha mai avuto difficoltà finanziarie
* i documenti raccolti nel vostro dossier sono molto dettagliati e si riferiscono agli ultimi 3 anni di attività
* nell'ultimo trimestre avete avuto dei problemi di cassa, ma potete dimostrare che avete crediti in essere verso clienti importanti
* non siete disposti ad offrire garanzie supplementari se la banca vi propone un mutuo ipotecario (troppo grande il rischio di perdere i beni reali, troppa burocrazia, troppe spese notarili ecc.)

RUOLO B

Siete il direttore dell'ufficio fidi della Banca di Roma ed avete esaminato il dossier del cliente, che conoscete bene, perché in rapporti d'affari con il vostro istituto da lunga data.
Lo avete convocato nel vostro ufficio per esaminare la richiesta di finanziamento da lui avanzata (è proprietario di un'impresa di medie dimensioni, in espansione, e ha deciso di ampliare i suoi impianti; per questo vuole acquistare un altro capannone industriale situato nel terreno confinante con quello su cui sorge la sua ditta).
Ritenete che il caso sia abbastanza chiaro, tuttavia avete una certa reticenza a concedere tutto ciò che è stato domandato: la richiesta deve essere sottoposta all'esame degli organi deliberanti del vostro istituto e negli ultimi tempi le direttive interne sono improntate alla massima austerità. Fate presente al richiedente che la recente stretta creditizia, la difficile situazione congiunturale e i problemi di cassa del cliente non costituiscono proprio le condizioni migliori per soddisfare tutte le sue richieste. Normalmente prima di concedere un fido si avvia un'indagine preliminare per conoscere la struttura patrimoniale e finanziaria della ditta, l'andamento commerciale ed economico dell'attività, i programmi d'investimento, le capacità di rimborso, l'adeguatezza delle garanzie prestate, l'impatto dell'investimento sull'azienda; quindi si procede ad un approfondimento amministrativo, tecnico e legale dell'operazione, si effettua una visita presso l'azienda e si instaura un continuo contatto diretto con i responsabili dell'impresa. Voi state già riservando un trattamento privilegiato al vostro cliente accettando di trattare la richiesta senza attendere i normali tempi previsti in questi casi.

Proponete:
* un mutuo per l'acquisto del terreno e dell'immobile, pari al 60% del valore dell'operazione la quale dovrebbe aggirarsi sui 740.000 euro (può arrivare fino al 70%, ma non oltre perché il regime giuridico per i finanziamenti immobiliari fissa la percentuale massima finanziabile al 75% del valore dell'immobile e solo se questo viene costituito in garanzia in forma di ipoteca)
* un tasso d'interesse del 6,5% (potete scendere fino al 5,5% se il cliente insiste molto e con argomenti convincenti; in fondo a questo tipo di finanziamento sono connessi molti rischi e spese)
* un periodo di ammortamento di 10 anni (eventualmente potete allungare un po'; è vero che le operazioni di credito fondiario sono a medio-lungo termine, ma negli ultimi anni, a causa soprattutto della volatilità dei tassi di interesse, si è verificata una decisa tendenza a contrarre il periodo di ammortamento a 10-15 anni massimo)
* una garanzia reale (ipoteca); normalmente i finanziamenti industriali vengono supportati da adeguate garanzie reali come p. es. ipoteche su edifici, macchinari e impianti, pegno su titoli, cessione di crediti ecc., o personali, come le fidejussioni di soci e/o di terzi, lettere di patronage ecc. (come garanzia supplementare potete chiedere un avallo personale del cliente)

A - *Il Signor Garani letto l'annuncio pubblicitario ha telefonato alla banca per ulteriori informazioni. Spiegategli di che cosa si tratta:*

* – finanziamenti destinati a investimenti produttivi e a progetti di sviluppo; attrezzature e i prestiti di tipo aziendale e il capitale di esercizio che in modo duraturo ed omogeneo si collocano in una posizione intermedia
* – importi da un minimo di 150.000 euro a un massimo di 750.000 euro (Confidi Piemonte cogarantisce le operazioni per importi di 1.000.000)

* - durata fino a 60 mesi; l'impegno da il vantaggio di poter contare sulla stabilità delle risorse presso di sé, riuscendo così a far fronte con calma a progetti di investimento o di impiego di liquidità in momenti di crisi
* - è possibilità di rimborso anticipato: per esempio il 70% riguardo la restituzione dell'intero importo; per esempio il 30% in unica soluzione con una scadenza di rimborso e il 50% e 50% straordinaria
* - modi mesi sei a robur e collegate e mensilmente varibili da tasso pregedente + 1,15%

B – *Indicate i sinonimi di queste espressioni utilizzati nella spiegazione del funzionario:*

disponibilità	_____	rifusione	_____
normale	_____	tranquillità	_____
convenienza	_____	cifra	_____
modificabile	_____	durata	_____
mezzi	_____	modalità	_____
eccezionale	_____	impiego di denaro	_____
corresponsione di interessi	_____	credito	_____
usuale	_____	posposto	_____

C - *Mettete in ordine logico le frasi della pubblicità e formulate poi gli stessi suggerimenti alla terza persona singolare e alla seconda persona plurale*

a. Continua a telefonare come al solito, ma d'ora in poi goditi le tariffe TELE2 incredibilmente basse
b. Guarda bene la bolletta telefonica e scopri quanto spendi
c. Un mese dopo assicurati che il tuo salvadanaio non esploda per tutti i soldi risparmiati
d. Alza la cornetta e chiama TELE2. Non dovrai cambiare il tuo numero di telefono e l'attivazione è gratuita; sarà effettuata in meno di 24 ore
e. Attento a non svenire quando vedi la cifra!

Sistema bancario

a tasso agevolato	zinsbegünstigt
accendere/aprire un conto	ein Konto eröffnen/anlegen
accensione di un credito/affidamento	Kreditaufnahme
accettazione/cambiale accettata	Akzept
accollare	übernehmen
acconto	Anzahlung
accreditare un conto	gutschreiben
accredito	Gutschrift
addebitare un conto	belasten
addebito	Lastschrift
ammontare	Betrag
ammortamento	Tilgung
ammortizzare	tilgen
anticipare i finanziamenti	vorfinanzieren
anticipazione su titoli	Lombardgeschäft
anticipo	Vorauszahlung
apertura di credito	Akkreditiv
arretrato	Rückstand
assegno (bancario)	Bankscheck
assegno al portatore	Überbringerscheck
assegno circolare	Zirkularscheck
assegno fuori piazza	Versandscheck
assegno in bianco	Blankoscheck
assegno nominativo	Orderscheck
assegno non trasferibile	Rektascheck
assegno postergato	vordatierter Scheck
assegno sbarrato	Verrechnungsscheck
assegno scoperto/a vuoto	ungedeckter Scheck
avallante	Wechselbürge
avallo	Wechselbürgschaft
banca accettante	Akzeptbank
banca capofila	federführend
banca di fiducia	Hausbank
banca trassata	bezogene Bank
bancabile	bankfähig
bancario	Bankangestellte
bancarotta fraudolenta	betrügerischer Bankrott
banchiere	Bankier
beneficiario	Begünstigter/(Zahlungs)-Empfänger
bonifico/rimessa	Überweisung
BOT (buono ordinario del Tesoro)	kurzfristige Staatsanleihe
BTP (buono poliennale del Tesoro)	mittelfristige Staatsanleihe
c/c di corrispondenza	Kontokorrentkonto/Girokonto
calcolo degli interessi	Zinsenberechnung
calcolo scalare degli interessi	Zinsstaffel
cambiale a certo tempo data	Datowechsel
cambiale a certo tempo vista	Nachsichtwechsel

cambiale a giorno fisso/a data fissa	präzisierter Wechsel
cambiale domiciliata	Domizilwechsel
capitale iniziale	Anfangskapital
capitale proprio	Eigenkapital
capitalizzazione degli interessi	Kapitalisierung der Zinsen
carta assegni	Scheckkarte
carta di credito	Kreditkarte
cassa continua	Nachttresor
cassa di risparmio	Sparkasse
cassa rurale	Raiffeisenkasse
cassetta di sicurezza	Schließfach
castelletto	Kreditplafond
causale	Verwendungszweck
CCT (certificato di credito del Tesoro)	langfristige Staatsanleihe
certificato di deposito	Depositenschein
codice di avviamento bancario	Bankleitzahl
commissionario di Borsa	Zwischenmakler
commissione di scoperto	Überziehungsprovision
competenze	Gebühren
compilare un assegno	einen Scheck ausfüllen
concedere un credito	einen Kredit gewähren/einräumen
concessione di fido	Kreditbereitstellung
consistenza del deposito	Guthabenbestand
conteggiare gli interessi	die Zinsen berechnen
conto bloccato	Sperrkonto
contrarre un prestito	einen Kredit aufnehmen
convertibilità in oro	Goldumtauschbarkeit
correntista	Kontokorrentinhaber
corrispettivo	Gegenwert
corrispondente	Bankverbindung
corso denaro/corso lettera	Geldkurs/Briefkurs (Börse)
crediti a breve termine	Kurzfristige Kredite
credito al consumo	Verbraucherkredit
credito assistito da garanzia reale	pfandrechtlich gesicherter Kredit
credito cambiario	Wechselkredit
credito documentario	Dokumentenakkreditiv
credito di fornitura	Waren-/Lieferkredit
credito garantito	gedeckter Kredit
credito per necessità di cassa/ c. ponte	Überbrückungskredit
creditore	Gläubiger
dare/avere	Soll/Haben
data erogazione	Datum Zuzählung
debito residuo	Darlehensrest
debitore	Schuldner
deduzione	Abzug
denominazione	Bezeichnung
depositante	Einleger
depositi e prelievi	Einzahlungen und Abhebungen
deposito a risparmio vincolato	Guthaben mit festgelegten Spargeldern

deposito a risparmio	Spareinlage
deposito bancario	Bankguthaben
deposito di titoli	Depot/Verwahrung von Wertpapieren
detentrice del conto	kontoführend
digitare	eingeben
diritto di regresso	Rückgriffsrecht
disdetta	Kündigung
distinta di versamento	Einzahlungsbeleg
domicilio	Wohnort
durata del finanziamento	Finanzierungsdauer
effetto	Wechsel
elasticità di cassa	Kassenliquidität
emettere un assegno	einen Scheck ausstellen
emittente	Aussteller
erogare (crediti)	(Kredite) gewähren
espropriazione	Enteignung
estinguere un conto	ein Konto löschen
estinzione del deposito	Löschung des Guthabens
estratto conto giornaliero	Tagesauszug
estratto conto	Kontoauszug
estratto scalare	Zinsstaffel
falsificatore (di banconote)	Banknotenfälscher
falsificazione	Fälschung
fidejussione	Bürgschaft
fidejussore	Bürge
fido bancario	Bankkredit
filiale	Zweigstelle
finanziamento transitorio	Zwischenfinanzierung
foglio di allungamento	Verlängerungsstück
fondo comune d'investimento	Investmentfonds
frequenza interessi	Zinsperiode
frode	Betrug
fruttare interessi/remunerare con interessi	Verzinsen
garanzia reale	dingliche Sicherheit
gestione patrimoniale	Vermögensverwaltung
giacenza	Bestand
girante	Indossant
girata in bianco	Blankoindossament
girata in pieno	Vollindossament
giratario	Indossat
grado dell'ipoteca	Rangstelle einer Hypothek
gravare	belasten
impugnare	anfechten
incassare un assegno	einen Scheck einlösen
incasso/riscossione	Einziehung
incondizionato	bedingungslos
interesse composto	Zinseszins
interesse	Zins
interessi di mora	Verzugszinsen

interessi maturati	anfallende Zinsen
interessi usurai	Wucherzinsen
intermediazione finanziaria	Finanzierungsvermittlung
istituto di credito fondiario	Bodenkreditinstitut
istituto di emissione	Notenbank
leasing finanziario	Finanzierungsleasing
leasing immobiliare	Immobilienleasing
legge bancaria	Bankgesetz
lettera d'accredito	Gutschriftanzeige
libretto al portatore	Inhabersparbuch
libretto degli assegni	Scheckheft
libretto di (deposito a) risparmio	Sparbuch
libretto nominativo	Namensparbuch
maggiorazione	spread
mancata accettazione	Nichtannahme
mancato pagamento	Nichteinlösung
mandare un conto allo scoperto	Konto überziehen
massimo scoperto	Höchstdebetsaldo
media ponderata	gespannte Mitte
media ufficiale dei cambi	amtlicher Mittelkurs
mercato finanziario	Kapitalmarkt
mercato mobiliare	Effektenmarkt
mercato monetario	Geldmarkt
moneta cartacea	Papiergeld
moneta contabile	Buchgeld
mora	Verzug
movimentare un conto	Zahlungen über ein Konto abwickeln
mutuo	Darlehen
negoziazione di titoli	Wertpapierhandel
nota di pegno	Lagerpfandschein
numero di codice bancario	Bankleitzahl
obbligazione	Schuldverschreibung
operazione d'impiego	Anlagegeschäft
operazione d'incasso	Einzugsgeschäft
operazione di cambio	Devisengeschäft
operazione di sconto	Diskontierung
operazioni bancarie	Bankgeschäfte
operazioni di compensazione/clearing	Abrechnungsverkehr/Clearing
operazioni di pagamento	Zahlungsverkehr
operazioni di raccolta	Einlagengeschäfte
ordinante	Auftraggeber
ordine incondizionato di pagare	Zahlungsaufforderung
ordine/incarico permanente	Dauerauftrag
ordine scritto	schriftliche Anweisung
pagamento in contanti	Barzahlung
pagamento rateale	Ratenzahlung
pagare a vista	bei Sicht zahlen
pagherò cambiario	Sola Wechsel/eigener Wechsel
partita	Posten

pegno	Pfand
pignoramento	Pfändung
plafond creditizio	Kreditgrenze/Kreditrahmen
posizione del conto	Kontostand
potere di firma	Unterschriftsberechtigung
preammortamento	Zahlung der Darlehenszinsen (tilgungsfrei)
prelevare	abheben
prenditore dell'assegno	Schecknehmer
prescrizione	Verjährung
presentazione	Vorzeigung
promessa incondizionata di pagare	Zahlungsversprechen
proroga/dilazione di pagamento	Stundung/Zahlungsaufschub
provvigione	Provision
provvista di fondi	Mittelbeschaffung
quota capitale	Tilgung
recto	Vorderseite
revoca	Widerruf
ricevuta bancaria	Bankquittung
ricezione	Eingang
richiesta di fido	Kreditantrag
rifiuto di pagamento	Zahlungsverweigerung
rimborso	Rückzahlung
risarcimento	Schadenersatz
risconto	Rediskont
riscuotere	einlösen
rivalersi	Regreß nehmen
saggio di sconto	Diskontsatz
saldo a credito/ saldo a debito	Aktivsaldo/ Passivsaldo
salvo buon fine (sbf)	Eingang vorbehalten
scadenza	Fälligkeit, Verfallzeit
scalare	Zinsstaffel
scontare	diskontieren
scoperto	Überschreitung
segreto bancario	Bankgeheimnis
sollecito	Mahnung
solvibilità	Zahlungsfähigkeit
specimen di firma	Unterschriftsprobe
speculatore	Spekulant
spese di tenuta conto	Kontoführungsgebühr
spiccare una tratta	Ziehung einer Tratte
sportello (bancario)	Bankschalter
stornare	Beträge rückbuchen
storno	Abschreibung
talloncino	Abschnitt
tasso base	Richtsatz
tasso creditore/attivo	Habenzinssatz
tasso d'interesse per prestiti su pegno	Beleihungssatz
tasso d'interesse	Zinssatz
tasso debitore/passivo	Sollzinssatz

tergo	Rückseite
titoli a reddito fisso	festverzinsliche Papiere
titoli pubblici / titoli di Stato	Staatspapiere
titoli/valori mobiliari	Wertpapiere
totale rata	Gesamtrate
traente / emittente	Aussteller
trasferire su un conto	auf ein Konto überweisen
trassato/trattario	Bezogene
tratta	Tratte/gezogener Wechsel
tratta di rivalsa	Rückwechsel
utilizzo di fido	Kreditinanspruchnahme
vaglia	Postanweisung
valuta estera	Fremdwährung
versare	einzahlen
versamento (di rate di un credito)	Annuität
verso	Rückseite
Zecca	Münzprägestelle

Capitolo 8
Borsa

Borsa e dintorni - Risparmio, che fare?

Uno sguardo alle principali forme di investimento (*Fonti*: Soldi & Diritti, maggio 1992; Soldi Sette, 22-28.9.1998)

Sebbene celebri per il bel canto, gli italiani non sono un popolo di cicale, ma di formiche: insieme ai giapponesi hanno la palma di popolo più risparmiatore del mondo. Ma una volta riusciti a mettere i soldi da parte, si presenta il secondo problema: come investirli? Fortunatamente, non c'è più nessuno che accumula il denaro nel salvadanaio di coccio o sotto il materasso: tutti sanno che una somma che rimane ferma viene più o meno velocemente erosa dall'inflazione, assottigliandosi col passare dei mesi e degli anni; meglio investire quindi, vale a dire affidare i risparmi allo Stato o a qualcuno (una banca, un'azienda, una società) che li adopera per attività redditizie e che in cambio dei soldi avuti in prestito - quando li rida indietro - aggiunge gli interessi, cioè una certa percentuale in più.

Prima di decidere a chi affidare i propri risparmi, che generalmente sono costati anni e anni di fatiche, bisogna valutare con estrema attenzione i pro e i contro. Si è sicuri di rivederli? E di ottenere l'interesse che è stato promesso? E di poterli riavere subito in mano in caso servissero? *Tipo di investimento, solvibilità* (capacità dell'istituzione di restituire i soldi all'investitore)*, liquidità* (possibilità di rientrare in fretta in possesso del proprio denaro) *e rendimento* (quanto si può "guadagnare" con un certo investimento), ecco le principali domande che ci si deve porre.

Si può decidere di acquistare una certa quantità di oro, bene rifugio per eccellenza, ma il prezzo dell'oro può diminuire e così per es. dopo qualche anno l'oro che è stato pagato 10.000,-- euro ne potrebbe costare solo 5.000,--; esso inoltre non dà reddito.

Polizze vita, ovvero un contratto, stipulato con una società di assicurazione in base al quale si versa periodicamente (ogni mese, ogni anno) e per un determinato periodo di tempo una cifra (il premio). In cambio alla fine del periodo si ottiene, a scelta, o un certo capitale, o una rendita vitalizia (una sorta di pensione). E se si muore prima della scadenza fissata, a seconda del tipo di contratto, l'assicurazione trattiene i soldi (polizze vita di puro risparmio) o paga agli eredi almeno i premi versati e rivalutati (polizze vita con controassicurazione sui premi). Spesso le polizze vita sono miste, vale a dire se l'assicurato muore i beneficiari ricevono una certa somma, in caso di permanenza in vita dell'assicurato oltre una certa data funzionano invece come descritto.

Presentano lo svantaggio della scarsissima liquidità; è poco conveniente rescindere il contratto prima della fine, le spese sono variabili, il rendimento non proprio eccezionale (le compagnie d'assicurazione investono a loro volta prevalentemente in Titoli di Stato); la polizza è comunque parzialmente deducibile dalla dichiarazione dei redditi.

Si può guadagnare attraverso il cosiddetto "capital gain": si acquistano a un certo prezzo azioni, case (interessanti piuttosto in tempi di alta inflazione; comportano costi aggiuntivi quali tasse e spese di mantenimento) o valori di altro tipo (quadri, gioielli, diamanti...) e si rivendono quando il loro prezzo è aumentato. L'interesse (annuale o mensile) che una banca, un'azienda o lo Stato garantisce è più sicuro del guadagno dovuto all'aumento del valore di azioni o altro, valore che potrebbe anche diminuire. Da non dimenticare che per calcolare il rendimento netto vanno sottratte le immancabili tasse e spese.

Già con 1.000,-- euro a disposizione, se si vuole avere la certezza di ritornare in possesso dei propri averi, si può optare per i titoli di Stato a tasso fisso (BOT - Buoni ordinari del Tesoro, BTP - Buoni del Tesoro Poliennali, CTz - Certificati del Tesoro zero-coupon, cioè senza cedola) o variabile (BTE - Buoni del Tesoro in Ecu, CCT - Certificati di credito del Tesoro, Cto - Certificati del Tesoro

con opzione, CTE - Certificati del Tesoro in Ecu), a breve (BOT) media (CCT, CTE) o lunga (BTP, BTE) scadenza.
Per "parcheggiare" i soldi ottenendo interessi maggiori che su un conto corrente si possono anche prestare soldi ad un Ente statale, le Poste, investendo in <u>Buoni Fruttiferi Postali</u> a un anno (Buoni ordinari) o 7 o 11 anni (Buoni a termine) o in un <u>libretto di risparmio postale</u>.
Acquistando <u>Certificati di deposito</u> (CD) si presta ad una banca o altra istituzione una certa somma, in cambio della quale si riceve un interesse; variano da un minimo di tre mesi a 5 anni e l'importo da investire è inversamente proporzionale alla durata: per tre mesi bisognerà investire almeno 50.000,-- euro; per periodi di tempo superiori la somma minima si riduce anche a 300,-- euro.
Se il capitale è cospicuo, la soluzione più appropriata potrebbero fornirla i <u>Pronti contro termine</u>: con questa operazione un intermediario finanziario vende una certa quantità di titoli, impegnandosi allo stesso tempo a riacquistarli al termine convenuto ed al prezzo prestabilito. Il rendimento è dato dalla differenza tra la spesa iniziale e l'incasso alla fine del periodo, ma dipende anche dalla forza contrattuale del cliente e dal capitale a disposizione. Anche se la scadenza può essere negoziata, l'operazione deve essere conclusa per forza; importante, inoltre, la serietà dell'intermediario che fornisce la garanzia del riacquisto.
Altro strumento a disposizione per l'investimento di capitali sono i <u>fondi comuni d'investimento</u>, una specie di grande salvadanaio, dove tanti risparmiatori (i sottoscrittori) depositano i soldi che vengono poi gestiti da esperti in azioni ed obbligazioni. Il risparmiatore riceve delle quote del fondo, che danno un certo rendimento, variabile a seconda dell'andamento dei titoli acquistati dal fondo stesso (performance), e di cui si può chiedere successivamente il rimborso alla società (riscatto). Questo tipo d'investimento dovrebbe durare almeno 5-10 anni, anche perché vengono applicate delle commissioni di acquisto e di vendita e talvolta dei diritti fissi. Per chi pensa di aver bisogno di liquidi in un lasso di tempo più breve si prestano meglio i <u>fondi monetari</u> che investono in obbligazioni a breve scadenza (sotto i due anni). I fondi si differenziano anche, in base alla composizione del "portafoglio", in azionari (esteri o italiani), obbligazionari o bilanciati.
Le quote di un fondo si possono acquistare in un unico versamento (il cosiddetto "pic") o pagando periodicamente determinate somme ("pac" - piano di accumulo).
Un'altra possibilità interessante è costituita dai fondi abbinati a conto corrente (contofondo): in pratica si apre un conto corrente e ci si accorda con la banca affinché prelevi automaticamente una certa quantità di denaro, eccedente una somma minima concordata, per investirla in un fondo anch'esso prestabilito. Il meccanismo prevede la possibilità (una volta al mese) di disinvestire, se il conto scende al di sotto del limite concordato.

Riassumendo:

Ogni risparmiatore deve scegliere l'investimento con le caratteristiche più adatte alle sue esigenze personali e alla quantità di denaro di cui dispone: tutta l'arte del risparmio è qui.
Pertanto se l'investimento riguarda una grande parte o la totalità dei propri risparmi, sarà bene puntare molto sulla sicurezza anche a scapito del rendimento; se invece riguarda una piccola percentuale si può puntare su un rendimento più alto, anche affrontando qualche rischio in più. Se si è ragionevolmente sicuri di non avere bisogno del denaro per un bel po' di tempo ci si può orientare sul lungo termine; se al contrario i soldi dovessero servire dopo poco (qualche mese) per comprare un'automobile nuova, è bene fare investimenti con liquidità notevole o perlomeno a scadenze brevi. Inoltre bisognerà investire in base alla propria disponibilità: in molti casi sarà richiesta una quantità minima di denaro.
Una volta chiarite le proprie esigenze bisogna ancora studiare il mercato: si prevede una salita del prezzo dell'oro, un aumento o una riduzione dei tassi d'interesse, un boom o un crollo delle azioni?

a quale investimento sono adatta il periodo attuale.

Borsa

Il bene rifugio non aiuta il cassettista *risparmiatore*

Quando sui mercati la sicurezza sembra crollare, hanno il loro momento di gloria. Sono i "beni rifugio", primi fra tutti l'oro e il franco svizzero. Anche dopo gli attentati terroristici dell'11 settembre 2001 il loro prezzo è schizzato verso l'alto. Se, terminata l'ondata delle vendite da panico sulle Borse di tutto il mondo, le quotazioni pur ripiegando non riescono a tornare alla "normalità", significa che la situazione generale resta incerta. Come conferma anche l'anomalo andamento di altri due asset finanziari, il petrolio e il dollaro: mentre in passato erano entrambi molto gettonati *anche* dai money manager, nel caso degli attentati alle torri gemelle le loro quotazioni sono rapidamente scese sotto un'ondata di vendite. Guardando l'andamento negli anni dei due beni rifugio più classici (almeno nella percezione degli investitori) balza all'occhio che l'oro non è certo un buon affare per il cassettista: nel 1991 la crisi del golfo portò il suo prezzo da 360 a 416 dollari l'oncia in un mese, poi ha continuato a scendere e l'ultimo massimo, dopo gli attentati in America è a quota 294,5. Ciò sfata indubbiamente l'idea del bene rifugio di lungo termine. L'oro lo è solo in apparenza, non dà interessi e non a caso, negli ultimi anni, le Banche centrali hanno ridotto le riserve auree per comprare dollari. Anche il franco svizzero, pur se più "protettivo" sul lungo termine, non offre rendimenti particolarmente interessanti per l'investitore.
E allora?
Un gestore non va certo a comprare titoli auriferi o comunque legati in qualche modo ai beni rifugio, per proteggersi dalla negatività borsistica. L'oro non è neppure più considerato un vero e proprio bene rifugio: è vero che si muove sulle grandi crisi internazionali, ma si tratta di fiammate speculative di breve periodo, che non consentono di costruirci attorno una strategia di portafoglio a lungo termine. Un investitore esperto preferirebbe magari gli immobili o le opere d'arte all'oro o ai diamanti. Il metallo giallo, insomma, non è una scelta particolarmente attraente come dimostrano le sue quotazioni costantemente in calo nel tempo.
Oggi la copertura del rischio si fa con strumenti come il future oppure scegliendo di impostare il portafoglio con i classici settori difensivi, come l'alimentare o il farmaceutico. O magari scegliendo quelli che comunque beneficeranno della situazione internazionale, come i titoli della difesa e quelli delle società che producono software e tecnologie legate alla sicurezza.

(adattato da Il Sole 24 Ore, 15.10.2001, Alberto Ronchetti)

A - *Tempo di crisi, come difendere i propri risparmi?*
   In base alle illustrazioni, fornite dei consigli di investimento ad un vostro amico preoccupato per la crisi economica, sottolineando di volta in volta i pregi e i difetti dei diversi strumenti

B - *Il grafico mostra la distribuzione delle riserve auree secondo il tipo di impiego. Spiegate come e in che misura viene utilizzato questo metallo prezioso*

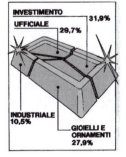

TITOLI & COGNOMI/ Una ventina le famiglie «omonime» dei titoli di Stato a breve termine

«Permette, sono il signor Bot ma non vado all'asta»

MILANO - Non fruttano interessi, non vanno all'asta ogni quindici giorni ma si chiamano proprio come i titoli di Stato più amati dagli italiani, almeno fino a poco tempo fa. Ecco a voi i «signori e le signore Bot». In carne ed ossa.

Sì, proprio come i Buoni ordinari del Tesoro. Qualcuno abita a Trieste, qualcun altro a Vicenza, Venezia, altri a Torino. E una delle comunità più numerose non poteva che affollare l'unica City italiana, Milano. Al Sud, dove da sempre si preferisce il risparmio postale, mancano completamente all'appello. In tutta Italia se ne contano una ventina.

Una grande famiglia sparpagliata, con un destino comune: «L'ironia dei colleghi di lavoro o dei vicini di casa. Però c'è anche un pizzico di invidia», racconta una signora Bot di Torino. Eccoli allora i Bot Renzo, i Bot Maria, i Bot Teresina. In fondo è soltanto a loro che spetta di diritto il titolo, abusato per l'esercito dei risparmiatori affezionati ai titoli del debito pubblico, di Bot people.

Mai pensato di cambiare cognome? «E per quale motivo?», ribatte un Bot pensionato. Qui la curiosità sorge spontanea: vuoi vedere che tra i loro investimenti preferiti spiccano proprio i Buoni ordinari del Tesoro? Niente da fare, per la causa dei rendimenti il cognome si può tradire (adesso questi titoli a tre-sei e dodici mesi non fruttano più così tanto come in passato).

«Per i nostri risparmi preferiamo puntare su azioni e obbligazioni. Meglio scegliere la strada degli investimenti misti, che consente di guadagnare tassi più alti», spiega una signora Bot-investitrice. C'è poi il mister Bot-umorista: «La grande differenza tra noi e loro - dice riferendosi agli "omonimi", 403.500 miliardi di titoli in circolazione - oltre al fatto che siamo per lo più battezzati e cresimati, è che a noi non viene riconosciuta l'esenzione fiscale; certo questo cognome è curioso, io stesso qualche volta declinando le generalità dico scherzosamente che sono stato emesso il 24 ottobre del 1953».

E il signor Bot-scaramantico? Il pensionato Gino si augura di scadere il più tardi possibile nel tempo. Forse vorrebbe chiamarsi con un altro nome: Btp trentennale. Scorrendo l'elenco telefonico alla ricerca di cognomi «finanziari», le sorprese non mancano. A Milano, la città più finanziaria d'Italia, vivono ad esempio una decina di famiglie Utili. Chissà come vanno i loro conti? Sempre nel capoluogo lombardo si contano una signora Lira e una miss Oro.

A Roma non c'è nessun mister Bot, in compenso ci abitano tre signori dal cognome un po' più scomodo e meno redditizio: Cambiale.

(Corriere della Sera, N. Sa.)

A Abbinate il giusto significato alle espressioni del testo contrassegnate dai numeri

1. in carne ed ossa	a. facendo gli scongiuri
2. mancare all'appello	b. dello stesso nome
3. sparpagliato	c. reale
4. pizzico	d. leggere rapidamente
5. abusato	e. indicare nome e cognome
6. spettare di diritto	f. essere assente
7. spiccare	g. essere dovuto
8. fruttare	h. esonero, liberazione
9. puntare	i. risaltare
10. omonimo	l. usato in eccesso
11. esenzione	m. un po'
12. declinare le generalità	n. sparso
13. scaramantico	o. scommettere, confidare in
14. scorrere	p. rendere

B – Completate le frasi

1. I BTP fruttano un .... annuo pagabile in due rate .... di uguale importo
2. Il .... annuo offerto è in linea con quello corrente sul mercato obbligazionario
3. I BTP sono offerti al pubblico in .... in contanti
4. I risparmiatori possono sottoscriverli in contanti presso gli .... della Banca d'Italia, senza pagare alcuna ....
5. Hanno un largo .... e quindi sono convertibili in moneta in caso di necessità
6. I possessori hanno facoltà di chiedere il .... anticipato dei titoli
7. Interessi e capitali dei futuri titoli ormai saranno........................ tutti in euro
8. I CTE sono quotati alla Borsa valori italiana, ciò consente una più facile..........................

espressi – interesse – liquidabilità – mercato – provvigione – rendimento – rimborso – semestrali – sottoscrizione – sportelli

C – Come il precedente

1. È importante non credere in chi propone .... che dovrebbero rendere il doppio dei BTP
2. Per ottenere .... elevati bisogna accettare un rischio maggiore
3. Si devono conoscere bene le caratteristiche del .... su cui si investe, per non avere sorprese
4. Quindi, prima di sottoscrivere investimenti alternativi, farsi mettere per iscritto le loro ....
5. È indispensabile farsi comunicare la durata, il prezzo tutto compreso, il .... annuo netto, gli eventuali .... in caso di rivendita anticipata
6. Non bisogna mai trascurare il peso delle ....
7. Inoltre bisogna sapere se ci si vuole impegnare a breve o lungo ....
8. È inutile comperare titoli a 30 anni a tasso fisso e tenerli in .... per tanti anni solo per incassare le cedole
9. Occorre prestare attenzione al tipo di .... che si firma e leggere tutte le clausole
10. Recarsi in banca per l'operazione e chiedere il modulo con la dicitura "Operazione da effettuarsi all'.........."
11. Il guadagno è dato dalla differenza fra prezzo di acquisto e prezzo di ....
12. Tutti i titoli di Stato sono quotati su un apposito .... del mercato di Borsa "Mot"
13. Oggi non c'è più necessità di farsi inviare la documentazione sull'accredito delle cedole o sul loro ....
14. Per gli acquisti effettuati in Borsa, invece, sarà sempre inviato il .... bollato

asta – caratteristiche – commissioni – fissato – investimenti – listino – ordine – portafoglio – prodotto – reinvestimento – rendimento – rimborso – tassi – termine – vincoli

D – Resi incerti dalla situazione congiunturale andate a chiedere un parere e ponete le seguenti domande al vostro consulente (coniugate i verbi al futuro):

1. Pensa che l'anno prossimo il listino della Borsa di Milano (*comportarsi*) .... meglio di ora?
2. Le Borse mondiali (*essere*) .... mediamente positive o negative?
3. L'andamento della Borsa italiana (*dipendere*) .... dal comportamento delle Borse europee o di quella americana?
4. La Borsa italiana (*avere*) .... un andamento lineare o altalenante?
5. L'indice del Nuovo Mercato (*ottenere*) .... una performance migliore, peggiore o simile?
6. Nei confronti del dollaro l'euro (*apprezzarsi*) ...., (*deprezzarsi*) .... o (*restare*) .... sui livelli attuali?
7. Quali società Internet (*sapere*) .... sopravvivere alla bufera?
8. Si (*consigliare*) .... ai risparmiatori di spostare una parte degli investimenti azionari in obbligazioni?
9. Come (*distribuire*) .... i portafogli clienti a breve?

Dematerializzazione dei titoli di Stato

Dal 31 dicembre 1998 i titoli di Stato (BoT, BTp, CcT, Cte) non esistono più in forma cartacea, ma sono stati sostituiti da un conto titoli elettronico per maggiore sicurezza (i titoli cartacei possono essere rubati, persi, falsificati o possono deteriorarsi) e per maggiore comodità (non più cedole da riscuotere, gli interessi vengono accreditati automaticamente sul conto).
Chi ha già un conto titoli non deve fare nulla; l'intermediario ha sostituito i titoli cartacei con scritture contabili che indicano chiaramente di che titoli si tratta, chi ne è il possessore e il loro ammontare.
Il 1° gennaio 1999 i titoli di Stato in circolazione sono stati ridenominati in euro. A partire dalla stessa data anche le nuove emissioni sono avvenute solamente in euro, come è avvenuto anche in tutti gli altri Paesi che hanno aderito alla moneta unica.
Questo per non creare due mercati diversi per i titoli di Stato: uno in lire per quelli già in circolazione e uno in euro per quelli di nuova emissione.
Con l'euro è cambiata l'unità di conto, non il valore dell'investimento. La politica monetaria comune, improntata alla stabilità, intende difendere i risparmi dall'inflazione.
Il taglio minimo negoziabile, originariamente di 5 milioni di lire, con la nuova valuta è di 1.000 euro. Se prima occorrevano 5 mln per investire in un titolo di Stato, dal 1° gennaio 1999 è sufficiente disporre di 1.000 euro (meno di 2 mln di ITL). Il taglio minimo è stato dunque convertito in euro e il risultato arrotondato alla seconda cifra decimale, cioè al centesimo di euro
Esempio: tasso di conversione: 1 euro = 1936,27 ITL
taglio minimo 5 milioni
conversione in euro: 5.000.000/1936,27 = 2.582,2844
arrotondamento euro: 2.582,28
Gli interessi vengono calcolati sul capitale nominale in euro.
Possedendo, ad esempio, 10 mln in Bot e 15 mln in Btp va calcolato il valore in euro del taglio minimo e moltiplicato per il numero dei tagli
BOT: 10 mln = 2.582,28 x 2 = 5.164,56
BTP: 15 mln = 2.582, 28 x 3 = 7.746,84
Convertendo in euro i titoli in lire non si hanno più delle cifre tonde, ma dei resti chiamati in termini tecnici "spezzature". I lotti tondi di 1.000 euro e loro multipli possono essere negoziati direttamente in Borsa. Quanto alle spezzature si possono lasciarle nel conto titoli fino alla scadenza e percepire regolarmente gli interessi o venderle alla propria banca (che applica una commissione minima di copertura dei costi) al prezzo ufficiale di Borsa di quel giorno o acquistare quello che manca (pagando una commissione minima di copertura dei costi) per arrivare a un nuovo lotto minimo di 1.000 euro.
Dal 1° gennaio 1999 i buoni postali fruttiferi (Bpf) ordinari in euro sono in tagli da 50, 100, 250, 500, 1.000, 2.500 e 5.000 euro. I Bpf a termine in euro sono in tagli da 250, 500, 1.000, 2.500, 5.000, 10.000 e 25.000 euro.

Borsa

Ruolo A
Un cliente, reso insicuro dalla nuova valuta, è venuto in banca perché ha alcune domande da farvi. Per chiarire i suoi dubbi utilizzate le indicazioni contenute nel prospetto informativo del Ministero del Tesoro

Ruolo B
Avete dei risparmi già investiti da tempo in titoli di Stato e del denaro che desiderate far fruttare con altri titoli, ma con la nuova valuta vi sono venuti dei dubbi; in particolare vi domandate
- perché i titoli di Stato sono stati dematerializzati
- se i vostri risparmi hanno perso valore
- come è avvenuta la ridenominazione in euro dei titoli
- come sono stati calcolati gli interessi
- che cosa è successo a chi possedeva più del taglio minimo (avevate 12 mln in BOT e 26 in BTP)
- che cosa sono le spezzature

Domanda: – Non è un brutto momento per investire in fondi comuni? **Risposta:** – Ma non è mai un brutto momento, perché con i fondi comuni il rischio viene diversificato. **D:** – E questo cosa vuol dire? **R:** – Vuol dire che i soldi vengono investiti in tantissimi modi: un po' in azioni, un po' in BOT, CCT, in obbligazioni... **D:** – Questo è un vantaggio! **R:** – Certo, perché permette di destinare i capitali del fondo all'investimento più conveniente nel momento più giusto, e inoltre lei può scegliere il tipo di fondo comune che preferisce: fondi

"FONDI COMUNI DI INVESTIMENTO? MA NON È UN BRUTTO MOMENTO?"

azionari, che investono soprattutto in azioni che hanno più rischio ma anche più prospettive, oppure fondi obbligazionari che hanno più investimenti in titoli a reddito fisso, oppure altri ancora come i fondi bilanciati che sono una via di mezzo tra i due precedenti... **D:** – Allora è sempre il momento giusto per i fondi comuni? **R:** – Direi proprio di sì. **D:** – Grazie per la chiarezza! **R:** – Prego, è un piacere da parte nostra spiegare le cose senza troppi paroloni.

Fondi Comuni Di Investimento.
L'investimento equilibrato.

E – Come funzionano i fondi comuni d'investimento secondo questo avviso pubblicitario? Quali fondi esistono?

Campagna a cura dell'Assofondi

F – *Immaginate di rivolgervi con questa pubblicità ad una sola persona (un vostro cliente); modificate alla terza persona singolare verbi, pronomi, aggettivi ecc. lì dove risulterà necessario*

Quante volte, nella gestione dei vostri risparmi, vi siete trovati di fronte a un bivio? Sicuramente molte e non sempre è stato facile scegliere una strada anziché un'altra. Per esempio, se oggi vi proponessero l'alternativa fra un fondo di investimento e una polizza vita, sapreste decidere a colpo sicuro? Forse no, perché entrambi offrono opportunità interessanti. Bene, proprio da questa riflessione, è nata l'idea che ora avete sotto gli occhi: Previdival.

Come unire i vantaggi di un fondo di investimento a quelli di una polizza vita?

Un'idea che unisce i vantaggi di un fondo di investimento a quelli di una polizza previdenziale. Il funzionamento di Previdival è molto semplice: voi decidete il fondo che fa al caso vostro e l'entità dell'investimento e il premio assicurativo sarà pagato automaticamente attingendo al fondo stesso. Il risultato è doppiamente favorevole. Non solo potrete diversificare e ottimizzare i vostri investimenti, ma in più, grazie alla polizza integrativa, ridurrete al minimo ogni rischio finanziario e beneficerete dei vantaggi fiscali previsti dalla legge. Con Previdival potete scegliere fra quattro fondi d'investimento specializzati in titoli italiani o esteri (Gestiras, Multiras, Adriatic Global Fund, Adriatic Bond Fund) da abbinare a ben 35 polizze diverse e investire sia in euro sia in valute forti. Permetteteci ora di presentarvi Dival. Una società che può vantarsi di far parte del Gruppo Ras, con tutta la sua solidità, le sue strutture, frutto di oltre 150 anni di esperienza internazionale. Una società che offre, con i suoi Promotori Finanziari, una gestione del risparmio aggiornata, professionale e soprattutto personalizzata. I Promotori Dival vi seguiranno passo dopo passo. Con loro sceglierete la polizza più adatta. Con loro, inoltre, potrete analizzare i dati della vostra pensione INPS. Con loro verrà a crearsi un rapporto di vera e propria partnership finanziaria. Leggendo questo annuncio avete già fatto il primo passo verso una gestione finanziaria qualificata. Il secondo sarà ancora più semplice: telefonate ai Promotori Finanziari Dival o al numero verde 167-824023. Il vostro risparmio non aspetta altro.

DIVAL

 Con la competenza dei Promotori Dival. Con la forza del Gruppo Ras.

Borsa 311

I Fondi Comuni d'Investimento ...

... offrono al <u>piccolo risparmiatore</u> uno strumento finanziario con gli stessi vantaggi riservati, in genere, ai grandi investitori

I 100 euro investiti vengono gestiti a livello di centinaia di milioni

... danno i benefici di un "<u>portafoglio diversificato</u>", cioè frazionato in tanti investimenti, con la conseguente diminuzione dei rischi d'impiego

così, ad esempio, il Fondo GESTIRAS non può investire più del 5% in attività finanziarie diverse da azioni e obbligazioni

... assicurano la <u>massima trasparenza della gestione</u> con dettagliati rendiconti periodici e quotazioni giornaliere dei risultati

così il sottoscrittore moltiplicando il numero delle quote possedute per l'indice giornaliero può seguire giorno per giorno il valore del patrimonio investito

... rendono possibile il <u>disinvestimento parziale o totale</u> di quote del fondo in qualsiasi momento senza penalizzazione, in termini economici, per il sottoscrittore

al sottoscrittore viene rimborsato il controvalore delle quote richieste nei quindici giorni successivi alla data di ricevimento della domanda

... offrono la possibilità di alto rendimento come dimostrano le <u>performances rilevanti</u> rispetto alle forme tradizionali di impiego del risparmio presenti sul mercato

la rilevazione del rendimento dei fondi è tanto più valida quanto maggiore è il periodo considerato

... consentono la scelta tra vari obiettivi d'investimento

- di reddito (titoli a reddito certo)
- di sviluppo (azioni)
- bilanciati (reddito fisso - azioni)

G - *Spiegate il significato dei seguenti termini della pubblicità Fondo* **GESTIRAS**:
beneficio - portafoglio - gestione - rendiconto - quota - disinvestimento - penalizzazione
performance - reddito fisso

H - *Quali sono gli aspetti vantaggiosi del fondo su cui fa leva questo prospetto pubblicitario della* **GESTIRAS**?

I - *Interpretate i grafici spiegando la differenza fra i tre tipi di fondi e il motivo dei nomi dati a ciascuno di loro*

1 - Composizione portafoglio fondo Aureo

- aumentare
- paura

fondo bilanciato

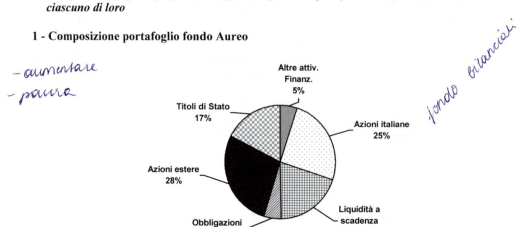

2 - Composizione portafoglio fondo Previdenza

- aumentare
- molto rischio

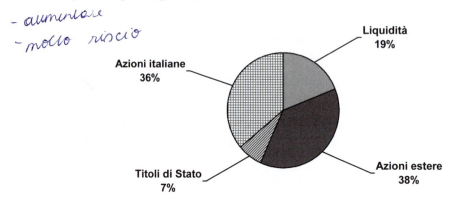

3 - Composizione portafoglio fondo Rendita

- evita il rischio

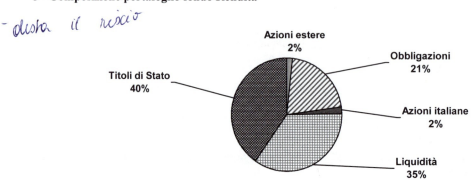

Borsa

Ruolo A - *Dopo aver soppesato i pro e i contro delle diverse forme d'investimento vi siete decisi per un fondo comune. Siete un imprenditore con casa di proprietà, polizza vita già sottoscritta, 55.000,-- euro a disposizione per investire, ma probabilmente tra due anni avrete bisogno di 20.000,--€ per propri investimenti aziendali.*
Desiderate maggiori informazioni sui fondi, loro caratteristiche, modalità di sottoscrizione, spese previste. Da un lato vi interessa la sicurezza e affidabilità, dall'altro anche un'alta redditività dell'investimento. Siete perplessi per l'attuale situazione stazionaria in Borsa e relativo mercato al ribasso delle azioni.
Volete vedere un prospetto che consenta di confrontare le varie spese di sottoscrizione e commissioni di gestione.

Ruolo B - *Siete un consulente finanziario interessato a collocare soprattutto i fondi* Capital Credit *(collegato a una polizza assicurativa) o* Cento Capital *perché da questi ricevete le provvigioni più alte. Cercate pertanto di sottolineare o la performance o i vantaggi dell'investimento azionario o i titoli in portafoglio o gli anni di esperienza della società.*
Ad una situazione stazionaria in Borsa segue sempre una fase di ripresa; i fondi non sono investimenti a breve termine. Al cliente dovete mostrare il sottostante prospetto informativo:

Nome del Fondo	Società di gestione	Tipo di Fondo	Ultima performance in %	Commissioni d'entrata	Commissioni di uscita	Caratteristiche della gestione
Arca RR	Arca	Obb.	3,21	1% fino a 10.00,-- €; 0,75% fino a 25.000,--; 0,5% oltre	No	Molto dinamica. Elevata quota di obbligazioni estere
Capital-credit	Gesti-credit	Bil.	-2,77	Nessuna	No	Prudente. (Risposta) Limitata diversificazione dei titoli azionari in portafoglio
Cento Capital	La Centrale Fondi	Az.	5,2	4,25% fino a 10.000,-- €; 3,5% fino a 15.000,--; 3% fino a 25.000; 2,75% fino a 35.000,--; 2,5% fino a 50.000,--; 2% oltre i 50.000,--	1	Aggressiva. Mutamenti continui di equilibrio nel portafoglio
Euromo-biliare	Euromo-biliare	Bil.	3,54	4% fino a 25.000,--; 3% fino a 50.000,--; 2% fino a 100 mila €; 1,5% fino a 250 mila; 1% oltre i 250.000,-- €	0,5 se entro un anno	Dinamica, con ripartizione del portafoglio in titoli di minor flottante
Primeclub Azionario	Primegest	Az.	-1,3	Nessuna	2,25 1°anno; 1,75 2° a.; 1,30 3° a.	Prudente; interesse per i mercati esteri
Verde	Romagest	Obb.	2,22	3,5% fino a 25.000,-- €; 3% fino a 50 mila; 2,5% fino a 150 mila; 2% fino a 250 mila; 1% oltre i 250.000,-- €	No	Aggressiva, con graduale smobilizzo di titoli di Stato e incremento di obbligazioni anche estere

L – *Il solito cliente, stanco e confuso da tante proposte complicate, si domanda se i CD non siano più convenienti dei Titoli di Stato e di altre forme d'investimento. Rispondete spiegandogli il funzionamento di questo strumento finanziario con l'aiuto del prospetto sottostante*

BANCA DEL CIMINO

SOCIETÀ PER AZIONI FONDATA NEL 1926 . SEDE SOCIALE E DIREZIONE GENERALE - VITERBO
CAPITALE SOCIALE € 9.300.000,-- - RISERVE E FONDI VARI € 27.800.000,-- ISCRIZIONE REGISTRO SOCIETÀ TRIBUNALE VITERBO N 435 . Cod. Fisc. 00058090564
ADERENTE AL FONDO INTERBANCARIO DI TUTELA DEI DEPOSITI

CERTIFICATI DI DEPOSITO A MEDIO TERMINE
AL PORTATORE

REGOLAMENTO

Art. 1 - Il certificato di deposito al portatore è rappresentativo di un deposito bancario vincolato ed è regolato dalle seguenti norme e condizioni e, per quanto in esse non specificato, dalle norme di legge e dalle disposizioni bancarie uniformi in materia di depositi a risparmio.

Art. 2 - L'azienda di credito considera il presentatore del certificato come legittimo titolare ed esclusivo avente diritto alla restituzione della gamma depositata ed alla corresponsione dei relativi interessi; essa quindi non ha alcun obbligo di compiere indagini circa la legittimità del possesso.
In conformità all'art. 1997 cod. civ. il credito risultante dal certificato non può essere sottoposto a sequestro o pignoramento presso l'azienda di credito eminente.

Art. 3 - La somma depositata è vincolata per il periodo fissato ed indicato dall'azienda di credito sul certificato. Non sono ammessi versamenti successivi a quello iniziale effettuato alla data di emissione; sono altresì esclusi prima della scadenza del vincolo prelevamenti totali o parziali della somma depositata.
Il certificato non può essere acquisito dall'Azienda di credito emittente a garanzia di prestiti e non può formare oggetto di qualsiasi altra operazione che comunque dia luogo ad una riduzione della durata del vincolo.

Art. 4 - Il versamento e il rimborso sono effettuati in contanti. Il rimborso è effettuato presso la filiale emittente che provvede al ritiro dei certificato presentato per l'estinzione.

Art. 5 - L'azienda di credito si impegna a corrispondere al portatore alla scadenza deI vincolo, la somma indicata sul certificato e gli interessi maturati al netto delle ritenute fiscali dovute, alle scadenze del pari indicate nel presente certificato.
Le imposte e tasse presenti e future che per legge dovessero colpire il certificato e/o i relativi interessi sono a carico del portatore.

Art. 6 - Alla scadenza indicata sul certificato il deposito cessa di produrre interessi, escludendosi la possibilità del rinnovo automatico.
Gli interessi maturati, non ritirati alle scadenze indicate sul certificato al momento dell'emissione, sono infruttiferi.

Art. 7 - In caso di smarrimento, sottrazione o distruzione del certificato si applicano le disposizioni di cui alla legge 30 luglio 1951, n. 948.

<u>CONDIZIONI DI EMISSIONE: SERIE</u> **A4** - **DECORRENZA 9 LUGLIO 2003**

DURATA DEL VINCOLO: A **18** MESI PAGAMENTO INTERESSI AL **12°** E AL **18°** MESE

TAGLIO: MINIMO 5.000,-- CON MULTIPLI DI 2.500,-- EURO
TASSO DI REMUNERAZIONE: 3,50% ANNUO LORDO
<u>RITENUTA FISCALE VIGENTE: 27%</u>

9 Luglio 2003

La Direzione Generale

Investire e guadagnare in Borsa

La costituzione della prima Borsa la si fa risalire al 1531 ad Anversa; il nome deriverebbe dal palazzo di Bruges, proprietà di un'antica famiglia di banchieri fiamminghi, i Van der Burse, in cui si riunivano gli uomini d'affari del tempo per trattare lettere di credito. In Italia esistono dieci Borse valori: Bologna, Firenze, Genova, Milano, Napoli, Palermo, Roma, Torino, Trieste e Venezia (la prima istituita in questo Paese, agli inizi del '600). Quella di Milano, tuttavia, è sempre stata considerata la più importante, tanto che "Piazza Affari", ossia la piazza su cui sorge Palazzo Mezzanotte, dove essa ha sede, è diventata sinonimo della Borsa stessa.

La Borsa valori può essere definita in moltissimi modi, un'istituzione, un luogo in cui si stipulano affari, un mercato che tra l'altro svolge la funzione di raccogliere capitali per investimenti produttivi, vale a dire agevolare l'afflusso di liquidità alle imprese, sostenendole nei necessari processi di potenziamento, ammodernamento e rinnovamento, e via dicendo. La merce comprata e venduta su questo mercato è costituita da titoli di credito o da valori (da cui prende origine la denominazione della Borsa in questione per distinguerla dalla Borsa merci); dall'aprile 1994 il mercato tradizionale con le riunioni degli agenti di cambio attorno a grandi recinti, le "corbeilles", per contrattare i titoli ad alta voce ("alle grida"), con un lessico gestuale particolare e secondo un orario ben determinato, è stato sostituito dalle contrattazioni telematiche, cioè attraverso computer in grado di incrociare simultaneamente ordini di acquisto e di vendita emettendo in continuazione prezzi sempre differenti. Con la trattazione continua cambiano i meccanismi e persino la terminologia: nel suo significato di "balconata riservata al pubblico, che vuole assistere alle contrattazioni" la definizione di "parco buoi" è destinata a diventare un ricordo storico (probabilmente continuerà però ad indicare la massa anonima dei risparmiatori), mentre agli agenti di cambio sono subentrate le Sim (Società d'intermediazione mobiliare) e gli investitori istituzionali (fondi d'investimento, fondi pensione, grandi società di gestione, banche).

Nei mercati azionari l'Italia si è dovuta sempre confrontare con dei giganti, in quanto alla Borsa finora sono quotate quasi esclusivamente imprese di grandi dimensioni, mentre la realtà economica italiana è caratterizzata dall'elevata presenza di piccole aziende, sovente a conduzione familiare. In pratica, con poco più di trecento titoli azionari contro gli oltre 2700 della Borsa di Londra p.e., la Borsa italiana è considerata sottocapitalizzata, intendendo per capitalizzazione il valore complessivo (in un determinato momento) delle azioni di tutte le società ammesse alla quotazione.
Per quotarsi le società devono rispondere ad alcuni requisiti circa l'entità del patrimonio netto, la percentuale del flottante (azioni frazionate fra gli investitori) e la presenza di un utile di bilancio negli ultimi tre anni precedenti alla richiesta.
Fra i più importanti gruppi quotati ricordiamo Eni, Fiat, Fabbri, Rinascente, Snia, Toro, Generali, Eridania, Olivetti, Buitoni, Perugina, Pirelli, Italcementi, Marzotto, Mediobanca ecc.
Sul funzionamento della Borsa veglia la Consob (Commissione nazionale per le società e la Borsa), che può proporre l'istituzione di nuove Borse o la chiusura di quelle esistenti, controllare gli operatori, disporre la sospensione o la quotazione "d'ufficio" di titoli, raccogliere e controllare le informazioni.
Dal 2 gennaio 1998 è operativa la Borsa Italiana S.p.A., una società privata con un azionariato composto da banche, SIM, associazioni di emittenti, ecc. La società è responsabile :
* della definizione dell'organizzazione e del funzionamento dei mercati
* della definizione dei requisiti e delle procedure di ammissione e permanenza sul mercato per le società emittenti e per gli intermediari
* della vigilanza e della gestione del mercato
* della gestione dell'informativa societaria

Obiettivo primario di Borsa Italiana SpA è assicurare lo sviluppo dei mercati gestiti utilizzando un sistema di negoziazione completamente elettronico per l'esecuzione degli scambi in tempo reale; essa governa gli scambi azionari di 294 società per una capitalizzazione complessiva di 600 mld di euro. Oggi la Borsa italiana ha raggiunto l'ottavo posto nella classifica delle Borse mondiali (per capitalizzazione) e lotta spalla a spalla con la Borsa di Zurigo per il quarto posto in Europa.

I mercati di Borsa Italiana SpA comprendono:

* **Mercato azionario**:
   MTA (Mercato Telematico Azionario), su cui sono quotate e negoziate le azioni italiane, le obbligazioni convertibili, i warrant
   STAR (Segmento Titoli con Alti Requisiti), rivolto alle aziende con una capitalizzazione inferiore a 800 milioni di euro, operanti nei settori più tradizionali
   NM (Nuovo Mercato), dedicato alle imprese ad alto potenziale di crescita, operanti in settori innovativi o caratterizzati da innovazioni di prodotto, servizio o processo
   MCW (Mercato dei Covered Warrant), il mercato telematico dedicato alla negoziazione dei covered warrant quotati in Borsa
   Mercato Ristretto, in cui vengono negoziate azioni, obbligazioni, warrant e diritti di opzione non ammessi alla quotazione ufficiale di Borsa
   MPR (Mercato dei Premi), il comparto dedicato ai contratti a premio relativi ad azioni, obbligazioni convertibili, warrant e diritti di opzione negoziati in Borsa
* **TAH (Mercato "After Hours")**, partito il 15 maggio 2000 offre l'opportunità di negoziare strumenti finanziari al termine della seduta diurna di Borsa. Dalle 17.50 alle 20.30 è possibile negoziare nel mercato *After Hours* le azioni del MIB 30, del MIDEX e del Nuovo Mercato
* **Mercato dei Derivati**, a sua volta suddiviso in
   IDEM (Mercato Italiano dei Derivati Azionari), dove vengono negoziati i contratti futures sugli indici MIB30 e MIDEX, i contratti di opzione sul MIB30, le opzioni su tutte le maggiori azioni quotate sul mercato azionario e
   MIF (Mercato Italiano dei Futures), in cui vengono negoziati i contratti futures sul BTP a 30 anni e sul BTP a 10 anni e il contratto sul tasso EURIBOR a 1 mese
* **Mercato del reddito fisso**:
   MOT (Mercato Telematico delle Obbligazioni e dei Titoli di Stato), il mercato dove vengono negoziati i contratti di compravendita relativi a titoli di Stato e obbligazioni non convertibili; l'**EuroMOT** è il mercato telematico delle euro-obbligazioni, dove si negoziano contratti di compravendita relativi a euro-obbligazioni, obbligazioni di emittenti esteri e *asset backed securities*.

Come si fa ad investire in Borsa?
Chi intende effettuare investimenti in Borsa deve rivolgersi ad un intermediario autorizzato. I soggetti abilitati ai sensi del Testo Unico della Finanza sono:
- **società di intermediazione mobiliare (sim) italiane, autorizzate dalla Consob** alla prestazione di uno o più servizi di investimento (negoziazione, collocamento, gestione e raccolta ordini);
- **banche italiane autorizzate all'esercizio di servizi di investimento dalla Banca d'Italia;**
- **imprese di investimento comunitarie** autorizzate nel paese d'origine;
- **società autorizzate alla gestione collettiva del risparmio dalla Banca d'Italia** (SGR, SICAV) che possono promuovere, istituire e organizzare fondi comuni di investimento o gestire il patrimonio di organismi di investimento collettivo del risparmio (oicr, cioè fondi comuni di investimento e Sicav)
- **intermediari finanziari** iscritti nell'elenco previsto dall'art. 107 del T.U. bancario e tenuto dalla Banca d'Italia che possono essere autorizzati alla negoziazione in conto proprio di strumenti finanziari derivati e al collocamento
- **banche comunitarie** autorizzate nel paese d'origine

- **banche extracomunitarie autorizzate dalla Banca d'Italia**
- **agenti di cambio** iscritti nel ruolo unico nazionale tenuto dal Ministero del Tesoro

Commissioni di negoziazione
La percentuale massima delle commissioni che possono essere applicate dagli intermediari ai propri clienti per lo svolgimento dell'attività di negoziazione in Borsa è attualmente la seguente:
* titoli azionari e diritti d'opzione: **7 per mille**;
* titoli di Stato e obbligazioni: **5 per mille**;
* spezzature: **7 per mille**

Un comune cittadino si rivolgerà alla sua banca di fiducia (e questa a sua volta ad una Sim), firmerà un ordine d'acquisto o di vendita, indicando oltre alla quantità e al prezzo anche l'ora dell'esecuzione, e successivamente il fissato bollato (cioè il regolare contratto) a conferma dell'operazione; in seguito il controvalore gli verrà accreditato o addebitato sul conto e gli eventuali titoli acquistati verranno immessi in un dossier a suo nome. Per evitare sorprese dovrà però fare attenzione alla formula con cui impartirà l'ordine: al meglio, curando, con limite di prezzo, debordant, circa, ecc. (con riferimento al prezzo). "Al meglio", per fare un esempio, significa infatti non al "miglior prezzo", ma "da eseguire ad ogni costo"!
Con l'avvio del mercato telematico, poi, è nata anche una nuova tipologia di ordini: valido fino all'orario (se si stabilisce un'ora oltre la quale l'ordine è decaduto), esegui o cancella (per un'esecuzione immediata, con cancellazione della parte eventualmente non eseguita), esegui quantità minima (eseguire almeno una parte della quantità indicata inizialmente).
Anche gli italiani, noti da sempre come un popolo di formiche o "Botpeople", cioè come un popolo di grandi risparmiatori, hanno scoperto il mondo della finanza; ma con il moltiplicarsi delle possibilità d'investimento crescono anche le difficoltà per scegliere la forma giusta di impiego: oltre al "mattone", i buoni fruttiferi postali, i depositi bancari, i buoni del Tesoro, le cartelle fondiarie e i beni rifugio, ora ci si deve saper districare nei meccanismi della Borsa.

Il Corriere della Sera del 16 aprile 1994 suggeriva:

Piccoli azionisti crescono - Quello che bisogna sapere

Dalla Borsa dei capitalisti alla Borsa dei risparmiatori. I più ottimisti dicono che la strada è ormai aperta. Le ultime privatizzazioni hanno dilatato il numero dei piccoli azionisti. I «nuovi» sono più di 700 mila. Un esercito di italiani ha scoperto il fascino del risparmio azionario. Diretto e non «mediato» dai fondi d'investimento. Ma tutte queste persone sanno, almeno a grandi linee, che cosa significa possedere azioni? Conoscono i loro diritti e sanno come ci si deve comportare per esercitarli correttamente?
E quando migliaia di neo-possessori di titoli decidono di prendere parte alle assemblee come si muovono?
Le regole generali non sono certo cambiate. Il Codice civile dedica molti articoli alla regolamentazione dei rapporti tra le spa e i possessori delle azioni. Conoscere in dettaglio ciò che prevede il codice, però, non basta. Anche perché non tutti hanno dimestichezza con il linguaggio giuridico.
L'azionista possiede una parte, sia pure infinitesima, della società. Ma c'è azionista e azionista. Quello cui ci si riferisce normalmente è l'«ordinario». Poi c'è il «privilegiato» (ha diritto di voto soltanto nelle assemblee straordinarie) e quello «di risparmio» (possiede azioni che, oltre a essere al portatore, godono di particolari vantaggi nella distribuzione del dividendo). Tutti però hanno in comune diritti e doveri. E tutti si trovano talvolta nella necessità di conoscere altri meccanismi, come le modalità di partecipazione alle assemblee e la gestione dei rapporti con le banche e gli altri intermediari.
Da qui la necessità di informarsi dettagliatamente o di farsi consigliare da esperti di fiducia prima di investire.

(G. Fer.)

Meglio speculatori o «cassettisti»?
Le due anime di chi punta in Borsa

Il rischio, quando la Borsa vola, è di salire a bordo troppo tardi. Di comprare a prezzi troppo «cari». Una questione aperta soprattutto se l'indice segna record su record. E ritrovarsi così nella spiacevole condizione di «parco buoi», il modo un po' offensivo con il quale vengono chiamati i piccoli risparmiatori.

Rendimento o capital gain? Sono almeno due le tattiche di avvicinamento a Piazza Affari, all'investimento in azioni. C'è chi non se la sente di abbandonare del tutto la ricerca del rendimento (per le obbligazioni è la cedola, per le azioni il dividendo), e chi invece preferisce puntare tutto sul capital gain, sul guadagno legato alla crescita dei prezzi (la maggior parte). Cominciamo dai primi, che potremmo definire azionisti-redditieri. Il termometro da guardare in questo caso è il rapporto dividendo/prezzo (price/earnings), che nella Borsa italiana è mediamente vicino al 3-4%. Un livello molto più basso, naturalmente, rispetto ai tassi offerti da Bot e Cct. Che scende ancora di più in giorni di forte impennata delle quotazioni.

Soci al risparmio. «Una nicchia interessante possono essere alcune azioni di risparmio. Costano meno delle ordinarie perché non danno il diritto di voto, ma garantiscono una priorità nell'assegnazione degli utili», spiega un operatore. Qualche esempio? Le Banco di Napoli fruttano circa il 9%; sullo stesso livello troviamo le Sopaf, le Recordati sono vicine al 7%. Considerate azioni di serie B, sono più refrattarie ai grandi movimenti. «Prima di comprare, bisogna però sempre guardare le prospettive delle società e le strategie del management», sottolinea un operatore. Non solo. Bisognerà valutare caso per caso quale sarà la campagna dividendi dell'anno in corso. Con un'avvertenza: in caso di mancata distribuzione, la società dovrà attribuire l'anno successivo un dividendo doppio.

Speculatori e non. Meglio speculatori o cassettisti? La specie più vicina agli azionisti-redditieri, naturalmente, sono i cassettisti. Che puntano sui titoli per tenerli (nel cassetto, al massimo mettendo insieme un "giardinetto", ossia titoli diversi per diversificare il rischio), conservando lo stesso atteggiamento di chi sottoscrive obbligazioni. A un certo punto il governo aveva fatto perfino balenare la possibilità di agevolarli sul fronte fiscale, ma poi è sfumato tutto. Per loro i titoli preferiti sono gli assicurativi, Generali in testa.

Guardando gli indici di settore si scopre che le assicurazioni si muovono sempre con minore rapidità rispetto al resto del listino, dicono in Borsa. Il settore con maggiori movimenti è invece quello delle telecomunicazioni.

Iscritti d'ufficio nella squadra da cassetto anche i titoli bancari, teatro di grandi manovre e fusioni, oltre ad essere stati protagonisti, come Imi, Credit e Comit, della prima fase del processo di privatizzazioni: «Muoversi da cassettisti non vuol dire dimenticare i titoli. Il "fai da te" prevede in ogni caso che l'investitore segua le azioni sulle quali ha puntato i propri risparmi». Per chi non si sente uno «squalo» sono tre i metodi di valutazione: la liquidabilità dei titoli (di solito dipende dalle dimensioni dell'azienda), la qualità della società (ad esempio in certe fasi possono essere preferibili le aziende con forti attività estere e viceversa) e le sue prospettive di reddito.

Terreno favorito dagli speculatori invece, sono i titoli a più alta volatilità, protagonisti di grandi e rapidi alti e bassi. E i titolini? Le società a più bassa capitalizzazione è meglio lasciarle agli esperti.

(N. Sa.)

Dall'«Eco» al «Cur», così parla il computer

Addio corna, saluti militari e mani rattrappite. I gesti della Borsa «gridata» vanno in pensione, lasciando il posto a un alfabeto di sigle misteriose. Sì, perché il computer parla così:

EOC, EQM, ERP, CUR. E se prima la mimica poteva essere esclusivo appannaggio degli addetti ai lavori, adesso tutti devono conoscere il significato e la tempistica delle sillabe che rappresentano gli ordini. Perché l'investitore deve sempre specificare al borsino di fiducia tutti i parametri: vendo (o compro), quantità, tipo di azione, prezzo, modalità di contrattazione. Poi i dati scritti sulla richiesta d'ordine partono per l'avventura telematica, entrando nel cervellone della Borsa.

La prima tappa si chiama preapertura: segna l'inizio della seduta ed è una specie di «palestra» dove i prezzi si riscaldano in attesa di entrare nell'agone. Ma i primi contratti si possono concludere solo quando, dopo la validazione dei prezzi, comincia la fase di apertura.

A questo punto, tutte le proposte con il prezzo migliore (maggiore per la vendita, minore per l'acquisto) si incrociano automaticamente. Poi la seduta entra nella negoziazione vera e propria, la fase più selettiva della contrattazione dove si consuma la battaglia dei prezzi. E tutto finisce con la chiusura, dove non si accettano più proposte e dove tutti gli ordini ineseguiti si cancellano automaticamente.

Ma il «viaggio» di un ordine nel cervellone si può fare in tanti modi: le scelte di negoziazione possono privilegiare tempo, quantità oppure prezzo. Dipende dai desideri di chi investe. E ciascuno individua il suo parametro o più parametri (purché compatibili fra loro) da combinare. Il «cervellone», abbinando automaticamente le compravendite, potrà eseguire del tutto, in parte o per nulla le richieste.

Sul *tempo* gioca chi opta per il Vso (Valido sino all'orario specificato): se entro una certa ora il contratto non si chiude l'ordine viene cancellato.

Chi sposa la *quantità* invece, può scegliere per esempio Eoc o Eqm. Il primo (esegui o cancella) chiede al computer di cancellare le proposte (o eventuali residui) che non vengono eseguite per intero.

La sigla Eqm, invece, (esegui quantità minima) ordina al sistema di cancellare la proposta se non viene eseguita immediatamente comprando (o vendendo) il numero minimo di azioni indicato. Facciamo un esempio: voglio comprare 4.000 titoli a 16 euro. L'ordine, però, non mi interessa più se non me ne danno subito 2.000 a qualsiasi prezzo (quindi indicherò nell'ordine EQM 2.000). Se l'operazione va in porto, la richiesta residua viene lasciata sul mercato, stavolta con l'indicazione del prezzo limite: 1.500 pezzi a 16 euro.

Infine il *prezzo*: qui troviamo l'Eco (Esegui comunque) che è la versione telematica dell'antico «ordine al meglio». Chi sceglie Eco vuole che il suo ordine sia soddisfatto senza limiti di prezzo. Vuoi vendere ECO 20 mila pezzi? Il computer abbinerà la tua richiesta a tutte le proposte sul lato delle compere, partendo dalle migliori. Il risultato sarà una serie di contratti diversi, conclusi a prezzi sempre più bassi, cioè sempre meno convenienti, per il venditore. Troppo complicato? Resta sempre il Cur (curando), il parametro che «scarica» sull'operatore specializzato la scelta migliore da fare.

Senza dimenticare che avere un pacchetto di titoli costa; il cliente della banca p.es. deve pagare all'istituto di credito i "diritti di custodia" (in genere costi forfetizzati per i titoli di Stato, tariffe diverse invece per le azioni) oltre alla tassa fissa sugli estratti-conto.

(*Giuditta Marvelli*)

Il lessico di Piazza Affari: non fa le corna, vuole solo comprare le azioni Toro.....

A - *Ecco alcuni gesti o lettere dell'alfabeto muto usati dagli operatori di Borsa; sapreste spiegare le singole mimiche?*

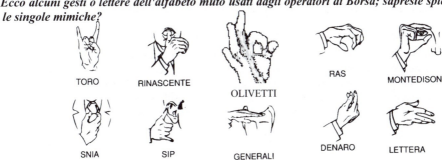

TORO   RINASCENTE   OLIVETTI   RAS   MONTEDISON

SNIA   SIP   GENERALI   DENARO   LETTERA

B - *Qualche domanda sul testo:*

* "Piazza Affari" è usata come sinonimo di che cosa e perché
* Che cosa significa sottocapitalizzazione
* Perché alla Borsa italiana sono quotati pochi titoli
* Da che cosa è stato determinato l'aumento dei piccoli risparmiatori in Borsa
* Qual è il significato di "impennata"
* Perché le azioni di serie B sono più refrattarie ai movimenti
* Quali titoli si adattano di più per chi vuole speculare in Borsa
* Come si calcola il prezzo migliore della contrattazione telematica
* Quale sigla si sceglierà per un ordine telematico che deve assicurare in ogni caso l'acquisto di un certo numero base di azioni
* Come si chiama ora l'ex ordine "al meglio"

C - *Esercitatevi ora con i numeri; scrivete in lettere le seguenti cifre:*

13 _____
67 _____
594 _____
8.740,75 _____
36.275 _____
10.015,20 _____
9.463.025 _____
16.551.289.300 _____

e viceversa scrivete in cifre questi numeri:

ventiquattro virgola trenta _____
diecimilionisettecentoventitremilacinquecento _____
novecentoquindicimilaseicentoquarantuno _____
sessantaseimiladuecentocinquanta _____
novemilatrecentonovantanove _____
centonove virgola dieci _____

D - *Quali espressioni indicano una tendenza al rialzo o al ribasso?*

- Alle 16.00 la quotazione del rame ha registrato un progresso del 4%
- Ieri le Generali hanno segnato un aumento del 6,9%
- Dopo il buon decollo dell'estate le Olivetti sono ripiegate bruscamente nel corso di settembre
- Negativo il risultato della debuttante Arquati, mentre Aeroporti Roma, con una variazione positiva del 3% si porta in 182ª posizione
- Tra i fanalini di coda si registra nel pomeriggio la presenza di Montedison
- È proseguito anche nel mese appena conclusosi il ritmo sostenuto delle Fiat

E – *Un po' di grammatica: scegliete le forme verbali corrette*

1. Nel caso in cui la Borsa (salga - salisse), liquiderei una parte del mio portafoglio
2. Se queste obbligazioni (fossero - sarebbero) indicizzate ne acquisterei una certa quantità
3. Passerò tutti gli ordini di Borsa a questa Sim, a condizione che li (eseguirà - esegua) senza indugio
4. Che si (compri - compra) o che si (vendi - venda), bisogna consultare le quotazioni
5. Se non (farei - facessi) operazioni a termine correrei meno rischi, ma guadagnerei anche di meno

F - Completate

1. Prima che la Borsa venisse informatizzata gli agenti di cambio si riunivano intorno alle _____
2. Il settore riservato in Borsa ai visitatori è denominato in gergo _____
3. L'elenco delle quotazioni dei titoli si chiama _____
4. Le operazioni in Borsa si suddividono in _____ e _____
5. Quando l'offerta dei titoli supera la domanda la _____ scende
6. Il _____ dello yen ha provocato un cedimento delle quotazioni in tutte le Borse del mondo
7. Rispetto ai prodotti concorrenti i fondi monetari hanno il vantaggio del maggior _____
8. Nel 2001 la Banca d'Italia ha abbassato il _____ di 0,50 punti

crollo - a pronti/a termine - rendimento - parco buoi - listino di Borsa - corbeille - tasso di sconto - quotazione

G - Completate le frasi, scegliendo uno dei termini indicati di volta in volta in corsivo

1. Sono molte le definizioni date alla Borsa valori, tra cui quello di _____, ossia un luogo dove si stipulano affari e si discute di prezzi
   edificio - mercato - istituto - distretto finanziario
2. La merce comprata e venduta su questo mercato è rappresentata da titoli di credito o _____
   azioni - valori mobiliari - obbligazioni - Titoli di Stato
3. Agli oltre 300 _____ iscritti al listino ufficiale vanno aggiunti quelli del cosiddetto Mercato ristretto
   titoli - strumenti - investimenti - fondi
4. Dall'aprile '94, il mercato tradizionale con gli _____ che affollavano le corbeille è stato sostituito dalle contrattazioni telematiche
   manager - operatori - agenti di cambio - intermediari
5. Il tradizionale meccanismo di formazione dei prezzi definito "alle grida" è stato sostituito dalla _____
   liquidazione telematica - negoziazione costante - compravendita telematica - trattazione continua
6. Le imprese _____ in Borsa per finanziarsi direttamente attraverso il reperimento di capitali anziché l'indebitamento bancario
   investono - si quotano - contrattano - si presentano
7. Per essere ammesse al listino le società devono disporre di un _____ minimo e osservare certe disposizioni come pubblicare il prospetto informativo
   patrimonio netto - regolamento - capitale - collegio sindacale
8. L'attività di compravendita della Borsa in Italia è _____ dalla Consob
   gestita - governata - controllata - organizzata

Oltre cento anni fa un giornalista di nome Charles Henry Dow prese le quotazioni di undici titoli principali quotati a Wall Street, le sommò e le divise per undici: era nato l'indice Dow Jones, che ancora oggi informa sull'andamento del mercato azionario, sebbene con le debite modifiche: i titoli nell'indice sono 30 ed anche le «blue chips» (azioni delle più grandi e affermate società quotate in Borsa, ad alto tasso di rendimento e basso rischio; prendono il nome dai gettoni blu che nei giochi d'azzardo hanno il valore maggiore) sono cambiate, tra l'altro con l'esclusione di titoli ferroviari, delle società di navigazione e l'inclusione di valori di aziende manifatturiere. Con gli anni inoltre al Dow Jones si sono aggiunti altri strumenti di indicazione anche più raffinati come «benchmark» ovvero "punti di riferimento" per money manager di tutto il mondo

H - Sapreste indicare in quali Paesi si utilizzano i seguenti indici?

1. Financial Times Actuaries Indices
2. DAX
3. SPI
4. Dow Jones
5. Nikkei
6. Standard and Poor's Stock Index
7. MIB
8. Xetra
9. Hang Seng
10. Ibex
11. AEX
12. FTSE

Giappone – Olanda - Francia - Italia - USA - Svizzera – Spagna - Inghilterra – Germania – Hong Kong

I - Trovate i contrari

ammissione .... oscillazione ....
mercato primario .... acquisto ....
utili .... rialzo ....

ribasso - perdite - vendita - esclusione - stabilità - mercato secondario

L - Associate i termini alle definizioni

1. volatilità
2. prezzo d'emissione
3. flottante
4. spezzatura
5. offerta pubblica d'acquisto
6. fondi comuni d'investimento
7. quotazione
8. azionista
9. azione
10. offerta pubblica di vendita
11. blue chips

a. titolo rappresentativo di una quota del capitale di una società
b. colui che possiede uno o più titoli di una Spa
c. prezzo ufficiale di una merce o di valori mobiliari
d. società che svolgono professionalmente l'attività d'intermediazione mobiliare con il denaro affidato loro dai risparmiatori
e. quantità di azioni in mano ai piccoli risparmiatori, suscettibile di essere scambiato
f. collocamento sul mercato di azioni già esistenti a un prezzo e in quantità prestabiliti (p.es. in occasione di privatizzazioni)
g. quantitativo di titoli inferiore a quello minimo negoziabile in Borsa
h. i titoli azionari più solidi ed affidabili
i. operazione tramite la quale un operatore rende nota la sua disponibilità a comprare le azioni di una certa società ad un prezzo superiore al corso di Borsa, allo scopo di assumere o rafforzare il proprio controllo su quella società
l. minore o maggiore facilità con cui il prezzo di un titolo cambia al variare del suo rendimento
m. importo pagato per un titolo azionario quando viene offerto al pubblico per la prima volta

M - Con quali termini si definiscono i seguenti comportamenti?

1. L'operatore che, in previsione di futuri cedimenti del mercato, vende titoli allo scoperto per riacquistarli quando costeranno meno
2. Colui che compra e vende titoli sfruttando le differenze di prezzo esistenti su piazze finanziarie diverse
3. Chi acquista titoli in previsione di un aumento delle quotazioni
4. Diffusione di notizie false o tendenziose per provocare rialzi o ribassi artificiosi nelle quotazioni
5. Colui che acquista azioni soltanto come investimento anziché comprare e vendere continuamente
6. Complesso di titoli posseduti da un piccolo risparmiatore, variamente composto per frazionare il rischio

cassettista - aggiotaggio - giardinetto - ribassista - arbitraggista – rialzista

N - *Completate*
1. In un fondo d'investimento una società di capitali investe in ....*titoli*.... e ....*obbligazioni*....
2. Gli investitori possono acquistare ....*quote*...., ossia certificati d'investimento
3. Tali certificati non vengono trattati in Borsa, ma possono essere acquistati e venduti con la ....*mediazione*.... di banche e intermediari
4. Grazie alla ....*diversificazione*.... l'investimento in fondi comuni è più sicuro dell'....*acquisto*.... di singoli titoli

    a-quote b-diversificazione del rischio c-titoli d-acquisto e-immobili f-mediazione

O - *Completate*
Ogni risparmiatore investe il proprio capitale a seconda delle esigenze che ritiene prioritarie; si distinguono quindi diversi gruppi:

A- Per alcuni risparmiatori la sicurezza è l'aspetto più importante; inoltre possono investire a breve, medio o lungo termine
B- Per altri è determinante un alto rendimento e sono disposti a rischiare
C- Molti vogliono poter disporre del denaro senza restrizioni, preferiscono la liquidità

I risparmiatori del gruppo ....*B*.... sperano di investire in modo remunerativo il proprio capitale acquistando valori come ..*azioni*.., *futures*,
I clienti del gruppo ....*C*.... preferiscono disporre di ..*c/c*..................
Il gruppo ....*A*........ acquista titoli a reddito fisso e in ogni caso garantiti, p.es. *BOT, BTP, libretto di risp. libero*

azioni, quote di fondi, opzioni, futures
certificati di deposito, Bot, BTP, obbligazioni, azioni privilegiate, assicurazioni sulla vita a capitalizzazione
c/c, libretto di risparmio libero

Il sistema telematico nelle Borse valori italiane ha comportato cambiamenti profondi ovviamente anche per la contrattazione dei titoli. Il nuovo sistema di negoziazione in continua prevede una seduta di Borsa articolata in più fasi e precisamente, per ogni titolo, nella fase di *Preapertura, Validazione, Apertura, Negoziazione e Chiusura*. Gli ordini impartiti all'intermediario vengono inseriti come proposte nel book di preapertura. È necessario, pertanto, che l'ordine contenga le informazioni utili per una corretta introduzione della proposta, ossia:

```
Segno (Denaro o Lettera):
Quantità totale:
Titolo:
Prezzo:
Parametri:
```

In particolare i parametri risultano indispensabili per ottenere determinate modalità di contrattazione; essi possono riguardare la quantità, il prezzo, il tempo e l'incarico all'operatore di valutare le modalità con cui eseguire l'ordine.

P - *Provate a classificare le sigle secondo i criteri appena enunciati, spiegandone il significato:*

ERP (esponi al raggiungimento di un determinato livello di prezzo) - **TON** (......................) **CUR** - (...............) - **VSO** (..........................) - **EQM** (...............................) - **ECO** (.......................) - **EOC** (.......................)

QUANTITÀ	PREZZO	TEMPO	DELEGA

LE BLUE CHIPS EUROPEE

Q - *Purtroppo durante la compilazione della tabella una parte dei dati si è persa a causa di un problema del computer. Sapreste completarla inserendo le informazioni relative ai Paesi di appartenenza delle società e i rispettivi settori di attività?*

Paese	Titolo	Settore	Prezzo	Rendimento%
	Bp		32,75	4,9
	Glaxo		79,20	3,4
	Hanson		18,20	5,7
	Grand Metropolitan		57,10	3,6
	Allianz		210,50	0,8
	Daimler		57,45	2,1
	Siemens		60,65	2,1
	Deutsche Bank		58,45	2,4
	Elf Aquitane		61,80	3,6
	Cge		54,10	2,4
	General des Eaux		223,00	1,8
	Bsn		73,00	1,8
	Royal Dutch		12,88	5,9
	Unilever		14,46	3,5
	Creditanstalt		325,00	2,3
	Banco Bilbao Vizcaya		263,00	5,6
	Telefonica		82,00	6,7
	Repsol		213,50	4,2
	Roche		652,00	0,6
	Nestlè		774,00	2,6

Paesi: *FRANCIA/AUSTRIA/SPAGNA/GRAN BRETAGNA/SVIZZERA/GERMANIA/OLANDA*

Settori di attività:

farmaceutico	auto-meccanica
bancario	energetico-petrolifero
servizi	elettronica
telecomunicazioni	alimentare
diversificato	assicurativo

R - *In quali settori operano invece queste società italiane?*

Alleanza, Autostrade, Campari, Fideuram, Enel, Eni, Parmalat, Fiat, Finmeccanica, Monte Paschi Siena, Olivetti, Pirelli SpA, Ras, Snam Rete Gas, Tim, Telecom, Ciba, Aem

assicurativi – automobilistici – bancari – cantieristici – farmaceutici – finanziari – sigerurgici – tecnologici – telefonici – energetici - alimentari

Borsa

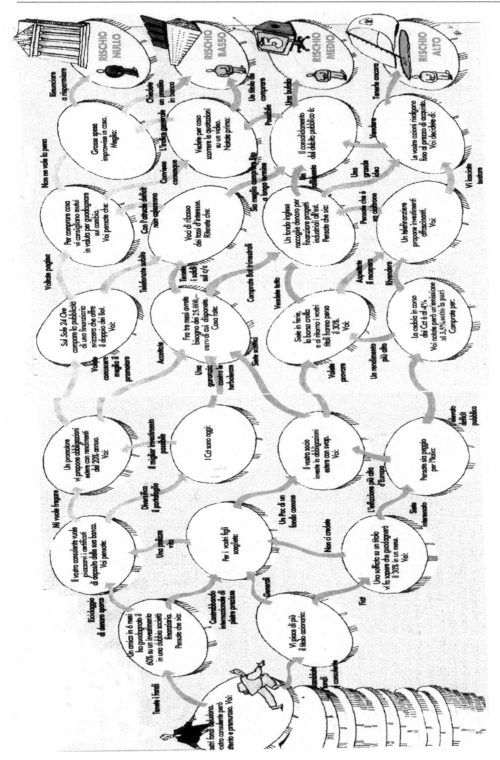

Che tipo d'investimento scegliere?
Per saperlo il vostro consulente finanziario analizzerà la vostra situazione familiare e finanziaria (con domande sull'attività svolta, redditi, spese previste, somma disponibile per l'investimento, eventuali investimenti già in essere). Quindi vi rivolgerà delle domande seguendo il percorso predisposto dalla rivista Investire (e coniugando tutte le frasi alla III persona singolare).
Al termine vi spiegherà qual è il vostro preciso profilo di rischio (formulando alla III persona singolare anche le frasi delle valutazioni riportate di seguito)

RISCHIO NULLO
La solidità innanzitutto. Niente è così lontano da voi come il pensare che la finanza sia un settore dove è possibile guadagnare denaro in fretta, giocare d'azzardo o spostare soldi sul mercato con la stessa velocità con cui si può finire sul lastrico. Ritenete il denaro una cosa seria e il risparmio una virtù degna della più alta tutela. Solidità e sicurezza degli intermediari finanziari sono principi sacri per voi, quindi niente di meglio che affidarvi ad una banca solida e conosciuta. Non potete permettervi il lusso di correre dietro ad ogni sirena che propone investimenti meravigliosi, rendimenti strabilianti e prodotti strepitosi. Le acrobazie finanziarie lasciatele fare a chi si diverte o ha tanti soldi da poter rischiare di buttarli via. Voi dovete per prima cosa pensare a salvaguardare il vostro capitale. E cosa c'è di meglio che prestare i soldi a chi non può fallire?
Portafoglio suggerito per 50.000 euro: reddito fisso 100%

RISCHIO BASSO
Quando possedete mezzi potenti non potete lasciare niente al caso. Diversificare è d'obbligo, ma dovete muovervi come generali che comandano un esercito in una dura battaglia condotta secondo regole precise: ogni mossa va studiata attentamente e ogni attacco va portato considerando il risultato che si vuole ottenere. Certo, per farlo dovete assumervi qualche rischio. Ma ponderato e ben valutato nell'ambito di strategie che lasciano poco margine all'imponderabile. Pazienza se poi in qualche caso vi andrà male. Se la manovra è ben riflettuta vi porterete comunque a casa quanto speso e magari qualcosa di più. Può succedere che non abbiate valutato nella giusta misura un aspetto apparentemente marginale, che poi si è rivelato determinante. Ma, come al solito, diplomazia e strategia insieme pagano sempre. Ogni partita a scacchi è lunga; l'importante è non perdere pedine importanti
Portafoglio suggerito per 50.000 euro: reddito fisso 80%, azioni 20%

RISCHIO MEDIO
Siete abbastanza scaltri e smaliziati da arrischiarvi a camminare su un terreno minato, ma non così sprovveduti da non sapere dove mettere i piedi. Non c'è avventatezza nelle vostre scelte, ma solo la constatazione che bisogna osare per ottenere qualcosa più degli altri. Non sopportate chi si accontenta delle posizioni acquisite. Voi volete sempre andare avanti, allargare i vostri orizzonti, sognare nuove vette da raggiungere. Pensate in grande, puntate al meglio e rischiate forte. Se risultati ci saranno, ripagheranno con gli interessi le spese e l'impegno messi in campo. Ma non siete dei sognatori o degli avventurieri. Sapete bene come funziona il meccanismo della finanza e vi sbilanciate solo a ragion veduta.
Portafoglio suggerito per 50.000 euro: reddito fisso 65%, azioni 35%

RISCHIO ALTO
"Quando il gioco si fa duro i duri cominciano a giocare" è il vostro motto. Il poker è la vostra passione e il rischio la linfa vitale del destino che vi siete scelti. Non amate stare nel gruppo, preferite andare da soli a scoprire nuove vie, esplorare nuove possibilità. Non tanto per una sete di guadagno fine a se stessa, ma per il gusto che provate nella riuscita di imprese difficili o apparentemente impossibili. Il vostro portafoglio è quindi aperto alle soluzioni più ardite appena siete convinti della bontà di un investimento. Naturalmente correndo sempre sul filo rischiate di cadere, per cui dovete cercare di cautelarvi da questa evenienza. Ma, sebbene perdere tutto faccia parte del gioco, se la fortuna vi assiste, non temete confronti.
Portafoglio suggerito per 50.000 euro: reddito fisso 50%, azioni 50%

TEST: Cicala o formica?

Qualche semplice domanda per individuare a quale tipo di risparmiatore appartenete e quale tipologia d'investimento potrebbe fare al caso vostro; troverete il vostro profilo sommando il punteggio ottenuto per ogni risposta in base alla tabella e confrontando quanto scritto nel risultato corrispondente

1 - Avete mai avuto il c/c in rosso?
a - mai
b - qualche volta
c - spesso
d - regolarmente

2 - Cosa fate se la banca vi avvisa che siete andati in rosso sul c/c?
a - vi disperate per gli interessi passivi
b - cercate di saldare lo scoperto procurandovi soldi altrove
c - non ve ne curate affatto
d - evitate qualsiasi spesa fino al prossimo stipendio

3 - Ogni mese
a - accantonate una quota di risparmio
b - mantenete una somma minima sul c/c
c - vi accade di essere rimasti senza disponibilità liquide sul c/c
d - effettuate dei versamenti casuali sul c/c

4 - Avete un reddito fisso; pensate che sia opportuno
a - provvedere per una pensione integrativa
b - spendere e godervi la vita finché possibile
c - sottoscrivere qualche titolo di Stato
d - risparmiare e affidare poi la somma a dei gestori professionali

5 - Al ritorno dalle vacanze trovate l'appartamento svaligiato dai ladri. Come reazione
a - mettete una porta blindata
b - stipulate una polizza contro eventuali prossimi furti
c - vi rassegnate al fatto
d - noleggiate una cassetta di sicurezza per quei valori che non sono stati rubati

	Domanda 1	Domanda 2	Domanda 3	Domanda 4	Domanda 5
a	4	3	4	4	3
b	3	4	3	1	4
c	2	1	2	2	1
d	1	2	1	3	2

S - *Quali verbi sono stati utilizzati nel test con:*

cassetta di sicurezza - polizza - quota di risparmio - scoperto - somma - titolo di Stato - versamenti

?

RISULTATI

Da 5 a 7 punti: scialacquatore
Il futuro non vi interessa; pensate solo al presente. La vostra indifferenza verso la situazione finanziaria rasenta l'incoscienza, comprensibile solo se siete ancora estremamente giovani. I **prodotti più indicati per voi:** liquidità (c/c, carta di credito)

Da 8 a 11 punti: attento
Gli aspetti finanziari della vita quotidiana non vi sfuggono, ma non sempre avete tempo e voglia di occuparvene. Vi interessa soprattutto un sistema che vi consenta di migliorare le rendite finanziarie.
Prodotti più indicati: disponibilità a breve (fondi monetari, Bot, pronti contro termine)

Da 12 a 15 punti: opportunista
L'aspetto finanziario è un capitolo importante nella vostra vita; cercate di salvaguardare reddito e capitale nel modo migliore. Vi orientate prevalentemente alle forme d'investimento più redditizie.
Prodotti più indicati: rendimento (fondi obbligazionari e bilanciati, CD)

Da 16 a 20 punti: Esigete la massima sicurezza possibile; siete persone di grande responsabilità e pensate molto al futuro, che vi preoccupa finanziariamente.
Prodotti più indicati: previdenza, disponibilità a lungo termine (fondi azionari, gestioni patrimoniali, polizze previdenziali)

T – *Ricollegate le frasi*

1. La Borsa	a – gestisce diversi mercati per fornire un canale di finanziamento efficiente
2. I valori mobiliari	b – vengono negoziati futures e opzioni su strumenti finanziari, tassi di interesse e indici
3. Borsa Italiana SpA	c – si negoziano azioni, obbligazioni convertibili, warrant, cw, diritti di opzione
4. Borsa Italiana SpA	d – sono negoziate società ad alto potenziale di crescita
5. Nel MTA	e – è un mercato azionario telematico per imprese di dimensioni relativamente ridotte, ma con buone opportunità di crescita
6. Nel Mercato ristretto	f - è un mercato organizzato per la negoziazione di valori mobiliari
7. Nel Nuovo Mercato	g – è una società privata con azionariato formato da banche, Sim ecc.
8. Nell'IDEM	h – sono strumenti finanziari rappresentativi di quote di capitale di un'impresa, di debiti o sono da questi derivati
9. Il MIF	i – si effettua la compravendita di obbligazioni diverse da quelle convertibili e di titoli di stato
10. Nel MOT	l – si negoziano contratti di compravendita per azioni, obbligazioni, warrant non ammessi alla quotazione ufficiale
11. Il Nuovo Mercato	m – è dedicato a contratti futures su titoli di stato

U - *In questo articolo adattato da Il Mondo (novembre 2002) vengono citati diversi strumenti finanziari. Individuatene il significato fra le varie definizioni in corsivo, fornite in ordine sparso*

OPA & C. - In arrivo 13 miliardi tra offerte di acquisto, buy back e dividendi anticipati

Quasi 13 miliardi di euro. A tanto ammonta la liquidità che sta per riversarsi sui mercati finanziari, frutto di Opa concluse o annunciate, di **buy back** e di dividendi anticipati, al netto degli aumenti di capitale. Molti si chiedono quali saranno le prossime Opa. Le ipotesi più realistiche riguardano due small cap: Banco di Chiavari e Air Dolomiti. La prima è quasi sicura, visto che la controllante,

Banca Intesa, ha dichiarato l'intenzione di venderlo e poiché il flottante è di appena 70 milioni di euro su una capitalizzazione di 441, tutti si aspettano che il compratore faccia un'Opa sulle azioni residue. Nel caso di Air Dolomiti, che capitalizza appena 139 milioni di euro, è possibile un'Opa da parte di Lufthansa, azionista al 20%, che ha un'opzione call per acquistare il 31,3% di azioni in mano ad Alcide Leali, fondatore della società, che, a sua volta, ha un'opzione put per vendere a Lufthansa. La RAS ha invece portato a termine l'operazione annunciata, dando il via libera al buy back tramite Opa volontaria su tutte le risparmio e parte delle ordinarie, fino a un massimo di 41,34 milioni di titoli.

Ma come guadagnare il 10%, il 20% e anche il 30% in un anno? Basta avere il coraggio di rischiare e affidarsi a un hedge fund, prodotto speculativo off shore, con un livello di volatilità e pericolo maggiore, senza limitazioni formali quanto a prodotti e mercati e che ha come scopo precipuo operazioni di **arbitraggio**. Utilizzati da chi cerca di arricchirsi, anche se per ora si tratta prevalentemente di grandi privati, considerata la soglia di investimento minimo di 500.000,– €, che non li rende proprio alla portata di tutte le tasche.

Le caratteristiche:
- orientamento al rendimento assoluto e non in rapporto ad un **benchmark**
- bassa correlazione rispetto ai mercati
- possibilità di ricorso allo **short selling**
- possibilità di ricorrere al **leverage** finanziario
- ampia possibilità di utilizzare **derivati**
- liquidità limitata (negoziabilità limitata a date precise)
- minori restrizioni regolamentari
- mutualità di interessi tra gestori e investitori: i gestori degli hedge investono normalmente nel fondo una parte anche consistente del proprio patrimonio personale
- scarsa trasparenza delle informazioni

* *Si intende uno strumento il cui valore è determinato da altri titoli sottostanti; si tratta di future o opzioni o **swaps**; possono avere per oggetto anche un indice di Borsa; in questo caso p. es. il valore viene determinato in relazione all'indice in oggetto*

* *Utilizzo della leva finanziaria per mezzo di strumenti che permettono di acquistare e vendere attività per un ammontare superiore al capitale posseduto. Strumenti quali le opzioni e i future consentono infatti di impiegare solo una piccola percentuale del valore del bene trattato. Ne consegue che una lieve variazione del prezzo dell'attività finanziaria produce ampi guadagni o perdite in percentuale al capitale investito. Da qui il termine di leva finanziaria*

* *Acquisto, da parte di una società o di uno stato di azioni o obbligazioni proprie sul mercato a prezzi correnti*

* *Indice di riferimento di un dato mercato che rappresenta il parametro di confronto delle performance di un gestore su una certa linea di investimento*

* *E' la posizione di un operatore i cui impegni per titoli da consegnare eccedono le disponibilità per titoli da ritirare o in portafoglio-Vendita allo scoperto*

* *Operazione finanziaria consistente nell'acquisto o vendita di beni o titoli su un determinato mercato per rinegoziarli immediatamente su un altro*

* *E' uno strumento finanziario, "tecnicamente" un derivato: più in generale si tratta dello scambio di beni di investimento*

V - *Come consulente finanziario suggerite ad un vostro cliente di aderire all'Opa qui pubblicizzata, spiegando:*
 1. Chi può aderire all'Opa pubblicizzata
 2. Quale convenienza si ha nell'aderire all'Opa Rinascente
 3. Le modalità di adesione

Borsa

A - Indicate il contrario dei seguenti termini

obbligazionario .... *azionario*
credito .... *debitore*
investire .... *disinvestire*
mobiliare .... *immobiliare*
riscuotere .... *versare*
ribasso .... *rialzo*
arretrare .... *avanzare*
congelare .... *monetizzare*
smarrimento .... *ritrovamento*
nominativo .... *al portatore*

certo .... *incerto*
guadagno .... *perdita*
ordinario .... *straordinario*
fruttifero .... *infruttifero*
concentrare .... *diversificare*
eseguire un ordine .... *cancellare un ord.*
produttivo .... *improduttivo*
estinguere .... *accendere*
premiare .... *penalizzare*
nominale .... *rendimento reale*

B - Abbinate opportunamente

1. BOT	Titoli emessi da una banca e rappresentativi di un versamento a scadenza vincolata
2. CTZ	Guadagno derivante dalla cessione di partecipazioni societarie o dalla vendita di titoli ad un prezzo superiore a quello di acquisto
3. CD	Titoli di stato a breve termine
4. Fondi comuni d'investimento	Titoli di un ente statale, attestanti un determinato deposito, che possono essere intestati a persone fisiche o giuridiche
5. Capital gain	Titoli di stato sprovvisti di cedola, il cui rendimento è dato dalla differenza tra il prezzo di acquisto e quello di rimborso
6. Buoni fruttiferi postali	Patrimonio gestito da una società finanziaria, suddiviso in quote di proprietà di una molteplicità di risparmiatori

C - Individuate i significati delle seguenti espressioni: *(phrases)*

1. recuperare terreno — *e*
2. parcheggiare il denaro — *g*
3. impennata
4. andare lunghi — *n*
5. accusare cedimenti — *p*
6. schizzare a quota .... *m*
7. puntare — *o*
8. in posizione arretrata — *a*
9. frenata degli scambi
10. andamento dell'euro — *f*
11. muoversi in controtendenza — *b*
12. andare corti — *d*
13. improntato alla cautela — *i*
14. approdare — *h*
15. mettere a segno — *c*
16. segnare il passo — *l*

a. distaccato
b. presentare un andamento opposto
c. conseguire
d. vendere
e. aumentare
f. quotazione della valuta europea
g. sistemare provvisoriamente
h. arrivare
i. prudente
l. ristagnare
m. saltare fino a
n. acquistare
o. fare assegnamento su qc.
p. diminuire
q. diminuzione delle contrattazioni
r. brusco rialzo

D – *Che cosa significano le sigle contenute nei diversi titoli della stampa?*

Consob rafforzata per le Sim

Andamento stazionario per l'indice S&P 500

LA PAGELLA DELLE BLUE CHIP

Le «red chips» conquistano Hong Kong

Comit al ribasso

Mib 30, il trend è al rialzo

L'Opa della Ferfin sul tavolo Consob.

Eni, nell'Opv italiana un miliardo di azioni; i dipendenti potranno pagarle con il Tfr

Ecco i titoli suggeriti da Bnl

Tra le possibilità d'investimento ci sono anche i cw, anzi no

Meglio entrare per gradi in un fondo, magari tramite un Pac

Il Mot quest'anno farà meglio

Volano Olivetti e Mediolanum

Doveva essere la giornata del riscatto dopo il balzo di Wall Street della sera precedente. Il mercato in effetti è partito con le migliori intenzioni, ma nel corso della seduta molte quotazioni si sono ridimensionate. Alla fine gli indici, pur nettamente positivi, non hanno recuperato il terreno perduto mercoledì. Il guadagno del Mibtel, per esempio, si è fermato all'1,53% e il neonato Numtel (che rileva la media del Nuovo Mercato) è salito del 2,72%, ben poca cosa rispetto agli oltre 12 punti percentuali ceduti nei due giorni precedenti. In realtà la mossa della Federal Reserve, che ha tagliato i tassi d'interesse americani, ha colto di sorpresa gli investitori istituzionali. I quali, dopo una prima reazione improntata all'euforia, sono ben presto tornati a valutazioni più moderate. Piazza Affari, poi, non ha ancora ripreso la piena operatività, anche se giorno dopo giorno i volumi trattati crescono progressivamente. Ieri, comunque, non sono cambiati i balzi violenti, in tutte le direzioni. Fra le blue chip, a fronte di una Mediolanum cresciuta dell'8,12% o di una Olivetti in rialzo del 7,82%, si sono registrati anche diversi arretramenti, come il -2,57% di Edison e il 2,54% di Rolo Banca; scivolone anche per Seat. Variazioni ancora maggiori al Nuovo Mercato, con il boom di Tecnodiffusione (+12,54%), mentre hanno frenato Biosearch e Cairo Communication (-5,42%)

Corriere della Sera, 5.1.2001

E – *Secondo l'articolo, la Borsa italiana ha chiuso al rialzo o al ribasso?*
Gli indici hanno recuperato interamente le perdite dei giorni precedenti?
I volumi trattati evidenziano un andamento positivo o negativo?
È giudicata soddisfacente la crescita del Numtel?
Il taglio degli interessi operato dalla banca centrale americana ha avuto un effetto stimolante sulle quotazioni di Borsa?
In quali settori di attività i titoli hanno registrato variazioni verso l'alto e in quali verso il basso?

La Borsa

acconto di dividendo	Vordividende
agente di cambio	Börsenagent
aggio	Agio, Aufgeld
aggiotaggio	Kurstreiberei, Differenzgeschäft
aggiudicazione all'asta	Zuschlag
alle grida	durch Ausruf
al meglio (senza limite di prezzo)	bestens (ohne Preislimit)
al netto	nach Abzug
allungamento	Allonge
ammissione a quotazione	Börseneinführung
ancorato	gekoppelt, gebunden
andamento delle quotazioni	Kursentwicklung
arbitraggio	Arbitrage
assegnazione	Zuteilung
aumento di capitale	Kapitalerhöhung
azione al portatore	Inhaberaktie
azione di godimento	Genußaktie
azione nominativa	Namensaktie
azione nuova	junge Aktie
azione ordinaria	Stammaktie
azione privilegiata	Vorzugsaktie
azionista	Aktionär
beni rifugio	Fluchtanlagekapital
blue chips (valori guida)	Spitzenwerte
Borsa merci	Warenbörse
Borsa valori	Effektenbörse
Buoni del Tesoro	Schatzanweisungen
capitale azionario	Aktienkapital
capitale non versato	nicht einbezahltes Kapital
capitalizzazione	Kapitalisierung
capofila	federführende (Bank)
cartella fondiaria	Pfandbrief
cassettista	wer Wertpapiere zu dauerhafter Anlage erwirbt
cedere le posizioni	abbröckeln
cedola	Kupon, Zinsschein
certificato di deposito	Depotschein
classamento/collocamento	Plazierung, Unterbringung
compensazione per contanti	Barausgleich
composizione del portafoglio	Portfeuillezusammensetzung
conferire	einbringen, einzahlen
conferimento di ordini	Ordererteilung
congruità	Angemessenheit
conseguire un utile	einen Gewinn erzielen
Consob	Börsenaufsichtsbehörde
consolidamento	Festigung

consorzio di collocamento	Plazierungskonsortium
contrattazione titoli	Effektenhandel
contratto a contanti	Kassengeschäft
contratto a premio	Prämiengeschäft
controvalore	Gegenwert
copertura	Deckung
corbeille	Börsenring
corrispondere	bezahlen, entrichten
corso a termine	Terminkurs
corso denaro	Geldkurs
corso di chiusura	Schlußkurs
corso lettera	Briefkurs
crollo dei prezzi di Borsa	Kurseinbruch
curando	interessenwahrend
decorrenza	Laufdauer, Laufzeit
deposito globale	Sammelverwahrung
depositario terzo	Drittverwahrstelle
diritti di custodia	Depotgebühr
diritto di opzione	Bezugsrecht
diritto di prelazione	Vorkaufsrecht
diritto di voto	Stimmrecht
disinvestimento	Veräußerung
diversificazione	Streuung
dividendo in azioni	Stockdividende
dividendo	Dividende
d'ufficio	von Amts wegen
durata	Laufzeit
emissione alla pari	Pari-Emission
emittente	Aussteller
esentasse	steuerfrei
esercitare (un diritto)	ausüben
esercizio fiscale	Steuerjahr
essere in ripresa	sich erholen
essere sostenuto	sich behaupten
eurobbligazioni	Eurobonds
fissato bollato	Schlußnote
flessione	Kursrückgang
flottante	flottante Papiere
fluttuazione	Floating
fondo bilanciato	gemischter Fonds
fondo comune d'investimento	Wertpapierfond
fondo d'investimento chiuso	geschlossener Anlagefonds
fondo d'investimento mobiliare	Kapitalanlagefonds
fondo obbligazionario	Anleihe/Rentenfonds
forfetizzato	pauschaliert
frazionamento di azioni	Aktiensplitting
frazionamento del rischio	Risikostreuung
fruttare	Zinsen tragen
fruttifero	zinstragend, verzinslich

future sui tassi d'interesse	Zinsfuture
giardinetto	breitgestreute Kapitalanlage
giorno di liquidazione	Abrechnungstag
godimento	Zinslauf, Genuß
imposta sul capitale	Kapitalsteuer
incremento di capitale	Kapitalzuwachs
indice azionario	Aktienindex
indice	Index
investimento	Kapitalanlage
investitore	Anleger
irredimibile	unkündbar
le quotazioni sono calate	die Kurse sind gefallen
le quotazioni sono salite	die Kurse sind gestiegen
liberare un'azione	eine Aktie einzahlen
libro (dei) soci	Aktienbuch
lievitare	anziehen, ansteigen
listino di Borsa	Kursblatt
lotto	Schlußeinheit
mantello	Couponbogen
margine	Marge
matricola	"Neuling", frisch notiert
maturato	fällig
mercato azionario	Aktienmarkt
mercato dei capitali	Kapitalmarkt
mercato fermo	fester Markt
mercato libero, mercato non ufficiale	Börsenfreiverkehr
mercato mobiliare / finanziario	Wertpapiermarkt
mercato monetario	Geldmarkt
mercato obbligazionario	Rentenmarkt
mercato ristretto	enger Markt
negoziabile in Borsa	börsenfähig
negoziabilità	Handelbarkeit
non quotato	nicht notiert
obbligazione	Schuldverschreibung, Anleihe
obbligazione a tasso d'interesse variabile	Anleihe mit variablem Zinssatz
obbligazione convertibile	Wandelobligation
obbligazione fondiaria	Pfandbrief
obbligazione indicizzata	Indexanleihe
offerta di sottoscrizione	Zeichnungsauflegung
OPA (Offerta Pubblica d'Acquisto)	Aufkaufangebot
operatore di Borsa	Börsianer
operazione a pronti	Kassageschäft
operazione a termine	Termingeschäft
operazione a termine su cambi	Devisentermingeschäft
operazione di copertura	Sicherungsgeschäft
opzione	Option
ordine circa	Zirka-Auftrag
ordine legato	Ordre lié
ordine limitato	Limitauftrag

oscillazione dei prezzi in Borsa	Kursschwankung
PAC (piano di accumulo)	KAP (Kapitalakkumulationsprogramm)
penalizzazione	Strafgeld
perdere terreno	Boden verlieren
perdita sul prezzo di Borsa	Kursverlust
performance	Kursverlauf, Rendite
peritale	Sachverständigengutachten
piazza borsistica	Börsenplatz
plusvalenza/plusvalore	Kursgewinn, Mehrwert
polizza di assicurazione sulla vita	Lebensversicherungspolizze
portafoglio	Wertpapierbestand
prestito obbligazionario	Anleihe
prezzo di conversione	Wandelpreis
prezzo d'esercizio	Ausübungspreis
prezzo di riscatto	Rücknahmepreis
p/e (price/earning ratio)	Kurs/Gewinn Verhältnis
propensione al risparmio	Sparneigung
quantitativo minimo negoziabile	Schlußeinheit
quota (di un fondo d'investimento)	Anteilschein
quotazione del giorno	Tageskurs
quotazione	Notierung
ratio dell'opzione	Bezugsverhältnis
realizzare un titolo	ein Papier verkaufen/abstoßen
realizzo	Verkauf, Veräußerung
recuperare	wieder aufholen
red chips	Spitzenwerte von kommunistischen Unternehmen
redditività	Rentabilität
(a) reddito fisso	festverzinslich
remunerazione	Verzinsung
rendiconto	Rechenschaftsbericht
rendimento lordo	Bruttorendite
rendimento	Ertrag
restare invariato	unverändert bleiben
rialzista	Haussier
rialzo vistoso	Hausse
rialzo	Anziehen
ribassista	Baissier
ribasso	Baisse
ridimensionamento	Verminderung
ripartizione dei rischi	Risikoverteilung
ripartizione	Ausschüttung
ripiegamento	Abschwächung
riporto	Reportgeschäft, Kurszuschlag
rischio-paese	Länderrisiko
ristagno	Flaute
ritenuta fiscale	Steuerabzug
scadenza	Fälligkeit, Auslaufen
SIM	Wertpapiervermittlungsgesellschaft
smobilizzo	Flüssigmachung, Freisetzung

società di gestione	Verwaltungsgesellschaft
solvibilità	Bonität
sopra la pari	über pari
sospendere	einstellen
sotto la pari	unter pari
sottoscrizione	Zeichnung
spezzatura	Stückelung, Fraktion
stabilizzazione dei prezzi in Borsa	Kursstabilisierung
stacco del dividendo	Abtrennung von Kupons
swap valutario	Devisenswap
taglio	Stückelung
Terzo mercato	"sonstiger Handel"
tesaurizzazione	Hortung
titolare	Inhaber
titoli a largo flottante	stark gehandelte Papiere
titoli di Stato	Staatspapiere
titoli	Wertpapiere
titoli a reddito variabile	variabel verzinsliche Wertpapiere
tracollo dei prezzi di Borsa	Kurssturz
trasferimento dell'azione	Aktienübertragung
trasferimento di capitali	Kapitaltransfer
trattazione alle grida	Ausrufhandel
ufficio titoli	Effektenabteilung
utile di Borsa	Kursgewinn
valore	Wert
valore di mercato	Kurswert
valore nominale	Nennwert
valori mobiliari	Wertpapiere
valore di riscatto	Rückkaufswert
valore unitario	Einheitspreis
valore venale	Verkehrswert
valuta	Währung
vendita allo scoperto	Leerverkauf
volatilità	Kursflüchtigkeit, Unbeständigkeit

Capitolo 9
Distribuzione

vantaggi della grande distribuzione:
→ prezzi sono bassi
→ sortimento e più grande
→ non c'è una polverizzazione
→ posti di lavoro

Quali conseguenze hanno i due tipi di commercio per i consumatori e per gli escrunti
- condizioni di lavoro
- contatto sociale
- ha bisogno di una macchina

Commercio sempre «polverizzato»
C'è un negozio ogni 66 abitanti

In Italia c'è un negozio ogni 66 abitanti; in Francia il rapporto è di uno su ottanta. Il sistema distributivo nel nostro Paese è ancora troppo polverizzato anche se si sta assistendo ad una piccola, significativa inversione di tendenza. In particolare si segnala un sensibile incremento della grande distribuzione, o meglio, della distribuzione affidata a criteri più moderni e razionali. Non è infatti la dimensione «che fa» commercio più al passo coi tempi o, se vogliamo, più sulla lunghezza d'onda dei nostri partner europei.

I supermercati sono cresciuti di 360 unità in soli due anni; in aumento anche i grandi magazzini, sebbene sempre a livelli molto inferiori rispetto agli altri Paesi europei. Basti un confronto con la Francia dove negli anni scorsi si contavano 6.191 supermercati alimentari, 850 dei quali con caratteristiche di ipermercato e una superficie di vendita complessiva di 8.030.299 mq. Dei quali 3.116.117 dei soli ipermercati, con oltre 260.000 dipendenti occupati.

In Italia, invece, nello stesso periodo risultavano in attività 1.959 supermercati per un totale di 1.552.374 mq di superficie di vendita e 40.688 addetti in complesso.

In discreto aumento risultano anche i cash and carry (esercizi della grande distribuzione all'ingrosso). Quanto al commercio associato, e cioè ai gruppi di acquisto tra dettaglianti, gli organismi operativi risultano 547, uno in meno degli anni precedenti. In calo i soci, da 45.719 a 45.678.

Si diceva che la caratteristica dominante del nostro settore distributivo resta la polverizzazione. Infatti sebbene il numero dei negozi al dettaglio sia in diminuzione, la contrazione riguarda quasi esclusivamente il settore alimentare, gli altri comparti hanno visto crescere invece le unità distributive.

Calcolando gli ambulanti che sono circa 120.000, l'Italia si trova ad avere un milione di esercizi.

È datata 27.2.1985 la prima presentazione ufficiale della FEDERCOM - Federazione Commercio Associato Moderno, un'organizzazione di categoria che raggruppa le imprese aderenti ai più importanti gruppi commerciali nazionali del commercio associato: A&O, SELEX, DESPAR, GIGAD, ITALMEC, UNVO, VéGé.

Si tratta di insegne conosciute da tempo dal consumatore al dettaglio, che le incontra in tutte le regioni d'Italia in oltre 10.000 punti vendita (di cui oltre 400 supermercati, circa 1000 discount e 2000 superettes a libero servizio), ma che storicamente sono sorte come aziende all'ingrosso di beni di largo consumo, soprattutto alimentari.

Sono state costituite, infatti, circa 25 anni fa le prime formule di associazionismo distributivo in cui un operatore grossista di una determinata zona si univa commercialmente a diversi esercenti al dettaglio per costituire una «unione volontaria» che li rendesse entrambi più rappresentativi ed organizzati.

Da allora molta strada è stata percorsa positivamente e i grossisti associati con il proprio centro distributivo di area sono divenuti, in diverse province, circa 250, anche se il grossista ha continuato la sua attività abituale indirizzandosi anche agli altri negozi, soprattutto tramite il «Cash and Carry», magazzino all'ingrosso a self service, che molto spazio ha avuto nell'ammodernamento del sistema commerciale italiano

---

A - *In che cosa consiste l'unione volontaria?*

B - *Quali termini sono utilizzati nel testo per designare la presenza di tanti piccoli negozi, i negozianti, i negozi?*

C'era una volta il negozio

Oltre alle forme di associazionismo che troviamo all'interno dei canali di distribuzione, quali le **unioni volontarie** (organizzazioni tra dettaglianti e grossisti per valorizzare delle marche commerciali proprie) e i **gruppi di acquisto** (organizzazioni tra dettaglianti per effettuare congiuntamente gli acquisti realizzando economie negli approvvigionamenti su vasta scala e sostituendo parzialmente il grossista, si vede che negozio non è uguale a negozio. Come avrete notato, esistono svariate forme di distribuzione. Per quanto riguarda il dettaglio, le merci possono essere vendute da:

1. - negozi tradizionali
2. - superette
3. - supermercati
4. - grandi magazzini c)
5. - magazzini popolari n)
6. - ipermercati a)
7. - case sconto
8. - commercianti ambulanti
9. - venditori a domicilio b)
10.- vendita per corrispondenza
11.- apparecchi automatici
12.- shopping center

Per l'ingrosso possiamo avere:

13. - il grossista tradizionale
14. - cash and carry

A - *Vediamo dunque di chiarire le idee in merito, attribuendo ad ogni forma la giusta definizione:*

a) Hanno una superficie di vendita superiore a 2.500 mq e un ampio assortimento di prodotti alimentari e non alimentari preconfezionati con pacco e prezzo
b) Vendita ai consumatori finali, cioè porta a porta
c) Sono esercizi con superficie di vendita superiore ai 400 mq. Generalmente vengono venduti prodotti alimentari già confezionati con il sistema del libero servizio
d) Rappresentano la forma prevalente nel sistema distributivo italiano
e) Sono esercizi di vendita al dettaglio di generi non alimentari, con superficie di vendita oltre i 400 mq (Rinascente, Coin)
f) Detti anche minimercati o minimarkets, sono esercizi con superficie di vendita tra i 200 e i 400 mq, con un ampio assortimento di prodotti alimentari e non
g) Vendita mediante distributori installati in appositi locali o nella strada, nelle immediate vicinanze dei negozi
h) Le caratteristiche: vasta gamma di prodotti, servizio a self-service, pagamento in contanti, trasporto della merce a cura del cliente. In alcuni casi vendono sia ai dettaglianti che ai consumatori finali
i) Vendono per lo più prodotti a prezzi concorrenziali e con l'assortimento ridotto all'essenziale
j) Avviene normalmente con l'ordinazione delle merci per posta
k) Complesso di almeno 10 esercizi al dettaglio che dispone di infrastrutture, servizi comuni e parcheggio, eventualmente integrato con attività extra commerciali (teatri, cinema)

l) Esercitano l'attività di vendita su aree pubbliche, avvalendosi di familiari
m) Collega la produzione al commercio, svolge anche funzione creditizia, informativa, di trasporto della merce al dettagliante
n) Esercizi di vendita al dettaglio con una superficie di vendita fra i 1000 e i 1500 mq. I prodotti trattati sono destinati ad una clientela medio-bassa. La vendita avviene con il sistema del libero servizio (Upim, Standa)

B - *e di valutare i vantaggi e i limiti che presentano le diverse forme di vendita*

GRANDE DISTRIBUZIONE/Nei primi 8 mesi vendite salite dell'11%

Supershopping al supermercato

Guidano la «corsa» gli ipermercati, con un tasso di crescita del 23%

MILANO - La grande distribuzione è in ripresa. Nei primi otto mesi dell'anno le vendite di supermercati, ipermercati e grandi magazzini sono cresciute, rispetto al corrispondente periodo dell'anno precedente, dell'11,4%. A guidare la «riscossa», rivela la consueta rilevazione dell'Istat, sono soprattutto gli ipermercati, che dall'inizio dell'anno hanno incrementato le vendite del 23,1%, seguiti dai supermercati (+12,5%), dagli esercizi a vendita prevalentemente specializzata (+7,2%) e dai grandi magazzini (+3,5%). Ma un'altra novità di questo panorama è costituita dall'ottimo andamento delle vendite di agosto. In questo mese, nel pieno rispetto degli andamenti ciclici del settore, l'indice delle vendite ha segnato una flessione rispetto a luglio del 9,5%. Ma se si confronta il dato di agosto, allora si evidenzia un aumento pari al 10,5%. Gli aumenti più consistenti, sempre in una comparazione agosto su agosto, riguardano il settore alimentare, cresciuto dell'11,7%, dei libri e dei periodici (+17,1%) e dal gruppo «altri», che comprende casalinghi, articoli da regalo, profumeria (+ 13,2%). Se l'esame si sposta a livello annuale, l'incremento dell'11,4% è determinato da una crescita del 12,8% dei generi alimentari, del 9,3% degli elettrodomestici e del 13,1 % per gli «altri prodotti». Il «trend» del settore è comunque in costante miglioramento. Rispetto all'anno precedente, il giro d'affari dei 3.843 supermercati, ipermercati e grandi magazzini italiani è cresciuto di 21 mln di euro. Di questi, due terzi provengono dal settore alimentare e un terzo da quello non alimentare. I dati sono emersi ieri nel corso del convegno «Prospettive e indicazioni per l'incremento della redditività del commercio nazionale e internazionale» che si è svolto a Milano alla Camera di commercio. Secondo gli operatori, nonostante qualche lieve preoccupazione legata alla crisi petrolifera e al disavanzo del debito pubblico, le attese per il futuro sono decisamente positive. Le ragioni risiedono anche in motivazioni «insospettabili». "La profonda insoddisfazione per i servizi pubblici, del tutto inadeguati - ha sostenuto Nicolò Nefri, presidente della Faid, Federazione associazioni imprese distribuzione - determina nel nostro Paese una tendenza a ricercare la soddisfazione nei consumi privati con una crescente personalizzazione delle esigenze".
Per quanto riguarda la distribuzione geografica degli esercizi, i supermercati sono concentrati per il 56,6% nel Nord Italia, contro il 24% del Sud e delle isole e il 19,4% del Centro, mentre i grandi magazzini si trovano al Nord per il 45,9%, nelle isole e al Sud per il 30% e al Centro per il 24,1%. Gli ipermercati, infine, sono quasi tutti al Nord. In quest'area si trovano infatti ben 66 delle 86 strutture, che sono 13 al Centro e 7 al Sud e nelle isole.

C - *Individuate i termini dell'articolo indicanti un andamento positivo e una tendenza negativa del settore*
D - *Che cosa si intende con l'espressione "grande distribuzione"?*
E - *Che cos'è l'Istat?*
F - *A quali motivi è riconducibile la citata distribuzione geografica degli esercizi in Italia?*
G - *Visualizzate in un grafico questa particolare distribuzione geografica di supermercati, grandi magazzini e ipermercati*

H - *Quali dei fattori elencati costituiscono, a vostro avviso, elementi importanti per il successo di un grande punto vendita e perché? Classificateli per ordine d'importanza*

- prezzi stracciati *Schleuderpreise*
- elevata specializzazione
- rapporti "snelli" con i fornitori *unkompliziert*
- costi di magazzino ridotti al minimo
- ricchezza dell'assortimento
- attenzione al cliente
- prezzi adeguati alle aspettative del pubblico
- personale competente e aggiornato
- alleanza con partner stranieri

- strategia di espansione
- formula "catena" di proprietà
- uniformità d'immagine
- superofferte
- grandi superfici di vendita
- assistenza al cliente
- ubicazione *luogo*
- orari di apertura prolungati

Le tre T della spesa elettronica

Ma chi l'ha detto che su Internet si vendono solo libri, computer e materiale pornografico? In realtà, le nuove strade del commercio elettronico sono popolate già oggi da navigatori che si imbarcano per lo shopping virtuale con banalissime liste della spesa: pane, latte e pelati, per intenderci. Entro il 2000 il 9% delle vendite globali sarà stato effettuato tramite nuove tecnologie; percentuale che salirà al 18 nel 2010. A patto che si segua la regola delle «tre T»: Trust, Traffic, Transactions. Occorre cioè rafforzare nei clienti la fiducia nella sicurezza delle transazioni, facilitare il raggiungimento dei negozi e dare garanzie sui sistemi di consegna. La posta in gioco sono i 150 milioni di utenti della Rete che, secondo Morgan Stanley, in un prossimo futuro spenderanno 125 miliardi di dollari con il commercio on line. In questa partita i negozi on line più evoluti non si limitano a rispondere alle richieste del cliente, ma si affidano a programmi per la ricerca intelligenti: software in grado di formulare offerte vantaggiose studiate su misura per i singoli clienti, anche sulla base delle preferenze registrate nei precedenti contatti. (*da Corriere Economia, 11.5.1998*)

I - *Appartenete già alla categoria degli utenti on line?*
Se sì, quali prodotti acquistate in "rete" e perché? Quali vantaggi offre l'acquisto via Internet rispetto alla spesa tradizionale? C'è qualcosa che non acquistereste mai on line? Cosa? Se no, perché? Quali riflessioni vi trattengono dall'effettuare acquisti virtuali?

L - *Sareste disposti ad aprire un negozio on line anziché uno tradizionale? Che vantaggi offrirebbe? E che impegni, anche in termini economici e finanziari richiederebbe? Quali regole potrebbero garantire il successo su Internet? (pensate in particolare alla facilità di accesso ed uso del sito da parte degli utenti, alle aspettative che spingono il cliente a visitare il sito, al problema della visibilità del sito all'interno del mare immenso di Internet)*

M – *Stilate una classifica dei vantaggi che comporta il Web per il commercio dal punto di vista delle imprese, scegliendoli per ordine d'importanza fra quelli forniti di seguito:*

- gestione strategica fornitori e clienti chiave
- aumento soddisfazione dei clienti
- comparazione offerte
- semplificazione rapporti fornitori e clienti
- riduzione tempi di contrattazione
- riduzione *time to market*
- competizione in nuovi segmenti di clientela
- riduzione costi di approvvigionamento e acquisto
- maggiore informazione per i clienti
- maggiore informazione sui clienti
- altro: ....

N – Completate il testo
Acquistare in rete
Acquistare .... attraverso un negozio .... è molto semplice. Una volta entrati nel .... del negozio elettronico, si trova il prodotto desiderato utilizzando un semplice .... con cui individuare il prodotto in base a diversi ....: nome del produttore, anno di produzione, prezzo, eccetera. .... il nome dell'articolo scelto, lasciando vuoti tutti gli altri .... Otterremo diverse proposte. .... sul prodotto desiderato appare una sua breve descrizione, l'immagine e il prezzo. Se decisi a comprare, lo inseriamo nel "........", specificando la quantità, e, se non è nostra intenzione acquistare altra merce, possiamo " andare ...." direttamente. Dopo aver fornito i propri .... e l'indirizzo di spedizione si procede al pagamento o attraverso carta di credito o bonifico bancario. Un .... e una successiva .... confermano che la transazione è andata a buon fine

alla cassa - buon fine – campi - carrello della spesa virtuale – cliccando - dati personali - e-mail – messaggio - motore di ricerca – online – parametri – selezioniamo – sito - virtuale

Come aprire un negozio

O - *Un vostro amico sta pensando di aprire un negozio, ma essendo inesperto è molto indeciso. Di seguito avete l'elenco di alcune possibili attività. Aiutatelo nella scelta suggerendogli i criteri generali che dovrebbe tenere presente a seconda del tipo di negozio scelto. Aiutatevi con i consigli forniti in basso, in ordine sparso*

	Consigli	Domanda	Offerta
1. Pubblici esercizi (bar, pizzerie, trattorie, ristoranti)		discreta	eccedente
2. Cartoleria, giocattoli, articoli da regalo		discreta	eccedente
3. Parrucchiere uomo-donna ed estetica		debole	sostenuta
4. Gelaterie, pasticcerie e panifici		scarsa	discreta
5. Tintorie, lavanderie		in calo	in esubero
6. Salumerie, gastronomia e rosticceria		discreta	eccedente
7. Abbigliamento e calzature		debole	elevata
8. Articoli sportivi		debole	discreta
9. Informatica		cauta	contenuta
10. Agenzie di viaggi		sostenuta	sostenuta
11. Farmacie		discreta	discreta

a - Conta l'efficienza dei macchinari di laboratorio ed essere in regola con le norme sulla sicurezza degli ambienti di lavoro
b - Per lavorare di più si consiglia di avere la biglietteria aerea e ferroviaria annessa
c - Per avere successo è importante avere il negozio nei pressi del centro storico
d - Sono molto importanti le scorte di magazzino. Gli articoli parasanitari sono il vero business di questo tipo di negozi
e - Sono fondamentali le norme igieniche e l'impianto elettrico

f - Per questa attività è necessaria l'immagine e l'ambientazione
g - È importante la posizione strategica vicino a scuole o uffici
i - Debbono essere collocate in quartieri ad alta intensità abitativa e offrire un servizio di qualità, magari con consegna a domicilio
l - Occorre portare qualche innovazione, puntando sulla qualità del servizio
m - La superficie del locale dovrebbe essere di almeno 200 mq e occorrono cospicui investimenti per l'acquisto della merce

Vendite per corrispondenza

Abbigliamento, libri e articoli per la casa, queste le preferenze degli italiani in tema di vendite per corrispondenza; un affare da quasi 1 mld di €, una cifra di tutto rispetto, anche se molto lontana dai livelli raggiunti in Europa e negli USA, dove il sistema ha preso piede fin dai tempi del *pony express*: si vende su catalogo secondo un meccanismo ben collaudato, che ha suggerito la creazione di un'apposita associazione del settore, A.N.V.E.D.; l'associazione, sorta nel 1969, ha creato il primo codice morale della VPC, che tutte le aziende che aderiscono all'A.N.V.E.D. sono obbligate a rispettare. Nelle vendite su catalogo l'abbigliamento occupa il 35,2% del mercato; quello dei libri il 20,6%; negli articoli per la casa il 16,4%. Interessante anche la nicchia del *business to business*, cioè la vendita solo per altre aziende.

Discount

Regali, supersconti, concorsi, gadget: nei supermercati è saldo continuo, il calo dei consumi ha ristretto i mercati avviando la guerra a colpi di sconti. I supermercati cercano di attirare i clienti con formule da saldo, p.e. compri 2 e paghi 1 oppure l'offerta della settimana utilizzando il sottocosto. Gli ipermercati si moltiplicano; a Bologna ce ne sono due che si fronteggiano in una guerra non solo commerciale, ma anche ideologica: la concorrenza tra i due ha provocato tra l'altro una specie di spionaggio commerciale con i prezzi che vengono modificati più volte nello stesso giorno per spiazzare il rivale. Ma per gli ipermercati si profila un terribile avversario: il discount, cioè supermercati spartani con la merce accatastata e senza marchi pubblicizzati, però a prezzi irrisori. I primi assaggi del mercato sono stati fatti da una catena tedesca e dall'italiana Sidis: si spende il 60% in meno che in un negozio e il 30% in meno che in un ipermercato. Altro che saldi, qui davvero è una liquidazione continua!

Hard discount

Negli ultimi tempi si sono poi moltiplicati a macchia d'olio strani magazzini dove si comprano generi di prima necessità a prezzi davvero stracciati: gli hard discount ovvero locali che riescono a praticare forti sconti abbattendo tutti i costi che gravano sul prezzo finale del prodotto. L'hard discount è insomma un magazzino che vende al dettaglio: il cliente apre gli scatoloni e dentro c'è pasta o riso od olio, alimentari e prodotti per la casa in confezioni spartane. Salvo rare eccezioni non sono prodotti conosciuti, garantiti dalla solidità, dal nome e dagli investimenti pubblicitari di grandi industrie. Già numerosi al nord, questi hard discount sono parecchi anche al centro e cominciano ad apparire anche al Sud; ciascun punto vendita contiene forse merci per un centinaio di milioni, ma quella venduta viene rimpiazzata tutti i giorni. Il fatturato annuo diventa così di vari milioni, mentre le spese sono ridotte all'osso. Difficile che il locale, in genere di 400 m^2 sia riscaldato o che ci siano più di quattro persone, mentre un supermercato ha in media un dipendente ogni 20 m^2.

Grande distribuzione

La grande distribuzione organizzata reagisce agli hard discount aggiungendo alle campagne di ribassi generalizzati gli articoli-civetta, che attirano i consumatori e poi lo spingono ad acquistare altri prodotti, sui quali il margine di guadagno è garantito. Ma come sopravvive la distribuzione a tali condizioni? Soprattutto puntando sulla leva finanziaria: paga 2-3 mesi dalla consegna e incassa invece denaro contante tutti i giorni. E non c'è solo il fronte dei prezzi, la leva più convincente per fare conquiste, ma anche quello della qualità e ha coinvolto non solo le grandi marche italiane, che quasi all'unanimità rifiutano di trattare con i discount, ma gruppi esteri di produzione e vendita e la stessa agricoltura. Con l'attenzione dei consumatori puntata sulla convenienza e il minor richiamo delle grandi marche sono iniziati tempi duri per la food valley italiana: non solo i consumi alimentari hanno subito una contrazione, anche l'avvento degli hard discount sta rivoluzionando il mercato e imponendo una guerra degli sconti senza precedenti. Così anche leader finora indiscussi della pasta e delle merendine, come la Barilla, hanno ceduto alla formula commerciale del 3 per 2 e alle decisioni sofferte di ristrutturare stabilimenti; come dire che si sono messi a dieta.......

(da TG2 Economia, 1994/95)

P - *Provate a spiegare il significato delle seguenti espressioni utilizzate nel testo:*

- pony express
- business to business
- discount
- confezioni spartane
- articolo-civetta
- prezzi stracciati
- generi di prima necessità
- food valley

e a riformulare in linguaggio tecnico le frasi sottostanti modificando le parti sottolineate

- un'associazione nata nel 1969, che nel 1974 ha dato vita al primo codice morale che tutte le ditte che fanno parte dell'A.N.V.E.D. sono costrette a rispettare
- un settore in sicura crescita come dimostrano i 5000 pacchi ripartiti dalle linee automatiche
- la diminuzione dei consumi ha limitato i mercati innescando una guerra a forza di sconti
- una specie di ricerca illecita di informazioni commerciali con i prezzi che vengono cambiati più volte nello stesso giorno per battere l'avversario
- i discount esercitano un forte sconto riducendo tutti i costi che pesano sul prezzo finale del prodotto; le spese sono ridotte al minimo
- la merce venduta viene sostituita tutti i giorni
- la distribuzione paga 2-3 mesi dalla fornitura e riscuote ogni giorno denaro liquido
- è soprattutto l'arrivo degli hard discount che sta sconvolgendo i mercati

Q - *Purtroppo nell'articolo seguente si sono verificati alcuni errori di battitura; correggeteli*

„Nuovi ipermercati? Stop per tre anni"

ROMA - Parlamentari in campo contro le grandi *stretture* commerciali. Oltre 100 deputati hanno già sottoscritto la *preposta* di legge del verde Alfonso Pecoraro Scanio per una moratoria di 3 *inni* nel rilascio di licenze per la realizzazione di nuovi ipermercati e hard discount. Le grandi *stretture* di vendita esprimono il fallimento della pianificazione territoriale ed hanno come conseguenza il „progressivo svuotamento e degrado dei *ventri* storici e la cementificazione di terreni finora inedificati". La protesta *centro* gli ipermercati, oltre a raccogliere il malcontento dei piccoli commercianti, è anche legata alla qualità della *vite* nelle città. Secondo Pecoraro Scanio le grandi *stretture* hanno come *affetto* anche inquinamento atmosferico e degrado urbanistico.
„L'aumento degli ipermercati - ha detto ancora - ha come risultati strade intasate dal traffico e città deserte, oltre alla chiusura di piccoli *eserciti* dovuta alla concorrenza sleale".
Con la moratoria si intende dare una risposta anche alle questioni di tipo occupazionale nel commercio, che risente della recessione nei *costumi*.
„Per ogni nuovo occupato in un supermercato si perdono 4 *pasti* di lavoro nelle piccole e medie imprese".

(Corriere della Sera, 2.11.96)

R - *Mercatino, dettaglio, supermercato o ipermercato?*

Ruolo A - Sindaco e giunta

Il Consiglio comunale della vostra città si riunisce per decidere se autorizzare l'apertura di un mercatino rionale, un nuovo negozio al dettaglio, un supermercato o addirittura un ipermercato.
Come **sindaco** avete convocato alcune parti interessate ognuna alla realizzazione di una di queste quattro varianti, per sentire i diversi punti di vista prima di prendere una decisione. Sapete infatti che le diverse formule presentano tutte non solo dei vantaggi, ma anche dei risvolti negativi e per voi è importante che il servizio offerto incontri il favore più ampio possibile della popolazione.
Alcuni esempi, in particolare, di svantaggi che può rappresentare per i cittadini
- *un mercatino rionale:* i mercatini restano aperti solo fino all'una. Per raggiungerli, quindi, bisogna uscire presto e spesso è necessario compiere un lungo tragitto. Sporcizia non indifferente, che dopo la chiusura deve essere rapidamente eliminata
- *un negozio al dettaglio:* i prezzi che spesso sono più alti e una certa limitazione dell'offerta; alta densità di negozi di piccole dimensioni già presenti in città
- *un supermercato:* sebbene le merci siano a buon mercato, si rischia di spendere più del previsto acquistando sotto la spinta del momento cose di cui non si aveva bisogno; le tentazioni sono molte. Molti prodotti vengono venduti in confezioni sigillate di peso predeterminato, il che, se da un lato rappresenta una garanzia di prezzo e qualità, dall'altro impedisce di comprare solo la quantità strettamente necessaria. In compenso si paga solo in rapporto al peso effettivo delle derrate alimentari acquistate e non per la carta della confezione. D'altra parte i prodotti freschi potrebbero essere toccati con le mani da decine di persone e raccogliere microbi e bacilli di ogni genere. Problemi di reperimento dello spazio necessario, mesi di lavori con rallentamento del traffico e disturbo per la popolazione, concorrenza per i dettaglianti già presenti sul posto.
- *un ipermercato:* essendo posto fuori città, ci si deve recare in auto; oltre a dover possedere una macchina, ciò comporta una spesa aggiuntiva, solo in parte compensata dalla quantità degli acquisti. Risultano molto convenienti solo per chi vi si reca una volta ogni tanto per fare la spesa mensile, a patto che sappia scegliere oculatamente tra le merci poste in vendita. Questo perché, tra l'altro, le offerte più convenienti prevedono l'acquisto minimo di una certa quantità di prodotto. La struttura richiede una quantità considerevole di terreno che deve venir sacrificato; attirando la gente delle zone vicinali aumenta il traffico, l'inquinamento ecc.
D'altro canto non va dimenticato il gettito fiscale per le casse comunali ....

Ruolo B

Il Consiglio comunale della vostra città si riunisce per decidere se autorizzare l'apertura di un mercatino rionale, un nuovo negozio al dettaglio, un supermercato o addirittura un ipermercato.
Voi siete un fruttivendolo ambulante che vorrebbe finalmente coronare il sogno della sua vita: mettere in piedi un **mercato rionale** *nel proprio quartiere, per non dover più cambiare zona ogni giorno.*
Nella seduta del Consiglio illustrate i vantaggi di tale realizzazione per i cittadini.

Alcuni suggerimenti:
vantaggi: i prezzi sono in genere un poco più moderati che nei negozi tradizionali e con un po' di attenzione vi si possono fare buoni acquisti di generi alimentari di qualità accettabile. I più astuti che vi si recano verso l'ora di chiusura riescono persino a farsi praticare buoni sconti. Gli ortolani e i pescivendoli, infatti, piuttosto che confezionare da capo la loro mercanzia per riportarla in magazzino spesso preferiscono cedere gli ultimi quantitativi a quelli che potremmo definire prezzi di realizzo. È inoltre possibile acquistare esattamente la quantità desiderata della maggior parte dei generi alimentari che vengono venduti sfusi. C'è un'allegria diffusa, c'è chi fa una battuta, chi prende un po' in giro, e fare la spesa diventa più piacevole.

Ruolo C
Il Consiglio comunale della vostra città si riunisce per decidere se autorizzare l'apertura di un mercatino rionale, un nuovo negozio al dettaglio, un supermercato o addirittura un ipermercato.
Voi siete un commesso che vorrebbe finalmente coronare il sogno della sua vita: aprire un **negozio al dettaglio** *di generi alimentari nel proprio quartiere.*
Nella seduta del Consiglio illustrate i vantaggi di tale realizzazione per i cittadini

Alcuni suggerimenti:
vantaggi: vi si può trovare di tutto, nelle quantità e qualità desiderate, in tutte le ore del giorno. Risultano convenienti soprattutto per i piccoli acquisti dell'ultimo momento, per coloro che non hanno il tempo o la voglia per programmare adeguatamente la spesa settimanale, e per chi desidera prodotti di gran marca o di qualità veramente superiore. Nei negozi, inoltre, il cliente non si trova di fronte a un'organizzazione commerciale fredda e impersonale, ma può stabilire con i venditori un contatto umano diretto, che alla lunga finisce per trasformarsi in un prezioso rapporto di fiducia. Molti negozi, infine, forniscono un servizio utile per le donne di casa indaffarate: senza nessun sovrapprezzo provvedono ad inviare a casa la spesa ordinata per telefono.

Ruolo D
Il Consiglio comunale della vostra città si riunisce per decidere se autorizzare l'apertura di un mercatino rionale, un nuovo negozio al dettaglio, un supermercato o addirittura un ipermercato.
Voi vorreste finalmente coronare il sogno della vostra vita: aprire un **supermercato** *nel proprio quartiere.*
Nella seduta del Consiglio illustrate i vantaggi di tale realizzazione per i cittadini

Alcuni suggerimenti:
vantaggi: Vi si trova veramente di tutto e senza dover perdere troppo tempo. I prezzi, decisamente convenienti, sono fissi e bene in vista, per cui è possibile far confronti tra prodotti diversi senza dover per questo essere giudicati severamente dai commessi. Qui si può fare una spesa settimanale veramente ragionata, portando a casa in un sol colpo tutto quello che serve. Alcuni prodotti, poi, come la carne ed il pollame, vengono offerti e tagliati sul posto, secondo le esigenze del cliente, a prezzi veramente interessanti. Anche gli orari sono estremamente flessibili (orario continuato, apertura prolungata, apertura domenicale). Se il cliente si sente troppo esposto alla tentazione di tanta offerta può sempre andare a fare la spesa con una lista precisa di quanto gli serve.

Ruolo E
Il Consiglio comunale della vostra città si riunisce per decidere se autorizzare l'apertura di un mercatino rionale, un nuovo negozio al dettaglio, un supermercato o addirittura un ipermercato.
Voi vorreste finalmente coronare il sogno della vostra vita: aprire un **ipermercato** *nel proprio quartiere.*
Nella seduta del Consiglio illustrate i vantaggi di tale realizzazione per i cittadini

Alcuni suggerimenti:
vantaggi: i prezzi per moltissimi prodotti sono ancora più bassi che nei supermercati. Scatolame, vini liquori, pasta, riso e numerosi altri generi sono in vendita alle quotazioni minime, cosa resa possibile dall'enorme quantità di prodotti acquistati all'ingrosso e venduti con margini esigui. Vi si trova veramente di tutto, ancor più che nei supermercati: dall'abbigliamento agli elettrodomestici, dai mobili ai dischi, ecc.
Rivalutazione di tutta la zona, richiamo degli abitanti delle zone vicine.

A - *Avendo intenzione di aprire un supermercato in una cittadina dell'Italia settentrionale illustrate i dettagli del vostro progetto all'Assessore comunale.*
In particolare fornite indicazioni su:

- Struttura e ubicazione
  - ❏ appartenente a una catena o indipendente
  - ❏ pianta del locale e metri quadri
  - ❏ parcheggio, accessibilità (collegamento con mezzi di trasporto)
  - ❏ orario/giorni di apertura
  - ❏ reparti e scaffali
  - ❏ numero di casse
  - ❏ assortimento
  - ❏ presenza di altri negozi nel quartiere/concorrenza

- Personale e clientela
  - ❏ numero di dipendenti
  - ❏ gentilezza, attenzione
  - ❏ preparazione professionale

  - ❏ media giornaliera prevista dei clienti
  - ❏ età media
  - ❏ paniere medio degli acquisti

- Prodotti
  - ❏ marche conosciute/esclusive/prodotti non di marca
  - ❏ gamma di prodotti
    - merci deperibili (alimentari)
    - merci non deperibili (prodotti per l'igiene)
  - ❏ qualità/freschezza
  - ❏ prezzi
  - ❏ confezione/imballaggio
  - ❏ aspetti ecologici
  - ❏ pubblicità
    - opuscoli
    - stampe
    - spot

- Punti deboli e punti di forza del vostro supermercato

Sapendo che esiste anche il problema non indifferente del taccheggio, illustrate la strategia che intendereste seguire, cioè quali misure antitaccheggio adottereste per evitare di subire perdite eccessive per furti

B - *Siete dei bravi venditori? Sapreste rispondere alle obiezioni dei clienti?*

1. Non ne ho bisogno
2. Non mi interessa
3. Ce l'ho già
4. Ci rifletterò
5. Devo parlarne con mio marito/mia moglie
6. Sono soddisfatto del prodotto che ho
7. Preferisco aspettare
8. Ci penserò dopo il week end
9. È troppo caro
10. È affidabile, di che marca è?
11. Ma non è come quello che sto cercando!

a. Capisco, ma oggi c'è uno sconto interessante, non vorrebbe approfittarne?
b. Capisco, posso chiedere perché?
c. Certo, è meglio valutare tutti i pro e i contro prima di decidere; a che cosa è dovuta la Sua esitazione in particolare?
d. È lo stesso modello? Perché non lo prova, così potrà fare un confronto
e. È un problema di denaro?
f. Giusto, ma se fosse Lei a decidere, comprerebbe questo prodotto?
g. Ho capito; cos'è che non Le piace in questo prodotto?
h. Non ne dubito; ciò non Le impedisce, però, di provare una volta anche questo
i. Prezzo a parte, trova il prodotto interessante? Vuole approfittare delle nostre facilitazioni di pagamento?
j. Quel prodotto serve a ......; questo invece è più ....
k. Vendiamo questa marca da anni; Le assicuro che tutti i clienti che l'hanno provata sono rimasti soddisfatti

Ruoli

A

Una signora entra nel vostro negozio di profumeria in cerca dello shampoo XXX, che usa ormai da tanti anni con piena soddisfazione, avendo capelli fini e piuttosto sfibrati. Trova molto pratico anche il contenitore in plastica, che facilita l'uso ed evita gli sprechi. La signora è molto sensibile alla problematica ambientale ed attenta al prezzo: il suo shampoo costa 5,-- €. Voi non avete questa marca nel vostro assortimento, per cui cercate di convincerla a provare un prodotto con caratteristiche analoghe, di qualità superiore (ecco perché costa anche un po' di più: 9,15 €). Lo shampoo YYY, che volete proporre, serve per nutrire in profondità i capelli secchi, rivitalizzarli, dargli immediatamente un effetto di morbidezza, maggiore elasticità e volume. Conferisce una nuova energia ai capelli; contiene vitamina F e altri principi attivi che provvedono alla corretta idratazione dei capelli; ha un profumo di tamarindo fresco e delicato. È dermatologicamente testato

B

Nel fare la spesa avete dimenticato di comprare il solito shampoo che usate da lungo tempo. Questo shampoo XXX serve per trattare e curare i capelli delicati e sfibrati come i vostri (che sono trattati da anni con colore); oltre alle qualità tipiche degli shampoo tradizionali è un vero trattamento per capelli sottili, ristabilisce la fibra capillare. Quindi è un trattamento specifico, non uno shampoo multiuso; è ipoallergenico, consigliato dai dermatologi; adatto ad un uso settimanale; è venduto in una confezione brevettata che facilita l'applicazione e fa economizzare il prodotto e che voi apprezzate molto, poiché siete molto sensibile ai valori ambientali oltre cha al prezzo, naturalmente (il vostro shampoo costa 5 euro). Il negozio in cui vi recate abitualmente è piuttosto lontano, così pensate di entrare nella prima profumeria che incontrate per chiedere se hanno il prodotto che cercate.

COMMERCIO DAGLI USA AL VENETO VIA GIAPPONE

Globalissimo JEANS

Dietro un comune paio di pantaloni made in Italy c'è un vorticoso scambio di merci e materie prime che arrivano da tre continenti e che percorrono oltre 32 mila chilometri.

A poche decine di metri dal Duomo di Milano c'è il negozio della Replay: due piani di camicie, maglioni, vestiti da donna. E pile di jeans: pantaloni comuni, amati dalla next generation come dai baby boomer, probabilmente il capo più diffuso nelle case degli italiani. Piegato in uno degli armadi c'è il classico jeans blu a cinque tasche. Nome in codice: Mv902, prezzo medio-alto (92 euro); sull'etichetta in similpelle c'è scritto «made in Italy», ma in realtà, se si volessero indicare tutti quei paesi che hanno contribuito alla realizzazione di quel paio di pantaloni, sull'etichetta ci vorrebbe molto più spazio. Il negozio della Replay è infatti solo l'ultima tappa di un lungo viaggio che parte dagli Stati uniti, attraversa l'Europa, tocca il Giappone e finisce in Veneto. Un girotondo di materiali che percorrono complessivamente 32 mila chilometri. E che dal Nord-Est riprendono la loro corsa per 40 paesi.

Il jeans Mv902 è stato inscatolato a Treviso, in un vecchio stabilimento dove ha sede la Fashion Box, una società fondata una ventina di anni fa dall'imprenditore Claudio Buziol e diventata oggi un gruppo da 200 milioni di euro di fatturato, che tuttavia non produce quasi nulla direttamente, anche se Buziol ci tiene che la parte finale della fabbricazione avvenga sotto lo stretto controllo dei suoi uomini.

Il tessuto di cui sono fatti i jeans, il famoso denim, proviene dalla Turchia, prodotto dalla Orta Anadolu; la società turca, che ha 980 dipendenti, sforna ogni anno 36 milioni di metri di denim. È un tessuto di buona qualità; il cotone arriva direttamente dagli USA, le piantagioni sono in Texas e California (dalla Turchia proviene solo il 30% del cotone per compensare eventuali cali delle forniture americane). Per colorare i jeans ci vuole l'indaco e pare che esistano 28 ricette diverse per dare la giusta tonalità di blu. La Orta Anadolu si procura l'indaco principalmente da due gruppi multinazionali: la giapponese Mitsui e la tedesca Basf. I fili colorati di blu si intrecciano con quelli bianchi e così nasce il tradizionale tessuto dei jeans.

A questo punto il tessuto parte alla volta del Veneto, dove viene controllato dai tecnici della Fashion Box e poi smistato a decine di piccoli produttori del Padovano (di solito con meno di 15 dipendenti) e, per un 10% ca., alle fabbrichette in Romania controllate dagli imprenditori italiani. Le cerniere, invece, sono della giapponese Ykk, i rivetti in rame arrivano dalla Spring di Maserà (Padova), mentre i bottoni a chiodo sono prodotti dalla Metalbottoni di Chiuduno (Bergamo), che si procura l'acciaio inox dalla Svezia, dalla Germania e dalla Francia. Il filo giallo di confezione è fornito dalla modenese Cucirini Rama.

Una volta cuciti, i jeans finiscono a Verona o a Vedelago di Treviso, dove vengono lavati in speciali vasche, quindi inscatolati per partire alla volta di una quarantina di paesi, dagli USA fino a Hong Kong. Alcuni finiscono in alcuni negozi italiani...   *(adattato da Panorama, 15.11.2001, Guido Fontanelli)*

1. Qual è il materiale grezzo necessario per fabbricare il tessuto dei jeans e da dove proviene?
2. Dove viene prodotto il tessuto denim?
3. Con che cosa viene colorato il tessuto e dove ci si procura la sostanza colorante?
4. Chi fornisce le chiusure lampo?
5. A che cosa serve l'acciao inox, che la Metalbottoni acquista da Svezia, Germania e Francia?
6. Di quale regione è il filo utilizzato per le cuciture?
7. Qual è l'ultimo procedimento al quale vengono sottoposti i jeans e dove avviene?
8. Che attività svolge la Fashion Box?
9. Quanti e quali paesi sono intervenuti nella produzione dei jeans Mv902?

Oggetto

Uovo

INDICOD
Il linguaggio dell'efficienza.

Un uovo è un uovo per l'occhio umano. Per l'occhio elettronico, invece, è un oggetto qualsiasi.

E' il codice a barre che trasforma un oggetto in uno specifico prodotto. Una serie di linee chiare e scure consentono, in tutto il mondo, di identificare all'istante il prodotto con le sue caratteristiche fondamentali, il produttore, il paese d'origine.

E' merito del codice a barre se alla cassa vi è una maggiore velocità, minor tempo in coda, uno scontrino chiaro e dettagliato con il tipo di prodotto, peso, formato e prezzo senza possibilità di errore. Un sistema assolutamente sicuro.

Ma questo è soltanto l'inizio. Infatti, il passaggio di un prodotto codificato alla cassa elettronica permette il controllo delle scorte in tempo reale, il rimpiazzo immediato sugli scaffali, il rifornimento automatico e la conoscenza tempestiva dei dati di vendita. I risultati sono: grandi vantaggi per i programmi di produzione, per la distribuzione delle merci e per il consumatore, che ha la possibilità di trovare sempre il prodotto desiderato. E' per questo che INDICOD si impegna per la diffusione del codice a barre: una carta d'identità del prodotto, un linguaggio efficiente e sicuro, un segno amico.

INDICOD - Istituto italiano per la Codifica a Barre secondo il sistema internazionale EAN

C - *Vero o falso?*

1. Un uovo è un oggetto preciso per l'occhio elettronico
2. Il codice a barre trasforma un prodotto specifico in un oggetto
3. Il codice EAN è costituito da una serie di linee uniformi
4. Tramite il codice a barre è possibile individuare il produttore della merce
5. Il codice a barre comunica alla cassa il nome del prodotto
6. Il codice EAN informa che le scorte sono terminate
7. Con il codice a barre si ottengono i dati di vendita in tempo reale
8. Il codice a barre non serve al consumatore perché non sa interpretarlo

Fenomeni criminali Che cos'è il tampering e come si combatte

Il male in scatola

Soda caustica e insetticidi nei prodotti alimentari. Frammenti di vetro nelle pomate dei neonati. Radiografia di un problema mondiale, di cui si parla pochissimo anche se è sempre più diffuso
di Bruno Taralletto

Un crimine odioso e terribile, una forma di terrorismo non dissimile dal mettere una bomba in qualche luogo affollato per ottenere attenzione da parte dei media, notorietà e acquisire una sorta di insano potere sulla vita degli altri. Così Frank E. Yuong, commissario della Food and drug administration degli Stati Uniti, bolla il temibile tampering, vale a dire la manomissione, alterazione o contaminazione dolosa di un prodotto prevalentemente alimentare per ottenere soprattutto un illecito ritorno economico tramite il ricatto e l'estorsione.

Il fenomeno rappresenta una delle maggiori preoccupazioni che affligge l'industria alimentare in tutto il mondo. È un problema assai insidioso, nato negli Usa e presente oggi anche in Europa.

È la Germania il paese con il più alto numero di casi, il 62% dei quali ha colpito il settore alimentare e aziende come Unilever, Jakobs Kaffee, Milupa. Al secondo posto si colloca il Regno Unito dove l'industria alimentare ha sopportato il 70% degli attentati, seguita dal settore delle bevande alcoliche e degli articoli da toilette. Le sostanze usate per contaminare sono state insetticidi, soda caustica e oggetti metallici. Sei le aziende oggetto di attenzioni: Quaker Oats, Heinz, Colgate Palmolive, Gatewey e Carlsberg.

In Olanda le aziende colpite sono state invece Unilever e Heineken. In Spagna il fenomeno ha riguardato una partita di acqua minerale avvelenata con candeggina. In Francia il caso più eclatante ha riguardato i laboratori della Delanges: frammenti di vetro in alcuni tubetti di olio per neonati hanno comportato un costo di ritiro per l'azienda superiore al milione di dollari.

E in Italia? Il paese figura all'ottavo posto nel mondo nella classifica del tampering. Le sostanze utilizzate dai criminali italiani sono essenzialmente coloranti, topicidi, soda caustica e vetro. Le aziende colpite di cui si ha notizia certa sono Star (Mellin), Coca-Cola, Acqua San Benedetto, Riso Gariboldi, Parmalat, Jägermeister, i supermercati dell'Esselunga e la Centrale del latte di Milano.

Una delle caratteristiche del tampering è quella di colpire l'immagine dell'azienda agendo sui prodotti destinati alle fasce più deboli della popolazione come bambini, neonati e anziani. Non esiste prodotto a prova di manomissione; gli autori di questi atti criminosi sono in maggioranza criminali comuni che agiscono per vendetta ed eccitazione. Oltre all'avidità, alla base dei comportamenti ci sono la rabbia e l'odio di persone immature e asociali; le minacce vengono da criminali comuni per il 70% e il 5% ciascuno da terroristi e dipendenti delle società; il 20% rimane sconosciuto. La minaccia di alterazione poi può manifestarsi a livelli diversi: al 50% rappresenta una semplice minaccia, al 20% è una minaccia di un prodotto specifico, nel 10% dei casi si concretizza con l'invio al produttore di un esemplare del prodotto manomesso, il 10% delle volte l'esemplare manomesso viene lasciato nel negozio ma al sicuro, nel restante 10% viene lasciato nel punto di vendita però non al sicuro, bensì volutamente alla portata del pubblico.

Nel 40% dei casi le aziende non cedono al ricatto, nel 30% avviene un modesto pagamento durante l'intervento della polizia, nel 20% dei casi le società preferiscono pagare il richiesto, il 10% delle volte non si conosce l'esito della minaccia.

Come possono allora le imprese difendersi dal tampering? La Marsh & McLennan, multinazionale americana di brokeraggio assicurativo, suggerisce tre strumenti: un piano di richiamo del prodotto, un programma specifico per la gestione della crisi, infine, naturalmente, una polizza di assicurazione a copertura degli eventuali rischi

Distribuzione

verso terzi e dei danni subiti direttamente. Il massimale disponibile attualmente sul mercato assicurativo per la contaminazione dolosa è di 35 mln di euro con una franchigia dell'1% del massimale e per il ritiro accidentale 2 mln con un 25% del sinistro a carico dell'assicurato.

La copertura assicurativa, insomma, assorbe buona parte dei danni che si possono verificare e permette di dare al rischio di tampering una quantificazione economica pianificabile nei bilanci aziendali.

(da Il Mondo)

A - *A quale dei termini sottolineati nell'articolo corrispondono i sinonimi sottoelencati?*

categorie maggiormente indifese	limite superiore	pericoloso	danneggiamento
importo a carico dell'assicurato	guadagno illegale	campione	porsi
inquinare	raggiungibile	ritiro	fama
risultato	preciso	negozio	quantità

B - *Che cosa significa l'ultimo capoverso "La copertura assicurativa permette di dare al tampering una quantificazione economica pianificabile nei bilanci aziendali"?*

C - *Per gestire l'emergenza molte aziende cercano di dotarsi di programmi specifici per prevedere a grandi linee i possibili rischi (sabotaggi, incidenti ecc.) e di seguire determinate procedure per reagire con immediatezza al problema. Ecco un decalogo per le emergenze.*
Trasformatelo in un promemoria per i vostri collaboratori usando "andare" e il participio passato dei verbi da trasformare in raccomandazioni
Es.: Definire le procedure da seguire - Vanno definite le procedure da seguire

1. Definire il problema reale a breve e medio termine
2. Identificare gli interlocutori interessati
3. Assumere l'ipotesi peggiore nel pianificare l'attività
4. Fare leva sui potenziali alleati
5. Se possibile, contenere il problema
6. Isolare la gestione della crisi da quella ordinaria degli affari
7. Centralizzare/controllare il flusso delle informazioni
8. Assumere una posizione responsabile
9. Comprendere il ruolo dei media
10. Monitorare costantemente i danni e le conseguenze su tutto il business

356 Distribuzione

Non solo il tampering affligge il settore commerciale; nella grande distribuzione purtroppo è in aumento anche il fenomeno del taccheggio.

D - *Il responsabile del grande magazzino in cui lavorate vi ha convocato per discutere il problema e formulare qualche proposta per prevenire e combattere il fenomeno.*

   Che cosa suggerite?

✗ **E** - *Confrontate le vostre proposte con quelle riportate di seguito ed analizzate la fattibilità di queste ultime.*

   Quali ostacoli si contrappongono eventualmente alla loro realizzazione (costi, praticità, efficienza, disturbo per i clienti)?

  - qesep i clienti all'entrata e all'uscita e arasep

  - magnetizzare tutti al merce — *magnetizzare tutta la merce*

  - installare servizi elettronici, telecamere e video di scansa tipo antifurto

  - introdurre nelle uscite lo scassa contenitore che resseta gli clienti tuiscono

introdurre

- esporre le merce in vetrine chiuse a chiave — *esporre la merce in vetrine chiuse a chiave*

- avvitare al scaffale della sposte merce la pavimento

  - aumentare il studio buris i con per al delle bella ozzer ber compensare le etibe bus tuttavia

- etichette promogato che ereebbero tutati ina iad opui

  - introdurre merp imper ihc vede e ancora i tutti

- iadri ius inibelidei meilhe isaci che sotanza ani di merce la esgregarne

- sussuma persona dep servizi speciali di vigilanza

- cambiare itto odi drutto solo vendre solo prodotti che non dossos essere stati nascosti senza azan che ossero passare esstrovato

A - *Che cosa si può contraffare, secondo voi? Perché esistono i falsi? Quali conseguenze comporta l'industria del falso? Come possono difendersi dalle contraffazioni le imprese?*

UN PRODOTTO FALSO È UN REATO VERO

Un gesto innocuo, poco più di uno scherzo, una piccola furbizia, un atteggiamento un po' disincantato nei confronti di marchi alla moda: molti consumatori pensano che l'acquisto di un prodotto contraffatto si riduca a questo.

Purtroppo non è così: se la contraffazione è un reato punito dal Codice Penale nella totalità dei paesi civili (compresa l'Italia), se essa costituisce una grave fonte di preoccupazione per governi e organizzazioni transnazionali quali le Nazioni Unite o l'Unione Europea, un motivo c'è.

La contraffazione è una piaga i cui danni colpiscono tutti noi.

In ordine di gravità crescente, essa danneggia le imprese i cui marchi sono copiati, gli Stati in cui tale attività si svolge, la società civile nel suo insieme.

Se le imprese vengono "derubate" del valore dei loro marchi, faticosamente acquisito in decenni di lavoro, lo Stato subisce un danno economico diretto dal fatto che ogni attività di contraffazione comporta una totale evasione fiscale e contributiva.

Ma chi soffre maggiormente è la società civile nel suo insieme, cioè tutti noi: la contraffazione si basa su un sistema di lavoro nero, che da una parte rende ricattabili i suoi addetti e dall'altra mette in pericolo i posti di lavoro legittimi; favorisce l'usura e il riciclaggio di denaro sporco; è in grado di finanziare altre attività del crimine organizzato, dallo spaccio di droga al commercio delle armi; mette in pericolo la sicurezza e la salute dei consumatori.

E non esistono falsi innocui. Ci sono in circolazione pastiglie per freni false. Occhiali falsi che rischiano di rovinarvi la vista, che possono costarvi la vita. Medicinali falsi in grado di peggiorare lo stato di salute a chi già ha problemi di salute. Chi compra un prodotto falso finanzia attività criminali: è importante rendersene conto. Tutti.

INDICAM
ISTITUTO DI CENTROMARCA
PER LA LOTTA ALLA CONTRAFFAZIONE
www.indicam.it

l'.
adidas - Alberto Ferretti - Alcantara - Alessi - Artemide - B & B Italia - Barilla - Bassetti - Bauli - Beiersdorf - Bic - Boffi - Bracco - Blicino - Bulgari - Carapelli - Cartier - Gassino - Castrol - Cenuti Groupe Service - D & C - Davide Compari - Diadora - Dolce & Gabbana - Dolma Mars - Driade - Egidio Galbani - Ermenegildo Zegna - Etro - Exportex - F.C. Inter - Fendi - Ferrari - Ferrero - Fiat - Fischer - Flos - Flau - FontanaArte - Frette - Gancia - Gianfranco Ferré - Gianni Versace - Giolgio Armani - Gruppo La Perla - Guaber - Guccio Gucci - Heineken Italia - Henkel- Hermes - Illycaffè - Invicta - Johnsoll & Johnson - Kraft Foods - L'Oreal Saipo - Laro Piana - Louis Vuitton - Luceplan - Luxottica - Martini & Rossi - Merloni Ariston - Missoni - Nestlé - Nike - Officine Panerai - Perfetti - Pirelli - Poltrona Frau - Procter & Gamble - Reckitt Benckiser - Robert Bosch - Roberta Di Camerino - S.I.S.V.E.L. - Safilo - Salvato - Ferragamo - Selgio Tacchini - Tods - Trussardi - Unilever - Valentino - Zucchi

DIFENDERSI DALLA CONTRAFFAZIONE È UN DIRITTO

B – *Riuscite ad individuare le differenze e a completare l'ultima frase dell'annuncio?*
Quali diverse strategie adottano le due pubblicità nella lotta alla falsificazione?
Conoscete dei sinonimi di plagiatore e imitazione?

4134 - AGUZZATE LA VISTA

Questi due marchi si differenziano per 8 piccoli particolari. Quali? Chi non riuscisse a trovarli legga la soluzione qui sotto.

SOLUZIONE de "Aguzzate la Vista"

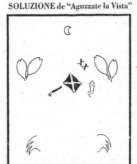

Da tempo è in atto l'invasione delle false Johnny Lambs. Dovremmo arrabbiarci e preoccuparci, invece vi proponiamo il gioco dell'estate "Aguzzate la Vista".
E con l'occasione ringraziamo pubblicamente i plagiatori poiché da sempre, come è noto, le imitazioni rafforzano il successo dell'originale. Giocate spensieratamente, *please*.
Ma solo se avete acquistato la vera, autentica, inimitabile polo Johnny Lambs. In questo caso dimostrate di essere osservatori attenti e continuerete a fare bella figura.
Ma in caso contrario avete poco da giocare. Si potrebbe pensare che apparteniate alla categoria dei distratti. Meditate, dunque, perché anche l'occhio vuole la sua parte e come sanno gli enigmisti *"di A . . . . . i ce n'è uno t . . . i gli a . . . i son n . . . . . o"**.

DIFFIDATE DELLE IMITAZIONI

Johnny Lambs è distribuito negli inimitabili negozi franchising e dai rivenditori autorizzati, scelti sempre con occhio di riguardo....AGUZZATE LA VISTA!

Sullo scaffale dilaga il falso d'autore
Le industrie alle prese con i prodotti che sfruttano l'immagine di marchi leader

I loro nomi "suonano" familiari alle orecchie dei consumatori: Ciffy, Gil (Cif) Sveltissimo, Svelo (Svelto), Martinelli, Aperitini, (Martini). Anche le confezioni sono simili - per scelta dei colori, delle forme, delle etichette - ai leader della categoria merceologica cui appartengono. Sono i look-alikes: prodotti di un mercato minore che vive sfruttando la notorietà dei marchi leader e che si giova della confusione ingenerata nella mente del consumatore. Così almeno li percepisce, e li combatte, l'industria di marca assillata da decenni da questa forma di parassitismo.

Al problema, Indicam - istituto creato nel 1987 da Centromarca per combattere la contraffazione di marchi e prodotti - ha dedicato una giornata di riflessione. Perché la questione ha contorni ampi. Riguarda anche il rapporto tra industria di marca e grande distribuzione.

Da qualche anno, infatti la grande distribuzione è sugli scaffali con le private label che spesso sono anche look-alikes. «Questo fenomeno - ha spiegato Paolo Sani presidente di Indicam - riguarda in particolar modo le aziende che, nelle loro strategie competitive, puntano molto sulla differenziazione e che quindi investono ingenti somme nell'immagine».

Una "malattia" che ha contagiato praticamente tutti i mercati mondiali. A livello europeo, se ne occupa Aim european brands association. «Dai nostri dati - ha spiegato Philip Sheppart, responsabile dei Branding & Marketing affairs - emerge che nei Paesi in cui la grande distribuzione è maggiormente presente e nei quali sono numerose le private labels, la tentazione di seguire la strada del look-alike è molto forte». Alcuni Paesi sono particolarmente reattivi a questo tipo di "incidenti": «Dalla ricerca del '97 - ha precisato Sheppard - emerge che il 50% delle contestazioni ha dato esiti positivi. Nell'80% dei casi grazie alla negoziazione»

Contro il fenomeno dell'imitazione confusoria le aziende di marca sono in lotta perenne. «I look-alikes sono nati con i piccoli produttori locali - ha spiegato Paolo Franzoni, legal affairs manager di Unilever -, ma oggi sono una realtà nazionale Sugli scaffali della grande distribuzione regna una confusione che va a discapito della marca». A chi osserva che l'abbondanza dell'offerta è normale in un libero mercato ed è un vantaggio per i consumatori, le aziende di marca rispondono, come ha fatto Lucio Riva, responsabile patrimonio marchi e brevetti del Gruppo Barilla: «Sì alla "free competition" ma che sia "fair competition". Permettere che i casi di imitazione servile e di contraffazione si sviluppino reca danno alla marca e col tempo rischia di depauperarne l'immagine». In ballo ci sono i miliardi spesi nello sviluppo del prodotto, nel marketing e nella comunicazione. La parola d'ordine della marca è quindi reagire e subito, ogni qualvolta se ne presenti la necessità. «E "spingere" - ha detto Pierandrea Peyron, responsabile della proprietà intellettuale per il gruppo Bacardi-Martini - perché il metro di giudizio dei giudici non sia la disamina dei singoli elementi più o meno copiati, ma l'insieme dell'immagine del prodotto». In Italia la legge offre alle aziende gli strumenti per difendersi. Gustavo Ghidini, presidente del Movimento consumatori, li ritiene sufficienti. Cosa altro può fare l'industria di marca? «Essere elastica e realista - ha suggerito il direttore generale del gruppo Parmalat, Domenico Barili. Spesso ci sono tracce semantiche e visive che vanno seguite. O nicchie nelle quali bisogna per forza entrare con i prodotti "mee-too" (pur sapendo che non sono mai vincenti) per non restare fuori dal gioco. Direi quindi che è condannabile chi copia per confondersi». Poi occorre fare autocritica. «Le aziende - ha aggiunto Barili - non hanno investito in ricerca sul packaging lasciando che lo facesse l'industria dell'imballaggio. Risultato: trovata l'idea, questa viene venduta a tutti». Altre proposte: un organismo in grado di comprendere i linguaggi visivi, con un codice di autodisciplina che integri gli strumenti legislativi già disponibili. Ma soprattutto la disponibilità, da parte delle aziende, a investire sul prodotto, la sua innovazione, la marca.
Continuamente

(Madela Canepa, Sole 24 Ore)

1. - *Che cosa sono i "look-alike" e quali danni comportano, quali conseguenze per il settore aziendale di ricerca e sviluppo?*
2. - *Quale errore hanno commesso le aziende alimentari secondo l'articolo?*
3. - *In quali altri campi sono diffuse le imitazioni? Indicate qualche esempio*
4. - *Perché esistono secondo voi tante imitazioni?*
5. - *Come possono difendersi dalla falsificazione le imprese che vendono prodotti di marca?*
6. - *Le contraffazioni sono un'infrazione irrilevante o vanno perseguite penalmente? Perché?*

Servizi / È partito l'esperimento di Roma. Ma l'orario libero suscita polemiche

La spesa di domenica: Paese che vai, regole che trovi

La spesa alla domenica? A Roma è diventata una realtà consolidata. Dal 1994, infatti, i commercianti sono liberi di alzare la saracinesca anche alla domenica, come prevede una delibera del sindaco Francesco Rutelli che ha provocato polemiche e discussioni ancora prima di essere applicata. La decisione di Rutelli non solo ha anticipato il contenuto di uno dei referendum del 1995, ma è destinata ad incidere anche sulle regole europee, sebbene l'Unione finora abbia evitato di imporre una decisione valida per tutti.

Paese che vai, orario che trovi. La liberalizzazione completa, con apertura domenicale, è in vigore in Irlanda, Portogallo, Scozia, Svezia e Isola di Man. Apertura domenicale, ma solo nelle città a vocazione turistica, in Grecia, Italia e Spagna. Anche la Francia, dal '93, consente ai negozianti di aprire nei giorni festivi, ma solo in alcune città e per alcuni settori. Interessante l'esperienza di Parigi, dove l'apertura domenicale è riservata alle imprese familiari. Con un occhio di riguardo per i panettieri: avere il pane fresco alla domenica è considerata una scelta culturale a favore dell'alimentazione mediterranea. Limiti di legge all'apertura domenicale sono applicati in Belgio, Danimarca, Finlandia, Lussemburgo e Norvegia. Nel Regno Unito si sta arrivando ad una maggiore flessibilità. Apertura vietata, invece, in Germania, Paesi Bassi e Austria.

Le regole italiane. La normativa attuale (Legge 558/71) è piuttosto rigida: 44 ore lavorative alla settimana, vietato aprire prima delle sette e continuare dopo le 20, chiusura obbligatoria nei festivi e in un pomeriggio infrasettimanale. Una seconda legge, la 697 del 1982, ha allargato un po' le maglie delegando ai comuni la responsabilità diretta di fissare gli orari. Su questa legge si basa, tra l'altro, la deroga per le città a vocazione turistica. In un paese come il nostro, dove operano circa 800.000 punti di vendita al dettaglio, una completa liberalizzazione porterebbe problemi, anche sul fronte dei prezzi.

Le associazioni degli utenti (Unione nazionale consumatori, Federconsumatori, Comitato difesa consumatori, ecc.) si sono espresse affinché alla liberalizzazione si giunga con gradualità, partendo da questi principi:

1) apertura domenicale in tutti i centri a vocazione turistica;
2) flessibilità dell'orario giornaliero, con possibilità di allungare le vendite in ore serali;
3) apertura domenicale sperimentale per grandi magazzini, «fai da te», rivendite di piante, fiori, libri ed oggetti d'arte;
4) graduale liberalizzazione su base locale senza imposizioni alle categorie.

A - *Un rappresentante rispettivamente della Federconsumatori e della Federcommercio discutono sull'opportunità o meno di liberalizzare l'orario di apertura dei negozi*

B – *Sostituire con questi termini in corsivo le espressioni sottolineate nell'esercizio seguente*

scadenza – nota di pagamento – liquidazione – padiglione – sconto – annotare in margine – mettere in evidenza – scarico – padiglione – fare incetta – riscossione – pubblicità – calmiere – essere a Vs. carico

1. La reclame è l'anima del commercio
2. Riscontriamo queste fatture emarginando ogni cifra
3. Davanti al nostro stand si affolla sempre un gran numero di curiosi
4. Ho perduto il tagliando relativo all'acquisto
5. Ha evidenziato l'errore contabile del collega
6. Le spese di trasporto dovranno essere pagate da voi
7. Gli hanno concesso di pagare con un certo respiro il debito
8. Occorre pagare le somme dovute alla data fissata
9. Bisogna fare la registrazione della merce in uscita
10. È buona norma farsi accordare un ribasso sul prezzo della merce
11. Le autorità, per ovviare al forte rincaro, stabiliscono il prezzo massimo delle merci
12. Spesso in commercio le esazioni di denaro sono laboriose
13. I commercianti si sono accordati ed hanno acquistato tutta la merce presente sul mercato
14. A fine stagione si fa la vendita a basso prezzo della merce residua

Le copiatrici Océ sono così affidabili che le sigilliamo

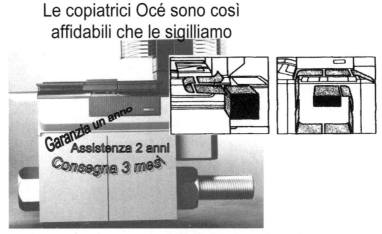

Garanzia un anno
Assistenza 2 anni
Consegna 3 mesi

La maggior parte delle copiatrici viene consegnata con il libretto di istruzioni per la manutenzione e le riparazioni. Le copiatrici Océ, invece, vi arrivano con i pannelli di ispezione sigillati. Esse hanno un percorso carta (immagine a sinistra) talmente corto che non si può inceppare. Nelle altre copiatrici la carta viene trascinata dal vassoio di caricamento al tamburo, dove riceve l'immagine. In una Océ, al contrario, è l'immagine che va alla carta mediante due speciali nastri. Di conseguenza il percorso della carta all'interno della macchina è lungo meno della metà. Inoltre il nostro sistema di fusione, a bassa temperatura e ad alta pressione, non danneggia la copia, che potrebbe deformarsi o bloccarsi come avviene nelle fotocopiatrici che si inceppano.

E non c'è bisogno di aggiungere toner. Il contenitore di una Océ ha una capacità sufficiente per 100.000 copie. Il tecnico Océ ve lo riempirà durante il suo periodico giro di manutenzione. Dimenticatevi anche delle aggiunte di developer ed olio di fusione: le nostre fotocopiatrici non li usano.
L'unica vera occasione che avrete di dare un'occhiata all'interno di una copiatrice Océ sarà quando verrete sopraffatti dalla curiosità.
Alla Océ costruiamo macchine per la riprografia da quasi 70 anni. Ed in 90 paesi ci siamo guadagnati la fama di saper produrre copiatrici davvero affidabili, adatte ai "lavori pesanti".
Informatevi sulle copiatrici che producono copie senza darvi problemi

**Prestazioni affidabili Océ
Segrate (Milano)**

C - *Immaginate di essere il rappresentante della Océ – Italia S.p.A. e di essere stato contattato da un potenziale cliente al quale normalmente occorrono più di 10.000 fotocopie al mese. Illustri il prodotto spiegando al cliente:*
* *caratteristiche e funzionamento dell'apparecchio*   * *garanzia*
* *tempi di consegna*   * *assistenza*
* *.....................*

e scrivete poi una breve relazione al vostro capo sull'esito dell'incontro. In caso negativo ipotizzate i probabili motivi del mancato acquisto da parte del cliente.

D - *A seguito delle informazioni ricevute vi decidete per l'acquisto delle copiatrici Océ e scrivete una lettera per ordinarle. Completate il testo*

Con riferimento ai colloqui............ Vi comunico il mio interesse per le fotocopiatrici Océ e Vi trasmetto l' .... seguente:
• n. 5 copiatrici Océ per volumi superiori alle 10.000 copie/mese al .... di € ....
Detto prezzo si .... IVA ....
La merce dovrà .... per ferrovia, in regime ...., franco di .... ed imballaggio, al più presto e comunque non .... il 31 marzo.
Il pagamento sarà .... con ricevuta bancaria a 30 gg. dalla .... della fattura
Vi prego, inoltre, di confermarmi la .... di 12 mesi e la disponibilità di assistenza .... costante.
In attesa di Vostra............ porgo distinti saluti

conferma
data
effettuato
garanzia
inclusa
intende
intercorsi
oltre
ordinario
ordine
pervenire
porto
prezzo
tecnica

E – *Ed ecco la risposta del fornitore*

informarVi
pregiato
disponibilità
confermiamo
volume
tramite
a mezzo di
data
riparazioni
entro
successivi
ringraziamo

La presente per .... che in data .... abbiamo ricevuto il Vs. .... ordine.
AssicurandoVi la nostra piena .... ad eseguirlo, lo ....come segue:
• n. 5 copiatrici Océ per un .... superiore alle 10.000 copie/mese
• spedizione .... ferrovia
• pagamento .... ricevuta bancaria a 30 gg. ....fattura
Le .... in garanzia vengono effettuate .... 48 ore; per interventi .... entro 5 giorni
Vi .... della preferenza accordataci

Una lettera commerciale si compone di diversi elementi precisi

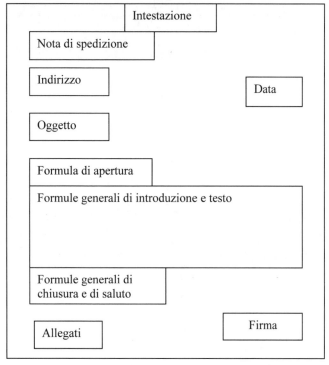

F - Ricollocate ora gli elementi di questa lettera secondo lo schema

1. Vi precisiamo di aver trovato di ns. gradimento la qualità della merce come anche le Vs. condizioni di vendita.
2. La merce dovrà essere consegnata entro 15 giorni dal ricevimento della presente ordinazione, franco ns. magazzino.
3. Linea Lino SpA
   L'amministratore unico
4. Egregi Signori,
5. Vi trasmettiamo pertanto l'ordine per il suddetto quantitativo di merce come da campione.
6. Lecce, 23 maggio 20...
7. Il pagamento avverrà tramite tratta a 90 giorni.
8. Cesare Marcucci Srl
   Via Prati verdi, 45
   I - 24100 Bergamo
9. la presente per comunicarVi che ci è regolarmente pervenuta la pregiata Vs. del 15 u.s. relativa alla Vs. offerta di vendita 50 quintali di lino grezzo pronti per le confezioni.
10. Spett.le Ditta
    Linea Lino SpA
    Via Arbatax, 30
    I - 73100 Lecce

Il mondo degli affari è sempre più un campo di battaglia. Per reggere il confronto bisogna essere pronti a tutto. A <u>difendere</u> la propria quota di mercato, a <u>lottare</u> con sempre nuovi concorrenti, ad <u>investire</u> continuamente in strutture e risorse. È un'impresa dura, senza esclusione di colpi. Fino a ieri era così. Oggi l'alternativa c'è: è **IPM**!

IPM è il nuovo strumento che consente di <u>vendere</u> di più e di <u>spendere</u> meno. Meno fatica e meno soldi. Come? Rivolgendosi direttamente e solamente a chi è interessato ai vostri prodotti e servizi. Smettetela di andare a caccia di clienti; **IPM**, <u>conoscendoli</u> uno per uno, vi <u>fornisce</u> i loro nomi, cognomi e indirizzi, vi dà informazioni sull'attività che svolgono, <u>realizza</u> per voi messaggi completi perché possiate <u>comunicare</u> con loro. Dunque perché fare la guerra quando basta <u>scegliere</u> **IPM**? I migliori imprenditori lo hanno già fatto ed ora non hanno più bisogno di <u>affannarsi</u>, tanto c'è **IPM** che li aiuta a vendere! Ora tocca a voi.

A - *Quali prodotti e servizi compaiono in questa pubblicità?*

B - *Lavorate per la IPM. Spiegate ad un produttore di articoli in pelle in che cosa consiste la vostra attività e sottolineate tutti i possibili vantaggi che avrebbe rivolgendosi a voi.*

C - *Trasformate i verbi sottolineati in sostantivi*

Distribuzione

„campione senza valore"	Muster ohne Wert
abbattere (i costi)	aufs Minimum reduzieren
affare	Geschäft
allineamento dei prezzi	Angleichung der Preise
andamento degli affari	Geschäftsgang
approvvigionamento/rifornimento	Versorgung
articolo di marca	Markenartikel
assortimento/gamma di prodotti	Sortiment
calmiere/blocco dei prezzi	Preisstopp
campionario	Musterkollektion
Cash & Carry	Verbraucherabholmarkt
certificato di origine	Ursprungszeugnis
clientela stabile/clienti abituali	Stammkundschaft
clientela	Kundschaft
commerciante al minuto/al dettaglio/dettagliante	Einzelhändler
commerciante all'ingrosso/grossista	Großhändler
commerciante/negoziante/esercente	Kaufmann
commercio al minuto/al dettaglio	Einzelhandel
commercio all'ingrosso	Großhandel
commercio ambulante	Wanderhandel
commercio intermediario	Zwischenhandel
commercio	Handel
commesso viaggiatore	Handelsreisende
compravendita	Kauf u. Verkauf
concessionario	Vertragshändler/Lizenzinhaber
consegnare	liefern
contrazione dei prezzi	Preisrückgang
crollo dei prezzi	Preissturz
distribuzione	Vertrieb
esercizio	Geschäft
fattura	Rechnung
fluttuazione dei prezzi	Preisschwankungen
fornitore	Lieferant
generi di prima necessità	Artikel des täglichen Bedarfs
giacenze (di magazzino)	Lagerbestand
grande magazzino	Kaufhaus
intermediario	Zwischenhändler
inventario	Inventur
locazione	Verpachtung
marchio di fabbrica	Schutzmarke
margine di profitto/di guadagno	Handelsspanne
merce di scarto	Ausschußware
merci/generi/articoli	Ware
offerta speciale	Sonderangebot
padiglione (nelle fiere o esposizioni)	Stand

polverizzazione	Zersplitterung, Atomisierung
preconfezionato	abgepackt
prezzi irrisori/stracciati	Schleuder-/Spottpreise
prezzo adeguato	angemessener Preis
prezzo al consumatore	Verbraucherpreis
prezzo al minuto	Einzelhandelpreis
prezzo all'ingrosso	Großhandelspreis
prezzo convenuto	vereinbarter Preis
prezzo di acquisto	Kaufpreis
prezzo di costo	Selbstkostenpreis
prezzo di fabbrica	Erzeugerpreis
prezzo di favore	Vorzugspreis
prezzo di vendita al minuto	Ladenpreis
prezzo fisso	fester Preis
prezzo forfettario	Pauschalpreis
prezzo imposto	Preisbindung
prezzo lordo	Bruttopreis
prezzo per unità	Stückpreis
rappresentante	Handelsvertreter
reparto	Abteilung
rilancio	Wiederbelebung
rimpiazzare	ersetzen
rincaro	(Preis-)Aufschlag
scadente	minderwertig
scadenza	Verfall
sconto di fedeltà	Treuerabatt
smistamento	Verteilung
sottocosto	unterm Preis
supermercato	Supermarkt
svendere	(Ware) verschleudern
titolare/principale/proprietario	Geschäftsinhaber
transazione commerciale	Handelsgeschäft
trovare facile smercio	guten Absatz finden
vendere/comprare su campione	nach Muster kaufen/verkaufen
vendita diretta	Werkshandel
vendita per corrispondenza	Versandhandel
vendita porta a porta	Haustürgeschäft
vendita sotto costo	Verkauf unter Selbstkosten
venditore a domicilio	Hausierer
venditore ambulante	Straßenhändler
vetrina	Schaufenster

Capitolo 10
Trasporti

Trasporto italiano, un futuro tutto da costruire

Quello della movimentazione delle merci è un comparto industriale in fortissima espansione, che continua a creare occupazione. Ma con l'Unione europea la sfida si fa più dura

Proviamo, per un attimo, a dimenticare i problemi del trasporto in Italia e diamo un'occhiata, per il momento, solo ai suoi lati positivi. Ebbene, c'è da rimanere impressionati. Il valore generato da questo settore industriale è pari a non meno di 154 mila miliardi l'anno divisi a metà tra il trasporto vero e proprio di beni e la logistica.

La movimentazione delle merci in ambito urbano «vale» 17 miliardi ogni anno, 21 mld quello regionale o di breve distanza, 9 mld quello interregionale e 3 mld quello internazionale. L'8% del Pil italiano proviene proprio dal settore del trasporto che fornisce anche il 6% del valore aggiunto dell'intero sistema-Paese.

Tra il 1985 e il 1994 il comparto è cresciuto, in termini di valore, del 3,4% cioè di un punto in più rispetto al tasso di crescita dell'economia in generale. Questo ha avuto (e non sempre succede) buone ricadute sull'occupazione che nello stesso arco di tempo è salita dello 0,7% rispetto alla tendenza nazionale, portando la quota degli occupati nelle industrie di trasporto merci al 5% sul totale degli occupati italiani. Si tratta di più di 600 mila lavoratori (dati Istat 1991) che prestano la loro opera nel settore ferroviario, aeronavale, del trasporto su gomma, magazzini, trasporti e spedizioni. Se a questi si aggiungono anche coloro che operano nell'indotto il totale cresce fino a raggiungere le 850 mila unità destinate, tra l'altro, ad aumentare. Se è vero come è vero che l'Unione europea avrà come primo effetto un aumento degli scambi commerciali tra le diverse nazioni. Purtroppo qui iniziano le note dolenti, perché nel confronto diretto con i nostri partner la rete di comunicazione italiana esce spesso con le ossa rotte. Il deficit nei confronti dei Paesi vicini riguarda soprattutto la rete ferroviaria: l'Italia dispone di poco più di 16 mila chilometri di binari (l'occupazione legata alle ferrovie è di 126 mila persone) mentre Francia e Germania possono contare rispettivamente su 33.500 e 40.800 chilometri.

Anche riguardo alle autostrade siamo indietro: l'Italia ha 6.100 chilometri, la Francia 7.400 e la Germania 11.000. Ci consola il fatto che in Europa siamo terzi, seguiti ben distanziati da Gran Bretagna, che conta su 3.200 chilometri di autostrada pur con un territorio più piccolo, e dalla Spagna che ha costruito 2.500 chilometri ma su un'estensione geografica maggiore rispetto a quella dell'Italia. Confronto impari invece per la navigazione interna: le merci italiane possono solcare 500 chilometri di rete fluviale rispetto ai 6.400 della Francia e ai 4.400 della Germania. In Europa solo il piccolo Lussemburgo ha meno vie di navigazione interna di noi: appena 37 chilometri. È evidente che la «hit parade» dei mezzi di trasporto preferiti rifletterà lo stato e la «composizione» della rete infrastrutturale di trasporto, e infatti, in base agli ultimi dati ufficiali disponibili che si riferiscono al 1991, la rete stradale e autostradale italiana ha «ospitato» ben 923 milioni di tonnellate di merci rispetto ai 61 milioni della rete ferroviaria, alle appena 100 mila tonnellate della rete di navigazione, ai 327 milioni dei porti e alle 410 mila tonnellate degli aeroporti. Prendendo come pietre di paragone ancora Francia e Germania balza agli occhi la sproporzione: i nostri cugini d'Oltralpe fanno transitare su rotaia 130 milioni di tonnellate di merci e i tedeschi ben 390 milioni. I primi, poi, hanno trasportato 61 milioni di tonnellate sulla propria rete di navigazione e i secondi ben 215 ma, contrariamente a quanto si potrebbe pensare, utilizzano in modo ancora più intenso la rete viaria che ha visto transitare 1.444 milioni di tonnellate di merci in Francia e 2.900 in Germania.

Corriere della Sera, 25.11.97

A - *Elencate gli aspetti positivi del trasporto merci in Italia dal punto di vista dell'articolo*
B - *Come viene suddiviso il trasporto merci rispetto alla distanza?*
C - *Quali tipi di trasporto merci vengono nominati?*
D - *Secondo l'articolo, in Italia la maggior parte della merce viaggia su gomma, su rotaia, per via aerea o per via d'acqua?*
E - *Quale rimprovero si muove alle ferrovie italiane?*
F - *È il settore ferroviario quello che fa registrare il maggiore distacco nei confronti con gli altri Paesi europei?*
G - *Dove si svolge prevalentemente il trasporto merci in Italia?*
H - *Come delineereste la situazione dei trasporti nel vostro Paese?*

Intermodalità nei trasporti, insieme Fiat e FS

I due giganti hanno deciso di collaborare per valorizzare tutti i principali snodi del traffico merci, affrontando il problema dell'intermodalità, cioè la gestione degli spostamenti delle merci mediante diversi mezzi per ottenere il risultato più efficiente. Un consorzio paritetico si è incaricato di disegnare una «mappa» di interporti, cioè di zone in cui realizzare l'integrazione tra i vari tipi di traffico: ferroviario, stradale, marittimo e aereo. In questi snodi i carichi vanno smistati sul mezzo più opportuno, in base a convenienza, condizioni di traffico e urgenza. Per il traffico di cabotaggio deve decollare invece il «porto-container», area di incontro tra strada, ferrovia, navi e magari aerei.

Dietro le quinte ci sono poi gli spedizionieri

Il mondo del trasporto merci ruota soprattutto attorno agli spedizionieri che si servono di autotrasportatori. Secondo la quantità e il tipo di carico che gestiscono e delle aree in cui operano, gli spedizionieri si distinguono in

- *nazionali o corrieri*; eseguono in proprio o attraverso terzi il trasporto di partite inferiori al quintale, partendo dal magazzino del mittente fino al domicilio del destinatario; la maggior parte di questi trasporti avviene in camion, in minima parte tramite ferrovia o con trasporto combinato
- *internazionali*; gestiscono il trasporto di groupages, container ecc. attraverso il camion (per l'Europa), la ferrovia o la nave
- *industriali*; organizzano i trasporti per i grandi complessi industriali e commerciali
- *spedizionieri o agenti*; agiscono soprattutto per i trasporti internazionali

Lo spedizioniere si è sempre più specializzato anche nel tipo e nella qualità dei servizi offerti e attualmente è in grado di fornire questi servizi:
- consulenza al cliente
- consulenza su problemi di imballaggio
- operazioni doganali
- contratto di trasporto
- raggruppamento di merci provenienti da più mittenti
- assicurazione dei rischi del trasporto
- deposito per la custodia di merci anche delicate
- assistenza di personale poliglotta

A - Come ogni settore, anche quello dei trasporti è caratterizzato da una propria terminologia; completate gli spazi vuoti con i termini in corsivo

I trasporti si classificano generalmente in:
a. trasporti _____ , a loro volta distinti in automobilistici (o su gomma) e ferroviari (o su rotaia)
b. trasporti _____ , effettuati mediante velivoli di varia dimensione
c. trasporti _____ , che si suddividono in trasporti marittimi e idroviari o lacuali
A seconda della distanza che coprono, si parla inoltre di trasporti a _____ o, a seconda della posizione geografica, di trasporti _____
Le persone che operano nel traffico merci sono
a. _____ , cioè colui che spedisce le merci;
b. _____ , che svolge l'attività di trasporto per conto terzi;
c. _____ , colui che si assume l'incarico di stipulare i contratti di trasporto per conto dei clienti e di eseguire tutte le operazioni connesse alla spedizione
d. _____ , al quale vengono spedite le merci
Quando si effettuano trasporti combinando fra loro diversi mezzi si parla di trasporto _____ che richiede infrastrutture particolari come gli _____ , strutture complesse costruite vicino ad autostrade, raccordate con scali ferroviari, eventuali porti, e fornite di uffici, magazzini e servizi ausiliari per gli operatori del settore.

spedizioniere - aerei - per via navigabile - interregionali, internazionali, intercontinentali - mittente - intermodale - per via terrestre - vettore - interporti - breve, medio, lungo raggio - destinatario

B - Ricollegate termini e definizioni:

vettore	compiuto da più vettori, ma con un unico contratto di trasporto stipulato dal mittente
mittente	quantità di merci affidata a un mittente e trasportata in unica soluzione
groupages o collettame	colui che spedisce la merce
rottura di carico	raccolta di merci da mittenti diversi, indirizzate a vari destinatari residenti nella stessa località
partita	chi si incarica di effettuare il servizio di trasporto - nel trasporto marittimo si chiama armatore
servizio cumulativo	manipolazioni o trasbordi della merce per necessità di trasporto

C - Di seguito sono indicati alcuni vantaggi e svantaggi del trasporto su strada, rotaia, per mare e via aerea. Dopo averli individuati lavorando in coppia, riassumete brevemente i pro e i contro di ogni mezzo di trasporto in relazione alle caratteristiche merceologiche

1. Ridotta capacità di carico
2. Alta velocità
3. Indispensabile il trasbordo su altre forme di trasporto
4. Elevata capacità di carico
5. Tariffe contenute
6. Rapidità di consegna
7. Limitazioni di peso e dimensioni
8. Alto tasso d'inquinamento
9. Raramente influenzato da condizioni atmosferiche
10. Rigidità di orario
11. Ritardi causati da maltempo

12. Trasporto in tutto il mondo
13. Più rapido ed economico sulle brevi distanze
14. Elevati costi di operazione e manutenzione
15. Colli più pesanti
16. Velocità ridotta
17. Operazioni continue, 24 ore su 24
18. Più rapido ed economico per distanze superiori ai 200 Km
19. Nessun trasbordo, consegna „porta a porta"
20. Lentezza del trasporto sulle lunghe distanze
21. Flessibilità per consegne straordinarie
22. Tariffe elevate
23. Frequenti viaggi di ritorno a vuoto
24. Problemi di sicurezza
25. Servizi meno frequenti
26. Rischio di incidenti e furti
27. Il trasporto può essere eseguito per groupages
28. Trasporto senza „rottura di carico"

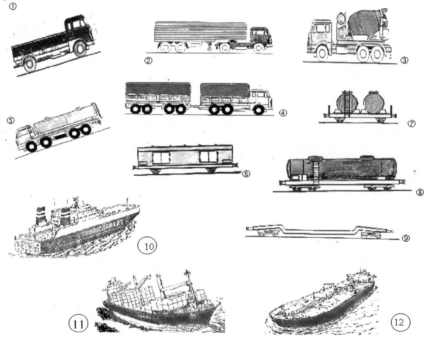

D - *Attribuite i nomi dei mezzi di trasporto sottoindicati alle illustrazioni corrispondenti e indicate quali merci potrebbero venirvi trasportate*

nave porta container	autoarticolato	autocarro
autotreno	autocisterna	carro frigorifero
ro-ro	autobetoniera	nave cisterna
carro con pianale ribassato	carro botte	carro cisterna

PER NON PERDERE IL FILO DELL'EUROPA

I firmatari del Comitato promotore dell'Alta Velocità rivolgono un invito all'Unione Europea affinché venga accelerato in tutti gli Stati membri il programma di rinnovamento delle infrastrutture di trasporto previsto dal trattato di Maastricht. L'obiettivo centrale è di dotare l'Europa di una rete ferroviaria ad Alta Velocità comune a tutti i Paesi, in grado di ridurre la congestione del traffico stradale. La sua realizzazione è indispensabile per la difesa della competitività europea e per la reale integrazione tra tutti i Paesi e i popoli del nostro continente.

Il progetto italiano: una grande riforma per il Paese

L'Italia deve mantenere il passo dell'Europa dove l'Alta Velocità è già una realtà. Per l'Italia (*significare*) riformare il sistema ferroviario. Il progetto prevede il quadruplicamento delle linee sulle quali oggi si concentra la maggior parte del traffico nazionale: la Milano-Napoli, la Milano-Genova, la Torino-Venezia che (*proseguire*) a est verso Trieste, Vienna e Lubiana, e a ovest verso Lione.

Oltre mille chilometri di nuovi binari che (*integrarsi*) con la rete esistente, per favorire lo sviluppo economico e la qualità della vita dei cittadini nel più ampio rispetto del territorio.

Alta Velocità. Alta frequenza. Migliore qualità della vita

L'Alta Velocità italiana (*assicurare*) non solo collegamenti più veloci e frequenti tra le grandi città, ma (*offrire*) enormi vantaggi su tutto il territorio. L'attuale rete ferroviaria - non più gravata dai treni a lunga percorrenza - (*essere*) esclusivamente riservata al traffico locale e delle merci, con un numero di treni giornalieri molto più alto rispetto ad oggi. Le merci (*potere*) finalmente trovare nelle ferrovie il modo ideale di trasporto, in una visione integrata, competitiva, compatibile con l'ambiente e lo sviluppo.
(*Potere*) essere così potenziati i servizi regionali e quelli per i pendolari e le stazioni (*diventare*) moderni centri di interscambio con il trasporto cittadino. (*Essere*) meno faticoso vivere in un luogo e lavorare in un altro, risiedere in un paese e studiare in città; viaggiare per turismo (*tornare*) ad essere un piacere.

Per i passeggeri e per le merci. Un nuovo sistema a sostegno dello sviluppo

Oltre alle decine di migliaia di posti di lavoro per la sua realizzazione, l'Alta Velocità (*costituire*) l'occasione per collocare l'Italia all'avanguardia in un settore in rapida espansione in tutto il mondo. E (*offrire*) finalmente alle imprese una rete di trasporto merci e passeggeri moderna ed efficiente, in grado di aumentare la nostra competitività sul mercato internazionale. Per la prima volta in Europa, una grande opera pubblica nasce dall'equilibrata collaborazione tra il capitale privato e il capitale pubblico: un impegno assolto dalla TAV SpA, la project company costituita dalle Ferrovie dello Stato e da grandi istituti finanziari nazionali ed internazionali per progettare, realizzare e gestire la nuova rete.

Un contributo all'integrazione europea

L'Alta Velocità italiana è un passaggio fondamentale per la nascita della rete europea. Con il quadruplicamento della direttrice padana Lione-Torino-Milano-Trieste, si (*potenziare*) il più importante corridoio di collegamento tra ovest ed est del continente, che attraversa una delle aree produttive più importanti d'Europa. La Genova-Milano (*riportare*) il Mediterraneo verso il cuore economico d'Europa. La Milano-Napoli-Battipaglia (*fare*) avvicinare all'Europa in misura senza precedenti tutte le altre regioni italiane.

E - *Appartenete al Comitato promotore dell'Alta Velocità insieme ad altri personaggi di rilievo, quali Luigi Abete, Giuseppe Amato, Giorgio Armani, Pietro Bassetti, Leonardo Del Vecchio, Carla e Paola Fendi, Wanda Ferragamo, Giorgio Fossa, Leopoldo Pirelli, Oliviero Toscani, Gianfranco Zoppas e tanti altri. Spiegate gli scopi del progetto ad una commissione governativa che ha acconsentito ad incontrarvi prima di recarsi a Bruxelles per discutere il problema dei trasporti – I verbi fra parentesi vanno coniugati al futuro*

F - *Di seguito una serie di pubblicità relative ai mezzi di trasporto. Analizzatele e interpretatele*
  * *A che cosa allude l'espressione "treni lumaca"?*
  * *Che cosa si intende per "cabotaggio"?*
  * *Che cosa significa trasporto combinato e che vantaggi presenta?*

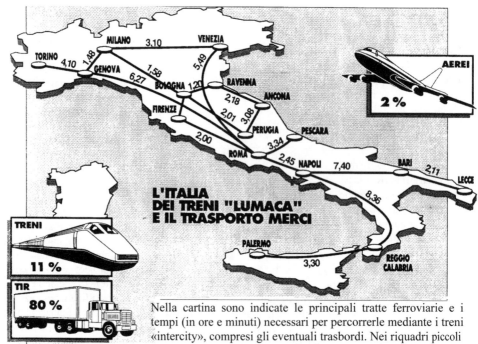

Nella cartina sono indicate le principali tratte ferroviarie e i tempi (in ore e minuti) necessari per percorrerle mediante i treni «intercity», compresi gli eventuali trasbordi. Nei riquadri piccoli è indicata invece l'incidenza che ciascun mezzo di trasporto riveste nel trasporto merci. Un 6% circa è effettuato inoltre tramite vie d'acqua, oleo-gasdotti e piccolo cabotaggio.

L'ITALIA CHE CRESCE TRASPORTA COMBINATO.

Trasporti

Il traffico europeo è destinato ad aumentare ancora in futuro, perciò vogliamo darVi oggi tutto l'aiuto possibile, con una vasta gamma di veicoli di nuova concezione e con una particolare rete di assistenza a Vs. disposizione in tutta Europa. Una fitta rete di 2700 punti di assistenza, con ben 400 officine specializzate TIR, in grado di affrontare ogni emergenza. A tutto questo si aggiunge il Servizio Mercedes-Benz 24 ore, un'unità mobile per intervenire sul Vostro veicolo a qualsiasi ora e dovunque Vi troviate: a Palermo, a Oslo o a Glasgow. Ed è sempre pensando all'Europa, al Suo e al Vostro futuro, che ci occupiamo di ricerca sviluppando soluzioni innovative non solo dal punto di vista dell'economia, ma anche da quello della protezione dell'ambiente. Oggi l'emissione di gas di scarico ed il livello di rumore prodotto dai nostri veicoli è già molto al di sotto dei livelli stabiliti dall'UE.

E siamo consapevoli che un sistema di trasporto migliore è importante per proteggere oltre ai Vostri interessi anche l'ambiente; perciò stiamo contribuendo con tecnologie d'avanguardia e nuove tecniche di comunicazione a rendere più dinamico il flusso del traffico sulle strade d'Europa.

State tranquilli. 2700 centri assistenza Mercedes si occupano di Voi 24 ore su 24 in tutta Europa

SCANIA SERIE 4

Economia totale per una distribuzione a 360°

Consumi sempre sotto controllo
Accesso in cabina agevole e sicuro
Elevata qualità ed affidabilità nel tempo
Manovrabilità in spazi angusti e nel traffico intenso
Comfort nella guida e nella movimentazione del carico

SCANIA
Importatrice generale per l'Italia
ITALSCANDIA autocarri S.p.a.

RUOLO A

Possedete una ditta di autotrasporti, specializzata nel trasporto flessibile a medio-lungo raggio e che cerca di soddisfare una domanda proveniente da diverse realtà industriali, sia italiane che estere.
Ora avete bisogno di sostituire uno dei vostri veicoli commerciali con un camion un po' più potente, adatto alle lunghe distanze, ma anche così flessibile da poter percorrere strade più strette e tortuose per consegnare merci anche nei luoghi più difficilmente accessibili.
Esso vi deve consentire possibilmente di rispettare tutte le diverse normative in materia di trasporti (in primo luogo il contenimento delle emissioni nocive per il problema degli ecopunti, ad esempio); il mezzo non dovrebbe essere eccessivamente caro, ma allo stesso tempo garantire sicurezza (sia per i camionisti - gli incidenti diventano sempre più frequenti - che per il veicolo stesso - protezione contro i furti/sistema di controllo satellitare?), economicità nella manutenzione e nel consumo e infine maneggevolezza (alcuni dei vostri camionisti sono donne...). Una tecnologia troppo sofisticata, vi insospettisce, perché temete che potrebbe risentirne la robustezza del mezzo e complicare le riparazioni.
Da non trascurare anche la velocità, ovviamente. Quindi è importante una buona combinazione di peso (in Europa sono consentite solo 40 tonnellate!), consumi, produttività e redditività (quantità di volume utile!).
Un occhio anche all'estetica: i clienti possono essere influenzati anche da un aspetto moderno del camion....
Come budget per l'acquisto avete preventivato circa 85.000,-- € ; importi (se non eccessivamente) superiori non costituirebbero un grande problema, perché per voi è importante in primo luogo la qualità e pensate che questa a lungo termine si risolve sempre in un vantaggio; comunque, per il momento non ci sono ragioni per confidare in una fase congiunturale positiva che consenta di ammortizzare facilmente le spese

RUOLO B

MERCEDES - ACTROS
Incremento della portata (fino a 44 tonnellate!) grazie principalmente alle straordinarie caratteristiche del telaio, che vanta un peso ottimale ed una robustezza senza eguali, ottenuta con la progettazione computerizzata.
Motori supertecnologici con sistema di iniezione PLD, ossia pompa-condotto-iniettore individuali, pressione di iniezione fino a 1800 bar, iniettori ad 8 fori e tecnica 4 valvole per cilindro. I nuovi motori V6 e V8: potenza ed intelligenza, ragione e sentimento; i motori Mercedes conciliano gli opposti. Ciò che nella pratica conta davvero non sono tanto i cavalli riportati sulla carta, quanto piuttosto la potenza alle ruote. Per questa ragione i motori V6 e V8, che erogano potenze comprese tra 230 kW/313 CV e 420 kW/571 CV, rendono disponibile una straordinaria potenza e per di più in un vasto campo di utilizzo. Tutti i motori raggiungono la loro coppia massima al regime di 1080 giri/min, esprimendo coppie da 1530 a 2700 Nm. Maggiore coppia, minor numero di giri e sistema Teligent, sofisticatissima gestione elettronica integrata che consente un processo di combustione ottimale.
Grazie al sistema Telligent, inoltre, la manutenzione si può effettuare in due modi distinti. Il sistema di manutenzione Telligent misura continuamente l'usura dei singoli componenti, dalle pastiglie dei freni all'olio del cambio. I rigidi intervalli di manutenzione sono ormai un ricordo lontano.
Adesso gli intervalli possono superare i 100.000 km. Ed in Actros è possibile programmare con largo anticipo le scadenze di manutenzione. Manutenzione meno frequente, più rapida e ridotta: l'impiego di numerosi componenti esenti da manutenzione contribuisce al prolungamento degli intervalli di manutenzione e riduce l'entità degli interventi stessi. Vi basterà premere il pedale del freno per capire perché si parla di sicurezza attiva.
Un joystick intelligente per cambiare le marce: il comando EPS del cambio con completa gestione elettronica sceglie sempre la marcia migliore in funzione delle condizioni stradali in totale armonia con il motore e tutti i componenti del veicolo.
La cabina di Actros convince i collaudatori più accaniti. Non solo al primo sguardo, ma anche dopo migliaia di chilometri. E non c'è da stupirsi, dal momento che i conducenti sono stati protagonisti dello sviluppo. In centinaia hanno effettuato collaudi, contribuito alla creazione e sollevato critiche. Il risultato non è solamente una delle cabine più ampie e spaziose. O una delle più comode. Ma anche una delle più belle.

Un ambiente che funge al contempo da stanza di lavoro, camera da letto, cucina e soggiorno, non deve per questo rappresentare un compromesso. E chi viaggia spesso per giorni e settimane a bordo di un autocarro sa che il comfort non è un lusso. È piuttosto una condizione basilare per poter svolgere bene e volentieri il proprio lavoro.
Sicurezza: la cosa più importante di un incidente è evitare che si verifichi. Il sistema frenante Telligent ® di serie, freni a disco ad aria compressa autoventilati su assale anteriore e posteriore, ABS e ASR integrati, provvedono a minimizzare lo spazio di frenata. Nessun altro autocarro offre attualmente un pacchetto di sicurezza analogo a quello di Actros. La cabina è resistente al crash e ha superato il rigido test di crash europeo ECE R 29. I sedili, sottoposti a crash sono in grado di resistere ad una accelerazione pari a 95 volte quella di gravità. Perfino le porte sono un fattore di sicurezza: in caso di impatto frontale incrementano la rigidità longitudinale della cabina. E l'abitacolo è fatto esclusivamente di materiali difficilmente infiammabili, esenti da schegge e con spigoli arrotondati. Inoltre, un airbag lato guida con pretensionatore a richiesta rende ancora più sicura una delle cabine più sicure. L'Actros si ferma con un anticipo di 20 metri rispetto ad un autocarro tradizionale.
E la frenata, d'altra parte, può essere dosata con una delicatezza finora tipica solo delle autovetture. I potenti freni a disco ad aria compressa su assale anteriore e posteriore che mantengono la loro efficacia frenante anche in caso di sollecitazione continua, la pressione permanente di 10 bar, ed un'elettronica che trasmette più rapidamente il comando di arresto rispetto ad un qualunque dispositivo meccanico, sono i punti salienti della tecnica avanguardistica adottata sull'Actros. L'ABS provvede contemporaneamente a mantenere il veicolo manovrabile anche in caso frenata a fondo e ASR evita pericolosi slittamenti delle ruote.
Tutti i veicoli sono inoltre dotati di un potente freno motore supplementare con valvola costante comandato da un sistema pneumatico indipendente, gestito elettronicamente e con azionamento tramite una semplice leva a destra del volante. Tale sistema garantisce ad Actros straordinarie doti di frenata in qualsiasi condizione di marcia.
E naturalmente un nome - MERCEDES - che è tutta una garanzia; anche e soprattutto quando si tratta di valutare l'usato........!
Per i prezzi, un Actros nuovo costa circa 165.000,-- €; usato può aggirarsi sui 54.000,-- €

RUOLO C

SCANIA
La Classe L, specificatamente progettata per i trasporti nazionali ed internazionali, offre una gamma di potenze che va da 340 a 580 CV, diverse tipologie di cabine, assali e sospensioni. La classe, destinata al trasporto lungo raggio, consente soluzioni ottimali per quanto riguarda l'economia dei consumi, il comfort e la sicurezza; un insieme di caratteristiche all'altezza della qualità Scania.
Con il 164, il nostro obiettivo è stato quello di realizzare un nuovo veicolo con motore V8 di cui poter andare fieri. Non soltanto perché offre una guida straordinariamente piacevole ma anche perché rappresenta un ottimo investimento dal punto di vista economico. La nuova tecnologia e il know-how Scania garantiscono la potenza e le prestazioni necessarie a mantenere elevate velocità medie anche in condizioni difficili nonché quell'affidabilità e risparmio nei consumi che si traducono in eccellente economia operativa.
Entrambi i motori sono concepiti per lavori pesanti, per carichi più elevati, i percorsi più lunghi, le applicazioni più esigenti. Sono in grado di sviluppare una notevole coppia fin da un basso numero di giri, richiedendo pochi cambi marcia e consentendovi di mantenere un'elevata velocità media. Il 580 CV impone nuovi standard in fatto di eccellenza nelle prestazioni. Ma non volendo optare per il meglio, la versione da 480 CV ha le carte in regola per soddisfare tutte le vostre esigenze. Infatti entrambi hanno la stessa caratteristica di base: essere instancabili quando si tratta di affrontare lavori pesanti.
Un freno motore fino a 300 kW, semplice e ben collaudato, che garantisce una guida sicura e buone capacità di decelerazione a tutte le velocità.
Camere di combustione modulari che assicurano economia, basse emissioni ed eccellenti prestazioni su strada.
Un nuovo blocco del motore V8 concepito per la massima robustezza e il minimo peso.
Maggior precisione e uniformità di funzionamento degli ingranaggi della distribuzione, fondamentali conseguire le massime prestazioni operative.

Un ventola elettrica che si collega solo quando necessario e consente di risparmiare sul consumo di carburante.

Una tecnologia che riduce il consumo di carburante, estendendo al massimo gli intervalli per il ricambio del filtro dell'olio nonché camere di combustione modulari che garantiscono basse emissioni: questi sono solo esempi dell'attenzione costante di Scania per l'ambiente il futuro. Il motore V8 dell'R164 è conforme agli standard Euro 3 per tutte le emissioni di scarico regolamentate.

Una lunga vita operativa è garantita dall'uso di un doppio sistema di filtraggio dell'olio. Un filtro di carta "a flusso pieno" cattura le particelle di maggiori dimensioni. Si tratta di un componente montato esternamente e quindi facile da sostituire durante la manutenzione ordinaria.

Singolare produttività, elevata efficienza dei consumi, affidabilità e longevità, lunghi intervalli di manutenzione.

Gli intervalli di manutenzione si basano sul tipo di impiego. Per ogni tipo di trasporto a lunga distanza in gran parte dell'Europa sono possibili intervalli massimi di 60.000 km per cambio di olio e filtro. La coppa ha una capacità di 35 litri. I filtri sono facilmente accessibili dal lato superiore del motore. Ad assicurare una lunga vita operativa contribuisce l'uso di un doppio sistema di filtraggio dell'olio.

L'uso della comunicazione elettronica CAN offre avanzate possibilità di ottimizzazione. Il sistema presenta sofisticati vantaggi di funzionamento pur impiegando un cablaggio assai meno complesso dei circuiti elettrici tradizionali. Il collegamento CAN fornisce tutte le informazioni necessarie, parametri di comando e controllo, provenienti da tutti i sensori del veicolo. Le centraline elettroniche si collegano tra loro e ricevono le informazioni che necessitano.

Il DC16 è in commercio solo nella versione Euro 3, perciò il cliente ha la possibilità di guidare attraverso tutte le zone ambientali. Il consumo di carburante e impatto ambientale del motore è stato ottimizzato già dalla fase di progettazione. Le caratteristiche ai regimi bassi e la guidabilità contribuiscono ad una guida confortevole (ideale anche per le camioniste, quindi!) e avara nei consumi. Una combustione ottimizzata esige tra l'altro che il carburante venga iniettato nella camera di combustione con una presione molto alta, nella giusta quantità e al momento giusto.

E in più il marchio Scania, ovvero un buon valore residuo quando si tratta si sostituire il veicolo.

Per quanto riguarda il prezzo, uno Scania nuovo costa circa 100.000,-- € e in genere ca. 60.000,-- € in meno rispetto al concorrente Mercedes; usato si aggira sui 30.000,--€

■■■■■■■■■■

Volete rendere più rapido il vostro flusso di cassa? Con il servizio Contrassegno UPS possiamo ritirare per voi il pagamento delle merci al momento della loro consegna in tutta Europa. In tal modo il denaro potrà essere "vostro" in una settimana circa invece che non si sa quando. E non dovrete più preoccuparvi di fare affari con società con cui non avete mai lavorato prima. Così, ogni cliente diventerà il vostro miglior cliente.

Inviare la spedizione. ~~Inviare la fattura. Attendere il pagamento.~~ ~~Telefonare al cliente.~~ Inviare la fattura via fax. ~~Ricordare al cliente che la fattura è stata inviata via fax. Attendere il pagamento. Continuare ad attendere.~~ Ricevere il pagamento.

> *Raccontate il vantaggio che vi ha offerto il servizio della UPS coniugando al passato i verbi cancellati nel testo pubblicitario e al presente i restanti.*
>
> Ora .... e ....
> Prima ....

Trasporti

GLI ORTAGGI E LA FRUTTA HANNO FRETTA

Dal 28 maggio l'offerta GARANTIECARGO per il trasporto degli ortaggi e della frutta si è estesa ad un maggior numero di stazioni mittenti in Italia e di stazioni destinatarie in Germania. La ferrovia diventa così un mezzo sempre più efficiente e capillare per il trasporto di prodotti ortofrutticoli: **l'anno scorso il 90% dei trasporti GARANTIECARGO è arrivato in orario**. Nel caso, tuttavia, di un mancato rispetto dei tempi stabiliti, al cliente verrà rimborsato il 10% del prezzo di trasporto. Senza la necessità di dimostrare l'entità del danno. Provate e poi fate il confronto. Affidabilità, puntualità ed economia vincono sempre

G - *Commentate l'annuncio con un vostro collega, rispondendo alle seguenti domande:*

- *Che cosa viene pubblicizzato e a chi è indirizzata la pubblicità?*
- *Quali vantaggi vi vengono sottolineati?*
- *Che cosa significano i termini „capillare" ed „entità"?*
- *A quali ostacoli alludono le segnalazioni stradali allineate parallelamente al treno merci?*

H - *La torta del traffico: interpretate la tabella sottostante utilizzando le forme del comparativo e/o superlativo (es. in Italia il trasporto su strada è più diffuso che ....; è il più diffuso...);* **provate poi ad interpretare le ragioni di queste percentuali**

	Strada	**Ferrovia**	**Vie d'acqua**	**Oleodotti**
Italia	79,3%	13,3%	0,2%	7,2%
Francia	57,9%	24,9%	3,9%	13,3%
Germania	53,6%	23,1%	20,2%	3,1%
Paesi Bassi	31,5%	4,9%	56,6%	7,0%
Gran Bretagna	77,9%	12,7%	1,9%	7,5%

A GENNAIO E FEBBRAIO CROLLATE LE COMMESSE PER L'IMBALLAGGIO

A L'incontro è stato anche un'occasione per un'analisi dell'andamento dei vari materiali utilizzati per l'imballaggio: la plastica, con un fatturato di 6.500 Mld. continua a mantenere la leadership; in lieve calo il vetro cavo, sia per la concorrenza delle bottiglie di plastica per le bevande non alcoliche sia per la contrazione del settore cosmetico che si è riflessa sul segmento dei flaconi.

B Alla progressiva espansione del comparto hanno concorso, negli anni, vari fattori quali la crescita complessiva del tessuto produttivo, l'evoluzione tecnologica di macchine e materiali, l'affermazione della moderna distribuzione che commercializza prevalentemente prodotti confezionati, la maggiore attenzione alle funzioni del packaging sia da parte delle aziende che producono sia da parte degli acquirenti finali

C Particolarmente avanzato e articolato il programma normativo tedesco riguardante l'introduzione di un marchio per contraddistinguere le confezioni da raccogliere e da riciclare

D Anche se il volume degli affari è leggermente diminuito nell'ultimo anno, l'industria dell'imballaggio si conferma come uno dei settori trainanti dell'economia italiana; si tratta di un universo in cui operano oltre 3.500 aziende con un'occupazione che supera i 76.000 addetti e che negli anni scorsi ha raggiunto un fatturato di ca. 18 mld di euro.

E Sono queste le due principali indicazioni emerse nel corso del XII congresso nazionale organizzato dall'istituto italiano imballaggio con il patrocinio dell'Associazione industriale lombarda. All'incontro che ha affrontato anche le problematiche di marketing e il rapporto con l'ambiente, hanno partecipato, tra gli altri, esponenti industriali di Francia, Gran Bretagna e Germania, i quali hanno fatto il punto della situazione dell'imballaggio nei rispettivi Paesi

---

I - *Dopo aver ricostruito l'articolo del Sole 24 Ore disponendo in ordine logico i vari capoversi, analizzate con un collega i seguenti punti:*

* quando si definisce trainante un comparto?
* qual è il termine italiano corrispondente a "*packaging*"?
* come mai la distribuzione moderna commercializza prevalentemente prodotti confezionati?
* per quali motivi i consumatori prestano maggiore attenzione alle confezioni?
* a che cosa ci si riferisce parlando di vetro cavo?
* che cos'è il "*segmento dei flaconi*"?

L - *Immaginate di fornire un breve resoconto del congresso tenuto dai rappresentanti dell'Associazione industriale lombarda, sottolineando luci e ombre del settore dell'imballaggio e soffermandovi sulle nuove problematiche insorte con il diffondersi della coscienza ecologica nei Paesi industrializzati*

M - *Combinate illustrazioni e termini:*

    balla - cassa - fusto - barile - paletta - pacco - cesta - scatola - sacchetti

N - *Definite il materiale degli imballaggi, le relative caratteristiche e individuate il tipo di merce per cui si prestano ad essere utilizzati, servendovi dei vocaboli sottoindicati*

Materiali	Caratteristiche	Merci
cartone	ermetico	generi alimentari
carta	impermeabile	tessili
stoffa	chiuso/aperto	prodotti chimici
metallo	sigillato	polveri
vetro	refrigerato	frutta
canapa	imbottito	macchinari
legno	con isolamento termico	merci deperibili
plastica	rivestito di materiale protettivo	libri
		cereali
		liquidi

O - *Ricollegate termini e definizioni*

    Clausole relative all'imballaggio

1-Imballaggio a rendere — a-l'imballaggio non viene esplicitamente fatto pagare dal cliente e risulta fornito gratis; di fatto il prezzo di vendita è calcolato in modo tale da coprire sia il costo della merce, sia il costo dell'imballaggio

2-Imballaggio fornito dal cliente — b-l'imballaggio viene fatto pagare all'acquirente con un prezzo distinto e separato da quello della merce

3-Imballaggio gratuito — c-l'imballaggio resta di proprietà del venditore al quale dovrà essere restituito entro un tempo prefissato. Il venditore può richiedere o meno una *cauzione*, per tutelarsi contro il rischio di mancata restituzione. Questa clausola si usa per imballaggi di uso durevole (bombole, containers, bottiglie, fusti, gabbie, barili ecc.)

4-Imballaggio fatturato a parte — d-in questo caso è il compratore che fornisce al venditore l'imballaggio necessario per la spedizione della merce

EXW (Ex Works)	Costo e nolo / porto di destinazione convenuto
FCA (Free Carrier)	Franco a bordo / porto d'imbarco convenuto
CPT (Carriage Paid to)	Reso banchina (sdoganato)
DDP (Delivered Duty Paid)	Nolo, porto e assicurazione pagati fino a... Punto destinaz. convenuto
DAF (Delivered at Fronter)	Reso sdoganato / luogo di destinazione convenuto
FAS (Free Alongside Ship)	Franco sottobordo / porto d'imbarco convenuto
FOB (Free On Board)	Costo, assicurazione e nolo / porto di destinazione convenuto
DDU (Delivered Duty Unpaid)	Franco fabbrica, franco magazzino ecc.
CIP (Carriage and Insurance Paid)	Trasporto pagato fino a
CFR (Cost and Freight)	Franco nave / porto di destinazione convenuto
CIF (Cost, Insurance and Freight)	Reso frontiera / luogo di consegna convenuto
DES (Delivered Ex Ship)	Franco vettore / punto convenuto
DEQ (Delivered Ex Quai)	Reso non sdoganato

P - *Associate alle sigle Incoterms le legende corrispondenti con i termini in italiano e provate poi a rispondere alle seguenti domande:*
        1. A chi spetta il carico della merce nella resa EXW?
        2. Che differenza c'è fra CIF e DEQ?
        3. In quale punto cessano i rischi per chi vende CIF?

Q - Suddivisione dei costi nel trasporto merci
Con l'aiuto delle immagini, della legenda e della tabella spiegate come si svolgono le diverse fasi del trasporto e chi si assume i costi a seconda delle sigle Incoterms per le quali si opta

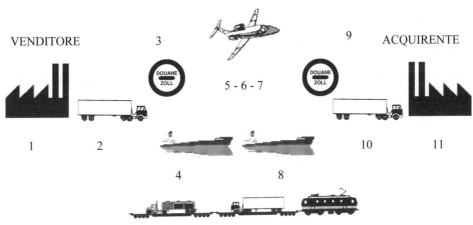

1 - Carico della merce in fabbrica
2 - Trasporto fino alla stazione / porto/ aeroporto
3 - Formalità doganali (in caso di esportazione)
4 - Carico della merce sul mezzo di trasporto principale (nave, treno, camion, aereo)/costi non compresi nel trasporto
5 - Contratto di trasporto
6 - Trasporto
7 - Assicurazione
8 - Scarico della merce - costi non inclusi nel trasporto
9 - Formalità doganali (in caso di importazione)
10 - Trasporto fino al magazzino dell'acquirente
11 - Scarico nel magazzino dell'acquirente

	1	2	3	4	5	6	7	8	9	10	11	Mezzo di trasporto
EXW	□	□	□	□	□	□	□	□	□	□	□	tutti
FCA	◆	□	◆	□	□	□		□	□	□	□	tutti
CPT	◆	◆	◆	◆	◆	◆		□	□	□	□	tutti
DDP	◆	◆	◆	◆	◆	◆	◆	◆	◆	□	□	tutti
DAF	◆	◆	◆	◆	◆	◆	◆	□	□	□	□	tutti
FAS	◆	◆	□	□	□	□		□	□	□	□	nave
FOB	◆	◆	◆	◆	□	□		□	□	□	□	nave
DDU	◆	◆	◆	◆	◆	◆		◆	□	□	□	tutti
CIP	◆	◆	◆	◆	◆	◆	◆	□	□	◆	□	tutti
CFR	◆	◆	◆	◆	◆	◆		□	□	□	□	nave
CIF	◆	◆	◆	◆	◆	◆	◆	□	□	□	□	nave
DES	◆	◆	◆	◆	◆			□	□	□	□	nave
DEQ	◆	◆	◆	◆	◆	◆		◆	◆	□	□	nave

□ = acquirente
◆ = venditore

R - Quali Incoterm scegliete?

a) Il vostro cliente vi chiede di effettuare la spedizione in maniera tale che egli non debba pagare il nolo marittimo, pur accettando di assumersi il rischio del trasporto (marittimo) poiché dispone di un'assicurazione. Il porto di destinazione è San Diego.
b) Acquistate la merce da un fornitore di Costa Rica; non volete occuparvi di niente per ciò che riguarda il trasporto e le formalità doganali per l'esportazione e l'importazione. Luogo di consegna è Bergamo.

S - *Viaggiando con i diversi mezzi di trasporto ci si trova ad usare diverse espressioni; collegate sostantivi e verbi e aggiungete l'articolo o la preposizione articolata*

1. biglietto	a. fermarsi	i. spedire appresso
2. aereo	b. passare	l. fare
3. cintura	c. partire	m. atterrare
4. dogana	d. arrivare	
5. stazione	e. pagare	
6. bagagli	f. fare il pieno	
7. casello autostradale	g. decollare	
8. benzina	h. allacciare	

T - *Completate la lettera di prenotazione con i termini nel riquadro*

> agevolata - porgere - singola - riscontro - al nome di - arrivo - delucidazioni - applicare - notti - pernottamento - odierna

Egregi Signori,
con riferimento alla telefonata in data ......, sono a confermare la prenotazione di una camera presso il Vs. albergo per tre _____ , dal 26 al 29 ottobre c.a. _____ Menghini. La prenotazione si riferisce ad una _____ con bagno, telefono, frigo-bar e TV. Il mio _____ è previsto per la tarda serata del 26.10. Quale socio della Grandi Viaggi spero che possiate _____ anche a me la tariffa _____ di 60 euro, comprendente _____ e prima colazione.
Per ulteriori _____ sono rintracciabile telefonicamente o tramite fax al numero ....
In attesa di un Vs. gentile _____ , mi è gradita l'occasione per _____ cordiali saluti.

U - *I viaggi d'affari si intraprendono tra l'altro anche per partecipare a fiere ed esposizioni. Ma qual è il tema trattato nelle diverse fiere? Ricollegate i seguenti contenuti delle manifestazioni fieristiche ai titoli riportati nell'inserto pubblicitario*

1. Mostra dell'agricoltura di montagna, agriturismo, attività forestali, florovivaismo e giardinaggio
2. Mostra mercato d'arte contemporanea
3. Mostra di macchine, componenti e materie prime per l'ottica
4. Salone della sub-fornitura e dell'ottica
5. Mostra delle attrezzature e dei prodotti per alberghi, ristoranti, pubblici esercizi
6. Mostra dell'arredare in montagna
7. Salone auto-moto-ciclo e del trasporto
8. Esposizione di prodotti ed attrezzature per gelateria
9. Mostra di sport, tempo libero, turismo, attrezzature per la neve ed impianti a fune

V - *A Milano, si tengono regolarmente numerose e importanti fiere con un vasto campionario merceologico Che cosa si espone in queste varie fiere campionarie, settoriali o industriali? Inserite tra parentesi i nomi dei relativi prodotti:*

Macef, Mostra internazionale articoli casalinghi (..)
Star, Salone internazionale del tessile d'arredamento (..)
Smau, Salone internazionale per l'ufficio (..)
Mipel, Mercato italiano della pelletteria (..)
Mipan, Salone internazionale per la panificazione e la pasticceria (..)
Movint, Salone internazionale della movimentazione industriale (..)
Teknautic (..)
Euroluce, Salone internazionale dell'illuminazione (..)

1.gru 2.portamonete 3.tappeti 4.impastatrici 5.plafoniere 6.cristallerie 7.trasportatori a rullo 8.articoli da viaggio 9.faretti 10.moquettes 11.forni 12.software 13.ceramiche 14.motori 15.lampadari 16.pani conditi 17.attrezzature per cantiere 18.borse 19.biancheria per la casa 20.argenteria 21.terminale automatico bancario 22.equipaggiamenti di bordo 23.appliques 24.argani 25.lampade da terra 26.tendaggi 27.stampanti 28.scanner

Stiamo lavorando per la realizzazione di un'idea-forte: l'**interporto** a Taranto al servizio dell'area jonico salentina

In relazione alla legge 4 agosto 1990, n. 240 "interventi dello Stato per la realizzazione di interporti finalizzati al trasporto merci e in favore dell'intermodalità", si è costituita la società consortile I.F.J.S." - Interporto della fascia jonico-salentina - "Società consortile per azioni - Taranto" che si pone quale soggetto interessato ad ottenere l'affidamento in concessione dell'interporto, ai sensi del 1° comma dell'art. 4 della succitata legge.

La scelta dell'interporto a Taranto risponde ad una serie di motivazioni e di presupposti tecnico-economici che ne giustificano la validità strategica e che hanno determinato la decisione della Regione Puglia: ubicazione, adiacenza alle strutture ferroviarie e portuali (molo polisettoriale), razionalizzazione del traffico merci e dell'autotrasporto, riaggregazione interregionale (Puglia, Basilicata, Calabria), trasferimento strada-rotaia e nave-treno delle merci, convenienza della intermodalità strada-rotaia, processo di valorizzazione delle aree.

L'idea-forte che sta alla base del progetto promosso dalla Camera di commercio si propone di incidere concretamente in quel coacervo di potenzialità e di risorse che si appartiene alla pianificazione ed alla progettualità territoriale. Un'idea che - senza sfasature né inutili municipalismi - si pone all'interno di una realtà come quella jonico-salentina, fulcro d'una ben più vasta territorialità, nel punto d'incontro tra l'arco jonico salentino, la direttrice Taranto-Bari-Ancona e la Taranto-Metaponto-Potenza-Battipaglia-Napoli.

Un'idea-forte, quindi, tesa allo sviluppo economico di un intero bacino del sud che si affaccia sul Mediterraneo e da qui si proietta dinamicamente all'Europa.

Per ogni informazione:

IFJS - Interporto della fascia jonico salentina
Società consortile per azioni - Taranto

CAMERA DI COMMERCIO
TARANTO

Ruolo A
Rappresentate gli abitanti della zona in cui è destinato a sorgere l'interporto; avete chiesto un incontro con i responsabili del progetto, perché temete conseguenze negative per l'ambiente (traffico, rumore, inquinamento) e quindi anche ripercussioni negative sul turismo, vostra principale fonte di reddito.

Ruolo B
Come amministratore delegato della società I.F.I.S. illustrate le caratteristiche dell'interporto, le ragioni alla base della decisione di costruirlo in quella zona, i vantaggi non solo economici, ma anche sociali. Cercate ovviamente di minimizzare gli inconvenienti.

TRANSITARE LE ALPI CON FACILITA'

Come integrazione al convenzionale camion stradale Vi offriamo anche i **vantaggi del traffico combinato:**

- **possibilità di carico giornaliere** in tutta Italia e Germania
- **capacità fino a 28 to**/85 mc.
- in più sono a disposizione **camion a gran volume** fino a 120 mc.
- **brevi tempi di resa**
- più di 50 impiegati parlano **italiano**

RUSSIA, PAESI BALTICI, UNGHERIA, REPUBBLICHE EUROPEE E ASIATICHE, GRECIA, POLONIA, BULGARIA, ROMANIA, TURCHIA, SLOVENIA, CROAZIA, ORIENTE

APRIAMO LA PORTA PER LA SPAGNA

La LKW Walter investe in questo **crescente mercato:**

- molti impiegati parlano **spagnolo**
- trasporti con camion e traffico combinato
- **Esperienza progettuale**

- Possibilità di carico giornaliere in tutta Italia e Germania
- ritiri di parziali e completi in tutta Europa entro le 48 ore
- pronta disponibilità mezzi
- flessibile disposizione nel traffico porta a porta
- prenotazioni fisse su tutti i traghetti e i più brevi percorsi stradali garantiscono ottimi tempi di resa
- possibilità resa „franco frontiera"
- casse mobili 7 + 7 m e 12 m nel traffico combinato; dimensioni interne: 7,03 x 2,44 x 2,47m (lunghezza, larghezza, altezza)
- carico a coppia
- capacità di carico nel combinato: 34 euro-palette
- collettame consolidato nel terminal della LKW WALTER con una superficie di 200.000 mq.

Ruolo A

Siete il responsabile spedizioni della GOM (Gruppo Officine Meccaniche) di Belluno, specializzata nella produzione di presse per tegole e mattoni, dosatori, impastatoi, stampi e forni per l'essiccazione.
Avete ricevuto una commessa inaspettata da Teheran e non volete perdere un'occasione che si prospetta ricca di prospettive per il futuro.
Il corriere aereo DHL di cui vi servite abitualmente, però, questa volta purtroppo non è in grado di evadere i vostri ordini in tempi accettabili.
Vi ricordate allora di aver letto una volta un annuncio pubblicitario della LKW WALTER e decidete di contattarla.
Vi occorre una capienza di 60 m^3 (peso ca. 26 to.) e una consegna tempestiva; avete qualche preoccupazione perché la merce è destinata ad una località interna piuttosto remota dell'Iran

Ruolo B
Siete un dipendente della LKW WALTER; il responsabile spedizioni della ditta GOM (meccanica strumentale) di Belluno vi contatta per la prima volta, dopo aver letto un'inserzione pubblicitaria; è in difficoltà perché vorrebbe consegnare rapidamente una partita di merce; dal buon esito dell'operazione dipende probabilmente l'allacciamento di relazioni commerciali con l'Iran.

Fate compilare al cliente il modulo sottostante

La Sua azienda utilizza corrieri aerei espressi per le spedizioni internazionali? Sì ❏ No ❏	Azienda: _____
Se sì, quali? TNT - Express ❏ SDA ❏ UPS ❏ Federal-Express ❏ XP ❏ DHL ❏	Settore di attività: _____
In quali continenti? Europa ❏ Asia ❏ Australia ❏ Americhe ❏ Africa ❏	Nome/Cognome responsabile spedizioni _____
MERCI-CAMPIONATURA DOCUMENTI fino a 3 volte al mese ❏ ❏ da 4 a 10 volte al mese ❏ ❏ oltre 10 volte al mese ❏ ❏ Qual è il peso medio delle Sue spedizioni di merci-campionatura: _____	Indirizzo: _____ Cap _____ Località _____ Prov. _____ n° tel. _____ n° fax _____

Rispondete quindi alle sue domande aiutandovi con questo ulteriore testo pubblicitario:

„CAMION PER IL MEDIO ORIENTE? .... LKW WALTER!"

Questo motto è diventato un principio per molti ns. clienti di tutta Europa. Secondo l'attuale situazione politica Vi offriamo ampie soluzioni di trasporto per i Paesi del Medio Oriente:

- ritiri parziali e completi in tutta Europa entro le 48 ore
- regolari partenze di collettame dal WALTER terminal di Vienna
- competenti partner in tutti i Paesi Medio-Orientali provvedono a comunicare tempestivamente arrivo e scarico
- documentazione conforme alla lettera di credito
- controllo resa tramite sorveglianza computerizzata
- consegne dirette anche nell'hinterland
- resa FOB in Iran

e sottoponetegli infine le seguenti offerte:

A - Corriere aereo di linea (bisettimanale) o charter (settimanale) dal terminal di Vienna
    Ritiro della partita entro 48 ore, con tariffa supplementare per carico parziale
    Resa FOB

B - Trasporto collettame su gomma con container
    Ritiro gratuito entro 48 ore
    Resa entro 9 giorni dal ritiro della merce
    Garanzia di consegna
    Resa Franco frontiera

"Il cartone ondulato, contenitore robusto, ideale per raggruppare, trasportare e proteggere i prodotti. Naturale al 100% e biodegradabile. Una scelta che rispetta l'ambiente e contribuisce a favorire lo smaltimento dei rifiuti, potenziando l'efficienza aziendale, nell'ottica di un marketing orientato alla qualità dei prodotti e della nostra vita.
Il cartone ondulato, un prodotto realmente economico, sia per le aziende produttrici che per la grande distribuzione"

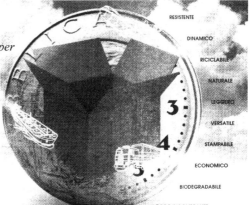

CARTONE ONDULATO:
UNA FORZA DELLA NATURA CHE MUOVE L'ECONOMIA

A - *Immaginate di lavorare come rappresentante per una ditta produttrice di cartone ondulato e di illustrare ad un cliente le caratteristiche di questo tipo di imballaggio. Il cliente, tra l'altro, vuole sapere che cosa significa:* resistente, dinamico, naturale, leggero, versatile, stampabile, economico, poco ingombrante, riciclabile.

BARTOLINI è un corriere veloce e affidabile, specializzato nella consegna di diverse tipologie di spedizioni e nella fornitura di servizi logistici di supporto alla movimentazione ed alla distribuzione delle merci. Per consegnare le vostre spedizioni in Europa utilizziamo due network affermati:
DPD, Deutscher Paket Dienst, leader europeo nelle spedizioni monocollo;
EuroExpress, rete distributiva formata da alcuni tra i migliori corrieri espresso d'Europa
SERVIZIO DPD
Il network **DPD** è leader europeo nella distribuzione di spedizioni composte da un solo collo non eccedente i 31,5 kg di peso.
Caratteristiche di base del servizio **DPD** sono la semplicità, l'efficienza, la velocità e il basso costo.
*Il circuito **DPD** non gestisce spedizioni in contrassegno o in porto assegnato.*
I numeri del network DPD
• Oltre 1.200.000 pacchi consegnati al giorno in tutta Europa;
• 450 punti operativi;
• 21.500 collaboratori;
• 145.000 aziende clienti
Istruzioni per spedire
Per garantire alti livelli di efficienza e di qualità, **DPD** trasporta e consegna pacchi e plichi che non eccedano il peso di 31,5 kg e abbiano una lunghezza massima di 175 cm (ovvero massimo 3 metri lineari, ottenuti sommando il perimetro all'altezza del pacco).
Tempi di consegna: 48/72 ore in tutta Europa.
Giacenze: in caso di difficoltà nella consegna saranno effettuati altri 2 tentativi prima di dare luogo ad una giacenza.
Assicurazione: la copertura assicurativa delle spedizioni viene effettuata secondo convenzione CMR. Sono disponibili ulteriori misure assicurative personalizzate.
Spedire con **DPD** è facile.
Basta apporre su ogni pacco un'etichetta con un numero e un codice a barre univoci. Le molteplici letture dei codici a barre previste dalle procedure del sistema **Bartolini-DPD** garantiscono in ogni momento la rintracciabilità di ogni singolo pacco.
Collegandosi al sito internet (www.bartolini.it) e digitando il numero della spedizione riportato nell'etichetta, sarà possibile verificare l'esito della consegna e visualizzare la firma di chi ha ritirato la spedizione con il dettaglio di data e ora (servizio riservato ai clienti abilitati con password personale).
È composta da tre copie: la prima adesiva, le altre due su carta chimica. I clienti devono compilare ogni parte dell'etichetta in modo chiaro e leggibile. Successivamente:
* la prima copia (adesiva) deve essere applicata sul collo (lato lungo);
* la seconda copia deve essere consegnata al corriere completa di uno dei due sticker adesivi. In questi è riportato lo stesso codice a barre e il numero di riferimento della prima etichetta;
* la terza copia deve essere trattenuta dal mittente dopo aver applicato il secondo sticker. Sarà la sua ricevuta.

Trasporti

B - *Dopo aver letto la pubblicità, spiegate:*

1. che attività svolge Bartolini
2. che cos'è DPD
3. che cosa significa "spedizioni monocollo"
4. quanto possono pesare al massimo i pacchi spediti con DPD
5. perché le spedizioni con DPD devono essere monocollo e non superare il peso indicato
6. se le spedizioni vengono pagate al ritiro della merce
7. quanto tempo impiega un pacco per arrivare a destinazione con DPD
8. che cosa accade se non si rintraccia il destinatario
9. che vantaggio presenta l'etichetta Bartolini-DPD
10. come ci si può informare se è stata effettuata la consegna
11. a chi e cosa servono le tre copie dell'etichetta

Un cliente vuole spedire un collo di 28 chili ad un negoziante di Parigi, il sig. Pierre Maigret, Rue de la Seine 24.
Aiutatelo a completare l'etichetta con i dati della spedizione, spiegandogli la procedura; utilizzate i termini e definizioni seguenti riconducendoli al relativo numero di pertinenza (1-9)

C.A.P. - È fondamentale per l'esatto instradamento e la consegna
Codice a barre - Contiene il numero dell'etichetta e viene letto otticamente in ogni fase del trasporto
Data di spedizione
Indirizzo del destinatario - Deve essere completo e scritto in maniera leggibile
Indirizzo del mittente
Nazione di destinazione
Numero dell'etichetta –È la chiara identità di ogni collo - serve per informarsi sullo stato di avanzamento o di consegna della spedizione
Peso - Deve essere al massimo 31,5 kg.
Sticker adesivi - Devono essere incollati nelle due copie dell'etichetta

Gruppo CIS – Interporto
Un mondo di affari sempre in movimento

Contigui e perfettamente integrati, il CIS e l'interporto Campano offrono servizi e infrastrutture in grado di soddisfare tutte le funzioni collegate al commercio, alla distribuzione e alla logistica. In posizione strategica nel cuore del Mediterraneo, il Gruppo CIS-Interporto è oggi il naturale e più autorevole interlocutore dei grandi mercati internazionali. Ubicati alle porte di Napoli su una superficie totale di 3 milioni di mq, Cis e Interporto fruiscono di collegamenti diretti con tutte le grandi direttrici di traffico: la rete ferroviaria e autostradale, i porti di Napoli e Salerno, l'aeroporto internazionale di Capodichino. Per chi vuole competere e crescere, la porta del suo futuro è qui: nel Gruppo CIS-Interporto Campano. L'interporto Campano è l'unico interporto di rilevanza nazionale operante nell'Italia centro-meridionale. Un vero e proprio centro di logistica intelligente, dove stoccaggio, movimentazione e manipolazione delle merci si coniugano con i più avanzati sistemi informatici e telematici, per realizzare la piena integrazione delle quattro modalità dei sistema dei trasporti.

L'Interporto Campano, che si estende su un'area di 2 milioni di metri quadri, è dotato di strutture e attrezzature che rendono più razionali e competitive le attività degli operatori, dal Terminal intermodale, ai Magazzini frigoriferi, alla Stazione ferroviaria interna, alla Dogana di primo livello.

Il CIS è il maggior sistema di distribuzione d'Europa. Un polo commerciale che per dimensioni, assortimento ed efficienza dei servizi, soddisfa pienamente le esigenze degli operatori nazionali ed internazionali. Su una superficie totale di un milione di metri quadri, suddivisi in 8 grandi isole, 300 aziende presentano lungo 8 chilometri di vetrine un vastissimo assortimento di prodotti in oltre cento settori merceologici non alimentari.

Un panorama completo e sempre aggiornato su tutte le novità del mercato, disponibili nelle quantità desiderate.

Il CIS, la città degli affari, è riservato agli operatori economici e del commercio.

B – *Individuate nel testo pubblicitario i termini cui si riferiscono le definizioni seguenti*

1. centro attrezzato per la raccolta e lo smistamento di merci trasportate su strada e su rotaia
2. complesso degli attrezzi, macchine, arnesi, strumenti, impianti necessari all'esercizio di una attività
3. complesso di attività legate alla vendita
4. complesso di impianti ed installazioni
5. conservazione in deposito di merci e prodotti per un breve periodo di tempo
6. insieme delle operazioni connesse ad approvvigionamento, destinazione e stoccaggio di merci
7. linea, direzione predominante
8. organizzazione del movimento delle merci in un magazzino, regolato in base al flusso dei rifornimenti
9. posto in una situazione topografica
10. serie di oggetti/servizi che offrono possibilità di scelta
11. soggetto che interviene nel mercato o come venditore o come acquirente di beni o servizi
12. stazione capolinea per trasporti terrestri, marittimi o fluviali

C - *Attribuite ai paragrafi del contratto i titoli relativi*

BENEFICIARIO DELL'ASSICURAZIONE
CONTENIMENTO DEI DANNI
DISPOSIZIONI DI LEGGE E USI-CONSUETUDINI
DURATA DELL'ASSICURAZIONE
ESCLUSIONI
OBBLIGHI PER EVITARE RITARDI
RISCHI COPERTI

INSTITUTE CARGO CLAUSES

1) La presente assicurazione copre tutti i rischi di perdita o danno all'oggetto assicurato, tranne quelli previsti dalle clausole 4, 5. 6 e 7 seguenti

2) La presente assicurazione copre l'avaria generale e le spese di salvataggio regolate o determinate in base al contratto di noleggio e o in base alle leggi ed usi che le regolano di volta in volta, se tali spese sono state fatte nel tentativo di evitare perdite dipendenti da qualunque causa tranne quelle escluse dalle clausole 4, 5, 6 e 7 o altre della presente assicurazione

3) In nessun caso la presente assicurazione sarà intesa a coprire:
   - perdite, danni o spese attribuibili a colpa con previsione dell'Assicurato
   - colaggio ordinario, calo naturale in peso o volume o il normale logoramento dell'oggetto assicurato
   - perdite, danni o spese le cui cause siano dovute a vizio proprio o natura dell'oggetto assicurato
   - guerra, guerra civile, rivoluzione, ribellione, insurrezione o sommossa dalle stesse originata, o qualsiasi atto ostile da o contro una potenza

4) La presente assicurazione decorre dal momento in cui le merci lasciano il magazzino od il luogo di deposito nella località indicata in polizza per l'inizio del viaggio, continua durante il normale corso del viaggio e termina alla consegna nel magazzino del ricevitore od in altro magazzino finale o luogo di deposito nella destinazione indicata in polizza.

4. 1. Per ottenere il pagamento delle indennità l'Assicurato deve avere un interesse assicurabile sull'oggetto assicurato al momento della perdita.

5) La presente assicurazione non dovrà valere a beneficio del vettore o di altro depositario.

6) È dovere dell'Assicurato e dei suoi preposti ed agenti in caso di danno risarcibile a' sensi della presente polizza:
   - prendere quelle misure ritenute ragionevoli allo scopo di evitare o ridurre al minimo tale danno e
   - accertarsi che tutti i diritti contro i vettori depositari od altri terzi siano adeguatamente salvaguardati ed esercitati;

7) L'Assicurato decade dal diritto al pagamento se non agisce con ragionevole sollecitudine in tutte le circostanze che rientrano sotto il suo controllo.

8) La presente assicurazione è soggetta alle leggi ed agli usi-consuetudini inglesi.

Trasporti

a più corsie	mehrspurig
aereo	Flugzeug
aeroporto	Flughafen
approdare	anlegen
armatore	Reeder
atterrare	landen
autocarro a pianale	Pritschenwagen
autocarro/camion	LKW
autocisterna	Tankwagen
autoporto	Autohof
autoarticolato	Sattelzug/Sattelschlepper
autosnodato	Gelenkfahrzeug
autotreno	Lastzug
balla	Ballen
banchina	Kai
barile	Faß
betoniera	Betonmischmaschine
cabina	Führerhaus
cabotaggio	Küstenschiffahrt
camioncino	Kleintransporter
cantiere navale	Werft
carico	Fracht
carreggiata	Fahrbahn
carro a pianale ribassato	Tiefladewagen
casello	Mautstelle
cassa/cassetta	Kiste
catalogo degli espositori	Ausstellungsverzeichnis
certificato di origine	Ursprungszeugnis
cfr	Kosten u. Fracht (vereinbarter Bestimmungshafen)
cif	Kosten, Versicherung und Fracht bis Bestimmungshafen
cip	Fracht bezahlt bis... (vereinbarter Bestimmungspunkt)
collettame	Sammelladung
collo	Gepäckstück
compagnia aerea	Fluggesellschaft
concessionario	Vertragshändler
congestionato	zähfließend
congestione	Verkehrsstauung
consegna	Lieferung
consegna a domicilio	Lieferung frei Haus
corsia	Fahrspur
cpt	frachtfrei bis ...
daf	frei Grenze
dazio	Zoll
ddp	franko Bestimmungsort

decollare	starten/abfliegen
decongestione	Verkehrsentlastung
densità del traffico	Verkehrsdichte
deposito bagagli	Gepäckaufbewahrung
deq	frei Kai
destinatario	Empfänger
documenti di spedizione/trasporto	Versandpapiere
dogana	Zoll
exw	frei Werk
esposizione	Ausstellung
fas	frei Längsseite Schiff
fede di deposito	Lagerschein
ferrovia	Eisenbahn
fiera	Messe
fiera campionaria	Mustermesse
fob	an Bord des Schiffes im Abgangshafen
furgone	Kleintransporter
fusto	Tonne
imballaggio a rendere	Verpackung wird zurückgegeben
imballaggio fatturato a parte	Preis für Einheiten netto ausschl. Verpackung
imballaggio fornito dal compratore	Verpackung wird vom Käufer gestellt
imballaggio gratuito	Preis für Einheiten netto einschl. Verpackung
ingorgo	Stau
lettera di vettura	Frachtbrief
lordo per netto	brutto für netto
magazzinaggio	Lagerhaltung
mezzo di trasporto	Verkehrsmittel
molo	Mole
motopescheraccio	Fischkutter
movimento merci	Güterverkehr
nave	Schiff
nave cisterna	Tanker
nave mercantile	Handelsschiff
navigazione interna/fluviale	Binnenschiffahrt
navigazione	Schiffahrt
noleggio	Verfrachtung
ora di punta	Hauptverkehrszeit
padiglione	Messehalle, Stand
paese di provenienza	Herkunftsland
passaggio a livello	Bahnübergang
patente	Führerschein
pedaggio	Maut
pendolare	Pendler
peso complessivo	Gesamtgewicht
petroliera	Tanker
piroscafo	Dampfer
polizza di carico	Konnossement/(See)frachtbrief
porta container	Containerschiff
porto	Hafen

porto franco	Freihafen
porto di destinazione	Bestimmungshafen
resa	Ablieferung
rete ferroviaria	Eisenbahnnetz
rimorchiatore	Schlepper
rimorchio	Anhänger
rotaia	Schiene
sacco	Sack
scalo	Zwischenlandung
speditore	Versender
spedizioniere	Spediteur
stazione di smistamento	Rangierbahnhof
tanica	Kanister
targa	Kennzeichen
terminale	Endstation
termine di resa	Lieferfrist
traffico	Verkehr
traghetto	Fähre
trasbordare	umladen
trasporti	Verkehrswesen
trasporto combinato aero-ferroviario	Fleiverkehr (Flugzeug-Eisenbahn Verkehr)
trasporto combinato (strada-rotaia) o intermodale	Huckepackverkehr
trasporto marittimo	Seeverkehr
trasporto	Beförderung
trasporto per via terra	Straßen- u. Eisenbahnverkehr
trasporto su gomma	Transport auf der Straße
treno merci	Güterzug
tronco ferroviario	Bahnstrecke
vettore	Frachtführer

Capitolo 11
Pubblicità e marketing

Per quale motivo si ricorre alla pubblicità?

Con l'intensificarsi della concorrenza, i rapidi mutamenti del mercato e dei prodotti, l'arco di vita di questi ultimi risulta sempre più breve; per conquistare nuove quote o segmenti di mercato, per aumentare le vendite occorre l'aiuto della pubblicità. Essa non va considerata come una spesa, ma come un investimento in vista di un ritorno in termini di aumento del giro d'affari e del profitto. Suo scopo è far conoscere un prodotto suscitando contemporaneamente il desiderio di acquistarlo, secondo il principio AIDA:

A = attenzione (richiamare l'attenzione del consumatore)
I = informazione (risvegliare la curiosità)
D = desiderio (suscitare il desiderio di acquisto)
A = azione (indurre all'acquisto stesso)

La pubblicità vive della creatività dei suoi operatori, cioè della capacità di sintetizzare un messaggio nella maniera più nuova, originale ed affascinante, ma ha subito negli anni un processo evolutivo rilevante: da fatto creativo vero e proprio è divenuta un fatto socioculturale, cioè è una forma di comunicazione, ma anche un fatto commerciale: al di là di qualsiasi fantasia, l'importante è vendere. È utile quindi dare un'occhiata alla vita commerciale e all'organizzazione dell'azienda "pubblicità". Quando si chiama un'agenzia pubblicitaria, l'account executive incarica un team di analizzare i problemi aziendali e d'immagine, per cui passa un certo periodo di tempo, anche mesi, prima che venga proposta una strategia e fatta la campagna. Vale a dire, dietro ad un annuncio pubblicitario c'è un processo iniziato ad es. con una serie di visite di 2 o 3 personaggi dell'agenzia all'azienda, alla fabbrica ecc. per conoscerne la storia, la storia degli imprenditori, il processo produttivo, ossia per vedere il contesto industriale e imprenditoriale. Successivamente si tengono riunioni con le persone che sovrintendono alla commercializzazione e alle vendite, per capire quali sono i problemi e le opportunità di una ditta rispetto ai concorrenti. Nel passo successivo il responsabile di marketing analizza la concorrenza, la relativa strategia e il mezzo (Tv, radio, stampa, ecc.) in cui questa investe di più, allo scopo di differenziare la propria per farsi notare dai consumatori (se tutti investono in Tv è meglio optare per la radio; se fanno campagne dolci è meglio essere aggressivi, ecc.).
Dopo una prima fase di consulenza si passa all'offerta di un servizio al cliente: il responsabile mezzi programma gli spot, gli annunci stampa, i comunicati radio, i manifesti in base al budget e al target. L'immagine globale dell'azienda, comunque, non viene comunicata solo attraverso questa pubblicità classica, ma anche attraverso tutti i segnali e simboli che utilizza l'azienda (marchio, grafica, promozioni, sponsorizzazioni e via dicendo).
Dal punto di vista organizzativo ciò richiede un art director, che si occupa della parte immagine del progetto comunicativo, lavorando in coppia con un copywriter, che ne cura la parte più squisitamente verbale (parola, contenuto scritto).

 - *Collegate i termini indicanti le funzioni alle definizioni sottoelencate*
ORGANIZZAZIONE DELL'AGENZIA DI PUBBLICITÀ

Nascosti dietro qualifiche talora incomprensibili per il profano, gli addetti cui è affidata la responsabilità della riuscita della campagna pubblicitaria sono:
- il coordinatore dell'attività pubblicitaria, colui che prende contatto con i clienti, interpreta le loro esigenze e rappresenta l'agenzia presso di loro;
- colui che effettua le indagini per ottenere informazioni su prodotto, mercato, concorrenza, bisogni del consumatore, strategie di comunicazione;

- il responsabile che realizza il "messaggio visivo" (fotografia, stampa, immagini);
- il professionista che cura la redazione dei testi esprimendo messaggi in grado di motivare il consumatore all'acquisto;
- l'esperto dei mezzi e degli strumenti; pianifica le quantità di uscite, spot, durata, diffusione, tirature, audience, in rapporto al budget e al target.

La prima tappa dell'agenzia di pubblicità è la riunione di lavoro con il cliente, detta ...., durante la quale viene fatto il punto della situazione o vengono date delle direttive guida; successivamente l'agenzia compirà ricerche sul prodotto, intervisterà consumatori e distributori, studierà gli aspetti sociali, culturali ed economici del target ecc. e quando riterrà di aver accumulato gli elementi necessari, procederà alla stesura della strategia creativa, la "........................", successivamente eseguirà la "valutazione e selezione" del messaggio stesso e, infine, la "produzione e diffusione".
Dall'incontro con il cliente all'uscita effettiva della campagna sui media i tempi normali sono da 7 a 9 mesi.

1. copywriter
2. responsabile mezzi
3. briefing
4. account executive
5. art director
6. copy-strategy
7. responsabile marketing

Per cercare di capire in anticipo le reazioni del mercato al lancio di un nuovo prodotto, gli effetti di una determinata politica di vendita, il manifestarsi di nuovi gusti o per influenzarli, si raccolgono informazioni tramite indagini di mercato. Esse possono essere di tipo quantitativo, qualitativo o emozionale e servono a determinare:
- il profilo della clientela (distribuzione per sesso, età, categoria sociale)
- le abitudini di acquisto (frequenza ed entità della spesa, tipo dei negozi preferiti)
- le abitudini di consumo (uso di un certo prodotto, quantità consumate in un determinato periodo, rifiuto di alcuni prodotti)
- le motivazioni di acquisto (perché la gente preferisce un certo prodotto anziché un altro)

B - *Per un briefing si cerca di disporre del maggior numero possibile di informazioni. Individuate quali di queste si riferiscono (1) al prodotto, (2) all'acquirente e (3) al mercato*

problemi per raggiungere gli obiettivi, reddito, aspetto fisico, capacità di produzione, concorrenti: plus/minus, occupazione, abitudini d'uso, abitudini d'acquisto, descrizione, tendenza nelle vendite, immagine del prodotto, svantaggi, quote di mercato dei principali concorrenti, profilo psicologico, dove è venduto il prodotto, storia, luogo di produzione, accordi di vendita, ampiezza del mercato, residenza, vantaggi, nome, chi prende la decisione, stagionalità delle vendite, descrizione, costo/redditività, età, comunicazione dei concorrenti, sesso, come è venduto il prodotto, chi influenza l'acquisto, obiettivi di vendita

C - *Lavorate per un'agenzia pubblicitaria e siete stati contattati da una ditta che vorrebbe incaricarvi di realizzare una pubblicità per i suoi prodotti, ma prima desidera sapere come si svolge una campagna pubblicitaria. Spiegate come opera la vostra agenzia*

D - *Individuate il target*

QUALCHE CRITERIO PER L'INDIVIDUAZIONE DI TARGET

Oltre che per **sesso** e per **età**, il target può essere identificato in base all'**area geografica** (soggetti legati alla propria terra, non disponibili a viaggiare; altri viaggiano volentieri e si adattano facilmente a nuove abitudini, nuovi gusti), alla **classe sociale** (categorie di reddito), alla **categoria professionale**.

Esistono inoltre **criteri psicologici** (chi vuole vendere omogeneizzati a giovani mamme deve considerare l'ansietà e l'insicurezza che le contraddistingue; chi vuole vendere un disinfettante considera il bisogno di igiene e tranquillità di molte massaie; chi vuole vendere biancheria considera fenomeni quali il narcisismo e l'egocentrismo) e i criteri degli **stili di vita**.

In base a quest'ultimo criterio distinguiamo:

1. ...., in gran parte anziani, con scarse disponibilità economiche, orientano il loro consumo al soddisfacimento dei bisogni primari, scelgono prodotti di basso costo e marche consolidate;

2. ...., a forte influenza religiosa, privilegiatori del risparmio, hanno un comportamento frugale per gli acquisti, sono meno sensibili alle novità e mostrano diffidenza per gli articoli industriali;

3. ...., operaisti, si vogliono difendere da chi abusa delle proprie posizioni di vendita (per il profitto) e rifiutano gli status symbol;

4. ...., consumatori avidi, amano poco le novità, anche se sono sensibili alle forme della pubblicità;

5. ...., orientati all'arricchimento e all'acquisto dei prodotti, sono molto attenti alla pubblicità ed ostentano il proprio prestigio;

6. ...., con alto reddito, si circondano di prodotti di status symbol e spendono in prodotti costosi; comprano con razionalità e fantasia, a volte per il solo piacere di spendere;

7. ...., con ottime possibilità finanziarie, ascoltano attentamente i messaggi pubblicitari ed acquistano i nuovi prodotti, ma molto raramente diventano consumatori fedeli; preferiscono la pubblicità informativa e puntano sulla qualità dei prodotti;

8. ...., contestano contro l'invadenza della pubblicità; anche se hanno un'alta capacità di spesa, hanno verso il consumo un atteggiamento di indifferenza

        a) **Emergenti**   e) **Affluenti**
        b) **Integrati**   f) **Progressisti**
        c) **Arcaici**   g) **Conservatori**
        d) **Cipputi**   h) **Puritani**

Dimmi quale pubblicità ti «seduce» e ti dirò chi sei

Se ci si divertisse a contare il numero dei messaggi pubblicitari visti o sentiti in un sol giorno su televisione, giornali radio, affissioni murali ecc., resteremmo probabilmente stupiti dalla cifra totalizzata. Sono centinaia, migliaia gli spot confezionati per proporre l'acquisto di questo o quell'oggetto, con i quali entriamo in contatto negli anni. Ma naturalmente non li ricordiamo tutti, anzi alla fine dei conti sono pochi quelli che ci colpiscono e ancora meno quelli che ci convincono e in qualche modo arrivano a condizionarci negli acquisti. Ma anche questo rientra nelle regole del gioco del rapporto pubblicità e consumi.

Forme, modi e contenuti della pubblicità variano, infatti, secondo il tipo di consumatore cui essa si rivolge, e un certo messaggio non ha la pretesa di colpire tutti quelli che lo vedono, ma si indirizza in modo particolare a una precisa categoria di probabili consumatori, il cosiddetto target, ritenuti particolarmente sensibili a certe sollecitazioni, perché accomunati da esigenze socioeconomiche e culturali analoghe, come età, tipo di attività, possibilità economiche, grado di istruzione, perfino aspirazioni. Ed è proprio per non sparare colpi a vuoto che gli operatori pubblicitari e le aziende produttrici hanno sempre più bisogno di conoscere a fondo esigenze e disponibilità del pubblico e pagano fior di soldi per ricerche psicologiche di mercato sempre più raffinate, eseguite da istituti specializzati. Esaminati e indagati in tutti i nostri desideri da psicologi e ricercatori, noi consumatori veniamo dunque accuratamente classificati. Ma alcune delle indicazioni tanto preziose per chi deve vendere possono tornare utili anche a noi, esercito di catalogati, per capire che cosa ci colpisce in una pubblicità e in fin dei conti chi siamo e perché compriamo.

Le informazioni provengono da un'indagine psicografica dell'Istituto Eurisko di Milano, su „Stili di vita e stili di comunicazione pubblicitaria", presentata ad un convegno di esperti del settore, che ha suddiviso la pubblicità in categorie. Vediamo quella che fa per noi.

ESPRESSIVA. «Avere o essere?», chiede sibillino lo slogan di una marca di abbigliamento che, parafrasando Fromm, lascia chiaramente intendere che per essere, oggi, bisogna anche avere. Che cosa? Ma «il cerchio esclusivo di un orologio di classe» per esempio, o l'aroma raffinato di un certo profumo che «lascia la tua impronta nel vento» dalla prua di una barca a vela, o più semplicemente «la calda atmosfera» con tanto di caminetto acceso, offerta da un brandy di tradizione. Espressiva, si chiama questo tipo di pubblicità, perché basata sul simbolo come espressione culturale, dove niente è casuale. Si affida prevalentemente all'immagine e alle sue suggestioni, spesso con grande raffinatezza, prescindendo dal prezzo del prodotto, che si presume comunque piuttosto elevato.

Ebbene se queste immagini vi affascinano e stimolano in voi il desiderio di quanto propongono, ...

FORMATIVA. Tende a formare il pubblico, proponendo nuovi modelli di consumo sociale in atto, in modo da non provocare bruschi «shock» nei consumatori.

È stato con campagne di questo tipo che negli anni '60 vennero introdotti gli elettrodomestici anche nelle case dei più restii, perché presentati come oggetti positivi che, cancellando la fatica, avrebbero reso la donna più disponibile per i suoi cari, con conseguente vantaggio dell'armonia familiare. Frequenti anche oggi, questo tipo di messaggi puntano sulla famiglia e tendono a perpetuare ruoli tradizionali nel suo interno. E così si vedono suocere e nuore felici attorno a una scatoletta di carne, madri affettuose che al figliolino goloso offrono budini prefabbricati.

Se questo tipo di comunicazione tranquillizzante vi piace, probabilmente ....

INFORMATIVA. «Niente zucchero, meno calorie», avverte lo slogan di una bibita e sotto, in caratteri più piccoli, ecco la spiegazione del contenuto. «Abbronzati tutto l'anno?», c'è la crema tal dei tali, che ve lo permette e la pubblicità ne descrive caratteristiche e uso. «Risparmiare energia si può», avverte la campagna dell'Enel e spiega come. E voi, sfogliando un giornale, vi soffermate volentieri a leggere le inserzioni pubblicitarie che vi interessano e ve ne ricordate al momento giusto: al supermercato prendete quel tal biscotto perché c'è la data vitamina, comprate una certa scatoletta perché avete letto com'è fatta, controllate le luci di casa per non sprecare elettricità.

La pubblicità che informa con argomenti razionali, dunque, con voi colpisce nel segno; certo non la prendete per oro colato, ma vi piace valutarne le argomentazioni e vorreste che fosse più diffusa. Bene, se la vostra posizione è questa, probabilmente vi riconoscerete nel seguente profilo: ....

SPETTACOLO. Quando un famoso cioccolatino si fa notare perché stampa stelline su chi lo mangia, quando una certa caramellina compie strane manovre sui «velopenduli» e dipinge di verde chi la succhia, siamo nel campo dello spettacolo puro, che disegna alberi fioriti di jeans di una certa marca, inventa scarrozzate in diligenza per Manhattan, con cow-boy che masticano una «magica» gomma: ....

Pubblicità e marketing

E - *Cercate di individuare quale pubblicità vi attira di più e ricollegate quindi i diversi profili alle relative tipologie pubblicitarie; a quale categoria di consumatori appartenete secondo questa indagine?*

a) Se tutto questo vi diverte, molto probabilmente.......... amate la chiarezza e la funzionalità, non volete gettare via il vostro denaro consumando in modo scriteriato, volete essere responsabili negli acquisti e consapevoli nelle scelte. Avete un certo bagaglio culturale, che desiderate mettere a frutto e fate parte della piccola e media borghesia.

b) .... molto probabilmente avete la tendenza a vedere nell'oggetto di consumo un simbolo di stato, ritenete che la vostra macchina, il profumo, l'orologio che usate parlino per voi, fino a costituire per gli altri una chiave complessiva di lettura della vostra personalità. Potete avere o no un reddito elevato, ma di certo apprezzate la ricchezza e il prestigio che ne deriva.

c) .... siete giovani (o giovanilisti), amate il gioco, il nonsenso, non sopportate regole, convenzioni, vi guardate bene dal fare programmi a lunga scadenza (ma forse qualcun altro li fa per voi.....), vi piacciono oggetti e situazioni che stupiscono e non chiedete spiegazioni logiche. Amate cinema, fumetti, musica, tv, concerti rock. Però non è certo che, goduti gli shorts schizzoidi di questo tipo di pubblicità, ricordiate il prodotto reclamizzato, di cui non è stato detto nulla di concreto.

d) siete persone molto tradizionali, vedete con disagio qualsiasi tipo di cambiamento, non volete giocarvi a nessun costo il vostro equilibrio affettivo ed economico. Credete formalmente nel mito del dovere, della generosità, della patriarcalità, della dedizione.

Se infine rifiutate di riconoscervi in qualsiasi di queste categorie, i casi sono due: o siete molto anziana o vi illudete di non essere minimamente influenzati dalla pubblicità..........

F - *Individuate a quali dei seguenti mezzi pubblicitari si riferiscono i profili riportati nello schema*

PROFILO DEI PRINCIPALI MEZZI PUBBLICITARI

MEZZO	VANTAGGI	LIMITI
	• flessibilità • tempestività • buona copertura del mercato • vasto consenso • alta credibilità • possibilità di ripetizione del messaggio • pianificazione a breve	• vita brevissima • scarsa qualità dell'immagine riprodotta (in b/n) • basso numero di lettori per copia • scarsa ricettività del messaggio dovuta alla rapidità d'uso
	• scarsa dispersione nel raggiungere il target • alta selettività geografica e demografica • credibilità • prestigio • elevato livello qualitativo dell'immagine riprodotta (chiara e con colori) • vita lunga • discreto numero di lettori per copia • forza di penetrazione nel mercato	• elevato numero di annunci della concorrenza • scarsa flessibilità • elevato anticipo di tempo per l'acquisto dello spazio • spreco nella diffusione • scarsa garanzia per la posizione del messaggio nell'impaginazione della rivista • scarsa copertura della popolazione
	• flessibilità • alto grado di ripetizione del messaggio • costi bassi • notevole capacità di raggiungimento del pubblico • scarsa concorrenza • sinteticità • immediatezza • fantasia • ottimo impiego del colore	• limiti alla creatività del messaggio • nessuna possibilità di selezionare il pubblico • costi di manutenzione per deterioramento e logoramento • impossibilità di «spiegare» il prodotto • mezzo complementare
	• mezzo elitario • selettività • flessibilità • alta capacità d'impatto e di ricordo • «fascino» del grande schermo • target prevalentemente giovane • qualità dell'immagine: movimento, grande immagine, suono stereo, colore	• alto costo-contatto • scarsa copertura del mercato • intromissione nello schermo non sempre gradita
	• uso di massa • alta selettività geografica e demografica • costi contenuti • ottimo raggiungimento del «grande pubblico»	• prestazione esclusivamente audio • scarsa capacità di attirare l'attenzione • strutture tariffarie non omogenee • esposizione transitoria • mezzo per «memoria»

	• alto indice di ascolto • immaginazione • buona capacità espressiva • ripetizione del messaggio • duttilità	
	• elevato livello di attenzione e copertura • aspetto visivo, sonoro, movimento dell'immagine • buone valorizzazioni del colore • mezzo considerato «piacevole» • insegna novità • flessibilità • largo impiego • articolazione territoriale del messaggio	• costo elevato • eccessiva concentrazione di messaggi • scarsa selettività dell'audience • esposizione transitoria • scarsa garanzia per la messa in onda dello spot nell'orario previsto • insistenza spesso controproducente • affollamento di spot
	• flessibilità • selettività • personalizzazione • scarsa concorrenza • ottima copertura del mercato • rapidità	• costo elevato • scarso prestigio • deterioramento d'immagine

G - *Stabilite, discutendo con un vostro collega, il mezzo pubblicitario che ritenete più adeguato per lanciare sul mercato o far conoscere i prodotti e servizi di seguito elencati, illustrate i motivi della vostra scelta e fissate gli aspetti del prodotto o del servizio che la pubblicità dovrà sottolineare.*

- un nuovo profumo
- un farmaco contro l'invecchiamento
- un nuovo collegamento aereo
- un computer
- una nuova rivista di sport

H - *Se doveste scegliere un campione di consumatori per testare la validità di detti prodotti, come lo comporreste quanto a età, professione, reddito e sesso?*

I - *Secondo voi, la pubblicità influenza gli atteggiamenti dei consumatori, determinandone le decisioni, o svolge piuttosto una funzione informativa?*

L - *Che cosa vi attira di più in uno spot televisivo?*

M - *Leggete le diverse interpretazioni del concetto di pubblicità e scegliete quella che più risponde al vostro punto di vista. Spiegate il vostro parere.*

- *La pubblicità è un investimento, un costo, una spesa, che richiede un ritorno efficace, un risultato concreto*
- *La pubblicità reagisce alla società e la riflette senza avere speranza di modificarla*
- *La pubblicità è l'essenza stessa della democrazia*
- *Due annunci pubblicitari al giorno tolgono il licenziamento di torno*
- *La pubblicità è la più grande espressione artistica del ventesimo secolo*

- *Pubblicità è l'insieme delle tecniche che permettono all'impresa di diffondere informazioni sui suoi prodotti o servizi, facendo leva sulle motivazioni e i comportamenti degli utilizzatori, allo scopo di espandere la sua attività*
- *Pubblicità è ogni forma di comunicazione di massa, impersonale, a pagamento, volta a produrre vantaggi per il committente*
- *La pubblicità è comunicazione di un messaggio non personale attraverso i media, con l'intenzione di presentare e diffondere informazioni su un prodotto, servizio, organizzazione o idea. Ha lo scopo di promuovere le vendite e di creare l'immagine dell'impresa e del prodotto presso il pubblico.*

N - Trovate per ognuna delle seguenti parole la definizione corrispondente

avviso pubblicitario, cartellone pubblicitario, inserto pubblicitario, messaggio pubblicitario, réclame, piccola pubblicità, propaganda, pubblicità diretta, slogan, spot pubblicitario, sponsorizzare, telepromozione, testimonial

1. è effettuata attraverso la distribuzione controllata di messaggi pubblicitari, scritti o stampati, ad individui selezionati
2. attività svolta p.es. in TV, diretta a sviluppare nel consumatore la conoscenza, l'uso e il bisogno di un prodotto al fine di aumentarne la vendita
3. termine indicante la frase adatta alla memorizzazione dell'annuncio pubblicitario da parte del consumatore
4. personaggio, di solito noto al grande pubblico, presente nel messaggio pubblicitario per dare maggiore credibilità allo stesso
5. sinonimo di pubblicità, oggi un po' in disuso
6. insieme di comunicazioni non sempre veritiere, tese a influenzare l'opinione pubblica, che può avere finalità più spiccatamente politiche
7. inserzioni in rubriche speciali predisposte dai giornali in determinate pagine
8. fascicolo di contenuto promozionale o pubblicitario, che viene allegato ad una pubblicazione
9. comunicato radiofonico o televisivo
10. contributo (parziale o totale) di una ditta alle spese di una manifestazione, in cambio di pubblicità per il suo marchio da parte di un personaggio o di un'organizzazione che svolgono delle attività molto seguite dal grande pubblico
11. veicolo di pubblicità esterna, sul quale viene direttamente disegnato o stampato l'annuncio pubblicitario
12. singola comunicazione pubblicitaria
13. annuncio divulgato attraverso i mezzi di comunicazione; spesso si riferisce alla comunicazione a mezzo stampa

O - La pubblicità è per eccellenza l'area di "immigrazione" nell'italiano delle parole straniere; dopo aver letto l'articolo "Così la guerra fece spot...", individuate le corrispondenti parole inglesi che userebbe un pubblicitario in luogo di quelle italiane

5	frase pubblicitaria	advertising 1
4	motivo musicale per spot pubblicitario	boom 2
6	messaggio pubblicitario	briefing 3
3	conferenza informativa	jingle 4
8	obiettivo	slogan 5
7	strategia	spot 6
1	pubblicità	strategic reserve 7
2	di grande successo	target 8

Così la guerra fece spot ....

Una vera e propria *saturation*. Ecco quel che ha fatto Berlusconi con la sua immagine e le sue parole. Ha bombardato il pubblico di tutte le reti, proprio come alcuni spot pubblicitari tipo il puledro caduto nel burrone dell'amaro Montenegro. *Saturation* è una parola pubblicitaria che, come tante altre parole pubblicitarie, trae origine nel linguaggio bellico: deriva da *saturation bombing*, il bombardamento aereo a tappeto con cui, per esempio, nel 1945 è stata rasa al suolo Dresda.

Ma che c'entra la pubblicità con la guerra? Perfino il termine più classico, *slogan*, è l'antico e spaventoso grido di guerra dal gaelico *slaugh* = *nemico* e *ghairm* = *urlo*, che negli eserciti dell'Inghilterra del Settecento assunse poi il significato di *parola d'ordine*. Proprio come gli indimenticabili *Vespizzatevi* e *Una donna senza calze è una donna qualunque*, o come i più recenti *Birra e sai cosa bevi*, *Mani pulite*, eccetera.

Ne parliamo con un pubblicitario particolarmente attento ai problemi culturali della sua «materia», Andrea Kluzer, che fa parte del comitato di controllo dell'Autodisciplina della pubblicità ed è stato anche presidente di *Pubblicità progresso* che promuove iniziative di pubblica utilità («Il verde è tuo. Difendilo»; «Chi fuma avvelena anche te. Digli di smettere», per citare solo due campagne), creato sull'esempio dell'Advertising Council americano, nato a sua volta, guarda caso, nel 1941 per sostenere l'economia di guerra ossia la lotta agli sprechi.

L'occasione è l'uscita di un volume, il "Dizionario della pubblicità. Storie, tecniche, personaggi" a cura di Alberto Abruzzese e Fausto Colombo, interessante sicuramente anche per i non addetti ai lavori, perché, pur essendo stato scritto moltissimo sulla pubblicità, il livello di conoscenza sulla sua stessa natura, sugli effetti che esercita, sul suo funzionamento e anche sul suo modo di esprimersi è abbastanza basso.

Nel suddetto volume leggiamo, per esempio, che il *jingle*, la musichetta che accompagna gli *spot*, viene inventato sulla base delle indicazioni del *brief* dell'azienda o dell'agenzia. « Il *brief* - spiega Kluzer - e il *briefing* per noi significano, appunto, le indicazioni necessarie perché la *campagna* che stiamo per varare colpisca il *target*, o l'*objective*, nel segno. A parte *campagna* che è un termine di tutte le guerre - pensiamo alla Campagna d'Italia di Napoleone -, le altre sono parole che derivano dall'arma più moderna, più "intelligente" e "colta": l'aeronautica».

«Il grande boom del *marketing* iniziò infatti, dopo la guerra, negli Stati Uniti, e i primi operatori erano ovviamente giovani reduci: i più in gamba di loro venivano dall'aeronautica. I piloti, prima di ogni *mission* (altro termine entrato nel nostro linguaggio settoriale), venivano riuniti nella *briefing room* per avere le istruzioni necessarie. Il *target* - che per noi è il pubblico da raggiungere - era il bersaglio da colpire coi bombardamenti compiuti di giorno; quelli notturni invece agivano su una *area bombing*: sulla carta geografica appesa alla parete i diversi obiettivi - *objective* - potevano essere messi in risalto da faretti o *spot*».

Inoltre ogni agenzia, per ciascuna campagna adotta una strategia e una tattica che devono variare a seconda del prodotto da lanciare e del *target* da raggiungere; e, proprio come nell'arte militare, se mai si rendesse necessario un contrattacco per arginare l'azione della concorrenza, terrà pronta una *strategic reserve* di cui valersi. Per non dire dello *Star strategy*, che nel nuovo Dizionario zanichelliano viene definito «filosofia creativa e metodologica ... che suggerisce di considerare il prodotto come una persona, contraddistinta da un "fisico", un "carattere", uno "stile"», proprio come gli attori cinematografici. E infatti nasce dall'imitazione dello *Star system* holliwoodiano.

Insomma, quando ci lamentiamo di essere sottoposti a quotidiano bombardamento da parte della pubblicità, i cui spezzoni frantumano sugli schermi televisivi le scene dei film (oltre che la nostra pazienza), usiamo un linguaggio figurato sì, ma assolutamente pertinente.

Tanto più che oggi tende ad esasperarsi quel modello di comunicazione nato alla fine degli anni Settanta con l'avvento delle televisioni pri private, che è il marketing politico. La politica (come negli anni dello sviluppo economico lo sono stati la lavatrice, i detersivi, la Fiat 600 e la Vespa) è diventata, purtroppo per i telespettatori, un prodotto *boom* ....

(adattato da Il Corriere della Sera)

Per vendere la pubblicità fa leva sulle più svariate motivazioni, sia psicologiche (attenzione per la novità, desiderio di affermare la propria personalità, ambizione, desiderio di possesso, di indipendenza, di divertimento, bisogno di amicizia, di affetto, ricerca di soddisfazioni estetiche, culinarie ecc.) che razionali (risparmio di tempo e di denaro, garanzia di qualità, offerta di un servizio di manutenzione, facilitazioni di pagamento ecc.).

P - *Osservate la pubblicità di H&A e rispondete alle domande:*
* *Che funzione svolgono le frasi o termini in inglese utilizzati nel testo?*
* *In che relazione è l'immagine con il testo pubblicitario?*
* *Perché questo parallelo "guerra-marketing"?*
* *Su quali motivi razionali e psicologici intende far leva questa pubblicità?*
* *Se foste il titolare di un'impresa, contattereste questa agenzia pubblicitaria per reclamizzare i vostri prodotti? Perché?*

Donne violente, per «colpire» e vendere

MILANO - «Caricate, puntate, fuoco». La scritta campeggia sui muri della città accanto a una donna dallo sguardo non troppo ironico che soffia sulla canna ancora calda della «pistola-videocamera». È la nuova campagna della Samsung, ideata dalla Young & Rubicam romana e uscita a distanza di pochi giorni da un'altra più aggressiva, dove una donna regge un'ascia insanguinata e minaccia: «Mal di testa, gastrite, sciatica. Amore non ne posso più di vederti soffrire». Per le altre modelle: lanciafiamme, pistola e coltello da sub. Questa volta l'agenzia è la Bates per le calze Rede. Nientemeno "The knife" (Il coltello) è invece il titolo dello spot TV realizzato dalla J. W. Thompson per il bitter Campari. Protagonista una ragazza che sorprende il suo uomo in compagnia di un'altra. Ha un lungo coltello da cucina. Lui lo vede, terrore negli occhi. Lei si avvicina e alla fine «pugnala» un'arancia.

Perché la pubblicità arma le donne? «Sono le donne che sono cambiate» spiega Cesare Casiraghi, direttore creativo della Bates, «La nostra campagna nasce da uno studio molto profondo del post-femminismo. Gli annunci sono all'insegna della rivendicazione di una figura femminile forte». Va su tutte le furie Vera Slepoj, presidente della Federazione italiana psicologi: «Questa non è altro che un'ulteriore forma di sfruttamento della donna». Nella pubblicità, continua la Slepoj, c'è in atto un tentativo di virilizzare la donna e femminilizzare l'uomo. Lui vende i profumi e si fa bello, lei si arma. Così, oltre ai modelli femminili tradizionali, quello domestico e quello sessuale, ora alla donna si chiede anche di andare in guerra. E l'uomo non deve assumersi più alcuna responsabilità». Ma secondo la psicologa la spettacolarizzazione delle armi è dannosa soprattutto per l'effetto di fascinazione sui giovani.

Dalla «donna killer» da cartellone prende le distanze anche Oliviero Toscani, che definisce «asociali» questo genere di messaggi. Poi minimizza: «Sono solo campagne sciocche, fatte da art director che non sanno far altro che andare dietro alle mode e, siccome le donne oggi vogliono armarsi e sparare perché si sentono tante eroine, loro copiano. Ma - aggiunge Toscani - c'è un altro tipo di pubblicità che usa un'arma ancora più subdola delle pistole: è quella dei vari Armani, Chanel, Dolce & Gabbana, che arma le donne con rossetti, tacchi a spillo e vestiti; con le Schiffer e le Rossellini. Meglio allora l'ascia, almeno è dirompente».

(da Il Corriere della Sera, 9.12.95)

A - *Condividete l'opinione secondo la quale l'immagine femminile aggressiva è solo un ulteriore sfruttamento della donna o ritenete piuttosto che questa aggressività rifletta un cambiamento in atto?*
Nella pubblicità predominano le figure femminili? Perché?
Secondo voi, qual è l'immagine della donna oggi nella pubblicità?
Si è modificata nel corso degli anni e come?
Osservate la pubblicità dei pneumatici; che immagine della donna trasmette?

B - *Effettuate una piccola ricerca su pubblicità in cui la donna viene raffigurata*
  - rivolta esplicitamente agli uomini
  - rivolta ad altre donne
Su quali riviste, in quali casi e in relazione a quali prodotti viene ritratta nei ruoli tradizionali di casalinga, madre e sposa o di modella sofisticata?
Quali aspetti stereotipi della donna vengono messi di volta in volta in luce (capricciosa, emotiva, sensibile, erotica, ecc.)?
Provate a svolgere lo stesso lavoro per l'immagine maschile. Quali stereotipi e luoghi comuni emergono in questo caso? C'è anche qualche aspetto insolito e perché?

C – *Individuate i settori economici di appartenenza di questi annunci pubblicitari*

automobilistico, informatico, finanziario, farmaceutico, editoriale, dei cosmetici, tessile, telefonico

1. Nasce la nuova carta ricaricabile business di Omnitel. Tanta libertà in più: si ricarica con una telefonata gratuita senza sostenere alcun costo aggiuntivo e offre tutti i vantaggi delle altre carte ricaricabili Omnitel
2. Mutui casa ABBEY: 2 mesi di tempo per 9 mesi di tassi agevolati. Per l'acquisto della prima casa Abbey abbassa i suoi tassi. Telefona subito al numero verde .....!
3. Dissetare e nutrire in un solo momento. Per tutti i capelli secchi che hanno sete di dolcezza: Kérastase, Paris
4. Speciale come chi la guida, è nata per vincere in bellezza e dotata di tutto per dare il massimo in ogni campo: 5 poltrone in pelle, ABS, doppio airbag, tetto apribile, cerchi in lega, servosterzo e molto, molto di più
5. Arquati. Le tende che cambiano la casa. Il rigore della semplicità. Tende Arquati, disegnate dalla luce
6. Per sapere chi siamo basta mettersi davanti a Specchio, il nuovo settimanale che riflette prima di parlare
7. Ascentia Serie P. Mai vista una tecnologia portatile così sofisticata a un prezzo tanto interessante! Praticamente un notebook con la personalità di un desktop.
8. Perdi i capelli? Phyto Anti-caduta alla placenta verde – Confezione da cinque fiale per un mese di trattamento

D – *Completate le frasi*

1. Negli anni Venti, con la nascita della radio la pubblicità diventa protagonista dei ...., infatti negli Stati Uniti i programmi radiofonici sono .... e intervallati da brevi comunicati commerciali
2. Con lo sviluppo della produzione industriale e dei mass-media, la pubblicità diventa oggetto di notevoli .... economici
3. Negli anni trenta e quaranta, negli Stati Uniti e in Inghilterra nascono le .... pubblicitarie
4. Lo "short" o "................" televisivo si afferma negli Stati Uniti all'inizio degli anni Cinquanta
5. L'efficacia della pubblicità può essere valutata solo in termini di .... all'acquisto
6. La concezione .... della pubblicità ha subito numerose critiche
7. La pubblicità .... è seguita nel corso degli anni '50 e '60
8. Uno degli obiettivi della pubblicità è creare .... per il prodotto/marca
9. Il testo di accompagnamento di un annuncio pubblicitario cerca di fornire argomentazioni di .... alla promessa fatta al ....
10. Oggi il consumatore può essere .... attraverso il rafforzamento dell'identità della marca
11. La marca deve avere una funzione di ...., cioè la capacità di generare fiducia

agenzie – consumatore – fidelizzato – investimenti - mass media – notorietà – persuasiva – propensione – rassicurazione - sponsorizzati - spot – suggestiva – suppporto

Per quanto riguarda l'annuncio stampa, esso è caratterizzato, generalmente, dalle seguenti componenti:

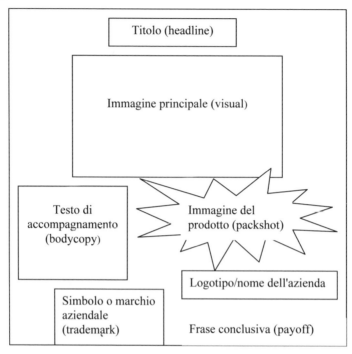

E – *Quali degli elementi suddetti rintracciate in questa pubblicità?*

Pubblicità e marketing

il Piemonte vi offre
un assaggio della sua tradizione,
per cominciare.

INVESTIMENTI A TORINO E IN PIEMONTE

F - *Ecco degli esempi di campagne pubblicitarie dello Stato italiano e di una ditta di servizi che punta sull'immagine italiana.*
Quali sono le caratteristiche di una pubblicità educativa?
Con quali elementi si rende individuabile, negli annunci pubblicitari, la provenienza di prodotti italiani? Che immagine dell'Italia viene presentata?
A quale grande azienda di prodotti dolciari fa riferimento il cioccolatino della pubblicità?

G - *Qualche volta la pubblicità utilizza frasi fatte o famose, modificandone alcuni elementi e introducendo il nome della marca o del prodotto; ricercate altri slogan sull'esempio dei seguenti:*
- **Esclamazione/affermazione:**
  Stefanel. L'amore addosso _____
- **Frase interrogativa:**
  Gassata o Ferrarelle? _____
- **Rima:**
  Il metano ti dà una mano _____

- **Doppi sensi e giochi di parole:**
Una banca in doppiopetto (Credito Italiano) _____
Chi abbandona gli animali è una bestia _____
- **Giochi sul suono delle parole** (allitterazioni, consonanze ecc.):
AVA, come lava! / L'amarissimo che fa benissimo (Petrus) _____
- **Paradossi:**
Philips presenta la quadratura del cerchio: il Compact Disc a forma di cassetta

- **Deformazioni di frasi celebri:**
Chi mi ama mi segua (Jeans)_____
- **Deformazioni di poesie:**
Buitoni. Ed è subito festa.

H - *Osservate degli spot televisivi che reclamizzano bibite, jeans, detersivi per bucato, automobili, prodotti di bellezza, e cercate di rispondere alle seguenti domande:*

1) Qual è il prodotto che si vuole vendere e quali caratteristiche presenta
2) A quale target di consumatori è indirizzato
3) Qual è la marca del prodotto
4) C'è uno slogan nel messaggio pubblicitario e, in caso affermativo, che funzione ha
5) Qual è l'argomentazione implicita o esplicita che traspare dal testo e dall'immagine
6) Si può distinguere tra motivazioni consce ed inconsce
7) Qual è il contenuto informativo della pubblicità presa in esame
8) Quale potrebbe essere l'impatto ideologico, culturale di tale pubblicità

I - *Prova pratica interattiva: di seguito è riportato un testo (bodycopy) destinato a fare pubblicità per un paesino austriaco; come copywriter riscrivete questa bodycopy scegliendo con maggiore accuratezza le parole, eliminando eventuali errori di punteggiatura o di grammatica, strutturandola in modo da sottolineare i singoli aspetti ed utilizzando meno parole. Quindi, come art director, rileggete il testo - headline e bodycopy - e descrivete il visual, che a vostro giudizio meglio si presta a dar vita ad un annuncio efficace ed accattivante. Infine descrivete brevemente al sindaco del paese un possibile spot di 30 secondi che pubblicizzi questa cittadina.*

Headline
Viaggi di primavera - Ischgl (Austria)
Bodycopy Il primo maggio esibizione della cantante Tina Turner a 2000 metri di altezza. La sua voce riecheggia a Ischgl, un paese in Austria il cui nome derivante dall'*Yscla* del nono secolo significa Isola, in occasione della Festa della primavera. Qui la neve per gli amanti degli sport invernali è assicurata quasi fino a tutto maggio; ci sono 4 funivie, 10 seggiovie e 26 ski-lift che funzionano senza gas di scarico; le automobili devono essere parcheggiate in un parcheggio sotterra e ogni anno vengono investiti più di quattro milioni di scellini per salvaguardare il patrimonio boschivo. Per coloro che non sciano c'è l'offerta di tennis coperti, piscine, piste di pattinaggio, curling, squash e passeggiate. O, per la mondanità, quando il sole comincia a tramontare, gli *open bar* o le baite per una birra o una *Schnaps* al suono della musica. Ischgl è lontano circa 100 Km da Innsbruck; il mezzo migliore per arrivarci è la macchina. L'albergo raccomandato è il Madlein, un comodo Hotel a quattro stelle, con una cucina molto buona.

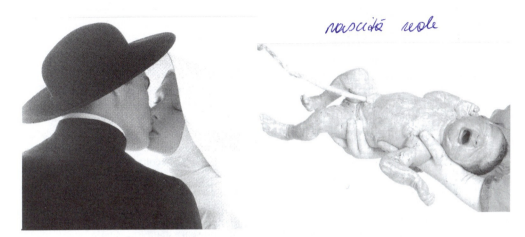

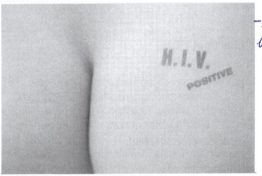

A - *Osservate queste famose immagini pubblicitarie della Benetton ed esprimete la vostra opinione in merito; le trovate scioccanti, indecenti, ottime, offensive, di pessimo gusto, indifferenti, violente, normali, interessanti, piacevoli, disgustose? Discutetene con un collega, cercando di convincerlo, se contrario, del vostro punto di vista.*

B - *Tracciando un parallelo con altre pubblicità che reclamizzano prodotti per l'infanzia, come vi appaiono i bambini, quali loro caratteristiche vengono sottolineate, che messaggio trasmettono e perché?*

C - *Spiegate la strategia della pubblicità Benetton, il perché della provocazione e come mai è possibile questa provocazione. Oggigiorno è ancora possibile provocare? Perché sì/perché no?*

D - *Commentate la frase di Oliviero Toscani, autore delle fotografie per la Benetton: "Noi parliamo della realtà, i sogni li lasciamo agli altri; dobbiamo essere meno ipocriti; il mondo non è fatto di mulini bianchi e di due fustini in uno"*

BENETTON, SBAGLI
di Giancarlo Giammetti (manager e alter ego di Valentino)

Condanno senza esitazioni la pubblicità di Benetton con il volto del malato di Aids: è facile scioccare per ottenere redazionali gratis, ed è orrendo usare l'immagine di una persona che soffre, che sta morendo, per vendere un prodotto. Noi abbiamo utilizzato la foto di una bambina contagiata dal virus Hiv, ma per promuovere una causa, non per vendere magliette. Per lanciare „L.I.F.E.", la nostra associazione creata nel '90 e presieduta da Donna Marella Agnelli. Valentino ha avuto l'idea vedendo a „Samarcanda" un servizio sui bambini malati di Aids; abbiamo declinato l'offerta di Liz Taylor di dar vita alla sezione italiana dell'Amfar, che destina i fondi raccolti solo alla ricerca, e abbiamo inventato una nostra struttura per aiutare concretamente i malati. Da allora, tutti i proventi delle manifestazioni artistiche e culturali dell'Accademia Valentino vanno, per statuto, a L.I.F.E. Così sarà anche per il ricavato dello stand dedicato all'infanzia nella tre-giorni milanese „Convivio". Vi partecipiamo perché siamo felici di qualsiasi iniziativa aiuti i malati di Aids. Meglio metter mano al portafoglio senza clamori.... .

CONTRO LA FELICITÀ COATTA
di Alberto Abruzzese

Sempre più la parte della Verità la recitano i paradossi: lo è il malato di Aids che promuove un prodotto. Come scrivere „uccide" su un pacchetto di sigarette. Benetton ottiene così un'elevatissima visibilità, ma corre anche il massimo rischio di isolamento. Ha contro di sé la più parte dei pubblicitari/prodotti che ne sono oscurati e scavalcati. Urta e per ciò stesso attrae di forza nella sua orbita il consumatore spiazzato da un'immagine che finalmente gli parla perché inattesa, sottraendolo alla più quieta assuefazione per le più convenzionali spartizioni o miscele tra realtà e finzione. Gli strappa dalla faccia il perbenismo alla Baudo, le maschere della Tv, lo riporta ad Amore e Morte.

Per bucare il muro di gomma della pubblicità usa roba forte, senza inventarsela, ma solo rilanciandola per sorprendere i distratti. Una strumentalizzazione solo perché smentisce le accuse che sono state sempre rivolte ai pubblicitari in quanto istigatori all'"evasione"? Irresponsabile solo perché ricorre alle responsabilità rimosse del cittadino? Cinico solo perché indirizza lo sguardo là dove non vogliamo? Meglio ciechi che coinvolti? Oliviero Toscani per Benetton: un pugno allo stomaco per qualche colore; immagini del dolore per un impero commerciale; scandalose provocazioni per il gioco di seduzione.

Se le campagne di Benetton non fossero assolutamente eccezionali per l'intensità di significato, non farebbero il fracasso che fanno.

E se il gioco trasgressivo pare troppo facile è perché gli stili della pubblicità, i valori del giornalismo, le tradizioni della cultura abboccano subito, puntualmente reagendo in nome di regole disattese in ogni altro luogo che non sia il dorato regno della réclame.

Ma sono assai pochi quelli disposti ad ascoltare chi preferisce il rosso sangue al colore rosa dei mulini bianchi e delle paste barille, tra i casi più astuti ma anche più emblematici del vampirismo travestito da felicità coatta. Essi dividono il Male dal Bene ricorrendo ancora alla linea di demarcazione tra ciò che appartiene alla vita dei consumi - che è la nostra vita - e ciò che pretende di esserne al di sopra giudicando insignificanti proprio le cose di cui viviamo.

(da L'Espresso, 9.2.92)

A - *Riassumete in poche parole il rimprovero che Giammetti muove a Benetton e il suo paragone tra Valentino e Benetton*

B - *Perché Abruzzese scrive Verità con la maiuscola?*

C - *Quali sono gli argomenti di Abruzzese in difesa della pubblicità Benetton?*

D - *Che cosa intende con l'espressione „il muro di gomma della pubblicità"?*

E - *Spiegate la frase: „.... reagendo in nome di regole disattese in ogni altro luogo che non sia il dorato regno della réclame"*

F - *Perché il rifiuto delle immagini di Benetton, mentre nessuno finora ha proposto di censurare manifesti che implicitamente si completano con una sola parola (irriverente o tabù) e che usano lo slang dei giovani per favorire l'acquisto di un prodotto o esempi di pubblicità come quella del professore che a scuola chiede di chi è il preservativo?*

SMACCO DEL BUONISMO
E i cattivi se la ridono...

Favole dalla morale stravolta, storie senza lieto fine, humour nero e atmosfere pulp: l'ultima tendenza degli spot è di irridere ai moduli narrativi zuccherosi cari alla tradizione. Il cattivismo pubblicitario ha tutta l'aria di essere la risposta al buonismo delle favole pubblicitarie, non più in auge e ormai considerato un disvalore.
Se l'humour spinto è la prerogativa dei chewing gum, la provocazione, spesso ai limiti dello scandalo, è divenuta una caratteristica dell'abbigliamento griffato e di tendenza. Così, mentre per anni la palma delle immagini più shoccanti è andata a United colors of Bentton, il marchio più trasgressivo dell'azienda è diventato ora Sisley che ha fatto della trasgressività un asset strategico della propria comunicazione. Forse non siamo ancora arrivati al porno soft, ma la libidine pubblicitaria è in continua crescita. In ogni caso, però, l'infrazione del senso comune – morale e pubblicitario – ha come destinatari privilegiati i consumatori giovani. Perché con i prodotti che hanno target adulti e maturi non si scherza né si provoca. A riprova che anche la provocazione soggiace alle leggi del marketing e del profitto, cioè intollerabile, non quando offende o urta sensibilità, bensì quando non fa vendere....

(adattato da Gente Money, ottobre 2002)

G – *Individuate nel testo i termini corrispondenti a queste definizioni*

- Elemento dell'attivo
- Perdita di valore
- Tendenza all'intenzionale infrazione di una norma, di una legge, di un ordine, implicante precise responsabilità
- Caratteristica peculiare e tipica
- Vistosa alterazione della forma o dell'aspetto
- Nel linguaggio giornalistico, il comportamento di chi si dimostra tollerante nei confronti degli avversari
- Che suscita una profonda impressione, disorientando o sbalordendo
- Atto o atteggiamento improntato a scherno e irriverenza

H - *Illustrate il vostro concetto di pubblicità*

Oggi si compra così

Il consumatore non acquista più solo perché la marca gli è nota: ama confrontare e prima di mettere mano al portafogli sente i consigli di amici e parenti

Spende quando ne ha voglia, non sceglie solo capi firmati o prodotti di marca, è attento ai prezzi e alla qualità, pur non essendo avaro. Compra con piacere e ama circondarsi di cose belle. In pratica il consumatore non è più un «burattino» nelle mani di un mercato che lo porta a comprare anche prodotti di cui non ha un effettivo bisogno, ma acquista solo ciò che gli serve veramente. Chi compra guarda al prezzo, alla qualità, alla semplicità d'uso e di manutenzione dei beni, al comfort e alla sicurezza; confronta le marche e si informa ascoltando i consigli di amici e parenti, leggendo giornali e riviste specializzate e guardando la pubblicità. Nell'alimentare hanno successo le proposte degli hard discount e nei supermercati i «primi prezzi», cioè i prezzi più convenienti.

Alimentazione
Che fine hanno fatto le mamme che passavano intere giornate dietro ai fornelli a preparare gustosi, anche se a volte pesantissimi manicaretti? Le donne moderne impegnate tra casa e lavoro, non hanno più tempo per fare la pasta o le torte ai figli. La famiglia si riunisce a tavola la sera (se tutto va bene); il cibo che si preferisce è iperveloce, ipercomodo e anche ipersalutistico. Si fa più attenzione a come sono composti gli alimentari e si tende ad acquistare i prodotti di quelle industrie che rispettano i dettami (nutrizionali, pediatrici, geriatrici, sportivi) del mondo della scienza alimentare.

I prodotti per la casa
Avere il «pavimento a specchio» e la «casa che brilla» non è più così fondamentale. Gli standard di pulizia si sono un po' allentati rispetto al modello tradizionale. L'acquisto dei prodotti si orienta verso quelli che fanno risparmiare tempo e fatica per semplificare ed alleggerire il lavoro domestico. Nella scelta diventano importanti sicurezza, igienicità, facilità di apertura e chiusura, tutela della salute e dell'ambiente.

Abbigliamento
Oggi l'abbigliamento è più informale e il consumatore guarda più alla qualità e alla comodità dei capi da indossare. Mentre gli uomini guardano ancora con favore allo stile classico, le donne preferiscono uno stile più personale: si informano, leggono i giornali e poi ne traggono le idee da adattare al proprio stile di vita. Dove si compra? L'élite e i giovani della provincia ancora affascinati dalle «firme» nel negozio di prestigio; gli altri, sempre più, nelle stock house.

Prodotti di bellezza
Il concetto di bellezza sta cambiando. La donna non deve più essere truccata per essere considerata «femminile»; deve avere un aspetto pulito, un colorito naturale, un corpo curato e soprattutto «sano». I cosmetici le servono per mantenersi in forma; la bella pelle è di colei che sta bene con se stessa e ha raggiunto un equilibrio interiore. Bellezza, dunque, come sinonimo di benessere. E per quanto riguarda l'uomo? I prodotti di cosmetici sono ancora guardati con un po' di sospetto, anche se vengono utilizzati in misura sempre maggiore deodoranti, dopobarba, creme per la pelle. Sono soprattutto i giovani che cominciano a curare di più il loro aspetto.

Il tempo libero
Chi sfrutta al meglio il proprio tempo libero sono i giovani studenti o i single che hanno un lavoro che garantisce loro un buon stipendio. Sport, lettura, musica e cinema i passatempi più gettonati e, soprattutto, viaggiano appena è possibile. La famiglia con prole, invece, ha cominciato a limitare le spese in questo settore; aumenta il consumo di televisione e le videocassette sostituiscono il cinema.

La salute
Farmaci? Sì, grazie, ma con criterio. L'eccesso di consumo di pastiglie e sciroppi sta per fortuna terminando. Si è capito che troppe medicine fanno male; la salute si mantiene mangiando in modo corretto, facendo attività fisica, concedendosi il giusto riposo.

Le medicine si prendono se prescritte; suscitano molto interesse le cosiddette «medicine alternative» e le terapie orientali (agopuntura, massaggi, ecc.).

Automobile

Il sogno di possedere un'auto di grossa cilindrata, elegante e veloce, simbolo di ricchezza e benessere non svanisce. Allo stesso tempo, però, si comincia a vedere la macchina come mezzo di trasporto e quindi le si chiede di essere sicura, confortevole, affidabile, maneggevole e versatile. Sulle decisioni d'acquisto, più della velocità contano gli accessori (air bag, condizionatore).Per le donne l'auto è il simbolo dell'emancipazione; la vogliono compatta, comoda, potente.

Il denaro

Bancomat, carte di credito, tessere di pagamento di supermercati e grandi magazzini: la gente li conosce, in molti li posseggono, ma la stragrande maggioranza non li utilizza. Alla «moneta di plastica» si preferisce il denaro contante. E gli investimenti? Sono quasi tutti «affamati» di informazioni in materia di risparmio, poi scelgono i libretti di risparmio e i titoli di Stato. Interessano i fondi di investimento, la Borsa non incuriosisce più di tanto. Soltanto una ristretta cerchia di professionisti, impiegati di buon reddito, imprenditori, sono interessati al mondo delle azioni e ai prodotti finanziari innovativi. Polizze vita e pensioni integrative cominciano a trovare mercato.

(adattato da **Donna Moderna**)

A - Rispondete alle seguenti domande

1. Perché il consumatore non è più un "burattino"?
2. Quali criteri segue il consumatore moderno nell'effettuare i suoi acquisti?
3. Perché nella scelta dei prodotti per la pulizia della casa sono importanti p. es. la facilità di apertura e di chiusura delle confezioni?
4. Quali sono gli aspetti più importanti nell'acquisto di prodotti per la pulizia della casa?
5. In che cosa consistono le proposte, così importanti nell'acquisto dei prodotti per la casa, degli hard discount?
6. Cosa vuol dire che „l'abbigliamento oggi è più informale"?
7. I cosmetici hanno ancora come funzione principale quella di abbellire?
8. Qual è al giorno d'oggi il concetto di bellezza?
9. Come deve apparire oggi la donna per essere considerata „femminile"?
10. Quali presupposti sono necessari per poter sfruttare al massimo il tempo libero?
11. Quali sono le regole per vivere sani che vanno diffondendosi sempre più oggigiorno?
12. Perché si desidera un'auto grande e veloce?
13. Quali caratteristiche deve presentare una macchina intesa come mezzo di trasporto e non come status symbol?
14. Come descrivere il comportamento degli italiani in fatto di moderni mezzi di pagamento?
15. Come descrivere il comportamento degli italiani in fatto di investimenti e risparmio?
16. Indicate da quale tipo di rivista potrebbe essere tratto, secondo voi, questo articolo, adducendo motivazioni per la vostra risposta

B - In base a quali criteri effettuate/effettuereste un acquisto di:

    prodotti alimentari   prodotti per il tempo libero
    prodotti per la pulizia della casa   prodotti per la salute
    capi di abbigliamento   un'automobile
    prodotti di bellezza

C - Prima di effettuare un acquisto vi informate o vi consultate con qualcuno?

D - Acquistereste un prodotto tramite vendita per corrispondenza?

E - Utilizzate/utilizzereste mezzi di pagamento diversi dal denaro contante?

L'integratore di pubblicità assolutamente indispensabile.

Post-it® Note Personalizzato è il mezzo .... che diventa uno strumento di .... e può arrivare e restare dove gli altri non riescono. Il .... o l'immagine stampata sul foglietto girano dappertutto, anche quando il .... sembra irraggiungibile, aumentando notevolmente l'efficacia di tutte le .... di comunicazione. Ogni .... personale porta con sé anche quello dell'azienda, con un ..../contatto più conveniente in assoluto. Oggi si può ottenere qualsiasi tipo di .... del blocchetto, scegliendo carta, colore, stampa, forme, misure e numero di fogli, per conseguire con il massimo .... visivo un preciso obiettivo di ....

3M *Innovazione*

F - *Completate opportunamente la pubblicità con i termini forniti di seguito:*

azioni – costo – impatto – lavoro – marchio – marketing – messaggio – personalizzazione – pubblicitario - target

MARKETING/ **LA PROMOZIONE? VINCE AI PUNTI**

Tre per due, campioni omaggio, gadget d'ogni tipo, raccolta punti, concorsi, televendite. E poi premi, tanti premi, dalla vacanza all'automobile, dal biglietto aereo alla tavola da windsurf. Stando agli addetti ai lavori, la galassia italiana delle promozioni che le case di prodotti di largo consumo offrono ai loro clienti comprende ormai almeno 20 formule diverse. Ogni giorno, o quasi, se ne aggiunge una nuova inventata autarchicamente o importata dall'estero, il più delle volte dagli Stati Uniti, vera patria del marketing.

Comunque sia, l'interrogativo di fondo resta: concorsi a premi, gratta e vinci, regali e affini, funzionano o no? La risposta che viene dagli addetti ai lavori lascia pochi dubbi: «Sì, finora hanno funzionato». A confermarlo ci sono anche i dati di due società di ricerca molto diverse fra loro, per obiettivi e campi d'azione, come Nielsen e Abacus secondo le quali i prodotti «promozionali» registrano in media incrementi dell'8-10 per cento. E le aziende produttrici continuano a crederci. C'è però promozione e promozione. «La formula "prendi tre paghi due", per esempio, ha ormai fatto il suo tempo -, spiegano alla Asp (Associazione italiana agenzia di sales promotion). - Riduce troppo i margini di profitto delle aziende e provoca aumenti di vendita che svaniscono subito, non appena finisce l'offerta». A funzionare benissimo sono invece altre forme promozionali. Innanzitutto i concorsi gratta e vinci. L'autentica mania degli italiani restano, in ogni caso, le raccolte a punti.

Di fronte ai dati è difficile, dunque, credere che dall'oggi al domani le aziende vogliano chiamarsi fuori da un gioco che s'è rivelato finora una miniera d'oro. Tanto più che ormai non c'è settore industriale esente da promozioni. «Quello che notiamo, semmai, è una tendenza ad abbandonare vecchie formule promozionali in favore dei concorsi a premi, con modalità sempre più diversificate», spiegano alla Asp.

Ma fino a quando potrà durare? Se un'iniziativa promozionale una tantum può essere coerente con il messaggio complessivo che quell'azienda vuole dare di sé, diventa controproducente quando se ne fa ricorso in modo continuativo. Così si vizia il consumatore abituandolo a privilegiare il tal regalo, o l'offerta speciale o altro, rispetto alla qualità e al contenuto del prodotto. Una volta finita la promozione sarà poi difficile riconquistarne la fedeltà senza più incentivi. Insomma, è una follia. Un suicidio. Tanto più che oggi, soprattutto in certi settori merceologici, il fatto che tutte le aziende ricorrano alle promozioni ha come conseguenza il sostanziale azzeramento di ogni vantaggio competitivo. Basta guardare a quanto succede con le videocassette vendute assieme a quotidiani e settimanali, dove l'abbinamento giornale-videocassetta ha funzionato bene all'inizio, mentre adesso si sta notando un forte calo d'interesse da parte dei consumatori, in un certo senso in parallelo con quello che è successo nel campo delle riviste femminili, che oramai da anni si combattono a colpi di gadget, con il risultato che alla fedeltà verso una singola rivista si è sostituito un crescente nomadismo dei lettori fra le diverse testate a seconda del gadget offerto di volta in volta.

(adattato da il Corriere della Sera, 19.2.96, Giancarlo Radice)

A - *Quali forme di promozione vengono citate nell'articolo?*
B - *Quali fra di esse risultano più gradite agli italiani?*
C - *Esistono forme promozionali simili nel vostro Paese; potreste citare degli esempi?*
D - *Quale pericolo comportano le iniziative promozionali?*
E - *Cosa significa che alla fedeltà dei lettori verso una rivista si è sostituito un crescente nomadismo a seconda del gadget offerto di volta in volta?*
F - *Per aumentare le vendite non ritenete più efficiente e conveniente, anche dal punto di vista finanziario, per una ditta ridurre i prezzi di listino anziché ricorrere alla promozione?*
G - *Che cosa vi guida nell'acquisto di un prodotto, la confezione, il prezzo, la qualità, l'eventuale gadget accluso? Indicate altri eventuali motivi e spiegatene la ragione.*

CONSUMI

In Francia il marketing studia nuove tecniche di persuasione

Attrazione fatale all'ipermercato

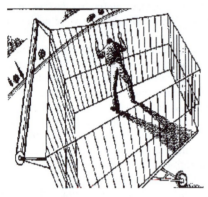

Negli oltre 400 ipermercati francesi con una superficie media di 5.500 mq, i clienti percorrono 2,5 chilometri in 40 minuti. In questo lasso di tempo vedono appena 5000 prodotti sulle decine di migliaia che gli sono proposti. «I direttori degli ipermercati e dei supermercati si battono dunque perché il cliente rimanga il più a lungo possibile nei loro magazzini per farsi tentare dagli articoli destinati a sedurlo», spiega Yves Lellouche, professore alla nuova grande scuola di commercio di Négocia. Con l'aiuto di psicologi, sociologi ed esperti di marketing, sono stati messi a punto dei metodi quasi scientifici per rallentare la velocità dei consumatori all'interno degli ipermercati (1 metro al secondo), per forzarli a guardare per più di un terzo di secondo (la media constatata) un prodotto o una marca nuova e soprattutto per spingerli ad acquistare il maggior numero di prodotti possibile.

Nessun particolare è lasciato al caso. Permettere che il cliente scorrazzi liberamente tra i raggi di un «iper» senza una logica precisa sarebbe imperdonabile. «È stato provato empiricamente che 9 persone su dieci si dirigono spontaneamente a destra quando entrano in un grande magazzino. Il carrello, questo animale diventato enorme da quando ci si è resi conto che più contiene più viene riempito, è ancora vuoto», spiega Daniel Bénard, consulente di merchandising. «Il consumatore ha orrore di vedere il suo carrello vuoto. Entra dunque a destra dove gli sono proposti dei libri, dei dischi, degli accessori per l'auto che non trova onerosi dal momento che non ha ancora iniziato la spesa». Spesso all'entrata degli ipermercati si possono trovare delle belle promozioni di hi-fi o elettrodomestici. Anche in questo caso esiste una logica precisa. L'idea di mettere una stereo in equilibrio in un carrello pieno di prodotti alimentari non verrà a nessuno. Ma in un carrello vuoto, con l'impressione che non si è ancora cominciato a spendere e che si è sul punto di realizzare un buon affare, la cosa assume tutto un altro aspetto.

Superata questa prima tentazione, il cliente, raramente indenne, comincia la spesa vera e propria. Le occasioni e gli stratagemmi per rallentare la sua corsa si moltiplicano. Come nella zona fredda, quella dei surgelati. Qui la gente tende ad affrettare il passo per sfuggire al gelo. Ma è proprio qui che si trovano le offerte e gli sconti più incredibili. Perché delle superpromozioni praticamente in perdita? «Per due ragioni», spiega Marc Poussin, direttore del marketing di un grande distributore. «In primo luogo per indurre i clienti a fermarsi in un'area che quasi tutti tendono a superare velocemente. In secondo luogo per dare l'impressione che solo negli ipermercati si possono trovare dei prezzi così bassi».

Anche l'architettura è studiata per rallentare la corsa dei clienti. Così all'ingresso nel grande magazzino i corridoi sono più larghi, facili da attraversare con gli enormi carrelli perché si ha ancora tempo di aggirarsi fra i prodotti. Ma procedendo verso le casse, quando il limite di tempo che ci si era imposti è già ampiamente superato, i corridoi si restringono e si creano dei piccoli ingorghi che lasciano il tempo per cedere a un'ultima tentazione. In qualche ipermercato ancora più diabolico il suolo è leggermente inclinato in alcuni punti strategici per frenare l'andatura. I «lineari», che pre-

sentano una serie di prodotti in verticale, devono dare l'impressione che tutto è a portata di mano e che si può scegliere velocemente. In realtà anche questa disposizione spinge a rallentare.
Per far sì che i clienti siano a proprio agio all'interno degli ipermercati, una particolare cura è riservata alla disposizione delle luci, ai colori e anche alla musica. Quella musica standard che sembra essere stata scelta in tutta fretta dal proprietario del grande magazzino riesce da sola a migliorare il fatturato di un ipermercato del 3,5%. «Gli allevatori di volatili utilizzano da molto tempo la musica per ottenere un migliore rendimento. Anche la medicina utilizza la musicoterapia», precisano a Mood-Média. «Il cliente stressato dal rumore, dalla folla, dal gigantismo dell'ipermercato e dal desiderio di fare in fretta, si distende così sotto l'effetto della musica».
La musica, i giochi, gli animatori hanno trasformato gli ipermercati da semplice drogheria formato gigante a luogo di svago dei consumatori francesi. Il sabato la spesa diventa occasione di festa per tutta la famiglia. Sono lontani i tempi in cui la casalinga andava da sola con la sua lista e il sacco della spesa a fare le compere dal droghiere, all'angolo. Oggi si possono riempire due o tre carrelli a famiglia perché la macchina, custodita gratuitamente nel parcheggio sotterraneo, non aspetta altro che essere caricata.
L'obiettivo preferito dagli strateghi degli ipermercati sono i bambini. Per loro sono installati vicino alle casse degli scaffali pieni di cioccolate e caramelle. Si tratta di un momento critico, quando i genitori, in attesa del loro turno per pagare, sarebbero disposti a qualunque cosa purché gli infanti si calmino. Nel reparto leccornie gli esperti sanno bene che si spende due volte di più se i bambini sono presenti a reclamare i loro prodotti preferiti ....

(adattato da Il Sole 24 Ore)

A - *Avete mai osservato come è strutturato un grande magazzino e come è disposta la merce? Descrivetene uno come se ne foste il direttore e spiegate le strategie che hanno condotto a scegliere una determinata esposizione*

B - *Per comprare un capo di abbigliamento preferite i grandi magazzini o una boutique? Perché?*

DISTRIBUZIONE & INDUSTRIA/ MATRIMONIO D'AFFARI AL SUPERMARKET

CARRELLO A DUE PIAZZE

Esselunga e Buitoni, Rinascente e Colgate, Crai e Ferrero. Il *comarketing* unisce produttori e grandi catene. Con due obiettivi. Ottenere la fedeltà del cliente. E fare pace nella guerra dei prezzi

(da Il Mondo, 29.3.97)

Una delle iniziative più riuscite porta la firma dei supermercati Superal e di Italaquae, la società del gruppo Danone che imbottiglia le acque minerali. Per un certo periodo, nei punti vendita della catena capitava che il Gabibbo, il pupazzo delle reti Mediaset, piombasse all'improvviso nei negozi e desse un premio ai clienti che nel carrello della spesa avevano l'acqua Ferrarelle. L'iniziativa, che veniva finanziata congiuntamente da Superal e Italaquae, è un tipico esempio di comarketing. Cioè promozione e strategia di vendita studiata in coppia da aziende diverse. Il caso più tradizionale è quello tra produttori di beni facilmente associabili: detersivi più lavatrici, oppure automobili più oli lubrificanti.
Si cerca di associare alcune marche in iniziative promozionali oppure in campagne basate sugli incentivi, come i punti premio che il consumatore colleziona acquistando le merci di un certo produttore. È un modo di uscire dalla logica del superconto, che rischia di avvicinare troppo, nella percezione del consumatore, il punto vendita ai discount.

L'idea di associare aziende diverse, suddividendo i costi della promozione, sembra banale.
Ma gli esperti ammoniscono che non è affatto semplice realizzarla. Il rapporto tra produttore e distributore, infatti, è per natura conflittuale. Il primo punta a ricavare il massimo margine sulle merci tenendo i prezzi al livello più alto consentito dalla sua posizione concorrenziale e cerca di estendere la sua quota di mercato facendo in modo che i prodotti siano disponibili nel maggior numero di punti vendita. Il secondo, invece, ha l'obiettivo di aumentare il traffico, cioè le presenze nel negozio; per questo ricorre anche ai prezzi-civetta, cioè ad alcuni supersconti molto reclamizzati che non danno margine ai produttori ma attirano i clienti. Inoltre vuole conquistare la fedeltà dei consumatori, evitando che disperdano i loro acquisti in una miriade di negozi. Trovare un punto di interesse comune non è sempre facile.
Ma il comarketing è molto più di un 3x2 o di un invito alla prova di un nuovo prodotto; serve a conquistare contemporaneamente fedeltà alla marca e alla catena e deve essere progettato in modo congiunto tra produttore e distributore. A chi partecipa ad operazioni di comarketing le catene offrono in cambio, oltre agli spazi che pubblicizza l'iniziativa, una migliore esposizione dei prodotti esposti.
Quelli per una più efficace gestione degli scaffali per categorie di prodotti anziché per posizionamento di marca o assortimento sono ambiziosi progetti di comarketing. Questa filosofia gestionale, nota come *category management*, è stata sperimentata dalla catena Gs con la Squibb e dalla Sma Rinascente con Colgate-Palmolive: in entrambi i casi è stata studiata una riorganizzazione dei reparti dedicati all'igiene con aumenti delle vendite del 20%. La tendenza è più chiaramente avvertibile al di fuori del settore alimentare. Ne è un esempio Decathlon, il grande magazzino per articoli sportivi dove chi cerca una borsa da tennis non deve cercare il reparto borse ma lo scaffale per il tennis. E chi cerca una giacca a vento da ciclista la trova nel reparto dedicato agli appassionati delle due ruote.
Tutto sommato, in fondo è l'uovo di Colombo: visto che non c'è possibilità di confusione né tanto meno di concorrenza tra una compagnia aerea e un dolce, tra una griffe di biancheria e un detersivo, tra un'acqua minerale o una birra e un'automobile, perché non mettere in atto una sinergia sui costi della pubblicità?
In pratica le cose non sono sempre così semplici. Occorre anzitutto che il target dei potenziali consumatori sia simile o coincidente. È preferibile che i due marchi che si associano siano entrambi leader nei rispettivi mercati. E, infine, ci vuole una buona dose di abilità perché lo spot sia efficace per entrambi i prodotti o i servizi reclamizzati.

C - *In che cosa consiste il comarketing?*

D - *Che vantaggi comporta per le imprese che lo utilizzano?*

E - *Che cos'è la category management?*

F - *Che cosa sono i prezzi-civetta? Perché si chiamano così?*

G - *Quali scopi persegue il produttore nel vendere i suoi beni e quali il distributore?*

H - *Che caratteristiche dovrebbero avere i consumatori a cui è indirizzato il comarketing e le ditte che vi ricorrono?*

I - *Provate ad individuare delle ditte/imprese, italiane o del vostro Paese, che potrebbero servirsi con successo del comarketing*

L - *Uno specialista di marketing, Peter Drucker, ha elencato alcuni "peccati mortali" del business; perché costituiscono degli errori? Condividete l'opinione di Drucker?*

- mantenere prezzi alti e margini confortevoli
- caricare sui prezzi tutto quello che il mercato può sopportare
- stabilire i prezzi in base ai costi
- bloccare il prodotto di domani per sfruttare meglio quello di ieri

FRIENDLY

Uomini e marketing attenti: in azienda, oggi, non basta più la testa. Ci vuole anche molto cuore. Per creare prodotti gradevoli e seducenti: alla vista, al tatto, all'uso. In una parola sola: friendly. Amichevoli, diremmo, traducendo in italiano. «Si tratta, spiega Ampelio Bucci, amministratore delegato di una società di consulenza sulle strategie di marketing, di realizzare e offrire un oggetto così identificato col cliente da farlo sentire più individuo che consumatore. I prodotti friendly rispondono alla filosofia del "sono come tu mi vuoi". Devono quindi produrre piacere al consumatore, tranquillizzarlo e possibilmente sorprenderlo. Ma devono essere innanzitutto utili e funzionali». La tendenza oggi è quella del polisensualismo: tutto, dal colore alle linee, ai profumi, contribuisce a sedurre il consumatore e a orientarne le scelte. Ma un prodotto veramente friendly, spiegano gli esperti, deve essere bello e possibile. Non c'è nulla di meno seducente e piacevole di un videoregistratore o di un hi-fi sofisticato e altamente tecnologico che obbliga il consumatore a spendere ore e ore per capire (senza magari riuscirci) come funziona.

Proprio mentre i prodotti tendono a standardizzarsi le aziende devono cercare di rispondere alle esigenze del cliente cercando di cucirgli addosso prodotti su misura, come fossero abiti da sartoria, ma sfruttando i vantaggi della produzione di massa. Gli esempi di prodotti amichevoli, tagliati cioè sui bisogni, sono ormai numerosi. C'è il tappo della birra Splugen, che non necessita di apribottiglia e può essere richiuso. E, ancora, c'è il friendly dei materiali a misura d'uomo, come il detersivo piatti con l'ammorbidente per le mani, o la candeggina profumata, fino al comune di Rimini che progetta di personalizzare ciascun quartiere della città sulla sua variegata domanda turistica: dalla famigliola che va a letto presto al giovane frequentatore di discoteche.

Ci sono mercati, tuttavia, nei quali il friendly deve seguire strade particolari. È il caso dell'alimentare, dove c'è un friendly più emozionale e uno più scientifico. L'uno è il packaging amico, fatto di materiali più belli e più piacevoli al tatto, l'altro è l'environmental friendly, basato su contenitori che producono meno rifiuti nell'ecosistema e prevedono meno energia per essere prodotti. Una difficile combinazione, cioè, di ecologico e sensoriale, bellezza e simpatia.

(adattato da *Capital 11/93*)

M - *Spesso si sente ripetere: "Nei Paesi industrializzati sarà la qualità dei prodotti a fare la differenza"; ma quali elementi contribuiscono a creare l'immagine di un prodotto di qualità, a vostro avviso?*

N - *La lotta per mantenere i clienti va intensificandosi; il cliente è in ultima analisi la fonte primaria del successo di un'attività commerciale. Cliente insoddisfatto equivale a cliente perso ovvero guadagno sfumato e magari chiusura del punto vendita; che consigli dareste a un commerciante per aiutarlo a mantenere la clientela?*

O - *Immaginate di fare un giro in un ipermercato alla ricerca di prodotti friendly, campioni del loro segmento di mercato. Che cosa scegliereste e perché?*

P - *I prodotti spesso si vendono da sé attraverso cataloghi, negozi ecc. Un "servizio", invece, tende ad essere "invisibile" e per lo più deve essere prestato di persona, in "tempo reale". Immaginate di essere stati incaricati di commercializzare un servizio di telebanking. Quali obiettivi fissereste (clienti, posizionamento ecc.); quali azioni promozionali riterreste idonee a presentare il servizio; come lo presentereste, visualizzereste e come controllereste l'efficacia della vostra promozione?*

Q - *Anche per il marketing esistono diverse definizioni; scegliete quella che più risponde al vostro concetto di marketing o formulatene una voi stessi*

1. Il marketing è costituito dalle attività d'impresa che rendono possibile il flusso dei beni e dei servizi dal produttore al consumatore o all'utilizzatore
2. Il marketing consiste in un gruppo di attività organizzate, programmate e controllate, che, partendo dallo studio del consumatore a livello individuale e dalla domanda a livello aggregato e realizzandosi in forma integrata, sono volte al raggiungimento degli obiettivi aziendali di medio e lungo termine attraverso la soddisfazione del consumatore
3. Il marketing è un'arte e una scienza attraverso cui si riesce a vendere a un numero maggiore di individui di quanto si potrebbe fare contattandoli personalmente
4. La ricerca di mercato è come guidare guardando nello specchietto retrovisore: si studia quello che è già passato
5. Il marketing è tutto ciò che contribuisce a portare l'azienda sul mercato

A TINTE FORTI (foti)

Da Bravo e Brava ai telefonini, dall'acqua alle sigarette: le nuove armi del MARKETING sono colori brillanti e trasgressioni. Cromatiche

(da Capital 10/95)

«Possono avere il colore che desiderano, purché sia nero». Henry Ford non lasciava ai suoi clienti ampie possibilità di scelta. Ma la lezione del pioniere dell'industria automobilistica è da tempo finita in soffitta. E per lanciare una linea di vetture si arriva a dipingere di tinte diverse un'intera città. È accaduto a Torino per il lancio di Bravo e Brava: mostre, convegni, il décor di interi quartieri trasformato. Tutto all'insegna del colore. Per un motivo preciso: dalla Twingo Renault al nuovo modello di utilitaria Mercedes-Swatch, passando per Punto, Coupé e Barchetta, oggi il successo di una vettura passa dal colore.

Quello dell'auto è l'ultimo atto di una progressiva occupazione dei territori del marketing da parte di esperti di tinte e sfumature. Ovunque il colore è ormai diventato un'arma determinante nelle mani dei responsabili commerciali, un tempo attenti solo alla forma del prodotto o del packaging. Non più solo nel settore alimentare (dove pesa la contiguità evidente tra colori e sapori) o dell'abbigliamento, legato alle oscillazioni di moda e gusto. Ma anche in quello dei telefonini, che finora aveva puntato su uno stile serioso e che adesso si sta abbandonando alla più sfrenata fantasia cromatica. Come dimostrano i prodotti della Swatch o i cellulari Flare, di produzione Motorola. «Il fatto è che oggi il colore può anche essere usato per sdrammatizzare un prodotto», spiega Enrico Valdani, docente di marketing alla Sda Bocconi.

Nel settore automobilistico il nuovo ruolo giocato dal colore è frutto anche del miglioramento delle tecnologie. I metodi attuali consentono addirittura di pilotare la vernice per ottenere diverse qualità di riflesso a seconda dell'incidenza della luce. A fare la differenza sono i diversi tipi di metallizzazione. In un prossimo futuro anziché usare l'alluminio, che è grigio, si userà per esempio, il rame, che ha sfumature rosse.

Ma la componente tecnica non è tutto: a determinare il nuovo ruolo dei colori sono anche altri elementi, più legati al design e al cambiamento delle forme, che «negli anni 70 e 80 erano forti, spigolose, ben caratterizzate. Oggi invece le auto si fanno tondeggianti, è il colore che acquista rilievo e fa la differenza».

Automobili a parte, nel 1996 dovrebbero dominare dapprima il viola carico, il rosso mattone, i grigi pastello, gli argenti tecnologici e i rosa shocking. Poi ritorneranno in grande stile i rossi, i blu e i gialli vivaci.

Le tendenze dei colori, però, variano da settore a settore. Il beige, per esempio, è un classico dell'abbigliamento, ma una rarità in campo automobilistico. E in ogni caso bisogna tenere presente il fatto che, secondo gli psicologi, l'azione del colore sul comportamento dei consumatori pesca negli strati nascosti della psiche.

Ogni prodotto ha un suo colore ideale? La risposta non è così semplice: regole fisse in realtà non esistono. Anche se alcuni codici cromatici sembrano consolidati: il rosso, per es., è un colore classico del settore alimentare, anzi è il colore per eccellenza della marca alimentare, si veda il caffè Illy - spiega Maurizio di Robilant, esperto di packaging - Probabilmente dipende dal fatto che il rosso evoca il gusto, o più semplicemente perché richiama i prodotti naturali: la ciliegia è rossa e rossi sono la mela, il pomodoro e la carne.

In un altro segmento, quello di latte e formaggi, gli esperti giocano su altre tinte. Latte e yogurt puntano ovviamente sul bianco, che degrada verso le varie sfumature di azzurro, per abbinare il loro valore con quello della genuinità.

Gli stessi colori dominano nei prodotti da toeletta: se nell'alimentare sottolineano il gusto, nella cosmetica il profumo e la freschezza.

Ogni variazione va studiata scientificamente. Lo stesso Di Robilant si è occupato della modernizzazione dell'immagine dei Baci Perugina. Il problema posto dall'azienda era quello di cambiare il posizionamento del prodotto troppo orientato su un romanticismo da grandi magazzini. „Da un lato non potevamo correre il rischio di perdere una forte connotazione emotiva, dall'altra volevamo sottolineare aspetti di maggiore raffinatezza. Così per accentuare l'eleganza abbiamo reso più scuro il blu e introdotto l'argento intorno alla scritta. Quanto ai toni di azzurro del logo, sono stati scaldati per richiamare un gusto più pieno".

La stessa esigenza di cambiamento ha mostrato di recente la Barilla con la linea del Mulino Bianco. La nuova versione, che ha il nome Essere sapore & salute, rompe con i toni del giallo e punta su un verde intenso e brillante. L'obiettivo era quello di comunicare un concetto nuovo, e cioè che il prodotto aveva meno grassi degli altri. Dal giallo, che rappresenta naturalezza e tradizione, si è passati al verde, più moderno e culturalmente legato al salutismo.

Proprio perché la percezione del colore è anche un fatto culturale è fondamentale tenere presente, però, che le culture variano da paese a paese. Per i cinesi il bianco è il colore del lutto, mentre i giapponesi sono affascinati dai colori pastello. Al contrario degli americani, che amano toni decisi e squillanti. Così comunicare il valore di un prodotto internazionale attraverso il colore diventa sempre più complicato. Anche perché il gusto si evolve.

Un tempo, per esempio, i colori del lusso e dell'esclusività erano solo nero, oro e argento. Oggi si cercano sfumature più sofisticate, colori meno definiti. „Oltre che trasferire valori, però, i colori di un prodotto servono da segnale - spiega Di Robilant - Si pensi alla linea Milka della Jacob Suchard: il lilla ha reso il prodotto unico sugli scaffali dei supermercati".

Nel blu dipinto di blu

„Il colore nel marketing? Importantissimo, peccato però che formule magiche per indovinare quelli giusti non esistano". Giampaolo Fabris è uno dei più noti esperti di sociologia dei consumi, disciplina di cui è titolare all'Università Statale di Milano. Il suo scetticismo verso chi vuol codificare in maniera troppo rigida l'impatto cromatico sulla mente dei clienti non è solo frutto di teoria. Tutte le regole che sembravano a molti codificate sono state contraddette dall'esperienza. Se ci si attiene alla norma, infatti, il rosso dovrebbe essere sinonimo di aggressività. Eppure è proprio il rosso il colore preferito dai bambini. Allo stesso modo il verde dovrebbe ispirare naturalezza. E invece l'associazione degli stati d'animo ai colori non è così automatica. Per esempio la Barilla ha basato tutta la sua strategia di differenziazione nella pasta sul blu, usando come testimonial Alberto Tomba o Cindy Crawford. Eppure il blu non è adatto per distinguersi, visto che oggi è uno dei colori culturalmente più attuali e internazionali che esistano. E allora? Il blu di Barilla funziona, perché il consumatore lo associa, nell'inconscio, alla pasta o più semplicemente perché il blu ormai si identifica con Barilla? Una risposta è difficile. Stando alla psicologia dei colori, poi, il nero dovrebbe usarsi molto raramente, perché è poco rassicurante, però nello stesso tempo è anche particolarmente adatto a dare a un prodotto qualità e distinzione. La stessa moda lo usa molto e nell'editoria proprio *Capital* è la rivista che punta sul nero per dare risalto e qualità al suo marchio.
Insomma, nel colore l'unica vera regola è che non ci sono regole fisse.

È questione di codici

Nel settore alimentare vanno per la maggiore rosso, bianco, blu e verde. Per i prodotti da toeletta il marrone non funziona. E ovunque con il viola meglio non scherzare, molti pensano che porti iella. Sono i codici cromatici dei colori: rispettarli sembra d'obbligo. Ma di tanto in tanto c'è chi preferisce infrangere le regole e rischiare. Spesso con grande successo.
Le sigarette, per esempio. Tutti sanno che fanno male e i produttori, come ovvio, preferiscono evitare di ricordarlo. La regola più diffusa è quella del colore bianco del pacchetto per sottolineare salubrità e leggerezza. Al massimo ci si infila un po' di giallo e beige per ricordare che il sapore, comunque, non manca. Ma il nero no, il nero significa lutto. Eppure le Davidoff hanno puntato tutto (con successo) su un pacchetto nerissimo.
Il nero è bandito anche per i prodotti da tavola. Può dare un'idea di sporco, o comunque, di pesante e poco appetibile. Eppure la mozzarella Zarina, di produzione francese, in Italia si vende proprio avvolta in carta nera. E per restare nella Penisola, il parmigiano reggiano dell'Antica Formaggeria sta in eleganti ma neri contenitori di cartone o di plastica. Anche l'acqua minerale è da sempre imbottigliata in contenitori chiari per esaltarne la limpidezza. La britannica Ty Nant, che sgorga nel Galles, ha basato invece il suo successo su un'elegantissima bottiglia di color cobalto. Obiettivo: proporsi come prodotto esclusivo, rivolto ad un target alto.

Resta però un problema. Quando vale la pena di violare i codici?
Gli esperti non hanno dubbi: solo quando il prodotto ha un valore fortissimo da comunicare e si presenta come decisamente innovativo. Attenti invece a non trasgredire solo per attirare l'attenzione: può funzionare all'inizio, ma in seguito il flop è assicurato.

(*adattato da Capital 10/95*)

R - *Che importanza riveste il colore nel marketing?*

S - *Quali sono i colori più utilizzati per fare pubblicità e c'è una differenza a seconda della categoria dei prodotti?*

T - *Quali colori scegliereste voi per pubblicizzare:*
- *un impianto hi-fi*
- *una scatola di cioccolatini*
- *una motocicletta*
- *una barca a vela*

e perché?

U - *Quale colore per voi è sinonimo di:*
- *eleganza*
- *sportività*
- *allegria*

Storia a caratteri d'oro

La prima scelta controcorrente la fecero nel lontano 1967: mentre il mondo dei beni di consumo di lusso, e della moda in particolare, metteva a punto strategie di contrattacco al clima di contestazione giocando sulla personalizzazione, sulla firma che identifica l'oggetto con il suo creatore, loro hanno scommesso sulla *non griffe*, su un nome e un marchio che non li mettesse in scena da protagonisti. E battezzandola Pomellato, Pino Rabolini e Luigi Signori, amministratore delegato e presidente della società, hanno dato il via alla loro avventura imprenditoriale nell'alta oreficeria.

Un'avventura fortunata: oggi la loro azienda registra un fatturato complessivo di 18.595.000,-- euro, occupa 150 dipendenti, produce 26.000 pezzi all'anno e li vende attraverso una rete di 150 gioiellerie concessionarie esclusive in Italia, Europa, Giappone, USA e nelle boutique monofirma di Milano, Parigi, Madrid, Tokyo, Osaka e Capri.

Hanno inventato il prêt à porter della gioielleria e l'hanno portato al successo adottando strategie di marketing e di comunicazione spesso al confine, se non addirittura in bilico, tra il buon senso e la prudenza tipici dell'imprenditore vecchio stampo e l'azzardo di chi ha eletto a credo la cultura manageriale più avanzata. Con tutti gli apparentemente inspiegabili controsensi del caso. Che il più delle volte si sono rivelati delle felici intuizioni. In molti p.e. si sono chiesti che significato avesse, negli anni Settanta, quando per la comunicazione tutti puntavano sull'effetto colore, avviare una campagna pubblicitaria completamente in bianco e nero, commissionata sì a grandi nomi dell'obiettivo, ma pur sempre mortificatrice del calore trasmesso dal colore dell'oro. E perché la Pomellato degli anni Ottanta, quando la gioielleria italiana era in gara per aggiudicarsi le ghiotte commissioni provenienti dai mercati arabi, non ha mai partecipato alla corsa, rifiutando questo business? E perché ha continuato a rifiutare le allettanti offerte provenienti da società finanziarie affinché il marchio Pomellato completasse rapidamente il suo processo di internazionalizzazione?

C'è un minimo comun denominatore che lega tra loro tutte queste scelte che possono essere sembrate e sembrare ancora controcorrente: il filo conduttore è il rispetto dell'idea su cui è nata la Pomellato, ovvero salvare la tradizione dell'alta oreficeria milanese. Radici mantenute nel classico pur adottando soluzioni tecniche ed estetiche capaci di rendere più giovane il gioiello, senza rinunciare alla qualità della fattura. Un esempio per tutti e che ha fatto scuola oltre che moda: le tradizionali catene rivisitate nei particolari, magari con un moschettone al posto del solito anello, oppure impreziosite da brillantini incastonati sulle maglie. Pino Rabolini riconosce anche i limiti delle strategie operative che hanno caratterizzato lo sviluppo della Pomellato: "Voler contare solo sulle proprie forze significa accontentarsi di progressi relativamente lenti. Accettare finanziamenti avrebbe significato accelerare i tempi, completare prima il processo di internazionalizzazione. Ma la contropartita avrebbe potuto essere pesante: il rischio di perdere l'immagine artigianale, di dover subire forti condizionamenti esterni". In sintonia con queste motivazioni sono anche gli altri grandi no della Pomellato. "Il mercato arabo non ha mai fatto gola: il gusto per l'appariscente non poteva conciliarsi con quello della Pomellato. Anche gli Stati Uniti vanno guardati con cautela: rappresentano un mercato troppo ampio che, proprio per questo, può pretendere di assorbire troppo. Se ci si lasciasse prendere la mano allettati dall'impennata del fatturato prima di aver consolidato la propria forza produttiva, si finirebbe per trasgredire alla regola della qualità pur di rispondere alla domanda, magari anche chiudendo un occhio sull'imperativo del tutto fatto a mano.

Politica della prudenza da un lato, slanci da pioniere dall'altro, come l'iniziale decisione di affidare al bianco e nero il messaggio pubblicitario Pomellato. Intanto, tra tradizione ed una decisa tendenza ad andare controcorrente, il mondo Pomellato ha puntato all'espansione di mercato, alla quale, però, non ha corrisposto un ampliamento della collezione: produzione attestata su un'ottantina di nuovi modelli all'anno, tutti fatti in casa, dal disegno al prototipo, mentre, sulla scia della diversificazione, iniziata con l'argenteria per la casa, gli orologi ed i profumi, si è inserita la decisione di produrre gioielli "importanti" per una fascia di mercato dalla quale è bene non restare esclusi.

(*adattato da Capital, Patrizia Risuoli*)

A - *Completare le frasi con le espressioni fornite in ordine sparso*

impennata – commissioni – prototipi – finanziamenti – fatti a mano – griffato – concessionari esclusivi – società finanziarie – si è consolidata – fattura – spot - diversificare

1. Per realizzare questi gioielli non sono stati impiegati macchinari, sono tutti ....
2. La nostra posizione ormai non teme più concorrenti, si può dire che ....
3. I .... dei nuovi modelli vengono realizzati naturalmente nei nostri laboratori
4. Per affrontare la crisi abbiamo deciso di investire anche in altri settori, vale a dire di ....
5. Oltre alla famosa campagna pubblicitaria in bianco e nero abbiamo creato degli .... televisivi ad hoc per la nostra immagine
6. La nostra politica prudente ci ha consigliato di non farci allettare dalla prospettiva di un'.................. del fatturati senza una corrispondente disponibilità di capacità produttiva
7. Per espanderci rapidamente sarebbero stati necessari .... da parte di investitori o di ....dotate di grandi capitali
8. Accettare le favolose .... dei mercati arabi avrebbe significato una perdita di qualità
9. Il nostro marchio punta invece sulla qualità della realizzazione, della .... dei gioielli
10. Pomellato non significa solo gioiello firmato, ..., ma anche esclusività
11. I nostri gioielli sono distribuiti in tutto il mondo grazie ad una rete di rivenditori autorizzati, i cosiddetti ....

B - *Cercare nell'articolo i relativi concetti*

* Per reagire agli atteggiamenti critici nei confronti del lusso la moda ha cercato di conferire impronte personali ai prodotti
* Gli industriali con una mentalità legata al passato sono tradizionalmente cauti
* L'incarico per la pubblicità controcorrente è stato affidato a fotografi di prestigio

* Si è cercato di conservare la tradizione e allo stesso tempo realizzare idee moderne
* Le collane classiche sono state ringiovanite con dei piccoli ma originali dettagli
* Le decisioni relative al futuro dell'azienda presentano anche degli inconvenienti
* Il mercato arabo non è allettante per la Pomellato perché predilige gli oggetti vistosi
* La prospettiva di uno sviluppo vertiginoso del giro d'affari può comportare il rischio di dover rinunciare alla produzione artigianale, perché questa non sarebbe in grado di soddisfare una domanda tanto forte
* Nonostante l'atteggiamento prudente, anche la Pomellato persegue come obiettivo l'ampliamento del proprio mercato
* L'azienda ha deciso di creare anche gioielli di lusso per attirare un target con disponibilità finanziarie maggiori

C - *Su quali dei seguenti aspetti ha puntato la Pomellato per affermare i propri prodotti?*

- ⊙ individuazione del target
- ⊙ selezione del personale
- ⊙ indagini di mercato
- ⊙ analisi dei concorrenti
- ⊙ individuazione del prodotto da rivisitare
- ⊙ presentazione di modelli
- ⊙ realizzazione di prototipi
- ⊙ produzione di massa
- ⊙ test dei prodotti
- ⊙ lancio dei prodotti
- ⊙ campagna pubblicitaria
- ⊙ packaging
- ⊙ ....

D - *Una campagna di marketing per beni di largo consumo si compone di diverse fasi. Disponete in ordine cronologico quelle sottoelencate:*

a. test del prodotto
b. studio di mercato
c. sviluppo del prodotto
d. individuazione dell'idea
e. test di mercato
f. lancio
g. sviluppo del concetto, individuazione del target e definizione del nome
h. pubblicità e promozione
i. strategia di marketing
l. analisi dei punti deboli e punti di forza

Vestito per vendere

Contiene e conserva, ma soprattutto comunica. Il packaging ha un ruolo determinante nel piano di marketing di un'azienda. Basti pensare quali sono le leve che spingono ognuno di noi a prendere dagli scaffali di un supermercato un articolo piuttosto che un altro. Non sono sempre e solo le considerazioni legate alla qualità della marca, o alla convenienza del prezzo, che ci fanno scegliere. Spesso, soprattutto negli acquisti d'impulso, la confezione, i suoi colori, il materiale di cui è composta giocano un ruolo determinante nella scelta. Se rende l'uso

del prodotto più pratico, più facile da usare, più bello esteticamente, il packaging fa la differenza e diventa un vantaggio competitivo. I farmaci con un dosatore, il cibo in confezioni richiudibili sono solo alcuni degli esempi di imballaggio capace di contribuire al successo di una marca. Dunque soluzioni innovative per tecnologia, immagine, design. E oggi un imballaggio, oltre che pratico, deve essere anche ecologico, cioè facilmente riciclabile.

(Millionaire, marzo 1999)

E - *Il packaging, cioè la confezione, presenta caratteristiche diverse in base al tipo di prodotto che si vuole vendere e al target cui ci si riferisce. Come si chiama l'imballaggio che vuole*

1. non passare inosservato grazie all'immediato impatto visivo
2. facilitare l'uso del prodotto
3. fornire elementi che possono essere utilizzati per un gioco
4. comunicare qualcosa che risponda alle correnti di pensiero più ascoltate
5. offrire la possibilità di riutilizzare la confezione, utilizzare materiali rispettosi dell'ambiente
6. mettere in primo piano la forma e la sua raffinatezza
7. dire qualcosa di nuovo pensando alle possibili esigenze non ancora soddisfatte dei consumatori
8. fornire soluzioni per proteggere e mantenere puliti e freschi i prodotti
9. fornire soluzioni per problematiche classiche legate all'uso di determinati prodotti

innovativo, new age, ecologico, pratico, comodo, igienico, essenziale, esplicito, longevo

F - *Quale fra questi tipi di confezione utilizzereste per*

vini   profumi   saponi   medicinali
puzzle   docciaschiuma   yogurt

DOCKERS / La nuova filosofia dell'abbigliamento in azienda

Produttivi per casual

Senza giacca e cravatta si lavora meglio. La divisione della Levi's lo consiglia alle imprese Usa. Con successo

L'ABITO NON FA IL MONACO, ma aumenta la produttività. O almeno migliora il clima interno, il che è un buon requisito. Secondo una ricerca effettuata negli Stati Uniti, l'81% di 2mila dipendenti e responsabili delle risorse umane afferma che la libertà nell'abbigliamento migliora il morale, il 98% che incrementa la comunicazione e il rapporto tra colleghi, l'86% che aumenta la stima dei dipendenti per l'azienda e il 59% che condiziona in positivo persino le finanze dei dipendenti. Così proprio negli Usa aumentano le aziende che perseguono una *dressdown policy*, spingendo i dipendenti verso l'abbigliamento *casual*.

American Express, Procter & Gamble, Dow Jones, Eastman Kodak, Ibm, Citibank, General Electric, Ford sono alcune delle imprese che si stanno orientando verso una politica di *casual businesswear*. E c'è chi, come la Dockers (divisione della Levi Strauss), ne ha fatto un business, preparando un *kit* di tre libretti che raccolgono tutte le indicazioni per l'applicazione di una corretta *casual dress policy* e offrendo consulenza.

Ora è la volta dell'Europa: solo tra marzo e giugno di quest'anno il *kit* è stato inviato a più di mille aziende.

Nel nostro Paese tra i primi a rispondere all'appello è stata la Nissan. Ricevuto il *kit*, i responsabili del personale hanno puntato tra le *casual dress policies* temporanee sulla possibilità del casual *friday*, il venerdì informale.

Naturalmente l'iniziativa s'inquadrava nella

strategia di ricerca di nuove condizioni di lavoro. „Ci è sembrata - spiega il direttore del personale di Nissan Italia - un'iniziativa pertinente: siamo un'azienda giovane, in cui abbiamo un 45% di laureati, con un'età media che si aggira sui 33 anni. La nostra filosofia è quella della soddisfazione del personale interno e dei concessionari come mezzo per soddisfare il cliente".

Così nei venerdì estivi i dipendenti potevano contravvenire alla regola non scritta della giacca e cravatta. „Offrire a tutti l'opportunità di vestire in modo *casual* prima del fine settimana fa sentire a proprio agio le persone al lavoro". In realtà dietro al *casual friday* c'è anche la responsabilizzazione del personale. Il tipo di abbigliamento deve sempre dipendere dai propri impegni, per cui agli incontri con persone esterne occorre tener presente la filosofia di abbigliamento e, per questioni di cortesia, vestire come loro. E in ogni caso, *no a t-shirt*, canottiere, pantaloni corti, tute, jeans, scarpe da ginnastica.

Qualche risultato, anche se non quantificabile, c'è: „Dalle prime indicazioni - racconta il direttore del personale Nissan - abbiamo avuto successo. Il clima è diventato estremamente positivo, senza che venisse intaccata la professionalità; si è notata soprattutto una maggiore informalità di rapporti all'interno di un'azienda che era già informale. L'orientamento generale è verso una cultura meno rigida, più armonica e comunicativa: le gerarchie scoloriscono e i loro simboli, l'abbigliamento formale e la cravatta, perdono forza".

(adattato da „*Il mondo economico*", 9-9-96)

A - Commentate le frasi dell'articolo

"Il tipo di abbigliamento deve sempre dipendere dai propri impegni"

"Le gerarchie scoloriscono e i loro simboli, l'abbigliamento formale e la cravatta, perdono forza"

B - Rispondete quindi alle domande

1. Condividete la prima affermazione? Perché?
2. Personalmente ritenete che lavorereste meglio se foste liberi di scegliere come vestirvi o se vi muoveste in un'atmosfera un po' più formale? Perché?
3. Come mai, secondo la ricerca, per l'86% dei dipendenti aumenta la stima nei confronti dell'azienda più permissiva in fatto di abbigliamento?
4. Attribuireste maggiore professionalità ad un direttore (p. es. di banca) in abbigliamento casual o in completo grigio?
5. Secondo voi, come mai i truffatori più "raffinati" dedicano particolare attenzione all'abbigliamento?
6. Che cosa simboleggiano l'abbigliamento formale e la cravatta?
7. Esigereste dai vostri dipendenti un abbigliamento diverso, e se sì quale, se foste a capo di

      a - ufficio viaggi
      b - istituto di credito
      c - supermercato
      d - concessionaria di casa automobilistica
      e - agenzia pubblicitaria

Ma le case decidono il costo in base ai nostri desideri...

Come nasce il prezzo di un'auto? La logica farebbe supporre che, come ogni prodotto industriale, anche il listino delle vetture sia strettamente legato ai costi di produzione. Questo era vero fino agli anni '50, poi la rivoluzione del marketing, importata dall'America, ha cambiato le regole del gioco. Nel formare il prezzo, il costo industriale è quasi un dettaglio, tutto lo studio si focalizza invece sul cercare di capire "quanto" il cliente sia disposto a pagare. E non fargli spendere una sola lira in meno.

Quando il mercato tira, i costruttori alzano continuamente l'asticella: desideri il modello X, allora devi pagarlo Y. Tutto funziona finché le vendite sono in espansione e, per quanto si alzi il "posizionamento" dei modelli, si trovano sempre clienti disposti a spendere quanto deciso a tavolino dalle case automobilistiche. Quando invece il mercato entra in crisi, il meccanismo si rovescia: è il cliente a decidere quanto è disposto a pagare una macchina. E se costa troppo rinuncia o si rivolge a chi offre un prodotto equivalente a un prezzo inferiore. Nasce così il boomerang delle promozioni commerciali: il mercato ha palesemente abbassato l'asticella, ma i costruttori non si sentono di fare altrettanto.

Logica vorrebbe che si abbassassero i prezzi, così da tornare a listini reali. Tuttavia nessuno ha il coraggio di farlo in modo palese: si deprimerebbero ingiustamente le quotazioni dell'usato e si farebbero arrabbiare i clienti che il giorno prima hanno pagato il listino in pieno, sostengono le case. Due controindicazioni reali, ma i prezzi vengono abbassati comunque, perché il mercato lo impone, anche se ciò avviene in modo contorto.

Cosa sono le serie speciali, la supervalutazione dell'usato, lo sconto del concessionario o quello della casa, se non un modo elegante per limare, e spesso di parecchio, il listino? Le controindicazioni rimangono tali e quali: i concessionari lamentano da tempo che le quotazioni dell'usato non sono più reali, perché partono dai valori di listino, prezzi che nessuno pratica in realtà. Secondariamente, chi ha appena comprato una vettura e scopre che, con un nome di fantasia, è nata una serie speciale, ovvero la stessa macchina, ma a prezzo minore, rimane male comunque; e non potrebbe non farlo. Così continua un inutile gioco delle parti che mina alla base qualunque soddisfazione e fidelizzazione della clientela: i costruttori si strappano i potenziali clienti a colpi di sconti e promozioni, per poi lamentarsi che l'infedeltà alla marca non è mai stata così alta... Tuttavia l'aspetto più macroscopico del meccanismo dei prezzi è quello dell'aumento dei listini.

Se i rincari sono pari all'inflazione dell'anno, quello che viene preteso in più come rincaro del listino viene immediatamente restituito incrementando il livello delle promozioni.....

(adattato da La Repubblica)

Vero o falso?

1. Il prezzo di listino dipende dai costi di produzione
2. Il produttore fissa un prezzo appena al di sotto di quanto il consumatore sia disposto a spendere
3. In fasi congiunturali positive il prezzo può anche diminuire
4. In periodi di crisi economica i produttori cercano di aumentare i prezzi per non subire perdite eccessive
5. Non si abbassano i prezzi per non deludere i consumatori
6. Per non dover diminuire i prezzi si creano nuove linee di prodotti
7. Le diverse azioni promozionali rendono difficile la fidelizzazione della clientela
8. Se rincara il listino, si concedono maggiori sconti ai clienti

C - Che ruolo svolge il marketing nella formazione del prezzo?

Pubblicità

affissione pubblicitaria	Plakat
agenzia di pubblicità/agenzia pubblicitaria	Werbeagentur
analisi di fattibilità	Realisierbarkeitstudie
andare a ruba	reißenden Absatz finden
annuncio/inserzione	Annonce/Inserat
areogramma	Torten-/Kuchengrafik
articolo di marca	Markenware
articolo civetta	Lockartikel
atteggiamento di consumo	Konsumverhalten
burattino	Marionette
campagna pubblicitaria	Werbeaktion
campione di merce	Warenprobe
campione pubblicitario	Werbemuster
campione	Stichprobe
cartellone/manifesto pubblicitario	Werbeplakat
classe demografica/classe sociale	Bevölkerungsschicht
coeditore	Mitherausgeber
concorrenza sleale	unlauterer Wettbewerb
confezione/imballaggio	Packung/Verpackung
consulente pubblicitario	Werbeberater
consumatore finale	Endverbraucher
consumatore	Verbraucher
consumo interno	Inlandsverbrauch
creare/suscitare un bisogno	einen Bedarf wecken
decorazione delle vetrine	Schaufenstergestaltung
demoscopia	Meinungsforschung
dettami	Gebot
diagramma a colonna/istogramma	Balkendiagramm
diritti d'autore	Urheberrecht
domanda interna	Inlandsnachfrage
eccesso del potere d'acquisto	Kaufkraftüberhang
fluttuazioni sul mercato	Marktschwankung
inchiesta	Umfrage
incremento demografico	Bevölkerungswachstum
indagine di mercato	Marktuntersuchung
indice del costo della vita	Lebenshaltungskostenindex
indice di natalità	Geburtenziffer
indice ponderato	gewichteter Index
inondazione del mercato	Marktschwemme
inserzione in bianco e nero	Schwarz-Weiß-Anzeige
inserzionista	Inserent
interessato	Kaufinteressent
lanciare sul mercato	auf den Markt bringen
lanciare	einführen
libera concorrenza	freier Wettbewerb

manicaretti	Leckerbissen
mass-media	Massenmedien
materiale pubblicitario	Werbematerial
mercato di acquirenti	Käufermarkt
messaggio pubblicitario	Werbeaussage
mettere un'inserzione (sul giornale)	inserieren
mezzi pubblicitari	Werbemittel
multimedialità	Medienverbund
omaggio pubblicitario	Werbegeschenk
opuscolo pubblicitario	Werbeprospekt
piramide demografica	Bevölkerungspyramide
promozione delle vendite	Verkaufsförderung
propaganda/pubblicità/reclame	Werbung
prospetto pieghevole	Faltprospekt
pubbliche relazioni	Öffentlichkeitsarbeit
pubblicità a mezzo stampa	Drucksachenwerbung/Zeitungsreklame
pubblicità comparativa	vergleichende Werbung
pubblicità diretta	Direktwerbung
pubblicità individuale	Einzelwerbung
pubblicità luminosa	Lichtreklame
pubblicità per il lancio di ...	Einführungswerbung
pubblicità per mezzo di manifesti	Plakatwerbung
pubblicità radiofonica	Rundfunkwerbung
pubblicità selettiva	gezielte Werbung
pubblicità subliminale	unterschwellige Werbung
pubblicità televisiva	Fernsehwerbung
reparto/ufficio pubblicità	Werbeabteilung
ricerche di mercato	Marktforschung
risvegliare la voglia di comprare	die Kauflust wecken
saturazione del mercato	Marktsättigung
soddisfacimento di un bisogno	Bedürfnisbefriedigung
soddisfare la richiesta	den Bedarf decken
spazio pubblicitario	Werbefläche
spese pubblicitarie	Werbekosten
spot pubblicitario	Werbespot
statistica demografica	Bevölkerungsstatistik
stimolo all'acquisto	Kaufanreiz
struttura dei redditi	Einkommensstruktur
studio di mercato	Marktbeobachtung
target	Zielgruppe
tenore di vita	Lebensstandard
test tendenziale	Neigungstest
veicolo pubblicitario	Werbeträger

Capitolo 12
Contratti atipici (franchising, leasing, factoring)

Organizzazione del lavoro, consulenza economica, fornitura dei servizi

Engineering, la competenza non si limita agli aspetti tecnici

(*dal* Sole 24 Ore, Massimo Ajello, Segretario generale Oice)

Vi è, in genere, una certa difficoltà a comprendere i diversi ruoli dei soggetti imprenditoriali operanti nel complesso sistema della moderna industria delle costruzioni civili e industriali e dei servizi tecnico-professionali connessi. Società di ingegneria, di ingegneria e impiantistica, ovvero soltanto di impiantistica, "main contractor", sono termini precisi per gli addetti ai lavori. Ma è noto che la realtà, in questo caso quella imprenditoriale, è sempre più complessa delle semplificazioni schematiche e quindi qualche sovrapposizione di ruoli esiste, a causa delle particolari attitudini delle singole imprese e della evoluzione del settore negli ultimi trent'anni.

L'attuazione dei grandi programmi nel nostro Paese - in particolare negli anni 60, nei settori siderurgico, petrolchimico, autostradale, idroelettrico, ecc. - ha favorito l'accumulazione nelle imprese italiane di grandi capacità organizzative e tecnologiche.

Società specializzate nella fornitura dei servizi tecnici necessari a quelle grandi realizzazioni e nella gestione di progetti complessi sono sorte sia per semplice "distacco" dell'ufficio tecnico di un gruppo industriale, che da quel momento trovava più conveniente vendere a terzi tali servizi anziché limitarsi a produrli a fini interni, sia per aggregazione di gruppi di esperti (ingegneri, architetti, geologi, chimici, biologi, economisti, ecc.) che si costituivano in società, scegliendo la via imprenditoriale per l'esercizio della propria professione. Nascevano, cioè, le società di ingegneria, che via via estendevano poi le prestazioni a tutti i settori.

«Ingegneria» non tragga in inganno: il campo di attività come può dedursi è molto più vasto. In effetti il termine società di ingegneria vuole essere il corrispondente italiano di «consulting engineering», di molto più antica origine anglosassone, che indica un enorme complesso di attività collegato alla realizzazione di opere o impianti in tutti i settori dell'economia in cui è necessario razionalizzare, coordinare, costruire: dall'agricoltura all'informatica, dall'energia alle infrastrutture, a tutti i settori industriali.

Si tratta, per essere chiari fino in fondo, anche di attività che talvolta nulla hanno a che vedere con l'ingegneria in senso stretto: studi economici, indagini tecniche, ricerche di mercato, preparazione di pacchetti finanziari, formazione professionale. Si tratta, cioè, di attività di consulenza tecnico-economica, per essere precisi; ma ai nostri padri «società di ingegneria» è sembrato forse più qualificante. Ad ogni modo l'Oice, l'Associazione italiana delle società di ingegneria, definisce più correttamente i propri associati come «organizzazione di ingegneria e consulenza tecnico-economica», per estendere il campo oltre i confini più tipicamente ingegneristici dei servizi progettuali e affini.

Per ritornare alla storia, il mercato ha richiesto a queste società di operare con la formula del "chiavi in mano", assumendo la responsabilità della realizzazione dell'intero progetto. In dipendenza dei settori, della propria versatilità e dell'insistenza di questa richiesta da parte del mercato, alcune società di ingegneria si sono sviluppate nella forma dell'«Engineering & Contractors» cioè soggetti capaci di fornire opere e impianti completi (quasi mai, però, costruendo in proprio), ma al contempo operando anche come semplici prestatori di servizi tecnico professionali.

Esistono quindi due figure tipiche di società di ingegneria: gli «engineering & contractors» (chiamati anche società di ingegneria e di impiantistica), che svolgono entrambe le funzioni, realizzazioni di impianti e vendita di servizi. E le «consulting engineerings» (o società di ingegneria pura) che vendono unicamente servizi. Inoltre, è il caso di segnalare che i primi operano prevalentemente nei settori industriali e le seconde in quelli civili.

Le società di impiantistica, invece, svolgono unicamente la prima funzione, progettando in proprio e fabbricando materialmente l'impianto, e non vendono servizi di ingegneria a terzi, pur facendo moltissima ingegneria.

In pratica i contratti di engineering vengono stipulati tra un'impresa committente e una società che si impegna a progettare e realizzare un'opera di ingegneria civile o industriale (centrali nucleari, villaggi turistici, piattaforme petrolifere galleggianti, ecc.)

- A - *Il termine italiano di "società di ingegneria" corrisponde al termine inglese di* ...main contractor
- B - *Gli "Engineering & Contractors" in italiano sono detti* ...soggetti capaci... *e la loro attività consiste nella* ....
- C - *La formula "chiavi in mano" significa* ...responsabilità della realizzazione
- D - *Esempi di opere d'ingegneria sono* ...servizi tecnici..........
- E - *Osservate la pubblicità e spiegate il tipo di servizio offerto dalla* **Cad-lab**; *che vantaggi offre e a chi potrebbe interessare questo genere di servizio?*

Cad-lab vi invita a gustare
Cad-lab engineering

È nato il primo polo informatico tecnico italiano, in grado di offrirvi direttamente soluzioni complete e consulenza per le attività di progettazione

Cad-lab engineering, una perfetta sintesi di risorse, è destinata a diventare il punto di riferimento del mondo italiano del CAD. Un patrimonio di esperienze che, oltre a potenziare le soluzioni per l'area tecnica, vi metterà a disposizione un nuovo servizio globale "su misura". Oggi Cad-lab vi offre sistemi chiavi in mano basati su una gamma ancora più ricca di prodotti e si propone come partner tecnologico in grado di trasferirvi quel know-how di ricerca e sviluppo di strumenti e strategie informatiche, indispensabile ad ogni azienda per soddisfare le mutate esigenze di competitività.

Cad-lab engineering. Software, sistemi, consulenza e soluzioni informatiche per la progettazione

Soluzioni globali direttamente all'utente

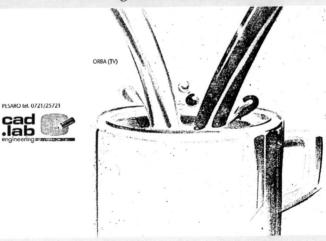

ORBA (TV)

PESARO tel. 0721/25721
cad.lab engineering

Una coproduzione Rai-Hoechst Italia per un ciclo di programmi

Sponsorizzazioni vanno in onda i piccoli
di Maria Balliana

Una sponsorizzazione in piccolo molto soft e molto mirata, via dai clamori delle megamostre o del 'mecenatismo' in stile faraonico. La 'politica' della Hoechst Italia, filiale del gruppo chimico-farmaceutico tedesco, va controcorrente rispetto alle tendenze nel campo della sponsorizzazione, improntata sempre più, da un lato, a iniziative di grande richiamo e rivolte a pubblici molto vasti; dall'altro ad assumere funzioni e ruoli più da protagonista della cultura, dello sport, dell'arte. In altre parole, gli sponsor oggi tendono a "fare cultura" in proprio, a organizzare direttamente gli eventi, andando ben oltre la partecipazione finanziaria. "Ma a noi questo tipo di sponsorizzazione 'in grande' non interessa - spiega Vladimiro Vodopivec, responsabile comunicazione e immagine del gruppo Hoechst Italia - Il nostro è

Una serie di trasmissioni sull'arte in Veneto. «La nostra filosofia privilegia interventi mirati e non clamorosi»

un marchio conosciuto da un target ristretto e non avrebbe senso puntare a grandi iniziative che richiederebbero investimenti e impegni massicci. Diversamente, la nostra politica della comunicazione - oltre ai mezzi 'tradizionali' quali la pubblicità, le attività di ufficio stampa e convegnistica - punta a interventi di sponsorizzazione mirati e soprattutto radicati nel territorio dove siamo presenti".
L'ultima operazione di una società del gruppo, la Hoechst Sara di Romano d'Ezzelino (Vicenza) - produttrice di resine sintetiche per vernici in polvere e ad acqua - è in campo televisivo. Si tratta di una coproduzione con la Rai per un ciclo di trasmissioni 'cultural-turistiche'. "Vacanze con l'arte nel Veneto" - questo il titolo - con una serie di 14 puntate settimanali. Il programma - condotto da Marcello Colusso, docente di Storia dell'arte all'Accademia di Brera - è una sorta di viaggio guidato nei luoghi più o meno conosciuti del Veneto: dall'isola degli Armeni di Venezia alle ville sul Brenta.
"La trasmissione, che riguarda la regione dove operiamo da tanti anni - spiega Vodopivec - ci permette di valorizzare la nostra immagine presso il nostro pubblico. Non cerchiamo notorietà altrove".
La spesa?
"Il progetto che ci vede accanto alla Rai ci ha richiesto un impegno finanziario complessivo non superiore ai 51 mila euro".

LO SPONSOR CAMBIA FORMULA (adattato da CAPITAL 5/91)

A caratteri cubitali e lungo tutta la fiancata: la Ferrari ha proprio ceduto. Unico esempio di illibatezza nel mondo della Formula Uno, aveva resistito vent'anni all'assalto degli sponsor, accettando solo collaborazioni strettamente tecniche. Per farla capitolare c'è voluto un colosso giapponese, la Pioneer. E un contratto di tutto rispetto: pur di avere il nome sulla rossa di Maranello, la multinazionale dell'hi-fi si è impegnata a pagare 25 miliardi in cinque anni.
Il Cavallino rampante è soltanto l'ultimo baluardo conquistato dall'armata degli sponsor. Che ormai hanno occupato ogni settore: dai tornei di tennis ai balletti, dalle mostre futuriste alle campagne ambientaliste, non c'è manifestazione, locandina o team che non porti il marchio di un patron. Un'espansione

confermata dalle cifre. I 220 miliardi di vecchie lire che gli sponsor italiani avevano investito nel 1980, dieci anni dopo sono diventati 1456, un sesto rispetto agli 8688 miliardi indirizzati nel 1990 verso l'intera area dell'advertising classico (stampa, televisione, radio, cinema e affissioni). Per la sponsorizzazione italiana, in testa alle classifiche europee fin dalle origini, è la conferma della leadership continentale. Certo, gli anni Ottanta, quando le sponsorizzazioni aumentavano di un terzo a ogni stagione, sono ormai lontani; ma gli imprenditori italiani si dimostrano più maturi che in passato. Hanno capito che non basta scrivere il nome sulle maglie di una squadra. La sponsorizzazione è soltanto la scintilla; per produrre risultati efficaci deve essere sostenuta da un piano fatto di pubblicità classica, concorsi, feste e convention.

È questa la nuova frontiera della sponsorizzazione: diventare uno degli elementi chiave del marketing mix delle aziende; il settore vincente continua a confermarsi lo sport (in Europa attira tuttora quasi 2/3 degli investimenti complessivi), anche se si fanno sempre più strada le sponsorizzazioni culturali e quelle ecologiche. Per quanto riguarda lo sport, a farla da padrone sono l'automobilismo, il calcio e il ciclismo, anche se cominciano ad affermarsi alcune discipline finora rimaste in ombra: la pallavolo e il basket, che presentano il vantaggio di costare ancora poco e di essere seguite da tifosi appassionati e fedeli.

La sponsorizzazione è una marcia in più per le aziende che vogliono accrescere la notorietà di una marca in poco tempo, far circolare un nome; permette di rivolgersi a target ben definiti e di ottenere gli stessi risultati di una generica campagna televisiva con una spesa molto più limitata. Le sponsorizzazioni culturali aumentano indubbiamente il prestigio delle imprese che la praticano (e una legge del 1992 prevede sgravi fiscali per le aziende che investono in questa direzione); a fare da battistrada in questo campo sono state grandi industrie come l'Olivetti, la Fiat e grandi istituti di credito. Le sponsorizzazioni verdi garantiscono anch'esse un notevole ritorno d'immagine, perché colpiscono l'opinione pubblica su temi verso i quali oggi è particolarmente sensibile. Per la sponsorship ecologista i partner non mancano; il problema è che non tutti gli sponsor sono sinceri nel loro impegno ambientalista e quindi si tratta di individuare quelli che ci credono veramente. È in base a questo criterio, per esempio, che il Wwf ha legato il proprio nome alla pubblicità delle fotocopiatrici Minolta, che usano carta riciclata, e a quella delle lampadine Osram, a basso consumo energetico.

A - Dopo aver letto i due articoli provate a rispondere alle seguenti domande:

* *In che cosa consiste la sponsorizzazione e qual è il suo scopo?*
* *Che cosa si può sponsorizzare?*
* *Dal termine "sponsor", oltre a sponsorizzazione, deriva il verbo .... e il participio ....; quali potrebbero essere i loro sinonimi?*
* *La sponsorizzazione presenta dei vantaggi e per chi?*
* *Le sponsorizzazioni di manifestazioni culturali sono in aumento solo perché accrescono il prestigio dei patrocinatori?*
* *Che cos'è la sponsorizzazione verde?*
* *Individuate nel primo articolo sulle sponsorizzazioni i termini che indicano:*

in direzione contraria - obiettivo/fascia di potenziali consumatori - attività relative a riunioni - produzione finanziata in collaborazione - investimento di denaro

Contratti atipici (franchising, leasing, factoring) 443

SPONSORIZZAZIONI
I GRANDI NUMERI VI HANNO DELUSO ADESSO PENSATE ALLA GRANDE QUALITA'

Oggi, è venuta meno la tradizione di incentivare e favorire nuove espressioni culturali.

T.Car, che da qualche anno si occupa di cultura a Milano, si è scontrata più volte con una dura realtà.
Infatti, l'iniziativa privata, che si concretizza attraverso l'impegno di singoli imprenditori, non solo non ha attenzione dal mondo economico, ma non trova reale sostegno neppure da istituzioni e mass media.
Nel campo della sponsorizzazione, la scala di valore/motivazione che ha prevalso sino ad oggi vede al primo posto il ritorno pubblicitario ed economico (quindi nei grandi numeri) che un'azienda ha nell'investimento di alcune iniziative.
Questa mentalità a lungo andare è destinata a fallire, ce lo dimostra la cronaca sportiva ad esempio, ce lo dimostrano le stesse sponsorizzazioni culturali.
Si può dire che la stessa *cultura* è corrotta dalle sponsorizzazioni.
Servono ulteriori obiettivi e motivazioni e forse è proprio in momenti come questi che si può essere portatori di nuove strategie e valori diversi. Servono *uomini nuovi* che si facciano promotori di questo tipo di iniziative, come ha anche detto Francesco Micheli in una sua recente intervista:
"Finché si parla di sponsor, gli interventi saranno necessariamente sempre mirati a un ritorno economico o d'immagine, a prescindere da una sapiente programmazione. Bisogna rilanciare la vecchia figura del mecenate che, con discrezione, sostiene per passione iniziative basate sulla qualità, indipendentemente dal ritorno pubblicitario. [...]"
Oggi i sostegni finanziari alla cultura sono sempre pochi e i fatti dell'11 settembre hanno posto un ulteriore freno agli investimenti in questo campo.
Però la cultura, perché sia un *buon prodotto*, ha un certo costo, di cui nessuno sembra voler tener conto; la cultura si delega alla famiglia, che delega alla scuola e a sua volta delega alle istituzioni e così via... eppure, solo una chiara presa di coscienza collettiva può cambiare le cose. In questo modo intellettuali, forze economiche, mass media, istituzioni e... cittadini di buona volontà, potranno parlare un nuovo linguaggio.
T.Car ha coinvolto prestigiosi intellettuali e professionisti della cultura... ora ricerca un riscontro economico, che stenta a concretizzarsi.
Non basta sovvenzionare il restauro di opere famosissime per avere un sicuro ritorno di immagine, è necessario procedere con una programmazione organica al fine di elaborare tutta una serie di iniziative e di investimenti che possano mettere fine ai soli interventi occasionali.
T.Car ha studiato e messo a punto importanti eventi culturali e sociali che aspettano di essere sostenuti da istituzioni e mecenati illuminati. Ma...

...esistono ancora i mecenati?

TCAR Comunicazione Immagine e Promozione Culturale
20122 Milano-Italy, via Pietro Mascagni, 24
tel.0039-02.76002683 - fax 0039-02.76399644
e-mail: tcarcult@interfree.it

B - *Alla GenSTAAR Consulting non sono convinti dell'efficacia delle sponsorizzazioni. Secondo loro, se c'è una cosa che i loro clienti gli hanno insegnato, è che quello di cui hanno bisogno le aziende oggi, non è una società di consulenza che sponsorizza vetture di formula uno, ma un rapporto di stima, fiducia e professionalità che nasce da un rapporto umano, dove quello che viene tutelato non è il fatturato, ma il cliente. Credono fermamente in questo e si impegnano al massimo per garantire la qualità del loro lavoro.*
Siete un collaboratore della T.Car e volete convincere la ditta di consulenza della validità della sponsorizzazione. A quali argomenti ricorrete?

C – Ricollegate le frasi in ordine logico per avere la definizione di sponsorizzazione. Fate attenzione alla punteggiatura

1. dietro corrispettivo,
2. nell'ambito della manifestazione,
3. si obbliga,
4. Con il contratto di sponsorizzazione
5. determinate attività pubblicitarie
6. nell'interesse di un'impresa (sponsor)
7. un'associazione
8. o a consentire che lo sponsor svolga direttamente,
9. ad effettuare determinate prestazioni pubblicitarie

4, 7, 3, 1, 9, 2, 8, 6

"Trasformiamo le vostre fatture in denaro contante"

Sì, la nostra attività consiste nel trasformare i crediti delle imprese in denaro contante. In tempi brevi, naturalmente. Il vostro interlocutore, poi, fin dal primo incontro è un dirigente; ciò significa che potrete definire subito tutti gli aspetti di ogni <u>operazione</u> senza essere costretti ad attendere "altre <u>autorizzazioni</u>". Così, rapidamente, otterrete <u>anticipi</u> sul vostro <u>fatturato</u> ed avrete un ottimo servizio di <u>amministrazione</u> dei crediti e di <u>gestione</u> degli incassi. Inoltre siamo in grado di garantire l'<u>incasso</u> delle fatture a noi cedute grazie ad una esclusiva <u>collaborazione</u> con La Viscontea, una compagnia specializzata nelle <u>assicurazioni</u> sui crediti e cauzioni. Insomma vogliamo proprio aiutare la vostra azienda a raggiungere il miglior assetto finanziario possibile e a diventare forte e competitiva. Contattarci è facilissimo, basta una telefonata, al resto pensiamo noi.

Desio Factoring
Gruppo Banco Desio

A - Trovate i verbi corrispondenti ai sostantivi sottolineati nel testo pubblicitario

B - Pensate che la pubblicità di Mediofactoring possa essere ancora utilizzata oggigiorno? Perché?

MEDIOFACTORING

CONTRO LO STRESS DA CREDITO

Il modo migliore per gestire i crediti è farli gestire ad altri: Deutsche Bank Factoring del Grupppo Deutsche Bank.

**I vostri crediti sono in buone mani: noi ve li gestiamo, li copriamo dal rischio di insolvenza e ve li finanziamo.
A voi non resta che dedicarvi alle vendite.**

Deutsche Bank Factoring

Contratti atipici (franchising, leasing, factoring)

PROBLEMI DI GESTIONE CREDITI?

Niente di meglio del doppiopetto grigio per un servizio factoring davvero impeccabile.

Se desiderate trasformare i vostri crediti in denaro contante, Credit Factoring International è il partner ideale per voi.
Inoltre Credit Factoring International vi offre la gestione integrale dei crediti e vi mette a disposizione un servizio di "contabilità debitori", consentendovi così di ridurre i costi e di incassare le fatture in modo più rapido e razionale.
Credit Factoring International vi fornisce anche un servizio di valutazione preventiva sulla solvibilità dei vostri clienti e vi assicura, se lo desiderate, dai rischi d'insolvenza, sia in Italia che all'estero.
Il tutto ad un costo davvero minimo, e comunque rapportato all'entità del credito ceduto.
Scegliete lo stile del doppiopetto grigio: impeccabile anche nel factoring.

Credit Factoring International SpA
SOCIETÀ PER IL FACTORING INTERNAZIONALE
GRUPPO CREDITO ITALIANO

Questo factoring poco conosciuto (adattato dal Sole 24 Ore)

Con una definizione approssimativa si può definire il factoring come un trasferimento di crediti commerciali ad un factor che si assume l'incarico della riscossione e ne garantisce il buon fine in caso di insolvenza del debitore, con la ritenuta di una commissione per il servizio reso.
Nel contratto di factoring, pertanto, intervengono tre parti:

- il factor (cessionario)
- il cliente del factor (cedente)
- il debitore del cliente (ceduto)

Un'azienda anche ben gestita può trovarsi, p.e. in fase di espansione, con necessità di mezzi finanziari per seguire le richieste del mercato. Se i suoi mezzi sono già impegnati sia sul fronte degli investimenti in impianti sia su quello del ciclo operativo, è probabile che abbia fabbisogno di cassa. Il sistema bancario darebbe linee di fido sulla base dei mezzi patrimoniali dell'azienda; se questa azienda ricorre al factoring, il finanziamento avviene sulla base di quanto fatturato ai clienti in base alla loro solvibilità.

Sul piano finanziario quindi la collaborazione de facto risulta di maggior interesse sia per la disponibilità di cassa sia perché il factor, acquisendo il credito pro soluto, consente all'azienda una programmazione del cash-flow meno incerta e con scadenze certe. La sicurezza della disponibilità liquida a una data certa riduce inoltre la necessità di riserve proporzionate al rischio d'incasso e riduce il costo per un ricorso non previsto a fonti di finanziamento alternative.

Nel factoring internazionale sono prestate la collaborazione contabile e quella di natura commerciale, fattorizzando tutti i crediti verso i singoli paesi; nel factoring domestic i factors si limitano ad acquistare una parte dei crediti, a volte pro solvendo, con la conseguenza di concedere un plafond al cedente solo in base alla solvibilità del debitore ceduto.

A - *In che cosa consiste il factoring e quali servizi offre?*
B - *Nella cessione pro soluto il rischio dell'insolvenza del debitore è assunto da ....*
C - *La società di factoring acquista i crediti facendo pagare al cedente ....*
D - *Per quale tipo di prodotto fanno propaganda gli annunci?*
E - *A chi si rivolgono gli annunci in questione?*
F - *Quali sono i vantaggi sottolineati?*
G - *Cercate di convincere un'azienda a ricorrere ai vostri servizi di factoring; spiegatene il funzionamento anche con l'aiuto dei vari testi pubblicitari, oltre questi che avrete completato con le parole riportate in corsivo; quale dei due testi si riferisce al factoring domestic?*

| Tra le prime e più importanti società italiane nelle operazioni di factoring ...., la Merchant Factors è presente in 27 nazioni .... interessanti. Alle aziende .... garantisce l' .... delle vendite sui più importanti .... internazionali, oltre alla gestione e relativo ....; alle aziende importatrici si rende garante della .... verso i venditori esteri. | *finanziamento* *finanziaria* *commercialmente* *esportatrici* *legale* *internazionale* *nazionali* *crediti* *mercati* *liquidità* *incasso* *fatture* *solvibilità* | La Merchant Factors trasforma i .... in .... sicura, smobilizzando rapidamente le .... emesse. Inoltre offre un ampio pacchetto di servizi sui crediti .... che comprende anticipazioni, gestione amministrativa, consulenza .... e assistenza .... Sono previste anche anticipazioni per merci in corso di produzione. |

Catering

Con il termine inglese di catering si intende il servizio di ristorazione per banchetti, party, festeggiamenti ecc. come anche per alberghi, ospedali, aerei, treni e simili; in pratica il cliente (un'impresa o un privato) si rivolge ad un gestore (impresa specializzata nel catering) che provvede al personale, l'acquisto, il trasporto e la confezione dei pasti.

Servizi - *A Milano la cucina del Sol Levante arriva a domicilio*

IL NIPPO CATERING

Come minimo bisogna essere in sei, tutti disposti a gustare specialità della cucina giapponese. Ma con la nascita di Sushi home non c'è bisogno di organizzare comitive e partire alla ricerca del locale adatto perché è proprio il cuoco a venire a spadellare a domicilio. E non uno qualsiasi. Si tratta di Mirono Hirasawa, titolare dell'unico negozio di generi alimentari giapponesi esistente a Milano e soprattutto specialista di sushi, uno dei piatti classici del Sol Levante, a base di pesce crudo e di riso. Si allunga così l'elenco dei piatti molto particolari offerti dal servizio a domicilio di We do it: dopo le pizze e le specialità cinesi ora, dunque, tocca al Giappone. La città scelta per sperimentare il nuovo servizio è Milano. E se i convitati sono meno di sei? Nessun problema. Il servizio a domicilio parte da un minimo di tre porzioni. Dovranno però fare a meno di assistere alla performance del cuoco, perché il piatto arriva già pronto. In entrambi i casi, comunque, la porzione costa 18 euro, mentre il prezzo della performance a domicilio di Nirono Hirasawa è di 70 euro.

Il servizio della We do it non si limita ad offrire ai propri clienti il sushi. In alternativa possono essere richiesti tutti i piatti tipici della cucina del Sol Levante. E nel We do it sono pronti anche ad organizzare ricevimenti e cocktail (sempre in stile Sol Levante) per un numero illimitato di persone. In tutti i casi, comunque, il servizio deve essere richiesto entro le ore 15.00 del giorno in cui è fissata la cena. Nel caso in cui il servizio riguardi il pranzo, la prenotazione va effettuata entro le 18.00 del giorno precedente.

(Da *Class*, 4/89)

Ruolo A
Un vostro amico americano vi ha appena telefonato; vorrebbe passarvi a salutare prima di ritornare in patria. Vi piacerebbe invitarlo a pranzo, ma non vi resta il tempo per cucinare (sono le 11.45!); per la sorpresa avete anche dimenticato di chiedere quando sarebbe partito e se sarebbe passato da solo o con sua moglie. Provate a telefonare ad un servizio di catering; l'unico che riuscite a contattare offre cucina giapponese; al vostro amico però, non piace né il sushi né il pesce. Dato che non c'è alternativa e tempo da perdere vi informate dei piatti offerti e del prezzo, poi decidete.

Ruolo B
Lavorate al servizio di catering giapponese We do it di Milano. Alle 11.45 vi telefona una cliente. Ascoltate cosa desidera e rispondete alle sue domande; non potendo soddisfare al 100% i suoi desideri, ma non volendo perdere l'affare, cercate un compromesso proponendo le alternative che vi consente il menu. Non dimenticate di chiedere un piccolo sovrapprezzo per i vostri sforzi...

Osservare la velocità e l'abilità con cui il cuoco taglia il pesce crudo, che è ovviamente freschissimo, è sempre un vero piacere.

Tante sono le specialità giapponesi da assaggiare: il "tekkadon", "sashimi", la zuppa di miso e il martedì anche il "tempura" oltre, comunque, a tante altre, tra cui:

ANTIPASTI: Sashimi (antipasto di pesce crudo a fettine sottili)
Nigiri-sushi (antipasto di riso e pesce crudo)
Nuvolette di gamberi
Toast di gamberi con sesamo
Alghe fritte
Insalata di granchi

ZUPPE: Dashi (brodo di pesce)
Zuppa Tokio agropiccante
Zuppa di pinne di pescecane
Zuppa di mais
Zuppa di granchio con asparagi
Satsurna-jiru (minestra con miso, pollo e verdure)

PASTA E RISO: Spaghetti di riso con gamberi
Spaghetti di riso al curry
Spaghetti di soia con frutti di mare
Riso saltato con ananas
Soba con salsa di soia (vermicelli di farina di grano saraceno)

PESCE: Pesce palla al vapore
Kamaboko (polpettine di sogliola)
Teriyaki di salmone
Tendon (scampi con riso)
Hamaguri yaki (vongole alla brace)
Gamberi onigara (alla griglia)
Calamari con peperoni
Calamari alla piastra
Tempura (fritto di mare e verdure)
Bocconcini di granchio fritti

VERDURA: Funghi e bambù
Germogli di soia saltati

DOLCI: Dolce di Azuki (azuki, zucchero, castagne)
Usuama (farina e riso di zucchero)
O-koshi (riso a vapore e sciroppo di malto)
Frutta mista fritta
Banana caramellata
Dolce di cocco fritto
Gelato fritto
Kumquat (arancini dolci)

Birra giapponese, sakè e tè
Carta dei vini molto ricca: completa di vini nazionali ed internazionali.
Si garantisce un ottimo servizio.

FRANCHISING
Con la rete catturo più clienti

Correvano in Italia i ruggenti anni Venti quando gli eredi di Luigi Buffetti, noto distributore di prodotti per ufficio, ebbero la folgorante idea di trasformare l'antica concessione data ai punti vendita in una vera affiliazione: oltre a marchio e forniture, ai negozianti venivano cedute anche le tecniche di vendita e i sistemi di gestione che avevano fatto la fortuna di Buffetti. Da allora è dovuto passare mezzo secolo prima che l'affiliazione si trasformasse nel moderno franchising.

La stessa parola ha origini medievali, è la franchigia che il principe concedeva ai suoi artigiani e ai suoi negozianti di svolgere un'attività entro le mura del proprio castello; le prime applicazioni di tipo commerciale sono invece della fine del secolo scorso quando la Singer, la nota industria di macchine per cucire, pensò di distribuire le proprie macchine attraverso dei punti di vendita affiliati in franchising; poi questa formula si è applicata negli Usa soprattutto alla distribuzione di automobili e quindi si è avuta la più grande diffusione mondiale con la Coca Cola.

La forte capacità di sviluppare in tempi molto rapidi gli affari ha portato questa formula a diffondersi in tutti i paesi, compresa l'Italia, sia per quanto riguarda i rapporti tra produttore e distributore che tra distributore e distributore.

Il contratto prevede che un imprenditore, l'affiliante (franchisor), conceda la propria formula commerciale comprendente il know-how e i propri segni distintivi, corredati di pubblicità per lo meno a livello nazionale. Oltre ad un'assistenza tale da permettere all'affiliato (franchisee) di gestire la propria attività con la stessa immagine dell'impresa affiliante. Quindi un aiuto nell'arredamento, l'informazione sui prodotti, la prima fornitura, l'allestimento delle vetrine e così via. L'affiliato, da parte sua, si impegna a rispettare le decisioni della casa madre per quanto riguarda tutte le decisioni di politica commerciale e paga un diritto d'entrata e royalties, cioè contributi annuali calcolati in percentuali fisse sul fatturato del negozio.

Il settore che vanta il giro d'affari più cospicuo è quello del commercio alimentare despecializzato, seguono i negozi di articoli per la persona, tra cui regnano incontrastati quelli di abbigliamento.

Un settore che suscita però sempre maggiore interesse è il franchising di servizi, se si pensa ad esempio alla ristorazione e al successo dei Mc Donald in Italia. In questo campo, tuttavia, diritti d'ingresso e royalties sono in genere più elevati. Così può capitare che aprire una sala da tè Babington, identica in tutto e per tutto al mitico locale in Piazza di Spagna a Roma, si paghino fino a 15.000 euro subito, altri 190 mila circa per l'allestimento e il 6% del fatturato netto ogni anno. Consola comunque la cifra d'affari prevista: se tutto va bene può sfiorare gli 800.000 euro.

I vantaggi del sistema di affiliazione sono numerosi, ma con il suo rapido sviluppo sono emersi oltre alle gioie anche i dolori; primo fra tutti, forse più psicologico che economico, è il rischio di sentirsi sì imprenditori, ma dimezzati. Il capitale è interamente dell'affiliato, ma le decisioni che riguardano il tipo di merce o la conduzione del negozio sono dell'azienda affiliante. Chi più, chi meno, prima o poi sentirà la sensazione di avere una spada di Damocle sulla testa: e se l'affiliante improvvisamente chiudesse o cambiasse radicalmente politica commerciale? Clamoroso il caso dell'affiliato Benetton di Lecce, che si è visto aprire un altro negozio identico a pochi passi dal suo e ha fatto causa al maglificio di Treviso. I fratelli Benetton si sono difesi rispondendo semplicemente (grazie alla mancanza di legislazione specifica in merito) che il loro non è un sistema di franchising....

Per avere qualche possibilità di successo non conta solo la scelta del settore; il trucco sta anche nello stile del negozio, per esempio superspecializzato come tipo di merce venduta, piccolo e di facile gestione; i prezzi vengono imposti dall'azienda affiliante e l'immagine spesso si paga veramente cara (solo il diritto di entrata per aprire un Body Shop è di 10.000 euro).

In caso di franchisor poco seri, gli accordi stipulati in tema di esclusività e cessazione del rapporto possono rimanere sulla carta; diffidare di chi offre premi per il reclutamento di nuovi affiliati (indice di prodotti di scarsa qualità); a volte, poi, può capitare che la pubblicità mirata, a livello locale, offerta dal franchisor, sia del tutto insufficiente.

L'operatore, sia che si chiami franchisee che affiliato, è dunque in prima fila in questa organizzazione; professionalità e serietà vanno a garanzia di una buona riuscita del rapporto di franchising, ma vanno anche poi a vantaggio del pubblico, che dovrebbe trovarsi di fronte ad un rivenditore meglio organizzato con un approvvigionamento più completo e con maggiore professionalità.

Un negozio in franchising si apre facendo prima di tutto una domanda alla ditta produttrice; questa valuta gli aspetti commerciali del punto vendita, dopodiché se ritiene essenziale e opportuno un ampliamento della sua immagine in quella zona, concede l'apertura del punto vendita; la prassi normalmente è molto veloce, si esaurisce in brevissimo tempo, perché gli unici elementi da valutare sono la dimensione del locale, l'ubicazione e appunto la necessità commerciale per l'azienda di istituire un nuovo negozio. Ottenuta la concessione bisogna, con una notevole volontà, iniziare un rapporto di lavoro, non facile all'inizio perché occorre inserirsi in una realtà molto complessa, dotata a seconda del caso anche di una considerevole quantità di articoli, con quanta più professionalità possibile, in modo tale da dare già al momento dell'apertura del punto vendita una notevole immagine di tale professionalità al cliente che entra nei negozi di franchising.

Come garanzie la società che concede il proprio nome a un privato chiede soprattutto la continuità e la singolarità del rapporto, perché uno dei motivi base del franchising oltre a concedere il marchio in esclusiva è anche di ottenere dall'altra parte un rapporto privilegiato ed esclusivo verso l'azienda fornitrice del prodotto, grazie comunque all'aiuto di marketing fornito a monte dall'azienda stessa. Si tratta di un aiuto di due tipi: anzitutto di tipo materiale, con la fornitura di tutta la merce, e in secondo luogo professionale, mirato soprattutto al marketing con tutto l'appoggio culturale, tecnico e la spiegazione della modalità di vendita. Dunque chi investe ha già alle sue spalle una notevole esperienza commerciale che non potrebbe assolutamente avere qualora si presentasse da solo in un mercato così capillare, differenziato e specializzato come quello di oggi; avere alle spalle qualcuno che ti protegge e con una rete talmente forte potrebbe essere una garanzia anziché una riduzione di spazio e libertà.

Il franchising nasce piuttosto come un matrimonio a lungo termine; è una forma di collaborazione continuativa fra imprenditori giuridicamente ed economicamente indipendenti l'uno dall'altro. Non interessa in primis alla ditta fare rapporti di breve termine perché ha bisogno di continuità; dall'altra parte c'è necessariamente una dedizione a questo rapporto che, anche per il costo dell'investimento, non può essere valutato in termini brevi. Quindi non si deve pensare assolutamente a investimenti di breve termine e di affrontare l'idea di un rapporto di franchising con una notevole dose di voglia di lavorare, perché non è facile imparare tutto quel bagaglio culturale che fa a distanza di uno-due anni un buon venditore.

Ma neanche temere che il rapporto con la società concedente sia a senso unico; è piuttosto un rapporto di dialogo perché per la ditta fornitrice è molto importante l'esperienza e il contatto col pubblico; nelle riunioni oltre a presentare nuovi prodotti, che un'azienda dinamica deve necessariamente avere in sostituzione o in ampliamento della propria gamma, si chiede al concessionario l'idea o quali reazioni al prodotto egli ha riscontrato presso il pubblico; il rapporto deve essere senz'altro a doppio senso, mai a senso unico, altrimenti avrebbe i paraocchi e durata molto breve.

(adattato da Gente Money 12/90)

Contratti atipici (franchising, leasing, factoring)

A - *Dopo aver letto l'articolo "Con la rete catturo più clienti" riassumete i vantaggi e gli svantaggi di una simile formula commerciale*

Vantaggi del franchisor	Svantaggi del franchisor	Vantaggi del franchisee	Svantaggi del franchisee

B - *Completate l'annuncio pubblicitario con i termini indicati a parte*

UN FRANCHISING NUOVO: ARREDAMENTI FIRMATI PER METTERSI IN PROPRIO

Con una *formula* innovativa in forte espansione, ti proponiamo, nella tua zona di residenza, un rapporto di *affilia...* nel settore dell'arredamento, supportato da «brevetto di *marchio*» made in Italy, depositato in USA, Europa, Giappone e Paesi Arabi, promosso attraverso una campagna su quotidiani, settimanali e mensili di grande tiratura e diffusione nazionale.
La nostra organizzazione è in costante *sviluppo* e per la copertura di aree libere ricerca persone *dinamiche*, ambiziose e desiderose di successo economico e

professionale, cui affidare un centro con i vantaggi e le *garanzie* che il franchising offre.
Capitale *liquido* richiesto per diritto di *entrata* (prima fornitura mobili, allestimento punto *vendita*, materiale pubblicitario) 50.000 euro complessivi, recuperabili in tempi ragionevolmente brevi, attraverso un'azione di vendita che consente un'alta *redditività* del capitale investito.
Corsi di *addestramento* altamente professionali, strategie di *mercato* e di successo sono a nostro carico.

Non è necessaria esperienza specifica.
Per *allestire* il punto vendita sono sufficienti spazi minimi, *locali* non necessariamente centrali, anche in condomini, purché idonei ad accogliere i pezzi che costituiscono la prima dotazione.
Contratto di *franchising* disciplinato da norme UE in materia di franchising.

Per informazioni scrivi, indicando indirizzo e recapito telefonico, a:
INTERNATIONAL PROJECT Srl

garanzie	mercato	dinamiche	locali
allestire	franchising	addestramento	liquido
marchio	affiliazione	vendita	professionale
entrata	redditività	formula	sviluppo

SE PUNTATE SUL FRANCHISING GIOCATEVI PURE LA CAMICIA: È CACHAREL.

Un'idea fortunata

Le Camicerie Cacharel. Un felice concetto di distribuzione nato da una strategia di marketing ben precisa: utilizzare la forte conoscenza del marchio Cacharel associato al prodotto camicia.

Un successo

Oggi il concetto è diventato un successo: 120 boutiques in Francia in due anni, 15 in Italia e con l'obiettivo di raggiungerne 200 nei prossimi due anni. Un'affiliazione seria tra seri professionisti del prêt-à-porter.

I nostri numeri

	Pezzi venduti	Boutiques Monomarca	Multimarca
1988	350.000	20	150
1989	620.000	50	300
1990	1.400.000	135	600

Le carte vincenti

Oltre alla notorietà di un marchio leader, i prodotti di punta: le camicie in Liberty, rapporto qualità/prezzo altamente concorrenziale, ambienti giovani ma raffinati progettati nei minimi particolari per boutiques "chiavi in mano", organizzazione telematica del riassortimento e... il MODIT.

SE VI INTERESSA LA PROPOSTA, CONTATTATECI PRESSO IL NOSTRO SHOW ROOM IN VIA VERZIERE, 11 A MILANO.

C - *Dopo aver letto la pubblicità delle camicie Cacharel, rispondete alle seguenti domande:*

* A che cosa allude l'espressione "giocarsi la camicia"?
* In quale settore opera Cacharel?
* Qual è il successo di cui parla l'avviso pubblicitario?
* Che cosa significa monomarca e multimarca?
* Qual è il termine italiano corrispondente di franchising?
* L'utilizzazione dell'immagine aziendale dell'affiliante si risolve in un vantaggio economico per l'affiliato perché ....
* Quali servizi offre Cacharel ai suoi affiliati?
* Sia in questa pubblicità che in quelle delle altre pagine è stato omesso un elemento importante per i potenziali clienti; quale?
* Qual è il prezzo da pagare per questo tipo di collaborazione commerciale?

D - *Avete intenzione di aprire un "centro di abbronzatura" in franchising; ne parlate con un amico, spiegandogli le ragioni per cui avete pensato proprio a questo settore e che cosa vi attendete da questo business; il vostro interlocutore, però, vi mette in guardia dalle difficoltà. In particolare vi sottopone ad un test di 10 domande (AZFranchising, 12.12.01) chiedendovi:*

❶ **Ti senti in grado di gestire un'attività in proprio?**
❷ **Hai scelto un settore che ti interessa veramente?**
❸ **Hai scelto un settore che ha particolarmente successo in questo momento?**
❹ **La tua famiglia è pronta a seguirti in questa avventura e a darti supporto?**
❺ **Sei in grado di gestire i tuoi dipendenti e motivarli?**
❻ **Hai i mezzi finanziari per far partire il progetto?**
❼ **Conosci il codice deontologico europeo sul franchising?**
❽ **Sei pronto a seguire un corso di formazione?**
❾ **Sei pronto a rappresentare l'immagine e il marchio del tuo franchisor?**
❿ **Sei pronto a perdere una parte della tua indipendenza per affidarti al know how del franchisor?**

Per le argomentazioni pro e contro basatevi sul testo "Con la rete catturo più clienti".

E – *Immaginate di porre le stesse domande ad un gruppo di aspiranti franchisee; coniugate i verbi alla seconda persona plurale*

F - *Siete il proprietario di un negozio d'abbigliamento (*Mode Sportswear); *esponete ad un franchisor italiano (*Manifatture Elle Esse) *le vostre aspettative circa gli accordi di collaborazione (assistenza, addestramento, pubblicità ecc.) e l'affiliante vi spiega i rispettivi obblighi con l'aiuto di un contratto di distribuzione, che dovreste firmare se ne accettate le condizioni.*

CONTRATTO DI DISTRIBUZIONE ESCLUSIVA
tra

MANIFATTURE ELLE ESSE S.r.l con sede in Piazza Incontro 5, 64015 Nereto (Teramo), Italia
 (di seguito denominata ELLE ESSE)

e

MODE SPORTSWEAR Ges. m. b. H., con sede in Unterer Stadtplatz 14, A-6511 Zams, Austria
 (di seguito DISTRIBUTORE).

PREMESSO CHE

ELLE ESSE produce e vende articoli di abbigliamento contraddistinti dai seguenti marchi di cui è licenziataria esclusiva: internazionale POOH n. .... registrato il 16/12/1996, internazionale CK n. .... depositato il 3/10/1994 e POINT n. ...., registrato il 7/1/1995;

Il DISTRIBUTORE intende operare in veste di distributore esclusivo di ELLE ESSE;

SI CONVIENE QUANTO SEGUE

1. NOMINA
1.1.   Con il presente ELLE ESSE nomina il DISTRIBUTORE - che accetta - proprio distributore esclusivo in Austria (di seguito Territorio) degli articoli di abbigliamento contraddistinti dai marchi POOH, CK e POINT (di seguito Prodotti).

1.2. ELLE ESSE dovrà vendere i Prodotti al DISTRIBUTORE. IL DISTRIBUTORE dovrà acquistare i Prodotti da ELLE ESSE, importarli e rivenderli a proprio nome e per proprio conto nel Territorio. Il DISTRIBUTORE non avrà alcun diritto di presentarsi o di agire quale agente o legale rappresentante della ELLE ESSE.

2. OBBLIGHI DEL DISTRIBUTORE

2.1. Il DISTRIBUTORE riconosce che tutti i diritti inerenti ai marchi POOH, CK e POINT spettano alla titolare ed alla ELLE ESSE. Il DISTRIBUTORE riconosce pertanto che in forza del presente contratto non gli viene trasmesso alcun diritto in ordine ai marchi POOH, CK e POINT e pertanto ad es. non potrà usare in qualunque modo e comunque riprodotti i suddetti marchi senza preventiva autorizzazione scritta di ELLE ESSE e non potrà azionarli nei confronti di chiunque o disporne in qualunque modo.

2.2. Il DISTRIBUTORE si impegna ad acquistare i seguenti quantitativi minimi di prodotti:
10.000 (diecimila) capi l'anno.
I minimi di acquisto annuali per gli anni contrattuali seguenti, nell'eventualità che il contratto venisse rinnovato, saranno stabiliti da ELLE ESSE e dal DISTRIBUTORE di comune accordo.

2.3. Sono a carico esclusivo del DISTRIBUTORE tutte le spese necessarie per lo svolgimento della sua attività ai sensi del presente contratto, nonché per la nomina di eventuali agenti, grossisti o rappresentanti della cui attività risponderà nei confronti della ELLE ESSE.

2.4. Il DISTRIBUTORE non potrà rilasciare garanzie né assumere obbligazioni o responsabilità per conto di ELLE ESSE in relazione ai Prodotti.

2.5. Il DISTRIBUTORE dovrà prontamente informare ELLE ESSE di eventuali atti lesivi dei suoi diritti di marchio e/o di concorrenza sleale posti in essere da terzi che potrebbero pregiudicare ELLE ESSE o la vendita di Prodotti e dovrà fare, in accordo con ELLE ESSE, quanto necessario per tutelare gli interessi della ELLE ESSE.

2.6. Il DISTRIBUTORE si impegna ad inviare a ELLE ESSE una relazione semestrale sull'andamento delle vendite, il tipo di clientela ed ogni altra informazione utile a ELLE ESSE per comprendere il tipo di clientela dei suoi Prodotti e le esigenze del mercato al fine di incrementare la presenza dei prodotti nel Territorio.

3. OBBLIGHI DI ELLE ESSE

3.1. ELLE ESSE non potrà nominare altri distributori, agenti o rappresentanti per la vendita dei Prodotti nel Territorio nel corso del presente contratto, né potrà vendere direttamente sul Territorio i Prodotti oggetto del presente Contratto.

3.2. ELLE ESSE si impegna a supportare il DISTRIBUTORE nella vendita dei Prodotti sul Territorio, applicando al DISTRIBUTORE prezzi competitivi.

3.3. ELLE ESSE garantisce la qualità dei Prodotti; tuttavia qualora venissero consegnati al DISTRIBUTORE dei capi difettosi ELLE ESSE si impegna a ritirarli, purché il DISTRIBUTORE abbia informato per iscritto ELLE ESSE della presenza di capi difettosi; la restituzione degli stessi avverrà ogni 2 (due) mesi.

3.4. ELLE ESSE si impegna a supportare il DISTRIBUTORE nell'azione pubblicitaria dei Prodotti contraddistinti dai marchi POOH, CK e POINT nel Territorio.

4. CAMPIONARI, ORDINI E CONSEGNA DEI PRODOTTI

4.1. I campionari saranno a carico del DISTRIBUTORE ed il prezzo da pagare è quello di listino scontato del 50%.

4.2. Tutti gli ordini inviati a ELLE ESSE dal DISTRIBUTORE dovranno essere per iscritto e subordinati all'approvazione di ELLE ESSE che dovrà confermare gli ordini ricevuti. Per gli ordini confermati da ELLE ESSE e successivamente non consegnati, ELLE ESSE

dovrà pagare al DISTRIBUTORE una penale del 5% del valore della merce non consegnata.
4.3. Le consegne dovranno essere effettuate presso i magazzini del DISTRIBUTORE siti a Zams, Unterer Stadtplatz 14, A-6511 Austria ed i relativi costi di trasporto saranno a carico di ELLE ESSE

5. CONDIZIONI DI PAGAMENTO
5.1. Il pagamento dei prodotti avverrà con le seguenti modalità:
rimessa diretta 60 giorni dalla data della fattura con sconto del 5% sul prezzo di listino da effettuarsi tramite bonifico bancario.

6. DURATA E RISOLUZIONE
6.1. Il presente contratto avrà durata di 5 (cinque) anni a decorrere dalla data della firma e sarà automaticamente rinnovabile per un identico periodo, salvo risoluzione da comunicare per iscritto con un preavviso di 6 (sei) mesi.
6.2. Il DISTRIBUTORE non potrà cedere il presente Contratto a terzi, salvo espressa autorizzazione scritta di ELLE ESSE.
6.3. Ciascuna delle parti potrà risolvere il presente Contratto con effetto immediato tramite comunicazione scritta all'altra parte nel caso in cui l'altra parte venga dichiarata fallita, divenga insolvente, cessi la propria attività.
6.4. ELLE ESSE potrà risolvere il presente Contratto con effetto immediato nel caso in cui il DISTRIBUTORE si rendesse inadempiente nei confronti delle proprie obbligazioni di cui agli articoli 1.2, 2.1, 2.2, 2.4, 5., 6.2.
6.5. Il presente contratto ha efficacia solo tra le parti contraenti e non vincola i terzi che non lo hanno sottoscritto.

7. EFFETTI DELLA RISOLUZIONE
7.1. In caso di risoluzione nessun indennizzo o altro compenso di alcun genere sarà dovuto da una parte all'altra, salvo l'obbligo per il DISTRIBUTORE di rispettare i pagamenti ancora dovuti anche per gli ordini in corso di consegna e per ELLE ESSE di consegnare i Prodotti di cui agli ordini già confermati.
7.2. Alla risoluzione del presente Contratto il DISTRIBUTORE avrà diritto di vendere i Prodotti in suo possesso per un periodo di 6 (sei) mesi successivi alla data di risoluzione decorso il quale non potrà più in alcun modo utilizzare i marchi POOH, CK e POINT

8. LEGGE REGOLATRICE E FORO COMPETENTE
8.1. Il presente Contratto sarà regolato dalla legge italiana.
8.2. Tutte le controversie che dovessero insorgere sulla interpretazione e/o esecuzione del presente Contratto saranno devolute alla competenza del Foro di TERAMO.

9. VARIE
9.1. Tutte le comunicazioni verranno effettuate in italiano per iscritto, inviate per telefax o per posta raccomandata, presso la sede dell'altra parte, ovvero a qualsiasi altro indirizzo che verrà comunicato successivamente.
9.2. Eventuali modifiche o aggiunte al presente Contratto potranno essere concordate tra le parti soltanto per iscritto con le medesime formalità seguite per la stipula del presente contratto.

Nereto, lì ....

ELLE ESSE MANIFATTURE S.r.l.   **MODE SPORTSWEAR Ges. m. b. H.**

Si approvano specificamente ai sensi dell'art. 1341 del Codice Civile italiano i seguenti articoli:

- 2.1. Dei marchi da parte del DISTRIBUTORE
- 2.2. Quantitativo minimo
- 2.4. Divieto di assunzione di obbligazioni a nome e per conto di ELLE ESSE.
- 6.3. Risoluzione immediata
- 6.4. Risoluzione immediata
- 7. Effetti della risoluzione
- 8. Legge regolatrice e foro competente

Nereto, lì ....

ELLE ESSE MANIFATTURE S.r.l.   **MODE SPORTSWEAR Ges. m. b. H.**

IL REGNO DELLE CALZE

Se pensi ad una nuova iniziativa commerciale, scopri le opportunità di Calzedonia: un Franchising giovane e stimolante, che nasce da una strategia di sviluppo pensata per grandi traguardi.

Calzedonia è soprattutto il mondo di marchi vincenti nell'immagine e nel mercato.
Calzedonia è sicurezza per la tua iniziativa futura.

UN FRANCHISING MOLTO CHIARO

Calzedonia ti dà la tranquillità di appartenere ad un "marchio" vincente che ti segue dall'analisi preliminare sui requisiti indispensabili per l'apertura, all'arredamento del negozio, alla preparazione del personale di vendita.

Calzedonia è un Franchising appositamente studiato per dare spazio alla tua iniziativa a basso rischio.
Calzedonia rende semplice e facile la gestione del tuo negozio con un'assistenza continua ed altamente professionale.

UN'IMMAGINE PRESTIGIOSA

La tua iniziativa sarà sostenuta da una grande campagna d'immagine di marchi di grande prestigio sul mercato. TV, testate importanti, affissioni, niente viene trascurato: un investimento di milioni di euro per portare nei negozi Calzedonia un pubblico sempre più vasto.

UN MONDO DESTINATO A CRESCERE

Calzedonia ha ancora molto spazio per crescere ed è disposta a favorire chi vuol partire con lei. La merce di impianto, ad esempio, puoi pagarla in comode rate mensili. Per questo vale la pena di entrare adesso in Calzedonia: è la stagione migliore.

Le buone occasioni non aspettano. Entra adesso in Calzedonia.

G - *Dopo aver individuato i sinonimi dei termini elencati nella colonna di sinistra utilizzateli per riformulare la pubblicità di Calzedonia*

iniziativa	*allestimento*
opportunità	*ampio*
sviluppo	*attività*
traguardo	*avvio*
requisiti	*consulenza*
apertura	*contenuto*
arredamento	*crescita*
preparazione	*fama*
basso	*formazione*
assistenza	*giornali*
professionale	*manifesti*
campagna d'immagine	*meta*
prestigio	*occasioni*
testate	*presupposti*
affissioni	*pubblicità*
vasto	*qualificato*
favorire	*rateizzare*
pagare a rate	*sostenere*

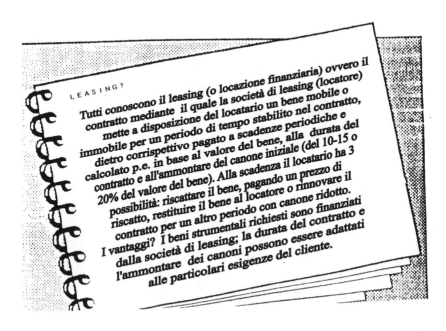

LEASING?

Tutti conoscono il leasing (o locazione finanziaria) ovvero il contratto mediante il quale la società di leasing (locatore) mette a disposizione del locatario un bene mobile o immobile per un periodo di tempo stabilito nel contratto, dietro corrispettivo pagato a scadenze periodiche e calcolato p.e. in base al valore del bene, alla durata del contratto e all'ammontare del canone iniziale (del 10-15 o 20% del valore del bene). Alla scadenza il locatario ha 3 possibilità: riscattare il bene, pagando un prezzo di riscatto, restituire il bene al locatore o rinnovare il contratto per un altro periodo con canone ridotto.
I vantaggi? I beni strumentali richiesti sono finanziati dalla società di leasing; la durata del contratto e l'ammontare dei canoni possono essere adattati alle particolari esigenze del cliente.

Il cavallo lo compro in leasing

Come le auto, anche i cavalli da corsa, da trotto o galoppo possono essere acquistati in leasing dalla Ippoleasing. con un capitale sociale pari a 2 milioni di euro, la società opera su tutto il territorio nazionale attraverso una rete di 10 agenti che fanno da intermediari tra i clienti in continuo aumento e la Ippoleasing, che dalla sua costituzione ha investito più di 12 milioni nell'acquisto di cavalli ad aste specializzate (anche estere) ed ha concluso più di 500 contratti di locazione.

La crescente domanda soprattutto da parte di proprietari di scuderie che intendono incrementare la loro attività dilazionando i pagamenti deriva anche dal fatto che la società offre servizi di consulenza e tariffe personalizzate.

Il tasso d'interesse (e di conseguenza il canone mensile) varia in relazione al tipo di cavallo che si intende acquistare in locazione e ai rapporti complessivi che la società intrattiene con il cliente.

Identica per tutti è invece la percentuale di riscatto (pari allo 0,5% del prezzo di acquisto) che il cliente è tenuto a pagare alla scadenza per rilevare il cavallo.

Per cautelarsi contro il furto o la morte dell'animale (di cui rimane proprietaria fino al versamento del riscatto), la società obbliga i locatari a stipulare una polizza assicurativa, in modo che, se dovesse verificarsi uno dei due eventi prima della scadenza del contratto, il cliente potrebbe onorare il debito con i soldi ottenuti dalla compagnia di assicurazione.

(adattato da Gente Money, 12/90)

**Veloce, flessibile, conveniente...
proprio quello che si richiede a un
leasing!**

**Bipiemme Leasing, lo specialista
della Banca Popolare di Milano
ha già la soluzione giusta per voi**

Bipiemme Leasing Spa

Leasing strumentale

Una formula vantaggiosa e personalizzata per acquisire rapidamente impianti, macchinari, attrezzature di qualsiasi tipo e importo, per ogni esigenza di impresa e categoria professionale

Leasing immobiliare

Consente agli operatori economici di cogliere favorevoli opportunità per l'acquisizione dei locali destinati all'esercizio della loro attività

Contratti atipici (franchising, leasing, factoring) 459

Leasing per autoveicoli

Per professionisti e aziende è la soluzione ideale che consente di avere sempre automezzi efficienti e adeguati all'immagine commerciale. In più il Leasing Autoveicoli Bipiemme propone una copertura assicurativa completa a condizioni economiche preferenziali

Leasing convenzionato

Apposite convenzioni, già attivate con molte associazioni di categoria, garantiscono esclusive condizioni di leasing su specifiche iniziative imprenditoriali

Leasing agevolato

È il leasing assistito da contributi pubblici che, grazie alla esperienza e alla professionalità di Bipiemme Leasing, si può ottenere in modo facile, rapido e vantaggioso

Scoprite i vantaggi di un supporto finanziario "a 360°"!

Bipiemme Leasing Spa, società specializzata del gruppo Bipiemme, vi offre la tradizionale competenza e tutta la sicurezza di un grande gruppo finanziario polifunzionale del quale fanno parte, con la Banca Popolare di Milano, anche la Banca Agricola Milanese e la Banca Briantea.

A – *Illustrate forme di utilizzo e vantaggi del leasing*

B - *Completate la pubblicità*

Il Leasing di Romaleasing

Questa è la risposta di Romaleasing se volete utilizzare un .... evitando i problemi connessi al suo acquisto e alla .... Romaleasing consente una .... immediata del bene mobiliare ed .... ed in più offre una formula .... auto particolarmente conveniente, oltre ad una assoluta disponibilità ad .... i propri clienti nella ricerca della soluzione più economica, utile e ....
Il tutto con i molteplici .... del leasing, quali la deducibilità fiscale del .... , l'accesso rapido ad una forma di .... completo a medio termine, il pagamento dell'IVA in termini diluiti, la detraibilità delle spese di .... e riparazione.
Per maggiori informazioni rivolgetevi alla più vicina agenzia oppure direttamente a Romaleasing.

Perché rimandare a domani quello che voglio fare oggi?

assistere	*bene*	*canone*
disponibilità	*finanziamento*	*immobiliare*
laesing	*manutenzione*	*personalizzata*
proprietà	*vantaggi*	

Il Risparmio Inizia con l'Affitto

Risparmio nel vero senso della parola. 70,00 euro/mq per uffici frazionabili da 200 a 10.000 metri quadrati. Tutto questo è possibile alle porte di Milano Sud, svincolo Tangenziale Ovest, a GREEN OFFICE: 4 edifici uso laboratorio e 8 uso ufficio supportati da impiantistica d'avanguardia. Ampi parcheggi, ristorante self-service, moderne strutture per congressi, ospitalità e fitness rendono confortevole l'ambiente di lavoro. GREEN OFFICE è raggiungibile via navetta dalla stazione Metropolitana "Romolo".

GREEN OFFICE, la vostra nuova sede milanese

è già sede di: Alfio Lorenzetti Engineering s.r.l. • Calcomp S.p.A. • Dantec Elettronica S.p.A. • Digital Computer Service S.r.l. • Jeol Italia S.p.A. • Micro Technology Italy S.r.l. • Nordson Italia S.p.A. • Purina Italia S.p.A.

SIGEST
Servizi Immobiliari
Milano - Roma - Londra

C – *Siete l'addetto vendite della SIGEST e state trattando con il/la titolare di un'agenzia di consulenza la vendita di un appartamento uso ufficio a GREEN OFFICE. Il titolare è una persona piuttosto tradizionale e vi chiede se non avreste dei locali anche in centro città, magari in immobili di prestigio, un bene che si rivaluterebbe nel tempo. D'altro canto questo signore/questa signora sembra avere qualche problema di finanziamento...*
Utilizzate le informazioni della pubblicità per elaborare una strategia di vendita efficace e convincerlo/la del vantaggio dell'ubicazione e formula che potete offrire voi.

Contratti atipici (franchising, leasing, factoring)

D - *Sulla base di quanto letto circa il leasing, riportate nella tabella quelli che fra gli elementi di seguito elencati ritenete i vantaggi e gli svantaggi per il locatario, locatore e impresa fornitrice dei beni*

proprietà dei beni - il bene non è di proprietà dell'imprenditore - oneri deducibili - l'operazione non figura come indebitamento (possibilità di ricorrere ad altri crediti) - costi relativamente elevati per la locazione - remunerazione soddisfacente dell'investimento - difficoltà di reperire un altro utilizzatore dei beni quando il locatario interrompe il contratto - nessun ammortamento - obsolescenza limitata (possibilità di sostituire i beni tecnologicamente "invecchiati") - l'acquirente dei beni offre maggiori garanzie dell'utilizzatore - commissioni di gestione - finanziamento totale dell'operazione (un finanziamento bancario copre solo il 70-80% del valore del bene) - immediata disponibilità dei beni - perdita del bene qualora non si paghi un canone - indicizzazione dei canoni - durata a medio-lungo termine del contratto - spese di manutenzione nel leasing operativo - beni come garanzia del finanziamento - collocazione in contanti dei prodotti (senza immobilizzi per dilazioni di pagamento)

		VANTAGGI	SVANTAGGI
LOCATARIO	FINANZIARI		
	FISCALI		
	TECNICI		
LOCATORE			
IMPRESA FORNITRICE			

Contratti atipici

(al) contempo	gleichzeitig
a domicilio	ins Haus
a monte	dahinter
acquisire	erwerben
addestramento	Einschulung
advertising	Werbung
affiliante	als Mitglied übernehmend
affiliare	in eine Gesellschaft aufnehmen
affiliato	Mitglied
affiliazione	Affiliation, Aufnahme
affissione	Plakat, Anschlag
agente	Handelsvertreter
agevolato	gefördert
allestimento	Ausstattung
ammortamento	Abschreibung
anticipo	Vorschuß
appesantire	erschweren
approvvigionamento	Versorgung
arredamento	Einrichtung
assalto	Angriff
assetto	Ordnung, Aufbau
assicurazione (sui crediti)	(Kredit)Versicherung
assistenza	Betreuung
associato	Mitglied
assortimento	Auswahl
assumere	übernehmen
atto lesivo	schädigende Handlung
autorizzazione	Ermächtigung, Genehmigung
azionare	betreiben
bagaglio culturale	Bildung(sgut)
battistrada	Vorreiter, Wegbereiter
beni d'investimento	Anlagegüter
beni strumentali	Produktionsgüter
canone	Mietpreis
capillare	engmaschig
capitolare	kapitulieren
capo	Kleidungsstück
cauzione	Kaution
cedente	Abtretender, Altgläubiger
cedere	abtreten
centrale nucleare	Atomkraftwerk
cessare	einstellen
cessazione	Beendigung
cessionario	Abtretungsempfänger, Neugläubiger
cessione (di credito)	Abtretung, Debitorenabtretung

chiavi in mano	schlüsselfertig
ciclo operativo	Betriebszyklus
clamore	Wirbel
classifica	Tabelle, Rangliste
clientela	Kundschaft
collaborazione	Mitarbeit
colosso	Koloß
committente	Auftraggeber
competitivo	konkurrenzfähig
concedere	bewilligen
concessionario	Konzessionsinhaber, Lizenznehmer
concessione	Konzession, Zubilligung
concorrenza sleale	unlautere Konkurrenz
concorso	Wettbewerb
conduzione	Führung
conferma	Bestätigung
confezione	Verpackung
consulenza	Beratung
consumo energetico	Energieverbrauch
contabilità dei debitori	Debitorenbuchhaltung
continuità	Beständigkeit
contratto di locazione	Pachtvertrag
contratto in esclusiva	Exklusivvertrag
contratto	Vertrag
contributo	Beitrag
controversia	Streitigkeit
convegnistica	Tagungstätigkeit
convention	Tagung
corredato	versehen
corrispettivo	Entgelt
cospicuo	beachtlich
costruttore	Hersteller
costruzione	Bau
credito commerciale	Handelsforderung
cubitale	riesengroß
debitore	Schuldner
decorrere	ablaufen
dedizione	Hingabe
deducibile	absetzbar
di grande richiamo	zugkräftig
difettoso	mangelhaft
dimensione	Größe
dimezzato	halbiert
dirigente	Leiter
diritto d'entrata	Eintrittsrecht
disponibilità di cassa	Barbestand, Barguthaben
distogliere	abzweigen
distributore	Vertreiber
distribuzione	Vertrieb

ditta produttrice	Erzeugerfirma
dotare	ausstatten
edilizia	Bauwesen
entità	Umfang
esborso	Ausgabe, Aufwendung
esclusività	Ausschließlichkeit
esercizio	Ausübung
fabbisogno di cassa	Kassenbedarf, Liquiditätsbedarf
fabbricare	herstellen, erzeugen
fallito	bankrott
fattura	Rechnung
fatturato	Umsatz
fido	Kredit
fonte di finanziamento	Finanzierungsquelle
forfaiting	Forfaitierung
formazione professionale	Ausbildung
fornire	liefern
fornitura	Lieferung
foro competente	Gerichtsstand
franchigia	(hier) Freiheit
galleggiante	schwimmend
gamma	Palette, Auswahl
geologo	Geologe
gestione	Führung
gestore	Pächter, Betreiber
gravare	lasten
idroelettrico	Wasserkraft-
immobile	Liegenschaft
impatto	Wirkung
impeccabile	einwandfrei
impiantistica	Anlagenbau
impianto	Anlage
imporre	auferlegen
improntato	ausgerichtet
inadempiente	vertragsbrüchig, säumig
indennizzo	Entschädigung
ingegneria	Ingenieurwesen
integrale	vollständig
interlocutore	Gesprächspartner
istruttoria	Überprüfung
legale rappresentante	gesetzlicher Vertreter
legislazione	Gesetzgebung
licenziatario	Lizenzträger, Lizenzinhaber
locazione	Verpachtung
maglificio	Strickwarenfabrik
manifattura	Konfektion
marchio di fabbrica	Schutzmarke
marchio	Markenzeichen
mecenatismo	Mäzenatentum, Gönnerschaft

megamostra	Riesenausstellung
mirato	gezielt
multinazionale	Multi, Konzern
negoziante	Händler, Kaufmann
notorietà	Bekanntheit, Ruhm
onere	Aufwendung
opinione pubblica	öffentliche Meinung
ordine	Bestellung
pagamento rateale	Ratenzahlung
partecipazione	Beteiligung
patrocinatore	Schirmherr
patron	Veranstalter
pattuire	vereinbaren
per conto	im Auftrag
percentuale	Prozentsatz
performance	Leistung
petrolchimico	petrolchemisch
piattaforma petrolifera	Ölplattform
politica commerciale	Handelspolitik
polo informatico	Informatikzentrum
posticipazione	Aufschub
potenziare	verstärken
preliminare	vor-
premio	Prämie
prenotazione	Vorbestellung
prestazione	Leistung
prezzo di listino	Listenpreis
privilegiare	bevorzugen
privilegiato	bevorzugt
pro soluto	an Zahlungs statt, regreßlos
pro solvendo	zahlungshalber
prodotto di punta	Spitzenprodukt
progettuale	Planungs-
proporzionato	angemessen
puntare	zusteuern, streben nach
punto (di) vendita	Verkaufsstelle
punto di riferimento	Bezugspunkt
quantitativo	Menge
radicato	verwurzelt
realizzazione	Ausführung
reclamo	Beanstandung
reclutamento	Anwerbung
remunerazione	Verzinsung
requisito	Voraussetzung
resina sintetica	Kunstharz
restituzione	Rückerstattung
rete	Netz
ricorso	Anwendung, Zuhilfenahme
riduzione	Verringerung

rimessa	Überweisung
riscattare	ablösen
riscatto	Ablösung, Rückkauf
riscossione dei crediti	Forderungseintreibung
riserva	Reserve, Rücklagen
risolvere	auflösen
risorsa	Ressource
rispettare	sich an etwas halten
ristorazione	Gastronomie
ritenuta	Einbehalt
ritorno d'immagine	Imageaufwertung
rivenditore	Wiederverkäufer
royalty	Lizenzgebühr
scadenza	Fälligkeit
segni distintivi	Unterscheidungsmerkmale
servizi accessori	zusätzliche Dienstleistungen
servizio a domicilio	Lieferung ins Haus
servizio	Dienst
sfiorare	streifen
sgravio fiscale	Steuerermäßigung
siderurgia	Eisen- u. Stahlindustrie
siderurgico	eisenverarbeitend
singolarità	Einmaligkeit
situazione debitoria	Schuldnerposition
smobilizzare	flüssig machen
società madre	Muttergesellschaft
sostituzione	Ersatz
sponsorizzazione	Sponsoring
su misura	nach Maß
supportare	stützen
svolgere	ausüben
target	Zielgruppe
tecnica di vendita	Verkaufstechnik
tendenza	Trend
testata	Zeitung
titolare	Inhaber
traguardo	Ziel
ubicazione	Standort
valore unitario	Stückpreis
valorizzare	aufwerten
valutare	abwägen, abschätzen
valutazione	Schätzung
vantare	aufweisen
venture capital	Wagniskapitalgesellschaft
verbalmente	mündlich
vernice	Lack
versatilità	Vielseitigkeit
villaggio turistico	Feriendorf

Capitolo 13
Assicurazioni

GARANZIE ACCESSORIE OPZIONABILI
valide anche all'estero

* Danni alla persona del guidatore e dei familiari
* Europ Assistance
* Furto veicolo
* Incendio veicolo
* Kasko completa
* Danni al veicolo da scioperi, tumulti e sommosse
* Assistenza legale e peritale
* Indennizzo per ritiro patente a seguito di sinistro

CONSIGLI UTILI

* Munitevi di modulo di «constatazione amichevole» da usare in caso di sinistro
* Se andate all'estero, richiedeteci la carta verde ed elevate il massimale di garanzia a minimo € 255.000,-- **blocco**
* L'assicurazione «base» di R.C. obbligatoria comprende solo i danni «alla persona dei terzi trasportati» per cui sono sempre esclusi il guidatore ed i familiari

ASSICURARE L'AUTOVETTURA CON POLIZZA

COSTA MENO

4R

Tariffe provincia di Roma
SONO COMPRESI: FAMILIARI TRASPORTATI E GUIDATORE
ASSISTENZA LEGALE - EUROP
ASSISTENZA SOCCORSO STRADALE
CARTA VERDE

Massimale: 155.000,-- euro unico

FORMULA R.C.A.	POTENZA FISCALE IN CV				
	Fino a 10	da 10 a 12	da 12 a 14	da 14 a 18	oltre 18
4 R	110,--	142,--	150,--	175,--	230,--
BM	140,--	190,--	200,--	245,--	325,--

Massimale: 255.000,-- euro unico

FORMULA R.C.A.	POTENZA FISCALE IN CV				
	Fino a 10	da 10 a 12	da 12 a 14	da 14 a 18	oltre 18
4 R	108,--	144,--	150,--	180,--	240,--
BM	145,--	190,--	207,--	232,--	340,--

Massimale: 515.000,-- euro unico

FORMULA R.C.A.	POTENZA FISCALE IN CV				
	Fino a 10	da 10 a 12	da 12 a 14	da 14 a 18	oltre 18
4 R	115,--	153,--	160,--	190,--	257,--
BM	152,--	210,--	220,--	269,--	363,--

Lloyd Adriatico SpA
ASSICURAZIONE IN TUTTI I RAMI

Il signor Arcadi alla guida di una Golf, si avvicina a un incrocio a 60 Km all'ora; il semaforo è verde.
Mentre si accinge ad attraversarlo, un furgoncino con due persone a bordo, proveniente dalla direzione opposta a velocità sostenuta, gira improvvisamente a sinistra.
Il signor Arcadi frena bruscamente e sterza a sinistra, ma l'urto è inevitabile. La sua vettura ne resta gravemente danneggiata sulla parte frontale e laterale destra. I costi di riparazione ammontano a 5.000,-- euro.
L'altro conducente, signor Berti, si difende dall'accusa di non aver rispettato la precedenza, sostenendo che se il signor Arcadi avesse osservato i limiti di velocità non si sarebbe arrivati allo scontro.
Ha un'assicurazione RC auto-base; il suo collega è illeso, ma lui stesso accusa forti dolori al ginocchio destro.

A - *Redigete la denuncia dell'incidente dal punto di vista del signor Arcadi e compilate il modulo di Constatazione amichevole di incidente, disegnando uno schizzo dell'accaduto, per inviarlo all'assicurazione*

B - *Secondo voi, chi è responsabile dell'incidente e perché?*

C - *Chi pagherà i danni?*

D - *L'assicurazione del conducente del furgoncino copre anche le cure mediche alle quali costui dovrà ricorrere?*

E - *Riformulate ora i seguenti consigli dell'Unione europea assicuratori coniugando alla terza persona singolare dell'imperativo i verbi all'infinito (in corsivo)*

Che cosa fare in caso di incidente stradale

1. *Compilare* subito la constatazione amichevole, *sottoscriverla* e, se possibile, *farla* sottoscrivere dal conducente dell'altro veicolo; in mancanza di modulo, *prendere* nota di tutti gli elementi che servono a descrivere l'incidente
2. *Ricordare* che la congiunta sottoscrizione del modulo consente in molti casi di ottenere il risarcimento dal proprio assicuratore
3. *Inviare* subito per raccomandata all'agente o al broker la comunicazione dell'avvenuto sinistro
4. *Presentare* richiesta formale di risarcimento del danno con lettera raccomandata al proprietario e all'assicuratore dell'altro veicolo
5. *Tenere* il veicolo a disposizione del perito della compagnia di assicurazione
6. In caso di lesioni alla propria persona o ai propri familiari *raccogliere* le notule dei medici, le prescrizioni, gli accertamenti diagnostici
7. *Trasmettere* subito in fotocopia all'agente o al broker eventuali lettere che dovessero pervenire con riferimento al sinistro
8. Se la controparte agisce in via giudiziaria *darne* immediata comunicazione all'agente o al broker

Constatazione amichevole di incidente - Denuncia di sinistro (art. 5 D.L. n. 857 del 1976 convertito legge n. 39 del 1977)

Non costituisce riconoscimento di responsabilità, ma un rilevamento delle identità delle persone e dei fatti per una più rapida definizione. Se è firmato congiuntamente dai due conducenti produce gli effetti di cui agli artt. 3 e 5 D.L. n. 857 del 1976 convertito legge n. 39 del 1977.

1. data incidente | ora | **2. luogo** (comune, provincia, località) | **3. feriti** anche se lievi no ☐ si ☐ *

4. danni materiali ad altri veicoli oltre A o B no ☐ si ☐ *

5. testimoni: nome, cognome, indirizzo, telefono (precisare se si tratta di trasportati sul veicolo A o B)

veicolo A

6. assicurato (controllare il proprio certificato d'assicurazione)
Cognome _____
(stampatello)
Nome _____
Indirizzo (via e numero) _____

Comune (e sigla della Prov.) _____
N. telefono _____
Può l'Assicurato recuperare l'I.V.A. relativa al veicolo? no ☐ si ☐

7. veicolo
Marca e tipo _____
N. di targa o di telaio _____

8. compagnia d'assicurazione _____

N. di polizza _____
Agenzia _____
N. della Carta Verde _____
(per gli stranieri) (sigla del Paese) (numero)
Certificato di assicurazione | valevole fino al _____
o Carta Verde
Il veicolo è coperto di garanzia per propri danni? no ☐ si ☐

9. conducente (Controll. la propria patente)
Cognome _____
(stampatello)
Nome _____
Indirizzo _____
Patente n. _____
Categ. (A, B, ...) _____ rilasciata da _____
_____ il _____
Patente valevole fino al _____

12. circostanze dell'incidente
Mettere una croce (X) soltanto nelle caselle utili alla descrizione

1 — in sosta — 1
2 — ripartiva dopo una sosta — 2
3 — si accingeva a sostare — 3
4 — usciva da un parcheggio, da luogo privato, da una strada ad uso privato — 4
5 — entrava in un parcheggio, in un luogo privato, in una strada ad uso privato — 5
6 — si inseriva in una piazza a senso rotatorio — 6
7 — circolava su una piazza a senso rotatorio — 7
8 — tamponava un veicolo che procedeva nello stesso senso e nella stessa fila — 8
9 — procedeva nello stesso senso, ma in una fila diversa — 9
10 — cambiava di fila — 10
11 — sorpassava — 11
12 — girava a destra — 12
13 — girava a sinistra — 13
14 — retrocedeva — 14
15 — invadeva la sede stradale riservata alla circolazione in senso inverso — 15
16 — proveniva da destra — 16
17 — non aveva osservato il segnale di precedenza — 17

← indicare il numero totale delle caselle segnate con la croce →

veicolo B

6. assicurato (controllare il proprio certificato d'assicurazione)
Cognome _____
(stampatello)
Nome _____
Indirizzo (via e numero) _____

Comune (e sigla della Prov.) _____
N. telefono _____
Può l'Assicurato recuperare l'I.V.A. relativa al veicolo? no ☐ si ☐

7. veicolo
Marca e tipo _____
N. di targa o di telaio _____

8. compagnia d'assicurazione _____

N. di polizza _____
Agenzia _____
N. della Carta Verde _____
(per gli stranieri) (sigla del Paese) (numero)
Certificato di assicurazione | valevole fino al _____
o Carta Verde
Il veicolo è coperto di garanzia per propri danni? no ☐ si ☐

9. conducente (Controll. la propria patente)
Cognome _____
(stampatello)
Nome _____
Indirizzo _____
Patente n. _____
Categ. (A, B, ...) _____ rilasciata da _____
_____ il _____
Patente valevole fino al _____

10. indicare con una freccia (▶) il punto dell'urto iniziale

11. danni materiali visibili

13. grafico dell'incidente
Indicare: 1) il tracciato delle strade; 2) la direzione di marcia di A e B; 3) la loro posizione al momento dell'urto; 4) i segnali stradali; 5) i nomi delle strade

10. indicare con una freccia (▶) il punto dell'urto iniziale

11. danni materiali visibili

14. osservazioni _____

15. firme dei due conducenti
A   B

14. osservazioni _____

* In caso di lesioni o di danni materiali a cose diverse dai veicoli A e B indicare, sulla denuncia a tergo, l'identità e l'indirizzo dei danneggiati.

La denuncia non deve essere modificata dopo la firma e la separazione degli esemplari.

Vedere a tergo le dichiarazioni dell'Assicurato ➡

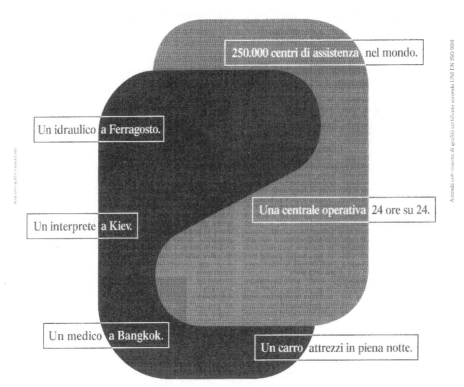

F - *Spiegate le prestazioni fornite dall'Europ Assistance; a quali situazioni fanno riferimento i sei riquadri del testo pubblicitario?*
G - *Vi siete mai trovati personalmente in una di queste situazioni? Che assistenza avete ricevuto dalla vostra assicurazione?*
H - *Che tipo di assicurazione Auto avete stipulato voi e in base a quali considerazioni?*

DEVI STIPULARE UNA POLIZZA RC-AUTO?

Risparmia utilizzando gli strumenti offerti dalla legge n. 57 del 5 marzo 2001

VALUTA SE LA TUA POLIZZA È CONVENIENTE:

- prima di _____ o rinnovare una _____ per un autoveicolo consulta le tariffe relative ai 9 profili-tipo di _____ che ogni compagnia deve rendere pubbliche;

- il listino dei 9 _____ _____ di riferimento, provincia per provincia, lo puoi trovare nel sito del C.N.C.U., all'indirizzo www.tuttoconsumatori.it;

- i premi annuali di riferimento sono prezzi orientativi che riguardano solo la garanzia per la _____ _____ ; non guardare solo al minor prezzo, ma fai attenzione anche a tutte le altre _____ offerte (es. incendio e furto), richiedendo _____ personalizzati a più compagnie.

USA LA DISDETTA:

- la nuova legge ti consente di utilizzare la _____ , senza preavviso e senza penale, anche via fax fino al giorno prima della scadenza contrattuale, se la tua _____ ti chiede un aumento del premio superiore all'1,7%;

- ricordati che in questo caso non hai più la _____ assicurativa nei 15 giorni successivi alla _____ del contratto.

DENUNCIA I COMPORTAMENTI SCORRETTI:

- rivolgiti all' ISVAP, Via del Quirinale, 21 - 00187 Roma.

Consiglio nazionale dei consumatori e degli utenti

I – *Completate la pubblicità con questi termini:*

assicurato – compagnia – copertura – disdetta – garanzie – polizza - premi annuali – preventivi - responsabilità civile – scadenza – stipulare

L - *Di seguito alcune obiezioni che possono venir sollevate dalle persone contattate da un agente intenzionato a far sottoscrivere loro una polizza assicurativa. Individuate le risposte di volta in volta pertinenti e con cui l'agente potrebbe argomentare*

1. In ogni caso è troppo cara	a. È fuor di dubbio, ma potrebbe comunque concedermi qualche istante. Per lo più si offrono delle soluzioni parziali, pensione o previdenza, mentre io posso proporLe una soluzione globale
2. Questo contratto è un indovinello, non ci capisco niente!	b. Potrebbe integrare le garanzie coprendo tutti i rischi con il vantaggio di un solo interlocutore che capirebbe meglio i Suoi problemi
3. Altre compagnie mi hanno offerto le stesse garanzie	c. Conoscere i propri rischi e obblighi non è mai tempo perso. L'agente assicurativo si occupa dei Suoi problemi e Le consiglia la copertura migliore, così Lei è libero di pensare al Suo lavoro
4. Per questo rischio ho già un'altra assicurazione	d. Sappiamo che non ha fondi da sperperare. Se vuole, possiamo individuare insieme le garanzie indispensabili in relazione al budget a Sua disposizione; ci dovrebbe indicare solo l'importo massimo che potrebbe destinare alla copertura assicurativa...
5. Non mi occupo io dell'assicurazione	
6. Non ho tempo per pensare alle assicurazioni	e. Le garantisco che non sarà così. Mi impegno a contattarLa regolarmente per riesaminare le garanzie in funzione dell'effettiva necessità della Sua impresa. Propongo di fissare la data del prossimo incontro, così avrà la certezza di rivedermi
7. Sono già stato contattato da tanti assicuratori...	f. Se mi consente glielo spiego subito; sono sicuro che capirà senza difficoltà
8. Una volta pagati i premi delle polizze, l'assicuratore non si fa più vedere	g. Se mi dice chi è l'incaricato mi metterò in contatto con lui
	h. Non ne dubito; possiamo confrontare le garanzie che Le hanno proposto e quelle che ritiene assolutamente indispensabili

Per convincere il cliente a sottoscrivere una polizza assicurativa bisogna saper argomentare, anche e soprattutto negli avvisi pubblicitari.
Nel caso delle inserzioni, di regola si inizia con (1) una frase rivolta al lettore che lo fa sentire subito coinvolto, (2) sottolineando gli aspetti positivi di un'offerta o (3) drammatizzando eventuali inconvenienti, comunque sempre citando (4) casi concreti.
Spesso si utilizzano (5) immagini coerenti al testo e mirate a rinforzare il messaggio articolato sapientemente mediante (6) il ricorso alle congiunzioni.
Successivamente (7) gli si suggerisce ciò che deve fare, (8) lo si invita all'azione e (9) si prevengono le sue eventuali obiezioni.
Non si parla della compagnia d'assicurazione se non (10) per comunicarne il nome.

M - *Verificate se nella pubblicità rivolta ai commercianti vengono rispettati questi punti*

N - *Contrassegnate, se possibile, con i relativi numeri da 1 a 10 gli elementi della pubblicità che corrispondono alle regole suesposte*

Una polizza studiata apposta per te.

POLIZZA DEL PUBBLICO ESERCENTE F.I.P.E. D'ora in poi puoi dedicarti al tuo lavoro tranquillamente, senza pensieri. Lascia che Assitalia pensi a risolvere tutti i piccoli e grandi imprevisti che possono danneggiare seriamente la tua attività: furti, incendi, incidenti, "rischi di smercio", esplosioni, danni provocati da agenti atmosferici o da manifestazioni di piazza, nonché subiti da vicini o da clienti e dipendenti nel tuo negozio. Con la "Polizza del Pubblico Esercente F.I.P.E.". Assitalia copre tutto questo e molto di più: ti offre davvero la garanzia più completa e sicura contro tutti i rischi del tuo mestiere. A proposito, abbiamo pensato anche ad una garanzia infortuni e malattie per te e per i tuoi familiari. La Polizza del "Pubblico Esercente F.I.P.E.": una polizza studiata apposta per te.

Assitalia
gruppo
La vocazione di farvi vivere meglio.

Polizza D.R. con Bonus Alleanza

D'accordo, la forza aiuta, ma l'esperienza insegna che serve di più l'intelligenza. Investire nella Polizza Denaro Rivalutato con Bonus Alleanza è un esempio di intelligenza, perché ogni anno il vostro capitale si .... notevolmente e in più c'è il "Bonus", un extra che accresce ulteriormente le .... assicurative.
E alla .... dovete solo decidere se .... subito o scegliere una cospicua rendita .... anch'essa rivalutabile.
Naturalmente, come tutti gli .... Alleanza, avrete il privilegio della .... mensile dei versamenti che verranno incassati al vostro domicilio da un collaboratore in grado di fornirvi tutta la .... di cui potreste avere bisogno.

Come si vede, l'intelligenza rende la vita molto più comoda. Del resto non è un caso se oltre due milioni di italiani hanno già scelto Alleanza, la compagnia leader nelle polizze .... individuali.
Polizza Farpiù. Anche il futuro dei vostri figli, però, vuole scelte intelligenti. E Alleanza vi aiuta a guardare al loro domani con più serenità: basta .... la Polizza Farpiù per un figlio di età compresa tra 0 e 15 anni, così quando avrà tra 18 e 25 anni, per un periodo stabilito di più anni, disporrà di una rendita .... per terminare gli studi o avviare un'attività professionale.
Come si vede, essere intelligenti conviene

Assicura e semplifica la vita.

O - *Completate la pubblicità con i seguenti termini:*

stipulare - assicurati - consulenza - rivaluta - rateazione - incassare - coperture - rivalutabile - vitalizia - vita – scadenza

Il testo pubblicitario recita inoltre:

POLIZZA D.R. con BONUS: a scadenza della polizza, capitale oppure rendita vitalizia; capitale in caso di premorienza. Rivalutazione annua delle prestazioni in base al rendimento del Fondo San Giorgio a gestione separata, con retrocessione all'assicurato almeno dell'80%, cui si aggiunge un bonus, cioè un extra che scatta oltre determinati importi di premio.

POLIZZA FARPIÙ: garantisce una rendita vitalizia temporanea pagabile per cinque anni, oppure un capitale; restituzione dei premi versati in caso di premorienza del beneficiario/assicurato; per polizze a premi rateizzati in caso di premorienza del contraente/assicurato Alleanza si assumerà l'onere dei residui premi pattuiti. Rivalutazione annua delle prestazioni a bonus come per la polizza D.R.

P - *Spiegate ad un vostro cliente la differenza tra la polizza D.R. e Farpiù; aiutatevi con questo piccolo glossario*

assicurato	persona fisica sulla cui vita è stipulato il contratto
beneficiario	persona fisica o giuridica che riscuote la somma assicurata al verificarsi degli eventi previsti nel contratto
Caso di morte (assicurazione per)	prevede la corresponsione del capitale alla morte dell'assicurato
Caso vita (assicurazione per)	prestazione dell'assicuratore in forma di rendita o capitale se l'assicurato è in vita alla data prestabilita
contraente	persona fisica o giuridica che stipula il contratto e paga i premi
franchigia	parte del danno che rimane a carico dell'assicurato
gestione separata	fondo in cui confluiscono i premi raccolti dalla compagnia e investiti in modo da conseguire un rendimento finanziario, parte del quale viene retrocesso agli assicurati
polizza	documento che prova la stipulazione del contratto
premio	somma versata dal contraente alla compagnia d'assicurazione in cambio della copertura del rischio
premorienza	morte dell'assicurato prima della scadenza del contratto d'assicurazione
rendimento	percentuale che indica l'interesse prodotto dalla gestione speciale del Fondo
rendita	pagamento periodico di un importo, previsto dalle polizze vita in alternativa al capitale
rendita differita	formula che garantisce il pagamento di una rendita a partire da una data determinata
rendita vitalizia immediata	se garantisce il pagamento di una rendita fino alla morte dell'assicurato in qualsiasi momento
retrocessione	percentuale del rendimento del Fondo che la compagnia riconosce agli assicurati
rivalutazione	le prestazioni della compagnia crescono di anno in anno in base al rendimento del Fondo
sinistro	verificarsi dell'evento assicurato

Hai già una polizza Abitazione e/o Responsabilità Civile Casa e Famiglia?

Verifica come prima cosa **quando scade** definitivamente il contratto. Tieni presente che spesso questi contratti sono decennali, per cui non puoi cambiare Compagnia alla scadenza annuale, ma sei obbligato a pagare. Potrai liberarti da questi contratti soltanto con raccomandata sei mesi (o tre mesi) prima della scadenza, altrimenti sei ancora costretto a rinnovare.

Con GenerWeb questo problema non esiste: i nostri contratti Abitazione sono annuali, con tacito rinnovo, ma potrai disdirli inviando due righe, anche in fax o e-mail, anche un'ora sola prima della scadenza annuale.

Inoltre spesso questi contratti sono indicizzati, cioè aumentano automaticamente il premio ogni anno. GenerWeb invece offre **contratti a prezzo fisso**.

Verifica poi la **completezza delle garanzie** del tuo contratto, rispetto all'offerta GenerWeb, che è stata pensata per non lasciar fuori aree di rischio e che in un **unico contratto**, a un prezzo molto accessibile, ti offre tutte le coperture necessarie alla tua famiglia.

L'assicurazione del fabbricato e del contenuto è prestata **a primo rischio assoluto**, e può operare anche in presenza di altre assicurazioni sullo stesso fabbricato: pagherà anche nei casi in cui le polizze del condominio non intervenissero (ad es. rottura di tubi dell'acqua privati), o anche in aggiunta rispetto a polizze preesistenti. Anziché aumentare i massimali con la tua vecchia assicurazione, prova a scoprire i vantaggi della polizza Abitazione di GenerWeb!

- hai già la garanzia RC del capofamiglia, degli animali domestici, degli alberi da giardino, dello sciatore, del ciclista, del navigatore in Internet?
- abiti in condominio ed hai già una tua polizza sull'appartamento?
- (oppure) abiti in villa/casetta ed hai già una tua polizza?
- i massimali assicurati sono adeguati al valore?
- la tua polizza copre anche danni al contenuto, e non solo al fabbricato?
- la tua polizza copre anche furto/rapina/scippo?
- hai già la garanzia Spese Legali e Europ Assistance?

descrivici qual è la tua situazione, cosa hai già assicurato e cosa no, ti offriremo senza impegno una soluzione su misura per te**. Manda un e-mail con oggetto (subject) "Abitazione" alla** Responsabile di GenerWeb **e vedrai all'opera, gratuitamente, il nostro servizio!**

Q - Siete un agente della GenerWeb e conducete un colloquio con un potenziale cliente; come argomentate per convincerlo a stipulare con voi una polizza casa e RC considerando che il cliente obietterà: Non ho polizze sulla mia Casa, né di Responsabilità civile capofamiglia. Perchè mai dovrei pensarci, visto che non sono obbligatorie?

Imprevidenza sociale (di Rossella Bocciarelli)

Già dieci anni fa, in un rapporto, la Confindustria *(lanciare)* **un segnale d'allarme sulle tendenze della spesa pensionistica e** *(proporre)* **drastiche misure: ridurre la copertura, le indicizzazioni, i cumuli**

La legge finanziaria non *(farne)* menzione; la manovra del governo nemmeno; nel varare la direttiva anti-spese allegre, la presidenza del Consiglio *(affrettarsi)* a spiegare che i miliardi stanziati per le pensioni d'annata *(essere)* salvi. La Confindustria, dopo aver ottenuto l'impegno di affrontare il nodo degli oneri sociali e contributivi, aveva gettato sul tavolo del governo un rapporto sulle prestazioni previdenziali.

Centocinquanta pagine di analisi con una severa diagnosi: il sistema previdenziale italiano *(essere)* troppo costoso per l'economia e, per giunta, iniquo. E insieme alla diagnosi la cura: instaurare una specie di authority in grado di formulare delle stime su base trentennale e capaci di individuare il costo esatto per le generazioni future di ogni proposta di modifica del regime pensionistico.

Facendo qualche confronto internazionale, secondo il rapporto, il nostro paese *(applicare)* tutte le regole nella versione più generosa: si *(andare)* (e si va) in pensione prima; il coefficiente di liquidazione *(potere)* arrivare anche all'80% dello stipendio e poi *(esserci)* un meccanismo che *(adeguare)* automaticamente le pensioni non solo all'aumento dei prezzi, ma anche alla crescita reale delle retribuzioni degli occupati.

Negli altri Stati, la pensione di reversibilità *(venire)* assegnata in base all'effettiva situazione di bisogno del coniuge superstite; in Italia la pensione del defunto si *(ereditare)* indipendentemente dal livello del proprio reddito.

Non soltanto un sistema di manica larga, dunque, ma anche ingiusto con l'esempio più vistoso dei dipendenti pubblici che *(potere)* andare in quiescenza con il minimo dopo venti anni di lavoro.

Differenze che *(finire)* per riflettersi anche sul bilancio dell'Inps e i suoi risultati costantemente negativi. Un quadro contabile fosco che *(minacciare)* di diventare nero quando si sarebbero aggiunti gli effetti nefasti delle tendenze demografiche decrescenti.

Di qui la richiesta della Confindustria di reimpostare il sistema delle pensioni su livelli più assicurativi che solidaristici, disboscare la giungla dei trattamenti differenziati, estendere la retribuzione ai fini del calcolo delle pensioni all'intera storia contributiva nonché definire un tetto indicizzato per prestazioni e contributi sociali.

(adattato da L'Espresso, 28 gennaio 1990)

R - *Coniugate all'imperfetto i verbi riportati fra parentesi in corsivo e ricollegate le definizioni con i rispettivi termini sottolineati nell'articolo*

1. pagamento corrisposto al lavoratore alla cessazione del rapporto di lavoro
2. cessazione dal servizio per raggiunti limiti di età
3. finanziamento a carico di tutta la comunità, necessario per garantire il funzionamento dei sistemi di sicurezza sociale (ne fanno parte il Tfr, contributo mensa, asili nido)
4. meccanismo di adeguamento delle pensioni al variare dei prezzi e dei salari
5. viene liquidata ai congiunti superstiti quando scompare il titolare della pensione diretta
6. nel settore pubblico veniva calcolata sulla retribuzione dell'ultimo anno. Se le retribuzioni in determinati anni subivano grossi aumenti, anche le pensioni risultavano più elevate di quelle del periodo precedente; c'erano dunque annate cattive ed altre meno cattive
7. livello massimo di retribuzione
8. possibilità di sommare pensione e reddito da lavoro o più pensioni tra di loro
9. commisurati alle retribuzioni e a carico sia dei lavoratori che dei datori di lavoro (per assicurazioni contro invalidità, vecchiaia, malattia, infortuni sul lavoro, disoccupazione ecc.)

S - *Siete un dipendente dell'INAIL con il compito di spiegare ai cittadini l'iniziativa suesposta. Avete ricevuto la telefonata di una signora che desidera maggiori delucidazioni. Spiegatele in che cosa consiste tale iniziativa, a chi è rivolta, quanto costa, chi deve sostenere i costi, quali prestazioni vengono garantite, che cosa si deve fare per assicurarsi, quali dati occorrono. Servitevi delle indicazioni fornite in calce alla pubblicità*

A - *La definizione di assicurazione data dal C.C è stata scomposta in sette frasi; ricollocatele nell'ordine logico - fate attenzione alla punteggiatura!*

Assicurazione - Nozione (Art. 1882)

1. L'assicurazione è il contratto
2. al verificarsi di un evento attinente alla vita umana.
3. del danno ad esso prodotto da un sinistro
4. con il quale l'assicuratore,
5. ovvero a pagare un capitale o una rendita
6. si obbliga a rivalere l'assicurato, entro i limiti convenuti,
7. verso il pagamento di un premio,

B - *Ricollegate le frasi in modo che ne risultino dei minidialoghi*

1. Domani vado in banca a prelevare un po' di contanti dal conto
2. La ditta presso la quale era impiegata mia moglie prima di andare in pensione, le ha chiesto di tornare a lavorare a part time per fornire consulenza
3. I Neri andranno in crociera alle Maurizio quest'anno
4. Non so se continuare a vivere in questa città tanto fredda d'inverno
5. Ormai nessuno mi può più garantire che lo Stato sarà in grado di pagarmi la pensione
6. Ma che convenienza c'è a stipulare una polizza vita?
7. Ma come, non sei ancora andato in pensione?
8. Pensione fa rima con riduzione

a) Chi ti trattiene qui? Perché non ti trasferisci al Sud?
b) Nessuna in verità, perché il rendimento viene eroso dalle salate provvigioni che intascano le compagnie d'assicurazione
c) Eh, sfortunatamente per la pensione di vecchiaia è stata elevata l'età minima richiesta
d) Purtroppo non possiamo scioperare come altre categorie di lavoratori per chiedere l'aumento....
e) E che cosa farà Lei quando Sua moglie sarà in ufficio?
f) Si godono davvero la pensione; negli ultimi anni avranno fatto almeno una decina di viaggi in paesi esotici
g) Puoi controllare anche se mi hanno già accreditato la pensione?
h) Certo che la situazione non è rosea; sarebbe meglio pensare già ora ad una pensione integrativa

C - *Collegate le due frasi con "finché (non)" e coniugate il verbo della seconda al futuro anteriore* (Es. Telefono a Patrizia. Alla fine la troverò →Telefono a Patrizia *finché non l'avrò trovata*)

1. Non vengo in ufficio. Stipulo il contratto
2. Non prendo decisioni. Mi riferirai l'esito della denuncia
3. Non posso sostituire la TV rotta. La pensione viene accreditata il 15 del mese
4. L'assicurazione non liquida i danni. Non ho pagato il premio scaduto
5. Non so quanto dovrò pagare mensilmente. Non è stato stabilito il capitale da versare per la pensione integrativa
6. Non stipulo un'assicurazione responsabilità civile. Non mi hanno spiegato a che cosa serve.

D - Completate gli spazi vuoti con l'opportuna forma pensionistica scelta fra quelle indicate a parte

1. La .... copre il 60% dell'ultima retribuzione percepita solo per le categorie con stipendi inferiori ai 20 milioni di lire
2. Quando muore il titolare della pensione, ai coniugi superstiti viene liquidata la ....
3. Negli USA la metà dei lavoratori è assistita da ....
4. In Gran Bretagna lo Stato eroga una .... obbligatoria per tutti e una .... facoltativa per chi ha la possibilità di pagare contributi più alti
5. Dove la pensione pubblica è più bassa cresce il livello di copertura garantito dalle .... private
6. La .... può essere percepita da chi ha maturato almeno 35 anni di contributi
7. Nel passato in Italia i dipendenti pubblici potevano percepire una .... dopo solo 20 anni di anzianità
8. La .... è quella ottenuta dai dipendenti che hanno subito un certo grado di menomazione sul lavoro
9. In Italia a tutte le persone oltre i 65 anni e senza alcun reddito viene corrisposto un contributo mensile, detto ....

pensioni integrative
pensioni aziendali
pensione sociale
pensione pubblica
pensione "baby"
pensione di reversibilità
pensione d'invalidità
pensione minima
pensione aggiuntiva
pensione di anzianità

E - Classificate per ordine d'importanza, dal vostro punto di vista, i seguenti aspetti nell'età del pensionamento. Spiegate i motivi della vostra classifica; si potrebbero aggiungere altri aspetti?
a) poter fare molti viaggi e vacanze
b) poter contare sull'aiuto (anche finanziario) di figli e parenti
c) condurre una vita piena, con molte attività in casa e all'aperto
d) disporre di una rendita integrativa nel momento in cui si smette di lavorare
e) poter continuare a lavorare
f) avere un'assicurazione che garantisca un'assistenza sanitaria completa

F - Nello stipulare un'assicurazione quali elementi ritenete più interessanti? Disponeteli altresì in ordine d'importanza e argomentate la vostra decisione
a) poter sottoscrivere la polizza d'assicurazione anche per posta
b) ricevere informazioni periodiche da una compagnia d'assicurazione sulle possibilità d'investimento dei risparmi
c) proteggere il patrimonio familiare dalle tasse di successione
d) poter consultare l'agente assicurativo in Internet
e) ricevere periodicamente da un agente di fiducia un esame periodico di tutte le proprie necessità assicurative
f) poter sottoscrivere la polizza presso la propria banca
g) ricevere dalla compagnia di assicurazione un manuale molto semplice sui tipi di assicurazione disponibili
h) poter pagare i premi assicurativi con addebito automatico in conto corrente
i) stipulare un'assicurazione sulla vita comprendente anche i rischi d'invalidità con un solo contratto
l) disporre per tutta la vita di una rendita che cresca di anno in anno
m) poter far riparare l'automobile, dopo un incidente, presso carrozzerie convenzionate e non doversi curare di pagare il conto

G - Completate il testo

attivi	La pensione è una .... economica periodica a favore dei ...., una volta che abbiano raggiunto una
capitalizzazione	determinata .... e siano collocati a ....; essa è
contributi	finanziata dai .... sociali a carico dei ....
datori di lavoro	e dei dipendenti stessi. Con il sistema .... pubblico
età	si trasferiscono .... fra le generazioni dei lavoratori
lavoratori	.... e quelle che hanno cessato l'attività lavorativa.
pensionistico	All'origine i sistemi pensionistici erano in prevalenza fondati sul
prestazione	metodo della .... (i contributi venivano
ripartizione	investiti affinché producessero un rendimento); in seguito, adottato
riposo	quello della .... (i contributi versati vengono
riserve	subito utilizzati per pagare i pensionati), sono state polverizzate le
risorse	.... finanziarie degli enti previdenziali.

H - Disponete in ordine cronologico

1. Si comincia a lavorare
2. Si percepisce una pensione
3. Si comunica la cessazione dell'età lavorativa
4. Si versano i contributi
5. Si smette di lavorare
6. La pensione viene rivalutata periodicamente
7. Si va in pensione

I - Vero o falso?

1. Il lavoratore può contare su una pensione quasi uguale all'ultima retribuzione
2. L'ammontare della pensione dipende dai contributi versati
3. In Italia gli statali possono andare in pensione con 15 anni di contributi
4. L'età per ottenere la pensione in Italia è di 60 anni per gli uomini e 55 per le donne
5. Anche in Italia si cerca di spingere i lavoratori verso sistemi alternativi di previdenza integrativa e complementare
6. Con il sistema a ripartizione ogni lavoratore risparmia e investe per se stesso
7. Con il sistema a capitalizzazione dell'INPS i contributi versati dai lavoratori servono a pagare le pensioni erogate dall'ente
8. In Italia si vuole diffondere il sistema pensionistico a tre pilastri (pensione pubblica-fondi aziendali-risparmio individuale)
9. Molte aziende affidano il compito di gestire le contribuzioni a compagnie di assicurazione con le quali accendono polizze collettive
10. Il sistema pensionistico pubblico rimane predominante e la tendenza è di un progressivo aumento della sua importanza

ASSICURAZIONI

a primo rischio assoluto	auf "erstes absolutes Risiko"
abolizione	Abschaffung
accertamento (del danno)	(Schaden)feststellung
accertare	feststellen, ermitteln
adeguamento (delle pensioni)	(Renten)anpassung
adibire	verwenden, vorsehen
agente assicurativo	Versicherungsvermittler
aggravamento del rischio	Risikoerhöhung
aliquota contributiva	Beitragssatz
andare in pensione	in Pension gehen, pensioniert werden
assicurare	versichern
assicurato	Versicherter
assicuratore	Versicherer
assicurazione	Versicherung
assicurazione a valore pieno	Vollwertversicherung
assicurazione collettiva	Gruppenversicherung
assicurazione contro gli infortuni	Unfallversicherung
assicurazione contro i danni	Sachversicherung
assicurazione contro il furto con scasso	Einbruch-Diebstahlversicherung
assicurazione contro la disoccupazione	Arbeitslosenversicherung
assicurazione delle persone	Kfz-Insassenversicherung
assicurazione di risparmio immobiliare	Bausparversicherung
assicurazione in caso di morte	Todesfallversicherung
assicurazione in caso di vita	Versicherung auf den Erlebensfall
assicurazione individuale	Einzelversicherung
assicurazione malattia, mutua	Krankenversicherung
assicurazione obbligatoria	Pflichtversicherung
assicurazione per lungodecenza, non autosufficienza e accompagnamento	Pflegeversicherung
assicurazione RCA (responsabilità civile auto)	Kfz-Haftpflichtversicherung
assicurazione sui fabbricati	Gebäudeversicherung
assicurazione sociale	Sozialversicherung
assicurazione sulla vita	Lebensversicherung
assistenza sociale	Sozialhilfe
attinente	betreffend
aumento	Aufbesserung
autorità	Behörde
beneficiario (della pensione)	Renten(Pensions)empfänger
cagionare	verursachen
cambio di residenza	Änderung des Wohnsitzes
capitale assicurato	Versicherungssumme
caso di sinistro	Schadenfall
cassa malattie	Krankenkasse
cedere	abtreten
certificato di assicurazione	Versicherungsbescheinigung

cessazione del rischio	Wegfall des Risikos
coassicurazione	Mitversicherung
compagnia avversaria	gegnerische Versicherungsgesellschaft
compagnia d'assicurazione	Versicherungsgesellschaft
compilare	ausfüllen
conducente	Fahrzeuglenker
constatazione amichevole d'incidente	Unfallbericht
contraente	Versicherungsnehmer
contratto d'assicurazione	Versicherungsvertrag
copertura assicurativa	Versicherungsdeckung
corresponsione (della pensione)	Rentenzahlung
costante	gleichbleibend
cumulo	Summe, Zusammentreffen (von Leistungen)
danneggiare	beschädigen
danneggiato	Beschädigte
danno parziale	Teilschaden
danno totale	Totalschaden
decrescente	abnehmend
definizione	Schadenregulierung
denuncia di sinistro	Schadensanzeige
denunciare	anzeigen, melden
diaria	Tagegeld
dichiarare (un danno)	anmelden
differito	zeitversetzt
diminuzione del rischio	Risikoverminderung
diritto	Anspruch
diritto di recesso	Rücktrittsrecht
estensione dell'assicurazione	Versicherungsumfang
età del pensionamento	Pensionsalter, pensionsfähiges Alter
evento	Ereignis
evento naturale	Naturereignis
ferito	Verletzter
fila	Spur
fondo pensioni aziendale	betriebliche Altersversorgung
fortuito	zufällig
franchigia	Selbstbehalt
girare	abbiegen
grafico	Skizze
grandine	Hagel
impegno di copertura	Deckungszusage
importo	Betrag
imposta di successione	Erbschaftssteuer
in unica soluzione	auf einmal
inabile al lavoro	erwerbsunfähig
inabilità al lavoro permanente	bleibende Arbeitsunfähigkeit
incendio	Feuer, Brand
indennità d'assicurazione	Versicherungsentschädigung
indennità di disoccupazione	Arbeitslosengeld
indennizzare	entschädigen

indennizzo	Entschädigung
infortunio	Unfall
infortunio sul lavoro	Arbeitsunfall
integrazione pensionistica	Rentenergänzungsbeitrag
invalidità	Invalidität
kasko totale	Vollkasko
lesione	Verletzung
limite riscossione contributi	Beitragsbemessungsgrenze
liquidare (un danno)	regulieren, abwickeln
liquidazione (del danno)	Abfindung, Abwicklung
liquidazione (della pensione)	Rentenauszahlung
maggiorazione	Steigerungsbetrag
mancato pagamento	unterbliebene Zahlung
mantenimento	Beibehaltung
massimale	Höchstsumme, Höchstgrenze
maturare	erreichen
menomazione	Behinderung, Beeinträchtigung
modalità di pagamento	Zahlungsart
modulo	Formular
onere fiscale	steuerliche Belastung
orfano	Waise
patente	Führerschein
pensionamento	Ruhestand
pensionamento anticipato	vorzeitige Pensionierung
pensionato	Rentner
pensione	Pension, Rente
pensione d'anzianità	Altersrente
pensione di reversibilità	Hinterbliebenenrente
pensione d'invalidità	Erwerbsunfähigkeitsrente
pensione minima	~~Grundrente~~
pensione perequativa	Ausgleichsrente
pensione pubblico impiego	Beamtenpension
percepire (una pensione)	(eine Rente) beziehen
perdita	Verlust
pericolo	Gefahr
perizia dei danni	Schadenexpertise
piazza a senso rotatorio	Kreisverkehr
polizza assicurativa	Versicherungsschein
polizza incendio	Feuerversicherung
polizza vita mista	Kapital-Lebensversicherung
ponderare	abwägen
precedenza	Vorfahrt
premio	Prämie
premio annuo	Jahresprämie
prestazione assicurativa	Versicherungsleistung
previdenza	Vorsorge
previdenza sociale	Sozialversicherung
procedura peritale	Sachverständigenverfahren
proroga	Verschiebung

R.C.T. dell'attività aziendale	Betriebshaftpflichtversicherung
ramo assicurativo	Versicherungssparte
rapina	Raub
rendita vitalizia	Leibrente
responsabilità civile verso terzi (R.C.T.)	Haftpflicht
retrocedere	rückvergüten, ausweisen
riassicurazione	Rückversicherung
richiedente	Antragssteller
richiesta	Antrag
riconoscimento di responsabilità	Schuldanerkenntnis
riforma delle pensioni	Rentenreform
rimborso	Vergütung
risarcimento	Schadenersatz
risarcire	entschädigen, vergüten
rispondere (di un danno)	aufkommen
rivalere	vergüten
rivalutazione (delle pensioni)	(Renten)aufwertung
rottura tubazioni dell'acqua	Wasserrohrbruch
senso inverso	Gegenfahrbahn
sinistro	Schaden, Unfall, Versicherungsfall
sino alla concorrenza	bis zum Ausmaß
società di mutua assicurazione	Versicherungsverein auf Gegenseitigkeit
sorpassare	überholen
sostare	anhalten
sottoassicurato	unterversichert
sovvenzione	Beihilfe
stima	Schätzung
stipulare (un'assicurazione)	abschließen
subire	erleiden
surrogazione	Rückgriff
sussidio di disoccupazione	Arbeitslosenhilfe
tagli alle spese sociali	Sparpaket
tamponare	auffahren
telaio	Fahrgestellnummer
termine del vincolo	Bindungsfrist
testimone	Zeuge
tributo	Abgabe
tutela assicurativa	Versicherungsschutz
ufficio di collocamento	Arbeitsamt
urto	Zusammenstoß
valore a nuovo	Neuwert
valore assicurabile	Versicherungswert
valore corrente	Zeitwert
valutazione (del danno)	(Schaden)abschätzung
vedova	Witwe
verificarsi (del danno)	eintreten

Capitolo 14
Sistema tributario

Quanto si mangia lo Stato

Ogni gesto una tassa; ecco quale quota della nostra spesa va all'erario

L'anno scorso lo Stato italiano ha speso circa 360 mld di euro: per la sanità, l'istruzione, la giustizia, l'ordine pubblico, le pensioni, i salari e le opere pubbliche. Da dove vengono questi soldi? Principalmente dalle tasse: le entrate tributarie sono state di 230 miliardi di euro. Il resto lo Stato lo ha preso in prestito dai cittadini e questi soldi, con gli interessi dovuti, costituiscono il debito pubblico.

- **Tasse e imposte**

Tasse e imposte sono cose diverse. «La tassa è quanto si deve pagare per uno specifico servizio (come, per esempio, il bollo dell'auto» recitano i libri di testo; «l'imposta, invece, è la contribuzione generica basata sul proprio reddito». Oltre la metà dei soldi che lo Stato incassa viene dalle imposte dirette. Gravano direttamente su ciò che guadagnano sia le persone (Irpef, Imposta sul reddito delle persone fisiche ora Ire, Imposta sui redditi), sia le imprese (Irpeg, Imposta sul reddito delle persone giuridiche, cioè le società). L'Ici (Imposta comunale sugli immobili) è un'imposta sulle case possedute dai singoli contribuenti. Le imposte indirette, invece, si pagano solo quando si compra un bene o si utilizzano certi servizi dello Stato.

- **Come nascono**

Sono odiate, ma le tasse sono state uno strumento per limitare il potere assoluto delle monarchie. Il 15 giugno 1215, in Inghilterra, il re Giovanni Senza Terra concesse ai nobili la "Magna charta libertatum", nella quale si stabiliva per la prima volta che si potevano imporre tasse solo in base a una legge. E stabiliva un principio: chi paga le tasse ha diritto di essere rappresentato in Parlamento. Era il passaggio da sudditi senza diritti a cittadini in senso moderno. Secondo la Costituzione italiana «tutti sono tenuti a concorrere alle spese pubbliche in ragione della loro capacità contributiva» e il sistema tributario deve essere «informato a criteri di progressività». La progressività è alla base della giustizia fiscale e protegge chi guadagna meno, perché la percentuale (detta aliquota) calcolata sul reddito per stabilire l'imposta cresce con l'aumentare del reddito: con un reddito di 15.000 euro si ha un'imposta di 3.255 euro (aliquota del 21,7 per cento); con un reddito di 25.000 euro l'imposta è di 6.650 euro (aliquota 26,6 per cento). Per i guadagni più alti si arriva al 51 per cento. Le imposte indirette, invece, sono uguali per tutti. Comprando un vestito, pagano la stessa Iva chi guadagna 100 mila euro all'anno e chi guadagna invece molto meno. Lo stesso accade per le tasse di concessione governativa e la tassa annuale di proprietà per gli autoveicoli (il "bollo"). Alcune imposte, come l'Ilor (Imposta locale sui redditi - ora Irap, Imposta regionale sulle attività produttive) e le ritenute sui redditi da capitale, sono invece proporzionali al reddito da tassare.

- **Troppo peso**

Irpef/Ire, Ici, le tasse sanitarie, i contributi sociali, costituiscono una pesante giungla di imposizioni per i cittadini. «Tuttavia, si potrà ridurre la complessità, semplificare i documenti, ma difficilmente si potrà ridurre il peso totale delle tasse, perché lo Stato ha sempre più bisogno di soldi. Infatti registra ogni anno un deficit (cioè la differenza fra entrate e uscite) di circa 67 miliardi». Inoltre, per alcuni il fisco è più complicato che per altri. Per i lavoratori dipendenti, per esempio, è tutto molto semplice: le imposte sullo stipendio sono trattenute e pagate dal datore di lavoro: a un impiegato con uno stipendio con un imponibile di 18.000 euro (cioè al netto dei contributi sociali e delle detrazioni fisse) il datore di lavoro trattiene e paga al fisco 4.240 euro. Per i lavoratori autonomi (professionisti, negozianti) è più difficile: sul reddito che deriva dall'attività pagano direttamente le imposte con la dichiarazione dei redditi, ma con acconti e saldi a maggio e a novembre. Pagano anche l'Ilor/Irap e, infine, sul reddito che rimane loro pagano l'Irpef/Ire come il lavoratore dipendente con pari reddito. Gli autonomi pagavano anche altre tasse, come l'Iciap, e i contributi previdenziali e sanitari, che per il lavoratore dipendente sono in parte pagati dal datore di lavoro. In media, ogni italiano che ha un reddito versa al fisco circa il 40 per cento.

- **E negli altri Paesi?**

Il sistema fiscale italiano è molto simile a quello degli altri Paesi dell'Unione europea: anche in Francia, Germania e Gran Bretagna vige il criterio della progressività. Diverso invece il funzionamento. Il nostro sistema è il più complicato d'Europa: numerosissime tasse minori rendono intricati i rapporti tra contribuente ed erario. Per esempio in Francia e in Germania i rimborsi, quando si è pagato più del dovuto, sono molto più rapidi. Grandi le differenze con il fisco Usa, basato sulla proporzionalità: pagando una percentuale del reddito, chi più guadagna più paga. Inoltre le tasse per l'assistenza sociosanitaria sono limitate: per questi scopi ci si tutela con assicurazioni private.

- **Il nuovo fisco**

Oggi in quasi tutti i Paesi esiste una generale insoddisfazione per il funzionamento dei sistemi fiscali. Sono state avanzate dunque alcune proposte per riformarli. Un imprenditore americano, Steve Forbes, ha proposto di unificare tutte le tasse e le imposte nella «flat tax» (tassa piatta), uguale per tutti: è vero che farebbe pagare la stessa cifra a un miliardario e a un pensionato, ma semplificherebbe i conti.

Il "federalismo fiscale" prevede invece che a imporre le tasse siano gli enti locali (regioni, province, comuni), più vicini ai cittadini e quindi più facili da controllare. Alcuni propongono infine di combattere l'elusione e l'evasione fiscali con una semplificazione delle imposte: per esempio riducendo gli scaglioni delle aliquote Irpef/Ire da sette a quattro, per invogliare i cittadini "restii" a pagare le tasse.

(adattato da Focus 96, Luca Fioretti e Giulia Costantino)

NEL LABIRINTO DEL FISCO

Iciap, Tosap, Invim: le sigle dell'ossessione

Irap, imposta di rapina. Alcuni politici cavalcano la protesta dei lavoratori autonomi contro la tassa dal nome sinistro varata dal governo. Battuta come sigla funesta forse solo dalla Tosap, la tassa sull'occupazione di suolo ed aree pubbliche, passata alla storia anche come tassa sull'ombra (quella della tenda del negozio). Ma la storia fiscale del Belpaese - dal 1980 al 1997 ci sono stati quasi 3.000 provvedimenti fiscali, fra leggi, decreti e regolamenti - è una lunga cronaca di sigle e balzelli che hanno ossessionato i contribuenti. Quelli onesti, ovviamente.

L'Ige (imposta generale sull'entrata), la mamma dell'Iva, ci ha lasciato nel '73. Quella sulla ricchezza mobile nel '74. E col debutto dell'Irpef è partita l'escalation del fisco che negli anni '80 e '90 ha moltiplicato sigle, bolli, una tantum, moduli e versamenti per far fronte, aumentando le entrate, alla grande esplosione della spesa pubblica. Una dopo l'altra sono arrivate decine di imposte dal nome sempre più terrorizzante: Iciap, imposta sulle attività produttive, più nota come tassa sulla mattonella visto che si pagava sui metri quadri dei capannoni o degli studi professionali; minimum tax, la tassa più odiata dai commercianti che ha resistito solo un anno all'assalto della lobby; il «sei per mille», il prelievo sui depositi bancari; la tassa sul medico, evasa in massa dagli italiani; il Cssn, contributo al servizio sanitario nazionale, più noto come tassa salute e l'imposta sulla spazzatura che da qualche anno ha un nome più sofisticato, Tarsu. E poi le imposte sul mattone che dall'80 ad oggi sono cresciute di quasi l'800%. Con un assaggio a colpi di sovraimposte e imposte straordinarie (l'Isi), per poi affondare il colpo con l'Ici. E con uno straordinario caso di tassa «morta, ma vivente»: l'Invim, soppressa nel '92, ma che si è dovuta pagare fino al 2002 sugli incrementi di valore delle case maturati fino al '92.

(Corriere della Sera, 14.11.97)

A - *In base a quanto letto, provate ad elaborare uno schema illustrativo del sistema tributario italiano, procedendo in ordine cronologico*

B - *Abbinate, dove possibile, le sigle delle imposte e tasse con i relativi soprannomi e spiegatene il significato*

C - *Che cosa pensate delle proposte di riforma fiscale (flat tax, federalismo fiscale, semplificazione delle imposte) di cui si parla nell'articolo di Focus? Quale delle tre vi sembra più fattibile e perché?*

D - *Completate le frasi con i termini indicati in basso*

1. Qual è l'...................... dell'Iva sui prodotti di prima necessità?
2. Le imposte vanno versate al ....
3. Quando il deficit dello Stato aumenta, paga il ....
4. Quando si cerca di pagare meno imposte in modo legale, si parla di ....; se si omette completamente di dichiarare il reddito si parla di ....
5. Le imposte pagate direttamente al fisco si chiamano imposte ....
6. La tassa si differenzia dall'imposta perché non è ....
7. Sottraendo dal reddito netto gli oneri deducibili si ottiene l'...................... su cui si calcola l'imposizione
8. L'...................... indica le casse dello Stato in cui confluiscono le imposte e le tasse pagate dai cittadini
9. Il prestito che lo Stato contrae con i cittadini costituisce il ...., mentre il .... rappresenta la differenza tra le entrate e le uscite
10. Il sistema tributario americano è ...., quello italiano è ....
11. Lo Stato italiano deve aumentare continuamente le entrate per far fronte alla ....

a) *imponibile*
b) *obbligatoria*
c) *contribuente*
d) *erario*
e) *proporzionale - progressivo*
f) *spesa pubblica*
g) *debito pubblico - deficit pubblico*
h) *elusione - evasione*
i) *fisco*
l) *aliquota*
m) *dirette*

Tributo per tributo, la vita degli italiani è un continuo prelievo (Il Sole 24 ore)

E - *Individuate i tributi prelevati in ognuna delle situazioni sottoindicate*

L'italiano nasce	sostiene spese mediche	va a scuola	consuma	usa moto e auto	si diverte	ha qualche vizio

viaggia	lavora	mette su casa	compra la casa	smette di lavorare	muore

.... e paga Iva e altre imposte

... e fa pagare agli eredi diritti comunali e tasse di successione

... e paga Ire e contributi

... e fa pagare a suo padre i diritti comunali

... e paga tasse sugli alcoolici e compra prodotti di monopolio

... e paga Iva, Ire, Ici...

... e paga imposte sui biglietti, diritti doganali ecc.

... e paga i ticket

... e paga tasse scolastiche

... e paga l'Ire sulla pensione

... e paga imposte su luce, telefono, gas

... e paga imposte su carburanti, bolli ecc.

... e paga tasse su spettacoli, giochi, scommesse

SONO UN EVASORE*

Sì, sono un evasore e me ne vanto. Ho tanti vantaggi e nessun problema. Perchè? Perchè non pago le tasse, ma anche perchè non mi iscrivo alla Camera di Commercio, non verso una lira per INPS, INAIL, licenze e autorizzazioni; lavoro senza inghippi perchè non perdo tempo a fare ricevute; guadagno di più anche se pratico prezzi più bassi; non ho problemi di controlli perchè ufficialmente sono un privato cittadino; non temo conseguenze perchè non mi assumo responsabilità per i lavori che faccio e non temo lo sfratto perchè non ho un laboratorio. Ottimo, vero? Ma cos'è che dite? Che sono una mosca bianca? Ma va, in Italia siamo centinaia di migliaia, milioni. Tutti senza problemi. O meglio noi abusivi, dopolavoristi, lavoratori in nero eravamo senza problemi. L'introduzione della "minimum tax" prima, i diffusi pregiudizi poi e da ultimo l'esosità di questa trovata che chiamano "concordato fiscale", ma che in realtà è l'ennesimo condono (già, a proposito, non bastavano quelli precedenti?) fanno crescere le schiere di quelli come me e allora crescerà anche per me la concorrenza. Il Fisco ci guadagnerà ben poco, noi avremo più concorrenza e Voi che leggete, assieme a nessuna garanzia per i lavori eseguiti, avrete più tasse da pagare visto che pagate anche per me. E pensare che so che gli artigiani (ma anche i commercianti, gli esercenti, i piccoli imprenditori, i professionisti) devono tenere chi più chi meno registri per l'IVA, libri matricola, registri di conto lavorazione, registri per le bolle e le ricevute nonchè registri per la tenuta della contabilità generale, come fossero la Fiat e se sbagliano a compilare qualcosa gli arrivano pure multe salate. Me lo diceva sempre mio padre: in Italia tartassano solo quelli registrati, insomma quelli "targati", gli altri neppure li cercano. Insomma cosa vogliono questi "regolari"? Gli fanno pure lo sconto sul concordato. Cosa hanno tanto da lamentarsi? Io quasi quasi lo trovo conveniente...per loro!

*(La lettera qui sopra riprodotta non è mai stata scritta. L'abusivo non fa dichiarazioni, non lascia traccia e ovviamente non riceve nemmeno proposte di concordato...)

Caro Ministro,
in Italia c'è secondo il CNEL "una quota di lavoro sommerso valutata intorno a 2,4 milioni di unità di lavoro standard" (cioè come se duemilioniquattrocentomila persone lavorassero otto ore al giorno "in nero"), corrispondenti a milioni (7 milioni circa secondo l'Eurispes) di abusivi, lavoratori in "nero", dopolavoristi che lavorano qualche ora al giorno. A questi non solo non è stato recapitato il concordato, ma vivono tranquilli ed indisturbati. Questi sono i veri evasori, ma per questi non mi risulta stiate facendo nulla o quasi. Tra questi c'è anche gente che integra il magro salario, cassintegrati, operai in mobilità, disoccupati (da mettere allo stesso livello di quegli autonomi che evadono per necessità), ma ci sono anche vere e proprie "attività". Sono gli evasori totali, ma siccome non hanno la "targa" voi non li beccate (quasi) mai! E' strano comunque, Signor Ministro, che ve la prendiate tanto con chi paga (magari qualche volta meno di quanto vorreste voi, ma in ogni caso troppo) e non spendiate nemmeno una parola per quei 2.400.000 che non pagano alcunchè. Nemmeno ovviamente il concordato. Che ne è del principio dell'effettiva capacità contributiva sancito dalla nostra Costituzione se il concordato lo avete mandato anche a chi aveva ottenuto l'esenzione dalla "minimum tax" o anche a chi vi si era adeguato? Perchè non avete risparmiato almeno coloro i quali negli anni si erano adeguati ai coefficienti presuntivi di reddito da voi imposti per legge e per di più sanzionati pesantemente? L'errore costa non solo al Fisco, ma anche al cittadino perchè ci perde tempo e alla fine deve pagare chi gli fa i controlli per scoprire magari che il Fisco ha sbagliato od esagerato. C'è un'altra cosa, Signor Ministro, che ci farebbe piacere sapere e cioè: avete escluso praticamente dal concordato, giustamente viste le speciali problematiche e le loro dimensioni, le società di capitali con ricavi superiori a 6.180 milioni, ma cosa avete previsto per loro? Quali accertamenti specifici? O queste invece sono contribuenti di pasta speciale (Tangentopoli veramente dimostrerebbe il contrario)? Adesso avete accordato uno sconto sostanzioso per favorire l'adesione al concordato, ma, Signor Ministro, lo sconto non è una buona ragione neppure per comperare una camicia se questa non è buona o non piace: figurarsi se lo è per accettare un'ingiustizia.

ASSOCIAZIONE ARTIGIANI C.G.I.A.

L'Italia che "evade" (adattato da La Repubblica)

Un impiegato comunale vive con uno stipendio di 1.000 euro al mese, lasciando ogni mese al fisco circa 500 euro di tasse, mentre un facoltoso professionista può permettersi il lusso di «scaricare» dall'imponibile Ire il 50% della bolletta pagata per il suo inseparabile telefonino cellulare. Il commesso della drogheria all'angolo ha un reddito annuo di 12.000 euro, mentre il suo datore di lavoro, il droghiere, denuncia un reddito di soli 7.700 euro.

L'efficiente segretaria di uno studio legale può arrivare ad un reddito annuo lordo di oltre 36.000 euro, mentre l'avvocato che le paga lo stipendio dichiara un guadagno di appena 18.000 euro.

Queste sono cronache ufficiali (dati dell'Anagrafe tributaria) di un Paese bizzarro quale è l'Italia, il Paese delle cento tasse, in cui si vara una stangata all'anno, mentre si tollera un'evasione fiscale superiore ai 154 miliardi di euro.

Ogni anno ci sono ben 200 mila soci di società che hanno riscosso utili, ma non li hanno dichiarati, oltre 9 mila professionisti che hanno effettuato prestazioni di servizi alle imprese senza dichiarare il relativo compenso, circa 20 mila società di persone che hanno dedotto l'Ire senza avere soci che svolgono attività nella società, oltre 600 mila contribuenti che hanno effettuato compravendite d'immobili senza aver denunciato nulla all'Amministrazione finanziaria.

Di fronte a questo agguerrito «esercito» il Fisco riesce a svolgere a malapena 200 mila controlli l'anno sulle imposte dirette, ovvero sull'1% di tutti i contribuenti persone fisiche.

Con le imprese e il lavoro autonomo le cose non vanno meglio: l'imprenditore o il libero professionista rischia un controllo ogni 330 anni.

A - *Dopo aver esaminato attentamente il provocatorio testo pubblicitario sull'evasione fiscale elencate gli argomenti che l'autore della lettera immaginaria adduce a giustificazione del suo comportamento e ribatteteli punto per punto*

B - *Perché, secondo voi, esiste una situazione così paradossale in Italia, per quanto riguarda le tasse, come quella che emerge dall'articolo di La Repubblica? Che nesso esiste tra evasione da un lato e pressione tributaria, insoddisfazione per i servizi dello Stato e diminuzione delle entrate dall'altro?*

C - *Come si chiama la remunerazione delle diverse professioni?*

1. impiegato
2. socio in affari
3. colletto blu
4. avvocato
5. cameriere
6. mediatore
7. medico

a. provvigione
b. parcella
c. notula
d. stipendio
e. mancia
f. dividendi
g. salario

D - *Quanta parte del reddito finisce nelle casse dello Stato? Collegate percentuali e professioni con l'aiuto delle illustrazioni*

bancario - operaio - agricoltore - imprenditore - commerciante - artigiano - manager - impiegato

53,53%   40,98%   37,06%   32,94%

28,90%   26,94%   25,10%   16,94%

E - *Tra le altre cose al fisco interessa sapere anche.... (collegate gli elementi contrassegnati da numeri e lettere per formare la domanda)*

1. Come	a. figli
2. Dove	b. sposato
3. Che	c. va in vacanza
4. È	d. vive
5. Ha	e. lavora
6. Dove	f. si chiama
7. Dove	g. lavoro fa

?

F - *Come si chiamano le diverse forme di imposizione?*

1. ritenuta   a. di successione
2. tassa   b. alla fonte
3. imposta   c. erariale
4. marca   d. scolastiche
5. ritenuta   e. di circolazione
6. tributo   f. cedolare
7. imposta   g. da bollo
8. tasse   h. sul reddito da capitale

G - Si tratta di imposizione diretta o indiretta?

1. Ire
2. Iva
3. Imposta sulle plusvalenze
4. Imposta sulle bevande alcoliche
5. Imposta sulle società
6. Tassa sugli spettacoli
7. Accise
8. Tasse scolastiche

H - Abbinate di volta in volta i due elementi delle frasi in ordine logico

1. L'Iva colpisce...	a. ...dal commerciante
2. l'Iva viene pagata...	b. ...sono esenti da Iva
3. ma viene corrisposta...	c. ...dal consumatore
4. l'aliquota Iva pagata da un'impresa ai suoi fornitori...	d. ...l'Iva sulle importazioni viene pagata nello Stato di appartenenza dell'importatore
5. le merci vendute per l'esportazione...	e. ...la cessione di beni e servizi
6. secondo il principio del Paese di destinazione...	f. ...può essere da questa immediatamente dedotta

I - Completate i periodi ipotetici coniugando i verbi tra parentesi

1. Se l'avesse saputo, (lui-chiedere) .... uno sgravio fiscale
2. Luigi compilerebbe da solo la dichiarazione dei redditi se (esserne) .... capace
3. Non avremmo dovuto pagare le tasse se non (affittare) .... quell'appartamento
4. Se non ci fossero troppi furbi che evadono, la gente onesta (pagare) .... più volentieri le tasse
5. Se la tassazione fosse troppo progressiva, (frenare) .... la produzione
6. Il sistema tributario (sembrare) .... più equo, se si combattesse decisamente l'elusione fiscale

L - Completate le frasi con le preposizioni del riquadro

> di - della - alla - nell' - di - da - dei - dall' - all' - dei - a - nell'

1. La dichiarazione .... redditi deve essere fatta .... ogni contribuente
2. Le persone fisiche, oltre .... dichiarare i propri redditi, devono dichiarare anche i redditi altrui, indicati .... art. 20, L. 13.4.1997, n. 114
3. Sono esonerati .... obbligo .... dichiarazione le persone indicate .... art. 1., c. IV, DPR 29.9.73
4. .... dichiarazione IRPEG devono essere allegati alcuni documenti
5. Le persone fisiche devono presentare la dichiarazione entro il 31 maggio .... ogni anno
6. Se la dichiarazione viene presentata oltre la scadenza .... termini, si procede ...... applicazione .... sanzioni

M - Individuate il verbo appropriato

una tassa	rimborsare
un'imposta	determinare
il reddito	versare
un reddito	concedere
il tributo	omettere
a imposizione	applicare
dalla tassazione	rimborsare
il reddito	esentare
uno sgravio	corrispondere
le imposte	calcolare
la dichiarazione dei redditi	assoggettare
dall'obbligo	detrarre
il reddito	presentare
l'IVA	tassare
le spese	esonerare
l'imponibile	percepire
il reddito	occultare
i tributi	scaricare
la dichiarazione dei redditi	dichiarare

N - Unite termini e definizioni

1. imponibile
2. sgravio fiscale
3. tassa
4. Ire
5. monopolio fiscale
6. contribuente
7. gettito fiscale
8. imposta progressiva
9. imposta diretta
10. imposta indiretta
11. quota esente
12. dichiarazione dei redditi
13. evasione

a. entrate dello Stato fatte registrare da tasse o imposte
b. parte del reddito non soggetto a imposta diretta
c. fenomeno che si verifica quando si occulta il reddito per non pagare le imposte
d. importo netto del reddito su cui viene calcolato il tributo da pagare
e. assorbe una quota crescente del reddito, man mano che esso aumenta
f. beneficio riconosciuto al contribuente mediante alleggerimento o eliminazione di un onere fiscale
g. atto con il quale i contribuenti comunicano al fisco i propri guadagni
h. si corrisponde quando si effettuano acquisti
i. soggetto passivo d'imposta su cui ricadono gli obblighi fiscali
l. tributo che il contribuente paga quale corrispettivo di una prestazione da parte dello Stato
m. forma giuridica con la quale lo Stato si riserva la produzione e/o la vendita di determinati beni
n. colpisce l'insieme dei redditi percepiti da una persona
o. imposizione con pagamento obbligatorio

O - Entrate e spese del bilancio familiare: suddividete i sostantivi in entrate e spese

alimentari, utili, pigione, credito d'imposta, rifiuti, auto, abbigliamento, cultura, redditi di fabbricati, stipendio, riscaldamento, corrente elettrica, interessi

Entrate	Spese
onorario	telefono

P - Quali sono le entrate e le spese dello Stato? Classificate i termini

Entrate: ....
Spese: ....

imposte, altri contributi, spese del personale, tasse, sovvenzioni agli investimenti, spese correnti di materiale, interessi debitori, vendita d'immobili, cessione di partecipazioni, estinzioni di debiti

Q - Chi paga e chi incassa? (A = lavoratore, B = datore di lavoro, C = Stato; a volte sono possibili più soluzioni; es.: *contributi* A+C)

	pagare	incassare
1. assistenza sociale		
2. costi complementari (oneri sociali e benefici aggiuntivi)		
3. agevolazioni fiscali		
4. pagamento periodo di malattia		
5. imposta sulla retribuzione		
6. tassa straordinaria (p. e. eurotassa)		
7. imposte		

Con i provvedimenti approvati da Governo e Parlamento negli ultimi anni, il sistema fiscale italiano è stato profondamente modificato. Molte imposte sono state soppresse o incorporate in nuovi, più razionali tributi (l'Ire, il nuovo sistema delle tasse auto, ecc.), le procedure di dichiarazione unificate e/o semplificate. Con i provvedimenti di fine 2000 sono state abbattute le aliquote e aumentate le detrazioni, introdotte agevolazioni per le famiglie e i disabili ecc. Ecco alcune delle principali novità presentate in un opuscolo, la "GUIDA DEL CONTRIBUENTE" pubblicato dal Ministero delle Finanze con i dati aggiornati al 15 febbraio 2001.

R – *Siete un funzionario del Ministero delle Finanze incaricato di illustrare ad un gruppo di giornalisti i provvedimenti fiscali più importanti, presi negli ultimi tempi dal Governo italiano. Coniugate alla forma passiva del passato i verbi in corsivo:*
Es.: Con la riforma fiscale (*abbattere*) le aliquote ➔ Con la riforma fiscale *sono state abbattute* le aliquote

1. L'imposta di registro (*ridurre*) .... dal 4 al 3 per cento

2. (*Prevedere*) .... l'abbattimento del 30 % del reddito imponibile dei fabbricati situati in comuni ad alta intensità abitativa
3. (*Introdurre*) .... una detrazione d'imposta per gli inquilini con un contratto di locazione a canone convenzionale
4. Per ogni figlio successivo al primo, se il reddito non supera i 50.000 euro (*aumentare*) .... la detrazione a 320 euro per il 2001 e a 336 per il 2002
5. In questi ultimi anni (*ridurre*) .... le aliquote d'imposta e (*allargare*) .... gli scaglioni di reddito più bassi
6. Ulteriori detrazioni (*istituire*) .... per i percettori di pensioni non superiori a determinati limiti
7. Le spese sostenute dai genitori adottivi di minori stranieri (*rendere*) .... deducibili al 50%
8. Per incentivare la previdenza integrativa (*prevedere*) .... la detassazione dei contributi versati a forme di previdenza collettive e individuali
9. (*Alleggerire*) .... la disciplina dell'imposta di successione e donazione
10. (*Abolire*) .... l'imposta sul valore globale dell'asse ereditario
11. Le aliquote dell'imposta di successione (*trasformare*) .... da progressive a proporzionali
12. (*Sopprimere*) .... l'imposta sostitutiva dell'Invim
13. (*Ampliare*) .... le agevolazioni fiscali per le persone disabili
14. (*Adottare*) .... diversi provvedimenti per alleggerire il carico fiscale
15. (*Introdurre*) .... un'imposta sostitutiva dell'Ire con aliquota fissa del 10% per nuove iniziative imprenditoriali e di lavoro autonomo
16. (*Applicare*) .... un'imposta sostitutiva dell'Ire del 15% per i contribuenti con attività marginali
17. Il diritto alle agevolazioni fiscali (*estendere*) .... ai fabbricati strumentali all'attività agricola
18. (*Istituire*) .... un regime di sostegno per le Onlu (organizzazioni non lucrative di utilità sociale)
19. (*Eliminare*) .... le code per pagare il bollo auto grazie al collegamento in rete con l'Anagrafe tributaria
20. (*Sopprimere*) .... tanti balzelli, quali la tassa su patente e autoradio, la tassa sulla salute, l'Ilor, l'Iciap, ecc., che sono state accorpate nell'Irap, la tassa sul passaporto nell'ambito dell'UE e così via
21. I redditi d'impresa (*definire*) .... in base a criteri di valutazione oggettivi
22. La gestione di tutti i tributi (*accentrare*) .... negli Uffici unici

S – .... *e formate quindi i sostantivi corrispondenti ad ognuno dei suddetti verbi in corsivo*

Sistema tributario

accertamento dell'imponibile	Veranlagung
accertare (l'imposta)	festsetzen
accisa	Verbrauchsteuer
addizionale	Zusatzsteuer
agevolazione fiscale	Steuerbegünstigung
aggravio salariale	Lohnbelastung
aliquota d'imposta	Steuersatz
aliquota massima	Spitzensteuersatz
ammontare dell'imposta	Steuerbetrag
anno di tassazione	Veranlagungsjahr
assistenza sociale	Arbeitslosenhilfe
autoliquidazione	Selbstbesteuerung
Azienda Paese	Standort
balzello	Steuer
(base) imponibile	Bemessungsgrundlage
bustarella	Schmiergeld
capacità contributiva	Steuerkraft
carico fiscale	Steuerbelastung
categoria di reddito	Einkommensstufe
categorie produttive	Leistungsträger
codice fiscale	Steuernummer
colpire con un'imposta	besteuern
commisurare l'imposta	abmessen
concordato	Vergleich
concorrere	sich beteiligen
condono fiscale	Steuererlaß
conguaglio	Ausgleich
consulente fiscale	Steuerberater (-in)
contrarre (un debito)	(eine Schuld) aufnehmen
contribuente	Steuerzahler, Steuerpflichtige
contributi sociali	Sozialabgaben
contribuzione	Beitragsleistung
costi complementari	Lohnnebenkosten
debito pubblico	Staatsverschuldung
deducibile dal reddito	steuerlich absetzbar
deducibilità	Abzugsfähigkeit
deduzione	Abzug
detassazione	Nichtbesteuerung
detrarre	absetzen
detrazione	Abschreibung
dichiarazione dei redditi	Steuererklärung
diritto comunale	Gemeinderecht
diritto tributario	Steuerrecht
doppia imposizione	Doppelbesteuerung
elusione fiscale	Steuerumgehung

Sistema tributario

entrate/redditi	Einkünfte
entrate pubbliche	Staatseinnahmen
entrate tributarie	Steuereinnahmen
equità fiscale	Steuergerechtigkeit
erario	Staatskasse
esattoria	Steuerannahmestelle
esente da tasse	steuerfrei
esenzione fiscale	Steuerbefreiung
esodo dei capitali	Kapitalflucht
esoso	übertrieben, Wucher-...
essere informato a	beruhen
evasione fiscale	Steuerhinterziehung
evasore fiscale	Steuerhinterzieher
fisco	Fiskus
fonte di reddito	Einkunftsart
frode fiscale	Steuerbetrug
gettito tributario	Steueraufkommen
gravame fiscale	Besteuerung
gravare	belasten
Ilor	örtliche Einkommensteuer
imporre	auferlegen
imposizione	Besteuerung
imposizione alla fonte	Quellenbesteuerung
imposta cedolare	Dividendensteuer
imposta comunale sugli incrementi di valore degli immobili (Invim)	Steuer auf Wertsteigerung bei Liegenschaften
imposte comunali (municipali)	Gemeindesteuern
imposta d'acconto	Steuervorauszahlung
imposta di successione	Erbschaftssteuer
imposta generale sull'entrata (IGE)	Umsatzsteuer
imposta immobiliare / fondiaria	Grundsteuer
imposta progressiva	progressive Steuer
imposta proporzionale	Proportionalsteuer
imposta sostitutiva	Ersatzsteuer
imposta sugli articoli di lusso	Luxussteuer
imposta sugli incrementi di patrimonio	Vermögenszuwachssteuer
imposta sugli interessi	Zinsbesteuerung
imposta sugli spettacoli	Vergnügungssteuer
imposta sui redditi da lavoro dipendente	Lohnsteuer
imposta sul reddito	Einkommenssteuer
imposta sul patrimonio / patrimoniale	Vermögenssteuer
imposta sul reddito da capitale	Kapitalertragssteuer
imposta sul reddito delle società	Körperschaftssteuer
imposta sul tabacco	Tabaksteuer
imposta sul valore aggiunto (IVA)	Mehrwertsteuer
imposta sulla circolazione dei capitali	Kapitalverkehrssteuer
imposta sulla nettezza urbana	Müllabfuhrabgabe
imposta sulla retribuzione	Lohnsteuer
imposta sull'acquisto di terreni	Grunderwerbssteuer

imposta sulle bevande alcoliche	Getränkesteuer
imposta sulle donazioni	Schenkungssteuer
imposta sulle società	Gesellschaftssteuer
imposta una tantum	einmalige Steuer
imposte di bollo	Stempelgebühr
imposte di registro	Registergebühr
imposte dirette	direkte Steuern
imposte indirette	indirekte Steuern
in ragione di	im Verhältnis von
Intendenza di Finanza / ufficio delle imposte	Finanzamt
inghippo	Schwindel
intricato	verworren
Ire (imposta sui redditi)	Einkommenssteuer
Irpef	Steuer auf das Einkommen natürlicher Personen
Irpeg	Steuer auf das Einkommen juristischer Pers.
lavoratore medio (persona con reddito medio)	Normalverdiener
legge tributaria	Steuergesetz
liquidazione	Abrechnung
maggiori oneri	Mehrbelastungen
medie imprese	Mittelstand
occultare	verschleiern
omettere	auslassen, unterlassen
onere dei costi di lavoro	Arbeitskostenbelastung
onere fiscale	Steuerlast
onere sociale	Sozialbelastung
operare una ritenuta	eine Abgabe erheben
paese di destinazione	Bestimmungsland
paese d'origine	Ursprungsland
pagamento periodo di malattia	Lohnfortzahlung
pagare un'imposta	eine Steuer entrichten
paradiso fiscale	Steuerparadies
periodo d'imposta	Besteuerungszeitraum
politica fiscale	Steuerpolitik
polizia tributaria	Steuerfahndung
prelievo (fiscale)	(Steuer-)erhebung
presentare (la dichiarazione dei redditi)	(die Steuererklärung) einreichen
presuntivo	veranschlagt
pressione fiscale	Steuerdruck
procedere ad un giro di vite fiscale	die Steuerschraube anziehen
profitti d'impresa	Körperschaftssteuer
provento da interessi	Zinsertrag
quota esente da imposta	Steuerfreibetrag
riduzione	Senkung
riforma fiscale	Steuerreform
rimborso (rifusione) d'imposta	Steuerrückerstattung
riscossione	Einziehung
riscuotere (le imposte)	einziehen, eintreiben, betreiben, erheben
risorse tributarie	Steuerquellen
ritenuta alla fonte	Quellensteuer

ritenuta d'acconto sugli interessi	Zinsabschlagsteuer
ritenuta d'imposta	Steuerabzug
ritenuta	Einbehaltung von Steuern (durch den Arbeitgeber)
sancire	festlegen
sanzione	Strafe
scaglione	Steuerklasse
sgravio	Entlastung
sistema tributario	Steuersystem
soggetto passivo d'imposta	Steuerschuldner
sopprimere	abschaffen
sovrimposta	Steuerzuschlag, Zusatzsteuer
spese deducibili	abzugsfähige Ausgaben
tartassare	plagen
tassa d'esercizio	Gewerbesteuer
tassa di bollo	Stempelsteuer
tassa di bollo sulle cambiali	Wechselsteuer
tassa di circolazione degli autoveicoli	Kfz-Steuer
tassa di concessione governativa	staatliche Konzessionsgebühr
tassa di soggiorno	Kurtaxe
tassazione del reddito	Einkommensbesteuerung
testo unico delle leggi tributarie	Abgabenordnung
trasferire (un'imposta su qualcuno)	abwälzen
trattenuta fiscale	Steuerabzug
tributo	Abgabe
una tantum	Sonderabgabe, Einmalzahlung

Capitolo 15
Inflazione

COSÌ L'ISTAT MISURA IL CAROVITA

Nell'ultimo paniere c'è il cellulare al posto del borotalco

Un metro fatto di dieci capitoli e 577 voci con specifici beni e servizi.

Eccolo qua il paniere con cui l'Istat misura i prezzi al consumo per le famiglie: una specie di carrello della spesa che dovrebbe contenere e pesare, più o meno, tutti i consumi d'Italia. E dal 1997 fare i conti con l'Unione europea, rendendo noto anche un indice costruito su un paniere di beni confrontabili a livello europeo.

Ma che cosa c'è dentro questo paniere e come vengono fatte le rilevazioni?

Che cosa contiene. L'indice che misura le variazioni di prezzo al consumo per le famiglie viene costruito sui dati forniti mensilmente (o trimestralmente per alcuni beni) dai capoluoghi di regione. Il tutto sulla base di un elenco aggiornato ogni anno (composto appunto di 577 voci) eliminando le cose *démodé* ed inserendone altre più adatte a descrivere la situazione in quel momento.

Capitoli. I capitoli di spesa più generali vanno dall'abbigliamento ai trasporti, passando per i servizi, l'alimentazione, la salute, l'arredamento. Chiaramente alcuni settori pesano più di altri nel calcolo finale: gli alimentari più dei vestiti e degli aspetti ricreativi.

Addio naselli. Per scendere nei particolari si può dire che da gennaio '96 sono spariti il registratore, la cera per pavimenti, il sapone da bucato, la lucidatrice, i naselli surgelati, la trippa di bue, il cappello da uomo, l'impermeabile, il termometro, il borotalco, i filetti di acciughe sott'olio.

Arriva l'autoradio. Sono invece entrati in scena le cozze, il gelato in vaschetta, le patatine fritte, i cibi precotti, il chewingum, l'autoradio con frontalino, le giacche a vento, i corsi di lingue e quelli di videoscrittura, le autolinee extraurbane, i servizi di istruzione secondaria e quelli telefonici per le diverse fasce orarie. E anche i telefonini. Insomma meno cibo e attrezzi domestici e più tecnologia; ricco l'elenco degli accessori ammessi. Dentro il paniere finiscono anche le spese per la palestra e per gli interventi nelle cliniche private, oltre alle uscite per piastrelle e rubinetti. Completano l'elenco dei nuovi prodotti le lampadine a risparmio energetico, i motocaravan, gli occhiali da sole, gli occhialini da piscina, le rette per le case di riposo.

Il monitoraggio. L'aumento o la discesa dei prezzi di tutti questi beni rilevati in 13 mila punti vendita fanno il tasso medio di inflazione annuale. Sono i Comuni che, con i piani commerciali, individuano i negozi dove fare le rilevazioni. Nello scorso gennaio c'è stato il debutto degli hard discount, prima esclusi. Una curiosità: i Comuni possono personalizzare in parte le rilevazioni, sostituendo alcune voci con altre simili, più consone alle abitudini dei consumatori locali. «Formaggio molle», per esempio, al Nord si legge gorgonzola, al Sud Belpaese o stracchino.

I prezzi. I rilevatori dell'Istat tengono conto dei prezzi al consumo, cioè di quello che la gente paga realmente andando a fare la spesa. I prodotti in promozione (tipo paghi due e prendi tre) non fanno testo. Lo stesso vale per alberghi e automobili: non valgono i listini, ma la prova sul campo fatta dal rilevatore.

Da qui partono tutte le considerazioni sull'inflazione; è un segnale anche per le industrie italiane, chiamate a soddisfare un mercato dai gusti sempre più sofisticati.

(adattamento da Il Corriere della Sera, G. Mar., 6.1.1996 e Il Corriere On line, G. Sarcina, 27.01.2000)

A - *Che cosa si intende con il termine "carovita"?*

B - *Illustrate i motivi per cui, secondo voi, sono stati tolti dal paniere prodotti come il registratore, la cera per pavimenti, il cappello da uomo, la trippa di bue, il borotalco*

C - *Pensate che esista una relazione fra l'eliminazione dei filetti d'acciuga surgelati dalla rilevazione e la proliferazione delle pizzerie?*

D - *Nel '93 il telefonino era ancora escluso dal paniere, inserito invece nel '96. Perché?*

E - *A che cosa è da attribuire la maggiore importanza che alcuni settori, come gli alimentari, rivestono nella rilevazione dei prezzi rispetto per esempio a vestiti e svago?*

F - *E per quale ragione le rilevazioni vengono fatte ora anche negli hard discount? Pensate che questa decisione contribuirà a livellare o gonfiare la media dei prezzi registrata e perché?*

G – *Il paniere è la base di riferimento per l'indicizzazione di stipendi e salari, ma anche lo specchio dell'evoluzione dei gusti; tratteggiate a grandi linee lo stile di vita degli italiani, che il nuovo paniere lascia intravedere*

H - *Sostituite ai verbi tra parentesi i sostantivi corrispondenti*

Due mostri fratelli: inflazione e deflazione

Che cos'è l'inflazione, questo mostro che mangia i (risparmiare) .... della gente? È il (gonfiare) .... dei prezzi, causato dalla (domandare) .... che supera l' (offrire) .... Cioè, se i soldi che girano sono più numerosi della merce nei magazzini, se la gente vuole consumare più di quanto produce, i prezzi salgono e si ha l'inflazione. Come (rispondere) .... alla (salire) .... dei prezzi, i (lavorare) .... chiedono un (aumentare) .... di salario. Conseguenze: gli oggetti prodotti dai lavoratori vengono a costare di più e i soldi in (circolare) .... aumentano ancora, quindi nuovo rialzo dei prezzi e conseguente (perdere) .... di (valere) .... della moneta, che può essere svalutata. L'inflazione viene detta strisciante quando l'aumento dei prezzi si aggira sul 5%; se supera il 20% viene chiamata galoppante. Il (rimediare) .... contro l'inflazione consiste nel togliere i soldi ai (comprare) .... mediante (tassare) ...., (bloccare) .... dei (prestare) .... da parte delle banche, (ridurre) .... dei profitti e degli stipendi, (incoraggiare) .... al risparmio. Così la domanda diminuisce e viene a riequilibrarsi con l'offerta; occorre però molta attenzione per non cadere nell'(eccedere) .... opposto, la deflazione. Essa si ha quando si produce più di quanto si consuma. Quando le (fabbricare) .... hanno riempito i magazzini, se non riescono a vendere, devono cessare la (produrre) ....
Conseguenze: (fallire) .... e (licenziare) .... degli operai. Questi ultimi, privati dello stipendio, consumeranno ancora di meno e altre fabbriche dovranno fermarsi. Il (bruciare) .... dei risparmi è la conseguenza più paurosa dell'inflazione; la disoccupazione è quella altrettanto paurosa della deflazione.

Inflazione

I - *Inserite le preposizioni adatte*

Tasso di sconto

"......... frenare l'inflazione - annuncia il giornale radio - la Banca d'Italia ha aumentato il tasso di sconto ...... 3% ..... 5%. Che vuol dire?
Tutte le banche che esistono ...... Italia fanno grossi prestiti .... industriali, commercianti, imprenditori. ..... questi prestiti non bastano .... genere i risparmi depositati .... libretti .... piccoli risparmiatori. Allora le banche chiedono un prestito ..... Banca centrale, che .... questi prestiti chiede .... altre banche un interesse, chiamato appunto tasso di sconto. Le banche, ... fare ..... loro volta prestiti .... commercianti e .... imprenditori, chiederanno un interesse maggiore, che si baserà .... tasso di sconto e salirà o scenderà .... seconda che sale o scende quest'ultimo. Dunque ..... questo strumento il Governo può controllare fino .... un certo punto inflazione e deflazione. Esempio: .... giro c'è troppa moneta circolante ..... pericolo ....'inflazione? La Banca d'Italia alza il tasso di sconto e il denaro diventa più caro. Chi lo vuole .... prestito ..... banche deve pagare .... più. Perciò se l'affare che voleva combinare quell'imprenditore garantisce un guadagno minore ....'interesse che deve pagare .... banca, viene lasciato perdere. Chi porta i risparmi .... banche, invece, riceve un interesse maggiore; sono quindi incoraggiati i risparmiatori. Questa manovra viene chiamata stretta creditizia. Un altro esempio: .... giro c'è gente disoccupata, la produzione sta calando? La Banca d'Italia abbassa il tasso di sconto. Il denaro costa meno, gli industriali sono incoraggiati .... prendere prestiti e .... aumentare la produzione. La gente è indotta .... togliere il denaro .... banca (dove rende meno) e .... spendere; si opera, cioè, un colpo .... acceleratore .... investimenti.

L - *Sostituite le espressioni sottolineate con i termini di significato corrispondente forniti in basso*

1. Mentre negli anni '70 in Italia c'era un'inflazione <u>con punte del 20%</u>, nei decenni successivi si è registrata un'inflazione <u>del 4-5%</u>
2. L'inflazione può essere di diversi tipi; per es. inflazione <u>dovuta allo squilibrio tra domanda e offerta di beni e servizi, con il prevalere della domanda</u>, e inflazione <u>causata dall'aumento generalizzato dei prezzi</u>
3. Se l'inflazione aumenta progressivamente il suo ritmo, si instaura un <u>movimento inflazionistico che si autoalimenta</u>
4. Molti Paesi industrializzati sono caratterizzati dal particolare fenomeno di <u>coesistenza di inflazione e ristagno economico, con relativa disoccupazione</u>
5. Per risanare un sistema economico indebolito dall'inflazione si può <u>aumentare il valore</u> della moneta nazionale rispetto a quello delle monete estere
6. Un Paese con intense relazioni internazionali si può trovare facilmente ad affrontare un'inflazione <u>dovuta all'aumento dei prezzi delle materie prime provenienti dall'estero</u>
7. Il contrario di inflazione è <u>la diminuzione dei prezzi</u>
8. Dal punto di vista fiscale l'inflazione aumenta la sperequazione tra <u>coloro che ricevono</u> un reddito fisso e le altre categorie

*rivalutare - da costi - percettori - spirale inflazionistica - galoppante
stagflazione - da domanda - strisciante - importata - deflazione*

IL CIRCUITO PERVERSO DEL DENARO CALDO

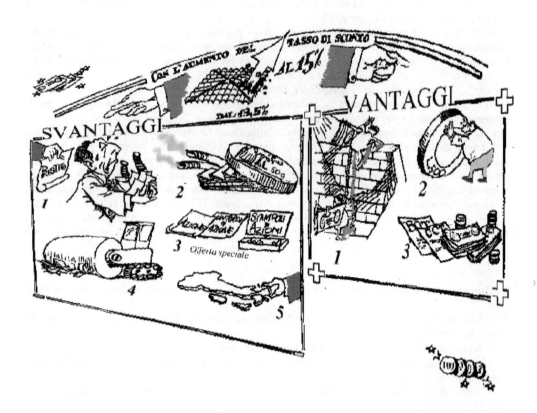

M - *Classificate i fenomeni sottoindicati come svantaggi o vantaggi insorgenti da un aumento del tasso di sconto:*

- rendimenti più elevati dei titoli di stato
- prestiti più cari
- manovra economica più pesante
- freno alla fuga dei capitali
- sostegno alla moneta
- interessi più cari sul debito pubblico
- imprese in difficoltà, investimenti più difficili
- mercato azionario in declino

Inflazione

N - *Attribuite ad ognuno dei provvedimenti che il governo potrebbe decidere per contenere il processo inflazionistico (elencati a sinistra nella tabella) le relative conseguenze*

Aumentare il tasso di sconto, ridurre il credito, costringere le banche ad aumentare le riserve obbligatorie	Ne risente la popolazione
Diminuire le emissioni del debito pubblico o i tassi d'interesse	Si frena la produzione e diminuisce il numero degli occupati
Non operare investimenti neanche in settori di primaria importanza (scuole, ospedali)	Si ha una rarefazione dell'offerta o scomparsa dei beni sul mercato libero
Ridurre le importazioni	I risparmiatori cercano altre forme di investimento
Aumentare le imposte	Si riduce il reddito disponibile
Bloccare i salari	Diminuisce il potere d'acquisto - tensioni sociali
Bloccare i prezzi	

O - *Individuate quali categorie di persone potrebbero pronunciare le seguenti frasi scegliendola fra quelle indicate in calce :*

☹ ☹ ☹   Roba da pazzi questi aumenti!

- *Per me è semplice, vado a percentuale!*

- *Per fortuna i nostri prezzi sono garantiti da Bruxelles*   💣   💣

- *Devo cedere sui salari, ma mi rifarò sui prezzi*

- *Così non ce la facciamo più, domanderò un aumento al capo*

- *Con l'aumento del petrolio, tre consegne in agosto, tre prezzi diversi; devo proprio aumentare il prezzo, se voglio mantenere il mio margine*

- *Io me ne infischio: sono l'unico del quartiere!* 👎

💣   💣   *Il Paese vive al di sopra dei suoi mezzi; dobbiamo combattere l'inflazione ad ogni costo ed in particolare adottare una politica di austerità e restrizione del credito*

☞   Nella politica di lotta all'inflazione tocca a noi sopportare tutti i sacrifici. Il governo ed il padronato sappiano che non siamo più disposti ad accettare un'ulteriore riduzione del nostro potere d'acquisto

- *Dare in prestito il mio denaro al tasso attuale? Ma neanche per sogno! Preferisco spenderlo o investirlo in immobili o opere d'arte*   ☹ 😐 ☹

agricoltore – capo di governo – casalinga – commerciante al dettaglio – grossista - padre di famiglia/operaio - proprietario di un distributore di carburante – risparmiatore – sindacalista - titolare d'azienda

Inflazione

accelerazione	Beschleunigung
affievolimento	Schwächung
aggiornato	auf den neuesten Stand gebracht
anticongiunturale	antizyklisch
antinflazionistico	inflationsdämpfend
aumento dei prezzi	Preisanstieg
aumento del tasso di sconto	Diskonterhöhung
aumento della domanda	Nachfrageerhöhung
beni di consumo	Konsumgüter
boom	Hochkonjunktur
calmiere	Höchstpreis
sul campo	an Ort und Stelle
capacità produttiva	Produktionskapazität
capitolo di spesa	Ausgabentitel
carovita	Teuerung
carrello della spesa	Einkaufswagen
cellulare	Handy
cera per pavimenti	Bohnerwachs
cessare	einstellen
ciclo economico/congiunturale	Konjunkturzyklus
circolazione monetaria	Geldumlauf
in circolazione	in Umlauf
coesistenza	Nebeneinanderbestehen
condizioni di mercato	Marktkonjunktur
congiuntura	Konjunktur
consono	übereinstimmend, etw. gemäß
contrazione monetaria	Währungsschrumpfung
costo della vita	Lebensunterhaltungskosten
crescita zero	Nullwachstum
debutto	Debüt
deflazione	Deflation
démodé	aus der Mode
denaro caldo	hot money
depressione	Depression
deprezzamento	Entwertung
domanda	Nachfrage
domanda aggregata	Gesamtnachfrage
eccedenza	Überhang
eccesso	Übertreibung, Überhang
espansione	Aufschwung
fallimento	Konkurs
fare testo	maßgebend sein
fascia oraria	Zeitzone
frontalino	Frontplatte
fuga dei capitali	Kapitalflucht
girare	in Umlauf sein

gonfiare	hinauftreiben
incoraggiamento	Förderung
indice	Index
indicizzazione	Indexierung
inflazione galoppante	galoppierende Inflation
inflazione strisciante (latente)	schleichende Inflation
listino	Listenpreis
livellare	angleichen
lucidatrice	Bohnermaschine
manovra economica	wirtschaftliche Maßnahmen
margine	Marge
monitoraggio	Überwachung
nasello	Seehecht
offerta	Angebot
paniere	Warenkorb
penuria	Mangelsituation
potere d'acquisto	Kaufkraft
prezzi al consumo	Verbraucherpreis
proliferazione	Verbreitung, Vermehrung
in promozione	in Angebot
rarefazione	Verdünnung
recessione	Rezession
regresso	Rückgang
restrizioni del credito	Kreditrestriktionen
riduzione del tasso di sconto	Diskontsenkung
riequilibrare	wieder ausgleichen
rifinanziamento	Refinanzierung
rimedio	Abhilfe
rincaro dei prezzi	Preisauftrieb
rincaro	Verteuerung
risconto	Rediskontierung
riserva aurea	Goldbestand
riserva valutaria	Devisenbestand, Währungsreserve
ristagno	Flaute
rivalutazione	Aufwertung
sapone da bucato	Waschseife
situazione economica	Konjunkturlage
sperequazione	Ungleichheit
spinta inflazionistica	Inflationsdruck, Inflationsnachdruck
spirale prezzi-salari	Lohn-Preis Spirale
squilibrio	Ungleichgewicht
stabilità dei prezzi	Preisstabilität
stagflazione	Stagflation
stagnazione	Stagnation
stretta creditizia	Kreditverknappung
surriscaldamento	Überhitzung
svalutazione	Abwertung
tasso d'inflazione	Inflationsrate
tasso (saggio) di sconto	Diskontsatz

tasso Lombard	Lombardsatz
tendenza al rialzo dei prezzi	preissteigernde Tendenz
tendenza inflazionistica	Inflationstendenz
trippa	Kutteln
valuta debole	weiche Währung
valuta forte	harte Währung
vantaggioso	lohnend
videoscrittura	Textverarbeitung

Appendice

Appendice

E PER TERMINARE ....

... QUALCHE PASSATEMPO!

ORIZZONTALI

1. Sigla utilizzata quando si invia una lettera all'attenzione di una determinata persona
3. Istituto di credito
7. Momento culminante della fase espansiva del ciclo economico
8. Pubblico registro in cui sono elencati i nomi di chi esercita un'attività
9. Public Relation Man
10. Quelle pubbliche sono importanti per gli affari
11. Mercato per la compravendita di valori mobiliari
13. Nel linguaggio assicurativo: incidenti, accidenti e rischi diversi
14. Associazione delle nazioni del Sud-est asiatico (Indonesia, Filippine, Brunei, Singapore ecc.)
15. In campo borsistico animale simbolo di mercato in ascesa
16. Unità di conto europea precedente all'Euro e con il significato di "scudo"
17. Termine inglese che in economia indica il crollo di Borsa o il tracollo di un'azienda
18. Sostituzione di un debitore ad un altro nella restituzione di un credito
20. Animale simbolo di una tendenza al ribasso delle quotazioni
21. Bene economico destinato allo scambio

VERTICALI

2. Abbreviazione di *aktiebolag*,, cioè Spa in svedese
3. Può essere "valori" o "merci"
4. Somma di denaro mancante per errore contabile o per appropriazione indebita
5. Ricchezza finanziaria o reale oppure (in economia) insieme dei mezzi di produzione
6. Quello comune può essere azionario, obbligazionario, bilanciato o monetario
12. Non è solo il riconoscimento per il miglior film, ma anche per le migliori monete e in questo caso viene conferito ogni anno dal Financial Times alla valuta più stabile
19. *Free in*, merci da caricare sulla nave senza spese

ORIZZONTALI
1. Acquista merci dai produttori per rivenderle ai dettaglianti
4. Comunità economica europea
5. Cose mobili, oggetto di contrattazione commerciali, destinate allo scambio
6. Talloncino che resta unito al libretto degli assegni, dopo che è stata staccata la "figlia"
8. Sistema tributario
9. Garanzia personale per un obbligato cambiario
11. Peso dell'imballaggio
14. Imposta indiretta sui consumi
15. Assegno scoperto o " a ...."
16. Riguardo ai beni può essere durevole o strumentale
17. Titolo di credito con ordine di pagare, dato ad altra persona
18. Zona considerata al di fuori del territorio doganale
19. Il prodotto lordo di un Paese
20. Imposta personale e progressiva sul reddito dei contribuenti (sigla)

VERTICALI
1. Gestioni Esercizio Partecipazioni Industriali
2. Nel gergo degli esperti indica la sterlina recante l'effigie del sovrano
3. Merci che hanno già subito un primo processo di lavorazione
4. Insieme di caratteri alfanumerici assegnato ad ogni contribuente per l'identificazione
7. Documento datato, rilasciato dal venditore, con l'indicazione del prezzo della merce venduta
10. Istituto Postuniversitario per lo Studio dell'Organizzazione Aziendale (sigla)
12. Catalogo con i prezzi della merce
13. Termine che nella contabilità aziendale indica i ricavi d'esercizio
18. Clausola di trasporto in base alla quale le spese di spedizione della merce sono a carico del venditore finché la merce non abbia oltrepassato il parapetto della nave

Appendice

Che cosa apparirà?
Unite i puntini secondo l'ordine di seguito indicato:

sessantotto, novantasette, novantuno, ottantotto, sessantasei, ottantadue, settantanove, settantasei, settantaquattro, cinquantanove, sessantadue, sessantacinque, sessantasette, sessantanove, settanta, settantadue, settantacinque, quarantaquattro, quarantacinque, quarantanove, cinquantuno, quarantotto, cinquantatre, cinquantacinque, cinquantasette, trenta, cinquantotto, trentuno, quaranta, trentanove, quarantatre, novantasei, novantatre, sessantatre, quarantasei, quarantuno, diciassette, uno, trenta, trentasette, dodici, trentadue, diciannove, venti, trentasei, otto, ventitre, ventuno, settantotto, ventidue, novantacinque, ventiquattro, due, venticinque, tredici, ventisei, ventotto, dieci, ottanta, novantadue, dodici, trentacinque, nove, tredici, ottantacinque, quattordici, novantaquattro, quindici, sedici, novanta, diciassette, sette, nove, diciotto, otto, dieci, cinquanta, settantatre, sessanta, ottantasette, ottantanove, quattordici, quindici, cinque, undici, ottantuno, quattro, sei, settantuno, tre, sessantuno, trentaquattro, trentanove, cinquantadue, trentatre, due

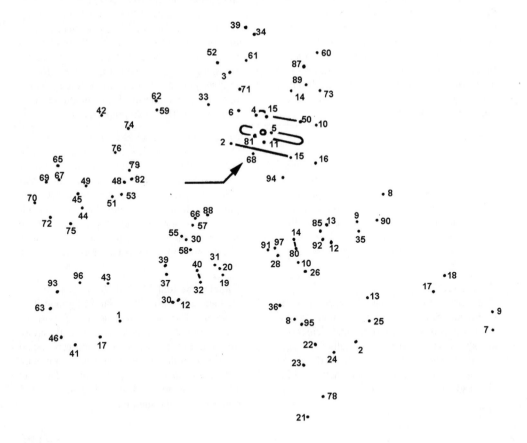

Borsa & stelle
Oroscopo economico di Onelio Onofrio Francioso

Ariete (dal 21/3 al 20/4)
Settimana adatta per intraprendere nuove iniziative. Ottime intuizioni da sfruttare per impegnative operazioni finanziarie, in particolare nel mercato azionario. Superprotetti dalla fortuna soprattutto i nati fra il 27/3 e il 6/4. Potreste dedicarvi anche a spese relative al vostro hobby.
I giorni positivi: tutti, escludendo alcune tensioni il 28

Toro (dal 21/4 al 20/5)
Per i Toro nati il 28 aprile si prospetta una settimana da non dimenticare per l'importanza che assumerà nel vostro futuro. Questi potrebbero decidere di affrontare un impegno finanziario che si rivelerà fortunato, p.e. un investimento immobiliare. Per tutti gli altri è consigliabile il mercato obbligazionario e i fondi. **I giorni positivi:** il 5

Gemelli (dal 21/5 al 21/6)
Soprattutto per i nati dal 9 al 19 giugno la settimana sarà ricca di sorprese. Per tutti gli altri, settimana abbastanza positiva. Sarà opportuno non esagerare nelle spese, poiché ci potrebbe essere la tendenza a firmare assegni con troppi zeri. Vi sono positive prospettive astrali per investimenti di collezionismo d'arte. **I giorni positivi:** non emergono giorni particolari

Cancro (dal 22/6 al 22/7)
Una certa stanchezza caratterizzerà tutta la settimana. Sarebbe preferibile non avvicinarsi a documenti importanti che richiedono la vostra firma. Le decisioni relative alle operazioni di Borsa sono da delegare ad altri. Si consiglia molta attenzione per i nati del 9 luglio. **I giorni positivi:** il 30

Bilancia (dal 23/9 al 23/10)
La settimana potrebbe comportare eccessi di spese per scelta o necessità, in particolare per i nati del 10 e 11 di ottobre. Il periodo si presenta comunque positivo per tutti voi Bilancia, ma con la tendenza a non individuare tutti i risvolti rischiosi delle operazioni finanziarie. Meglio rivolgere i propri interessi sull'obbligazionario. **I giorni positivi:** 29 mattina

Scorpione (dal 24/10 al 22/11)
In questa settimana potreste decidere di affrontare investimenti a lunga scadenza, come immobili e auto. I nati del 30 ottobre saranno, per questa settimana, più propensi a rischiare maggiori capitali, anche oltre le proprie possibilità, con grande coraggio per operazioni finanziarie a breve-medio termine. **I giorni positivi:** il 29 pomeriggio

Sagittario (dal 23/11 al 21/12)
Buona forma psichica, con capacità di analisi e di scelta per le vostre programmazioni delle spese quotidiane. Ma non è ancora il momento giusto per impegnarvi nelle decisioni più difficili. In questi giorni riducete al minimo le tentazioni che vi proiettano verso settori ad alto rischio, per via di eccessi di ottimismo. **I giorni positivi:** fortunati il 3 e il 4

Capricorno (dal 22/12 al 20/1)
Il mercato mobiliare? Sarebbe opportuno guardarlo con un certo distacco. È positivo invece prendere in considerazione il settore immobiliare. In questo caso sono privilegiati i nati del 29 dicembre. Si consiglia di evitare operazioni speculative per i nati dal giorno 12 al 18 gennaio. **I giorni positivi:** il 5 pomeriggio e il 6 mattina

Leone (dal 23/7 al 23/8)
Per i nati il giorno 9 e 10 agosto si presenta una settimana carica di imprevisti che si riveleranno molto vantaggiosi in seguito. Per tutti è il momento di fare scelte importanti per il settore degli investimenti immobiliari. Anche tutte le operazioni rischiose procureranno utili elevati. È il periodo ideale per i cambiamenti. **I giorni positivi:** il 27

Acquario (dal 21/1 al 18/2)
Settimana molto positiva, tranne una leggera tensione per i nati nei giorni 22, 23, 24 gennaio. I cambiamenti sul lavoro porteranno consistenti incrementi economici, inducendovi a decisioni azzardate nelle speculazioni di Borsa, con risultati vincenti. Cambiare casa o investire in immobili? È il momento giusto! **I giorni positivi:** 28 e 29 mattina

Vergine (dal 24/8 al 22/9)
Settimana un po' difficile, soprattutto per i nati dal 3 al 13 settembre. Non sarete precisi, quindi non dedicatevi a calcoli finanziari dove è richiesta un'attenzione superiore alla media. Coloro che ricoprono ruoli di responsabilità nel settore amministrativo siano più attenti a non farsi sfuggire dettagli in apparenza trascurabili. **I giorni positivi:** il 26

Pesci (dal 19/2 al 20/3)
Settimana non indicata per operazioni troppo impegnative. Se vi occupate di amministrazione oppure se lavorate con un ruolo che vi responsabilizza con potere di firma, controllate con molta attenzione quello che vi sottopongono. Potreste causare momenti di confusione nella vostra organizzazione. **I giorni positivi:** il 2

(*adattato da* **Il Mondo**)

A - *Immaginate di dover dare dei suggerimenti in campo finanziario in base alla situazione astrale:*
* *quale segno potrebbe acquistare tranquillamente un appartamento?*
* *a chi consigliereste di investire in fondi comuni?*
* *è opportuno per i nati Cancro speculare sui cambi?*
* *quali segni ritenete più indicati per speculare in Borsa?*
* *chi deve concentrarsi particolarmente sul lavoro?*
* *quali sono i giorni più indicati per i Gemelli che volessero effettuare operazioni rischiose?*

B - *Argomentate i vostri consigli*

C - *E, infine, cosa suggeriscono a voi le stelle???*

Bibliografia

A. Battagli, C. Iacone, **Schemi & schede di economia aziendale**, Ed. giuridiche Simoni, NA 2001
Balestri, Bandinelli, Mazzoni, **Elementi di economia aziendale**, Etas Libri, Milano 1987
D. Balducci, **Fare pubblicità, come e quando**, Ed. FAG, Milano 1991
D. Biozzi, G. Paoletti, **Economia politica**, Le Monnier, Firenze 1991
V. Codeluppi, **La pubblicità**, Franco Angeli, Milano 1997
M. Lepore, Come usare le banche, Demetra, Verona 2000
E. Menocci, **Elementi di tecnica bancaria**, Laurus Robuffo, Roma 1999
G. Tabucchi, F. Parigi, **Scienza delle finanze**, Le Monnier, Firenze 1991
G. Tagi, **Manuale di Borsa**, Isedi, Torino 2001
N. Alberti, **Statistica economica**, Ed. Cetim, Milano 1998

Dizionario dei termini economici, Il Mondo, Rizzoli 1992
Dizionario di economia e finanza, Ed. TEA, Milano 1990
Dizionario di marketing e comunicazione, Mondadori, Milano 1994
Dizionario europeo; Ed. Simone, Napoli 1991
Nuovo dizionario di economia, Ed. Simone, Napoli 2000
Enciclopedia dell'economia, Garzanti, 1995

Quotidiani e periodici

Donna Moderna
Donna Oggi
Il Corriere della Sera
Il Messaggero
Il Sole 24 Ore
Italia Oggi
La Repubblica
La Stampa
Milano Finanza
Capital
Class
Class Europe
Convegni
Espansione
Focus
Food
Gente Money
Il Mondo
Investire
L'Espresso
Millionaire
Mondo Economico
Panorama
Soldi e diritti
Soldi Sette
Uomini & Business

Annuario del Corriere della Sera, RCS 1995
Le guide del Sole 24 Ore
Pubblicazioni ufficiali delle Comunità Europee, Lussemburgo 1996